졸업을 앞두고 사회복지사 1급 자격증 취득을 위해
이전에 배운 내용을 되돌아보는 대학생

틈틈이 학점은행제를 수강하고 실습까지 마무리한 후
사회복지사로서 새로운 도전을 앞둔 직장인

더 좋은 환경에서 전문적인 실천을 위해
바쁜 와중에도 1급 시험에 도전하는 현업 사회복지사

누구나 합격할 수 있습니다.
해내겠다는 '열정' 하나면 충분합니다.

마지막 페이지를 덮으면,

에듀윌과 함께
사회복지사 1급 국가시험 합격이 시작됩니다.

1위 에듀윌만의
사회복지사 합격 커리큘럼

강의 만족도 100%*의 전문 교수진이 제공하는
고퀄리티의 강의로 합격이 가까워집니다!

특강 1 입문특강 (8강)

특강 2 전 영역 핵심이론특강 (9강)

특강 3 7개년 기출족보특강 (8강)

※ 에듀윌 도서몰(book.eduwill.net) → 동영상강의실 → '사회복지사' 검색

기초부터 심화까지 더 상세한 강의를 듣고 싶다면?

※ 에듀윌 홈페이지(eduwill.net) → 사회복지사 1급 → 페이지 내 강의 확인

쉽고 빠른 합격의 첫걸음
합격필독서 무료 신청

합격패스 하나면 사회복지사 1급 준비는 끝!
평생수강 합격패스

① 전 과목 최신 강의 평생 무제한 수강

② 베스트셀러 교재 제공

③ 합격 필수 특강 추가 제공

합격필독서
무료 신청

75개월 베스트셀러 1위
합격생이 선택한 BEST 교재

사회복지사 전 교재 베스트셀러 1위!
1위의 비법이 담긴 교재로 누구든 합격할 수 있어요

통합이론서

영역별 필수이론부터
기출문제까지
8영역 단권화로
한 번에 합격!

단원별 기출문제집

최근 7개년
기출문제와
영역별 빈출이론으로
확실한 합격!

핵심요약집

8영역 빈출이론과
최신 기출문제까지
단 한 권으로
빠르게 합격!

에듀윌 사회복지사 1급 합격스토리

김○하 합격생

비전공자도 합격 가능해요!

이익을 따지지 않고 사람 자체를 위한 일이 하고 싶어 사회복지사 공부를 시작하게 되었습니다. 실질적인 공부 기간은 4개월 정도로, 처음 두 달은 진도를 나가고, 남은 두 달은 기출문제 풀이와 복습에 집중하였습니다. 공부하면서 압박감으로 힘들었는데, 꾸준히 운동도 하고 일주일에 한 번은 쉬면서 압박감을 풀려고 노력했습니다. 에듀윌과 함께 열심히 공부하고 문제를 많이 풀어 보면 누구나 다 합격할 수 있다고 제가 보증합니다.

전○현 합격생

40대 직장인도 해냈어요!

4년 가까이 2급 자격증을 가지고 활동하면서 한계를 느껴 더 나은 환경에서 더 많은 역할을 하고 싶었습니다. 그래서 에듀윌에 문을 두드렸고 열심히 공부하여 좋은 결과를 얻게 되었습니다. 반복해서 강의를 듣고 교수님이 중요하다고 강조한 것들을 빠짐없이 필기를 하고 암기한 것이 도움이 되었습니다. 1급 자격증을 취득하였으니 앞으로 더 좋은 곳에서 큰 역할을 할 수 있으리라 기대하고 있습니다.

2달 만에 합격했어요!

모든 전공자는 2급 자격증을 소지하고 있기 때문에 경쟁력과 전문성을 갖출 필요가 있다고 생각해 자연스럽게 1급 시험을 준비하게 되었습니다. 저는 시험 한두 달 전이 되어서야 하루 평균 6시간 정도로 본격적으로 공부를 시작하였습니다. 에듀윌 교수님들이 이해하기 쉽게 설명해 주셔서 수월했고, 이론이 한 권으로 정리되어 있어 공부하는 데 부담이 적었습니다. 다른 수험생 분들도 열심히 공부해서 다 합격하셨으면 좋겠습니다.

이○석 합격생

다음 합격의 주인공은 당신입니다!

더 많은
합격 비법

에듀윌
사회복지사 1급
핵심요약집

eduwill

1

빠른 호흡으로
학습할 수 있는 구성입니다.

시험에 자주 출제되거나

앞으로 출제될 가능성이 높은

주요 키워드를 추리고

핵심이론을 정리하여

사회복지사 1급 시험 범위를

빠르게 살펴볼 수 있습니다.

2

기출분석을 통해
우선순위를 정했습니다.

앞으로의 시험에 대한 실마리는

이전 기출에서 찾을 수 있습니다.

6개년 기출분석을 통해

각 키워드의 출제 추이를 확인하고,

다음 시험에는 어떤 문제들이 출제될지

가늠하여 집중적으로 대비할 수 있습니다.

에듀윌 사회복지사 1급 핵심요약집,

이것이 다릅니다

3

핵심이론과 필수문제를
모두 수록했습니다.

요약집이라고 해서

이론만 담을 순 없습니다.

키워드별 핵심이론을 학습한 후

이론과 연결되는 필수문제와

영역별 더 풀어볼 TEST를 풀며

문제해결능력을 기릅니다.

4

8개 영역의 최빈출 핵심만
정리했습니다.

빈출이론에 대한 설명뿐 아니라

개념 간의 관계와 흐름까지도

한눈에 파악할 수 있는,

빈출노트를

휴대하기 편한

별책부록으로 제공합니다.

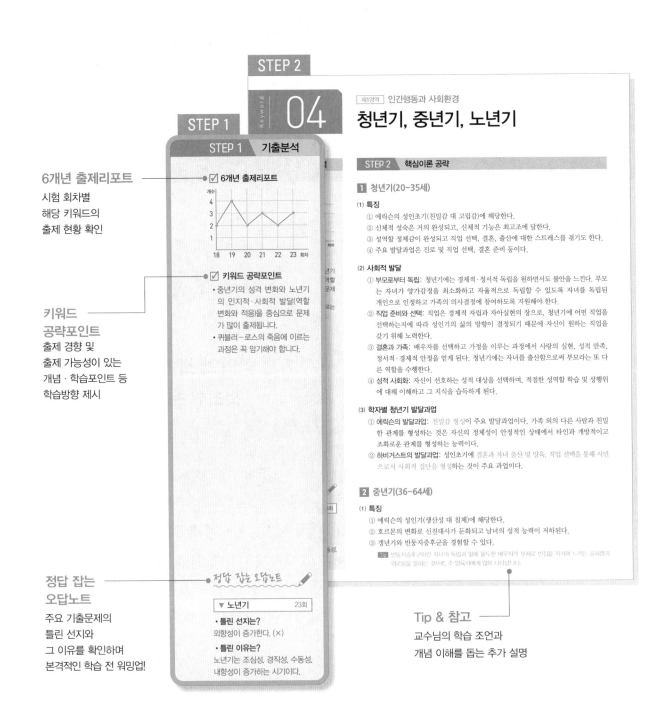

STEP 1 기출분석
최근 6년(2025~2020)간 출제된
키워드별 출제 추이와 공략포인트 확인!

STEP 2 핵심이론 공략
기출분석에서 추출해 낸 키워드를 중심으로
가장 중요한 이론만 효율적으로 공부!

STEP 2

Keyword
04

제1영역 인간행동과 사회환경
청년기, 중년기, 노년기

STEP 1

STEP 1 기출분석

6개년 출제리포트
시험 회차별
해당 키워드의
출제 현황 확인

☑ **6개년 출제리포트**

18 19 20 21 22 23 회차

☑ **키워드 공략포인트**
• 중년기의 성격 변화와 노년기
의 인지적·사회적 발달(역할
변화와 적응)을 중심으로 문제
가 많이 출제됩니다.
• 퀴블러-로스의 죽음에 이르는
과정은 꼭 암기해야 합니다.

**키워드
공략포인트**
출제 경향 및
출제 가능성이 있는
개념·학습포인트 등
학습방향 제시

STEP 2 핵심이론 공략

1 청년기(20~35세)

(1) 특징
① 에릭슨의 성인초기(친밀감 대 고립감)에 해당한다.
② 신체적 성숙은 거의 완성되고, 신체적 기능은 최고조에 달한다.
③ 성역할 정체감이 완성되고 직업 선택, 결혼, 출산에 대한 스트레스를 겪기도 한다.
④ 주요 발달과업은 진로 및 직업 선택, 결혼 준비 등이다.

(2) 사회적 발달
① 부모로부터 독립: 청년기에는 경제적·정서적 독립을 원하면서도 불안을 느낀다. 부모
는 자녀가 양가감정을 최소화하고 자율적으로 독립할 수 있도록 자녀를 독립된
개인으로 인정하고 가족의 의사결정에 참여하도록 지원해야 한다.
② 직업 준비와 선택: 직업은 경제적 자립과 자아실현의 장으로, 청년기에 어떤 직업을
선택하는지에 따라 성인기의 삶의 방향이 결정되기 때문에 자신이 원하는 직업을
갖기 위해 노력한다.
③ 결혼과 가족: 배우자를 선택하고 가정을 이루는 과정에서 사랑의 실현, 성적 만족,
정서적·경제적 안정을 얻게 된다. 청년기에는 자녀를 출산함으로써 부모라는 또 다
른 역할을 수행한다.
④ 성적 사회화: 자신이 선호하는 성적 대상을 선택하며, 적절한 성역할 학습 및 성행위
에 대해 이해하고 그 지식을 습득하게 된다.

(3) 학자별 청년기 발달과업
① 에릭슨의 발달과업: 친밀감 형성이 주요 발달과업이다. 가족 외의 다른 사람과 친밀
한 관계를 형성하는 것은 자신의 정체성이 안정적인 상태에서 타인과 개방적이고
조화로운 관계를 형성하는 능력이다.
② 하비거스트의 발달과업: 성인초기에 결혼과 자녀 출산 및 양육, 직업 선택을 통해 시민
으로서 사회적 집단을 형성하는 것이 주요 과업이다.

2 중년기(36~64세)

(1) 특징
① 에릭슨의 성인기(생산성 대 침체)에 해당한다.
② 호르몬의 변화로 신진대사가 둔화되고 남녀의 성적 능력이 저하된다.
③ 갱년기와 빈둥지증후군을 경험할 수 있다.
> **Tip** 빈둥지증후군이란 자녀의 독립과 일에 몰두한 배우자의 부재로 빈집을 지키며 느끼는 공허함과
> 외로움을 말하는 것으로, 주 양육자에게 많이 나타납니다.

정답 잡는 오답노트

▼ **노년기**   23회

• **틀린 선지는?**
외향성이 증가한다. (✕)

• **틀린 이유는?**
노년기는 조심성, 경직성, 수동성,
내향성이 증가하는 시기이다.

**정답 잡는
오답노트**
주요 기출문제의
틀린 선지와
그 이유를 확인하며
본격적인 학습 전 워밍업!

Tip & 참고
교수님의 학습 조언과
개념 이해를 돕는 추가 설명

핵심키워드만 공부하여 사회복지사 1급 개념 완성!

14개년 기출문제 & 예상문제

키워드별 필수 기출문제 & 예상문제를 통해
문제해결능력 향상

---

② 펙의 발달과업 – 심리적 적응
  ㉠ 직업역할 몰두에서 자아정체감 유지로 전환해야 한다.
  ㉡ 신체나 외모에 만족하는 것에서 사회적 관계나 창조적 활동
     전환해야 한다.
  참고 펙은 에릭슨의 인간발달단계 중 7단계(성인기)와 8단계(노년기)를 통해
       제시하였다.

⑷ 노년기에 대한 관점
  ① 분리이론
    ㉠ 노년기에는 사회적·심리적으로 철회하는 선천적 경향이 있어
       에게 몰두하나, 상대방에게는 무관심하다.
    ㉡ 노년기에 본인을 사회와 분리하는 것은 인생의 만족을 증가
       는 방법이다.
  ② 활동이론: 노년기 인생의 만족을 위해 능동적이고 적극적인
     양식을 유지하는 것이 좋다.
  ③ 성격과 생활양식이론
    ㉠ 나이 듦에 대한 포괄적 관점의 이론으로, 개인의 성격과 생활
       이 주요한 요인이 된다.
    ㉡ 노화는 개인의 성격을 바탕으로 하기 때문에 개인의 성격유
       고려해야 한다.
  ④ 비애와 죽음 관리: 죽음과 같은 상실에서 느끼는 애통함과 슬
     일정 시간이 지난다고 끝나는 일이 아니므로 개인의 여건에 맞
     용하고 극복할 수 있도록 정보제공과 지원이 필요하다.

🔍 퀴블러 로스의 죽음에 이르는 과정(비애의 과정)

죽음에 이르기까지 '부인(부정) → 격노와 분노 → 협상(타협) → 우울 → 수용'의 심
변화과정을 거친다.

부인(부정)	• 죽음에 대한 이야기를 사실로 받아들이지 않음. • 의사의 오진이라고 생각함.
격노와 분노	'왜, 나에게'라고 생각하여 가족이나 의사에게 분노를 표현함.
협상(타협)	상실을 일부 수용하고 의료진이나 종교에서의 절대자(신)와 협상 하려고 함.
우울	슬픔, 두려움에 대해 생각하고 이별할 수밖에 없는 것을 우울해함
수용	사실을 받아들임.

Tip 간단하지만 자주 출제되므로 각 단계의 순서와 내용을 잘 알아둡시다.

STEP 3

STEP 3 **필수문제 점검**

01
기출 20회

중년기(40~64세)에 관한 설명으로 옳은 것은?

① 펙은 신체 중시로부터 신체 초월을 중년
   기의 중요한 발달과제로 보았다.
② 결정성 지능은 감소하고 유동성 지능은
   증가한다.
③ 융에 따르면, 외부세계에 쏟았던 에너지
   를 자신의 내부에 초점을 두며 개성화의
   과정을 경험한다.
④ 여성은 에스트로겐의 분비가 감소되고 남
   성은 테스토스테론의 분비가 증가된다.
⑤ 갱년기는 여성만이 경험하는 것으로 신체
   적 변화와 동시에 우울, 무기력감 등 심리
   적 증상을 동반한다.

02
기출 21회

**노년기(65세 이상)에 관한 설명으로 옳지
않은 것은?**

① 주요 과업은 이제까지의 자신의 삶을 수
   용하는 것이다.
② 생에 대한 회상이 증가하고 사고의 융통
   성이 증가한다.
③ 친근한 사물에 대한 애착이 많아진다.
④ 치매의 발병 가능성이 다른 연령대에 비
   해 높아진다.
⑤ 내향성이 증가한다.

| 해설 |
01 ① 노년기의 중요 발달과제로 보았다.
   ② 중년기에는 유동성 지능은 감소하지만, 결정
      성 지능은 증가한다.
   ④ 여성, 남성 모두 각각의 성호르몬의 분비가
      감소한다.
   ⑤ 갱년기는 여성과 남성 모두 경험한다.
02 노년기에는 생에 대한 회상이 증가하지만, 일반
   적으로 새로운 것을 받아들이는 학습능력이 감
   소하며 사고의 융통성이 감소해 새로운 환경에
   적응하기를 거부하는 경향을 보인다.

정답 | 01 ③ 02 ②

더 풀어볼 TEST

영역별로 실전 대비를 위해 더 풀어볼 문제를
기출문제에서 엄선하여 제공

빈출노트

본책의 핵심이론을 정리한 빈출노트를 통해
전 영역 빈출개념 한눈에 확인

정답과 해설

문제풀이 후 정답과 그에 대한 정답해설
혹은 오답해설을 빠르게 확인

응시자격

1. 고등교육법에 따른 대학원에서 사회복지학 또는 사회사업학을 전공하고 석사학위 또는 박사학위를 취득한 자

   ※ 다만, 대학에서 사회복지학 또는 사회사업학을 선공하지 아니하고 동 석사학위를 취득한 자는 보건복지부령이 정하는 사회복지학 전공교과목과 사회복지관련 교과목 중 사회복지현장실습을 포함한(2004. 7. 31. 이후 입학생부터 해당) 필수과목 6과목 이상(대학에서 이수한 교과목을 포함하되, 대학원에서 4과목 이상을 이수하여야 한다). 선택과목 2과목 이상을 각각 이수하여야 한다.

2. 고등교육법에 따른 대학에서 보건복지부령이 정하는 사회복지학 전공교과목과 사회복지관련 교과목을 이수하고 학사학위를 취득한 자

3. 법령에서 고등교육법에 따른 대학을 졸업한 자와 동등 이상의 학력이 있다고 인정하는 자로서, 보건복지부령으로 정하는 사회복지학 전공교과목과 사회복지관련 교과목을 이수한 자

4. 외국의 대학 또는 대학원(단, 보건복지부장관이 인정한 대학 또는 대학원)에서 사회복지학 또는 사회사업학을 전공하고 학사학위 이상을 취득한 자로서 1. 및 2.의 자격과 동등하다고 보건복지부 장관이 인정하는 자

5. 다음에 해당하는 자로서 사회복지사 2급 자격증을 취득한 자 중에서, 그 자격증을 취득한 날부터 시험일까지의 기간 동안 1년 이상 사회복지사업의 실무경험이 있는 자

   ① 고등교육법에 의한 전문대학에서 보건복지부령이 정하는 사회복지학 전공교과목과 사회복지관련 교과목을 이수 후, 졸업한 자

   ② 법령에서 고등교육법에 따른 전문대학을 졸업한 자와 동등 이상의 학력이 있다고 인정하는 자로서 보건복지부령이 정하는 사회복지학 전공교과목과 사회복지관련 교과목을 이수한 자

   ③ 고등교육법에 따른 대학을 졸업하거나 이와 동등 이상의 학력이 있는 자로서 졸업 이후 보건복지부장관이 지정하는 교육훈련기관에서 12주 이상의 사회복지사업에 관한 교육훈련을 이수한 자

   ④ 종전의 사회복지사업법(법률 제14923호로 개정되기 전)에 따라 사회복지사 3급 자격증을 취득한 이후 3년 이상 사회복지사업의 실무경험이 있는 자

   ※ 자세한 사항은 사회복지사 1급 홈페이지(http://www.q-net.or.kr/site/welfare) 참고

소소한 Q&A

Q 사회복지사 1급 시험의 합격률은 어떻게 되나요?

최근 7년간 평균 합격률은 38.9%로, 1년에 1회만 실시되는 시험이라는 점을 고려하면 합격률이 높은 시험은 아닙니다. **A**

Q 사회복지사의 근무 환경은 어떤가요?

사회복지사는 서비스를 제공하기 위해 대상자를 직접 방문하는 경우가 많고, 각종 야외행사도 진행해야 하기 때문에 외근 업무가 많은 편입니다. 뿐만 아니라, 자원봉사자 모집이나 대상자 교육 프로그램 등의 기획·행정 업무도 합니다. 일선 사회복지사의 직무만족도는 5점 만점 기준 3.5점으로 조사되었습니다(출처: 2024년 사회복지사 통계연감). 사회복지사의 처우 개선을 위한 사회복지 관련 정책 및 법령은 꾸준히 발전하고 있습니다.

구분	시험영역	문항	배점	시험시간	시험 방식
1교시 사회복지기초	인간행동과 사회환경	각 영역당 25문항	50점	50분	객관식, 5지택일형
	사회복지조사론				
2교시 사회복지실천	사회복지실천론		75점	75분	
	사회복지실천기술론				
	지역사회복지론				
3교시 사회복지정책과 제도	사회복지정책론		75점	75분	
	사회복지행정론				
	사회복지법제론				

- 시험 관련 법령 등을 적용하여 정답을 구하여야 하는 문제는 시험 시행일 현재 시행 중인 법령을 기준으로 합니다.

- 매 과목 4할 이상, 전 과목 총점의 6할 이상을 득점한 자를 합격예정자로 결정합니다.
- 사회복지사 1급 국가시험 합격예정자는 한국사회복지사협회에서 응시자격 서류심사를 실시하며, 응시자격 서류를 기한 내에 제출하지 않거나 심사결과 부적격자인 경우에는 최종 불합격으로 처리합니다. 즉, 필기시험에 합격하고 응시자격 서류심사에 통과한 자를 최종 합격자로 결정합니다.
- 최종 합격자 발표 후라도 제출된 서류 등의 기재 사항이 사실과 다르거나 응시자격 부적격 사유가 발견될 때에는 합격이 취소됩니다.

Q 사회복지사의 향후 전망과 1급 자격증 취득 후 진로에 대해 알고 싶어요.

A

2021 한국직업전망에 따르면, 사회복지사는 향후 10년간 일자리 수요가 증가할 것으로 예상되는 직업에 포함되어 있습니다. 향후 10년간 사회복지사는 2019년 약 10만 천 명에서 2029년 약 12만 3천 명으로 2만 2천 명 정도 증가할 것으로 전망됩니다.

사회복지전담공무원의 채용 또한 대규모로 이루어지고 있으며 사회복지가 국가의 주요 정책으로 부각되면서 사회복지 전문인력에 대한 필요성이 꾸준히 제기되고 있습니다.

사회복지사는 주로 사회복지관, 노인복지관, 장애인복지관, 지역아동센터 등의 이용시설이나 장애인생활시설, 아동양육시설, 노인요양시설 등 생활시설로 진출합니다. 결원이 발생하면 대체로 수시채용의 형태로 인력을 보충하며, 1급 자격증 소지자를 자격요건으로 두는 곳이 많습니다.

병원이나 학교, 연구기관 등에서 근무하고자 한다면 석사학위 이상 취득하는 것이 좋으며, 이 경우 공개채용의 형태가 많습니다.

이 책의 차례
CONTENTS

손용근
사회복지실천기술론
사회복지정책론
사회복지행정론
사회복지법제론

어렵기만 한 사회복지사 1급 시험의 합격을 위한 한 걸음!

사회복지사 1급 시험 공부에 어려움을 느끼는 수험생들 위하여 사회복지사 1급 핵심요약집을 야심차게 준비했습니다. 본서에서는 키워드별로 출제리포트와 공략포인트를 통해 중요도와 학습방법을 소개하고, 실수를 최소화하기 위한 오답노트 코너를 수록하였습니다. 최중요·최빈출 이론만을 엄선한 것은 물론이고, 필수문제까지 수록하여 핵심개념의 완벽한 점검을 돕습니다. 본서로 합격이라는 기쁨을 얻을 수 있기를 바랍니다.

사회복지사 1급 시험의 개념을 한 번 더 다질 수 있도록!

사회복지사 1급 시험에 도전하는 여러분, 안녕하세요. 인간행동과 사회환경을 함께 공부할 최승희입니다. 본 과목은 사회복지현장에서 매우 넓게 활용되는 분야입니다. 그렇기 때문에 익숙하면서도 새롭게 느껴지는 분야이기도 합니다. 본서가 여러분이 학습한 내용을 한 번 더 다질 수 있는 기회가 되기를 바랍니다. 마지막 과정까지 파이팅하세요!

최승희
인간행동과 사회환경

강혜원
사회복지조사론

최빈출 개념, 핵심 내용만 다시 한번 쏙쏙!

사회복지조사론은 어려운 개념과 이론들이 많이 등장하기 때문에 반복학습이 가장 중요합니다. 핵심요약집은 통합이론서의 풍부한 설명내용을 압축하여 시험 막바지에 최종 정리과정에서 유용한 책입니다. 통합이론서와 병행하며 수험기간 마지막까지 반복하여 학습한다면, 좋은 결과가 있을 것이라 믿습니다.

수험생 여러분의 합격을 기원합니다!

사회복지실천론은 사회복지실천에 대한 이념과 철학을 기반으로 사회복지의 실천이론과 실천방법론을 설명하는 과목입니다. 이러한 과목의 특성으로 학습에서는 개념 숙지가 필수이며, 이를 중심으로 실천에 어떻게 적용되는지를 이해한다면 실천기술론 및 지역사회복지론 등 다른 과목의 이해에도 많은 도움이 될 것입니다.

신경안
사회복지실천론

임화영
지역사회복지론

사회복지의 꿈을 가지고 열정으로 나아가는 여러분을 응원합니다!

지역사회복지론은 사회복지사 1급 자격을 취득하기 위한 시험에서 넘어야 할 험한 산 중 하나입니다. 암기해야 하는 부분이 많기 때문입니다. 그러나 여러분이 지금 거주하고 있는 대한민국, ○○도, △△시, □□동에서 실천되고 있는 사회복지와 관련된 내용을 이해하고, 현장에서 가장 가깝게 마주하게 될 사회복지제도와 기관을 미리 만난다는 기분으로 공부한다면, 반드시 좋은 결과가 따라올 것이라고 믿습니다. 도전의 길을 걷고 있는 수험생 여러분과 동행하겠습니다!

1교시

사회복지 기초

기출에서 뽑아낸

핵심키워드 모아보기

제1영역 인간행동과 사회환경

제2영역 사회복지조사론

SOCIAL WORKER

인간발달의 전제와 원리

☑ **6개년 출제리포트**

☑ **키워드 공략포인트**

인간발달의 특징과 원리는 반드시 알아야 합니다. 기출문제를 반복적으로 풀어보며 응용력을 기르는 것이 좋습니다.

정답 잡는 오답노트

▼ **인간발달의 원리** 21회

• **틀린 선지는?**
영아기에서 노년기까지 시간 흐름의 과정이다. (×)

• **틀린 이유는?**
인간의 발달은 태내기부터 해당한다.

STEP 2 핵심이론 공략

1 사회복지실천에서 인간행동의 이해

① **환경 속의 인간**: 인간행동은 인간이 사회와 내·외적으로 다양하게 상호작용한 결과이다. 따라서 사회복지사는 인간과 환경을 통합된 관계로 보고 인간의 행동을 '환경 속의 인간'의 관점에서 이해해야 한다.

② **전 생애 발달에 대한 이해**: 사회복지사는 인간의 신체적·심리적·사회적 발달이 전 생애에 걸쳐 진행된다는 점을 숙지하고 인간행동을 이해해야 한다.

③ **이상행동·부적응행동에 대한 이해**: 사회복지사는 인간의 이상행동·부적응행동을 이해하여 대상자를 통합적으로 이해해야 한다.

④ **인간의 성격에 대한 이해**: 인간의 발달과정과 성격을 이해함으로써 행동의 이유와 변화를 예측할 수 있다. 따라서 인간행동의 변화를 예측하고 바람직한 방향으로 변화시키기 위해 인간 성격에 대한 이해가 필요하다.

2 인간의 발달

(1) 발달

① 신체적·심리적·사회적 측면 등 전인적 측면에서 전 생애에 걸쳐 일어나는 변화로, 양적·질적 변화를 모두 포함한다.

② 상승적 변화와 퇴행적 변화, 안정과 변화를 포괄하는 과정이다.

③ 유전적 요인과 환경의 상호작용에 의한 총체적 변화과정이다.

④ 발달과 유사한 개념

성장	시간의 흐름에 따라 신체나 지적 능력이 양적으로 증가하는 것
성숙	• 유전 인자가 지니고 있는 정보에 따른 변화 • 신체의 성장, 지적 성장 등과 같은 긍정적인 변화를 표현할 때 사용
학습	출생 후 훈련과 연습에 의해 일어나는 개인의 내적 변화

(2) 인간발달의 영역

① **신체적 영역**: 유전적 요인에 따른 성숙과 영양 상태, 운동량 등과 같은 환경적 자원의 결과로서 발달하고 변화하는 부분을 말한다.

> **Tip** 신체적 영역인 개인의 기질이나 유전적 요인은 심리적·사회적 영역의 발달에도 영향을 미칩니다.

② **심리적 영역**: 인간의 인지, 정서, 행동의 측면으로 구성된다.

③ **사회적 영역**: 가족, 집단, 조직, 사회 등에서 개인의 역할 및 상호작용 등으로 구성된다.

(3) 인간발달의 특징과 원리

① 출생부터 죽음에 이르기까지 전 생애에 걸쳐 발달이 이루어진다.

② 유전적 요인과 환경적 요인이 상호작용하여 발달이 이루어진다.

③ 발달은 일련의 과정에 따라 유전적 요인에 지배되며, 적절한 시기에 이전 단계의 발달을 바탕으로 다음 단계의 발달이 이루어진다(점성원리).

④ 어릴 때의 발달이 이후 발달의 기초가 된다(기초성).

⑤ 어떤 시기의 결손은 누적되어 다음 단계에 영향을 미친다(누적성).

⑥ 발달은 연속적이고 점진적이며 축적된 변화이다(연속성).

⑦ 발달은 보편적인 과정을 거치지만, 환경과 유전적 요인에 따른 개인 차가 발생한다.

⑧ 발달은 일정한 순서로 진행되는 경향이 있어 예측이 가능하다.
　　예 상체 → 하체, 중심 → 말초

⑨ 신체 및 심리적 발달이 이루어지는 최적의 시기가 있다(적기성).

⑩ 특정 단계의 발달이 제대로 이루어지지 못하면 추후에 충분한 보상이 제공되어도 원래의 발달상태로 회복하기 어렵다(불가역성).

3 발달단계에 따른 주요 발달과업

발달단계	주요 발달과업
영아기	신체적 성장, 감각 및 운동 기능의 성숙, 감정의 분화, 애착의 확립
유아기-걸음마기	자아를 의식하기 시작, 자율적·독립적인 존재로 발달, 운동능력의 정교화, 언어능력 발달, 자기통제능력 습득
유아기-학령전기	기초 수준의 도덕성 발달, 성(性)역할 개념이 자리 잡기 시작, 집단놀이
아동기	왕성한 신체 활동, 구체적 조작사고, 학습능력과 기술 습득, 사회적 규범의 학습, 팀 놀이, 도덕성 발달
청소년기	자아정체감 확립, 신체적·성(性)적 성숙, 형식적 조작사고, 친구관계 중요시
청년기	부모로부터 독립, 직업 준비와 선택, 결혼 및 가정 형성, 사회적 성취의 기반 형성
중년기	사회적 책임 수행, 직업생활과 가정생활 유지 및 관리, 신체적·인지적 변화에 대한 대응
노년기	노화로 인한 변화(**예** 은퇴, 배우자 사망)에 대한 적응, 변화하는 감각과 행동에 대한 대응, 죽음에 대한 두려움 극복

Tip 학자마다 발달단계를 구분하는 연령은 차이가 있습니다. 각 발달기의 명칭이나 극히 세세한 나이보다는 연령대와 각 단계에 맞는 주요 발달과업이 무엇인지를 아는 것이 더욱 중요합니다.

01
기출 21회

이상행동과 사회복지실천에 관한 설명으로 옳지 않은 것은?

① 사회문화적 규범에서 벗어나거나 개인과 타인에게 불편과 고통을 유발하는 행동이다.

② 유일한 진단분류체계로 '정신질환 진단 및 통계편람(DSM)'이 있다.

③ 이상행동의 개념은 사회문화, 역사진행 과정의 영향을 받는다.

④ 정신건강사회복지사가 전문실천가로 활동한다.

⑤ 이상행동은 클라이언트들이 겪는 문제의 원인이나 결과가 되기도 한다.

02
기출 22회

인간발달이론이 사회복지실천에 미친 영향으로 옳지 않은 것은?

① 스키너 이론은 행동결정요인으로 인지와 정서의 중요성을 이해하는 계기를 제공하였다.

② 융 이론은 중년기 이후의 발달을 이해하는 데 도움을 제공하였다.

③ 에릭슨 이론은 생애주기별 실천개입의 기반을 제공하였다.

④ 프로이트 이론은 인간행동의 무의식적 측면을 심층적으로 분석할 수 있는 기반을 제공하였다.

⑤ 매슬로우 이론은 인간의 욕구를 파악할 수 있는 근거를 마련하였다.

| 해설 |

01 정신질환 진단 및 통계편람(DSM)은 현재 세계적으로 가장 널리 사용되지만 유일한 진단 분류 체계는 아니다.

02 반복 학습 기법과 정서적 안정을 제시한 피아제의 인지발달이론과 관련된 설명이다. 스키너 이론은 자율적 인간이란 존재할 수 없다는 전제 하에 행동결정요인을 동기화하는 외적 자극에 집중하였다.

정답 | 01 ② 02 ①

태아기, 영아기, 유아기

✅ 6개년 출제리포트

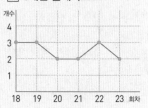

✅ 키워드 공략포인트

- 인간의 성장발달단계는 가장 출제 빈도가 높습니다.
- 유아기에서도 걸음마기와 학령 전기의 차이를 구분하는 것이 중요합니다. 시기별 인지적 발달의 내용은 다른 키워드의 학습에서도 중요한 기반이 되는 내용입니다.

정답 찾는 오답노트

▼ 영아기   21회

- **틀린 선지는?**
정서발달은 긍정적 정서를 표현하는 것에서 시작하여 점차 부정적 정서까지 표현하게 된다. (×)

- **틀린 이유는?**
영아기의 1차 정서에는 기쁨, 슬픔, 놀람, 공포 등 긍정적·부정적 정서가 모두 포함된다.

STEP 2   핵심이론 공략

1 태아기

(1) 특징
① 수정부터 출생까지의 기간이다.
② 태아기에 형성된 신체구조와 기능은 전 생애의 신체구조와 행동발달의 기초가 된다.

(2) 태아발달에 영향을 미치는 요인
① 유전적 요인
   ㉠ 대개의 발달은 유전인자에 의해 진행된다.
   ㉡ 유전적 요인에 의한 발달장애

혈우병	혈액이 응고되지 않는 장애로, X염색체의 열성유전자에 기인함.
터너증후군	2차성징이 거의 나타나지 않는 특징이 있으며, X염색체를 하나만 가진 여성에게 나타남.
클라인펠터증후군	X염색체를 2개 이상 가진 남성에게 여성의 2차성징이 나타남.
다운증후군	특징적 외견을 가지며, 21번 염색체가 하나 더 있어 총 염색체 수가 47개임.
페닐케톤뇨증	특징적 외견을 가지며, 단백질 속 페닐알라닌을 분해하는 효소가 결핍된 열성유전자에 기인함.
묘성증후군	고양이 울음소리와 비슷한 울음을 주 증상으로 하며, 염색체 이상으로 나타남.

② 환경적 요인
   ㉠ 임신부의 연령, 영양 및 정서 상태, 약물복용과 질병, 음주와 흡연 등의 환경적 요인은 태아발달에 영향을 미친다.

> **Tip** 임신부의 학력은 태아발달에 영향을 미치지 않습니다.

   ㉡ 임신 중 알코올 섭취 시 태아알코올증후군이 나타날 수 있다.

2 영아기(출생~2세)

(1) 특징
① 프로이트의 구강기, 에릭슨의 영아기(신뢰감 대 불신감), 피아제의 감각운동기에 해당한다.
② 제1 성장 급등기로, 급격한 신체발달이 이루어지며 행동이 정교화·분화되고 의미 있는 행동을 형성하기 시작한다.
③ 주 양육자와 신뢰감 있는 관계를 맺음으로써 대인관계와 사회적 발달의 기반을 마련한다.

(2) 신체적 발달

① 신생아의 두개골에는 6개의 숫구멍이 존재한다.

② 몸통이 가장 먼저 성장하고, 그다음 팔다리, 손발의 순서로 성장한다.

③ 신체적 성장은 생물학적(유전적) 요인뿐만 아니라 환경적 요인의 영향도 많이 받는다.

④ 신생아의 반사행동

㉠ 생존반사

근원반사 (젖찾기반사)	입 주위에 자극을 주면 그 자극을 향해 고개를 돌리고 입을 벌려 찾는 것으로, '먹이'라는 자극물을 찾아가는 반사운동
빨기반사	입에 닿는 것을 빠는 반사운동
연하반사	무언가를 빨고 삼키는 반사운동

㉡ 원시반사

모로반사	큰 소리가 나면 팔과 다리를 쫙 펴고 무언가를 껴안으려는 듯하며, 머리를 뒤로 젖히는 반응을 보이는 반사운동
걸음마반사 (걷기반사)	발이 바닥에 닿으면 걷는 듯한 모습을 보이는 반사운동
파악반사 (쥐기반사)	손바닥에 물체가 닿으면 쥐는 것과 같은 반응을 보이는 반사운동
바빈스키반사	발바닥을 간질이면 엄지발가락은 구부리고 나머지 네 발가락은 쫙 펴는 반응을 보이는 반사운동

(3) 인지적 발달

① 영아는 직접 보고, 듣고, 느끼고, 행동하는 것에 의존한다. 즉, 감각기관과 운동기능을 통해 세상을 이해한다.

② 영아는 자신의 직관과 자신이 속한 환경에서 탐색하며 세상을 이해하고, 감각운동을 통해 지능발달을 도모한다.

③ **목적지향적 행동**: 자신의 행동에 대한 결과를 예측하면서 목적지향적이고 의도적인 행동을 한다.

> 예 영아에게 보여 준 장난감을 가림판 뒤로 숨기면, 영아가 장난감을 보기 위해 가림판을 치우려는 행동을 하는 것

④ **대상영속성 습득**: 생후 9~10개월 즈음의 영아는 어떤 대상이 시야에서 사라지거나 소리가 들리지 않아도 그것이 계속 존재한다고 믿는 대상영속성을 습득한다.

> 예 어머니가 눈앞에 보이지 않아도 잠시 자리를 비운 것임을 이해하는 것

⑤ **정신적 표상**: 누군가의 행동을 따라 하다가 눈앞에 없는 사물이나 사건들을 정신적으로 다시 그려내고 생각하면서 점차적으로 지연모방을 한다.

> 예 어떤 행동을 보고 시간이 지난 뒤 따라 해 보는 것은 인상 깊었던 행동에 대한 정신적 표상을 갖게 되는 것

 지연모방

어떤 행동을 목격하고 일정 시간이 지난 뒤 그 행동을 자발적으로 재현하는 것

(4) 정서적 발달

① 애착형성: 영아와 주 양육자 사이에 애정적 유대관계가 형성된다.
② 낯가림: 생후 5~15개월의 영아는 애착형성의 반작용으로 낯선 사람에게 불안반응을 보인다. 주 양육자와 낯선 사람을 구분하는 것은 탐색활동이 이루어진다는 증거이다.
③ 분리불안: 애착을 느끼는 대상과 분리되면 불안해한다.
④ 정서분화: 영아기 초기에는 기쁨, 슬픔, 놀람, 공포 등 1차 정시가 나타나고, 첫돌이 지나면 수치, 죄책감 등 2차 정서가 나타난다. **Tip** 긍정적·부정적 감정이 모두 나타납니다.

3 유아기 - 걸음마기(2~4세)

(1) 특징

① 프로이트의 항문기, 에릭슨의 초기아동기(자율성 대 수치심과 의심), 피아제의 전조작기 전기(전개념적 사고단계)에 해당한다.
② 꾸준한 신체발달과 인지·언어 발달이 두드러진다.
③ 3세경에는 걸음걸이가 정교화되어 달리기와 같은 운동능력이 발달한다.
④ 대상의 상징화와 내면화 과정이 이루어지지만 성숙한 개념으로 발달시키지는 못한다.

(2) 인지적 발달

상징적 사고	주로 언어를 습득하고 상상력이 풍부해지는 전조작기에 습득함.
가상놀이	가상의 사물이나 상황을 실제의 사물이나 상황으로 상징화해서 노는 것
물활론적 사고	무생물이 생명의 특성(예 감정, 생각)을 가지고 있다고 생각함.
자기중심적 사고	본인과 타인을 구분할 수는 있지만 타인의 입장을 이해하지 못함. 즉, 자신의 관점에서 다른 사람의 감정이나 사고를 예측함.
인공론적 사고	모든 사물과 자연현상은 사람들의 의도와 용도에 맞게 쓰도록 만들어진 것이라고 믿는 것
전환론적 추론	두 사건이 연이어서 일어났을 때, 서로 관계가 없어도 인과관계에 있다고 생각하는 것으로, 특정 사건으로부터 다른 특정 사건을 추론하는 것

(3) 심리사회적 발달

① 자율성 발달
  ㉠ 제1 반항기: 본인과 타인이 다르다는 것을 알게 되면서 자기주장과 반항적 행동을 함으로써 자신이 원하는 방식대로 하려고 한다.
  ㉡ 대소변 훈련: 유아가 개인의 자율성과 사회적 요구 사이의 갈등을 겪는 최초의 경험으로, 대소변 훈련을 통해 자신의 몸을 통제하고 자신에게 요구된 일을 잘할 수 있다는 생각을 하게 되면서 자율성이 생긴다.
② 자기통제력 발달
  ㉠ 상황에 따라 행동을 수정하는 능력, 요구에 응하는 능력, 다른 사람의 지도나 지시를 받지 않고 스스로 사회적으로 바람직한 방식으로 행동하는 능력이 발달한다.
  ㉡ 자기통제력이 발달함에 따라 어떻게 행동할지를 이전의 행동과 비교하면서 상황을 평가·해석하는 인지를 할 수 있게 된다.

③ 성역할 발달: 남녀 간 성 차이를 이해하기 시작한다.

성역할 (gender)	생물학적인 성의 의미를 넘어서 사회화되는 과정에서 학습되는 남녀의 행동 양식과 규범
성 정체감	자신이 남자 혹은 여자라는 사실을 인식하고 자신의 성을 범주화함.
성역할 고정관념	성별 역할에 대한 사회적 규범

4 유아기 - 학령전기(4~6세)

(1) 특징
① 프로이트의 남근기, 에릭슨의 학령전기(주도성 대 죄의식), 피아제의 전조작기 후기(직관적 사고단계)이자 타율적 도덕성단계, 콜버그의 전인습적 도덕기에 해당한다.
② 또래집단과 상호작용하며 사회기술을 습득하고, 구조화되고 현실지향적인 집단놀이에 흥미를 가진다.
③ 자신과 다른 성별의 부모에 관심을 갖는 시기로, 오이디푸스 콤플렉스, 엘렉트라 콤플렉스가 나타난다.

(2) 인지적 발달
① 학령전기 아동은 지각적 특성에 따라 판단하기 때문에 보존개념을 형성하기 어렵다.
② 보존개념 발달을 어렵게 하는 학령전기 아동의 인지적 특성

중심화	상황의 한 가지 측면만 보고, 다른 측면은 무시함.
비가역적 사고	변화의 과정을 되밟아가며 사고하지 못함.
직관적 사고	어떤 대상이나 상태가 갖는 속성 중 가장 두드러진 지각적 특징을 중심으로 판단함.

(3) 심리사회적 발달
① 자아개념과 자아존중감을 형성한다.
② 또래집단과의 활동으로 자기중심성이 완화되고, 자신에게 중요한 타인의 반응에 따라 자아개념이 긍정적 혹은 부정적으로 형성된다.
③ 5~6세경 방어기제를 학습해 자신의 감정을 숨기거나 다른 방식으로 가장하는 법을 배운다.

(4) 학자별 도덕성의 발달
① 프로이트: 초자아가 발달하며, 동성부모와 자신을 동일시하면서 도덕성이 발달한다.
② 피아제: 성인에게 두려움을 갖고 권위에 복종하며 타율적 도덕성이 발달한다.
③ 콜버그: 사회적 규칙을 내면화하면서 기초 수준의 도덕성이 발달하는 전인습적 도덕기에 해당한다.

STEP 3 필수문제 점검

01
기출 21회

신생아기(출생~1개월)의 반사운동에 관한 설명으로 옳지 않은 것은?

① 바빈스키반사는 입 부근에 부드러운 자극을 주면 자극이 있는 쪽으로 입을 벌리는 반사운동이다.
② 파악반사는 손에 닿는 것을 움켜쥐고 놓지 않으려는 반사운동이다.
③ 연하반사는 입 속에 있는 음식물을 삼키려는 반사운동이다.
④ 모로반사는 갑작스러운 외부자극에 팔과 다리를 쭉 펴면서 껴안으려고 하는 반사운동이다.
⑤ 원시반사에는 바빈스키, 모로, 파악, 걷기 반사 등이 있다.

02
기출 21회

유아기(3~6세)에 관한 설명으로 옳은 것은?

① 남아는 오이디푸스 콤플렉스를 경험하고 여아는 엘렉트라 콤플렉스를 경험한다.
② 콜버그에 의하면 인습적 수준의 도덕성 발달단계를 보인다.
③ 피아제의 구체적 조작기에 해당되며 상징적 사고가 가능하다.
④ 인지발달은 상위 개념과 하위 개념을 구분하여 완전한 수준의 분류능력을 보인다.
⑤ 영아기에 비해 성장 속도가 빨라지며 지속적으로 성장한다.

| 해설 |
01 근원반사(젖찾기반사)에 관한 설명이다. 바빈스키반사는 발바닥을 간질이면 엄지발가락을 구부리면서 다른 네 발가락은 쫙 펴는 반응을 보이는 반사운동이다.
02 ②, ④ 아동기에 관한 설명이다.
③ 구체적 조작기는 아동기에 해당한다.
⑤ 유아기는 제1 성장 급등기인 영아기에 비해 성장 속도는 느리지만 지속적으로 성장한다.

정답 | 01 ① 02 ①

아동기, 청소년기

✅ **6개년 출제리포트**

개수

✅ **키워드 공략포인트**

- 청소년기의 자아정체감 형성에 관한 문제가 자주 출제됩니다.
- 구체적 조작기와 형식적 조작기의 인지적 특성을 묻는 문제가 출제되므로, 피아제의 이론과 관련지어서 이해하는 것이 좋습니다.

정답 잡는 오답노트

▼ **청소년기**   22회

- **틀린 선지는?**
아동기(7~12세) – 자아정체감 확립 (×)

- **틀린 이유는?**
자아정체감 확립은 청소년기의 주요 과업이다.

1 아동기(7~12세)

(1) 특징

① 프로이트의 잠복기, 피아제의 구체적 조작기, 에릭슨의 학령기(근면성 대 열등감)에 해당한다.

② 자신감과 과업 달성을 위해 긍정적 지지가 필요한 시기이며, 또래친구와 관계를 형성하며 사회화되는 주요 시기이다.

③ 논리적 사고를 할 수 있고, 물활론적 사고가 감소한다.

④ 성에너지가 무의식 속으로 잠복하는 시기이다.

(2) 신체적 발달

① 남아보다 여아의 신체적 발달이 빠르게 진행된다.

② 유치가 영구치로 바뀐다.

③ 운동능력이 발달하여 행동의 속도와 정확성이 높아진다.

(3) 인지적 발달

① 구체적 조작기

ㄱ 구체적인 세계(사물과 행위)에 대한 체계적 사고능력이 발달한다.

ㄴ 사고능력이 구체적인 수준에서 논리적인 수준으로 변하면서 사고발달의 방해요인이었던 전조작기의 자기중심성, 중심화, 비가역적 사고를 극복한다.

- 자기중심성 극복: 타인의 입장, 감정, 인지 등을 추론하고 이해할 수 있다.
- 탈중심화: 다른 사람의 입장을 이해하는 능력이 발달하면서 다양한 변수를 고려해 상황과 사건을 파악하고 조사하는 등 복잡한 사고를 할 수 있다.
- 가역적 사고: 사고가 진행되어 온 과정을 되밟아서 사고할 수 있다.

② 인지적 발달로 동일성, 보상성, 역조작 사고와 같은 논리적 사고가 가능해지고, 융통성 있는 사고를 할 수 있다.

③ 동일성의 개념을 획득하면서 보존개념까지 확립한다.

④ 분류화: 대상의 차이점을 구별하고 범주화할 수 있는 능력을 획득한다.

⑤ 서열화: 특정한 속성이나 특징을 기준으로 순서대로 배열하는 능력을 획득한다.

⑥ 조합기술 획득: 일정 수의 사물을 다른 방식으로 분류해도 수가 변하지 않음을 이해하는 능력으로, 덧셈·뺄셈 등의 산수가 가능해진다.

(4) 학자별 도덕성의 발달

① 피아제: 행위의 결과가 아닌 의도에 따라 판단하는 자율적 도덕성단계에 해당한다.

② 콜버그: 다른 사람의 승인을 얻거나 사회질서를 유지하기 위해 규칙과 사회적 규범을 따르려 하는 인습적 수준의 도덕성단계에 해당한다.

2 청소년기(13~19세) [참고] 질풍노도의 시기. 심리적 이유기. 주변인 시기. 제2 반항기. 제2 성장 급등기라고도 한다.

(1) 특징

① 프로이트의 생식기, 피아제의 형식적 조작기, 에릭슨의 청소년기(자아정체감 대 역할혼란)에 해당한다.

② 성적 성숙은 감정 기복의 원인이 되기도 한다.

③ 완성되지 않은 자아정체감과, 이상적 자아와 현실적 자아의 괴리로 갈등을 느끼는 심리사회적 유예기이다.

④ 추상적 사고·조합적 사고·가설 설정·연역적 추론과 같은 형식적 조작사고를 할 수 있다.

⑤ 부모의 통제를 원치 않으면서도 부모의 지지와 승인이 필요한 시기로, 부모보다는 친구나 자기 자신에 대한 의존성이 높아진다.

⑥ 또래집단의 인정에 대한 욕구가 강하며, 또래집단의 영향력이 가장 큰 시기이다.

(2) 청소년기의 자기중심성

상상 속의 관중	자신을 무대 위의 주인공처럼 여기고 타인은 자신에게 집중하는 관중으로 생각함.
개인적 우화	자신의 감정과 사고가 너무 독특해서 다른 사람은 이해할 수 없을 것이라고 생각함.

(3) 자아정체감

① 자아정체감 확립이 청소년기의 주요 발달과업으로, 이를 이루지 못하면 이후 결정의 순간마다 어려움을 겪을 수 있다.

② 마샤의 자아정체감의 네 가지 범주: 마샤는 '위기'와 '전념'을 기준으로 자아정체감을 분류하였다.

정체감 성취	자아정체감의 위기를 성공적으로 극복한 상태
정체감 유예	자아정체감 위기의 상태에 있으면서 자아정체감 형성을 위해 다양한 역할, 신념, 행동 등을 시도하고 있지만 의사결정을 내리지 못한 상태
정체감 유실	부모나 사회의 가치관을 그대로 자신의 것으로 받아들여 위기도 경험하지 않고 쉽게 의사결정을 내리지만 독립적인 의사결정을 하지 못하는 상태
정체감 혼란	자아정체감 확립을 위한 노력을 하지 않고 기존 가치관에 대한 의문도 제기하지 않는 상태

[Tip] 마샤의 자아정체감 4범주는 출제 빈도가 높습니다. 정체감 유예와 정체감 유실을 혼동하지 않도록 주의해야 합니다.

STEP 3 필수문제 점검

01 기출 23회

아동기(7~12세)의 발달에 관한 설명으로 옳지 않은 것은?

① 가역적 사고가 발달한다.

② 단체놀이를 통해 분업의 원리를 학습한다.

③ 운동기술이나 근육의 협응능력이 정교해진다.

④ 형식적 조작사고에서 구체적 조작사고로 전환된다.

⑤ 에릭슨은 근면성의 발달을 중요한 과업으로 보았다.

02 기출 20회

엘킨드가 제시한 청소년기(13~19세) 자기중심성에 관한 내용으로 옳지 않은 것은?

① 다른 사람이 경험하는 위기가 자신에게는 일어나지 않으리라 믿는다.

② 상상적 관중을 의식하여 작은 실수에 대해서도 번민한다.

③ 자신의 감정이나 경험이 매우 특별하다고 생각한다.

④ 자신과 타인에 대해 객관적으로 이해하고 판단한다.

⑤ 자신이 타인으로부터 집중적인 관심의 대상이 된다고 믿는다.

| 해설 |

01 아동기에는 피아제의 구체적 조작사고가 진행되며, 청소년기에 들어서면서 형식적 조작사고가 진행된다.

02 자기중심성이란 자기 자신에게 강하게 몰두하며 자신과 타인의 관심사를 적절하게 구분하지 못하는 인지적 경향성이다. 청소년기에는 자기중심성이 강해 자신과 타인을 객관적으로 이해하고 판단하기 어렵다.

정답 | 01 ④ 02 ④

청년기, 중년기, 노년기

STEP 1 기출분석

☑ 6개년 출제리포트

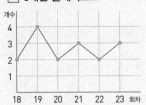

☑ 키워드 공략포인트
• 중년기의 성격 변화와 노년기
의 인지적·사회적 발달(역할
변화와 적응)을 중심으로 문제
가 많이 출제됩니다.
• 퀴블러-로스의 죽음에 이르는
과정은 꼭 암기해야 합니다.

정답 잡는 오답노트

▼ 노년기　　　　23회

• 틀린 선지는?
외향성이 증가한다. (×)

• 틀린 이유는?
노년기는 조심성, 경직성, 수동성,
내향성이 증가하는 시기이다.

STEP 2 핵심이론 공략

1 청년기(20~35세)

(1) 특징
① 에릭슨의 성인초기(친밀감 대 고립감)에 해당한다.
② 신체적 성숙은 거의 완성되고, 신체적 기능은 최고조에 달한다.
③ 성역할 정체감이 완성되고 직업 선택, 결혼, 출산에 대한 스트레스를 겪기도 한다.
④ 주요 발달과업은 진로 및 직업 선택, 결혼 준비 등이다.

(2) 사회적 발달
① **부모로부터 독립**: 청년기에는 경제적·정서적 독립을 원하면서도 불안을 느낀다. 부모
는 자녀가 양가감정을 최소화하고 자율적으로 독립할 수 있도록 자녀를 독립된
개인으로 인정하고 가족의 의사결정에 참여하도록 지원해야 한다.
② **직업 준비와 선택**: 직업은 경제적 자립과 자아실현의 장으로, 청년기에 어떤 직업을
선택하는지에 따라 성인기의 삶의 방향이 결정되기 때문에 자신이 원하는 직업을
갖기 위해 노력한다.
③ **결혼과 가족**: 배우자를 선택하고 가정을 이루는 과정에서 사랑의 실현, 성적 만족,
정서적·경제적 안정을 얻게 된다. 청년기에는 자녀를 출산함으로써 부모라는 또 다
른 역할을 수행한다.
④ **성적 사회화**: 자신이 선호하는 성적 대상을 선택하며, 적절한 성역할 학습 및 성행위
에 대해 이해하고 그 지식을 습득하게 된다.

(3) 학자별 청년기 발달과업
① **에릭슨의 발달과업**: 친밀감 형성이 주요 발달과업이다. 가족 외의 다른 사람과 친밀
한 관계를 형성하는 것은 자신의 정체성이 안정적인 상태에서 타인과 개방적이고
조화로운 관계를 형성하는 능력이다.
② **하비거스트의 발달과업**: 성인초기에 결혼과 자녀 출산 및 양육, 직업 선택을 통해 시민
으로서 사회적 집단을 형성하는 것이 주요 과업이다.

2 중년기(36~64세)

(1) 특징
① 에릭슨의 성인기(생산성 대 침체)에 해당한다.
② 호르몬의 변화로 신진대사가 둔화되고 남녀의 성적 능력이 저하된다.
③ 갱년기와 빈둥지증후군을 경험할 수 있다.

> **Tip** 빈둥지증후군이란 자녀의 독립과 일에 몰두한 배우자의 부재로 빈집을 지키며 느끼는 공허함과
> 외로움을 말하는 것으로, 주 양육자에게 많이 나타납니다.

④ 단기기억을 유지하는 능력은 약화되고 장기기억은 변화하지 않는다. 새로운 것을 학습하는 능력은 저하되지만 문제해결능력은 향상되어 결정성 지능이 좋아진다.

⑤ 직업적 성취가 높은 시기로 직장과 일에서 받는 스트레스가 많아진다. 직장에서 자신의 위치를 확립하기 위해 상사·동료와 신뢰를 쌓는 등의 노력을 해야 한다.

(2) 성격의 발달 – 융

① 시기별 성격발달

중년기 초기 (~40세)	• 외적 팽창의 시기로, 자아가 발달하고 외부세계에 대처하는 역량을 발휘함. • 사회적 성공을 위해 노력하면서 본인의 성역할에 치중하는 시기
중년기 후기 (40세 이후)	• 외부로 향해 있던 에너지의 방향을 자기 내면으로 돌리는 시기(개성화) • 남성에게는 여성적인 측면(아니마)이, 여성에게는 남성적인 측면(아니무스)이 나타남. • 남성은 성과 중심에서 관계 중심으로 변화하고, 여성은 공격적이고 독립적으로 변화함.

② 개성화

㉠ 자아 에너지를 물질적·외적 차원에서 정신적·내적 차원으로 전환시키는 것이다.

㉡ 외부세계 적응이라는 목적이 어느 정도 성취된 인생 후반기에 내면세계로 시선을 돌리게 된다.

(3) 학자별 중년기 발달과업

① 에릭슨의 발달과업 – 생산성 대 침체

㉠ 생산성

• 다음 세대를 이끌고 돌봐 주려는 일반적 관심에서 비롯된다.

• 자신의 사후에도 지속되어야 하는 사회를 위해 개인적·공적 차원에서 기여하는 능력이다.

㉡ 침체

• 타인에게는 가식적인 친밀성을 갖고 자기에게만 몰입하는 것이다.

• 직장에서의 뒤처짐, 노부모 부양, 부부갈등과 이혼 등으로 무능력을 경험하며 침체가 형성된다.

② 펙의 발달과업

㉠ 지혜에 가치를 부여하기 대 물리적 힘에 가치를 부여하기: 선택을 잘 할 수 있는 능력인 지혜 대신 육체적 힘을 중요시할 수도 있다.

㉡ 대인관계의 사회화 대 성적 대상화: 성 호르몬 감소 문제에 몰입하기보다는 폭넓고 개방적인 대인관계를 형성하고 사회화하는 데 관심을 기울일 필요가 있다.

㉢ 정서적 유연성 대 정서적 빈곤성: 여러 상황에서 상실감을 경험하면서 정서적 빈곤을 경험하기도 한다.

🔍 **결정성 지능과 유동성 지능**

• 결정성 지능: 후천적 경험이나 학습에 의해 발달하는 지능

• 유동성 지능: 유전적 요인에 의해 형성되는 지능으로, 신체 발달 등에 비례

🔍 **마모어의 장년 위기**

• 위기: 신체 노화, 급변하는 사회에 대한 스트레스, 경제 여건에 대한 스트레스, 이별의 상실감

• 중년기 위기는 심리적 위축 및 각종 정신질환의 원인이 되기도 함.

• 중년기의 위기를 극복하기 위해서는 스트레스 상황을 이해하고 적절한 대처방안을 모색할 수 있는 스트레스 대처 프로그램 등의 개입이 필요함.

ⓔ 정신적 유연성 대 정신적 경직성: 새로운 도전에 폐쇄적 태도를 취하기보다는 본
인의 지식이나 경험과 통합해 새로운 지혜를 창출하는 융통성을 발휘할 필요가
있다.

3 노년기(65세 이후)

노년기의 인지적 변화

- 새로운 자료를 학습하는 속도가 느리고 학습한 정보를 기억에서 도출하는 것이 어려워짐.
- 단기기억보다 장기기억의 감퇴 속도가 느림.

(1) 특징
① 에릭슨의 노년기(자아통합 대 절망)에 해당한다.
② 기능 손상과 만성질환으로 스트레스를 경험한다.
③ 조심성, 경직성, 수동성, 내향성이 증가하고 심리적 위기를 경험한다.

(2) 사회적 발달
① 노년기의 역할유형

제도적 역할	구체적인 지위와 역할(지위에 따른 규범적 역할 기대) 및 책임과 권한이 있고 책임을 다하지 못하면 불이익이 있음.
비공식적 역할	공식적 지위는 없지만, 의무와 역할이 있는 상태
희박한 역할	지위와 역할이 유명무실한 상태이며, 역할을 못할 경우에도 불이익이 적음.
무역할	지위도 역할도 없으며, 지위와 역할로부터 고립되어 있음.

② 노년기의 지위 및 역할상실에 대한 유형별 대응방식

참여활동형	자원봉사, 재능기부와 같이 각종 사회활동을 함.
자기완성형	교육, 세미나 참석 등 자아실현을 위한 활동을 함.
근로형	노동을 하며 사회적 관계를 유지하는 활동을 함.
사회오락형	여가활동을 중심으로 활동을 함.
한거형	독서, 그림 그리기 등 주로 개인적인 활동을 함.
폐쇄형	건강문제를 비관하며 집에만 머묾.

③ 노년기의 역할변화와 적응

조부모 역할	• 자신의 존재가치에 대한 의문과 상실감을 극복하고 의욕적인 삶의 자세를 가질 수 있음. • 육체적인 부담에 적응하는 시간이 필요함.
퇴직자 역할	사전에 준비된 은퇴는 일상에 적응하기 쉽지만, 갑작스러운 퇴직의 경우에는 적응하기 어려움.
배우자 사별로 인한 역할변화	노년기에 가장 힘든 역할적응으로, 정서적 상실감뿐만 아니라 일상의 혼란을 초래함.

(3) 학자별 노년기 발달과업
① 에릭슨의 발달과업 – 통합성
ⓐ 일생 동안 일어났던 일을 있는 그대로 수용하며 죽음에 직면할 수 있는 능력이다.
ⓑ 자아통합은 인생의 여러 가지 경험을 전체의 삶 속에서 통합시키는 것으로, 죽음을 두려움 없이 맞이하는 과정이기도 하다.

② 펙의 발달과업 – 심리적 적응
ㄱ 직업역할 몰두에서 자아정체감 유지로 전환해야 한다.
ㄴ 신체나 외모에 만족하는 것에서 사회적 관계나 창조적 활동으로 전환해야 한다.

> **참고** 펙은 에릭슨의 인간발달단계 중 7단계(성인기)와 8단계(노년기)를 통합하여 제시하였다.

(4) 노년기에 대한 관점

① 분리이론
ㄱ 노년기에는 사회적 · 심리적으로 철회하는 선천적 경향이 있어 자신에게 몰두하나, 상대방에게는 무관심하다.
ㄴ 노년기에 본인을 사회와 분리하는 것은 인생의 만족을 증가시키는 방법이다.

② 활동이론: 노년기 인생의 만족을 위해 능동적이고 적극적인 생활양식을 유지하는 것이 좋다.

③ 성격과 생활양식이론
ㄱ 나이 듦에 대한 포괄적 관점의 이론으로, 개인의 성격과 생활방식이 주요한 요인이 된다.
ㄴ 노화는 개인의 성격을 바탕으로 하기 때문에 개인의 성격유형을 고려해야 한다.

④ 비애와 죽음 관리: 죽음과 같은 상실에서 느끼는 애통함과 슬픔은 일정 시간이 지난다고 끝나는 일이 아니므로 개인의 여건에 맞게 수용하고 극복할 수 있도록 정보제공과 지원이 필요하다.

🔍 퀴블러 로스의 죽음에 이르는 과정(비애의 과정)

죽음에 이르기까지 '부인(부정) → 격노와 분노 → 협상(타협) → 우울 → 수용'의 심리적 변화과정을 거친다.

부인(부정)	• 죽음에 대한 이야기를 사실로 받아들이지 않음. • 의사의 오진이라고 생각함.
격노와 분노	'왜, 나에게'라고 생각하며 가족이나 의사에게 분노를 표현함.
협상(타협)	상실을 일부 수용하고 의료진이나 종교에서의 절대자(신)와 협상을 하려고 함.
우울	슬픔. 두려움에 대해 생각하고 이별할 수밖에 없는 것을 우울해함.
수용	사실을 받아들임.

> **Tip** 간단하지만 자주 출제되므로 각 단계의 순서와 내용을 잘 알아둡시다.

01 기출 20회
중년기(40~64세)에 관한 설명으로 옳은 것은?
① 펙은 신체 중시로부터 신체 초월을 중년기의 중요한 발달과제로 보았다.
② 결정성 지능은 감소하고 유동성 지능은 증가한다.
③ 융에 따르면, 외부세계에 쏟았던 에너지를 자신의 내부에 초점을 두며 개성화의 과정을 경험한다.
④ 여성은 에스트로겐의 분비가 감소되고 남성은 테스토스테론의 분비가 증가된다.
⑤ 갱년기는 여성만이 경험하는 것으로 신체적 변화와 동시에 우울, 무기력감 등 심리적 증상을 동반한다.

02 기출 21회
노년기(65세 이상)에 관한 설명으로 옳지 않은 것은?
① 주요 과업은 이제까지의 자신의 삶을 수용하는 것이다.
② 생에 대한 회상이 증가하고 사고의 융통성이 증가한다.
③ 친근한 사물에 대한 애착이 많아진다.
④ 치매의 발병 가능성이 다른 연령대에 비해 높아진다.
⑤ 내향성이 증가한다.

| 해설 |
01 ① 노년기의 중요 발달과제로 보았다.
② 중년기에는 유동성 지능은 감소하지만. 결정성 지능은 증가한다.
④ 여성. 남성 모두 각각의 성호르몬의 분비가 감소한다.
⑤ 갱년기는 여성과 남성 모두 경험한다.
02 노년기에는 생에 대한 회상이 증가하지만. 일반적으로 새로운 것을 받아들이는 학습능력이 감소하며 사고의 융통성이 감소해 새로운 환경에 적응하기를 거부하는 경향을 보인다.

정답 | 01 ③ 02 ②

제1영역 | 인간행동과 사회환경

정신분석이론

STEP 1　기출분석

☑ **6개년 출제리포트**

☑ **키워드 공략포인트**

프로이트의 이론이 다른 학자들에게 미친 영향과 변화를 살펴보는 것이 중요합니다.

정답 잡는 오답노트

▼ **방어기제**　　22회

• **틀린 선지는?**

전치(displacement): 낮은 성적을 받은 이유를 교수가 중요치 않은 문제만 출제한 탓이라 여긴다.

(×)

• **틀린 이유는?**

전치는 어떤 대상에 대한 부정적 감정을 덜 위험하거나 편안한 대상에게 표출하는 것으로, '종로에서 뺨 맞고 한강에서 눈 흘긴다.'가 대표적인 예시이다.

STEP 2　핵심이론 공략

1 프로이트의 정신분석이론 　Tip 정신분석이론은 성격발달을 다룬 체계적·과학적 이론으로, 인간행동에 대한 사정에 기여했습니다.

(1) 특징

① 인간의 행동, 사고, 감정은 무의식적 동기가 있고, 그중에서도 성적 욕구는 개인의 행동에 지대한 영향을 준다.

② 인간의 정신활동은 목적이 있고, 과거의 경험을 바탕으로 결정된다(정신결정론).

③ 개인에게 발생하는 내적 갈등을 표현하고자 해도 사회의 통제로 인간이 가지는 에너지의 양은 일정하게 제한된다.

(2) 의식의 수준

의식	• 만지기, 냄새 맡기, 먹기 등을 통한 경험과 사고의 과정에서 알 수 있는 감정 • 새로운 생각이 들어오면 오래된 생각은 물러나고 의식의 내용은 계속 변함. • 지각하는 의식은 빙산의 일각이고 수면 아래에 의식하지 못하는 많은 생각이 자리하고 있음.
전의식	• 의식과 무의식 중간 지점에서 다리 역할을 함. • 현재는 의식하지 못하지만, 회상하고자 노력하면 전의식에 저장된 기억, 생각 등을 의식으로 가져올 수 있음.
무의식	• 정신의 가장 깊은 곳에 위치하여 자각하지 못하는 경험과 기억 • 인간의 행동, 경험, 지각은 대부분 무의식에 의해 결정됨. • 정신분석의 초점이 되는 부분으로, 우리가 인식하거나 확인할 수 없음.

(3) 성격의 구조

원초아 (Id)	• 타고나는 부분으로, 충동과 본능의 원천이며 외부세계와 단절되어 있음. • 생리적 욕구와 밀접하고 시간과 경험에 영향을 받지 않음. • 고통을 피하고 쾌락을 추구하며, 자아와 초자아가 원초아에서 분화됨.
자아 (Ego)	• 원초아와 초자아 사이의 갈등을 조정하여 현실적이고 이성적인 균형을 유지하려는 역할을 담당함. • 생후 4~6개월부터 발달하고 현실원리에 따라 작동하며, 사회적으로 수용되는 방법을 발견할 때까지 쾌락을 추구하는 긴장의 해소를 유보함. • 의식, 전의식, 무의식의 세 측면을 모두 가짐. • 방어기제를 작동시켜 갈등과 불안에 대처함.
초자아 (Superego)	• 쾌락보다는 완전함이나 이성적인 것을 추구함. • 성격의 도덕적인 부분으로, 심판자로서 자아와 함께 행동을 통제하여 개인이 스스로 자신의 행동을 조절할 수 있게 함. • 자신이 잘못한 일에 죄책감을 느끼는 양심과 자신이 잘한 일에 자부심을 느끼는 자아이상으로 구성됨.

(4) 인간의 본능과 리비도

본능	선천적으로 타고나는 것으로, 직·간접적으로 인간의 행동에 영향을 주거나 꾸며진 형태로 나타남.
리비도	성적 에너지를 말하며, 객관적 증명이 어렵지만 긴장과 만족·쾌감에 영향을 줌.

(5) 인간관

수동적 인간	인간을 무의식적인 본능(성적 본능, 공격적 본능)에 의해 결정되는 비합리적이며 통제할 수 없는 존재로 봄.
결정론적 인간	인간의 기본 성격과 문제는 6세 전의 경험으로 결정된다고 보고, 인간을 과거의 포로와 같은 존재로 인식함.
투쟁적 인간	인간을 자기 자신의 행복의 극대화를 방해하는 사회적 요인에 대항하는 존재로 봄.

(6) 심리성적발달의 5단계

구강기	입이 자극과 상호작용의 창구임.
항문기	항문이 자극과 상호작용의 창구임.
남근기	생식기가 자극의 초점인 시기로, 동성 부모를 자신과 동일시함.
잠복기	성적 활동 잠재 시기로, 신체적·지적 발달이 이루어짐.
생식기	생식기가 자극의 초점인 시기로, 성숙한 성적 관계로 발전함.

> **참고** 발달단계에 고착이 일어나면 성인기 성격에 악영향을 주기 때문에 각 단계의 위기를 잘 해결해야 한다.

(7) 방어기제

억압	의식에서 용납하기 어려운 생각, 욕망, 충동을 무의식 속에 눌러 놓는 것으로, 가장 많이 사용되는 무의식적 방어기제
반동형성	겉으로 보이는 태도나 언행이 마음속 생각과 정반대인 경우
동일시	불안의 원인이 되는 사람과 똑같이 되려 하는 것
투사	용납할 수 없는 충동, 행동, 생각을 다른 사람의 것이라고 믿는 것
전치 (치환)	어떤 대상에게 느끼는 부정적인 감정을 덜 위험하거나 편안한 대상에게 표출하는 것
대리형성 (대치)	목적을 이루지 못한 데서 오는 불안을 최소화하기 위해 원래와 비슷한 것을 갖는 것
부정	현실을 받아들이기 어렵거나 고통스러울 때 이를 거부하는 것
보상	자신의 결함을 다른 강점으로 메우기 위한 행동을 하는 것
퇴행	심한 스트레스와 좌절을 겪고 나서 이전의 발달단계로 후퇴하는 것
해리	의식세계에서 수용하기 힘든 성격의 일부가 자아를 벗어나 독립된 기능을 수행하는 것
저항	고통과 불안의 기제가 의식세계로 떠오르는 것을 막는 것

STEP 3 **필수문제 점검**

01
기출 22회

방어 기제와 그 예시로 옳지 않은 것은?

① 합리화: 지원한 회사에 불합격한 후 그냥 한번 지원해본 것이며 합격했어도 다니지 않았을 것이라 생각한다.
② 억압: 시험을 망친 후 성적발표 날짜를 아예 잊어버린다.
③ 투사: 자신이 싫어하는 직장 상사에 대해서 상사가 자기를 싫어하기 때문에 사이가 나쁘다고 여긴다.
④ 반동형성: 관심이 가는 이성에게 오히려 짓궂은 말을 하게 된다.
⑤ 전치: 낮은 성적을 받은 이유를 교수가 중요치 않은 문제만 출제한 탓이라 여긴다.

02
기출 23회

프로이트의 이론에 관한 설명으로 옳지 않은 것은?

① 초자아의 특질은 자아이상과 양심으로 구성된다.
② 프로이트는 실수행위를 통해 무의식이 작용하는 증거를 파악하였다.
③ 내면화는 심리적 갈등이 근육계통의 증상으로 나타나는 방어기제이다.
④ 자아는 2차적 사고과정과 현실원칙에 의해 지배된다.
⑤ 남자아이는 남근기에 오이디푸스 콤플렉스로 인한 거세불안을 경험한다.

| 해설 |
01 투사에 대한 예시이다.
02 신체화에 대한 설명이다.

정답 | 01 ⑤ 02 ③

심리사회이론

STEP 1 　기출분석

STEP 2 　핵심이론 공략

☑ 6개년 출제리포트

☑ 키워드 공략포인트

• 에릭슨의 심리사회이론은 단독으로 출제되기도 하지만, 인간의 발달단계와 연계하여 출제되기도 하는 영역입니다.

• 심리사회이론의 주요 개념들은 인간행동과 사회환경 과목 전반에 걸쳐 중요하게 다뤄지므로 흐름을 잘 파악해야 합니다.

1 에릭슨의 심리사회이론 개요

(1) 특징

① 인간발달이 심리사회적 측면에서 이루어진다고 보고, 자아의 성장과 기능을 강조한다.

② '환경 속의 인간'이라는 관점 형성에 크게 기여했고, 성인기를 발달단계에 포함시켰다.

③ 인간행동은 자아가 통제하고, 자아는 신체적·심리적·사회적으로 상호작용하며 전 생애에 걸쳐 발달한다고 보았다.

④ 각 발달단계마다 사회는 개인에게 심리적 요구를 한다(심리사회적 위기). 개인은 위기에 따른 스트레스와 갈등에 적응하기 위해 노력하고, 다음 위기에 적응할 준비를 한다. 위기를 극복할 때 개인의 자아특질 강화와 성격발달이 이루어진다.

(2) 주요 개념

① **자아정체감**: 총체적인 자기지각으로, 존재의 동일성과 독특성을 지속하고 고양시키는 자아의 자질을 말한다.

② **점성원리**

㉠ 단계별 발달은 앞선 단계의 발달이 이루어진 결과로 이루어진다.

㉡ 각 발달과업은 두 가지 대립항으로 나타나고, 대립항 사이의 균형이 있어야 통합적 발달이 가능하다.

㉢ 발달에는 최적의 시기가 있기 때문에 빨리 발달하도록 재촉하거나 속도를 늦춰서는 안 된다.

2 심리사회이론의 발달 8단계

① 1단계(영아기) – 신뢰감 대 불신감

㉠ 일관된 양육태도를 보이며 신뢰와 불신의 적절한 균형을 추구한다. 일관성 없는 양육태도는 아이들이 불신감을 갖게 한다.

㉡ 갈등을 성공적으로 해결하고 얻는 능력은 희망이다.

② 2단계(걸음마기) – 자율성 대 수치심과 의심

㉠ 아동은 안정적인 배변훈련을 경험하면서 자존감을 잃지 않고 자기통제 감각을 발달시켜 자율성을 획득한다.

㉡ 갈등을 성공적으로 해결하고 얻는 능력은 의지력이다.

③ 3단계(학령전기) – 주도성과 솔선성 대 죄의식

㉠ 유아는 존경하는 성인과 자신을 동일시하고 싶다는 목적을 갖게 된다.

㉡ 유아의 주도적 행동에 잦은 처벌이나 지나친 훈육을 하는 것은 유아가 죄의식을 갖는 원인이 된다.

정답 잡는 오답노트 ✏

▼ 에릭슨의 이론　21회

• 틀린 선지는?
학령기(아동기)는 자율성 대 수치와 의심의 심리사회적 위기를 겪는다. (×)

• 틀린 이유는?
학령기(아동기)에는 근면성 대 열등감의 심리사회적 위기를 겪는다.

④ 4단계[학령기(아동기)] – 근면성 대 열등감

　　㉠ 자아성장의 결정적 시기이다.

　　㉡ 적응이 순조롭게 이루어지면 근면성이 발달하고, 실패를 자주 하거나 성취에 대해 적절한 보상을 받지 못하면 열등감을 갖게 된다.

⑤ 5단계(청소년기) – 자아정체감 대 역할혼란

　　㉠ 자신에 대한 탐구와 정체성을 형성하는 시기이다.

　　㉡ 최종 정체감을 성취하기 위해서 일정 기간의 자유시험기인 '심리사회적 유예기'를 갖는다.

⑥ 6단계(청년기) – 친밀감 대 고립감: 자아정체감을 확립한 사람은 친밀감을 쉽게 형성하고, 그렇지 않은 경우에는 고립감을 형성한다.

⑦ 7단계(중년기) – 생산성 대 침체

　　㉠ 자녀양육이나 직장, 사회적 관계 속에서 적극적으로 활동하며 생산성과 창조성을 성취한다.

　　㉡ 생산성을 위한 노력이 실패할 경우 침체를 경험하고 회의감을 느껴 자신의 삶이 잘못되었다고 인식하면서 위기를 경험하게 된다.

⑧ 8단계(노년기) – 자아통합 대 절망

　　㉠ 이전의 7단계를 종합 및 평가하는 기간으로, 자신의 인생을 수용하고 삶을 통합하는 과정이다.

　　㉡ 이 단계의 갈등을 성공적으로 극복하면 자신의 삶에 대한 통합과 인정, 죽음을 직면할 용기가 생기고, 실패하면 삶에 대한 회한으로 절망감에 빠지기 쉽다.

🔍 에릭슨의 발달단계별 주요 내용

시기	위기	획득 능력	주요 관계범위	주요 사건	프로이트 발달단계
영아기	신뢰감 대 불신감	희망	어머니	스스로 먹기	구강기
걸음마기	자율성 대 수치심과 의심	의지(력)	부모	용변 가리기	항문기
학령전기	주도성 대 죄의식	목적	가족	운동	남근기
학령기 (아동기)	근면성 대 열등감	능력, 유능성	친구, 학교	취학	잠복기
청소년기	자아정체감 대 역할혼란	성실성, 충성심	또래집단	또래집단 외 집단, 지도력의 모형들	생식기
청년기 (성인초기)	친밀감 대 고립감	사랑	우정, 애정, 경쟁, 협동대상	애정관계	
중년기 (성인기)	생산성 대 침체	배려	직장, 확대가족	부모역할과 창조	–
노년기	자아통합 대 절망	지혜	인류, 동족	인생회고와 수용	–

STEP 3　필수문제 점검

01

기출 22회

에릭슨(E. Erikson)의 심리사회적 발달단계 위기와 성취 덕목(virtue)이 옳게 연결된 것은?

① 근면성 대 열등감 – 성실
② 주도성 대 죄의식 – 목적
③ 신뢰 대 불신 – 의지
④ 자율성 대 수치심과 의심 – 능력
⑤ 정체감 대 정체감 혼란 – 희망

02

기출 21회

에릭슨(E. Erikson)의 이론으로 옳지 않은 것은?

① 개인의 성격은 전 생애를 통하여 발달한다.
② 청소년기의 주요 발달과업은 자아정체감 형성이다.
③ 각 단계의 발달은 이전 단계의 발달을 토대로 이루어진다.
④ 성격발달에 있어서 환경과의 상호작용이 중요하다고 본다.
⑤ 학령기(아동기)는 자율성 대 수치와 의심의 심리사회적 위기를 겪는다.

| 해설 |

01 ① 학령기의 심리사회적 위기로, 극복하면 능력(유능)이라는 덕목이 발달한다.
　③ 영아기의 심리사회적 위기로, 극복하면 희망이라는 덕목이 발달한다.
　④ 걸음마기의 심리사회적 위기로, 극복하면 의지라는 덕목이 발달한다.
　⑤ 청소년기의 심리사회적 위기로, 극복하면 성실(충실)이라는 덕목이 발달한다.

02 학령기(아동기)에는 근면성 대 열등감의 심리사회적 위기를 겪는다. 자율성 대 수치와 의심의 심리사회적 위기를 겪는 시기는 걸음마기이다.

정답 | 01 ② 　02 ⑤

☑ **6개년 출제리포트**

☑ **키워드 공략포인트**

- 아들러와 융은 정신역동이론이라는 큰 분류로 묶이지만, 이론의 내용은 상이합니다. 아들러는 인간을 사회적인 존재로 보았고, 융은 프로이트의 이론을 계승·확대시켜 개인의 역동성에 더 집중했습니다.
- 각 이론의 특징을 중점적으로 학습해야 합니다.

정답 잡는 오답노트 🖊

▼ **융의 이론**   22회

• **틀린 선지는?**
발달단계에 관하여 언급하지 않았다는 특징을 지니고 있다. (×)

• **틀린 이유는?**
융은 아동기, 성인초기(청년기), 중년기, 노년기로 발달단계를 구분하였다.

STEP 2   핵심이론 공략

1 아들러의 개인심리이론

(1) 특징

① 인간을 사회적이고 목적론적인 존재로 본다.

② 가족 구성원의 생활양식과 구조, 출생순위가 개인의 열등감에 영향을 준다고 보았다.

(2) 주요 개념

① 열등감
- ㉠ 누구에게나 존재하는 것으로, 잠재력을 실현하고 성숙해지는 데 필요한 부분이다.
- ㉡ 인간이 새로움을 추구하는 동기가 되기 때문에 긍정적으로 본다.

② 보상
- ㉠ 열등감을 극복하고 부족한 점을 충족하려는 시도를 말한다.
- ㉡ 잠재력을 발휘하도록 인간을 자극하는 건전한 반응이다.

③ 우월성 추구(우월을 향한 노력)
- ㉠ 우월은 인간이 갖는 기본적 동기이며 선천적인 부분이다.
- ㉡ 우월을 추구하는 경향은 개인적 수준, 사회적 수준 모두에서 일어날 수 있다.
- ㉢ 우월의 목표에는 긍정적 경향과 부정적 경향 모두 포함될 수 있다.

④ 생활양식
- ㉠ 기본적인 생활양식은 4~5세경에 형성되며, 그 이후에는 변하지 않는다.
- ㉡ 인간이 의미 있는 삶의 목표를 추구하기 위해 발달시키는 생활양식은 가족 내에서의 경험을 중요한 바탕으로 한다.
- ㉢ 생활양식 유형은 성격유형과 같고, 개인적 관점이나 개인의 목표를 추구하는 행동들로 구성된다.

성격유형	활동수준	사회적 관심	특성
지배형	높음.	낮음.	• 독단적·공격적·활동적이며, 사회적 인식이나 관심이 거의 없음. • 반사회적이며 타인의 안녕을 무시하고 행동함.
획득형	중간	낮음.	다른 사람에게 의존해 욕구의 대부분을 충족함.
회피형	낮음.	낮음.	• 모든 문제를 회피하며 실패할 가능성이 있는 일은 전혀 하지 않음. • 성공 욕구보다 실패에 대한 두려움이 강함.
사회적으로 유용한 유형	높음.	높음.	• 심리적으로 건강한 사람의 표본 • 사회적 관심이 많아 자신과 타인의 욕구를 충족시키고 인생과업 달성을 위해 타인과 협력함.

⑤ **사회적 관심**: 개인이 이상적인 공동사회의 목표를 달성하고자 할 때 사회에 기여하려는 성향이다. 어머니와 부부관계가 사회적 관심 발달에 가장 큰 영향을 준다.

⑥ **창조적 자기**: 인간은 자신의 삶을 만들어가며 자신에게 적합하게 환경을 창조하는 존재로, 주어진 환경과 경험을 주관적으로 해석하며 생활양식을 만들어 간다.

⑦ **가상적 목표**: 개인이 추구하는 목표는 현실에서 검증하거나 확인할 수 없는 가상의 목표로, 개인의 우월성 추구는 그들이 채택하는 가상적 목표에 의해 결정된다.

(3) 성격의 발달

① **성격발달에 영향을 미치는 요소**: 부모와 자녀의 관계, 가족의 구조, 형제간의 관계, 아동의 출생순위 등

> **참고** 아들러는 성격구조나 발달단계를 제시하지는 않았다.

② 생활양식을 왜곡하기 쉬운 상황(병적 열등감에 이르기 쉬운 생활환경)

거부당하는 아동	세상이 자신에게 적대적이고 위험하다고 보기 때문에 반항적이며, 다른 사람에게 유익한 행동을 하면 애정이나 관심을 받는다는 것을 알지 못함.
신체적으로 병약하거나 허약한 아동	신체가 불완전하거나 병약하여 기술 습득에 어려움을 겪고 열등감을 경험하며, 타인에게 기여하는 것의 의미를 잘 이해하지 못함.
응석받이	• 좌절에 대처하는 방법을 잘 알지 못해 문제상황에서는 퇴행하여 다른 사람의 도움만 요구함. • 협동의 의미를 알지 못해 자기중심적인 사람이 되며 미성숙함이 신경증적 양식으로 나타남.

③ 출생순위와 성격의 특징

외동아이	• 경쟁할 형제가 없어 응석받이로 자랄 수 있고 자기중심적이거나 의존성이 현저히 높음. • 가족의 관심대상이지만 성장하면서 점차 자신이 관심의 주요 대상이 아님을 알게 됨.
첫째 아이	• 동생이 태어나기 전까지 부모의 사랑과 관심을 받으며 자라 일반적으로 버릇이 없음. • 윗사람들에게 동조하는 생활방식으로 성장하고, 맏이로서의 권위를 행사하고 싶어함. • 규칙과 법을 중시하는 경향이 있음.
둘째 또는 중간 아이	자신이 손위형제보다 뛰어나다는 것을 증명하기 위해 노력하는 경쟁적 성향이 있음.
막내 아이	• 응석받이거나 집안 사정에 따라 천덕꾸러기일 수 있음. • 독립심이 부족한 동시에 열등감을 경험할 수 있으나 나이 많은 형제를 능가하려는 강한 동기가 작용한다는 이점이 있음.

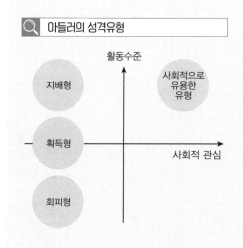

🔍 아들러의 성격유형

활동수준

지배형

획득형

회피형

사회적으로 유용한 유형

사회적 관심

(4) **실천적 기법** `Tip` 개인심리이론은 치료적 기법을 적용하기 용이해 상담에 유용합니다.

즉시성과 격려	• 즉시성: 바로 지금 무엇이 일어나고 있는지를 다루는 기법 • 격려: 대상자를 변화시키고 스스로에 대한 신뢰와 자신감을 갖도록 지원하는 기법
역설적 개입	대상자의 의도와 반대로 개입하는 것 ⑩ 대상자가 급격히 변화할 경우 천천히 변화히리고 제지하는 것
마치 ~처럼 행동하기(As if)	대상자 자신이 그런 상황에 처해 있는 것처럼 상상하고 행동하도록 하는 역할극 기법
수프 엎지르기	대상자의 특정 행동의 유용성을 감소시키기 위한 치료자의 개입으로, 대상자의 부적절한 행동을 종결시키는 기법
단추 누르기	대상자가 즐거운 감정과 불쾌한 감정을 번갈아 생각하도록 의도하고 그 경험에 수반되는 감정을 나누면서 스스로가 감정의 창조자임을 알게하는 기법
과제부여	대상자의 문제해결을 위해 치료자가 특정 과업을 대상자에게 부과하고 이행하게 함으로써 대상자가 성취감을 맛본 후 자신감을 갖고 새로운 일에 도전하게 하는 기법

2 융의 분석심리이론

(1) **특징**

① 인간행동은 의식과 무의식 두 가지 힘으로 구성된다.

② 성격발달은 전 생애에 걸쳐 일어나는 개성화와 자기실현의 과정이며, 인생의 전반기와 후반기에 다른 특성을 보인다.

> `Tip` 프로이트는 6세 이전 발달단계에 집중한 반면, 융은 프로이트의 이론을 확장해 성인기 이후, 특히 중년기의 발달에 관심을 두었습니다.

③ 인간행동은 과거 경험의 영향으로 일부 결정되지만, 미래의 목표와 이에 대한 가능성에 의해 조정된다.

④ 발달은 선천적 요소의 영향을 받지만, 후천적 경험에 따라 서로 다르게 발현된다.

⑤ 개인은 사회적 규범이나 문화적 요구에 적응해 가며 자기실현과정을 통해 사회에 기여한다.

⑥ 인간관
  ㉠ 인간은 의식과 무의식의 대립을 극복해 하나로 통일해 나가는 전체적 존재이다.
  ㉡ 인간은 역사적이면서도 미래지향적인 양면성이 있다.
  ㉢ 인간은 성장지향적인 가변적 존재이다.
  ㉣ 인간은 생물학적·심리적·사회문화적인 존재이다.

(2) **주요 개념**

무의식	개인무의식	• 무의식의 표면에 위치하는 개인 경험의 결과물 • 모든 성향과 감정을 포함
	집단무의식	무의식의 심층에 위치하며 조상 때부터 이어져 내려오는 경험의 침전물
자아		의식의 심층을 형성하며, 우리가 의식할 수 있는 지각, 사고, 기억, 감정으로 구성되어 있음.

자기	• 의식과 무의식을 모두 포괄하는 인격의 중심 • 성격의 조화와 통일을 관장함.
원형	• 인간 정신에 존재하는 보편적이고 근원적인 부분 • 신화, 예술, 꿈에서의 원형적 이미지 등을 통해 알 수 있음.
페르소나	• 자아의 가면, 공적 얼굴, 사회가 요구하는 역할과 기대에 부응하는 모습 • 초자아와 유사하게 사회가 요구하는 도덕적·규범적 윤리
그림자(음영)	• 본성 및 의식하기 싫은 부정적 측면 • 자발성과 창의력의 원천이기도 함.
아니마	남성이 억압시킨 여성성(남성의 여성적 측면)
아니무스	여성이 억압시킨 남성성(여성의 남성적 측면)
리비도	정신이 작용하는 데 사용되는 정신 에너지 참고 프로이트와 달리 성적 에너지에 국한하지 않고 인생 전반에 작동하는 생활 에너지를 말한다.
콤플렉스	• 사고의 흐름을 방해하고 우리를 당황시키거나 화나게 하는 마음속의 어떤 부분 • 개인의 무의식에 많은 기억을 축적하는 과정에서 발생함.

(3) 발달단계별 발달과업

아동기	• 리비도의 영향이 중요시됨. • 성적 리비도는 5세 이전에 나타나 청년기에 최고조에 달함.
성인 초기 (청년기)	• 생의 전반기로 외적 팽창기 • 성숙해지며 자아가 발달해 외부세계에 대처할 수 있음. • 외부의 요구에 확실히 대처해야 이 시기를 잘 보낼 수 있음.
중년기	• 개성화가 중요시됨. 　– 자기답게 되는 것은 중년기에 이루어짐. 　– 무의식의 소리를 직면하고 받아들임. 　– 물질적 목표를 달성하게 했던 성격 특성을 버림. • 개성화 기간 중 페르소나, 그림자, 아니마, 아니무스에 변화가 생김. 　– 페르소나의 변화: 페르소나를 밀어내고 그 안에 있는 자기를 인식함. 　– 그림자의 변화: 자신의 그림자를 알고 인정함. 　– 아니마 또는 아니무스와의 화해: 억압되어 있던 자신의 아니마 또는 아니무스를 수용하면서 남성은 어머니로부터, 여성은 아버지로부터 자유로워짐.
노년기	죽음 앞에서 생의 본질을 이해하는 시기

(4) 비판

과학적 검증이 어렵고, 이론이 체계적으로 구성되지 않아 개념이 어렵다.

STEP 3 　필수문제 점검

01
기출 19회 변형

아들러의 이론에 관한 설명으로 옳은 것은?

① 인간은 수동적이며 욕구충족이 행동의 동기이다.
② 위기와 전념을 기준으로 생활양식을 4가지 유형으로 구분하였다.
③ 열등감은 실패의 경험이 많은 사람이 갖는 감정이다.
④ 사회적 관심은 사회로부터 받은 평가에 영향을 받는다.
⑤ 개인이 추구하는 목표는 현실에서 검증하기 어려운 가상적 목표이다.

02
기출 20회

융의 분석심리이론에 관한 설명으로 옳은 것은?

① 페르소나는 외부의 요구나 기대에 부응하는 과정에서 생긴 자아의 가면이라고 한다.
② 인간을 성(性)적 에너지인 리비도에 의해 지배되는 수동적 존재로 보았다.
③ 원형이란 개인의 의식 속에 존재하는 유일한 정신기관이다.
④ 아니무스는 남성이 억압시킨 여성성이다.
⑤ 자아의 기능에서 감각과 직관은 이성을 필요로 하는 합리적 기능이다.

| 해설 |

01 ① 아들러는 인간을 창조성, 주관성이 있는 존재로 보았다.
　② 마샤는 위기와 전념을 기준으로 자아정체감의 유형을 4가지로 구분하였다.
　③ 열등감은 인간이라면 누구에게나 존재하는 것이다.
　④ 어머니와 부부관계가 사회적 관심 발달에 영향을 준다.
02 ② 프로이트의 이론에 관한 설명이다.
　③ 원형은 인간의 무의식에 존재하는 보편적·근원적인 핵이다.
　④ 남성이 억압시킨 여성성은 아니마, 여성이 억압시킨 남성성은 아니무스이다.
　⑤ 융이 제시한 감각과 직관은 비합리적 기능이다.

정답 | 01 ⑤　02 ①

STEP 1 기출분석

✓ 6개년 출제리포트

✓ 키워드 공략포인트

- 피아제의 인지발달단계, 콜버그의 각 발달 시기별 도덕성 발달이 주요 출제 주제입니다.
- 인간의 성장발달단계와 연계하여 숙지해야 합니다.

정답 잡는 오답노트 🖋

▼ 피아제의 이론   22회

• 틀린 선지는?
구체적 조작기에는 추상적 사고가 가능해진다. (×)

• 틀린 이유는?
추상적 사고는 형식적 조작기의 특징이다.

STEP 2   핵심이론 공략

❶ 피아제의 인지발달이론

(1) 특징

① 인간관
  ㉠ 인간의 감정과 행동은 인지 혹은 생각으로 통제할 수 있다.
  ㉡ 인간은 변화가능성과 성장가능성이 높은 존재이므로, 본성을 결정론적 시각으로 보는 것을 거부한다.
  ㉢ 인간은 능동적인 존재이기 때문에 환경과 상호작용을 하며 변화하고 발달한다.
  ㉣ 아동은 성인의 직접적인 가르침이 없어도 인지구조가 발달한다.
② 인지발달의 촉진요인: 유전적 요인, 신체적 경험, 사회적 상호작용, 평형화
③ 발달원칙
  ㉠ 각 발달단계에 도달하는 개인 간의 연령차는 있어도 발달순서는 동일하다.
  ㉡ 상위단계는 이전 하위단계를 기초로 형성되며 하위단계를 통합한다.
  ㉢ 각 발달단계는 순서대로 진행되어 특정 단계를 뛰어넘을 수는 없지만, 어떤 원인에 의해 퇴행하기도 한다.

(2) 주요 개념

인지	아는 것과 문제해결에 관련된 모든 정신적인 활동 또는 상태
인지능력	일상생활의 다양한 측면을 처리하도록 정보를 변환시키는 마음의 조직화된 구조, 규칙, 문제해결 전략
도식	인간이 자신의 인지발달 수준에 따라 아이디어와 개념을 생각하고 조직화하는 것
보존	질량은 양적 차원에서 동일하지만, 모양 차원에서는 변할 수 있다는 것
적응	• 환경과 상호작용하여 도식이 변하는 과정으로, 동화와 조절을 통해 진행됨. – 동화: 새로운 환경이나 사건에서 받아들이는 새로운 정보와 자신의 사고방식을 통합해 인지구조의 양적 변화를 가져옴. – 조절: 외부사물을 인지할 때 상황에 맞게 인지구조를 변화시킴. • 평형화: 동화와 조절의 결과로, 감각기관과 인지기관 등 조직화된 구조들의 균형
조직화	각기 다른 감각에서 얻은 정보들을 상호 연관짓는 것

(3) 인지발달단계   Tip 피아제의 인지발달이론은 성인기 이후를 다루지 않습니다.

구분	내용
감각운동기 (~2세)	• 목적지향적 행동을 하며, 대상영속성을 이해하기 시작하고, 감각을 통해 주변 세계를 탐색함. • 하위단계: 반사활동기 → 1차 순환반응 → 2차 순환반응 → 2차 도식들의 협응 → 3차 순환반응 → 통찰기 · 정신적(상징적) 표상

전조작기 (~7세)	• 논리적 사고발달을 방해하는 인지적 특성: 자아중심성, 중심화, 비가역적 사고 • 상징놀이, 물활론, 대상영속성 확립, 언어 사용, 보존개념 이해, 타율적 도덕성, 상징의 획득 • 하위단계: 전개념적 사고단계 → 직관적 사고단계
구체적 조작기 (~11, 12세)	• 보존개념 획득, 분류화(유목화), 서열화, 가역적 사고, 자율적 도덕성, 조합 기술 • 전조작기의 자아중심성, 중심화 극복 → 논리적 사고 가능
형식적 조작기 (~성인기)	• 추상적·체계적·조합적 사고의 획득 • 가설 – 연역적 추론: 변인 간의 관련성 파악, 가설 설정과 미래 예측

(4) 도덕성 발달단계

타율적 도덕성	• 성인이 정한 규칙에 맹목적으로 복종함. • 의도와 상관없이 잘못의 크기에 집중함.
자율적 도덕성	• 구성원의 합의로 규칙이 정해지고, 규칙을 변경할 수도 있음. • 행동의 의도가 중요함.

2 콜버그의 도덕성 발달이론

Tip 콜버그는 피아제의 도덕성 발달단계를 발전시켜 발달 시기별로 세분화하였습니다.

(1) 전인습적 수준의 도덕성(4~9세 이전)

수준별	행동에 따라 처벌에 두려움을 느끼거나 보상을 받기 위해 주어진 규칙을 따름.
단계별	• 1단계–타율적 도덕성: 처벌과 복종 지향으로서의 도덕성 • 2단계–개인적·도구적 도덕성: 욕구충족 수단으로서의 도덕성

(2) 인습적 수준의 도덕성(10세 이상)

수준별	사회적 칭찬에 대한 욕구와 비난에 대한 회피가 도덕적인 행위의 동기로 작용
단계별	• 3단계–개인과 상호 간의 규범적 도덕성: 대인관계의 조화로서의 도덕성 • 4단계–사회체계 도덕성: 법과 질서를 준수하는 것으로서의 도덕성

(3) 후인습적 수준의 도덕성(20세 이상)

수준별	• 형식적·조작적 사고의 수준 • 법과 무관한 자율적이고 독립적인 사고와 판단
단계별	• 5단계–인권과 사회복지 도덕성: 사회계약 정신으로서의 도덕성 • 6단계–보편적 원리와 일반윤리: 보편적 도덕원리에 대한 확신으로서의 도덕성

STEP 3 필수문제 점검

01
기출 21회

피아제(J. Piaget)의 인지발달이론에 관한 설명으로 옳은 것은?

① 전 생애의 인지발달을 다루고 있다.
② 문화적·사회경제적·인종적 차이를 고려하였다.
③ 추상적 사고의 확립은 구체적 조작기의 특징이다.
④ 인지는 동화와 조절의 과정을 통하여 발달한다.
⑤ 전조작적 사고단계에서 보존개념이 획득된다.

02
기출 20회

콜버그의 도덕성 발달이론에 관한 설명으로 옳지 않은 것은?

① 법과 질서 지향 단계는 인습적 수준에 해당한다.
② 피아제의 도덕성 발달이론에 기초를 제공하였다.
③ 전인습적 수준에서는 행동의 원인보다 결과에 따라 옳고 그름을 판단한다.
④ 보편적 윤리 지향 단계에서는 정의, 평등 등 인권적 가치와 양심적 행위를 지향한다.
⑤ 도덕적 딜레마가 포함된 이야기를 아동, 청소년 등에게 들려주고, 이야기 속 주인공의 행동에 대한 도덕적 판단과 그 근거를 질문한 후 그 응답에 따라 도덕성 발달단계를 파악하였다.

| 해설 |
01 ① 피아제의 인지발달이론은 성인기 이후는 다루지 않았다.
　② 피아제는 인지발달에서 문화적·사회경제적·인종적 차이를 고려하지 않았다는 한계를 지닌다.
　③ 형식적 조작기의 특징이다.
　⑤ 구체적 사고단계에서 보존개념이 획득된다.
02 피아제의 인지발달단계 이론이 콜버그의 도덕성 발달이론에 기초를 제공하였다.

정답 | 01 ④ 02 ②

행동주의이론, 사회학습이론

STEP 1 기출분석

☑ **6개년 출제리포트**

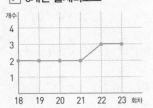

☑ **키워드 공략포인트**

- 스키너의 행동주의이론에서는 조작적 조건형성의 주요 개념을 파악하는 것이 중요합니다.
- 반두라의 사회학습이론에서는 모방과 관찰학습에 대한 내용과 개인과 환경 간의 관계에 대한 이해가 필수입니다.

정답 잡는 오답노트

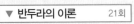

▼ **반두라의 이론** 21회

- **틀린 선지는?**
조작적 조건화에 의해 행동은 습득된다. (×)

- **틀린 이유는?**
조작적 조건화에 의해 행동이 습득된다는 것은 스키너의 행동주의이론이다.

STEP 2 핵심이론 공략

1 스키너의 행동주의이론

(1) 특징

① 내적인 동기와 욕구보다는 관찰 가능한 행동에 초점을 두었다.

② 인간관

　㉠ 인간행동은 내적 자극보다 외적 자극에 의해 동기화되기 때문에 환경이 중요하다고 본다(환경결정론).

　㉡ 인간은 보상과 처벌에 따라 강화되는 기계적 존재이다.

　㉢ 인간행동은 법칙적으로 결정되어 예측 가능하기 때문에 통제할 수 있다.

(2) 고전적 조건형성과 조작적 조건형성

고전적 조건형성 (파블로프)	자동적(무조건적·반사적) 반응을 일으키는 자극과 연합된 중립자극도 나중에는 반응을 유발하게 됨(자극에 수동적으로 반응해 형성된 행동).
조작적 조건형성 (스키너)	• 원하는 결과를 얻기 위해 선택적으로 환경에 작용하는 자발적 반응 • 행동과 결과의 연합: 행동의 결과에 따라 행동이 달라짐.

(3) 주요 개념

변별자극	특정 반응이 보상 혹은 처벌의 신호로 사용되는 자극으로, 이를 통해 외부 세계를 예측하고 통제하는 것이 가능함.
강화	• 정적 강화: 긍정적인 결과를 제공해 바람직한 행동빈도를 증가시킴. • 부적 강화: 부정적인 결과를 제거해 바람직한 행동빈도를 증가시킴.
강화계획	조작적 행동 학습과 유지를 위해 강화물을 제시하는 빈도와 간격의 조건 • 연속적 강화계획: 원하는 행동이 일어날 때마다 강화물 제시 • 고정간격 강화계획: 시간을 정해놓고 그 시간이 지나면 강화물 제시 • 가변간격 강화계획: 미리 계획한 평균적인 시간이 지나면 강화물 제시 • 고정비율 강화계획: 특정 행동이 일정 수준에 도달하면 강화물 제시 • 가변비율 강화계획: 평균적으로 정해진 횟수만큼 반응이 일어나야 강화물 제시
강화물	• 일차적 강화물: 보상 그 자체. 사람들이 의미 있다고 생각하는 대상과 활동 • 이차적 강화물: 다른 강화물과 연합해야 강화물로 기능하는 것
처벌	• 정적 처벌: 부정적인 자극을 제시해 행동빈도를 감소시킴. • 부적 처벌: 긍정적인 자극을 철회해 행동빈도를 감소시킴.
소거	• 강화를 받지 못해 행동이나 반응이 사라지거나 약화되는 것 • 아무런 강화를 주지 않는다는 점이 처벌과 다름.
일반화와 변별	건강한 성격은 일반화와 변별 능력이 혼합된 결과로 나타남. • 일반화: 강화된 행위가 다양한 비슷한 상황으로 확장되는 것 • 변별: 주어진 자극에 선택적으로 반응을 보이는 것

행동형성 (행동조성)	기대하는 반응이나 행동을 학습하도록 목표로 삼는 행동을 점진적으로 만들어 가는 과정

참고 행동주의이론의 실천적 기법: 인지적 행동수정, 체계적 둔감법, 토큰경제, 자기주장훈련, 타임아웃, 과잉교정, 반응대가, 혐오기법 등

2 반두라의 사회학습이론

(1) 특징

① 인간행동은 외적 환경의 자극과 개인의 내적 사건이 상호작용하여 결정된다.

② 행동결정에는 환경만큼이나 개인의 인지, 자기효율성(자기효능감)과 같은 내적 특성이 중요하다.

③ 인간관

　㉠ 인간은 인지적 능력을 활용해 창조적 사고를 하는 능력이 있다.

　㉡ 인간행동의 근원은 환경이지만 개인의 내적 특성에 따라 자극에 상이하게 반응한다.

　㉢ 인간의 행동이나 성격의 결정요인으로 사회적 요소가 중요하고, 다른 사람의 행동을 관찰하고 모방한 결과로 학습이 이루어진다.

(2) 주요 개념

① **모방**: 다른 사람의 행동을 관찰하고 따라하는 것만으로도 학습이 되고, 그 결과가 긍정적이면 관찰자의 행동이 강화된다.

② 관찰학습

　㉠ 인간은 타인의 행동을 관찰하면서 학습한다.

　㉡ 관찰학습의 과정: 주의집중 → 보존(파지) → 운동재생 → 동기화

③ **자기조정·규제**: 자기 자신의 행동에 영향력을 행사할 수 있는 개인의 능력으로, 자기행동의 감독, 스스로 자부심을 가지는 것, 수행과정, 판단과정, 자기반응과정으로 구성된다.

(3) 성격의 발달

① 인간은 타인을 관찰·모방하면서 배우고, 이를 통해 가족과 공동체의 생활방식을 사회화한다.

② 유전적 소질이나 보상, 처벌도 성격에 영향을 미친다.

③ 인간의 성격은 자기강화와 자기효율성의 영향을 많이 받는다.

자기강화	• 자율적인 기준에 따른 수행과 성취를 평가하고 달성 정도에 따라 보상이나 처벌을 내림. • 자신이 통제할 수 있는 보상을 스스로에게 주어 행동을 개선하거나 유지하는 과정
자기효율성 (자기효능감)	• 특정 행동을 잘 수행할 수 있고 좋은 결과를 도출할 수 있다는 믿음 • 인간의 활동과 환경에 대한 선택의 결과에 영향을 미침. • 인간의 동기, 행동, 사고에 영향을 미침.

STEP 3　필수문제 점검

01

기출 22회

스키너(B. Skinner)의 이론에 관한 설명으로 옳지 **않은** 것은?

① 강화계획 중 반응율이 가장 높은 것은 가변비율(variable-ratio) 계획이다.

② 정적 강화물의 예시로 음식, 돈, 칭찬 등을 들 수 있다.

③ 인간행동은 예측 가능하며 통제될 수 있다고 본다.

④ 인간의 창조성과 자아실현을 강조한다.

⑤ 부적 강화는 바람직한 행동의 빈도를 증가시키는 데 초점을 둔다.

02

기출 21회

반두라(A. Bandura)의 사회학습이론의 주요 개념으로 옳지 **않은** 것은?

① 모델이 관찰자와 유사할 때 관찰자는 모델을 더욱 모방하는 경향이 있다.

② 자신이 통제할 수 있는 보상을 자신에게 줌으로써 자기 행동을 유지시키거나 개선시킬 수 있다.

③ 학습은 사람, 환경 및 행동의 상호작용에 의해 이루어짐을 강조한다.

④ 조작적 조건화에 의해 행동은 습득된다.

⑤ 관찰학습은 주의집중과정 → 보존과정(기억과정) → 운동재생과정 → 동기화과정을 통해 이루어진다.

| 해설 |

01 아들러의 개인심리이론에 관한 설명이다.

02 조작적 조건화에 의해 행동이 습득된다는 것은 스키너의 행동주의이론이다.

정답 | 01 ④　02 ④

제1영역 인간행동과 사회환경

욕구이론, 현상학이론

☑ 6개년 출제리포트

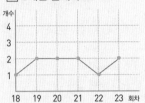

☑ 키워드 공략포인트

- 매슬로우의 욕구이론에서는 인간관과 욕구체계를 묻는 문제가 자주 출제됩니다.
- 로저스의 현상학이론에서는 인간관의 출제 빈도가 높은 편으로, 개인의 성격발달과 관련해서 출제되고 있습니다.

정답 잡는 오답노트

▼ **매슬로우의 이론**
21회 변형

- **틀린 선지는?**
매슬로우의 욕구 형태 중 2형태의 욕구에는 애정, 존경에 대한 욕구가 해당한다. (×)

- **틀린 이유는?**
애정, 존경의 욕구는 1형태의 욕구에 해당한다.

---

1 매슬로우의 욕구이론

(1) 특징

① 긍정적·성장지향적인 인간의 본질에 초점을 두어 인본주의이론의 기틀을 마련하였다.

② 인간의 노력, 성장, 존재에 가치를 두어 사회복지의 가치와 일치한다.

③ 인간관
　㉠ 인간은 통합적 존재이며, 선한 본성을 가지고 있다.
　㉡ 인간에게는 본능적 욕구와 자기실현을 하고자 하는 욕구가 있으며, 자기실현은 전 연령대에서 발견되는 보편적 과정이다.

(2) 주요 개념

① 기본적 욕구가 충족되지 않으면 생리적·심리적 역기능과 혼란 상태가 야기된다.

② 동시에 두 가지 욕구가 발현되면 하나의 욕구를 먼저 충족시키기 위해 다른 욕구 충족은 유예되거나 희생된다.

③ 욕구의 형태

1형태의 욕구	• 기본적 욕구, 결핍성의 욕구 • 생존에 필요한 욕구로, 결핍되면 문제가 되고 충족되면 문제가 해결되는 욕구 • 신체의 안전, 애정, 존경에 대한 욕구
2형태의 욕구	• 선천적 욕구, 성장 욕구, 자기실현의 욕구 • 잠재능력, 기능, 재능 발휘에 대한 욕구 • 심리적 안정상태를 위해 성장의 욕구를 만족시켜야 함.

④ 자기실현을 이룬 사람의 특징

내적 특징	자기 자신(본성)과 타인의 수용, 자연스러움·솔직함과 자발성, 자율적 기능
외적 특징	자기 자신 이외의 문제에 몰두, 사회적 관심, 깊은 대인관계, 민주적 성격구조, 대인관계에 집중, 문화의 내면화에 저항

(3) 욕구체계

① 행동의 동기를 '욕구'와 '욕구체계'로 보았다.

② 가장 기본적인 욕구를 충족하고 나면 최고 수준에 도달할 때까지 다음 단계의 욕구를 갈망한다.

③ '생리적 욕구 → 안전의 욕구 → 소속과 애정의 욕구 → 자기존중의 욕구 → 자기실현의 욕구'의 순서로 충족·진행된다.

④ 욕구단계에서 동기의 역할

성장동기	자기실현의 욕구에서만 작동함. 이때 하위욕구가 충족되어야 자기실현의 욕구에 도달 가능
결핍동기	• 생명유지를 위한 동기로, 충족되지 않을 때 작용하는 동기 • 음식, 물, 안전과 관련된 부분으로, 인간은 결핍을 극복하고자 목표지향적으로 행동하게 됨.

2 로저스의 현상학이론

(1) 특징

① 인간은 주관적 경험들을 통해 자신을 형성하고, 삶의 경험을 통해 개인의 성격이 달라진다.

② 인간관

　㉠ 개인이 현상을 어떻게 경험하고 느끼는지, 즉 개인이 현실을 지각하는 방식에 초점을 두었다.

　㉡ 인간은 합리적이고 미래지향적이며 통합적 존재이다.

(2) 주요 개념

① 자기·자기개념: '주체로서의 나', '객체로서의 나'와 여러 상황 속의 다른 사람과의 관계를 지각하는 조직적이고 일관성 있는 개념적 형태이다.

② 현상학적 장: 주관적 경험의 세계를 말한다. 인간행동을 이해하기 위해서는 사람들이 자신의 경험을 어떻게 느끼는지를 먼저 이해해야 한다고 보았다.

③ 자기실현 경향성: 인간은 자신을 유지하고 향상시키는 방향으로 자신이 지닌 능력을 개발하려는 성향을 가지고 있다.

④ 완전히 기능하는 사람

　㉠ 자기 자신의 잠재력을 인식하고 능력과 자질을 발휘하며, 스스로를 제대로 이해하고 경험을 쌓는 방향으로 나아가는 사람을 말한다.

　㉡ 자기실현을 위한 노력으로 진정한 자기 자신이 되며, 이러한 사람은 경험에 개방적이고 실존적인 삶을 살아간다.

　㉢ 자신이 선택한 인생을 영위하는 특징을 보이며, 창조적이다.

⑤ 통합된 유기체: 통합된 전체로서의 인간을 말한다.

(3) 성격의 발달

① 무조건적인 긍정적 존중

　㉠ 개인을 있는 그대로 수용하고 존중하는 것으로, 개인은 자기 및 자신이 체험한 것에 일치감을 느끼고 완전히 기능하게 된다.

　㉡ 자신의 실제 경험과 자기개념이 일치하지 않을 때 혼란을 느끼고 부적응에 대한 방어기제를 사용한다.

② 자기실현의 동기: 인간의 능력을 최적으로 발달시키고자 하는 힘이다.

STEP 3　필수문제 점검

01
기출 20회

매슬로우(A. Maslow)의 이론에 관한 설명으로 옳은 것은?

① 대부분의 사람들이 자아실현의 욕구를 달성한다.

② 자존감의 욕구는 소속과 사랑의 욕구보다 상위단계의 욕구이다.

③ 인간 본성에 대해 비관적인 태도를 갖고 있다.

④ 인간의 성격은 환경에 의해 수동적으로 결정된다.

⑤ 무조건적인 긍정적 관심을 강조하였다.

02
기출 20회

로저스(C. Rogers)의 이론에 관한 설명으로 옳은 것을 모두 고른 것은?

> ㉠ 인간의 주관적 경험을 강조하였다.
> ㉡ 공감과 지시적인 상담을 강조하였다.
> ㉢ 인간을 통합적 존재로 규정하였다.
> ㉣ 인간의 욕구발달단계를 제시하였다.

① ㉠
② ㉠, ㉢
③ ㉡, ㉣
④ ㉡, ㉢, ㉣
⑤ ㉠, ㉡, ㉢, ㉣

| 해설 |

01 ① 극소수의 사람들만이 자아실현의 욕구를 달성한다고 보았다.

　③ 인간의 본성이 선하다고 보는 낙관적인 태도를 가지고 있다.

　④ 스키너의 행동주의이론에 관한 설명이다.

　⑤ 로저스의 현상학이론에 관한 설명이다.

02 ㉡ 로저스는 현상학이론을 통해 클라이언트의 세계관에 공감하는, 즉 인간의 주관적 경험에 관심을 두는 상담을 강조하며 클라이언트가 스스로 문제를 해결하는 능력을 가질 수 있다고 보았다. 이 관점에 기반해 클라이언트의 결정을 지지하는 비지시적 상담을 제시하였다.

　㉣ 인간의 욕구발달단계를 제시한 것은 매슬로우의 욕구이론이다.

정답 | 01 ② 02 ②

일반체계이론

STEP 1 기출분석

☑ **6개년 출제리포트**

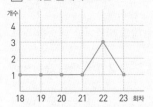

개수
4
3
2
1

18 19 20 21 22 23 회차

☑ **키워드 공략포인트**

• 최근 일반체계이론이 꾸준히 출제되고 있습니다.
• 사회환경 영역은 체계이론과 관련되므로 통합적으로 학습해야 합니다.

STEP 2 핵심이론 공략

① 일반체계이론의 개요

(1) 개념

개인과 환경은 영향을 주고받는 상호관계이며, 개인과 사회의 문제도 양자 모두 원인인 동시에 결과인 상호적 인과관계를 형성한다.

(2) 체계

① 개념: 상호관계를 맺는 구성 단위의 집합체로, 구성 단위 간의 상호작용 또는 관계를 포함하는 전체 또는 단위를 말한다.

② 체계의 속성

조직화	체계의 부분들은 서로 관계가 있고 연결되어 있음.
상호인과성	체계의 한 부분에서 일어나는 사건이나 변화는 모든 부분에 영향을 미침.
경계	• 다른 체계와 구분하는 테두리로, 눈에 보이지는 않지만 체계와 환경을 구분함. • 경계의 속성에 따라 개방체계와 폐쇄체계로 구분할 수 있음.
지속성	시간의 흐름에 따라 체계가 발달하고 구성요소의 역할이 새롭게 분화되는 역동적 특성을 갖지만 전체인 체계는 안정된 구조를 유지함.
공간성	모든 체계는 경계를 가지고 있어 물리적 공간을 가지고 다른 체계와 구분됨.

(3) 일반체계이론의 기본가정

① 전체는 각 부분들의 합보다 크고, 체계는 상호 관련이 있는 성원들로 구성된다.
② 체계 내 한 성원의 변화는 전체에 영향을 미친다.
③ 체계는 안정을 유지하려는 속성과 변화하려는 속성을 동시에 가지고 있다.

② 일반체계이론의 주요 개념

개방체계	외부로부터 체계에 도움이 되는 정보와 에너지를 자유롭게 받아들임.
폐쇄체계	다른 체계와 상호작용하지 않아 고립되어 있고, 정보나 에너지의 투입·산출이 거의 없음.
엔트로피	• 체계의 구성요소 간 상호작용이 감소함에 따라 유용한 에너지가 감소하는 상태 • 체계가 서서히 무질서와 혼돈상태로 가는 것
넥엔트로피 (네겐트로피)	체계 외부의 에너지가 유입되어 내부의 유용하지 않은 에너지가 감소되면서 체계 내의 질서와 법칙이 유지되는 것
균형	• 주로 폐쇄체계에서 나타남. • 체계의 구조변화가 거의 없고, 현상 유지를 바람직한 상태로 여김.

정답 잡는 오답노트

▼ **일반체계이론의 개념** 응용

• **틀린 선지는?**
개인과 환경은 단선적 관계이다.
(×)

• **틀린 이유는?**
개인과 환경은 영향을 주고받는 상호관계이다.

항상성	• 균형을 위협받았을 때 회복하고자 하는 체계의 경향 • 안정적인 균형상태를 유지·지속하기 위한 체계의 속성
안정상태	• 부분들 간에 관계를 유지하면서 체계가 붕괴되지 않도록 에너지를 계속 사용하는 상태 • 균형이나 항상성에 비해 개방적임.
관계	둘 또는 그 이상의 사람과 체계 사이의 상호교류와 작용, 감정, 인지 등의 관련성
투입 ↓ 전환 ↓ 산출 ↓ 환류	• 투입: 과업 또는 유지 관련 사항이 환경에서 체계로 유입되는 것 • 전환: 투입된 자원, 에너지, 정보 등을 체계 내에서 산출하기 위해 처리하는 과정 • 산출: 체계가 처리한 결과를 환경에 배출하는 것으로, 환류 단계에서 다시 투입되기도 함. • 환류: 체계가 자신이 수행한 것에 대한 정보를 받는 것으로, 체계의 작동을 점검하고 수정하는 능력
위계	권력과 통제권에 기반을 둔 체계의 서열
대상체계	분석대상이 되는 체계
상위체계	대상체계 외부에 있고 대상체계에 기능적으로 영향을 미치는 사회단위
하위체계	대상체계 내부에 있으면서 내부의 다른 하위체계와 상호작용하며 체계를 구성함.
시너지	체계 내의 유용한 에너지가 증가하고 구성요소 사이의 상호작용이 증가하는 것
정적 환류	엔트로피가 증가하고 있는 체계에서 나타나며, 체계가 한쪽 방향으로 이탈되어 가는 환류
부적 환류	체계의 항상성을 유지하고 변화를 극소화하면서 체계 자체를 유지시키는 환류
호혜성	체계 일부의 변화가 다른 부분들과 상호작용해 나머지 부분도 변화하는 성질
홀론	하나의 체계는 상위체계에 속한 하위체계이면서 동시에 다른 것의 상위체계가 된다는 것
공유영역	두 개 이상의 체계가 공존하는 것으로 체계 간의 교류가 일어나는 장소

🔍 사회체계이론

• 개인, 가족, 집단을 포함한 인간의 행동에 영향을 미치는 다양한 체계를 설명함.
• 일반체계이론의 관점을 적용해 사회체계를 설명함.
• 사회복지실천에의 적용

4체계모델	대상자체계, 변화매개체계, 표적체계, 행동체계
6체계모델	4체계 + 전문가체계, 의뢰-응답체계

Tip 4체계모델과 6체계모델은 사회복지실천론 키워드 08에서 자세히 다룹니다.

STEP 3   필수문제 점검

01   기출 20회

사회체계이론의 주요 개념에 관한 설명으로 옳지 않은 것은?

① 넥엔트로피는 폐쇄체계가 지속되면 나타나는 현상이다.
② 항상성은 비교적 안정적이며 지속적인 균형상태를 유지하기 위한 체계의 경향을 말한다.
③ 시너지는 체계 내부 간 혹은 외부와의 상호작용이 증가함으로써 체계 내에서 유용한 에너지 양이 증가하는 현상이다.
④ 경계란 체계와 환경 혹은 체계와 체계 간을 구분하는 일종의 테두리를 의미한다.
⑤ 균형은 외부체계로부터의 투입이 없어 체계의 구조 변화가 거의 없이 고정된 평형상태를 의미한다.

02   기출 22회

체계로서의 지역사회에 관한 설명으로 옳은 것을 모두 고른 것은?

> ㉠ 지역을 중심으로 형성된 공동체적 특징을 지닌다.
> ㉡ 구성원에게 사회규범에 순응하도록 규제하는 사회통제의 기능을 지닌다.
> ㉢ 사회가 향유하는 지식, 가치 등을 구성원에게 전달하는 기능을 지닌다.
> ㉣ 외부와 상호작용을 통하여 엔트로피 상태를 유지하는 것이 필요하다.

① ㉠   ② ㉠, ㉡
③ ㉠, ㉡, ㉢   ④ ㉡, ㉢, ㉣
⑤ ㉠, ㉡, ㉢, ㉣

| 해설 |
01 폐쇄체계가 지속되면 나타나는 현상은 엔트로피이다. 넥엔트로피(네겐트로피)는 체계 외부의 에너지가 유입되어 내부의 유용하지 않은 에너지가 감소되면서 체계 내의 질서와 법칙이 유지되는 것을 말한다.
02 ㉣ 외부와 상호작용을 통하여 넥엔트로피(네겐트로피) 상태를 유지하는 것이 필요하다.

정답 | 01 ①   02 ③

제1영역 인간행동과 사회환경

생태체계이론

STEP 1 기출분석

✓ 6개년 출제리포트

✓ 키워드 공략포인트

- 생태체계이론에서는 체계의 세부적인 구분이 중요합니다.
- 주요 개념의 출제 비중이 증가하고 있으며, 일반체계이론과 생태체계이론을 구분할 줄 알아야 합니다.

정답 잡는 오답노트

▼ 생태체계이론의 유용성
21회

· 틀린 선지는?
개인보다 가족, 집단, 공동체 등의 문제에 적용하는 데 유용하다. (×)

· 틀린 이유는?
인간과 환경 사이의 상호보완성을 설명하는 이론이기 때문에 개인의 문제에 대해서도 효과적으로 적응할 수 있도록 재구조화하는 데 유용하다.

STEP 2 핵심이론 공략

1 생태체계이론의 개요

(1) 개념
① 생태적 관점과 체계적 관점의 통합이다.
② 인간과 주변환경의 상호교류와 상호의존성을 설명하는 통합적 관점이다.
③ 일반체계이론보다 실제 생활 속의 인간의 문제에 관심을 가지기 때문에 실천적 경향을 갖는다.

(2) 생태체계의 구성 Tip 브론펜브레너가 제시한 인간을 둘러싼 생태학적 환경입니다.

거시체계	• 사회제도 등 일반적인 형태, 개인에게 영향을 주는 환경요소, 사회적 맥락 • 개인의 생활에 간접적으로 영향력을 발휘하며 하위체계의 지지기반과 가치 준거틀을 제공함.
중간체계	두 가지 이상의 미시체계 간의 관계 혹은 특정 시점에서 미시체계들 간의 상호작용
미시체계	• 개인이 속한 사회적·물리적 환경으로, 가장 직접적이며 개인의 성장과 활동 범위에 따라 달라질 수 있음. • 인간에게 영향력을 미치며, 미시체계 내의 각 구성원 간에 직접적 상호작용이 이루어짐.
외부체계	개인과 직접 상호작용하지는 않지만 미시체계에 영향을 주는 사회적 환경
시간체계	개인의 전 생애에 걸쳐 일어나는 변화와 역사적 환경을 포함하는 체계로, 언제 태어났는지에 따라 개인의 삶이 큰 영향을 받음.
유기체	에너지와 정보를 필요로 하는 개별적 존재

(3) 특징
① 개인-환경 간의 적합성, 상호교류, 적응을 지지하거나 방해하는 요소를 통해 '환경 속의 인간'을 설명한다.
② 인간과 환경의 상호보완성을 설명하며, 환경 속의 인간이라는 사회복지실천의 기본 관점을 반영한다.
③ 가족, 지역사회, 문화 등 인간이 소속되는 생태환경을 체계적으로 구조화하고, 개인과 환경체계와의 관계를 이해하는 것이 중요하다고 본다.

(4) 인간과 환경에 대한 관점
① 인간과 환경은 분리할 수 없으며 둘을 동시에 고려해야 한다.
② 개인과 인간체계들이 내적·외적인 힘에 반응을 하며 변화하고 안정을 이루면서 발달이 진행된다.

2 생태체계이론의 주요 개념

적합성	• 적응에 대한 욕구와 환경자원이 부합하는 정도, 즉 개인의 욕구와 사회의 욕구 사이의 조화와 균형의 정도 • 인간과 환경 간에 부적응적 교류가 있으면 인간의 발달과 기능들이 손상되며, 적응적 교류가 계속되면 적합성도 높아짐.
사회환경	인간을 둘러싼 상황, 조건, 대인관계 등으로, 사회나 문화를 형성하는 물리적 환경 및 사회적·제도적 환경
상호교류	• 무엇인가를 전달하고 교환하는 것으로, 인간이 환경 속의 다른 구성원과 소통하고 관계를 맺는 것 • 상호교류에는 긍정적 상호교류와 부정적 상호교류가 있음.
에너지	투입과 산출의 형태로 나타나며, 인간과 환경 사이에 적극적으로 개입하는 자연발생적 힘
적응	• 인간이 환경에 적응하기 위해 사용하는 지속적이고 변화지향적인 힘으로, 인지적·감각적·지각적·행동적 과정을 말함. • 주변환경의 조건에 맞추어 조절하는 능력이기도 함.
공유영역	개인과 환경이 상호작용하는 지점
대처	적응의 한 형태로, 문제상황을 극복하기 위해 노력하는 것
유능성	• 인간과 환경이 상호작용을 성공적으로 경험하면서 형성되는 것으로, 일생에 걸쳐 확대될 수 있는 능력 • 사람들의 문제를 완화시키는 적응을 위한 전략
상호의존	한 개인이 다른 사람이나 집단과 서로 의존하고 의지하는 것
스트레스	개인과 환경 간의 상호교류 중 나타나는 불균형으로 야기되는 심리적·생리적·사회적 상태
생활영역	특정 집단이 공동체에서 차지하는 직접적 환경이나 지위
거주환경	개인의 문화적 맥락 속에 존재하는 물리적·사회적 환경

🔍 체계의 상호작용

• 체계는 사회환경 속에서 상호작용함.
• 미시체계는 중간체계, 거시체계와 밀접하게 상호작용함.
• 인간행동을 이해하기 위해서는 어떤 체계가 개인의 삶에 어떤 영향을 미치는지와 환경 내의 다중적인 상호작용을 볼 수 있어야 함.

01 기출 20회

생태체계이론에 관한 설명으로 옳지 않은 것은?

① 인간은 목적지향적이다.
② 적합성은 개인이 환경과 효과적으로 상호작용을 할 수 있는 능력이다.
③ 생활상의 문제는 전체 생활공간 내에서 이해해야 한다.
④ 스트레스는 개인과 환경 간 상호교류에서의 불균형이 야기하는 현상이다.
⑤ 환경 속의 인간을 강조한다.

02 기출 22회

브론펜브레너의 생태체계이론에서 다음에 해당하는 개념으로 옳은 것은?

• 전 생애에 걸쳐 발생하는 변화와 사회역사적인 환경을 포함한다.
• 인간의 생에 단일 사건뿐 아니라 시간의 경과와 함께 연속적으로 일어나는 사건들이 누적되어 영향을 미친다는 것을 보여주고 있다.

① 미시체계
② 외체계
③ 거시체계
④ 환류체계
⑤ 시간체계

| 해설 |
01 개인이 환경과 효과적으로 상호작용을 할 수 있는 능력은 유능성이다. 적합성은 적응에 대한 욕구와 환경 자원이 부합하는 정도로, 개인의 욕구와 사회의 욕구 사이의 조화와 균형 정도를 말한다.
02 시간체계는 개인의 생애에 걸쳐 일어나는 변화와 역사적 환경을 포함하는 체계로, 언제 태어났는지에 따라 개인의 삶은 큰 영향을 받는다.

정답 | 01 ② 02 ⑤

제1영역 인간행동과 사회환경

가족체계, 집단체계

✓ 6개년 출제리포트

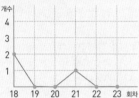

✓ 키워드 공략포인트

가족체계의 경계의 구분, 집단의 유형을 묻는 문제가 출제됩니다.

1 가족체계

(1) 가족의 개념

서로에게 의무감을 가지고 같은 곳에서 생활하는 사람들로 구성된 1차집단이다.

> 🔍 **가족의 다양한 형태**
>
> • 핵가족: 부부와 미혼 자녀
> • 수정핵가족: 한 공간에 살지만 생활공간을 분리함으로써 서로의 사생활을 유지
> • 확대가족: 부모와 기혼자녀 및 손자녀로 구성
> • 한부모가족: 모자가족 또는 부자가족

(2) 가족체계의 개념

① 가족 구성원은 상호 밀접한 관계로, 다른 가족 구성원에게 일어나는 일과 가족을 둘러싼 환경의 영향을 많이 받는다.
② 가족은 더 큰 사회체계에 속하며 많은 하위체계를 포함한다.
③ 가족과 외부체계를 구분하는 경계는 엄격함과 침투성 정도에 따라 다양하다.

(3) 가족체계의 경계

① 외부경계

개방형 가족체계	• 가족의 규칙은 합의과정을 통해 도출되고 가족의 경계는 유동적임. • 개인은 가족규범의 범위에서 외부와의 소통을 스스로 결정할 수 있음. • 손님이 많은 집, 대중매체에 대한 최소한의 검열
폐쇄형 가족체계	• 외부와의 상호작용, 인적·물적 교류 및 정보 교류가 제한적임. • 가족 내 권위자가 가족체계의 경계를 통제하고 유지함. • 외부와의 상호교류, 사람, 물건, 정보, 생각의 출입을 통제함.
임의형 가족체계	• 집 안의 출입이나 권리를 손님이나 제3자에게까지 확대하려는 경향 • 가족경계선의 방어를 중요하게 생각하지 않음. • 구성원 각자 개인의 영역과 가족의 영역을 확보하고 개별적 패턴을 생성함.

② 내부경계와 하위체계

ⓐ 가족 구성원들은 여러 하위체계에 동시에 속하면서 같은 하위체계에 있는 다른 구성원들과 개별적 관계를 맺는다.
ⓑ 지나치게 강한 결속력에 따른 구속: 구성원들에게 획일적인 감정과 생각을 강요해 속박감을 주며, 가족에 대한 희생을 요구하고 구성원의 자립적인 활동을 지원하지 못한다.
ⓒ 이탈성이 강한 가족 영역에 따른 책임성 결여: 구성원 간의 차이를 광범위하게 수용하지만, 도움을 주고받기가 어렵고 가족의 지도 원리가 자주 변한다.

정답 잡는 오답노트

▼ 집단   16회

• **틀린 선지는?**
1차 집단 – 과업집단, 2차 집단 – 이웃 (×)

• **틀린 이유는?**
과업집단은 2차 집단, 이웃은 1차 집단

2 집단체계

(1) 집단의 성립요건

① 상호작용을 하는 2인 이상의 사회적 집합체이다.
② 소속감 및 공동의 목적과 관심사가 있고, 목적을 성취하기 위해 구성원 간에 상호 의존적인 관계를 갖는다.

(2) 1차집단과 2차집단

1차집단	• 자연적으로 형성된 집단 • 혈연·지연에 의해 이루어진 집단 • 개인의 성격 형성에 영향을 미치는 집단 ⑩ 가족, 친구
2차집단	• 인위적으로 형성된 집단 • 목적 달성을 위해 모이거나 계약에 의해 만들어진 집단 ⑩ 회사, 학교

(3) 집단의 유형

① 집단의 개방 여부

개방집단	계속해서 새로운 성원을 받아들이며 구성원 수에 제한이 없음.
폐쇄집단	구성원 수가 정해져 있으며, 집단 진행 중에는 어떤 성원도 받아들이지 않음.

② 집단의 목적

과업집단	과업 달성, 성과물 산출, 명령 수행을 위해 만들어짐.
치료집단	구성원의 사회정서적 욕구 충족을 위해 구성되고 기능하며 전문가가 개입함. ⑩ • 치유집단: 알코올중독자 치료집단 • 성장집단: 은퇴 후 생활을 준비하는 노인집단 • 지지집단: 아동양육의 어려움을 겪는 한부모집단 • 교육집단: 고혈압 환자의 자기관리집단 • 사회화집단: 장기입원자의 사회기술훈련
자조집단	• 구성원 간 지지를 제공하고, 개인이 자신의 삶을 책임질 수 있는 환경을 만들고자 모이는 집단 • 암, 알코올 문제 등 주요 공동관심사가 있어 치료집단과 유사하지만 비전문가들이 이끌어 감. ⑩ 암 수술 후 회복집단, 결혼이주여성 집단

01　기출 21회

집단에 관한 설명으로 옳은 것은?

① 2차집단은 인간의 성격형성을 목적으로 한다.
② 개방집단은 구성원의 개별화와 일정 수준 이상의 심도 깊은 목적 달성에 적합하다.
③ 구성원의 상호작용이 중요하므로 최소 단위는 4인 이상이다.
④ 형성집단은 특정 목적 없이 만들 수 있다.
⑤ 집단활동을 통해 집단에 관한 정체성인 '우리의식'이 형성된다.

02　기출 18회

집단에 관한 설명으로 옳은 것은?

① 일차집단은 목적 달성을 위해 인위적으로 만들어진 집단이다.
② 이차집단은 혈연이나 지연을 바탕으로 자연발생적으로 이루어진 집단이다.
③ 자연집단은 특정 위원회나 팀처럼 일정한 목적을 갖는 것이 특징이다.
④ 자조집단은 유사한 어려움과 관심사를 가진 구성원들의 경험을 나누며 바람직한 변화를 추구한다.
⑤ 개방집단은 집단이 진행되는 새로운 구성원의 입회가 불가능하다.

| 해설 |
01 ① 1차집단에 관한 설명이다.
② 개방집단은 집단이 진행되는 동안 언제든지 새로운 성원의 입회가 가능한 집단으로, 새로운 성원이 유입될 때마다 그동안 일정한 목표를 향해 노력해 온 기존 성원들의 성장을 정체시키거나 불안을 유발할 수도 있다. 그러므로 심도 깊은 목적을 달성하기에 적합하지 않다.
③ 최소 2인 이상의 사회적 집합체를 집단이라고 한다.
④ 형성집단은 특정한 목적을 가지고 만들어진다.
02 ① 2차집단에 관한 설명이다.
② 1차집단에 관한 설명이다.
③ 자연집단은 자연적으로 형성된 집단인 1차집단과 같은 의미로 쓰인다.
⑤ 폐쇄집단에 관한 설명이다.

정답 | 01 ⑤　02 ④

STEP 1 기출분석

☑ 6개년 출제리포트

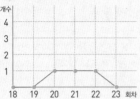

☑ 키워드 공략포인트

주로 문화체계에 관한 문제들이 많이 출제됩니다.

STEP 2 핵심이론 공략

1 조직체계

(1) 조직의 개념과 특성

① 특정 목표를 달성하기 위해 의도적으로 구성된 집합체이다.

② 공식적인 분화와 통합의 과정이 있고, 규범을 갖고 있는 사회적 체계이다.

③ 분업을 기반으로 하고 위계구조가 존재한다.

④ 조직 특성에 맞는 규범과 조직만의 문화가 존재한다.

⑤ 환경 속에서 다른 체계와 지속적으로 상호작용한다.

(2) 조직체계의 유형

① 조직활동 결과에 따른 유형: 활동의 목적을 중심으로 구분한다. ⓔ 생산조직, 정치조직

② 사회적 기능에 따른 유형: 활동에 따른 이익을 누가 얻는가로 구분한다.

　　ⓔ 기업조직, 봉사조직, 공익조직, 호혜조직

③ 복종·통제 형식에 따른 유형

　　㉠ 통제수단에 따라 구분한다. ⓔ 강압조직, 보상조직, 규범조직

　　㉡ 가입과 탈퇴를 자유롭게 할 수 있는가로 구분한다. ⓔ 강제조직, 자발조직

2 지역사회체계

(1) 지역사회의 개념

① 지리적·물리적 공통성에 대한 공유로 구분할 수 있다.

② 공동의 관심사와 정체성의 공유에 기반하며, 공동의 문화와 활동을 공유하는 경우에 해당된다. 따라서 온라인상의 가상 공동체도 지역사회에 포함된다.

③ 지역사회의 기능: 사회화, 생산·소비·분배, 사회참여와 통제, 상호원조

(2) 지역사회의 유형

① 지리적 지역사회와 기능적 지역사회

지리적 지역사회	지리적 공간을 공유하며 밀접한 상호작용을 하는 사람들의 집단
기능적 지역사회	공간과 상관없이 특정한 공동의 관심과 기능을 공유하는 사람들의 집단

② 공동사회와 이익사회

공동사회	지역주민들이 친밀하고 사적인 유대관계를 맺으며 공통된 가치와 신념, 상호의존, 존경을 가짐.
이익사회	지역주민들이 전문적인 관계를 맺으며 공식적으로 구조화된 관계를 가짐.

정답 잡는 오답노트 🖋

▼ 다문화　　　　21회

• 틀린 선지는?

다양한 문화를 수용하고 문화의 단일화를 지향한다. (×)

• 틀린 이유는?

다문화사회에서는 인종의 다양성과 생활방식 및 문화의 다양성이 공존한다.

(3) **지역사회의 모델 – 로스만** `Tip` 지역사회복지론에 자세히 다루는 개념입니다.

① **지역사회개발모델**

㉠ 지역사회의 변화가 지역사회 수준에서 구성원의 폭넓은 참여로 이루어지며, 문제를 발견하고 해결하는 데 다양한 계층의 사람들을 포함한다.

㉡ 민주적 절차와 합의, 자발적 협조, 토착적인 지도력 개발, 자조가 강조된다.

② **사회계획모델**: 문제해결의 기술적 과정을 강조하며 복잡한 지역사회의 변화를 위해 과정을 이끌어갈 전문가의 역할이 중요하다.

③ **사회행동모델**: 주요 제도나 공공조직의 기본 정책의 변화를 위하며 힘과 자원의 재분배를 요구한다.

3 문화체계

(1) 문화의 개념과 특성

① 인간의 이상을 실현하려는 활동과정 및 그 과정에서 발생한 물질적·정신적 소득의 총화를 말하며, 인간의 내적 정신활동의 산물이다.

② 문화는 개인과 집단의 행동방식을 제시하고 구조화시키며 행동에 의미를 부여한다.

③ 학습으로 습득하며 사회화를 통해 개인의 일부가 된다.

④ 언어와 문자로 세대 간에 계승되며 축적된다.

⑤ 모든 사회에는 공통적인 문화 형태가 있어 각 나라의 문화 사이에 보편성이 존재한다.

⑥ 문화는 사회통합의 기회를 제공하지만 갈등의 원인이 되기도 한다.

(2) 문화의 유형

주변문화	문화의 중심에서 떨어져 있어 문화특질을 적게 지님.
절반문화	완전한 형태를 이루지 못하고 다른 문화에 의존하는 문화
민속문화	어느 민족에서 오랫동안 전승되어 온 신앙, 풍습
하위문화	한 사회집단 내에서 다른 것과 구분되는 생활양식
은둔문화	외부에서 파악하기 어려운 숨겨진 문화
관념문화	인간의 정신적 산물 ❹ 신화와 전설 등
물질문화	인간의 기본적인 욕구를 충족하는 데 필요한 도구나 기술
제도(규범)문화	구성원들의 행위를 규제하는 규범이나 제도

> 🔍 **베리의 문화적응이론**
>
> • **통합**: 주류사회와의 관계를 유지하고 고유문화의 문화적 정체성과 특성도 유지함.
> • **동화**: 주류사회와의 관계를 유지하나 고유문화의 문화적 정체성과 특성을 포기함.
> • **분리**: 주류사회와의 관계는 유지하지 않고 고유문화의 문화적 정체성과 특성을 유지함.
> • **주변화**: 주류사회와의 관계와 고유문화와의 관계 맺기 모두를 유지하지 않음.

STEP 3 필수문제 점검

01 기출 22회

문화와 관련된 설명으로 옳지 않은 것은?

① 문화는 인간집단의 생활양식의 총체로 정의할 수 있다.

② 다문화주의는 다양한 문화나 언어를 공유하고 상호 존중하여 적극 수용하려는 입장을 취한다.

③ 베리의 이론에서 동화는 자신의 고유문화와 새로운 문화를 모두 존중하는 상태를 의미한다.

④ 문화는 학습되고 전승되는 특징이 있다.

⑤ 주류와 비주류 문화 사이의 권력 차이로 차별이 발생할 수 있다.

02 기출 20회

문화에 관한 설명으로 옳지 않은 것은?

① 사회체계로서 중간체계에 해당된다.

② 사회구성원들 간에 공유된다.

③ 문화변용은 둘 이상의 문화가 지속적으로 접촉하여 한쪽이나 양쪽에 변화가 일어나는 현상이다.

④ 세대 간에 전승되며 축적된다.

⑤ 사회화에 대한 지침을 제공한다.

| 해설 |

01 통합에 대한 설명이다. 동화는 고유문화의 문화적 정체성과 특성을 포기함하고 새로운 문화를 수용함을 의미한다.

02 문화는 거시체계에 해당하는 것으로, 지식, 예술, 도덕, 법률, 신앙, 관습 및 사회구성원으로부터 얻어진 모든 관심의 총체이다.

정답 | 01 ③ 02 ①

제1영역 인간행동과 사회환경

더 풀어볼 TEST

01 인간 발달에 관한 설명으로 옳은 것은? 　　기출 22회

① 긍정적·상승적 변화는 발달로 간주하지만, 부정적·퇴행적 변화는 발달로 보지 않는다.

② 순서대로 진행되고 예측 가능하다는 특징이 있다.

③ 인간의 전반적 변화를 다루기 때문에 개인차는 중요하지 않다고 본다.

④ 키·몸무게 등의 질적 변화와 인지특성·정서 등의 양적 변화를 모두 포함하는 개념이다.

⑤ 각 발달단계에서의 발달 속도는 거의 일정한 것으로 알려져 있다.

02 다음 중 태내기(수정~출산)에 관한 설명으로 옳지 <u>않은</u> 것은? 　　기출 22회

① 배종기(germinal period)는 수정 후 수정란이 자궁벽에 착상할 때까지의 시기를 말한다.

② 임신 3개월이 지나면 태아의 성별구별이 가능해진다.

③ 양수검사(amniocentesis)를 통해서 다운 증후군 등 다양한 유전적 결함을 판별할 수 있다.

④ 임신 중 어머니의 과도한 음주는 태아알콜증후군(fetal alcohol syndrome)을 초래할 수 있다.

⑤ 배아의 구성은 외배엽과 내배엽으로 이루어지며, 외배엽은 폐, 간, 소화기관 등을 형성하게 된다.

03 아동기(7~12세)의 발달에 관한 설명으로 옳은 것을 모두 고른 것은? 　　기출 22회

> ㉠ 프로이트(S. Freud): 성 에너지(리비도)가 무의식 속에 잠복하는 잠재기(latency stage)
> ㉡ 피아제(J. Piaget): 보존, 분류, 유목화, 서열화 등의 개념을 점차적으로 획득
> ㉢ 콜버그(L. Kohlberg): 인습적 수준의 도덕성 발달단계로 옮겨가는 시기
> ㉣ 에릭슨(E. Erikson): "주도성 대 죄의식"의 발달이 중요한 시기

① ㉠, ㉡　　　　　　② ㉡, ㉣　　　　　　③ ㉠, ㉡, ㉢

④ ㉠, ㉢, ㉣　　　　⑤ ㉡, ㉢, ㉣

04 프로이트(S. Freud)의 정신분석이론에 관한 설명으로 옳은 것은? 　　기출 21회

① 인간이 가진 자유의지의 중요성을 강조하였다.

② 거세불안과 남근선망은 주로 생식기(genital stage)에 나타난다.

③ 성격구조를 원초아, 자아, 초자아로 구분하였다.

④ 초자아는 현실원리에 지배되며 성격의 실행자이다.

⑤ 성격의 구조나 발달단계를 제시하지 않았다.

---

01 키워드 01

① 부정적·퇴행적 변화도 발달로 본다.

③ 환경과 유전적 요인에 따라 발생하는 개인차는 인간 발달에 큰 영향을 미친다.

④ 양적 변화: 키·몸무게 등 질적 변화: 인지특성·정서 등

⑤ 발달 속도는 일정하지 않다.

02 키워드 02

배아는 외배엽, 중배엽, 내배엽으로 구성되어 있으며, 내배엽이 폐, 간, 소화기관 등을 형성한다.

03 키워드 03

㉣ 유아기(학령전기)에 관한 설명이다.

04 키워드 05

프로이트는 인간의 무의식이 개인의 행동에 영향을 준다고 보며, 성격구조를 원초아, 자아, 초자아로 구분하였다.

정답

01 ②　02 ⑤　03 ③　04 ③

05 아들러(A. Adler)의 이론에 관한 설명으로 옳은 것을 모두 고른 것은? 기출 18회

> ㉠ 인간을 사회적 존재로 보았다.
> ㉡ 인간의 성격발달단계를 제시하였다.
> ㉢ 출생순위, 가족과 형제관계에서의 경험은 생활양식에 영향을 준다.

① ㉠
② ㉡
③ ㉢
④ ㉠, ㉡
⑤ ㉠, ㉢

05 키워드 07

㉡ 아들러는 인간의 성격구조나 발달단계를 제시하지 않고, 부모와 자녀의 관계, 가족의 구조, 형제관계, 아동의 출생순서 등 다양한 요소가 성격발달에 영향을 준다고 보았다.

06 다음 학자와 그의 주요 기법이 옳게 연결된 것은? 기출 20회

① 반두라(A. Bandura) - 행동조성
② 로저스(C. Rogers) - 타임아웃
③ 스키너(B. Skinner) - 모델링
④ 피아제(J. Piaget) - 가족조각
⑤ 프로이트(S. Freud) - 자유연상

06 키워드 05, 08, 09, 10

① 반두라: 모델링
② 로저스: 무조건적인 긍정적 존중
③ 스키너: 행동조성, 타임아웃
④ 피아제: 정서적 안정, 반복학습

07 사회체계이론에 관한 설명으로 옳은 것을 모두 고른 것은? 기출 23회

> ㉠ 엔트로피(entropy)는 폐쇄체계에서 주로 나타난다.
> ㉡ 항상성(homeostasis)은 체계의 혼란과 무질서를 증가시킨다.
> ㉢ 체계(system)의 속성은 경계의 개방성과 침투성에 따라 결정된다.
> ㉣ 균형(equilibrium)은 주로 외부와의 교류가 활발한 개방체계에서 나타난다.

① ㉠, ㉡
② ㉠, ㉢
③ ㉡, ㉣
④ ㉢, ㉣
⑤ ㉡, ㉢, ㉣

07 키워드 11

㉡ 항상성은 균형을 위협받았을 때 회복하고자 하는 체계의 경향이다.
㉣ 균형은 폐쇄체계에서 나타난다.

08 브론펜브레너(U. Bronfenbrenner)의 미시체계(micro system)에 관한 설명으로 옳은 것을 모두 고른 것은? 기출 23회

> ㉠ 인간이 가장 밀접하게 상호작용하는 사회환경을 말한다.
> ㉡ 전 생애에 걸쳐 일어나는 개인의 변화와 사회역사적 환경을 포함한다.
> ㉢ 개인이 직접 참여하지 않으나, 부모의 직장, 형제가 속한 학급 등이 포함된다.

① ㉠
② ㉠, ㉡
③ ㉠, ㉢
④ ㉡, ㉢
⑤ ㉠, ㉡, ㉢

08 키워드 12

㉡ 시간체계에 관한 설명이다.
㉢ 외체계에 대한 설명이다.

정답

05 ⑤ 06 ⑤ 07 ② 08 ①

사회과학과 사회복지조사

STEP 1 ▶ 기출분석

✓ 6개년 출제리포트

개수

18 19 20 21 22 23 회차

✓ **키워드 공략포인트**
• 사회과학의 여러 특징을 기억하세요.
• 사회복지조사의 연구윤리 영역은 거의 매해 출제됩니다.
• 다양한 과학철학 가운데 해석주의와 실증주의, 반증주의와 과학적 혁명론을 중심으로 공부하세요.

정답 잡는 오답노트

▼ **사회과학과 사회복지학의 특징**　　19회
• **틀린 선지는?**
사회복지학은 응용과학이 아닌 순수과학에 속한다. (×)
• **틀린 이유는?**
사회복지학은 사회문제에 대처하기 위한 응용과학이다.

STEP 2 ▶ **핵심이론 공략**

1 사회과학과 사회복지학

(1) 사회과학의 특징
① 인간의 행위를 연구대상으로 하기 때문에 인과관계에 대한 명확한 결론을 내리기 어렵다.
② 사회문화적 특성의 영향을 받는다.
③ 관찰대상물과 관찰자 간 구분이 뚜렷하지 않다.

(2) 사회복지학의 특징
① 사회복지학은 사회문제에 대처하기 위한 학문으로, 응용과학으로서의 성격이 짙다.
② 사회복지의 실천지식의 제공 및 이론적 발전에 기여할 수 있다.

(3) 과학적 지식의 특징

논리성	명확한 인과관계와 객관적 사실, 타당한 논리적 과정이 필요함.
재생가능성	동일한 연구방법과 절차로 진행할 경우 모든 사람이 동일한 결과를 얻어야 함.
수정가능성	고정불변하지 않고 수정이 가능함.
간주관성	서로 다른 연구자가 연구해도 동일한 연구과정을 거친다면 같은 결론을 얻게 됨.
간결성	꼭 필요한 최소한의 변수를 사용하여 간결하게 정리되어야 함.
일반성	보편타당하고 포괄적으로 적용할 수 있는 일반화된 형태의 지식을 추구함.
실증성(경험성)	과학적 지식은 경험적으로 검증 가능하여야 함.
객관성	연구자의 주관적 가치 판단이 연구과정이나 결론에 작용하지 않아야 함.

> 🔍 **사회복지사가 과학적 조사연구방법을 활용하는 상황들**
> • 사회복지 전문가로서 실제 조사를 수행할 때
> • 학술논문에 있는 실천방법들의 효과성을 비교할 때
> • 지역주민의 복지적 욕구를 파악할 때
> • 새로운 프로그램의 만족도를 평가할 때

2 사회복지조사의 연구윤리
① 연구참여자들의 연구참여 동의와 자발적 참여가 중요하다.
② 응답자의 익명성과 비밀을 보장하여야 한다.
　㉠ 익명성 보장: 연구참여자들은 자신의 신원을 밝히지 않고 응답할 수 있다.
　㉡ 비밀 보장: 연구자는 응답자의 신원을 파악하고 있더라도 이를 외부에 공개해서는 안 된다. **참고** 단, 연구과정에서 참여자의 인권과 안전이 침해당하는 징후를 발견하는 경우, 외부에 이 사실을 알리고 도움을 요청할 수 있다.

③ 연구과정에서 도움을 받은 자료를 연구보고서에 밝혀야 한다.

④ 연구자는 연구참여자들에게 연구의 목적은 물론, 참여자가 해당 연구에 참여함으로써 받게 될 혜택과 위험, 조사결과의 활용계획 등 제반 사항에 대해 고지하여야 한다.

> **참고** 타당도 문제를 고려하여 연구참여자에게 연구목적을 밝히지 않는 경우도 있다(기관생명윤리위원회의 심사를 통과한 경우 등).

⑤ 연구의 공익적 가치도 중요하지만, 연구윤리보다 우선할 수는 없다.

3 과학적 조사법

(1) 연역법

① 일반적인 사실, 원리에서 개별적이고 특수한 사실이나 원리를 이끌어 낸다.

② 실증주의적 접근을 따른다.

(2) 귀납법

① 개별적인 사실, 관찰된 내용을 통해 이론(임시결론)을 도출한다.

② 해석주의적 접근을 따른다.

> **참고** 양적연구는 주로 연역적 접근을, 질적연구는 주로 귀납적 접근을 한다.

4 과학철학

(1) 해석주의

① 사회적 행위에 대한 주관적 의미와 해석을 중시한다(질적연구).

② 사회적 행동을 행위자의 입장에서 이해하려 한다.

(2) 실증주의

① 관찰이나 실험, 객관적 조사 등을 통해 검증 가능한 지식을 중시한다(양적연구).

② 보편적이고 적용 가능한 통계적 분석도구를 사용하며, 연구결과의 일반화에 관심을 둔다.

(3) 반증주의

① 직접적으로 증명하기보다는 반증 시도를 통해 가설의 설득력을 확보한다.

② 반증 가능성이 높은 가설이 많을수록 과학은 진보하는 것으로 간주한다.

(4) 쿤의 과학적 혁명론

① 패러다임이란 현상에 대한 관점을 조직하는 도식, 틀을 말한다.

② 패러다임의 변화는 점진적인 것이 아니라 혁신적·혁명적인 것이다.

③ 과학은 누적적 진보를 하지 않는다.

④ 같은 시기에 다양한 패러다임이 공존할 수 있다.

STEP 3 **필수문제 점검**

01
기출 19회

사회과학의 특성에 관한 설명으로 옳지 <u>않은</u> 것은?

① 자연과학에 비해 인과관계에 대한 명확한 결론을 내리기 어렵다.

② 끊임없이 변화하는 사회현상을 규명한다.

③ 관찰대상물과 관찰자가 분명히 구분된다.

④ 인간의 행위를 연구대상으로 한다.

⑤ 사회문화적 특성의 영향을 받는다.

02
기출 22회

과학적 탐구에서 제기되는 윤리적 문제에 관한 설명으로 옳지 않은 것은?

① 어떤 경우라도 연구참여자 속이기는 허용되지 않는다.

② 고지된 동의는 조사대상자의 판단능력을 고려하여야 한다.

③ 연구자는 기대했던 연구결과와 다르더라도 그 결과를 사실대로 보고해야 한다.

④ 사회복지조사에서는 비밀유지가 엄격히 지켜질 수 없는 상황이 발생할 수 있다.

⑤ 연구자는 개인정보 유출 등으로 인해 연구 참여자에게 피해를 주지 않도록 신중을 기해야 한다.

| 해설 |

01 사회과학에서는 관찰대상물과 관찰자 간 구분이 명확하지 않다.

02 원칙적으로 연구참여자 속이기는 허용되지 않고, 연구자는 고지의 의무를 이행하여 연구참여자의 자발적인 참여가 이루어지도록 해야 한다. 그러나 질적연구의 참여관찰 중 완전관찰자와 같이 연구참여자를 속이는 것이 허용되는 경우도 있다.

정답 | 01 ③ 02 ①

STEP 1 | 기출분석

☑ 6개년 출제리포트

☑ 키워드 공략포인트

- 구분 방법에 따른 사회복지조사의 유형별 특징을 묻는 문제가 출제됩니다. 패널조사, 경향조사, 동년배집단조사의 각각의 차이에 대해 정확하게 알아두세요.
- 사회복지조사의 절차와 해당 절차에서 하는 일을 기억해야 합니다.

정답 잡는 오답노트

▼ 종단연구의 특징   21회

- **틀린 선지는?**
시간에 따른 변화를 가장 정확하게 알려주는 것은 동류집단연구이다. (×)

- **틀린 이유는?**
동류집단연구 역시 종단연구의 한 유형이기는 하나, 시간에 따른 변화를 가장 정확하게 알려주는 것은 패널조사이다.

STEP 2   핵심이론 공략

1 사회복지조사의 유형

(1) 자료수집방법에 따른 구분

① 양적조사
  ㉠ 실증주의적 방법론에 토대를 두고, 객관적인 측정방법을 사용하여 대규모 자료수집과 분석이 가능하다.
  ㉡ 연역법을 주로 사용한다.

② 질적조사
  ㉠ 현상학적 접근법을 따르며, 사회현상의 주관적 의미에 관심을 둔다.
  ㉡ 탐색과 발견을 지향하므로 풍부하고 자세한 사실 발견이 가능하다.

③ 혼합조사
  ㉠ 양적조사와 질적조사 방법론을 혼합한 연구방법론이다. 단, 연구자에 따라 두 가지 연구방법의 비중은 상이할 수 있다.
  ㉡ 연구자가 두 가지 연구방법 모두에 대해 잘 알고 다양한 패러다임을 수용할 수 있을 때 활용이 가능하다.

(2) 자료수집시점에 따른 구분

① 횡단조사
  ㉠ 특정 시점에서 조사대상을 1회 조사하는 연구방법이다(정태적).
  ㉡ 탐색, 기술, 설명을 목적으로 한다.
  ㉢ 종류: 여론조사(특정 시점), 인구주택총조사, 출구조사

② 종단조사
  ㉠ 같은 주제에 대해 조사대상을 일정한 시간 간격을 두고 반복적으로 조사하는 연구방법이다(동태적).
  ㉡ 종류

패널조사	• 동일인을 대상으로 일정한 시간 간격을 두고 같은 내용을 반복적으로 조사함. • 내적타당도가 높은 한편, 조사대상의 추적과 관리에 비용이 많이 듦.
경향조사 (추세조사)	• 일정 주기별 변화를 살펴볼 수 있는 장점이 있음. • 언제나 동일한 대상을 조사하는 것은 아님.
동년배집단조사	• 동년배집단을 대상으로 일정한 시간 간격을 두고 동일한 자료를 수집하여 시대적 변화를 연구함. • 세대 간 차이, 변화를 조사할 때 유용함. • 언제나 동일한 대상을 조사하는 것은 아님.

참고 종단조사의 세부 유형 가운데 동일인을 대상으로 반복조사하는 것은 패널조사가 유일하다.

(3) 조사목적에 따른 구분

① 탐색적 조사

㉠ 선행연구가 별로 없어 사전지식이 부족할 때 실시한다.

㉡ 예비조사의 목적으로 탐색적 조사를 수행하기도 한다.

② 기술적 조사: 특정 사건이나 현상(분포, 규모, 비율 등)을 정확하고 사실적으로 파악하는 것이 주된 목적이다.

③ 설명적 조사

㉠ 변수 간 관련성을 살펴보고, 가설을 검증하는 연구조사이다.

㉡ 인과관계를 규명하는 데 유용하여 진단조사라 불리고, 조사결과를 토대로 미래를 예측해 본다는 점에서 예측적 조사라고도 불린다.

2 사회복지조사의 절차

문제설정 ➡ 가설설정 ➡ 조사설계 ➡ 자료수집

➡ 자료분석 및 해석 ➡ 보고서 작성

(1) 문제설정

① 조사과정에 소요될 시간과 비용, 발생 가능한 윤리적 이슈 등 현실적인 문제를 종합적으로 고려하여 연구문제를 설정한다.

② 조사에서 다루고자 하는 범위는 구체적이어야 한다.

(2) 가설설정

① 가설이란 변수 간 관계에 대한 연구자의 예측이다.

② 연구자는 연구문제와 자신이 선택한 이론의 방향성에 따라 가설을 설정한다.

(3) 조사설계

① 누구를 대상으로, 언제, 어떻게, 어떤 규모로 자료를 수집할지, 수집된 자료를 어떻게 분석할지 등 자료의 수집·분석과정에 필요한 내용들을 설계하는 단계이다.

② 조사설계에 포함되어야 할 내용: 구체적인 자료수집방법, 모집단 및 표집방법, 표본규모, 조사도구, 자료분석절차와 방법, 주요 변수의 개념 정의와 측정방법 등

(4) 자료수집

연구문제의 특성과 연구기간, 비용 등을 고려하여 적절한 방법으로 자료를 수집한다.

(5) 자료분석 및 해석

수집된 자료를 분석하고 해석한다.

(6) 보고서 작성

사회조사는 최종 보고서 작성을 통해 조사결과를 공유해야 의미가 있다.

STEP 3 필수문제 점검

01
기출 21회

종단연구에 관한 설명으로 옳은 것은?

① 베이비붐세대를 시간변화에 따라 연구하는 것은 추이연구이다.

② 일정 기간 센서스 자료를 비교하여 전국 인구의 성장을 추적하는 것은 동류집단연구이다.

③ 매번 동일한 집단을 관찰하는 연구는 패널연구이다.

④ 시간에 따른 변화를 가장 정확하게 알려주는 것은 동류집단연구이다.

⑤ 일반 모집단의 변화를 시간변화에 따라 연구하는 것은 동류집단연구이다.

02
기출 23회

사회복지 조사연구에서 과학적 연구방법으로 옳은 것은?

① 기술 연구에서 문제발생의 원인을 설명하고자 하였다.

② 연구결과의 일반화를 위해 모집단의 속성이 반영된 충분한 표본을 조사하였다.

③ 가설 검증 결과가 연구자의 기대와 달라서 가설을 연구결과에 맞추어 수정하였다.

④ 연구자의 주관적 판단에 입각하여 연구결과를 해석하였다.

⑤ 조사를 통해 검증된 인과관계에 입각하여 문제의 발생을 단정적 결정론으로 예측하였다.

| 해설 |

01 ① 동류집단연구에 관한 설명이다.

② 추이연구(경향조사)에 관한 설명이다.

④ 패널연구에 관한 설명이다.

⑤ 패널연구에 관한 설명이다.

02 ① 설명적 조사(연구)에 관한 설명이다.

③ 연구자가 임의대로 연구결과를 수정하는 것은 연구윤리에 위배되는 행위이다.

④ 연구결과의 해석은 이론적 배경을 바탕으로 이루어져야 한다.

⑤ 과학적 지식은 고정불변하지 않고 수정이 가능하다. 따라서 사회조사결과는 확률적이고 잠정적 결론으로 수용한다.

정답 | 01 ③ 02 ②

STEP 1   기출분석

☑ 6개년 출제리포트

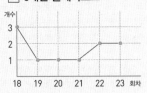

☑ 키워드 공략포인트

• 한 해도 빠짐없이 출제되는 영역이므로 꼼꼼하게 학습하셔야 합니다.
• 주로 사례와 접목된 형태로 출제되므로, 반드시 문제풀이를 통해 학습상태를 점검하시기 바랍니다.

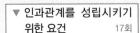
정답 잡는 오답노트

▼ 인과관계를 성립시키기
   위한 요건   17회

• 틀린 선지는?
독립변수와 종속변수의 관계가 허위적 관계이어야 한다. (×)

• 틀린 이유는?
독립변수와 종속변수의 관계가 허위적인 경우 변수 간 관계는 우연에 불과하다. 독립변수와 종속변수는 일정한 방식으로 같이 변해야 한다.

STEP 2   핵심이론 공략

1 변수의 개념과 특징

① 변수란 어떤 관계나 범위 안에서 여러 가지 값으로 변할 수 있는 수를 말한다.
② 직접 관찰할 수 있는 변수(키, 몸무게, 기온 등)도 있고, 직접관찰은 어렵지만 경험적으로 측정 가능한 변수(직업만족도 등)도 있다.
③ 변수는 조작적 정의의 결과물이며, 두 개 이상의 속성을 가져야 한다.

2 변수의 유형

(1) 기능에 따른 구분

① 독립변수
　㉠ 다른 변수의 영향을 받지 않고, 다른 변수에 영향을 미치는 변수이다.
　㉡ 독립변수와 종속변수는 일정한 방식으로 같이 변해야 한다.
　㉢ 모든 형태의 척도(명목, 서열, 등간, 비율)가 독립변수로 사용될 수 있다.
　　　예 복지정책이 소득수준 향상의 원인일 때, '복지정책'은 독립변수이다.

② 종속변수
　㉠ 독립변수의 움직임에 따라 함께 일정한 방식으로 변화되는 변수이다.
　㉡ 다른 변수에 의존하지만 다른 변수에 영향을 미칠 수 없는 변수이다.
　　　예 소득수준 향상이 경제발전의 결과일 때, '소득수준'은 종속변수이다.

③ 매개변수
　㉠ 독립변수와 종속변수 사이에 존재하며, 독립변수의 결과인 동시에 종속변수의 원인이 되는 변수이다.
　㉡ 모든 측정수준(명목, 서열, 등간, 비율)의 변수가 매개변수로 사용 가능하다.
　　　예 소득이 의료접근성을 통하여 삶의 만족도에 영향을 미친다고 할 때, '의료접근성'은 매개변수이다.

④ 외생변수: 독립변수와 종속변수가 실제로는 관련성이 없음에도 마치 관련이 있는 것처럼 보이게 만드는 제3의 변수를 말한다.
　　　예 또래관계증진 프로그램이 결혼이민자가정 자녀들의 자아정체감에 영향을 미칠 때, 자녀의 자아정체감의 차이를 불러올 수 있는 '부모의 사회경제적 지위'는 외생변수이다.

⑤ 억압변수(억제변수): 실제로 독립변수와 종속변수는 관련성이 있음에도 마치 관련이 없는 것처럼 보이게 만드는 변수이다.
　　　예 학력이 높을수록 소득수준이 높다고 가정할 때, A 회사에 근무하는 직장인들을 대상으로 조사한 결과 해당 변수 간 유의미한 상관관계가 나타나지 않을 수 있다. 예를 들어 '연령'이라는 억압변수가 학력(독립변수)과는 부적 상관을, 소득(종속변수)과는 정적 상관을 보이면서 결과적으로 변수 간 인과관계가 없는 것처럼 보인다.

⑥ 통제변수

  ㉠ 독립변수와 종속변수 간 관련성을 확인하는 과정에서 주변부에 영향을 미치는 제3의 변수들을 말한다.

  ㉡ 외생변수와 억압변수 모두 통제변수가 된다.

    ⓔ 부모의 학력이 자녀의 대학 진학률에 영향을 미친다는 연구결과와 관련하여, 부모의 재산이 비슷한 경우로 한정하여 다시 조사한 결과 부모의 학력과 자녀의 대학 진학률이 통계적으로 유의미한 관계가 없는 것으로 나타났을 때, '부모의 재산'은 통제변수이다.

⑦ 조절변수: 독립변수가 종속변수에 미치는 영향의 크기나 방향성에 영향을 미치는 변수이다.

    ⓔ 연령에 따라 거주기간이 지역사회 응집력에 미치는 영향력이 다르다고 할 때, '연령'은 조절변수이다.

(2) 속성에 따른 구분

① 비연속변수(이산변수)

  ㉠ 명목변수: 부여된 기호는 다른 기호와 구분하는 용도일 뿐, 다른 의미는 없다.

    ⓔ 사회복지사의 근무지역 동(洞), 장애유형, 성별, 아르바이트 경험 유무 등

  ㉡ 서열변수: 변수 내 서열과 순서가 존재한다.

    ⓔ 사회복지사의 근무기관 평가등급, 강의만족도, 생활수준(상, 중, 하) 등

② 연속변수

  ㉠ 등간변수: 정해진 범위 내에서 서열이나 순위는 물론, 하위 서열(순위)의 범주 간 거리가 동일한 척도이다.

    ⓔ 온도, 지능지수(IQ), 학년, 시험점수 등

  ㉡ 비율변수

    • 변수 간 범주가 상호 배타적이며, 서열 및 순서를 나타낸다.

    • 카테고리 내 간격이 같고, 속성이 전혀 없는 절대 영(0)점이 있기 때문에 다양한 통계기법을 적용할 수 있다.

    ⓔ 키, 몸무게, 연령, 사회복지사가 이수한 보수교육 시간(분) 등

    참고 등간변수와 비율변수는 산술평균이 가능한 변수이다.

🔍 측정수준이 다른 변수의 비교

구분	명목척도	서열척도	등간척도	비율척도
범주 간 상호배타성	○	○	○	○
순서, 서열	–	○	○	○
등간격성	–	–	○	○
가능한 연산	–	<, >	<, >, +, –	<, >, +, –, ×, ÷

STEP 3 필수문제 점검

01
기출 22회

측정의 수준이 서로 다른 변수로 묶인 것은?

① 대학 전공, 아르바이트 경험 유무

② 복지비 지출 증가율, 월평균 소득(만 원)

③ 온도(℃), 지능지수(IQ)

④ 생활수준(상, 중, 하), 혈액형

⑤ 성별, 현재 흡연여부

02
기출 23회

다음 가설에 포함된 변수에 관한 설명으로 옳은 것은?

> 사회복지사가 느끼는 업무부담에 따른 소진 정도는 동료와의 친밀도에 따라 달라질 것이다.

① 소진정도: 통제변수

② 업무부담: 매개변수

③ 소진정도: 독립변수

④ 업무부담: 종속변수

⑤ 동료와의 친밀도: 조절변수

| 해설 |

01 생활수준(상, 중, 하)은 서열변수이고, 혈액형은 명목변수이다.

02 ①, ③ 종속변수(Y)에 해당한다.

  ②, ④ 독립변수(X)에 해당한다.

정답 | 01 ④ 02 ⑤

STEP 1   기출분석

☑ 6개년 출제리포트

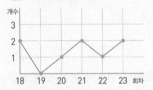

☑ 키워드 공략포인트

• 측정을 하기 위해서는 개념의 조작화과정을 거쳐야 한다는 점을 기억하세요.
• 통계적 가설검정에 대한 내용이 자주 출제됩니다.

STEP 2   핵심이론 공략

1 정의

(1) 개념적 정의

① 어떠한 현상이나 속성을 개념적으로 설명하는 것을 말한다.
② 개념적 정의는 측정 가능성을 전제로 하지 않는다.

(2) 조작적 정의

① 측정하고자 하는 개념에 대해 관련 선행연구와 기존에 사용된 척도 등을 탐색하여 조작적으로 정의하는 과정을 말한다.
② 조작화과정의 최종 산물은 수량화이다.

🔍 조작화의 과정

개념 ➡ 개념적 정의 ➡ 조작적 정의 ➡ 측정

2 가설

(1) 가설의 개념과 특징

① 가설이란 조사하려는 현상에 대한 예측적 해답을 말한다.
② 가설은 두 개 이상의 변수 간 관계를 가정한다.
③ 경험적으로 검증이 가능해야 한다.
④ 구체적이고 논리적이며 간단명료하게 표현되어야 한다.
⑤ 가설은 이론에서 도출되어야 한다.
⑥ 방향성을 가진 가설도 있으나, 비방향성 가설도 있다.

(2) 가설의 유형

① 연구가설
  ㉠ 조사과정을 통해 연구자가 검증하고자 하는 가설이다. ⓔ X와 Y는 관계가 있다.
  ㉡ 연구가설은 경험적으로 검증이 가능해야 한다.
② 영가설(귀무가설)
  ㉠ 독립변수가 종속변수에 영향을 미치지 않으며, 변수 간 관계가 우연인 것으로 간주한다. ⓔ X와 Y는 관계가 없다.
  ㉡ 영가설이 참이면 연구가설은 거짓이 되고, 반대로 영가설이 기각되면 연구가설이 참이 된다. 따라서 연구자들은 영가설이 기각되기를 바란다.

정답 잡는 오답노트

▼ 영가설   21회

• 틀린 선지는?
영가설은 변수 간의 관계가 우연이 아님을 증명한다. (×)

• 틀린 이유는?
영가설은 연구가설과 대조되는 가설로서, 변수 간 관계가 우연인 것으로 간주한다.

(3) 통계적 가설검정

① 제1종 오류

㉠ 영가설이 참인데도 이를 부정하여 기각하는 오류이다.

㉡ 실제로는 변수 간 관련성이 없음에도 관련이 있는 것으로 결론을 내는 오류이다.

㉢ α(알파)로 표시한다.

㉣ 연구가설과 영가설은 하나의 오류를 줄이면 나머지 오류가 커지는 관계이다. 두 오류를 동시에 낮출 수는 없으므로, 연구자들은 제1종 오류의 가능성을 낮추는 것을 우선적으로 고려한다.

② 제2종 오류

㉠ 영가설이 거짓인데도 이를 채택하는 오류이다.

㉡ 변수 간 관련성이 있음에도 관련이 없는 것으로 결론을 내는 오류이다.

㉢ β(베타)로 표시한다.

🔍 신뢰수준과 오류

- 95% 신뢰수준은 100번 조사하면 5번 정도는 오차가 허용될 수 있다는 의미임.
- 99% 신뢰수준은 100번 조사하면 1번 정도 오차가 허용될 수 있다는 의미임(모집단의 평균값이 신뢰구간 내에 존재한다는 것을 99% 확신할 수 있음).
- 99%의 신뢰수준, 즉 1%의 유의수준은 제1종 오류가 있을 확률이 1% 미만이라는 뜻임.
- 제1종 오류를 줄이기 위해서는 신뢰수준을 95%에서 99%로 높이는 등 신뢰수준을 더 엄격하게 적용하면 됨.

01

기출 18회

가설에 관한 설명으로 옳은 것을 모두 고른 것은?

㉠ 이론적 배경을 가져야 한다.
㉡ 변수 간 관계를 가정한 문장이다.
㉢ 가설구성을 통해 연구문제가 도출된다.
㉣ 창의적 해석이 가능하도록 개방적으로 구성되어야 한다.

① ㉠, ㉡　　　　　　② ㉠, ㉢
③ ㉠, ㉡, ㉣　　　　④ ㉡, ㉢, ㉣
⑤ ㉠, ㉡, ㉢, ㉣

02

기출 21회

변수의 조작적 정의에 관한 설명으로 옳은 것을 모두 고른 것은?

㉠ 개념적 정의를 실제로 관찰할 수 있는 수준으로 전환시키는 것이다.
㉡ 조작적 정의를 하면 개념의 의미가 다양하고 풍부해진다.
㉢ 조작적 정의를 통해 개념이 더욱 추상화된다.
㉣ 조작적 정의가 없어도 가설검증이 가능하다.

① ㉠　　　　　　　② ㉠, ㉡
③ ㉡, ㉢　　　　　④ ㉠, ㉡, ㉢
⑤ ㉠, ㉢, ㉣

| 해설 |

01 ㉢ 가설구성은 연구문제 도출 이후에 이루어진다.
　㉣ 가설은 변수 간 관계를 가정하며, 경험적으로 검증이 가능해야 하므로, 창의적 해석이 가능하도록 구성되어서는 안 된다.
02 ㉡, ㉢ 조작적 정의를 하면 개념이 간단명료해지며, 구체화된다.
　㉣ 조작적 정의를 해야 가설검증이 가능하다.

정답 | 01 ① 02 ①

STEP 1 기출분석

☑ **6개년 출제리포트**

☑ **키워드 공략포인트**

- 각 척도의 측정수준을 구별할 수 있어야 합니다.
- 사례에 맞는 척도의 세부 유형을 찾는 문제가 자주 출제됩니다.

STEP 2 핵심이론 공략

1 측정

(1) 개념과 특징

① 측정이란 양적연구에서 연구자가 관심 있는 개념, 현상, 속성에 대해 규칙에 따라 측정대상에 값을 부여하는 과정이다.

② 개념의 측정수준에 따라 명목척도, 서열척도, 등간–비율척도 등으로 측정할 수 있다.

(2) 측정의 원칙

① 개념의 구체화과정에서 포괄성의 원칙을 지켜야 한다.

② 개념의 경험화과정에서 변수를 구성하는 속성들 간의 구분이 명확해야 한다.

③ 측정의 신뢰도를 높이기 위해서는 문항 간 내적 일관성을 가져야 한다.

④ 개념의 현상적 구조와 경험적 측정값들이 일치해야 한다.

2 명목척도

① 범주 내 기호를 부여하여 항목을 구별하며, 이때 부여된 기호는 다른 기호와 상호 배타적인 특성을 갖는다.

    예 사회복지사의 근무지역 동(洞), 혈액형, 성, 혼인 여부, 거주지역, 직업군, 사회복지사 1급 시험 영역 등

② 복수응답을 제외하고 응답자는 보기 문항 가운데 하나의 범주에 속한다. 즉, 여러 범주에 동시에 속하지 않는다.

③ 부여된 기호는 포괄성의 원칙을 따라야 한다.

④ 측정수준이 가장 낮다.

3 서열척도

(1) 개념과 특징

① 사물이나 현상을 분류(명목척도의 특징)하면서 범주 간 순서와 서열이 존재하는 척도이다.

② 범주 간 서열 간격이 동일하지 않다. 즉, '등간'이 아니다.

③ 응답자의 선호, 만족도 등을 측정할 때 활용한다.

(2) 서열척도의 유형

① 평정척도

ⓐ 범주 내 서열이나 순서가 존재하는 척도이다.

    예 사회복지사의 근무기관 평가등급 점수(A, B, C, D), 고객만족도, 또래집단의 지지 정도 등

ⓒ 종류

| 도표법 평정척도 | 시각화된 자료인 도표에 응답자 자신의 생각, 느낌과 가장 가까운 항목에 표시하도록 하는 방법 |
| 기술법 평정척도 | 언어로 제시된 범주 내에서 응답자가 자신의 생각, 느낌에 가장 가까운 항목을 선택하도록 하는 방법 |

② 리커트척도
  ㉠ 하나의 개념을 측정할 때 하나의 문항만 사용하지 않고, 관련 있는 여러 문항을 만들어 종합적으로 측정하는 방식이다.
  ㉡ 문항 간 중요도 차이는 없다. 즉, 각 문항의 중요도가 같다.
  ㉢ 척도나 지수 개발에 용이하므로 양적조사에서 많이 활용된다.
  ㉣ 누적척도이다.
③ 거트만척도
  ㉠ 응답자들의 태도를 측정할 때 용이하다.
  ㉡ 각 문항이 단계적이고, 일관성 있게 서열을 이루고 있어 단일차원적이며 누적적인 특성이 있다.
  ㉢ 척도 내 낮은 강도의 내용을 승인하지 않는 경우, 더 높은 강도의 내용 또한 받아들이기 어렵기 때문에 응답자의 태도를 비교하고 예측하기 쉽다.
④ 보가더스의 사회적 거리척도
  ㉠ 연구자가 측정하고자 하는 특정 현상이나 사회 이슈에 대해 개인이 어느 정도의 수준까지 수용할 수 있는지 측정할 때 사용한다.
  ㉡ 사회집단 간 심리적 거리감을 측정하는 데 적절하다.
⑤ 의미분화척도
  ㉠ 한 쌍의 대조되는 형용사를 사용하여 응답자들이 평소 자신의 생각이나 태도, 느낌 등의 정도(위치)를 표현하게 하는 척도이다.
  ㉡ 대체로 5단계나 7단계로 분화하여 제시한다.

4 등간-비율척도

(1) 서스톤척도
① 가장 부정적인 태도(1점)부터 가장 긍정적인 태도(11점)까지 등간격으로 구분하여 만든 척도이다(중간값인 6점은 중립적 태도로 해석).
② 연구자(평가자)의 편견 개입 문제가 있다.
③ 개발과정에 많은 시간과 노력이 요구된다.

(2) 요인분석
① 상관이 높은 문항들을 중심으로 중요한 조사결과들이 몇 개의 공통요인으로 묶이는지 평가한다.
② 요인분석을 통해 얻은 요인들은 상호독립적인 특성을 가진다.
③ 구성타당도를 평가하는 데 유용하다.
④ 요인분석을 통해 알 수 있는 것: 문항들의 단일차원성, 척도 내의 불필요한 문항, 하위척도의 존재 가능성, 각 문항의 상대적 영향력

STEP 3 필수문제 점검

사회복지조사론

01 기출 21회

다음 연구과제의 변수들을 측정할 때 ㉠~㉣의 척도유형을 바르게 짝지은 것은?

> 장애인의 성별(㉠)과 임금수준의 관계를 정확하게 파악하기 위해서는 장애유형(㉡), 거주지역(㉢), 직업종류(㉣)와 같은 변수들의 영향력을 적절히 통제해야 한다.

① ㉠: 명목, ㉡: 명목, ㉢: 명목, ㉣: 명목
② ㉠: 명목, ㉡: 서열, ㉢: 서열, ㉣: 명목
③ ㉠: 명목, ㉡: 서열, ㉢: 명목, ㉣: 비율
④ ㉠: 명목, ㉡: 등간, ㉢: 명목, ㉣: 명목
⑤ ㉠: 명목, ㉡: 등간, ㉢: 서열, ㉣: 비율

02 기출 22회

측정에 관한 설명으로 옳지 않은 것은?
① 측정은 연구대상의 속성에 대하여 일정한 규칙에 따라 숫자나 기호를 부여하는 과정이다.
② 사회과학에서는 개념을 측정하기 위해 특질 자체를 측정하기보다는 특질을 나타내는 지표를 사용하여 간접적으로 측정하는 경우가 많다.
③ 보가더스(Bogardus)의 사회적 거리척도는 등간척도의 한 종류이다.
④ 리커트(Likert)척도는 각 문항의 점수를 합산하여 전체적인 경향이나 특성을 측정하는 방법이다.
⑤ 측정항목의 수를 많게 하면 신뢰도가 높아지는 경향이 있다.

| 해설 |
01 ㉠, ㉡, ㉢, ㉣ 모두 서열성이 없고 연산이 불가능하며, 범주 내 기호를 부여하여 항목을 구별하는 명목척도이다.
02 보가더스의 사회적 거리척도는 서열척도이자 누적척도이다.

정답 | 01 ① 02 ③

측정의 신뢰도와 타당도

STEP 1 기출분석

☑ 6개년 출제리포트

개수
3
2
1

18 19 20 21 22 23 회차

☑ 키워드 공략포인트

• 신뢰도와 타당도의 측정방법에 대한 문제가 자주 출제됩니다.
• 신뢰도와 타당도의 차이를 알고, 이와 관련된 측정오류도 학습해야 합니다.

정답 잡는 오답노트

▼ 측정의 신뢰도   18회

• 틀린 선지는?
측정도구의 신뢰도가 높아지면 타당도도 높아진다. (×)

• 틀린 이유는?
측정도구의 높은 신뢰성이 타당성을 보장하지는 않는다.

▼ 측정오류   16회

• 틀린 선지는?
무작위 오류는 측정의 타당도, 즉 측정항목들이 적절한 내용을 담고 있는가에 대해 이론에 비추어 경험적으로 검증해 보는 것과 관련이 있다. (×)

• 틀린 이유는?
무작위 오류는 일정한 패턴 없이 발생하는 오류로서, 측정의 신뢰도를 낮추는 요인으로 작용한다.

STEP 2 핵심이론 공략

1 측정의 신뢰도

(1) 개념과 특징

① 측정의 신뢰도는 척도의 일관성 또는 안정성과 관련된 개념이다.
② 측정도구를 반복적으로 적용하여 일관된 결과가 나온다면 해당 측정도구의 신뢰도는 높은 것으로 해석한다.
③ 신뢰도를 높이기 위해서 측정항목의 수를 적정 수준 이상 확보하거나 유사한 질문을 반복적으로 하는 방법 등을 활용한다.

(2) 신뢰도 측정방법

검사-재검사법	• 일정한 시간 간격을 두고 같은 대상자들에게 같은 측정도구로 조사를 두 번 실시하여 측정값 간 일관성을 평가함. • 측정이 용이하지만, 외부사건, 검사효과 또는 성숙효과 등 외생변수가 발생할 수 있음.
대안법 (복수양식법, 유사양식법)	• 유사한 측정도구를 두 세트로 구성하여, 같은 응답자가 두 세트의 측정도구에 응답하여 관찰값 간 상관관계를 통해 신뢰도를 평가하는 방법임. • 거의 유사한 두 세트의 측정도구를 개발하는 것이 현실적으로 어려움.
내적 일관성 신뢰도	가장 일반적인 측정방법으로, 반분법과 크론바흐 알파계수가 이에 속함.

2 측정의 타당도

(1) 개념과 특징

측정도구가 개념이나 현상, 속성 등을 제대로 측정하고 있는가(정확성)를 말한다.

(2) 타당도 측정방법

① 내용타당도(액면타당도)
ⓐ 검사문항이 측정하고자 하는 현상, 내용 등을 잘 대표하는지와 관련된 내용이다.
ⓑ 전문가의 주관적 판단에 의해 결정되는 측면이 있다.

② 기준타당도(준거타당도)
ⓐ 타당성이 입증된 기존의 측정도구와 연구자가 만든 측정도구의 결과치를 비교하여 타당도를 평가하는 방법이다.
ⓑ 종류

예측타당도	• 측정도구가 응답자의 미래 행동을 어느 정도 예측하는가에 관한 내용 • 일정 시간이 지나야 검증이 가능함.
동시타당도	측정도구가 연구대상자들의 현재 상태를 올바르게 측정하는가에 대한 타당도

③ 구성타당도

㉠ 측정되는 개념이 속한 이론 체계 내에서 다른 개념들과 어느 정도 관련성을 갖고 있는지와 관련된 내용으로, 가장 수준이 높은 타당도이다.

㉡ 통계패키지를 활용한 요인분석을 통해서도 쉽게 검증할 수 있다.

㉢ 종류

이해타당도	측정하고자 하는 추상적인 개념이나 이론이 측정도구에 의해 정확히 측정되었는가에 관한 내용
수렴타당도 (집중타당도)	동일 개념을 측정한다면, 다른 방법으로 측정하더라도 측정값이 하나의 차원으로 수렴되어야 함.
변별타당도 (판별타당도)	이론적으로 관련성이 없는 두 개념을 측정한 두 척도의 상관관계는 낮아야 함.

🔍 **측정의 신뢰도와 타당도의 관계**

• 측정도구의 높은 신뢰성이 타당성을 보장하지는 않음.
• 신뢰도는 타당도를 높이기 위한 필요조건이지만 충분조건은 아님.
• 측정의 타당도가 높으면 신뢰도도 높음.

3 측정의 오류

(1) 체계적 오류

① 변수에 일관성 있게 영향을 미치는 오류로, 타당도를 낮추는 요인이다.

② 종류

㉠ 인구통계학적 특성으로 인한 오류: 성별, 사회경제적 지위 등과 같은 특성으로 인해 오류가 일정한 방향으로 나타나는 경향을 말한다.

㉡ 개인적 성향으로 인한 오류

관용의 오류	응답자가 일관되게 긍정적인 답을 선택하는 경향
인색의 오차	응답자가 일관되게 부정적인 답을 선택하는 경향
중앙집중경향의 오류	응답자가 유독 중간 위치의 입장을 선택하는 경향
후광효과	대상에 대한 견해나 인상이 평가에 영향을 주는 것

㉢ 잘못된 측정도구로 인한 오류: 질문내용이 평소의 생각이나 태도를 묻는 것인지, 실제 행동을 묻는 것인지에 대한 구분이 명확하지 않으면 오류가 발생한다.

㉣ 편향으로 인한 오류: 고정반응에 의한 편향, 사회적 바람직성의 편향

(2) 비체계적 오류(무작위 오류)

① 일정한 패턴 없이 발생하는 오류로, 측정의 신뢰도를 낮추는 요인이다.

② 연구자나 응답자의 신체적·정신적 상태, 주변 소음과 같은 환경문제, 측정도구에 대한 사전교육 부족 등으로 인해 발생할 수 있다.

STEP 3 필수문제 점검

01 기출 20회

척도의 타당도를 평가하는 기준이 아닌 것은?

① 하나의 개념을 측정하는 개별 항목들 간의 일관성
② 이론적으로 관련성이 없는 두 개념을 측정한 두 척도 간의 상관관계
③ 어떤 척도와 기준이 되는 척도 간의 상관관계
④ 개념 안에 포함된 포괄적인 의미를 척도가 포함하는 정도
⑤ 개별 항목들이 연구자가 의도한 개념을 구성하는 요인으로 모이는 정도

02 기출 21회

측정의 오류에 관한 설명으로 옳지 않은 것은?

① 연구자의 의도가 포함된 질문은 체계적 오류를 발생시킨다.
② 사회적으로 바람직한 응답은 체계적 오류를 발생시킨다.
③ 측정의 오류는 연구의 타당도를 낮춘다.
④ 타당도가 낮은 척도의 사용은 무작위 오류를 발생시킨다.
⑤ 측정의 다원화는 측정의 오류를 줄여 객관성을 높인다.

| 해설 |
01 문항 간 내적 일관성은 측정의 신뢰도를 평가하는 기준이다.
02 타당도가 낮은 척도의 사용은 체계적 오류를 발생시킨다.

정답 | 01 ① 02 ④

STEP 1 기출분석

☑ 6개년 출제리포트

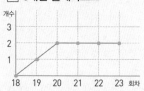

☑ 키워드 공략포인트

• 출제빈도가 높은 영역이므로, 주요 개념을 충분히 이해해야 합니다.
• 표본오차가 무엇인지, 양질의 표본이 갖추어야 하는 조건에 대해서 알고 있어야 합니다.

정답 잡는 오답노트

▼ 표집오차와 표준오차
16회

• 틀린 선지는?
동일한 조건이라면 표준오차가 클수록 검정통계값이 통계적으로 유의할 가능성이 높아진다. (×)

• 틀린 이유는?
표준오차가 클수록 검정통계값이 통계적으로 유의할 가능성이 낮아진다.

STEP 2 핵심이론 공략

1 표본의 추출

(1) 개념과 특징

① 대부분의 경우 모집단 전체를 기준으로 자료를 수집하기에는 어려운 점이 많으므로 사회조사에서는 일반적으로 모집단에서 표본을 추출하여 자료를 수집한다.
② 표본에서 수집·분석된 자료를 통해 모집단의 특성을 추론한다는 점에서 대표성 있는 양질의 표본을 추출하는 일은 매우 중요하다.
③ 표본추출은 표집이라고도 한다.

(2) 주요 용어

① **모집단**: 연구자가 알고 싶어 하는 연구대상 전체를 말한다.
② **전수조사(센서스)**: 모집단 전체를 대상으로 조사하는 것으로, 상당한 시간과 노력, 비용 등이 소요되므로 현실적으로 실시하기 어려운 경우가 많다.
③ **모수치**: 모집단이 가질 것으로 예상되는 특성을 말한다.
④ **표본**: 모집단에서 일정한 추출과정을 거쳐 선정된 대상으로 전수조사에 비해 시간, 비용, 인력 등 현실적 문제에서 비교적 자유롭다.
⑤ **표본추출(표집)**: 모집단을 대표하는 표본을 추출하는 과정이나 행위를 말한다.
⑥ **표집틀**: 표본을 추출할 수 있는 전체 모집단의 구성목록을 말한다.
⑦ **통계치**: 연구자가 수집한 표본에서 추출한 결과를 통해 알게 된 특성을 말한다.
⑧ **표집단위**
  ㉠ 표본을 추출할 때 적용하는 단위로, 개인·집단·조직이 단위가 될 수 있다.
  ㉡ 표집단위와 분석단위는 일치할 수도 있고, 그렇지 않을 수도 있다.
⑨ **관찰단위**: 자료수집단위를 말한다.
⑩ **표본오차(표집오차)**
  ㉠ 모수치와 통계치 간의 차이를 말한다.
  ㉡ 표본오차가 작을수록 좋은 표본이고, 표본오차가 클수록 표본의 질이 낮은 것으로 해석한다.
  ㉢ 표본의 크기가 클수록 표본에서 얻은 통계치가 모집단의 모수치에 근접하기 쉽다.
⑪ **표준오차**
  ㉠ 표준오차란 무수히 많은 표본평균의 통계치가 모집단의 모수로부터 평균적으로 떨어진 거리를 말한다.
  ㉡ 표집분포의 표준편차이며, 표준오차가 커지면 표본오차도 커진다.

(3) 표집과정

① **모집단 확정**: 연구목적에 맞는 모집단을 확정한다.
② **표집틀 선정**: 표집틀, 즉 표본을 추출할 수 있는 전체 모집단의 구성 목록을 정한다.
③ **표본추출방법 결정**: 구체적인 표집방법을 정한다.
④ **표본크기 결정**: 인력과 예산, 기간 등을 종합적으로 고려하여 표본의 크기를 정한다.
⑤ **표본추출**: 표본을 모은다.

(4) 양질의 표본

① 표본의 질은 해당 표본이 모집단을 얼마나 잘 대표하는가에 달려 있다.
② 표본의 크기가 커질수록 표본오차는 감소한다.
③ 모집단이 동질적일수록 표본오차가 작아지고, 모집단이 이질적일수록 표본오차가 커지는 경향이 있다.
④ 자료분석과정에서 신뢰수준을 높게 잡으면 신뢰구간이 넓어지기 때문에 표본오차가 증가한다. 즉, 신뢰수준과 신뢰구간의 크기는 비례한다.

> **참고** 95% 신뢰수준은 100번 조사하면 5번 정도 오차가 허용될 수 있다는 뜻이다.

⑤ 표본오차가 작아질수록 표본의 대표성이 커진다. 즉, 표본오차와 표본의 대표성은 반비례한다.
⑥ 표집오차가 동일하다고 가정한다면, 분석변수가 많아질수록 표본크기는 커져야 한다.
⑦ 연구자는 예산, 조사기한 등을 고려하여 적절한 표본크기와 표본의 대표성을 담보할 수 있는 양질의 표본을 확보하기 위해 노력해야 한다.

2 정규분포곡선

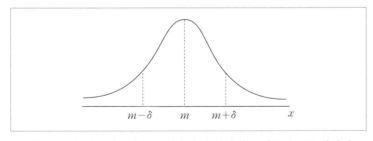

① 정규분포란 확률밀도함수를 이용하여 나타내는 확률분포를 말한다.
② 평균값 주변에 많은 확률이 분포되어 있고, 평균을 기준으로 멀리 떨어질수록 확률이 적게 분포한다.
③ 표본의 크기가 클수록 정규분포에 유사한 형태로 변한다.

01
기출 22회

다음 〈사례〉에 해당하는 표집용어와 관련한 내용으로 옳은 것은?

> A 종합사회복지관을 이용하는 노인들을 대상으로 노인맞춤돌봄서비스에 관한 설문조사를 위하여 노인 이용자 명단에서 300명을 무작위 표본추출하였다.

① 모집단: 표본추출된 300명
② 표집방법: 할당표집
③ 관찰단위: 집단
④ 표집틀: 노인 이용자 명단
⑤ 분석단위: 집단

02
기출 23회

표본의 크기에 관한 설명으로 옳은 것은?

① 추정치가 모수에 근접할 확률은 표본의 크기에 반비례한다.
② 모집단 내 편차가 클수록 표본의 크기를 늘려야 한다.
③ 조사비용과 시간의 한계는 표본의 크기와 관련이 없다.
④ 표본의 크기와 표본오차는 비례한다.
⑤ 통계분석방법은 표본의 크기와 관련이 없다.

| 해설 |
01 표집틀은 표본을 추출할 수 있는 전체 모집단의 구성목록인 노인 이용자 명단이다.
02 ① 추정치가 모수에 근접할 확률은 표본의 크기에 비례한다.
③ 표본의 크기가 크면 조사비용과 시간이 증가하고, 표본의 크기가 작으면 조사비용과 시간이 감소한다.
④ 표본의 크기가 클수록 표본오차는 작아지고, 표본의 크기가 작을수록 표본오차는 커진다.
⑤ 통계분석방법은 분석 방법에 따라 표본의 크기가 다르다.

정답 | 01 ④ 02 ②

제2영역 사회복지조사론

표집방법

STEP 1 기출분석

✓ 6개년 출제리포트

✓ 키워드 공략포인트

- 확률표집방법과 비확률표집방법을 구분하고 각 방법의 종류와 특징을 알아야 합니다.
- 사례를 보고 표집방법을 찾을 수 있도록 내용을 확실히 숙지해야 합니다.

정답 잡는 오답노트 ✏️

▼ **할당표집방법**   21회

- **틀린 선지는?**
할당표집방법에서는 모집단을 구성하는 주요 변수별로 표본을 할당한 후 확률표집을 실시한다. (✕)

- **틀린 이유는?**
할당표집방법은 비확률표집 유형에 해당한다.

STEP 2 핵심이론 공략

1 확률표집

(1) 개념과 특징

① 무작위추출을 전제로 한다.
② 각 사례가 모집단으로부터 표본으로 추출될 확률을 알 수 있다.
③ 양적연구에서 주로 사용하는 표집방법이다.
④ 의식적이거나 무의식적인 편향을 방지할 수 있다.
⑤ 표본오차를 추정할 수 있다. 표본의 수가 증가할수록 표본오차가 줄어든다.

(2) 확률표집의 유형

① 단순무작위표집
  ⊙ 사전에 선정 기준을 마련하지 않고 제비뽑기처럼 무작위로 추출하는 방법이다.
  ⓒ 모집단 내 사례가 표본으로 추출될 확률이 동일하다.
  ⓒ 확률표집방법 가운데 가장 널리 사용된다.
  ⓔ 연구자의 편견이 개입될 확률이 매우 낮다.
  ⓜ 단순무작위표집으로 뽑은 표본이 모집단을 완벽하게 대표한다고 보기는 어렵다.

② 층화표집
  ⊙ 표본을 추출할 때의 기준을 전체 모집단이 아닌 여러 하위집단으로 한다.
  ⓒ 모집단의 주요 특성을 중심으로 모집단을 범주화하여 여러 개의 층으로 나누고, 범주화된 집단(⑩ 성별, 초·중·고 단계별, 거주지역별 등) 내에서 다시 표본을 추출하는 방법이다.
  ⓒ 모집단의 특성을 파악하는 데 유리한 표집방법이다.
  ⓔ 단순무작위표집보다 대표성이 높은 표본을 추출하는 방법으로 알려져 있다.
  ⓜ 층화를 통해 단순무작위표집의 표집오차를 줄일 수 있다.
  ⓗ 층화표집의 종류

비례층화표집	모집단에서 각 계층이 차지하는 크기(비율)에 비례하여 표본을 추출함.
비비례층화표집	• 비례층화표집과 다르게 모집단의 구성비율과 표본비율을 다르게 적용함. • 층화의 규모가 너무 작다면, 모집단의 구성비율에 관계없이 표본크기를 정함.

③ 체계적표집
  ⊙ 모집단의 구성이 특별한 순서 없이 배열되어 있다는 전제하에 일정한 간격을 두고 표집하는 방법이다.
  ⓒ 표집틀이 있어야 한다.
  ⓒ '몇 번째'를 선택하느냐에 따라 결과가 달라질 수 있다는 점에서 주기성 문제가 나타나기도 한다.

④ 군집표집
　　㉠ 모집단을 하위군집으로 분류하고, 이 가운데 초점군집(군락, 집락)
　　　을 선정한 후 해당 군락에서만 표본을 추출한다.
　　㉡ 시간과 비용을 절감할 수 있다.
　　㉢ 단순무작위표집보다 표집오차가 커질 수 있다. 따라서 군집 간 동질
　　　성 확보가 중요하다.

2 비확률표집

(1) 개념과 특징
① 모집단의 요소가 균등하게 뽑힐 확률을 고려하기보다는 연구자의
　주관적 판단에 따라 임의로 표집한다.
② 표집틀이 없는 경우에 유용하다.
③ 질적연구에서 주로 사용하는 표집방법이다.
④ 연구자의 편견이 개입될 수 있다.

(2) 비확률표집의 유형
① 눈덩이표집(누적표집)
　　㉠ 연구자가 연구대상으로 적합하다고 판단한 소수의 사람을 표집하
　　　고 그들의 추천을 받아 또 다른 인원을 확보하는 방법이다.
　　㉡ 약물중독자, 이주노동자 등 모집단의 구성원을 찾기 힘든 경우에
　　　유용하다.
② 편의표집(임의표집, 우연적표집, 기회표집)
　　㉠ 손쉽게 구할 수 있는 대상 중에서 표본을 추출하는 방법이다.
　　㉡ 모집단에 대한 정보가 없는 경우에 유용하다.
　　㉢ 연구자의 편의가 가장 우선적으로 고려되며, 시간과 비용이 적게
　　　든다.
　　㉣ 표본의 대표성 문제가 나타나기 쉽다.
③ 유의표집(의도적 표집, 주관적 판단표집)
　　㉠ 연구자가 모집단을 잘 대표한다고 생각하는 일부 대상(지역)에 한
　　　하여 표집하는 방법이다.
　　㉡ 모집단의 성격이 이질적이거나 표본의 수가 적을 때에 사용된다.
④ 할당표집
　　㉠ 대상의 성별, 지역 등으로 이루어진 할당틀을 적용하여 표본을
　　　추출한다.
　　㉡ 연구자는 모집단에 대한 많은 사전지식을 가지고 있어야 한다.
　　㉢ 모집단의 구성요소들이 표본으로 선정될 확률이 동일하지 않다.
　　㉣ 할당 영역과 범주의 크기가 정해진 후에는 범주마다 정해놓은 수
　　　의 표본을 임의로 추출하기 때문에 무작위성을 기대하기 어렵다.
　　㉤ 연구자의 선정편향이 이루어질 수 있다.
　　㉥ 경제성과 편의성이 좋아서 활용도가 높은 편이다.

STEP 3 필수문제 점검

01 기출 20회

표집에 관한 설명으로 옳은 것은?

① 할당표집은 무작위표집을 전제로 한다.
② 유의표집은 확률표집이다.
③ 눈덩이표집은 모집단의 규모를 알아야만
　사용할 수 있다.
④ 단순무작위표집은 모집단으로부터 표본
　으로 추출될 확률을 알 수 있다.
⑤ 임의표집은 모집단의 대표성이 높은 표
　본을 추출한다.

02 기출 18회

다음에 해당하는 표집방법은?

　빈곤노인을 위한 새로운 사회복지서비스 개
　발을 위해 사회복지관의 노인 사례관리담당
　자에게 의뢰하여 자신의 욕구를 잘 표현할 수
　있는 빈곤노인을 조사대상으로 선정하였다.

① 층화표집
② 할당표집
③ 의도적 표집
④ 우발적 표집
⑤ 체계적 표집

| 해설 |
01 확률표집방법 가운데 가장 널리 사용되고 있는
　단순무작위표집은 모집단 내 사례가 표본으로
　추출될 확률이 동일하다.
02 이 사례에서는 연구자가 모집단을 잘 대표한다
　고 생각하는 일부 대상(지역)에 한하여 표집하였
　다. 이는 의도적 표집에 해당한다. 의도적 표집
　은 유의표집, 주관적 판단표집 등으로 불린다.

정답 | 01 ④　02 ③

내적타당도와 외적타당도

STEP 1 기출분석

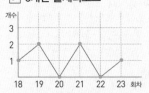

☑ 6개년 출제리포트

☑ 키워드 공략포인트

• 내적타당도와 외적타당도의 개념과 특징을 구분하여 알고 있어야 합니다.
• 내적타당도와 외적타당도의 저해요인을 사례에 적용하여 찾을 수 있어야 합니다.

정답 잡는 오답노트

▼ 외적타당도   21회

• 틀린 선지는?
어떤 변수가 다른 변수의 원인임을 정확하게 기술하는 것이 외적타당도이다. (×)

• 틀린 이유는?
변수 간 인과관계를 추론하는 것은 외적타당도가 아니라 내적타당도이다. 외적타당도는 실험결과를 다른 사례에 일반화할 수 있는 정도를 의미한다.

STEP 2 핵심이론 공략

1 내적타당도

(1) 개념과 특징

① 조사설계과정에서 변수 간 인과관계를 추론할 수 있는 정도를 말한다.
② 내적타당도가 높은 설계에서 종속변수의 변화는 순수하게 독립변수의 영향을 받아 일어난 것이다.
③ 우연한 사건의 영향 등을 포함하여 실험요인 이외의 대안적 설명을 배제하고자 한다.
④ 연구자는 독립변수 외 다른 요인들이 종속변수에 영향을 미치지 못하도록 최대한 통제하는 것이 좋다.

(2) 내적타당도 저해요인

도구효과	• 실험과정에서 서로 다른 측정도구를 사용하여 발생하는 문제 • 도구는 평가나 채점 또는 관찰의 기준이 되며, 연구자 자체가 도구가 될 수도 있음.
검사효과	• 사전검사의 경험이 사후검사에 영향을 주는 것 • 동일한 측정도구를 반복 사용하는 경우 검사에 대한 적응력이 높아질 수 있음.
성숙효과	• 실험조치(개입)와 관계없이 시간의 흐름에 따라 연구참여자들에게 자연스럽게 나타날 수 있는 변화 • 신체적 상태, 기호, 흥미, 정서 등 모든 영역에서 나타날 수 있음. • 실험시간이 길어질수록 성숙효과가 일어날 가능성이 높아짐.
외부사건	• 사전검사와 사후검사 사이에 발생할 수 있는 통제하기 어려운 특수하거나 우연한 사건 • 실험기간 도중 외부사건이 실험결과에 영향을 미치면 내적타당도가 낮아짐. • 사전검사와 사후검사 간 시간간격이 길어질수록 외부사건 발생 가능성이 커짐.
개입의 확산 혹은 모방	• 실험집단과 통제집단 간에 상호작용이나 모방으로 집단 간 차이가 적어지는 것 • 집단 간 참여자들이 상호소통하여 영향을 주고받을 때 발생함.
통계적 회귀	• 사전검사에서 아주 극단적인 점수(매우 높거나 매우 낮은 점수)를 보이는 사람들을 연구에 참여시키면 사후검사에서는 이들의 점수가 평균값에 가까워지는 경향이 있어 내적타당도가 낮아짐. • 극단적인 결과치를 보이는 사람들은 조사대상에서 배제하는 것이 좋음.
실험대상의 상실(탈락)	• 실험이 진행되는 동안 참여자의 중도 탈락이나 상실과 같은 사건이 일어나는 경우, 연구자가 설정한 집단 간 동질성에 문제가 생길 수 있음. • 실험기간이 길어질수록 실험대상의 상실 및 탈락 문제가 발생하기 쉬움.
조사대상자의 선정편향	• 실험 전에 이미 존재하던 '집단 간 차이'가 실험결과에 영향을 미치는 것 • 연구자는 조사대상자를 무작위할당하는 것이 바람직함.
선택과의 상호작용	선정편향 등 내적타당도를 낮추는 여러 요인들이 상호작용하는 것

2 외적타당도

(1) 개념과 특징

① 실험결과를 다른 대상이나 다른 시기 혹은 다른 상황에 적용하여 일반화할 수 있는 정도를 말한다.

② 연구를 반복적으로 실시하여 결과를 축적하고, 연구대상의 대표성을 높이면 외적타당도를 높이는 데 도움이 된다.

(2) 외적타당도 저해요인

표본의 대표성	연구결과를 일반화하려면 연구대상이 모집단을 대표할 수 있어야 하는데, 표본의 대표성이 떨어지면 외적타당도도 낮아질 수밖에 없음.
현실과 동떨어진 실험상황 및 조건	• 내적타당도를 높이기 위해 실험조건을 지나치게 엄격히 통제하면 실험상황이 현실과 동떨어져 실험결과를 일반화하기 어려움. • 어느 정도 현실화된 상황에서 실험이 이루어질 때 실험결과를 일반화할 수 있음.
사전검사와 실험처치 간의 상호작용효과	연구참여자가 사전검사를 경험하고 난 후 평소보다 연구주제에 대해 관심이 높아지거나 낮아지는 등 참여자의 내적 변화가 실험결과에 영향을 미치는 것
실험에 대한 반동효과 (호손효과, 반응효과)	• 실험에 참여한 사람들이 자신이 관찰되고 있다는 사실을 지각하면서 평소와 달리 행동하거나 작업 능률이 올라가는 현상 • 실험상황이 인위적일수록 반동효과가 커짐.
중다처치에 의한 간섭효과	• 참가자들이 둘 이상의 처치를 받을 때 생기는 문제로, 실험처치 간 상호작용을 일으켜 실험처치 효과가 부풀려지거나 축소되는 현상 • 초기 처치의 효과가 일정 시간이 흐른 후 나타나는 이월효과로 각 처치의 효과를 평가하기 어려움(해당 연구결과를 일반화하기 어려움).
플라시보효과 (위약효과, 가실험효과)	신약품 개발과정에서 약의 임상효과를 증명하기 위해 진짜 약을 투여한 집단과 가짜 약을 투여한 집단의 상대적 효과를 비교하는 방법을 사회조사에서 활용함.

01
기출 21회

연구의 외적타당도를 저해하는 상황으로 옳은 것은?

① 연구대상의 건강상태가 시간 경과에 따라 회복되는 상황

② 자아존중감을 동일한 측정도구로 사전-사후검사하는 상황

③ 사회적 지지를 다른 측정도구로 사전-사후검사하는 상황

④ 실험집단과 통제집단 간 연령 분포의 차이가 크게 발생하는 상황

⑤ 자발적 참여자만을 대상으로 연구표본을 구성하게 되는 상황

02
기출 18회

실험설계의 내적타당도에 관한 설명으로 옳은 것을 모두 고른 것은?

> ㉠ 우연한 사건은 내적타당도에 부정적 영향을 미칠 수 있다.
> ㉡ 사전점수가 매우 높은 집단을 선정하면 내적타당도를 저해한다.
> ㉢ 내적타당도가 높은 연구결과는 일반화 가능성이 높다.

① ㉠　　　　　　　　② ㉡
③ ㉠, ㉡　　　　　　④ ㉡, ㉢
⑤ ㉠, ㉡, ㉢

| 해설 |

01 ① 성숙효과와 관련된 상황으로, 내적타당도 저해요인이다.
　② 검사효과와 관련된 상황으로, 내적타당도 저해요인이다.
　③ 도구효과와 관련된 상황으로, 내적타당도 저해요인이다.
　④ 조사대상자의 선정편향과 관련된 상황으로, 내적타당도 저해요인이다.

02 ㉢ 내적타당도가 높다고 해서 연구결과의 일반화 정도, 즉 외적타당도도 높은 것은 아니다.

정답 | 01 ⑤　02 ③

실험설계

STEP 1　기출분석

☑ 6개년 출제리포트

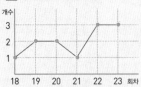

개수

| 18 | 19 | 20 | 21 | 22 | 23 회차 |

☑ 키워드 공략포인트

실험설계의 유형들을 서로 비교하여 장단점을 비롯한 특징을 알고 있어야 합니다.

정답 잡는 오답노트

▼ 통제집단 사전사후검사설계　　21회

· 틀린 선지는?

통제집단 사전사후검사설계에서는 테스트효과의 발생 가능성이 낮다. (×)

· 틀린 이유는?

통제집단 사전사후검사설계는 실험집단과 통제집단 모두에 사전검사와 사후검사를 실시하기 때문에 테스트효과가 발생하기 쉽다.

STEP 2　핵심이론 공략

1 실험설계의 주요 용어

실험	· 변수 간 인과관계를 검증하는 유용한 조사방법으로, 연구자가 독립변수를 조작하고 종속변수에서 나타나는 변화를 측정하여 인과관계를 검증함. · 독립변수와 종속변수 간 인과관계가 성립하려면 원인이 결과보다 시간적으로 우선되어야 함.
실험처치	프로그램의 시행, 처치, 변화, 개입 등 실험상황에서 이루어지는 특정한 실험조건을 말함. 참고 실험설계 도식에서는 X로 기호화한다.
무선할당화 (난선화, 무작위할당화)	연구자는 무선할당화로 내적타당도를 확보하고 종속변수에서 나타난 변화를 독립변수에 의한 것으로 볼 수 있음. 참고 실험설계 도식에서는 R로 기호화한다.
실험집단	연구자가 관심 있어 하는 실험처치를 받는 집단
통제집단 (비교집단)	실험처치 효과를 실험집단과 비교하기 위한 집단으로서, 실험집단이 실험처치를 받는 동안 아무런 처치를 받지 않음.
관찰	연구자가 관찰하고 측정하는 것을 말함. 참고 실험설계 도식에서는 O로 기호화한다.

2 순수실험설계

(1) 개념과 특징

① 독립변수의 조작, 통제집단의 보유, 사전−사후검사 실시, 무작위할당 등 실험설계의 기본요소를 두루 갖춘 설계유형이다.

② 내적타당도가 높고 외적타당도가 낮다.

(2) 통제집단 사전사후검사설계

실험집단	R	O_1	X	O_2
통제집단	R	O_3		O_4

* R: 무작위할당, X: 실험처치, O_n: n번째 관찰 혹은 측정

① 인과관계를 파악하는 가장 전형적인 설계이다.

② 무선화(R)를 통해 실험집단과 통제집단을 구분하여 집단 간 동질성을 확보한다.

③ 실험집단과 통제집단 모두에 사전검사를 실시한 후, 실험집단에만 실험처치(X)를 하여 독립변수를 발생시킨다.

④ 처치 후 실험집단과 통제집단 양측에 사후검사를 실시하여 차이를 비교·검증한다.

(3) 통제집단 사후검사설계

실험집단	R	X	O_1
통제집단	R		O_2

① 통제집단 사전사후검사설계에서 사전검사를 실시하지 않고 실험처치를 하는 설계이다.

② 무선화를 통해 실험집단과 통제집단을 구분하여 집단 간 동질성을 확보한다.

③ 실험집단에 실험처치를 하여 독립변수를 발생시킨 후 실험집단과 통제집단 양측에 사후검사를 실시하여 차이를 비교·검증한다.

(4) 솔로몬 4집단설계

실험집단	R	O_1	X	O_2
통제집단	R	O_3		O_4
실험집단	R		X	O_5
통제집단	R			O_6

① 통제집단 사전사후검사설계와 통제집단 사후검사설계를 결합한 설계이다.

② 순수실험설계 유형 중 내적타당도가 가장 높다.

③ 현실적으로 4집단을 무작위할당하기가 어렵고 실험 진행과 관리에 많은 비용이 소요된다.

(5) 요인설계

구분		심리상담 프로그램	
		참여	비참여
신체발달 프로그램	참여	G_1	G_2
	비참여	G_3	G_4

G_1	R	X_1	O_1
G_2	R	X_2	O_2
G_3	R	X_3	O_3
G_4	R		O_4

① 독립변수가 2개 이상일 때 활용하는 설계이다. 독립변수의 속성에 따라 할당 행렬을 만들고, 행렬상의 각 범주에 따라 실험집단과 통제집단을 설정한다.

② 무선화를 통해 실험집단과 통제집단을 구분하여 집단 간 동질성을 확보한다.

③ 실험집단에만 실험처치를 하여 독립변수를 발생시킨 후, 실험집단과 통제집단에 사후검사를 실시하여 차이를 비교·검증한다.

🔍 **순수실험설계 유형별 장단점**

- 통제집단 사전사후검사설계
  - 전반적으로 내적타당도가 높음.
  - 검사효과 및 상호작용 시험효과가 발생할 수 있음.
- 통제집단 사후검사설계
  - 검사효과나 상호작용 시험효과를 통제할 수 있음.
  - 검사 이전 최초의 상태를 파악할 수 없음.
- 솔로몬 4집단설계
  - 순수실험설계 유형 중 내적타당도가 가장 높으며, 개입의 순수한 효과를 밝히는 데 유용함.
  - 현실적으로 4집단을 무작위할당하기가 어려움.
- 요인설계
  - 독립변수가 2개 이상일 때 적용할 수 있으며, 실험처치의 주효과와 요인 간 상호작용에 의한 효과를 동시에 검증할 수 있음.
  - 독립변수가 많아지면 무작위할당이 어려움.
- 가실험 통제집단설계
  - 실험설계의 인과성 검증에 유용함.
  - 집단의 최초 상태를 확인하기 어려움.

사회복지조사론

(6) 가실험 통제집단설계

실험집단	R	X	O_1
통제집단	R		O_2
가실험집단	R	X_p	O_3

① 통제집단 사후검사설계에 위약효과를 측정할 수 있는 집단, 즉 가실험집단을 추가하여 만든 설계이다.
② 무선화로 실험집단과 가실험집단, 통제집단을 구분하여 집단 간 동질성을 확보한다.
③ 실험집단에 제대로 된 실험처치를 하고, 가실험집단에는 가짜로 실험처치를 하며, 통제집단에는 아무런 처치를 하지 않는다. 이후 세 집단에 사후검사를 실시하여 집단 간 차이를 비교·검증한다.

3 유사실험설계(준실험설계)

(1) 개념과 특징

① 독립변수의 조작, 사전검사와 사후검사의 실시, 통제집단의 유무, 무작위할당 등 순수실험설계의 요소 가운데 한 가지 혹은 두 가지 사항이 빠진 설계유형이다.
② 순수실험설계에 비해 내적타당도는 낮으나, 외적타당도가 높다.

(2) 단순시계열설계

O_1	O_2	O_3	X	O_4	O_5	O_6

① 실험처치를 기준으로 최소 3번 이상 사전검사와 사후검사를 실시하여 실험효과를 검증한다.
② 여러 차례 실시한 사전검사 결과 간에는 유의미한 차이가 없는데, O_3과 O_4 측정결과에 차이가 있다면 이는 실험처치(X), 즉 개입의 효과로 해석한다.

(3) 복수시계열설계

O_1	O_2	O_3	X	O_4	O_5	O_6
O_7	O_8	O_9		O_{10}	O_{11}	O_{12}

① 단순시계열설계에 통제집단을 추가하여 구성한 설계이다.
② 실험집단과 통제집단 모두 실험처치를 기준으로 최소 3번 이상 사전검사와 사후검사를 실시한다.

(4) 비동일 통제집단설계

실험집단	O_1	X	O_2
통제집단	O_3		O_4

① 비동일 통제집단설계는 통제집단 사전사후검사설계와 유사하지만, 연구자가 임의로 실험집단과 통제집단으로 나눈다는 점에서 다르다.
② 실험집단과 통제집단 모두 사전검사를 실시한다.
③ 처치 후 실험집단과 통제집단에 사후검사를 실시하여 집단 간 차이를 비교·검증한다.

🔍 **유사실험설계 유형별 장단점**

• 단순시계열설계
 − 종속변수의 변화를 추적하여 비교할 수 있으며, 외적변수의 효과를 통제할 수 있음.
 − 종속변수의 변화가 실험처치의 효과인지 외부사건의 영향인지 검증하기 어려움.
• 복수시계열설계
 − 통제집단과 비교함으로써 우연한 사건의 효과 등 내적타당도 저해요인을 방지할 수 있음.
 − 무작위할당이 아니기 때문에 실험집단과 통제집단 간 동질성에 문제가 있을 수 있음.
• 비동일 통제집단설계
 − 무작위할당이 어려운 경우 사용할 수 있으며, 통제집단과 실험처치 효과를 비교하기 용이함.
 − 사전검사로 인한 검사효과와 상호작용 시험효과 문제가 있을 수 있음.
• 분리표본 사전사후검사설계
 − 실험집단과 통제집단에 동시에 사전사후검사를 실시하기 어려운 상황에 유용함.
 − 사전검사와 사후검사의 대상이 다름.

(5) 분리표본 사전사후검사설계

통제집단	R	O₁	(X)	
실험집단	R		X	O₂

① 무작위할당으로 통제집단과 실험집단을 배치하고 통제집단에 대해서는 사전검사만 실시한다.

② 실험집단에 대해서는 사전검사를 생략하고 실험처치 후 사후검사를 한다.

4 선실험설계(전실험설계)

(1) 개념과 특징

실험설계가 갖추어야 하는 기본요소가 부족함에도 연구상황의 현실적 여건을 고려할 때 활용도가 높은 설계유형이다.

(2) 1회사례설계

	X	O

① 단일집단에 한 차례 실험처치를 한 후 사후검사를 실시하는 설계이다.

② 집단의 종속변수를 측정하여 이것을 독립변수의 효과로 판단한다.

(3) 단일집단 사전사후검사설계

	O₁	X	O₂	

① 단일집단에 사전검사를 실시한다.

② 실험처치를 실시하고 해당 개입의 효과를 검증하기 위하여 사후검사를 실시한다.

(4) 정태적 집단비교설계

실험집단	X	O₁
통제집단		O₂

① 순수실험설계의 통제집단 사후검사설계에서 무작위할당 요소가 결여된 설계이다.

② 연구자가 임의로 실험집단과 통제집단을 배치한다.

③ 실험집단에 실험처치를 한 후 실험집단과 통제집단에 사후검사를 실시하여 관찰결과를 비교한다.

01

다음과 같은 절차로 진행된 유사(준)실험설계의 특징으로 옳지 않은 것은?

- 우울예방 프로그램에 참여할 하나의 집단을 모집함.
- 우울검사를 일정한 간격으로 여러 차례 실시함.
- 우울예방 프로그램을 진행함.
- 우울검사를 동일한 측정도구를 이용해 일정한 간격으로 여러 차례 실시함.

① 통제집단을 두기 어려울 때 사용할 수 있다.

② 검사효과가 발생할 수 없다.

③ 정태적 집단비교설계보다 내적타당도가 높다.

④ 개입효과는 사전검사와 사후검사 측정치의 평균을 비교해서 측정할 수 있다.

⑤ 사전검사와 개입의 상호작용효과가 발생할 수 있다.

02

외부사건을 통제할 수 있는 실험설계를 모두 고른 것은?

- ㉠ 솔로몬 4집단설계
- ㉡ 단일집단 사전사후검사설계
- ㉢ 단일집단 사후검사설계
- ㉣ 통제집단 사후검사설계

① ㉣　　　　② ㉠, ㉣

③ ㉡, ㉢　　④ ㉠, ㉡, ㉣

⑤ ㉡, ㉢, ㉣

| 해설 |

01 사전검사(우울검사)를 여러 번 실시한 뒤 실험처치(우울예방 프로그램)를 하고 사후검사를 여러 번 실시하였으므로, 단순시계열설계에 해당한다. 이 유형은 동일한 검사도구를 반복적으로 사용하기 때문에 검사효과가 발생할 수 있다.

02 외부사건을 통제할 수 있고 내적타당도가 높은 실험설계 유형은 ㉠ 솔로몬 4집단설계와 ㉣ 통제집단 사후검사설계이다.

정답 | 01 ②　02 ②

제2영역 사회복지조사론

단일사례설계

☑ 6개년 출제리포트

☑ 키워드 공략포인트

단일사례설계의 특징을 이해하고, 단일사례설계의 유형을 서로 비교할 줄 알아야 합니다.

정답 잡는 오답노트

▼ 다중기초선설계 17회

• 틀린 선지는?

내적타당도 저해요인을 통제하기 위한 주요 수단으로 개입의 철회를 사용한다. (×)

• 틀린 이유는?

내적타당도 저해요인을 통제하기 위한 주요 수단으로 개입의 철회를 사용하는 단일사례설계 유형은 ABA설계, ABAB설계이다. 다중기초선설계는 여러 개의 기초선을 측정하여 순차적으로 처치를 실시하는 설계이다.

STEP 2 핵심이론 공략

1 단일사례설계의 개요

(1) 개념과 특징

① 개인과 가족, 조직, 지역사회를 대상으로 한 개입의 효과를 증명할 때 유용한 방법이다.
② 기초선단계와 개입단계가 있으며, 개입효과에 대한 즉각적인 피드백이 가능하다.
③ 연구결과에 대한 시각적인 이해와 판단을 돕기 위해 주로 도표로 제시한다.
④ 조사연구과정과 실천과정의 통합이 가능하다.
⑤ 경향과 변화를 파악하도록 반복관찰한다.
⑥ 반복측정에 의한 통제집단 효과를 볼 수 있다.
⑦ 통계적 원리를 적용하여 분석할 수 있다.
⑧ 개입을 지연시키는 것은 윤리적 문제로 이어질 수 있다.
⑨ 기본적으로 외적타당도가 낮으나, 동일한 개입방법을 여러 대상과 상황에서 반복 실시함으로써 외적타당도를 높일 수 있다.
⑩ 개입으로 표적행동이 변화하면 개입이 효과적인 것으로 해석한다.

(2) 단일사례설계의 주요 용어

개입	• 어떠한 현상이나 사건, 문제, 갈등상황에 끼어들어 변화를 유발하고 환경을 자극하는 역할을 하는 것 • 인과관계의 독립변수에 해당함.
표적행동	• 연구대상자들의 상태 및 특성으로, 감정, 행동, 태도 등으로 구체화됨. • 인과관계의 종속변수에 해당함.
처치	프로그램의 개입 혹은 치료나 훈련절차를 도입하는 것
기초선단계	• 일절 처치가 가해지지 않는 상태로서, 표적행동의 빈도나 정도로 측정됨. • 일반적으로 기초선은 처치 전에 설정되며, 처치의 효과성을 입증하는 데 중요한 기준이 되고, A로 표시함.
개입단계	• 표적행동에 대한 개입과 치료가 이루어지는 단계 • 연구대상자를 관찰하는 기간은 앞서 정한 기초선단계와 같은 수준으로 정하는 것이 일반적이며, B로 기호화하고 추가로 진행되는 개입은 C, D 순으로 나타냄.

2 단일사례설계의 유형

(1) AB설계 참고 기초선 → 개입

① 기초선과 개입 두 단계로 구성된 가장 기본적인 설계로, 사회조사현장에서 유용하다.
② B단계는 A단계와 거의 동일한 시간 간격으로 구성되며, 각 단계에서 최소 3회 이상의 관찰점이 필요하다.

(2) ABA설계 [참고] 기초선 → 개입 → 제2기초선

① AB설계에서 두 번째 기초선을 추가하여 구성한다.

② 외생변수의 효과를 일정 부분 통제할 수 있으나 개입의 인위적 중단에 따른 연구윤리 문제가 제기된다.

(3) ABAB설계 [참고] 기초선 → 개입 → 제2기초선 → 제2개입

① 철회설계 또는 반전설계라고도 한다.

② 내적타당도 저해요인을 통제하기 위해 개입의 철회를 사용한다는 점에서 개입효과를 주장하는 데 효과적인 한편, 인위적인 통제에 따른 연구윤리 문제가 제기된다.

(4) BAB설계 [참고] 개입 → 기초선 → 제2개입

① 문제상황이나 현상에 대해 즉각적인 개입을 실시하고, 이후 개입을 중단하는 기초선단계를 가진 후 다시 개입한다.

② 반복적 개입으로 개입의 효과성을 검증할 수 있지만, 외생변수의 통제나 첫 번째 개입의 효과가 지속적으로 존재하는 경우 개입효과를 정확하게 평가하기 어렵다.

(5) ABCD설계(다중요소설계) [참고] 기초선 → 개입 → 제2개입 → 제3개입

① 하나의 기초선단계에 각기 다른 개입을 연속적으로 시행하는 설계이다.

② 연구대상자의 상태를 살피면서 개입 프로그램을 수정할 수 있는 한편, 개입의 순서효과, 이월효과, 우연한 사건 등이 개입효과에 영향을 미칠 수 있다.

(6) 다중기초선설계(복수기초선설계, 중다기초선설계)

여러 개의 기초선을 측정하여 순차적으로 처치를 실시하고 나머지 조건을 동일하게 하여 표적행동에서 나타나는 변화가 오직 처치에 의한 것임을 드러낸다.

3 단일사례설계의 개입효과 평가

시각적 분석	그래프의 추이를 가시적으로 확인하여 개입의 효과를 평가한 변화의 수준, 파동, 경향을 고려해야 함.
통계적 분석	• 평균비교: 기초선이 안정적인 경우, 단계별 표적행동의 빈도 또는 정도를 기록한 수치의 평균을 비교하는 기술통계를 활용함. • 경향선 접근: 기초선이 불안정하게 형성된 경우, 기초선의 변화의 폭과 기울기까지 고려하여 결과를 분석함.
임상적 분석	• 개입 이후에 나타난 변화의 정도, 크기에 대해 임상적 기준에서 판단하는 것 • 평가자의 전문성과 경험에 따라 분석결과가 달라질 수 있어 주관성이 높음.

STEP 3   필수문제 점검

01   기출 19회

단일사례설계방법에 관한 설명으로 옳은 것은?

① ABCD설계는 여러 개의 개입효과를 개별적으로 증명하기 위한 설계이다.

② AB설계는 외부요인을 충분히 통제할 수 있기 때문에 여러 유형의 문제에 적용 가능하다.

③ 복수기초선설계는 기초선 단계 이후 여러 개의 다른 개입방법을 순차적으로 적용한다.

④ ABAB설계는 외부요인을 통제할 수 있어 개입의 효과를 확인할 수 있다.

⑤ 평균비교는 기초선이 불안정할 때 기초선의 변화의 폭과 기울기까지 고려하여 결과를 분석하는 방법이다.

02   기출 22회

단일사례연구에 관한 설명으로 옳지 않은 것은?

① 복수의 각기 다른 개입방법을 연속적으로 도입할 수 없다.

② 시계열설계의 논리를 개별사례에 적용한 것이다.

③ 윤리적인 문제가 발생할 수 있다.

④ 실천과정과 조사연구과정이 통합될 수 있다.

⑤ 다중기초선 설계의 적용이 가능하다.

| 해설 |

01 ① ABCD설계는 여러 개의 개입을 연속 도입하므로 개입을 개별적으로 증명하지 않는다.

　② AB설계는 외생변수의 통제가 어려워 내적 타당도가 낮은 설계이다.

　③ 복수기초선설계는 여러 개의 기초선을 측정하여 순차적으로 처치를 실시하는 설계이다.

　⑤ 평균비교는 기초선이 안정적일 때 활용한다.

02 단일사례연구의 유형 중 ABCD설계(다중요소설계)는 하나의 기초선 단계에 각자 다른 개입을 연속적으로 도입할 수 있다.

정답 | 01 ④ 02 ①

질적연구

STEP 1   기출분석

✅ 6개년 출제리포트

✅ 키워드 공략포인트

- 질적연구의 특징을 양적연구와 비교하여 알고 있어야 합니다.
- 질적연구의 엄격성을 높이는 방법, 질적연구의 종류, 선택코딩, 축코딩 등 근거이론의 방법도 기억해 두어야 합니다.

정답 잡는 오답노트

▼ 질적연구의 엄격성을
   높이는 방법   19회

- 틀린 선지는?
표준화된 척도의 사용 (×)

- 틀린 이유는?
표준화된 척도는 양적연구에서 사용한다. 질적연구의 엄격성을 높이는 방법으로는 장기간 관찰, 부정적 사례분석, 다각화 등이 있다.

STEP 2   핵심이론 공략

1 질적연구의 개요

(1) 개념과 특징

① 특정한 현상에 대한 이유, 과정 등 맥락성을 파악하는 데 유용하다.

② 심층면접, 관찰 등을 활용하여 자료를 수집한다.

> Tip 표준화된 측정도구는 질적연구에서 중요하지 않습니다.

③ 연구의 결과보다는 과정적 측면이 중요한 조사방법론이며, 양적연구에 비해 귀납적 경향이 강하다.

④ 연구자 자신이 도구가 된다는 점에서 연구자의 자질 및 특성이 연구에 중요한 영향을 미친다.

⑤ 양적연구와 달리 질적연구에서 가설설정을 꼭 해야 할 필요는 없다.

(2) 질적연구의 자료수집방법

참여관찰	관찰자의 참여 정도와 공개 여부에 따라 완전참여자, 관찰참여자, 참여관찰자, 완전관찰자 등 4가지 유형으로 구분함.
심층면접	• 연구자와 참여자(제보자) 간 깊은 상호작용을 통해 참여자의 감정, 태도, 생각 등에 대한 내용을 수집하는 방법 • 언어적 표현과 비언어적 표현 모두 자료가 될 수 있음. • 면접의 구조화 정도에 따라 구조화된 면접, 반구조화된 면접, 비구조화 면접 등으로 구분함.

(3) 질적연구의 엄격성을 높이기 위한 노력

① 장기적 관여를 위해 노력한다.

② 연구자의 원주민화를 경계한다.

③ 해석에 적합하지 않은 부정적인 사례를 찾는다.

④ 질적연구의 신뢰도와 타당도를 확보하기 위해 삼각측정(다원화, 다각화)으로 자료의 객관성을 높이고 조사자의 편견이 작용할 여지를 줄인다.

> 참고 • 적용이론을 다양하게 활용하고, 연구방법이나 관찰자, 자료수집을 다원화한다.
> • 연구자는 다양하게 수집된 자료 가운데 상호 일치도가 높은 자료를 골라 사용한다.

2 질적연구의 유형

(1) 근거이론연구(현실기반이론연구)

① 기존의 연구, 이론, 관점으로는 잘 설명되지 않는 현상을 탐구할 때 유용한 질적 연구방법이다.

② 사람, 사건 및 현상에 대한 이론의 생성이 목적이다.

③ 근거이론연구의 과정

1	개념정리	• 자료수집에서 얻은 개념들을 다양한 속성과 차원에 따라 구성·조직하는 단계 • 자료로부터 이론을 생성하는 귀납적 방식의 기초단계
2	개방코딩	• 초기 코딩단계 • 원자료를 반복하여 읽고, 개념의 속성, 하위범주부터 핵심범주를 기록하며 개념들의 속성과 차원을 발견함.
3	축코딩	• 개방코딩을 통해 도출된 범주들을 조직·연결하는 단계 • 발견된 범주를 가지고 중심현상을 기준으로 인과적 조건을 만듦. • 전 단계에서 분석된 자료들을 상위범주를 중심으로 재조합하는 등 집약적이고 일관된 분석을 가능하게 함.
4	선택코딩	• 이론을 통합하고 정교화하는 과정으로, 이론적 포화와 변화 범위에 대해 작업하는 단계 • 모형 내 범주들의 관계를 진술하는 명제를 구체화하거나, 범주들을 통합하는 이야기를 서술함.
5	핵심범주 생성	앞서 분석한 내용들을 토대로 핵심범주를 구성하는 단계
6	이론 도출	자료수집 및 분석의 전체 과정을 통해 이론을 이끌어 냄.

(2) 문화기술지연구(민속지학, 민족지학, 기술적 민족학)

① 특수한 민족, 지역사람들의 생활방식에 대한 기술적 설명으로 이루어지는 연구이다.

② 특정 문화를 이해하기 위한 방법과 과정인 동시에 결과이다.

③ 현장조사를 통해 연구자가 알고자 하는 현상을 기술하고 분석한다.

④ 연구자의 독창성, 신념 등이 연구과정에서 중요하게 작용한다.

(3) 현상학

① 현상학의 핵심은 우리에게 직접 주어지고 체험되는 현상 그 자체를 직관하는 데 있다.

② 개인의 주관적인 경험의 본질과 의미에 초점을 둔다.

(4) 참여행동연구

① 연구자가 연구대상자보다 우위에 있다는 암묵적 가정에 반대하며, 연구자와 연구대상자가 연구의 동반자적 위치에 있다고 보고 연구의 전 과정에 함께 참여하는 연구이다.

② 연구대상자는 자신의 문제와 해결책을 스스로 정의하며 연구설계에 주도적 역할을 수행한다.

(5) 내러티브탐구

① 연구대상자 개인의 인생에 대한 이야기에 초점을 두고 자료를 수집한다.

② 이야기 자체에 대한 분석과 이해는 물론, 조사참여자가 내러티브를 구성하는 방식도 중요하다.

STEP 3 필수문제 점검

01 기출 20회

다음 중 질적연구와 가장 거리가 <u>먼</u> 것은?

① 문화기술지연구

② 심층사례연구

③ 사회지표조사

④ 근거이론연구

⑤ 내러티브연구

02 기출 18회

질적연구에 관한 설명으로 옳지 <u>않은</u> 것은?

① 풍부하고 자세한 사실의 발견이 가능하다.

② 문제에 대한 통찰력을 제공한다.

③ 연구참여자의 상황적 맥락 안에서 이루어진다.

④ 다른 연구자들이 재연하기 용이하다.

⑤ 현상에 대해 심층적으로 기술한다.

| 해설 |

01 사회지표조사는 양적연구 유형 중 하나이다. 질적연구의 하위유형에는 근거이론연구, 문화기술지연구, 심층사례연구, 참여행동연구, 내러티브연구 등이 있다.

02 질적연구에서는 연구자 자신 역시 중요한 조사도구이기 때문에 다른 연구자가 재연하기 쉽지 않다.

정답 | 01 ③ 02 ④

질문지법(서베이)

STEP 1 기출분석

✅ **6개년 출제리포트**

✅ **키워드 공략포인트**

- 질문지법은 대표적인 양적연구 방법론이므로, 질적연구와 차별화되는 점을 이해해야 합니다.
- 질문지 작성 순서와 그 과정에서 중요하게 고려할 점들이 자주 출제됩니다.

정답 잡는 오답노트 ✏️

▼ **설문지 작성**　　16회

- **틀린 선지는?**

문항은 응답자의 특성과 무관하게 작성되어야 한다. (×)

- **틀린 이유는?**

설문지 문항을 작성할 때에는 응답자의 문해력과 건강상태 등 제반 사항을 고려하여야 한다.

STEP 2 핵심이론 공략

1 질문지법의 개요

(1) 개념과 특징

① 질문목록에 조사대상자가 응답을 기록하게 함으로써 자료를 수집하는 방법이다.
② 사회문제나 사건, 현상에 대한 개인의 의견이나 태도를 알아볼 때 활용한다.
③ 사회조사연구에서 가장 많이 사용되는 자료수집방법 중 하나이다.

(2) 장단점

장점	• 적은 시간, 비용, 노력으로 다수의 응답자들로부터 많은 자료를 얻을 수 있음. • 표준화된 지침과 일관된 문항구성으로 연구자가 응답자에게 미치는 영향이 적음. • 익명성을 보장한다면 솔직한 의견을 기대할 수 있음.
단점	• 조사대상자가 일정 수준의 문해력을 갖추어야 함. • 질문지에 인쇄되지 않은 질문에 대한 답변을 얻을 수 없고, 한번 수집된 자료는 응답내용이 모호하더라도 더 구체화하거나 재확인할 수 없음. • 언어적 표현 외에 행위, 표현 등 비언어적 자료를 활용하기 어려움.

(3) 질문지 작성과정

① 질문지 작성 목적과 질문범위 설정
② 질문할 내용 선정
③ 질문유형 결정
④ 문항의 구체화 및 배열
  ㉠ 문항은 응답자가 읽는 데 불편하지 않아야 하며, 응답자가 부담을 느끼지 않을 정도의 분량으로 구성한다.
  ㉡ 일반적이고 응답하기 쉬운 문항은 앞에 배치하고, 생각을 요하거나 민감한 질문은 뒤에 배치한다.
  ㉢ 하나의 문항에는 하나의 질문만을 포함해야 한다(이중질문 금지).
  ㉣ 질문은 응답자의 수준에 맞는 어휘를 사용하여 최대한 간단명료하게 기술한다.
  ㉤ 질문은 상호배타적으로 구성한다.
  ㉥ 질문의 순서는 응답률에 영향을 줄 수 있다.
  ㉦ 폐쇄형 질문의 응답범주는 포괄적이어야 한다.
  ㉧ 유도질문을 피해야 한다.
  ㉨ 수반형 질문이 많아질수록 응답률이 낮아진다.
  ㉩ 신뢰도를 위해 짝으로 된 문항들은 되도록 서로 떨어져 배치하는 것이 좋다.
⑤ 질문지 외형 결정
⑥ 사전검사
⑦ 편집 및 인쇄

주관식 질문과 객관식 질문의 장단점

• 주관식(개방형) 질문

장점	연구자가 생각하지 못한 흥미로운 응답 등 다양한 정보를 얻을 수 있음.
단점	• 성의 없는 답변이나 무응답도 많음. • 자료의 입력과정에서 연구자의 편견이 개입될 수 있음. • 다양한 응답에 대한 분석과 해석이 어려울 수 있음.

• 객관식(폐쇄형) 질문

장점	• 응답자 입장에서 작성이 간편함. • 연구자 입장에서 자료입력이 쉽고 분석과정도 수월함.
단점	• 질문에 모든 응답범주를 제공할 수 없음(포괄성의 문제). • 응답자가 자신의 생각이나 의견을 충분히 응답하기 어려울 수 있음.

2 질문지법의 유형별 장단점

(1) 우편설문조사

장점	• 응답자가 광범위한 지역에 분포되어 있더라도 자료수집이 용이함. • 동일한 표집조건일 때 대인면접 설문조사에 비해 비용이 절감됨. • 많은 사람을 표본으로 추출할 수 있어서 대표성과 외적타당성을 확보할 수 있음.
단점	• 회수율이 낮기 때문에 회신받고자 하는 목표수량보다 더 많이 발송해야 함. • 우편을 발송하고 응답지를 회수하기까지 자료수집시간이 오래 걸림. • 응답자 본인이 직접 응답을 했는지 대리응답을 했는지 확인이 어려움.

(2) 대인면접 설문조사

장점	• 비언어적 행위의 관찰이 가능함. • 응답률이 높으며, 대리응답의 가능성이 낮음.
단점	• 우편설문조사와 표집조건이 동일하다면 조사비용이 많이 듦. • 자료수집시간이 오래 걸림.

(3) 전화조사

장점	• 짧은 기간 내에 적은 비용으로 조사할 수 있음. • 응답자가 광범위한 지역에 분포되어 있더라도 자료수집이 용이함. • 대인면접조사에 비해 면접시간이 짧음.
단점	• 응답자가 응답을 거부하는 경우가 많음. • 설문량이 적고 간단한 설문과정에만 적절함. • 면접원의 질문태도 등에 따라 설문결과가 달라질 수 있음.

STEP 3 필수문제 점검

01 기출 19회

설문지 작성 방법에 관한 설명으로 옳은 것은?

① 개방형 질문은 미리 유형화된 응답범주들을 제시해 놓은 질문유형이다.
② 행렬식(matrix) 질문은 한 주제의 응답에 따라 부가질문을 연결해서 사용하는 질문이다.
③ 많은 정보가 필요할 경우 이중질문을 사용한다.
④ 신뢰도 측정을 위해 짝(pair)으로 된 문항들은 이어서 배치한다.
⑤ 다항선택식(multiple choice) 질문은 응답범주들 중에서 하나 또는 그 이상을 선택하도록 하는 질문이다.

02 기출 21회

피면접자를 직접 대면하는 면접조사가 우편설문에 비해 갖는 장점이 아닌 것은?

① 응답자의 익명성 보장 수준이 높다.
② 보충적 자료 수집이 가능하다.
③ 대리 응답의 방지가 가능하다.
④ 높은 응답률을 기대할 수 있다.
⑤ 조사 내용에 대한 심층적 이해가 가능하다.

| 해설 |
01 ① 개방형 질문은 응답범주를 미리 유형화하지 않는 질문유형이다.
　　② 행렬식 질문은 동일한 응답항목이 필요한 문항들을 행렬로 묶어서 나타낸 질문이다.
　　③ 하나의 문항에는 하나의 질문만을 포함해야 한다.
　　④ 신뢰도 측정을 위해 짝으로 된 문항들은 되도록 서로 떨어져 배치한다.
02 면접조사는 피면접자를 직접 대면하므로, 직접 대면하지 않는 우편설문에 비해 응답자의 익명성 보장 수준이 낮다.

정답 | 01 ⑤ 02 ①

내용분석법

✓ 6개년 출제리포트

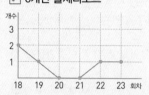

✓ 키워드 공략포인트

· 내용분석법의 주요 특징과 장단점을 구분할 수 있어야 합니다.
· 내용분석의 분석단위를 잘 알아둬야 합니다.

정답 잡는 오답노트 🖋

▼ 내용분석의 특징   18회

· 틀린 선지는?
역사적 분석과 같은 시계열 분석에 어려움이 있다. (×)

· 틀린 이유는?
내용분석은 시간 및 공간적 분석 모두 가능하다.

1 내용분석법의 개요

(1) 개념과 특징

① 의사소통 기록물의 내용을 수집하여 객관적 기준에 맞추어 기입·분석하는 조사방법으로서 인간의 모든 형태의 의사소통 기록물을 활용할 수 있다.

   예 글, 그림, 상징적 기호, 지도, 표지판, 소리, 의사소통 등

② 기록물에 담긴 메시지의 의도나 구조, 특성과 같이 일정한 유목과 단위를 기준으로 자료를 수집하여 분석한다.

③ 자료에 직접 나타나지 않은 숨은 내용도 코딩이 가능하다.

④ 질적자료를 수집하지만 이를 양적분석방법으로 전환하여 사용할 수 있다.

(2) 장단점

장점	· 분석대상에 영향을 미치지 않아 비관여적임(비반응적). · 필요한 경우 재분석이 가능함. · 직접조사보다 경제적임. · 다양한 기록자료 유형을 분석할 수 있음. · 질적내용을 양적자료로 전환할 수 있음. · 시공간에 따른 제약이 없음.
단점	· 남아 있는 의사소통 기록물에 의존하며, 남아 있지 않은 기록물은 분석이 불가능함. · 기록된 내용에 대한 타당도 시비가 벌어질 수 있음.

2 내용분석의 분석단위

(1) 단어

① 가장 작은 분석단위이며, 해당 단어가 얼마나 자주 등장하는지 조사하여 그 중요도를 파악할 수 있다.

② 표본이 지나치게 많으면 연구자가 다루기 어려울 수도 있다.

(2) 주제

① 기록물이 전달하고자 하는 주요 내용으로서 제목에 주제가 포함되는 경우가 많다.

② 대량의 자료를 다룰 때 유용한 분석단위이다.

③ 주제를 분석단위로 하면 단어보다 자료수집의 양이 줄어들어 관리가 수월할 수 있다.

④ 한 기록물에 여러 개의 주제가 내포되어 있으면 주제를 구분하는 데 연구자의 주관적 판단이 작용할 가능성이 있다는 단점이 있다.

(3) 인물

① 소설이나 드라마, 영화 등의 자료를 다룰 때, 분석단위는 특정 사람이 된다.

② 각 범주에 해당하는 사람 수를 기록하면 된다.

(4) 문단과 단락

① 여러 문장으로 구성되어 있으며, 형태적으로 구분하기 쉽다.

② 문단에 하나 이상의 주제가 담겨있는 경우에는 연구자의 판단에 따라 분석하므로 주관적 판단 개입의 문제가 있다.

(5) 항목

의사소통의 전체 단위이다.

⊕ 책 한 권, 잡지 한 호, 영화 한 편, 사설 한 편, 드라마 한 편 등

(6) 시간 및 공간

① 10시 이후 방송되는 프로그램 등을 중심으로 내용분석할 때 분석단위는 시간이라고 할 수 있다.

② 신문의 정치면에 실린 내용을 중심으로 내용분석할 때 분석단위는 공간이라고 할 수 있다.

3 내용분석의 과정 및 절차

① 연구주제의 선정

② 조사대상의 모집단 선정

③ 표본추출

　㉠ 내용이 방대한 의사소통 기록물은 전수조사가 어려워 표본을 추출하여 분석하는 경우가 많다.

　㉡ 표본은 앞에서 규정한 연구 모집단에서 표본추출의 틀을 정한다.

④ 분석할 내용의 범주 설정

　㉠ 연구자가 어떠한 기준에 따라 나누어 분석할 것인가에 관련된 문제이다.

　㉡ 분석할 범주, 즉 유목은 변인에 해당한다.

⑤ 기록단위와 맥락단위의 설정

⑥ 코딩

⑦ 신뢰도와 타당도의 검증

⑧ 자료의 분석 및 해석

　㉠ 내용분석은 질적연구의 특성이 있다. 자료의 분석 및 해석의 전 과정에 걸쳐서 얼마든지 분석 및 결과해석이 바뀔 수 있으므로 전체적인 맥락을 파악하는 것이 필요하다.

　㉡ 내용분석은 질적분석과 양적분석 모두 가능하다.

01　기출 19회

내용분석에 관한 설명으로 옳지 않은 것을 모두 고른 것은?

> ㉠ 기존 자료에 의존하기 때문에 연구의 범위가 무제한적이다.
> ㉡ 선정편향이 발생할 수 있다.
> ㉢ 연구대상자의 반응성을 배제할 수 있다.
> ㉣ 기존 자료를 활용하는 질적조사이기 때문에 가설검증은 필요하지 않다.

① ㉡

② ㉠, ㉡

③ ㉠, ㉣

④ ㉢, ㉣

⑤ ㉠, ㉡, ㉣

02　기출 22회

내용분석에 관한 설명으로 옳지 않은 것은?

① 반응적(reactive) 연구방법이다.

② 서베이(survey) 조사에서 사용하는 표본추출방법을 사용할 수 있다.

③ 연구과정에서 실수를 하더라도 재조사가 가능하다.

④ 숨은 내용(latent content)의 분석이 가능하다.

⑤ 양적분석과 질적분석 모두 적용 가능하다.

| 해설 |

01 ㉠ 내용분석은 남아 있는 의사소통 기록물에 의존하는 방법으로, 남아 있지 않은 기록물은 분석이 불가능하다. 따라서 연구 범위가 제한적이다.

　㉣ 내용분석은 양적조사 형태로도 이루어질 수 있으며, 양적연구에서 가설검증은 필요하다.

02 내용분석은 분석대상에 영향을 미치지 않는 비관여적·비반응적 연구방법이다.

정답 | 01 ③　02 ①

제2영역 **사회복지조사론**

더 풀어볼 TEST

01 **키워드 01**

01 과학적 지식의 특성에 관한 설명으로 옳은 것을 모두 고른 것은?
기출 22회

> ㉠ 경험적으로 검증 가능하여야 한다.
> ㉡ 연구결과는 잠정적이며 수정될 수 있다.
> ㉢ 연구자의 주관적 가치 판단이 연구과정이나 결론에 작용하지 않도록 객관성을 추구한다.
> ㉣ 같은 절차를 다른 대상에 반복적으로 적용하여 같은 결과가 나오는지 검토할 수 있다.

① ㉠, ㉢   ② ㉡, ㉣   ③ ㉠, ㉡, ㉢
④ ㉡, ㉢, ㉣   ⑤ ㉠, ㉡, ㉢, ㉣

01 **키워드 01**

㉠, ㉡, ㉢, ㉣ 모두 과학적 지식의 특성에 관한 옳은 설명이다.

02 척도의 종류가 올바르게 짝 지어진 것은?
기출 22회

> ㉠ 종교 – 기독교, 불교, 천주교, 기타
> ㉡ 교육연수 – 정규 학교 교육을 받은 기간(년)
> ㉢ 학점 – A, B, C, D, F

① ㉠: 명목척도, ㉡: 서열척도, ㉢: 비율척도
② ㉠: 명목척도, ㉡: 비율척도, ㉢: 서열척도
③ ㉠: 비율척도, ㉡: 등간척도, ㉢: 서열척도
④ ㉠: 서열척도, ㉡: 등간척도, ㉢: 비율척도
⑤ ㉠: 서열척도, ㉡: 비율척도, ㉢: 명목척도

02 **키워드 03**

명목척도는 범주 내 기호를 부여하여 항목을 구별하지만 여기에 서열이나 순서는 없다. 비율척도는 명목성, 서열성, 등간성 등 모든 속성을 갖춘 가장 높은 차원의 척도이며 절대 영점이 존재한다. 서열척도는 명목성, 변수 내 순서와 서열이 존재하는 척도이나, 간격이 동일한 등간성은 없다.

03 척도 유형에 관한 설명으로 옳지 <u>않은</u> 것은?
기출 20회

① 리커트척도는 문항 간 내적 일관성이 중요하다.
② 거트만척도는 누적척도이다.
③ 서스톤척도의 장점은 개발의 용이성이다.
④ 보가더스척도는 사회집단 간의 심리적 거리감을 측정하는 데 적절하다.
⑤ 의미분화척도의 문항은 한 쌍의 대조되는 형용사를 사용한다.

03 **키워드 05**

서스톤척도는 개발과정에 많은 시간과 노력이 요구된다. 즉, 개발이 용이하지 않다.

04 신뢰도를 측정하는 방법으로 옳지 <u>않은</u> 것은?
기출 21회

① 동일한 상황에서 동일한 측정도구로 동일한 대상을 다시 측정하는 방법
② 측정도구를 반으로 나누어 두 개의 독립된 척도로 구성한 후 동일한 대상을 측정하는 방법
③ 상관관계가 높은 문항들을 범주화하여 하위요인을 구성하는 방법
④ 동질성이 있는 두 개의 측정도구를 동일한 대상에게 측정하는 방법
⑤ 전체 척도와 척도의 개별항목이 얼마나 상호연관성이 있는지 분석하는 방법

04 **키워드 06**

상관관계가 높은 문항들을 범주화하여 하위요인을 구성하는 방법(요인분석)은 구성타당도 측정방법에 해당한다.

정답
01 ⑤   02 ②   03 ③   04 ③

05 확률표집에 관한 설명으로 옳지 <u>않은</u> 것은? 　　　　기출 18회

① 무작위추출 방식으로 표본을 추출한다.
② 의식적이거나 무의식적인 편향을 방지할 수 있다.
③ 모집단의 규모와 특성을 알 때 사용할 수 있다.
④ 표본오차를 추정할 수 있다.
⑤ 질적연구에서 주로 사용된다.

05 키워드 08
확률표집은 양적연구에서 주로 사용된다.

⑥6 실험설계에서의 내적타당도 저해요인으로 옳지 <u>않은</u> 것은? 　기출 23회

① 실험집단과 통제집단의 참여자간 프로그램 내용에 대해 소통하면서 상호작용이 이루어졌다.
② 프로그램 진행과정에서 일부 대상자가 참여를 중단하였다.
③ 사전검사 결과 학교 부적응 학생들이 실험집단에 과도하게 모인 것이 확인되었다.
④ 사전검사와 사후검사 척도가 동일하기 때문에 참여자의 학습효과가 발생하였다.
⑤ 일부 참여자들이 프로그램에 참여하고 있다는 것을 의식해서 평소와는 다르게 행동하였다.

06 키워드 09
외적타당도(일반화 정도)에서 실험에 대한 반동효과(호손효과)에 대한 설명이다.

07 다음 연구설계에 관한 설명으로 옳지 <u>않은</u> 것은? 　　기출 18회

> 노인복지관의 노노케어 프로그램 자원봉사자 40명을 무작위로 골라 20명씩 두 집단으로 배치하고, 한 집단에는 자원봉사 교육을 실시하고 다른 집단에는 아무런 개입을 하지 않았다. 10주 후 두 집단 간 자원봉사만족도를 비교·분석하였다.

① 사전조사를 실시하지 않아 내적타당도를 저해하지 않는다.
② 무작위 선정으로 내적타당도를 저해하지 않는다.
③ 통제집단을 확보하기 어려울 때 사용할 수 있는 설계이다.
④ 사전검사를 하지 않아도 집단 간 차이를 어느 정도 통제할 수 있다.
⑤ 통제집단 전후비교에 비해 설계가 간단하여 사회조사에서 많이 활용된다.

07 키워드 10
해당 사례는 무작위할당으로 실험집단과 통제집단을 두고, 사전검사를 실시하지 않는 통제집단 사후검사설계에 해당한다. 통제집단을 확보하기 어려울 때 사용할 수 있는 설계에는 단순시계열설계와 단일집단 사전사후검사설계가 있다.

08 『마을만들기 사업 참여경험에 관한 연구』의 엄격성을 높이는 방법으로 옳은 것을 모두 고른 것은? 　　　　기출 21회

㉠ 삼각측정	㉡ 예외사례 표본추출
㉢ 장기적 관찰	㉣ 연구윤리 강화

① ㉠, ㉡
② ㉢, ㉣
③ ㉠, ㉡, ㉢
④ ㉠, ㉡, ㉣
⑤ ㉠, ㉡, ㉢, ㉣

08 키워드 12
㉠, ㉡, ㉢, ㉣ 모두 연구의 엄격성을 높이는 방법으로 옳다.

정답
05 ⑤　06 ⑤　07 ③　08 ⑤

SOCIAL WORKER

제3영역 사회복지실천론

사회복지실천의 이해

☑ 6개년 출제리포트

☑ 키워드 공략포인트

- 사회복지실천의 이념에 따른 실천방법을 구분할 수 있어야 합니다.
- 사회복지실천의 주요 원칙을 숙지해야 하며, 실천수준을 이해하고 설명할 수 있어야 합니다.

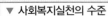
정답 잡는 오답노트

▼ 사회복지실천의 수준
16회

- **틀린 선지는?**
중시적(mezzo) 실천: 사례관리 대상자에게 주거환경 개선을 위한 청소서비스 제공 (×)

- **틀린 이유는?**
사례관리 대상자에게 주거환경 개선을 위한 청소서비스를 제공하는 것은 미시적(micro) 실천이다.

---

1 사회복지실천의 개요

(1) 개념

① **사회복지**: 모든 국민의 생활, 건강, 인적 및 사회적 관계 등에서 개인과 집단의 안정을 촉진하는 데 목적을 둔 사회적 서비스와 제도로 구성된 사회적 체계이다.

② **사회복지실천**: 현행 사회복지제도를 근거로 하여 제공되는 유·무형의 서비스나 급부 등을 체계적으로 실현하는 일련의 구체적 활동으로, 사회복지에서 동적 행위의 측면을 강조한 용어이다.

> 참고   사회복지실천의 정의는 '개인 – 환경 – 인간 전체'로 확대되었으며, 학자와 기관별로 차이가 있다.

(2) 이념적 배경

① **인도주의**
  ㉠ 사회복지의 근간이 되는 이념으로, 봉사정신과 이타주의를 토대로 한다.
  ㉡ 모든 인간은 동등한 자격을 갖추고 있다는 관점에서 인류의 공존과 복지를 실현하려는 사상이다.

② **사회진화론**
  ㉠ 사회복지실천의 사회통제적 측면으로서, 사회에 잘 적응하는 사회적합계층과 그렇지 않은 사회부적합계층으로 구분한다.
  ㉡ 열등한 존재는 자연스럽게 소멸된다는 적자생존의 원리를 사회에 적용하였다.

③ **민주주의**: 사회진화론과 달리 인간은 누구나 평등하다는 것을 강조하여 클라이언트의 자기결정권에 영향을 미쳤다.

④ **개인주의**
  ㉠ 자유방임주의를 지향하며 국가의 개입은 개인의 자유를 침해하지 않는 선에서 최소화되어야 한다고 보았고, 이는 수혜자격의 축소로 이어졌다.
  ㉡ 빈곤이나 장애의 원인과 책임이 개인에게 있다고 본다.

⑤ **다양화(다원주의)**: 사회 및 시대 변화에 따라 생겨난 다양한 욕구와 복합적인 문제에 대처할 수 있도록 상대적인 관점에서 바라보고 개인의 고유성을 중시해야 한다고 보았다.

2 사회복지실천의 주요 원칙

(1) 개별화

클라이언트가 가지고 있는 독특한 자질을 인정하고 이해하며, 클라이언트에게 최적화된 방법을 적용하여 도움을 주어야 한다.

(2) 의도적 감정표현

클라이언트가 자신의 감정을 자유롭게 표현하도록 도와주는 것으로, 비판받을 것이라 생각하는 감정들을 자유롭게 표현하게 한다.

(3) 통제된 정서적 관여

사회복지사는 클라이언트가 표현한 감정에 대해 민감성을 가지고 그 의미를 이해하며 의도적이고 적절한 반응을 하여야 한다.

(4) 수용

클라이언트를 있는 그대로 받아들이고 다루어 나간다.

(5) 비심판적 태도

문제의 원인이 클라이언트로부터 비롯된 것인지 등을 언어 또는 비언어적으로 표현하지 않고 클라이언트의 특성, 가치관 등을 비난하지 않는다.

(6) 클라이언트의 자기결정권

클라이언트가 모든 의사결정과정에 참여하여 스스로 선택하고 결정하는 자유를 누리게 한다.

(7) 비밀보장

클라이언트의 동의 없이 클라이언트의 정보를 누설하지 않는다.

3 사회복지실천의 수준

미시적 수준	개인의 가장 친밀한 상호작용에 개입하고, 클라이언트가 지닌 문제를 해결하는 일대일 개입의 직접적 실천활동
중간 수준	개인적으로 의미 있는 상호관계인 치료집단 등 소집단에의 개입과 실천활동
거시적 수준	간접적 실천을 포함하는 전체 지역사회기관이나 조직 등을 대상으로 한 실천활동

4 사회복지실천의 구성요소(펄만의 4P)

문제(Problem)	클라이언트가 직면한 어려움
사람(Person)	개인과 환경 간 상호작용 내용의 변화를 위해 조정을 필요로 하는 사람(클라이언트)
장소(Place)	사회복지사가 소속된 기관을 포함하여 클라이언트의 문제해결을 위해 동원할 수 있는 모든 기관
과정(Process)	의식적인 조정으로, 목적을 갖고 합리적 절차와 이론에 입각하여 신중히 이루어지는 활동

🔍 **펄만의 6P**

4P + 전문가(Professional), 제공물(Provision)

STEP 3 **필수문제 점검**

01
기출 23회

인도주의와 박애사상이 사회복지실천에 미친 영향으로 옳은 것을 모두 고른 것은?

> ㉠ 빈민에 대한 인도주의적 서비스 제공
> ㉡ 수혜자격의 축소
> ㉢ 타인을 위하여 봉사하는 정신으로 실천

① ㉠　　　　　　　② ㉡
③ ㉠, ㉢　　　　　④ ㉡, ㉢
⑤ ㉠, ㉡, ㉢

02
기출 22회

사회복지실천의 사회통제적 측면과 관련성이 가장 높은 이념은?

① 인도주의
② 민주주의
③ 박애사상
④ 사회진화론
⑤ 다양화

| 해설 |

01 ㉡ 수혜자격의 축소는 개인주의 및 자유방임주의 사상과 관련된 내용이다.
02 사회진화론은 사회복지실천의 사회통제적 측면으로서, 사회에 잘 적응하는 사회적합계층과 그렇지 않은 사회부적합계층으로 구분한다.

정답 | 01 ③　02 ④

사회복지사의 윤리강령

☑ 6개년 출제리포트

☑ 키워드 공략포인트

- 사회복지사 윤리강령은 꾸준히 출제되는 영역입니다.
- 사회복지사 윤리강령의 기능과 윤리기준, 윤리적 가치에 대해 학습하여야 합니다.

정답 잡는 오답노트

▼ 사회복지사의 윤리강령
17회

• 틀린 선지는?
윤리강령은 윤리적 갈등이 생겼을 때 법적 제재의 근거를 제공한다. (×)

• 틀린 이유는?
윤리강령은 법적 제재의 힘을 갖지는 않는다. 올바른 의사결정을 위한 방향과 지침을 제공한다.

1 사회복지사의 윤리강령의 기능   Tip 윤리강령은 법적 제재의 힘을 갖지는 않습니다.

① 사회복지실천현장에서 윤리적 갈등이 생겼을 때 지침과 원칙을 제공한다.
② 사회복지사의 비윤리적 실천으로부터 클라이언트를 보호한다.
③ 자기규제를 통해 사회복지 전문직의 전문성을 확보하고 외부 통제로부터 전문직을 보호한다.
④ 일반 대중에게 전문가로서 사회복지 기본업무 및 자세를 알리는 일차적 수단으로 기능한다.
⑤ 선언적 선서를 통해 사회복지 전문가의 윤리적 민감성을 고양시켜 윤리적 실천을 제고한다.
⑥ 전문직의 행동강령과 원칙을 제시한다.

2 우리나라의 사회복지사 윤리강령

(1) 사회복지사의 기본적 윤리기준

① 전문가로서의 자세
　인간 존엄성 존중 및 사회정의 실현
② 전문성 개발을 위한 노력
　직무능력 개발 및 지식기반의 실천 증진
③ 전문가로서의 실천
　㉠ 품위와 자질 유지 및 자기관리
　㉡ 이해충돌에 대한 대처: 사회복지사는 클라이언트의 이익을 우선으로 고려하고, 이해충돌이 있을 때는 아동, 소수자 등 취약한 자의 이해와 권리를 우선시한다.
　㉢ 경제적 이득에 대한 실천: 사회복지사는 클라이언트의 지불능력에 상관없이 복지서비스를 제공해야 하며, 이를 이유로 차별해서는 안 된다.

(2) 사회복지사의 클라이언트에 대한 윤리기준

① 클라이언트의 권익옹호
② 클라이언트의 자기결정권 존중
③ 클라이언트의 사생활 보호 및 비밀 보장
④ 정보에 입각한 동의
⑤ 기록·정보 관리
⑥ 직업적 경계 유지
⑦ 서비스의 종결

(3) 사회복지사의 동료에 대한 윤리기준

① 동료

ㄱ 사회복지사는 존중과 신뢰를 기반으로 동료를 대하며, 전문가로 서의 지위와 인격을 훼손하는 언행을 하지 않는다.

ㄴ 사회복지사는 다른 전문직의 동료가 행한 비윤리적 행위에 대해 윤리강령과 제반 법령에 따라 대처한다.

② 슈퍼바이저

ㄱ 슈퍼바이저는 슈퍼바이지가 전문적 업무 수행을 할 수 있도록 지원 하고 슈퍼바이지는 슈퍼바이저의 전문적 지도와 조언을 존중해야 한다.

ㄴ 슈퍼바이저는 전문적 기준에 따라 슈퍼비전을 수행하며, 공정하 게 평가하고 평가 결과를 슈퍼바이지와 공유한다.

(4) 사회복지사의 기관에 대한 윤리기준

① 사회복지사는 소속 기관의 활동에 적극적으로 참여함으로써 기관의 성장과 발전을 위해 노력해야 한다.

② 사회복지사는 기관의 부당한 정책이나 요구에 대해 전문직의 가치와 지식을 근거로 대응하고, 제반 법령과 규정에 따라 해결하도록 노력 해야 한다.

(5) 사회복지사의 사회에 대한 윤리기준

사회복지사는 정치적 영역이 클라이언트의 권익과 사회복지 실천에 미치는 영향을 인식하여 사회정의 실현을 위한 사회정책의 수립과 법령 제·개정을 지원·옹호해야 한다.

🔍 윤리강령의 가치와 원칙

- 핵심 가치 1. 인간 존엄성
  윤리적 원칙: 사회복지사는 인간의 존엄성과 가치를 인정하고 존중한다.
- 핵심 가치 2. 사회정의
  윤리적 원칙: 사회복지사는 사회정의 실현을 위해 앞장선다.

---

3 윤리강령의 주요 윤리적 가치

① 클라이언트의 자기결정권

② 비밀보장

③ 알 권리

④ 제한된 자원의 공정한 분배

⑤ 사회복지기관의 규칙과 정책 준수

⑥ 클라이언트와의 관계

⑦ 전문가의 가치관

⑧ 전문적 동료관계의 가치

01

한국 사회복지사 윤리강령에서 '클라이언트 에 대한 윤리기준'에 해당하지 <u>않는</u> 것은?

① 서비스의 종결

② 클라이언트의 자기 결정권 존중

③ 클라이언트의 권익옹호

④ 인간 존엄성 존중

⑤ 기록·정보 관리

02

특정 문제에 대해 어떠한 서비스를 제공할 것 인가 결정할 때, 클라이언트의 의사를 존중해 주는 것을 의미하는 윤리적 쟁점은?

① 비밀보장

② 진실성 고수와 알 권리

③ 제한된 자원의 공정한 분배

④ 전문적 관계 유지

⑤ 클라이언트의 자기결정권

| 해설 |

01 인간 존엄성 존중은 한국 사회복지사 윤리기준 에서 전문가로서의 자세 영역에 해당한다.

02 클라이언트의 자기결정권은 사회복지실천의 개 입과정에서 클라이언트에게 자신의 삶을 스스 로 결정할 수 있는 권리와 욕구가 있다는 원리 에 바탕을 둔 것이다.

정답 | 01 ④   02 ⑤

☑ 6개년 출제리포트

☑ 키워드 공략포인트

• 사회복지사 업무 수행 시 실천 가치 간의 충돌인 윤리적 갈등이 발생하는 상황을 이해해야 합니다.
• 의사결정 원칙과 우선순위의 결정은 윤리기준에 입각한 전문직의 판단임을 이해해야 합니다.

정답 잡는 오답노트 🖋

▼ 사회복지실천에서의
 윤리적 갈등   17회

• 틀린 선지는?
기관의 목표가 클라이언트 이익에 위배될 때 가치상충으로 윤리적 딜레마가 발생할 수 있다. (×)

• 틀린 이유는?
사회복지기관의 목표와 클라이언트의 이익이 상충할 때 의무상충의 윤리적 딜레마가 발생한다. 가치상충은 2개 이상의 가치가 상충될 때 나타난다.

1 윤리적 갈등의 의미와 주요 쟁점

(1) **윤리적 갈등의 의미**: 전문가로서 지켜야 할 윤리적 가치가 상충하여 어느 것이 윤리적 실천행동인지 판단하기 어려운 갈등상태를 말한다.

(2) **윤리적 갈등의 주요 쟁점**
① 클라이언트의 자기결정권   ② 비밀보장
③ 온정주의   ④ 동료에 대한 존중
⑤ 한정된 자원의 분배   ⑥ 상충되는 의무와 기대
⑦ 개인적 가치와 전문적 가치   ⑧ 전문적 관계 유지

2 사회복지실천에서의 윤리적 갈등

가치의 상충	2개 이상의 가치가 상충되는 경우
의무의 상충	인간을 다루는 수단으로서 선호하는 가치가 충돌하는 것으로, 사회복지사의 의무와 기관의 선택 가치가 다를 경우
클라이언트체계의 다중성	클라이언트가 여러 명일 때 누가 클라이언트인지, 누구의 이익이 최우선인지, 어떤 문제를 우선해야 하는지, 개입의 초점은 무엇인지 등을 판단하기 어려운 경우
결과의 모호성	클라이언트 스스로 자기결정을 할 수 없고 사회복지사가 결정을 내릴 때 최선책이 무엇인지 불분명한 경우
능력 또는 권력의 불균형	클라이언트와 사회복지사 간 또는 사회복지사와 사회복지사 간의 정보, 능력 또는 권력의 불균형으로 인해 윤리적 딜레마가 초래되는 경우

3 윤리적 갈등에서의 의사결정 원칙

① 생명, 건강, 음식, 주거, 정신적 안정과 같이 인간행동의 필수적인 조건은 거짓말이나 비밀의 폭로, 여가, 교육, 재산 등 부가적인 것에 대한 위협을 막기 위한 규정에 우선한다.
② 개인의 기본적 복지권과 안녕은 다른 사람의 자기결정권보다 우선한다.
③ 개인이 지닌 자기결정권은 자신의 기본적인 복지권, 안녕보다 우선한다.
④ 자유로운 상태에서 스스로 동의한 법률, 규칙, 규정의 준수는 그 규칙이나 규정을 벗어나려는 개인의 권리에 우선한다.
⑤ 개인이 가지는 복지권, 안녕에 대한 권리는 자발적으로 참여한 단체의 규칙, 법률, 협정에 우선한다.
⑥ 기아방지나 주택, 교육, 공적부조 등을 위한 공공재화 조성 활동은 개인의 재산권·통제권보다 우선한다.

4 로웬버그와 돌고프의 윤리적 의사결정 우선순위

① 생명보호의 원칙
② 평등 및 불평등의 원칙
③ 자율과 자유의 원칙(자기결정의 원칙)
④ 최소 해악의 원칙
⑤ 삶의 질 향상의 원칙
⑥ 사생활 보호와 비밀보장의 원칙
⑦ 진실성과 완전 공개(진실 고지)의 원칙

5 콩그레스의 윤리적 의사결정모델(ETHIC모델)

① 검토(Examine): 사회복지실천과 관련되는 사회복지사의 개인적 가치, 사회적 가치, 기관의 가치, 클라이언트의 가치, 전문가의 가치를 검토한다.
② 고려(Think): 상황에 적용되는 윤리강령의 윤리기준, 관련 법과 판례들을 고려한다.
③ 가설(Hypothesize): 각기 다른 결정으로 나타날 수 있는, 가능한 결과에 대해 가설을 설정한다.
④ 확인(Identify): 가장 취약한 대상에 대한 사회복지의 헌신에 비추어 누가 혜택을 받을 것이며, 누가 피해를 입을 것인가를 확인한다.
⑤ 자문(Consult): 가장 윤리적인 선택에 관해 슈퍼바이저와 동료들로부터 자문을 구한다.

STEP 3 필수문제 점검

01 기출 20회

로웬버그와 돌고프(F. Loewenberg & R. Dolgoff)의 윤리적 원칙 심사표에서 '도움을 요청해 온 클라이언트의 의사를 존중해 주는 것'에 해당하는 윤리적 원칙은?

① 자율성과 자유의 원칙
② 평등과 불평등의 원칙
③ 최소 손실의 원칙
④ 사생활과 비밀보장의 원칙
⑤ 진실성과 정보개방의 원칙

02 기출 19회

소속기관의 예산 절감 요구로 클라이언트에게 필요한 서비스를 제공하지 못할 때, 사회복지사가 겪게 되는 가치갈등은?

① 가치상충
② 의무상충
③ 결과의 모호성
④ 힘 또는 권력의 불균형
⑤ 클라이언트 체계의 다중성

| 해설 |
01 로웬버그와 돌고프의 윤리적 원칙에서 클라이언트의 의사와 자기결정권을 존중해야 한다는 것은 자율성과 자유의 원칙에 해당한다.
02 의무상충의 윤리적 딜레마에 대한 내용으로 사회복지사의 실천의무와 기관의 선택 가치가 다를 경우 등에서 나타난다.

정답 | 01 ① 02 ②

사회복지실천론

강점 관점에서의 사회복지실천

☑ **6개년 출제리포트**

☑ **키워드 공략포인트**

강점(임파워먼트) 관점은 사회복지사가 클라이언트의 변화가능성과 잠재력을 인정하고 문제해결의 주체로서 클라이언트를 바라보는 관점임을 알고 학습하는 것이 중요합니다.

정답 잡는 오답노트

▼ **강점 관점의 실천 원리**
19회

· **틀린 선지는?**
클라이언트의 성장과 변화는 제한적이다. (×)

· **틀린 이유는?**
강점 관점에서는 모든 인간은 문제가 생겼을 때 이를 해결할 능력과 힘을 가지고 있다고 보기 때문에, 클라이언트의 성장과 변화가 제한적이라고 보지 않는다.

1 사회복지실천의 강점 관점

(1) 개념
① 강점 관점이란 클라이언트의 결점보다는 그들의 능력과 가치에 중점을 두는 관점이다.
② 모든 인간은 성장하고 변화할 수 있는 잠재력(자신의 문제를 해결할 수 있는 능력)을 내면에 갖추고 있다고 본다.
③ 클라이언트 개인의 학습과 성장, 변화능력을 인정하며, 클라이언트의 관심과 열망, 욕구에 초점을 둔 원조과정이다.

(2) 실천 원리
① 모든 환경은 자원으로 가득 차 있다.
② 모든 개인, 집단, 가족, 지역사회는 강점을 가지고 있다.
③ 클라이언트의 병리적 요소가 아니라 강점에 초점을 맞춘다.
④ 원조과정에서는 클라이언트와 파트너로서의 협력관계를 형성하는 것이 가장 중요하다.
⑤ 클라이언트가 처한 상황은 도전과 기회가 될 수 있다(희망과 용기의 강조).
⑥ 과거에서 원인을 파악하기보다는 현재와 미래에 집중한다(미래지향적).

2 병리적 관점과 강점 관점의 비교

구분	병리적 관점	강점 관점
개인관	사례 진단에 따른 증상을 가진 자	독특한 존재로, 강점과 재능, 자원을 가진 자
치료의 초점	클라이언트의 문제	해결 가능성
클라이언트의 진술	• 전문가가 재해석하여 진단에 활용 • 사회복지사의 반응: 회의적	• 클라이언트를 파악하고 평가하는 데 활용 • 사회복지사의 반응: 긍정적
클라이언트 인생의 전문가	사회복지사	개인, 가족, 지역사회
원조 목적	부정적인 행동, 감정, 사고, 관계 등에 대한 개인적·사회적 결과와 증상을 감소시키는 것	클라이언트의 삶을 인정하고 함께하며 가치를 확고히 하는 것

3 임파워먼트모델(역량강화모델)

(1) 개념

① 임파워먼트(empowerment, 역량강화)란 능력을 향상시킨다는 뜻으로, 클라이언트가 현재 가지고 있는 자원과 능력을 중요하게 생각하는 강점 관점으로 접근하는 사회복지실천모델이다.

② 클라이언트의 결점을 진단하기보다는 강점을 인정하고 스스로 삶을 결정할 수 있도록 역량을 강화하며, 문제의 해결책을 찾는 데 역점을 둔다.

(2) 특징

① 클라이언트의 능력을 신뢰하고 클라이언트와 상호 협력하는 관계를 확립한다.

② 개인, 대인관계, 제도적(정치적·사회적) 차원에서 실천된다.

③ 대화, 강점 확인, 자원 동원 기술(환경자원의 활용) 등을 포함한다.

(3) 지향점

① 능력 발휘: 클라이언트가 지닌 욕구나 문제상황을 해결할 수 있는 힘(능력)을 향상한다.

② 능동성 강화: 클라이언트가 스스로 욕구나 문제를 해결하려는 자세를 가지도록 한다.

③ 자신감 회복: 자신의 힘으로 문제에 대처할 수 있다는 자신감의 회복을 강조한다.

(4) 개입과정(실천단계)

대화단계	• 대화를 나누며 클라이언트와의 관계 형성(파트너십 형성) • 클라이언트가 겪고 있는 현재 상황 확인 및 문제해결에 대한 동기 부여 • 문제를 해결할 수 있는 방향 설정에 주력
발견단계	• 클라이언트의 강점 탐색과 발견 • 활용 가능한 자원의 역량 사정 및 문제해결의 대안 모색 • 해결방안을 수립해 클라이언트가 최종 결정을 내리도록 함.
발전단계	• 클라이언트가 최종 결정한 행동계획 수행 • 성과의 확인 및 새로운 기회를 확대하기 위한 추가 자원의 개발 • 부족한 것을 보완하면서 문제해결과정을 효과적으로 발전시켜 나감.

01
기출 23회

임파워먼트모델에서 클라이언트와 사회복지사에 관한 설명으로 옳지 않은 것은?

① 클라이언트가 원하는 변화를 위해 양자 간 협력적 관계를 형성한다.

② 클라이언트를 서비스에 대한 권리를 가진 소비자로 본다.

③ 클라이언트를 경험과 역량을 가진 원조과정의 파트너로 본다.

④ 클라이언트의 참여를 중시하고 자기결정권을 강조한다.

⑤ 사회복지사는 치료자이고, 클라이언트는 서비스의 수동적 수혜자로 여긴다.

02
기출 22회

강점 관점에 관한 설명으로 옳은 것을 모두 고른 것은?

> ㉠ 개입의 핵심은 개인과 가족, 지역사회의 참여이다.
> ㉡ 클라이언트의 능력보다 전문가의 지식이 우선시된다.
> ㉢ 사회복지사는 클라이언트의 진술을 긍정적으로 재해석하여 활용한다.
> ㉣ 현재 강점을 갖게 된 어린 시절의 원인 사건에 치료의 초점을 맞춘다.

① ㉠　　　　　　　② ㉠, ㉣
③ ㉡, ㉢　　　　　④ ㉠, ㉢, ㉣
⑤ ㉠, ㉡, ㉢, ㉣

| 해설 |

01 임파워먼트모델에서 사회복지사는 변화과정의 동반자이고, 클라이언트는 적극적인 참여의 권리를 가진 소비자로 여긴다. 치료자와 수혜자의 관계는 병리적 관점에서의 관계이다.

02 ㉡ 강점 관점은 전문가의 지식보다 클라이언트의 능력이 우선시된다.
　　㉢ 강점 관점은 사회복지사가 클라이언트의 진술을 있는 그대로 긍정적으로 받아들이고 재해석하지 않는다.
　　㉣ 병리적 관점에 관한 설명이다.

정답 | 01 ⑤　02 ①

제3영역 사회복지실천론

서구 사회복지실천의 발달

STEP 1 기출분석

☑ 6개년 출제리포트

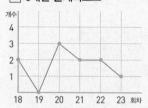

☑ 키워드 공략포인트

자선조직협회와 인보관운동에 대해 자세히 학습해야 하며, 사회복지실천의 발달과정을 숙지하여야 합니다.

정답 잡는 오답노트 ✏

▼ 진단주의   16회

• **틀린 선지는?**
진단주의는 시간제한적이고 과제중심적인 단기개입을 선호한다.
(×)

• **틀린 이유는?**
진단주의는 과거의 심리사회적 문제가 현재의 기능에 영향을 미친다는 관점이다. 한편 기능주의는 기관의 기능과 서비스를 최대한 활용하여 문제를 해결하는 것을 선호하므로, 시간제한적이고 과제중심적인 단기개입을 선호하는 것은 기능주의의 특징이다.

STEP 2 핵심이론 공략

1 전문적 사회복지실천의 태동기(19C 말~1900년)

구분	자선조직협회(COS)	인보관운동
기원	• 1869년 영국 런던 • 1877년 미국 버팔로	• 1884년 영국 토인비홀 • 1886년 미국 근린길드
사상적 배경	사회진화론(적자생존의 원리)	자유주의, 급진주의, 계몽주의
빈곤의 원인	개인적 속성	환경적 요소
특징	• 상류층, 부유층 등이 중심 • 우애방문원이 개별방문지도(도덕적 의무 강조) • 가치 있는 빈민에게만 원조 제공(선별적 구호활동)	• 성직자나 대학생 등이 중심 • 빈민과 함께 거주하며 사회문제를 해결하고자 함. • 사회제도의 변화와 환경에 관심을 두고 교육으로 사회개혁 시도
영향	• 개별사회사업의 태동에 영향을 줌. • 우애방문원은 오늘날 사회복지사의 모태가 됨.	집단사회사업의 태동에 영향을 줌.

2 전문적 사회복지실천의 성장기(1900~1920년)

① 1915년 플렉스너가 「사회복지는 전문직인가?」라는 논문에서 사회복지직의 전문성을 비판하면서 전문직으로서의 사회복지실천에 대한 문제의식이 형성되었다.
② 1917년 리치몬드가 사회복지실천의 이론을 전문적으로 정리한 「사회진단」을 발표하였다.

3 전문적 사회복지실천의 분화기(1921~1950년)

(1) 밀포드 회의

① 1920년대 대공황으로 대량 실업이 발생하면서 빈곤의 원인이 사회구조적 문제임을 인식하기 시작하였다.
② 1929년 개최된 밀포드 회의에서 사회복지사가 갖추어야 할 기본지식 및 방법론에 대한 영역이 발표되었다.

(2) 사회복지실천의 세분화

① **개별사회사업**: 개인 문제의 근원을 사회에 두면서 시작되었다.
② **집단사회사업**: 1936년 미국 집단사회사업연구협회가 결성되었으며, 1945년 이후 정신병원, 아동상담소 등에서 광범위하게 실시하였다.
③ **지역사회조직사업**: 자선조직협회와 인보관운동의 영향을 받았으며, 레인의 보고서에서 지역사회조직의 개념, 방법, 활동 등이 체계화되었다.

(3) 진단주의와 기능주의

구분	진단주의	기능주의
등장배경	• 대공황(1929) 이전에 등장 • 정신분석이론을 토대로 발달	1930년대 후반 진단주의 학파를 비판하며 등장
특징	• 인간을 기계적·결정론적 관점에서 바라봄(질병의 심리학). • 개인의 과거 경험 중시, 클라이언트의 생활력 강조 • 홀리스의 심리사회모델로 발전	• 인간을 의지적·낙관적 관점에서 바라봄(성장의 심리학). • 현재 상황 중시, 인간의 성장 가능성과 개인의 자유의지 강조 • 치료보다는 원조에 집중 • 문제해결모델, 클라이언트중심모델로 발전

4 전문적 사회복지실천의 통합기(1951~1960년)

① 통합적 실천의 중요성 부각: 클라이언트 개인과 가족 및 지역사회의 중요성을 강조하였다.
② 펄만의 문제해결모델(1957)
  ㉠ 진단주의의 입장에서 기능주의를 부분적으로 통합한 절충모델로서 문제해결모델을 제안하였다.
  ㉡ 사회복지실천의 구성요소 4P: 장소(Place), 사람(Person), 문제(Problem), 과정(Process)

5 전문적 사회복지실천의 발전기(1961~1990년)

구분	내용
4체계모델 (핀커스와 미나한)	• 인간과 사회환경의 상호작용에 초점 • 변화매개체계, 클라이언트체계, 표적체계, 행동체계의 4체계 유형 제시
문제해결과정모델 (콤튼과 갤러웨이)	• 개인, 집단, 환경 간 상호작용으로 초점이 확대됨 • 4체계모델에 전문가체계와 문제인식체계를 추가
단일화모델 (골드스타인)	유기체로서의 개인, 역동적 사회관계 및 양자 상호작용에 초점
생활모델 (저메인과 기터만)	생태체계이론을 사회복지실천 분야에 도입하여 개발한 모델

6 전문적 사회복지실천의 확장기(1990년~현재)

① 신자유주의 경향으로 복지예산 삭감 및 서비스의 축소, 사회복지서비스의 민영화 등이 사회복지실천에 영향을 주었다.
② 포스트모더니즘의 등장과 함께 다중 관점의 필요성이 새롭게 대두되었고, 클라이언트의 상황에 부합하는 다양한 접근법과 개입 전략이 강조되고 있다.

01
기출 21회

사회복지실천의 역사적 발달과정을 발생한 순서대로 옳게 나열한 것은?

> ㉠ 밀포드(Milford) 회의에서 사회복지실천의 공통요소를 발표하였다.
> ㉡ 사회복지사업법에 따라 국내에서 사회복지사 명칭을 사용하기 시작하였다.
> ㉢ 태화여자관이 설립되었다.
> ㉣ 사회복지전문요원이 국내 행정기관에 배치되었다.

① ㉠ – ㉡ – ㉢ – ㉣
② ㉠ – ㉢ – ㉡ – ㉣
③ ㉠ – ㉢ – ㉣ – ㉡
④ ㉢ – ㉠ – ㉡ – ㉣
⑤ ㉢ – ㉠ – ㉣ – ㉡

02
기출 20회

인보관운동에 관한 내용으로 옳지 않은 것은?

① 빈민을 통제하는 사회통제적 기능을 담당함.
② 인보관에서 일하는 사람은 지역사회에서 함께 살면서 활동함.
③ 지역사회 문제에 관한 연구와 조사를 실시함.
④ 빈민지역의 주택 개선, 공중보건 향상 등에 관심을 둠.
⑤ 사회문제에 대한 집합적이고 개혁적인 해결을 강조함.

| 해설 |

01 ㉢ 1921년 → ㉠ 1929년 → ㉡ 1983년 '사회사업종사자'에서 '사회복지사'로 명칭 변경 → ㉣ 1987년부터 사회복지전문요원의 채용과 읍·면·동 배치가 이루어졌다.

02 인보관운동은 빈곤의 원인을 산업화에 따른 노동력 착취로 보는 사회개혁적인 운동이다. 빈민과 함께 거주하면서 지역사회의 교육 및 환경 개선을 주도했던 활동으로, 사회통제가 아니라 사회환경의 변화에 무게를 두었다.

정답 | 01 ④ 02 ①

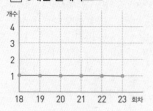

☑ 6개년 출제리포트

☑ 키워드 공략포인트
• 사회복지실천현장의 분류에 대한 이해를 확인하는 문제는 꾸준히 출제되고 있습니다.
• 사회복지실천현장의 분류와 해당하는 기관을 함께 알아두는 것이 좋습니다.

STEP 2   핵심이론 공략

1 사회복지실천현장의 개념

① 좁은 의미: 사회복지서비스를 직간접적으로 제공하는 구체적인 장소로서의 사회복지기관을 말한다.
② 넓은 의미
　㉠ 사회복지실천이 이루어지는 분야 또는 서비스의 초점이 되는 문제 영역을 포괄하는 개념이다.
　㉡ 클라이언트가 필요로 하는 사회복지서비스를 직간접적으로 제공하는 모든 기관을 말한다.

2 사회복지실천현장의 분류 Tip 노인복지관, 사회복지관, 지역아동센터는 1차현장이면서 이용시설에 해당합니다.

(1) 기관의 목적에 따른 분류

1차현장	• 사회복지서비스 제공을 주된 기능과 목적으로 하는 기관 • 사회복지사들이 중심이 되어 활동함. 예 종합사회복지관, 노인복지관, 장애인복지관, 청소년쉼터, 지역아동센터 등
2차현장	기관의 주된 기능은 따로 있지만, 필요한 경우 사회복지서비스를 제공하는 기관 예 학교, 병원, 보건소, 보호관찰소, 교정시설, 행정복지센터 등

(2) 기관의 설립 주체에 따른 분류

공공기관	• 정부 지원으로 운영되는 기관 • 공공의 정책을 추진하는 행정체계와 사회복지 대상자에게 일정한 급여 및 서비스를 제공하는 집행체계로 나눌 수 있음. 예 읍·면·동 행정복지센터 등
민간기관	사회복지 관련 사업을 목적으로 하는 기관 예 사회복지재단, 사회복지공동모금회, 지역아동센터 등

(3) 주거서비스 제공 여부에 따른 분류

생활시설	주거서비스를 포함한 사회복지서비스를 제공하는 기관 예 장애인생활시설, 아동양육시설, 노인요양시설, 청소년쉼터, 미혼모시설 등
이용시설	• 자기 집에 거주하는 클라이언트를 대상으로 사회복지서비스를 제공하는 기관 • 주거서비스는 제공하지 않음. 예 종합사회복지관, 지역자활센터, 노인복지관, 장애인복지관, 영유아보육시설, 지역아동센터, 청소년상담센터, 가정폭력상담소 등

정답 잡는 오답노트

▼ 1차현장과 2차현장 18회

• 틀린 선지는?
노인요양시설은 1차현장이면서 이용시설에 해당한다. (×)

• 틀린 이유는?
노인요양시설은 2차현장이면서 생활시설에 해당한다.

(4) 서비스 제공 방식에 따른 분류

행정기관	• 사회복지서비스 전달체계가 효율적으로 운영될 수 있도록 행정 업무를 수행함. • 기관 간의 연계와 협의 업무를 수행함. **예** 중앙정부의 행정기관과 지방자치단체의 행정기관 **참고** • 중앙정부의 주요 행정기관: 보건복지부, 여성가족부, 고용노동부, 교육부, 문화체육관광부 등 • 지방자치단체의 행정기관: 시·도, 시·군·구, 읍·면·동의 사회복지 관련 부서
서비스기관	• 클라이언트에게 직접 서비스를 제공하는 기관 • 주요 대상과 문제 영역에 따라 다양한 서비스기관으로 분류됨. **예** 종합사회복지관, 지역자활센터, 노인복지관, 장애인복지관, 아동복지관, 가족 상담 및 치료 관련 기관 등

3 사회복지실천과 사회복지사

(1) 생활시설·이용시설에서의 사회복지사

생활시설	아동, 노인, 장애인 등 클라이언트와 함께 일상생활을 하면서 치료, 재활, 사회복귀를 위한 업무 수행
이용시설	사회복지관 등 지역사회에서의 통합적인 개입을 위해 개인에서부터 집단, 지역사회, 전문가집단까지 개입수준을 확대하며 다양한 역할 수행

(2) 공공복지 실천현장에서의 사회복지사

미시적 수준	직접적 서비스 제공과 자원개발 및 연계업무의 조력자, 중개자 역할
중범위 수준	기관이나 조직 중심의 중범위 차원에서 공공복지 전달체계에서의 행정업무나 서비스 업무 수행상의 문제점을 개선하고, 조직 내의 기능이나 조직 간의 연결망을 강화하는 촉진자로서의 역할
거시적 수준	국민기초생활 보장 관련 업무, 공적부조, 복지서비스 홍보와 지역주민 교육, 주민의 욕구를 기초로 한 프로그램 개발 등의 계획가, 현장개입가로서의 역할

(3) 2차현장에서의 사회복지사

의료 사회복지사	환자와 그 가족 혹은 의료팀을 대상으로 개인력 조사 및 평가, 심리사회적 상담, 정보제공, 퇴원계획 활동, 지역사회 연결 및 사후관리, 경제적인 지원, 협의진료, 자원봉사자 관리, 연구조사, 실습교육 등의 역할
정신건강 사회복지사	환자의 질병에 대한 직접적 치료보다는 문제해결능력의 향상, 사회적 기능 회복과 재활 관련의 1차적 역할을 하며, 심리사회적·정신적 문제를 해결함.
학교 사회복지사	부적응 징후를 나타내는 학생을 조기 발견하고 청소년의 성장과 적응을 도울 수 있는 프로그램을 개발하고 실행함.

STEP 3 **필수문제 점검**

01
기출 23회

사회복지 실천현장의 예와 분류의 연결로 옳은 것은?

① 지역아동센터 – 1차 현장, 이용시설
② 행정복지센터 – 1차 현장, 생활시설
③ 노인요양공동생활가정 – 1차 현장, 이용시설
④ 아동보호전문기관 – 2차 현장, 생활시설
⑤ 지역자활센터 – 2차 현장, 이용시설

02
기출 20회

사회복지실천현장의 기능과 목적에 따른 분류에서 1차현장에 해당하지 않는 것은?

① 양로시설
② 교정시설
③ 사회복지관
④ 지역아동센터
⑤ 장애인 거주시설

| 해설 |
01 ② 2차 현장이면서 이용시설이다.
　③ 2차 현장이면서 생활시설이다.
　④ 1차 현장이면서 이용시설이다.
　⑤ 1차 현장이면서 이용시설이다.
02 교정시설은 2차현장에 해당한다.

정답 | 01 ① 02 ②

사회복지사의 역할

STEP 1 기출분석

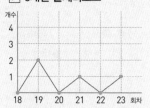

☑ 6개년 출제리포트

☑ 키워드 공략포인트
사회복지의 실천에서 사회복지사
가 수행하는 역할과 그 실천 내용
을 중심으로 학습하여야 합니다.

정답 잡는 오답노트

▼ 사회복지사의 역할 19회

• 틀린 선지는?
사회복지사가 클라이언트 집단의
대표로 나서서 협상을 주도하는
것은 옹호활동이다. (×)

• 틀린 이유는?
클라이언트 집단의 대표로 나서
서 협상을 주도하는 것은 협상가
의 역할이다. 옹호자는 클라이언
트가 자원과 서비스를 제공받을
수 있도록 돕는다.

STEP 2 핵심이론 공략

1 전문직으로서의 사회복지사의 역할

(1) **사회복지사국제연맹(IFSW, 2000)**
① 약자의 권익증진을 위해 사회변화를 촉진한다.
② 인간관계 내 문제해결을 촉진한다.
③ 개인의 복지 증진을 위해 개인의 역량강화와 함께 개인을 차별과 억압으로부터 해방시키고자 노력한다. 노력과정에서 인간행동과 사회체계에 대한 지식을 활용하여 사람들이 그들의 환경과 교류하는 지점에 개입한다.

(2) **미국사회복지교육협의회(CSWE)**
인간복지의 향상, 빈곤과 억압의 경감, 최상의 삶의 질 향상을 위해 업무를 수행하는 전문직이다.

> 🔍 **그린우드가 제시한 전문직의 속성**
>
> 그린우드가 「전문직의 속성」에서 제시한 전문직의 속성은 전문이론에 근거한 '지식, 문화, 사회적 승인(인정, 인가), 윤리강령, 권위'의 다섯 가지이다. 이에 따라 사회복지직은 전문직이라 규정한다.

2 사회복지사의 주요 역할과 실천 내용

조력자	개인이나 가족, 지역사회가 욕구를 명확하게 파악하도록 돕고, 지역사회 수준에서 조직을 형성할 수 있도록 원조하는 능력부여자 역할을 수행함.
중개자	개인 혹은 집단이 지역사회 내의 서비스를 이용할 수 있도록 도움.
옹호자	클라이언트가 자원과 서비스를 제공받을 권리를 유지하도록 돕거나, 개인이나 집단에게 부정적 효과를 주는 프로그램과 정책을 변화시키는 운동을 적극적으로 지지함.
행동가	사회문제, 즉 부정이나 불공평, 박탈 등에 관심을 두며 해결전략으로 투쟁, 직면, 중재 등을 사용함.
중재자	분쟁이나 다툼에서 타협점을 찾아내고 서로의 차이점을 조정하여 상호 만족스러운 동의를 이루어내는 중립적인 역할을 수행함.
협상가	분쟁의 당사자들을 모이게 하여 상호 수용할 수 있는 타협과 협상을 이끌어내는 역할로, 어느 한편의 입장에 서서 역할을 수행함.
교육가	클라이언트에게 정보를 주고 적응기술을 가르침.
발의자·주창자	현재 존재하는 문제나 사회문제로 변화할 가능성이 있는 사안이 사회적 관심을 받을 수 있도록 함.

역량강화자	클라이언트가 자신의 환경을 이해하는 능력의 개발을 원조하고, 자신의 선택에 책임을 질 수 있도록 역량을 강화시킴.
조정자	다양한 자원과 서비스를 적절히 배분하고, 조직화된 방법으로 필요한 구성요소를 한데 모음.
조사자	사회복지실천에서 관심 주제나 문헌연구, 지역사회 욕구조사 등을 실시하여 적절한 해결책을 찾음.
집단촉진자	집단활동에서 상호작용을 촉진시키는 리더 역할을 수행함.
대변자	지역사회에서 다양한 집단을 만나 이용 가능한 서비스와 새로운 서비스를 홍보함.
분석가 및 평가자	프로그램의 기능과 효과성을 평가함.
프로그램 개발자	클라이언트의 욕구에 대응하는 서비스를 개발함.
기획가	다양한 욕구에 대응하는 정책이나 프로그램을 계획함.

3 사회복지사 역할의 분류

(1) 기능별

기능	사회복지사의 역할
직접서비스 제공	개별상담자, 집단상담자(지도자), 정보제공자, 교육자
체계 연결	중개자, 사례관리자, 조정자, 중재자, 클라이언트 옹호자
체계 유지 및 강화	조직 분석가, 촉진자, 팀 성원, 자문가
연구자 및 조사 활용자	프로그램 평가자, 조사자
체계 개발	프로그램 개발자, 기획가(계획가), 정책 및 절차 개발자

(2) 개입수준별

개입수준	단위	사회복지사의 역할
미시 수준	개인, 가족	조력자, 중개자, 옹호자, 교사
중범위 수준	조직, 공식적 집단	촉진자, 중재자, 훈련가
거시 수준	지역사회, 사회	계획가, 행동가, 현장개입가
전문가집단 수준	사회복지 전문가집단	동료, 촉매자, 연구자 및 학자

01
기출 21회

양자 간의 논쟁에 개입하여 중립을 지키면서 상호합의를 이끌어내는 사회복지사의 역할은?

① 중개자
② 조정자
③ 중재자
④ 옹호자
⑤ 교육자

02
기출 23회

사회복지사의 역할에 관한 설명으로 옳은 것은?

① 협상가: 갈등상황에 있는 사람들 간의 합의를 이끌어 내기 위해 어느 한쪽과 동맹을 맺고 타협하는 역할
② 중개자: 불이익을 받는 집단을 위해 특정 제도를 변화, 개선하는 역할
③ 중재자: 흩어져 있는 서비스들을 조직적인 형태로 정리하는 역할
④ 조력자: 관심을 끌어오지 못한 문제에 대중이 관심을 갖도록 집중시키는 역할
⑤ 교육자: 권리침해나 불평등 이슈에 관심을 갖고 연대를 통해 변화를 이끄는 역할

| 해설 |

01 사회복지사의 역할 중 중재자는 분쟁이나 다툼에서 타협점을 찾아내고 서로의 차이점을 조정하여 상호 만족스러운 동의를 이루어내는 역할로, 중립적인 역할을 수행한다.
02 ② 중개자는 개인 혹은 집단이 지역사회 내의 서비스를 이용할 수 있도록 돕는 역할을 한다.
　③ 중재자는 분쟁이나 다툼에서 타협점을 찾아내고 서로의 차이점을 조정하여 상호 만족스러운 동의를 얻을 수 있는 중립적인 역할을 한다.
　④ 조력자는 개인이나 가족, 지역사회가 욕구를 명확하게 파악하도록 돕고 지역사회 수준에서 조직을 형성할 수 있도록 원조하는 능력부여자의 역할을 한다.
　⑤ 교육자는 클라이언트에게 정보를 주고 적응 기술을 가르치는 역할을 한다.

정답 | 01 ③ 02 ①

사회복지실천의 통합적 접근

STEP 1 기출분석

✓ 6개년 출제리포트

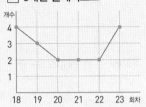

✓ 키워드 공략포인트

통합적 접근은 현대적인 실천 방법으로, 인간체계에 대한 개입이 주로 이루어지므로 체계이론과 주요 실천모델의 특징을 위주로 학습하는 것이 좋습니다.

정답 잡는 오답노트 ✏

▼ **통합적 방법의 특징** 16회

• **틀린 선지는?**
인간에 초점을 두거나 환경에 초점을 두는 2궤도 접근이다. (✕)

• **틀린 이유는?**
통합적 방법은 인간 중심 접근이나 환경 중심 접근으로 이분화하지 않고 인간과 환경의 상호작용, 즉 이중으로 초점을 둔다.

STEP 2 핵심이론 공략

1 통합적 실천의 이해

(1) 개념
사회복지실천의 목적을 달성하기 위한 현대적인 접근방법으로, 개별적인 접근의 한계를 넘어 다양한 인간체계 개입으로 사회복지실천의 영역을 확장한다.

(2) 등장배경
① 특정문제 중심의 제한된 개입은 다양한 문제에 효과적으로 대처할 수 없었다.
② 지나친 분화와 전문화는 서비스의 파편화 현상을 초래하여, 다양한 문제와 욕구를 가진 클라이언트들이 여러 기관을 찾아다녀야 했다.
③ 전문화 중심의 교육훈련은 사회복지사들의 분야별 직장 이동에 도움이 되지 않았다.
④ 공통 실천 기반의 부재는 사회복지의 정체성 확립에 장애가 되었다.
⑤ 클라이언트의 문제는 개인, 가족, 집단, 지역사회 등 여러 체계의 상호작용 결과라는 인식이 확산되면서 다양한 접근의 필요성이 제기되었다.

(3) 특징
① 사회복지실천에서 개념, 활동, 기술, 과업 등에 공통적인 기반이 있음을 전제로 한다.
② 클라이언트의 잠재성을 인정하고 계속적인 성장으로 잠재성을 개발할 수 있다고 믿으며 미래지향적인 접근을 강조한다.
③ 사회복지실천 지식은 공통적으로 과거의 심리적인 측면에 초점을 둔 것에서부터 상황 속에서 인간을 이해하고자 하는 일반체계이론까지 확대된 개념을 사용한다.
④ 과거의 개입이 인간이나 환경에 초점을 두는 것에 반해, 통합적 방법은 인간과 환경의 상호작용에 초점(이중초점)을 둠으로써 인간과 환경의 공유 영역인 '사회적 기능 수행' 영역에 사회복지사가 개입하는 것을 강조한다.
⑤ 클라이언트가 지닌 특정문제 중심의 제한적인 개입이 아니라 다양한 욕구를 고려한 개입을 실시한다.
⑥ 클라이언트의 존엄성을 인정하며 클라이언트의 참여와 자기결정, 개별화를 강조하고, 사회복지실천과정의 계속적인 평가를 주장한다.

(4) 필요성
① **개별사회사업의 발달**: 개별사회사업은 직접적인 사회복지실천 중에서도 개인과의 일대일 개입을 기반으로 하는 가장 전통적인 실천방식으로, 통합적 관점의 토대가 되었다.
② **가족체계 접근의 필요성**: 가족은 그 구성원들의 기본적인 욕구를 충족시키는 기능을 수행하는 단위로, 개방적·폐쇄적·방임적 가족체계나 밀착 혹은 유리 등 가족 구성원 간의 경계에 따른 유형을 지닌다.

③ 기타 집단체계에서도 집단 구성원 간의 상호의존과 의사소통으로 진행되는 상호작용이 존재한다.

④ 지역사회조직에서 지역문제해결을 위해 사회 구성원의 통합적 노력이 필요하다.

2 통합적 접근의 주요 이론

(1) 일반체계이론

① 구조적 특성

경계	체계를 구성하는 소단위로서, 물리적 공간 또는 개념적으로 그려질 수도 있음. 이때 개념적인 경계는 사회복지사의 판단에 따름.
개방체계	에너지가 경계를 넘나들면서 상호교환되는 체계로, 환경에서 투입을 받아들이고 다시 환경으로 내보내는 관계를 말함.
폐쇄체계	다른 체계와 상호교류를 하지 않는, 즉 외부와 단절된 체계로 투입과 산출 모두 하지 않는 관계를 말함.
홀론	전체인 동시에 부분을 의미하며, 작은 체계에서 그들을 둘러싼 큰 체계의 특성이 발견되기도 하고, 작은 체계가 큰 체계에 동화되기도 하는 현상을 말함.

② 진화론적 특성

균형	외부 환경에서 새로운 에너지를 투입하지 않고 현상을 유지하려는 속성을 말함.
항상성	체계는 지속적인 변화의 상태에 놓여 있는 동시에 역동적인 균형상태를 유지하고자 하는 특징을 가지고 있어, 이전 상태로 복원하려고 하는 현상이 일어남.
안정상태	체계가 쇠퇴해서 붕괴되지 않도록 각 체계의 부분들이 적절한 관계를 유지함으로써 에너지가 계속 사용되는 상태, 즉 에너지의 투입을 받아들이고 활용하여 자신을 유지해 가는 것을 말함.

③ 행동적 특성

투입	체계 외부에서 체계 내부로 유입되는 에너지나 정보
전환	체계의 기능 유지에 필요한 형태로 투입물을 처리하는 것
산출	전환활동이 이루어질 때 체계 밖으로 배출되는 결과물
환류	체계가 산출물을 모니터링하여 체계의 기능을 점검하고, 새로운 행위를 산출하거나 기존의 행위를 조절함으로써 체계의 상태를 유지하거나 체계의 목적을 향해 나아가도록 하는 과정

(2) 생태체계이론

① 생태체계이론의 특징

㉠ 일반체계이론과 생태학이론의 복수 체계적 관점이다.

㉡ 개인과 환경 간의 지속적이고 순환적인 교류과정을 이해한다.

㉢ 개인의 욕구와 환경적 욕구 사이의 조화와 균형 정도를 파악한다.

🔍 **엔트로피와 넥엔트로피**

• 엔트로피
  – 무작위성, 무조직성, 무질서와 관련됨.
  – 체계 내의 불확실성을 야기하기 때문에 체계의 행동이나 그 결과를 예측하는 것이 불가능함.
  – 외부에서 투입되는 에너지가 없으면 엔트로피 상태가 되어 체계들의 기능이 상실되거나 해체되는 경향을 보임.
• 넥엔트로피(네겐트로피, 네거티브 엔트로피)
  – 엔트로피의 반대 개념으로, 체계를 유지하고 발전시키며 생존하게 하는 체계의 힘
  – 체계 자체의 기능이 유지 및 발전되는 경향을 보임.

사회복지실천론

ㄹ 생태도를 활용하여 미시체계, 중간체계, 거시체계 사이의 자원과 에너지의 흐름을 파악한다.

ㅁ 문제의 다중 원인 가능성, 문제 현상 설명의 불확실성을 전제한다(다체계적 접근).

ㅂ 클라이언트의 문제를 개인적 부적응이나 역기능으로 파악하지 않고, '환경 속의 인간'에서 제시하는 인간과 환경의 상호작용 문제로 본다.

> **Tip** 환경 속의 인간이란 인간과 환경을 하나의 총체로 이해하는 통합적인 관점입니다.

② 브론펜브레너의 생태학적 이론

미시체계	개인의 일상생활에 존재하는 실제 환경, 즉 개인이 시간과 더불어 경험하는 활동, 역할, 대인관계의 패턴 등 일상생활에서의 실제적인 환경
중간체계	개인이 적극적으로 참여하는 환경 간의 상호관계로서 서로 연결된 둘 이상의 미시체계로 이루어진 체계 ⑩ 개인은 가정과 학교 등과 같이 두 개 이상의 관계 속에서 상호작용함.
외부체계	• 개인이 직접 상호작용을 하지는 않지만 개인에게 간접적인 영향을 미치는 환경 • 중간체계가 확장된 것으로, 가정 등을 통하여 개인에게 간접적인 영향을 미침. ⑩ 직업세계, 이웃, 대중매체, 정부기관 및 비형식적인 사회적 관계망 등 지역사회 수준에서 기능하고 있는 사회의 주요 기관
거시체계	• 개인이 속한 사회와 관련된 체계 • 이념, 가치, 법률, 규칙, 법칙 등 형태를 가진 것도 있지만, 대부분은 비형식적이고 묵시적인 관습과 같은 이데올로기

(3) 사회체계이론

① 사회체계이론의 특징

ㄱ 사회체계는 인간이 살아가는 사회환경 속에 존재하는 가족, 집단, 조직, 지역사회 등의 사회조직을 말한다.

ㄴ 사회체계라는 다양한 사회공동체에 적용될 수 있는 인간과 환경 간의 상호작용을 강조한다.

② 사회복지실천에의 적용: 모든 조직 수준과 인간 조직체 등 사회체계에 체계론적 관점을 적용한 이론으로, 개인이 아닌 소집단, 지역사회 등 보다 넓은 수준의 사회체계가 인간에게 어떤 영향을 미치는지에 대한 지식을 제공한다.

🔍 **체계이론의 구분**

• **일반체계이론**: 유기체와 환경 간의 체계적인 상호작용 개념을 분석하는 이론으로, 체계를 추상적으로 설명함.

• **생태체계이론**: 유기체가 환경 내에서 평형상태를 어떻게 유지하고 성장하는지에 초점을 둠.

• **사회체계이론**: 인간행동에 영향을 주는 개인, 가족, 소집단, 지역사회, 사회문화 등 구체적인 사회체계를 다룸.

---

3 통합적 접근의 실천모델

> **Tip** 사회복지사는 클라이언트의 규모에 관계없이 적절한 실천모델을 활용할 수 있어야 합니다.

(1) 4체계모델 – 핀커스와 미나한

① 4가지 체계 유형

변화매개체계	• 변화를 달성하기 위해 특수하게 고용된 사람(변화매개인)으로, 클라이언트의 문제해결과 긍정적 변화를 계획하고 이끌어가는 전문가이자 클라이언트를 돕는 자 • 사회복지사, 사회복지기관에 고용되어 원조업무를 돕는 사람, 변화를 위한 노력을 주도하는 기관 전체
클라이언트체계	• 변화매개인의 서비스가 필요한 사람으로, 변화의 필요성을 인식하여 사회복지사를 찾거나 사회복지사에게 의뢰된 당사자 • 사회복지의 욕구를 가지고 변화매개체계와 변화를 위한 의도된 계약이 이루어졌을 때 클라이언트로 인정됨.

표적체계	• 변화매개인이 설정한 목표 달성에 영향을 미치거나 변화시킬 필요가 있는 대상으로, 변화를 달성하기 위해 상호작용하는 사람 • 변화되어야 할 대상이 클라이언트나 클라이언트 내부 체계일 때 표적체계와 클라이언트체계가 중복됨.
행동체계	• 목표달성을 위해 사회복지사와 공동으로 노력하여 도움을 주는 모든 사람으로, 의도적이고 계획적으로 변화를 달성하기 위하여 함께 상호작용하는 주체 • 이웃, 가족, 전문가집단 등이 해당됨.

② 문제해결의 초점: 인간과 사회환경의 상호작용이다.

③ 문제해결의 목적: 개인의 문제해결능력과 대처능력 강화, 개인과 자원체계와의 결합, 체계의 효과적 활용, 사회정책의 발전과 개선에 공헌하는 것을 목적으로 한다.

④ 사회복지사의 기능과 과업: 문제의 평가, 자료 수집과 최초 접촉, 계약·행동체계 구성, 행동체계의 유지와 영향력 행사, 변화를 위한 노력

⑤ 실천과정: 문제의 인식 → 자료수집 → 진단 → 개입 → 평가와 종결

(2) 6체계모델(문제해결과정모델) – 콤튼과 갤러웨이

① 개인이 문제해결에 실패하는 원인은 개인의 정신적인 결함이나 병리에 있는 것이 아니라 문제를 해결해 나가는 태도가 잘못되었기 때문이라는 입장을 취한다.

② 6가지 체계 유형

변화매개체계	사회복지사와 사회복지사를 고용한 기관 및 조직
클라이언트체계	서비스나 도움을 필요로 하는 사람
표적체계	변화가 필요한 사람(주로 클라이언트)
행동체계	변화를 달성하기 위해 상호작용하는 사람
전문가체계	전문가 단체, 전문가를 육성하는 교육체계, 전문적 실천의 가치 등으로 구성
문제인식체계 (의뢰–응답체계)	잠재적 클라이언트를 사회복지사의 관심 영역으로 끌어들이기 위한 행동체계로, 클라이언트가 다른 사람의 요청이나 법원, 경찰 등에 의해 강제로 오게 되는 경우에 일반 클라이언트체계와 구별하기 위해 사용함.

③ 문제해결의 초점: 개인과 상황 사이의 상호작용 전체이다.

④ 문제해결의 목적: 클라이언트와 사회복지사의 공동관계 형성, 합리적 과정 수행을 목적으로 한다.

⑤ 사회복지사의 기능과 과업: 자료 수집과 평가, 개입전략 제공

⑥ 실천과정: 계약단계(평가, 활동계획의 공식화) → 활동단계(계획 실시, 종결, 평가)

01
기출 20회

사회복지실천에서 통합적 접근방법에 관한 내용으로 옳지 않은 것은?

① 전통적인 방법론의 한계로 인해 등장
② 클라이언트의 참여와 자기결정권 강조
③ 인간의 행동은 환경과 연결되어 있음을 전제
④ 이론이 아닌 상상력에 근거를 둔 해결방법 지향
⑤ 궁극적으로 클라이언트의 삶의 질 향상을 돕고자 함.

02
기출 23회

다음 사례에서 콤튼과 갤러웨이(B. Compton & B. Galaway)의 사회복지실천대상과 체계의 연결로 옳은 것은?

> 학교사회복지사 A는 학교 징계위원회로부터 상담명령을 받은 학교폭력 가해인 학생 B를 만났다. B는 비밀보장을 요청하며 상담을 해달라고 하였다. 그러나 담임교사와 학교는 학생과의 면담을 모두 보고하도록 요구하였다. 결국 A는 이 문제를 학교사회복지사협회와 의논하여 학교에 사회복지사의 비밀보장 의무에 대한 공문을 요청하였다. A는 가해자로 지목된 다른 학생 C, D와 B를 대상으로 집단 프로그램을 운영하였다.

① 학교 징계위원회 – 응답체계
② 학교사회복지사협회 – 전문가체계
③ 학교사회복지사 A – 행동체계
④ 담임교사 – 표적체계
⑤ 가해자 학생 C, D – 변화매개 체계

| 해설 |
01 통합적 접근은 상상이 아닌 다양한 이론과 모델을 기반으로 다양한 수준에서 접근하는 방법이다.

02 전문가체계란 전문가 단체, 전문가를 육성하는 교육체계, 전문적 실천의 가치 등으로 구성된 체계로, 사례의 한국사회복지사협회는 전문가체계라고 할 수 있다.

정답 | 01 ④ 02 ②

관계론

☑ **6개년 출제리포트**

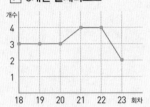

☑ **키워드 공략포인트**

- 전문적 관계 형성의 요소, 비스텍의 관계 형성의 7대 원칙은 높은 비중으로 출제되는 내용입니다.
- 비스텍의 관계 형성의 7대 원칙은 각 원칙에 따른 특징을 꼼꼼하게 공부하시기 바랍니다.

① 전문적 관계의 특성과 기본요소

(1) 특성

① **목적지향적**: 서로 합의된 명확한 목적이 있다.

> Tip 전문적 관계에서의 목적은 클라이언트의 적응 및 문제해결을 위한 원조를 말합니다.

② **시간제한적**: 클라이언트와 구체적으로 한정된 기간을 갖고 관계를 맺는다. 목적이 달성되었거나 달성될 수 없다고 생각될 때 관계는 종결된다.

③ **클라이언트에 대한 헌신**: 사회복지사는 클라이언트의 이익을 위해 자신을 헌신한다. 따라서 사회복지사는 타인의 욕구에 민감하게 반응할 수 있도록 객관성과 자아인식에 기초한 관계를 형성한다.

④ **권위성**: 사회복지사는 특화된 지식 및 기술 그리고 전문직 윤리강령에서 비롯되는 권위를 갖는다.

⑤ **통제된 관계**: 사회복지사는 사례를 대할 때 객관성을 유지하고, 자기 자신의 감정·반응·충동을 자각하며, 그에 대한 책임을 진다.

(2) 전문적 관계 형성의 기본요소

① 타인에 대한 관심과 원조 의지 ② 헌신과 의무
③ 권위와 권한 ④ 진실성과 일치성
⑤ 수용 ⑥ 감정이입(공감)
⑦ 존경심과 신뢰 ⑧ 통제적 관계
⑨ 전문가로서 사회복지사의 자질(성숙함, 창조성, 자기를 관찰하는 능력, 타인을 도우려는 열망, 용기, 민감성, 인간적 자질)

② 관계 형성의 7대 원칙 - 비스텍

정답 찾는 오답노트

▼ **비스텍의 관계 원칙** 20회

- **틀린 선지는?**
클라이언트의 욕구를 범주화해야 한다. (×)

- **틀린 이유는?**
비스텍은 클라이언트 개개인의 독특한 자질을 이해하고, 각 개인의 차이에 기반을 두고 개입해야 한다고 하였다.

관계의 기본원리	클라이언트의 욕구
개별화	한 인간으로서 취급받고 싶음.
의도적 감정표현	감정을 표현하고 싶음.
통제된 정서적 관여	문제를 공감받고 싶음.
수용	가치 있는 인간으로서 인정받고 싶음.
비심판적 태도	심판받고 싶지 않음.
클라이언트의 자기결정	스스로 선택하고 결정하고 싶음.
비밀보장	자신의 비밀이 지켜지길 바람.

(1) 개별화

클라이언트 개개인의 독특한 자질을 알고 이해하는 일로, 각 개인마다 상이한 원리나 방법을 활용하는 것이다.

(2) 의도적 감정표현

① 클라이언트가 자신의 감정, 특히 비난받을지도 모르는 부정적 감정을 자유롭게 표현하도록 해주어야 한다.

② 클라이언트의 감정표현을 격려하고 민감하게 인식한다.

(3) 통제된 정서적 관여

클라이언트의 감정의 의미를 이해하고, 적절하게 반응해야 한다. 이때 클라이언트가 표현한 표면적 내용뿐만 아니라 잠재된 의미까지도 이해할 수 있어야 한다.

(4) 수용

클라이언트의 장점과 단점, 잠재력과 제한, 바람직한 행동이나 바람직하지 않은 행동, 긍정적 감정과 부정적 감정 등을 있는 그대로 받아들인다.

(5) 비심판적 태도

① 비심판적 태도는 수용에서 필요한 감정상태로, 사회복지사는 문제의 원인이 클라이언트의 잘못인지 혹은 상황인지를 심판하지 않으며, 개인적 가치관 또한 적용하지 않는다.

② 비심판적 태도를 유지하기 위해서는 자기인식을 통해 선입견과 편견이 없는 개방적 태도를 가지는 것이 중요하다.

(6) 클라이언트의 자기결정

클라이언트가 사회복지실천의 모든 의사결정과정에 참여하여 스스로 선택하고 결정하게 한다. 이때 직·간접적으로 클라이언트의 행동을 조종하려 하거나 클라이언트의 통제를 목적으로 설득하는 태도는 지양해야 한다.

(7) 비밀보장 Tip 비밀보장은 절대적으로 지켜야 할 의무는 아닙니다.

① 전문적 관계에서 알게 된 클라이언트 관련 정보를 누설하지 않아야 한다.

② 비밀보장은 클라이언트의 기본적 권리에 기초하며, 사회복지사의 윤리적 의무이자 사회복지실천의 관계 형성 및 유지를 위해 반드시 필요하다.

STEP 3 필수문제 점검

01 기출 21회

비스텍(F. Biestek)의 관계의 원칙 중 '의도적 감정표현'에 해당하는 것은?

① 클라이언트의 부정적 감정을 자유롭게 표현할 수 있도록 지지한다.

② 클라이언트의 감정이나 태도를 있는 그대로 받아들이고 존중한다.

③ 목적달성을 위한 방안들의 장·단점을 설명하고 클라이언트가 스스로 선택하도록 한다.

④ 공감을 받고 싶어 하는 클라이언트의 욕구에 따라 클라이언트에게 공감하는 반응을 표현한다.

⑤ 사회복지사 자신의 생각과 느낌, 개인적인 경험을 이야기한다.

02 기출 22회

사회복지실천 관계의 요소인 수용에 관한 설명으로 옳지 않은 것은?

① 클라이언트를 있는 그대로 이해한다.

② 클라이언트의 부정적인 감정도 받아들인다.

③ 사회규범에서 벗어난 행동도 허용할 수 있다.

④ 편견이나 선입관을 줄여나가면 수용에 도움이 된다.

⑤ 클라이언트가 안도감을 갖게 하여 현실적인 방법으로 문제 대처를 할 수 있도록 돕는다.

| 해설 |

01 ② 수용에 대한 내용이다.

③ 클라이언트의 자기결정에 대한 내용이다.

④ 통제된 정서적 관여에 대한 내용이다.

⑤ 자기노출에 대한 내용으로, 비스텍의 관계의 원칙에 해당하지 않는다.

02 사회규범에서 벗어난 행동은 허용할 수 없다. 수용은 사회복지사가 클라이언트의 장점과 단점, 잠재력과 제한, 바람직한 행동이나 바람직하지 않은 행동, 긍정적 감정과 부정적 감정 등을 있는 그대로 받아들이는 것을 말한다. 그러나 불법적이거나 비윤리적인 행동까지 이해하고 받아들이는 것은 아니다.

정답 | 01 ① 02 ③

면접론

1 사회복지 면접의 개요

✓ **6개년 출제리포트**

✓ **키워드 공략포인트**

- 면접기술은 라포형성과 문제 확인에 가장 중요한 기술로 매회 출제 비중이 높으며, 질문기술은 매우 중요한 면접기술이므로 반드시 숙지하여야 합니다.
- 면접의 기술에 대한 정확한 개념을 숙지하고 사례에 적용하는 방법을 확인하여야 합니다.

정답 잡는 오답노트

▼ **면접** 18회

- **틀린 선지는?**
목적보다는 과정지향적 활동이므로 목적에 집착하는 것을 지양한다. (×)

- **틀린 이유는?**
사회복지 면접은 목적지향적인 활동이다.

- **옳은 선지 정리하기**
  - 사회복지사와 클라이언트 사이의 특정한 역할관계가 있다.
  - 시간과 장소 등 구체적인 요건이 필요하다.
  - 클라이언트의 어려움을 극복하는 데 필요한 변화들을 가져오기도 한다.
  - 클라이언트를 이해하는 데 필요한 정보를 수집하기도 한다.

(1) 개념과 특성

① 사회복지 면접이란 클라이언트의 정보를 확인하는 기본수단으로, 사회복지사와 클라이언트 사이에 일련의 의사소통이 이루어지는 중요한 개입도구이다.
② 자료 수집, 과업 수행, 클라이언트의 문제나 욕구해결 등의 목적을 상호 합의하여 한정적·계약적으로 수행하는 시간제한적 의사소통이다.
③ 목적지향적인 활동으로서, 개입목적에 따라 의사소통이 제한된다.
④ 기관의 상황적 특성과 맥락에서 이루어진다.
⑤ 면접자(사회복지사)와 피면접자(클라이언트)의 특정한 역할관계가 있다.
⑥ 공식적·의도적인 차원에서 이루어지는 활동이다.

(2) 종류

① **정보수집 목적의 면접**: 클라이언트와 그의 상황을 이해할 수 있는 정보를 수집하는 면접이다.
② **정보제공 목적의 면접**: 문제해결 등에 필요한 정보를 제공하기 위한 면접이다.
③ **사정 목적의 면접**: 서비스에 대한 의사결정을 하기 위한 면접이다.
④ **치료 목적의 면접**: 클라이언트 스스로 변화하거나 클라이언트가 더 나은 사회적 기능을 수행할 수 있도록 돕는 것이다.

2 사회복지 면접의 기술

(1) 경청

① 모든 유형의 대화에서 기본이 되는 기술이다.
② 사회복지사가 클라이언트를 성급하게 판단하거나 평가하는 경향을 차단하여 성급한 문제해결을 막는다.

(2) 관찰

사회복지실천의 전 과정에서 사용하는 기술로, 클라이언트의 비언어적 행동에 주의를 기울이는 것이다.

(3) 질문

① 어긋난 대화의 초점을 바로잡고 클라이언트에게서 필요한 정보를 얻기 위해 사용한다.
② 사회복지사는 클라이언트의 속도에 맞추어 적절한 시점에 적절한 양의 질문을 해야 한다.

③ 개방형 질문과 폐쇄형 질문

개방형 질문	• 클라이언트가 자신의 감정이나 생각, 문제를 자신의 방법으로 자유롭게 이야기하고 광범위한 표현을 하게 하는 질문 • 다양한 정보가 필요할 때 유용함.
폐쇄형 질문	• 클라이언트의 초점을 제한하고 사실에 대해서만 묻는 질문 • '예', '아니요'의 대답만 요구하거나 단답형 대답을 요구하여 대화의 초점이 필요한 경우에 유용함.

④ 부적절한 질문 유형: '왜'라는 질문, 중첩형 질문(한꺼번에 너무 많은 질문), 유도형 질문

(4) 반영

클라이언트가 표현한 기본적인 태도, 주요 감정을 새로운 용어로 정리해 주는 것이다.

(5) 자기노출

① 사회복지사가 자기의 생각이나 감정, 경험을 들추어내는 것이다.
② 사회복지사의 적절한 자기노출은 클라이언트와의 라포 형성을 위해 필요하다.

(6) 직면

① 클라이언트의 말과 행동이 불일치하거나 모순될 때 그것을 의식하도록 지적하여, 그것이 클라이언트 자신의 문제와 어떤 관련이 있는지 생각해 보게 하는 기술이다.
② 클라이언트가 받아들일 준비가 되어 있는지를 면밀히 고려해야 하므로 극심한 정서적 긴장상태에 있을 때는 사용하지 않는 것이 좋다.

(7) 해석

① 클라이언트가 겉으로 나타내는 문제가 내부적 정신작용에 관련되어 있는데도 이를 스스로 의식하지 못하거나 깨닫지 못할 때 그 관련성을 설명하고 이해시키는 것이다.
② 해석의 목표는 클라이언트에게 생활 속의 사건들을 스스로 해석하도록 가르치는 것이다.

(8) 명료화

① 혼란스럽고 갈등을 느끼는 부분을 가려내어 분명히 해주는 것이다.
② 클라이언트가 지각하지 못하는 실상이나 심리적 문제 상황을 분명히 해줌으로써 클라이언트의 통찰력 향상에 도움을 준다.

(9) 초점화

① 클라이언트가 말을 두서없이 장황하게 하거나 어떤 주제를 회피하려고 할 때, 사회복지사는 간단한 질문을 하거나 문제를 다시 언급함으로써 초점을 맞춘다.
② 불필요한 방향과 시간 낭비를 방지하는 기술이다.

STEP 3 필수문제 점검

01
기출 23회

클라이언트와의 관계형성을 위해 사회복지사가 자신의 생각이나 경험을 공유하는 면담 기술은?

① 직면　　　　② 경청
③ 자기노출　　④ 해석
⑤ 질문

02
기출 20회

사회복지실천 면접에 관한 설명으로 옳지 않은 것은?

① 개입에 필요한 자료를 수집하기 위한 도구가 될 수 있다.
② 사회복지사와 클라이언트 사이의 특정한 역할 관계가 있다.
③ 특정 상황이나 맥락에 관련하여 이루어진다.
④ 목적은 클라이언트의 삶의 질 향상을 위한 것이어야 한다.
⑤ 목적이 옳으면 기간이나 내용이 제한되지 않는 활동이다.

| 해설 |
01 자기노출은 사회복지사가 자신의 생각이나 감정, 삶의 경험을 적절하게 노출함으로써 클라이언트의 표현을 촉진시키는 기술이다.
02 면접은 자료수집, 과업 수행, 클라이언트의 문제나 욕구해결 등과 같은 과제를 수행하는 시간 제한적 의사소통이다.

정답 | 01 ③　02 ⑤

접수 및 자료수집

☑ 6개년 출제리포트

☑ 키워드 공략포인트

• 사회복지실천과정에서 접수 및 자료수집은 가장 첫 번째 단계입니다.
• 접수단계의 과업과 접수 내용 등은 거의 매회 출제가 되고 있으므로 꼭 짚고 넘어가야 합니다.

정답 찾는 오답노트

▼ 자료수집   19회

• 틀린 선지는?
상반된 정보를 제공하는 자료는 폐기한다. (×)

• 틀린 이유는?
상반된 정보가 수집되어도 모두 정리하여 이후 단계인 사정단계에서 수집·정리된 자료를 분석하고 해석하여 문제를 규정하여야 한다.

1 접수

(1) 개념
① 실천과정의 가장 초기에 이루어지는 과정이다.
② 문제를 가진 사람이 전문적 도움을 얻기 위해 사회복지기관에 찾아왔을 때, 그의 문제와 욕구를 확인하여 그것이 기관의 정책과 서비스에 부합하는지의 여부를 판단하는 과정을 의미한다.

(2) 목적
잠재적 클라이언트의 욕구가 기관의 목적과 서비스 내용에 적합한지 아닌지를 판단하여 접수 여부를 결정하고, 접수사례의 개입과정에 클라이언트가 참여하도록 유도한다.

(3) 접수의 내용
① 클라이언트의 문제와 욕구를 확인한다.
② 클라이언트의 가족관계, 학교 및 직장생활, 주위환경 등에서의 적응상태를 확인한다.
③ 클라이언트가 기관을 찾게 된 상황 및 동기를 파악한다.
④ 클라이언트가 문제를 보고 느끼는 방식을 파악한다.
⑤ 원조목적과 원조에서 기대하는 바를 명확히 파악한다.
⑥ 클라이언트의 욕구가 기관의 자원 정책과 부합하는지의 여부를 판단한다.
⑦ 클라이언트에게 기관의 기능에 대해 설명한다.

(4) 접수단계에서 수행해야 할 과업
① 클라이언트의 문제를 확인한다.
② 확인된 문제가 해당 기관에서 해결하기 어려운 문제라면 타 기관 의뢰 여부를 고려하여 결정한다.
③ 사회복지사와 클라이언트의 관계, 즉 원조관계를 형성한다.
④ 클라이언트의 동기화를 촉진한다.
⑤ 클라이언트의 저항감과 양가감정을 해소한다.

2 자료수집

(1) 개념
① 클라이언트의 문제를 이해·분석·해결하는 데 필요한 클라이언트 개인과 그 환경에 관한 객관적 자료를 확보하려는 활동이다.
② 클라이언트의 참여가 필요하며, 사회복지실천의 전 과정에 걸쳐 이루어지는 지속적인 활동이다.

(2) 자료의 영역

① 문제에 관한 정보(문제와 욕구, 강점과 자원)
② 클라이언트가 과거에 문제를 해결한 대처 방식
③ 클라이언트와 영향을 주고받는 환경에 관한 정보
④ 개인력과 가족력(인간관계, 원가족의 가족관계, 현재의 가족구성 등)
⑤ 클라이언트의 기능, 자원, 장점, 한계

(3) 자료의 출처(정보원)

① 클라이언트가 작성하는 가정환경서와 같은 서류
② 문제, 기분, 의견, 생각, 사건 등에 관한 클라이언트의 이야기
③ 클라이언트의 비언어적 행동에 관한 사회복지사의 관찰
④ 부부 및 가족 구성원 간의 상호작용에 관한 사회복지사의 관찰
⑤ 친척, 친구, 선생님 등 관련된 사람들에게 얻는 정보
⑥ 심리검사 결과
⑦ 클라이언트에 대한 사회복지사의 개인적 경험

🔍 **자료수집과 평가에서 사회복지사가 명심해야 할 원칙**

- 클라이언트의 참여가 절대적으로 필요함.
- 클라이언트의 강점을 평가함.
- 클라이언트의 문제를 다양하게 규명하고, 문제 심각도에 따른 우선순위를 결정함.
- 실현가능성, 효과성을 기준으로 개입방법을 설정하고 우선순위를 결정함.

STEP 3 필수문제 점검

01
기출 23회

접수단계에서 수행할 수 있는 과업이 아닌 것은?

① 의뢰
② 관계형성
③ 서비스 동의
④ 목표설정
⑤ 문제 확인

02
기출 21회

자료수집을 위한 자료 출처에 해당하는 것을 모두 고른 것은?

> ㉠ 문제, 사건, 기분, 생각 등에 관한 클라이언트 진술
> ㉡ 클라이언트와 직접 상호작용한 사회복지사의 경험
> ㉢ 심리검사, 지능검사, 적성검사 등의 검사 결과
> ㉣ 친구, 이웃 등 클라이언트의 중요한 타인으로부터 수집한 정보

① ㉠, ㉡, ㉢
② ㉠, ㉡, ㉣
③ ㉠, ㉢, ㉣
④ ㉡, ㉢, ㉣
⑤ ㉠, ㉡, ㉢, ㉣

| 해설 |
01 목표설정은 계획수립단계에 해당한다.
02 자료수집이란 정보를 모으는 일로서, 클라이언트의 문제를 이해·분석·해결하는 데 필요한 클라이언트 개인과 그 환경에 관한 객관적 자료를 확보하려는 활동이다. ㉠, ㉡, ㉢, ㉣ 모두 자료 출처에 해당한다.

정답 | 01 ④ 02 ⑤

사정 및 계획수립

✔ 6개년 출제리포트

✔ 키워드 공략포인트

- 사정단계는 접수와 자료수집 후 이루어지는 문제형성의 단계입니다.
- 사정의 개념과 특징을 이해하고 사정도구로 무엇이 있는지 반드시 숙지하여야 합니다.

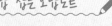

▼ 생태도에서 알 수 있는 정보
16회

- **틀린 선지는?**
가족규칙 (×)

- **틀린 이유는?**
가족규칙은 생태도가 아닌 가족 구성원과의 면접으로 파악할 수 있다.

- **옳은 선지 정리하기**
– 가족이 이용하는 서비스기관의 종류
– 가족의 여가 활동
– 이웃주민들과의 친밀도
– 확대가족과의 관계

1 사정

(1) 개요

① **개념**: 수집·정리된 자료를 분석하고 해석하여 문제를 규정하는 작업이다.

> **참고** 사정단계 구성의 3요소: 사정 진술, 문제의 우선순위, 계약된 계획

② **목적**: 문제를 발견하고, 정보를 수집하며 문제를 형성(규정)함으로써 개입 계획수립의 '무엇을 어떻게'에서 '무엇을'에 해당하는 질문에 대답하고자 하는 것이다.

③ **특성**
  ㉠ 클라이언트의 강점과 자원을 확인한다.
  ㉡ 수집된 정보를 바탕으로 전체적인 상황을 이해하는 사고의 전개과정으로 실천과정에서 지속적으로 이루어진다.
  ㉢ 클라이언트와 사회복지사의 상호탐색과정으로, 수평적·수직적 탐색 모두 중요하다.

(2) 사정도구

① **가계도**: 클라이언트와 그 가족이 제시하는 문제의 근원을 그림 형태로 조사하는 방법으로, 적어도 3세대 이상의 가족 구성원과 가족관계에 대한 정보를 기록한다.

② **생태도**: 사회적 맥락에 초점을 두고 가족과 좀 더 큰 사회체계와의 상호작용을 파악하여 현재 지역사회 자원이나 체계들이 가족에게 주는 영향과 상호작용의 변화를 보여준다.

③ **생활력도표**: 가족 구성원의 삶에서 중요한 사건이나 시기별로 중요한 문제의 전개 상황을 시계열적으로 도표화한 것이다.

④ **생활주기표**: 클라이언트의 생활주기와 가족 성원의 발달단계별 과업을 도표화한 것이다.

⑤ **사회도(소시오그램)**: 집단 구성원이 다른 집단이나 조직의 구성원들을 어떻게 느끼고, 제휴하고, 저항하는지를 나타내는 그림이나 도식이다. 집단 내 구성원의 지위, 구성원 간의 관계, 하위집단 형성 여부 등을 발견하고 평가한다.

⑥ **사회적 관계망 지도**: 클라이언트가 지속적으로 관계를 맺고 있는 사람들이나 집단을 확인한다.

⑦ **사회적 관계망 도표**: 클라이언트의 주변 사람들 중 의미가 큰 사람, 클라이언트에게 사회적 지지를 제공하는 사람을 확인하여 도표에 기록한다.

⑧ **소시오메트리**: 집단 성원들의 호감도 및 집단응집력 수준에 관한 정보를 제공한다.

⑨ **의의차별척도**: 어떤 대상이 개인에게 주는 주관적인 의미를 측정하는 방법으로, 두 개의 상반된 입장 중 하나를 선택하도록 하여 집단 성원들이 다른 성원을 평가하게 하는 것이다.

2 계획수립

(1) 개념

① 수집된 정보들을 분석하여 사회복지사가 전문적 소견으로 판단하는 것이다.

② 사정을 마친 후 수집된 자료를 근거로 사회복지사와 클라이언트가 상호 합의하에 목표를 구체화시키고, 이를 달성하기 위한 계획을 세우는 과정이다.

(2) 개입목표의 설정

① 클라이언트와 사회복지사가 최종 목표를 달성하기 위한 활동을 함께 구체화하고 합의하는 과정에서, 개입을 위한 목표를 설정하고 계약을 하는 과정이다.

② 목표설정 시 유의사항

　㉠ 명시적이고 측정이 가능해야 한다.

　㉡ 현실적으로 목표달성이 가능해야 한다.

　㉢ 기관의 기능과 일치해야 한다.

　㉣ 사회복지사의 지식과 기술에 상응하는 것이어야 한다.

　㉤ 클라이언트가 바라는 바와 연결되어야 한다.

　㉥ 성장을 강조하는 긍정적인 표현으로 기술되어야 한다.

　㉦ 사회복지사 자신의 중요한 권리나 가치에 부합해야 한다.

　㉧ 본격적인 개입에 앞서 클라이언트와 충분한 토의를 하여 합의점을 찾아야 한다.

(3) 계약

① 설정한 목표와 목표를 달성하기 위한 전략, 역할, 개입, 평가, 방법 등을 구체적인 활동용어로 기술한 계획에 대해 사회복지사와 클라이언트가 서로 동의하는 것이다.

② 사회복지사와 클라이언트 각자가 수행해야 하는 활동을 명확하게 하고, 개입단계에서 활동의 시간계획을 합의한다.

③ 계약에 포함되어야 할 사항

　㉠ 우선순위가 부여된 목표

　㉡ 참여자의 역할

　㉢ 사용할 개입방법

　㉣ 면접의 조건 **예** 면접시간, 면접회기, 면접빈도 등

　㉤ 모니터링 과정의 수단

　㉥ 계약 재타협에 대한 사항

　㉦ 세션의 변경 및 취소방법, 비용

　㉧ 기타 클라이언트와 관련된 정보, 서명, 날짜 등

01　기출 23회

생태도를 통하여 파악할 수 없는 것은?

① 클라이언트 가족의 세대 간 반복되는 정서적 유형

② 클라이언트에게 스트레스가 되는 체계

③ 클라이언트와 환경 간 자원교환의 정도

④ 클라이언트가 이용하는 서비스 기관

⑤ 클라이언트에게 유용한 자원이나 환경

02　기출 22회

사정(assessment)의 특성으로 옳지 않은 것은?

① 클라이언트의 강점을 포함해야 한다.

② 사회복지사의 지식적 근거가 필요하다.

③ 사회복지사와 클라이언트의 상호작용 과정이다.

④ 클라이언트를 완전히 이해하는 것은 한계가 있다.

⑤ 사회복지실천의 초기 단계에서만 이루어진다.

| 해설 |

01 클라이언트 가족의 세대 간 반복되는 정서적 유형은 가계도를 통해 파악할 수 있다.

02 사회복지실천과정의 초기 단계는 접수단계로, 잠재적 클라이언트의 욕구가 기관의 목적과 서비스 내용에 적합한지 아닌지를 판단하여 접수 여부를 결정하고, 접수사례의 개입과정에 클라이언트가 참여하도록 유도하는 단계이다.

정답 | 01 ① 02 ⑤

개입

☑ **6개년 출제리포트**

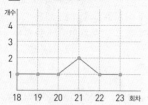

☑ **키워드 공략포인트**

- 개입단계는 사회복지실천과정에서 가장 핵심단계라 할 수 있습니다. 최근에는 출제 비중이 아주 높지는 않지만, 다른 단계의 내용과 연계하여 알아두어야 합니다.
- 개입기술은 사회복지실천기술론에서 더욱 자세히 다룹니다.

정답 잡는 오답노트

▼ **모델링**   21회

- **틀린 선지는?**
모델링은 실제 다른 사람의 행동을 직접 관찰함으로써만 시행 가능하다. (×)

- **틀린 이유는?**
모델링은 특정행동을 직접 또는 영상 등으로 관찰하는 과정을 통해 클라이언트가 이를 모방함으로써 학습하도록 하는 기법이다.

1 개입의 정의와 사회복지사의 과업

(1) 정의

사회복지사와 클라이언트가 합의하여 결정한 문제를 해결하기 위한 계획을 실천하는 활동이다.

(2) 사회복지사의 과업

① 문제해결을 위한 구체적인 변화전략을 수립한다.
② 직접적 개입 및 간접적 개입으로 클라이언트의 변화를 창출한다.
③ 개입 활동에 대한 지속적인 점검을 실시한다.

2 직접적 개입과 간접적 개입

(1) 직접적 개입

① 목표 달성을 위해 개인, 가족이나 소집단체계 자체의 변화를 가져오는 활동이다.
② 개입방법 **Tip** 직접적 개입방법은 사회복지실천기술론에서도 다룹니다.

격려	클라이언트의 가능성에 대한 확신을 표현하는 진술 형태로 클라이언트의 강점을 지지하는 수단
환기	남에게 말하지 못한 문제, 감정적인 문제 등을 클라이언트가 표현할 수 있도록 도와주는 기법
정보제공	클라이언트에게 의사결정을 위한 자료를 제시하는 것
일반화	클라이언트가 겪는 일이 자신만이 가지고 있는 문제가 아니라는 것을 인식하게 하는 기법
재보증	사회복지사가 신뢰를 표현함으로써 클라이언트의 자신감을 향상시키는 기법
재명명	문제상황에 대한 클라이언트의 관점을 변화시키기 위해 클라이언트가 부여하는 의미를 수정하는 의사소통기법
초점화	간단한 질문이나 문제를 다시 언급함으로써 초점을 명확하게 하는 기법
직면	클라이언트가 자신의 문제를 보증하거나 합리화하여 변화를 거부할 때 사용하는 기법
조언	클라이언트가 해야 할 것을 제안하는 것
모델링	관찰학습과정을 통해 클라이언트가 시행착오 없이 원하는 행동을 학습할 수 있도록 하는 기법
행동시연	클라이언트가 특정한 상황에 처할 때 대처할 수 있는 행동을 미리 학습하도록 함으로써 클라이언트의 불안을 감소시키는 기법
타임아웃	문제행동을 중지시키기 위해 문제가 일어나는 상황으로부터 클라이언트를 일정 시간 분리시키는 기법
재구성	가족 성원들의 문제를 새로운 시각으로 이해하도록 해주는 기법

탈삼각화	삼각화(가족구조 안에서 두 사람 간의 갈등 및 스트레스를 해결하는 방법으로, 제3자를 끌어들임)의 역기능을 해결하기 위해 갈등 당사자를 직접 대면시키는 기법
가족 조각	가족관계 및 가족 역동성을 진단하기 위해 특정 시기의 정서적인 가족관계를 사람이나 다른 대상물의 배열을 통해 나타내는 기법으로, 가족 성원들은 말을 사용하지 않은 채 대상물의 공간적 관계나 몸짓 등으로 의미 있는 표상을 만듦.
경계 만들기	가족 하위체계 간 경계선이 지나치게 밀착되어 있는 경우 경계를 강화시켜 개인의 독립성을 확보하고, 경계선이 지나치게 경직되어 있는 경우 경계선을 완화시켜 성원 간 교류를 촉진시키는 기법

(2) 간접적 개입(집단체계의 개입)

① 클라이언트체계의 목적을 달성하기 위해 표적체계 및 외부기관과 접촉하는 것으로, 사회복지사가 클라이언트 이외의 사람들에게 개입하는 활동이다.

② 개입방법

서비스 조정	클라이언트에게 복합적 문제가 발생했을 때 서비스 중복과 누락을 방지하면서 적절하게 개입하여 클라이언트를 원조할 수 있도록 조정하는 것
사회적 지지체계 개발	자연적 지지체계를 활성화하고 클라이언트의 욕구에 환경이 반응할 수 있도록 기존의 공식적 지지체계를 활용하는 것
프로그램 개발	소속기관에서 충분한 타당성이 있다고 판단될 때 프로그램을 개발
옹호활동	욕구 충족을 방해하는 사회적 여건을 변화시킬 때 사용할 수 있는 전략
사회행동	집단을 조직화하여 권력 주체 기관, 정치조직에 압박을 행사하는 것
지역사회 내 기관 간의 협력	클라이언트의 욕구 충족을 목적으로 다양한 조직, 기관 간 협조체계를 구축하는 것
환경 조정	환경 내 유의미한 사람과 클라이언트의 개인적 능력 및 대인관계능력을 증진하는 것

🔍 개입단계에서 사회복지사의 역할

중개자	클라이언트가 필요로 하는 자원과 서비스를 연결함.
조력자	클라이언트 스스로 문제해결능력을 키우고 자원을 찾을 수 있도록 원조함.
교육자	클라이언트의 문제해결능력과 기능이 향상되도록 교육이나 정보를 제공함.
중재자	중립적인 입장에서 개인이나 집단 사이의 갈등이나 의견을 조정함.
옹호자	클라이언트를 대변하여 클라이언트가 자원과 권리를 얻을 수 있도록 도움.

01
기출 21회

사회복지실천의 간접적 개입에 해당하는 것은?

① 의사소통 교육
② 프로그램 개발
③ 부모교육
④ 가족상담
⑤ 사회기술훈련

02
기출 23회

사회복지실천과정의 간접개입기법 중 환경 조정이 필요한 상황에 해당하지 않는 것은?

① 아동이 가정에서 성적 학대를 받을 때
② 화재로 장애청소년의 부모가 사망했을 때
③ 직장에서 성폭력 예방을 위한 교육프로그램을 제공할 때
④ 자연재해로 집을 잃었을 때
⑤ 고령의 노인이 가정에서 학대를 받을 때

| 해설 |

01 간접적 개입에는 서비스 조정, 사회적 지지체계 개발, 프로그램 개발, 옹호활동, 사회행동, 지역사회 내 기관 간의 협력, 환경 조정 등이 있다.

02 간접적 개입기법 중 환경 조정은 환경 내 유의미한 사람과 클라이언트의 개인적 능력 및 대인관계능력을 증진하는 것을 말한다. ③의 상황은 환경 조정과 관련이 없다.

정답 | 01 ② 02 ③

STEP 1 　기출분석

✓ 6개년 출제리포트

✓ 키워드 공략포인트

- 종결 및 평가는 사회복지실천과 정의 마지막 단계입니다.
- 개입의 성공적인 종결을 위한 과업과 평가유형에 대한 이해는 매우 중요합니다.

정답 잡는 오답노트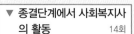

▼ **종결단계에서 사회복지사의 활동**　14회

- **틀린 선지는?**
종결과 관련된 클라이언트의 감정은 다루지 않는다. (×)

- **틀린 이유는?**
사회복지사는 종결을 앞둔 클라이언트의 양가감정을 적절히 다루어 주어야 한다.

STEP 2 　핵심이론 공략

1 종결단계

(1) 종결 유형에 따른 사회복지사의 역할

① 시간제한에 의한 계획된 종결
　㉠ 클라이언트가 얻은 것을 명확히 하고, 종결에 따른 클라이언트의 상실감이 줄어 들도록 돕는다.
　㉡ 변화의 정도를 측정할 수 있는 평가를 실시한다.

② 시간제한이 없는 종결
　㉠ 클라이언트가 목표달성에 어느 정도 도달했다고 만족할 때 클라이언트와 함께 종결계획을 수립한다.
　㉡ 이별함으로써 느낄 수 있는 정서적 반응을 다루어 주는 것이 중요하다.

③ 일정 기간만 제공되는 계획된 종결
　㉠ 시간제약에 의해 정해진 기간만 서비스를 제공하는 경우 클라이언트에게 서비스의 특성을 설명해야 한다.
　㉡ 종결 후 추가 개입이 필요하다고 판단되면 다른 기관에 의뢰한다.

④ 사회복지사의 사정으로 인한 종결: 사회복지사의 개인적 사정이나 이직, 퇴직 등으로 종결해야 할 때는 클라이언트가 부정적 감정을 표현할 수 있도록 하며 다른 사회복지사에게 의뢰한다.

⑤ 클라이언트의 일방적 종결: 사회복지사는 종결의 중요성을 알리고 신중하게 선택할 것을 권하되, 클라이언트의 자기결정권을 존중하여 개입 유지를 강요하지 않는다.

(2) 성공적인 종결을 위한 과업

① 적절한 종결 시기 결정하기: 개입목표의 달성 정도, 클라이언트의 의존성, 문제의 해결 정도 등을 고려한다.

② 정서적 반응 다루기: 목적 미달성 시 클라이언트가 실망, 분노 및 버림받은 느낌 등을 갖지 않도록 그의 감정을 수용하면서 부정적 감정을 표현할 수 있게 해주어야 한다.

③ 목표 유지와 강화: 성취된 목표를 유지·강화하고 계속하여 성장하도록 사후관리 계획을 세운다.

④ 의뢰: 새로운 서비스가 필요하거나 해결되지 않은 문제가 있는 경우 타 기관에 의뢰한다.

⑤ 서비스에 대한 평가: 목표성취의 정도를 측정할 수 있는 서비스 평가를 실시하는 것으로, 사회복지 개입의 결과나 과정을 조사기법을 활용하여 사정한다.

2 평가단계

(1) 평가의 유형

① 차원에 따른 분류

성과(결과) 평가	목표에 비추어 성취된 결과를 평가하는 것
과정평가	사회복지실천과정 분석을 목적으로 하며, 프로그램의 준비, 진행, 종결과정에서 환경적 요인과의 관련성을 프로그램의 과정에 따라 분석하는 것
사회복지사 평가	사회복지사의 행동이나 태도 등이 개입에 어떠한 영향을 주었는지를 파악하기 위해 클라이언트의 피드백을 받는 것

② 목적에 따른 분류

형성평가	개입과정의 평가로, 사회복지실천과정에 초점을 두고 주기적으로 진전 상황을 평가함.
총괄평가	활동이 종결되었을 때, 활동결과로 산출된 성과와 효율성을 종합적으로 판단함.
통합평가	형성평가와 총괄평가를 통합한 평가

(2) 사회복지실천 평가의 중요성

① 사회복지실천의 효과성 측정: 목표의 달성 여부를 측정함으로써 효과성을 확인할 수 있다.

② 사회복지실천의 효율성 측정: 투자한 자원 대비 성과를 측정한다. 동일 비용으로 높은 효과를 내었을 때 효율성이 높다고 본다.

③ 자원 사용에 대한 책임성 입증: 재정에 관하여 지역사회의 승인이 필요할 때 근거를 제시한다.

④ 클라이언트에 대한 책임성 이행: 개입의 결과는 클라이언트에게도 공유해야 한다.

⑤ 실천과정에 대한 점검: 클라이언트의 반응, 계획한 변화가 일어나고 있는지 등 변화과정에 대한 점검이 필요하다.

⑥ 사회복지사의 능력 향상: 사회복지사가 실천내용에 대해 점검하고 평가함으로써 반성할 기회를 갖고 새로운 반영이 가능하다.

🔍 **사후관리**

• 정의: 종결 후 1~6개월 정도 지난 뒤에 클라이언트가 변화에 잘 적응하고 있는지 비공식적으로 변화의 유지 정도를 확인하는 단계
• 목적: 클라이언트에 대한 원조나 개입종료 이후 원조과정에서 획득한 변화를 유지할 수 있도록 관심을 가지고 확인함.

STEP 3 필수문제 점검

01 기출 20회

종결단계에서 사회복지사의 과업으로 옳지 않은 것은?

① 사후관리 계획 수립
② 목표달성을 위한 서비스 제공
③ 클라이언트 변화결과에 대한 최종 확인
④ 다른 기관 또는 외부 자원 연결
⑤ 종결에 대한 클라이언트 반응 처리

02 기출 10회

청소년을 위한 10주간의 진로집단 활동 전·후에 진로효능감 검사를 하여 결과를 비교하였다면 이 평가방법은?

① 형성평가　　　② 성과평가
③ 과정평가　　　④ 만족도평가
⑤ 실무자평가

| 해설 |

01 목표달성을 위한 서비스 제공은 개입단계의 과업이다.
02 성과평가는 활동 전과 후의 결과를 비교하여 목표의 성취수준인 결과를 평가하는 방법을 말한다.

정답 | 01 ② 02 ②

사례관리

☑ 6개년 출제리포트

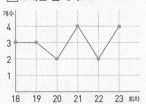

☑ 키워드 공략포인트

사례관리 과정의 단계별 특징과 사례관리자의 역할을 정확히 설명할 수 있도록 학습하여야 합니다.

정답 잡는 오답노트

▼ 사례관리자의 역할　15회

• 틀린 선지는?
클라이언트의 자기결정이 중요하므로 사례관리자는 어떠한 상황에서도 클라이언트를 대신하여 행동해서는 안 된다. (×)

• 틀린 이유는?
사례관리자는 클라이언트의 자기결정을 존중하면서 클라이언트의 입장을 대변하는 옹호활동을 수행한다.

STEP 2　핵심이론 공략

1 사례관리의 이해

(1) 개념
① 지역사회 내의 개별 클라이언트에 초점을 두고 접근하는 사회복지실천으로, 지역사회에서 이루어지는 보호를 강조한다.
② 개별사회사업을 기초로 한 통합적 접근방법으로, 사회자원과 클라이언트의 연결 및 조정, 복합적 욕구를 해결해 나가는 과정이다.

(2) 목적
① 장기적 접근으로 보호의 연속성을 보장한다.
② 서비스 전달의 효과성과 효율성을 증대시킨다.
③ 서비스의 접근성과 책임성을 증진한다.
④ 공식적·비공식적 지원체계의 통합(서비스의 통합적 확보)을 이룬다.

(3) 등장배경
① 탈시설화(시설보호에서 지역사회보호로 전환)의 영향으로 등장하였다.
② 복잡하고 분산된 서비스 전달체계 간 조정기능이 부재하여 중복과 누수가 발생하였다.
③ 클라이언트와 그 가족에게 과도한 책임이 부과되어 그들을 돕는 서비스 기능이 필요해졌다.
④ 복잡하고 다양한 욕구를 지닌 클라이언트가 증가하였다.

(4) 기본원칙

개별화	클라이언트의 신체적·정서적·사회적 상황에 따른 욕구에 적합한 개별화된 서비스를 제공함.
포괄성	클라이언트의 다양한 욕구를 충족시킬 수 있는 광범위한 서비스와 조직망을 연결·조정·점검함.
접근성	클라이언트가 필요한 자원이나 서비스를 손쉽게 이용할 수 있도록 도움.
연속성	클라이언트의 욕구를 점검하여 충분하고 지속적인 서비스가 제공되도록 지원함.
연계성	복잡하고 분절된 서비스 전달체계를 연결함.
책임성	서비스의 전문성과 윤리적 책임감으로 전문적 역할을 수행하여 신뢰감을 높임.
자율성	서비스과정에서 클라이언트의 자율성을 극대화하며 자기결정권을 보장함.
체계성	서비스와 자원을 효율적으로 조정·관리함으로써 중복서비스를 줄이고 자원낭비를 방지함.

2 사례관리의 과정

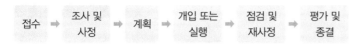

접수 → 조사 및 사정 → 계획 → 개입 또는 실행 → 점검 및 재사정 → 평가 및 종결

① 접수: 서비스 대상자의 욕구를 파악하고 자격 여부를 검토한다. 접수 단계에서는 광범위한 사례발견에 주력해야 한다.
② 조사 및 사정: 대상자의 욕구 정도와 그에 대응하는 공식적·비공식적 서비스의 역량을 조사한다.
③ 계획: 사례관리의 목표와 개입방법 등의 계획, 사례관리자의 역할 결정, 원조결과 예상 등의 활동을 진행하는 단계이다.
④ 개입 또는 실행: 지원체계는 공식적 지원체계와 비공식적 지원체계로 나누어지며, 서비스의 종류는 직접적 서비스와 간접적 서비스로 구분할 수 있다.
⑤ 점검 및 재사정: 사례관리자는 목표달성 정도와 자원의 적절성, 계획 수정의 필요성 등을 검토한다.
⑥ 평가 및 종결: 사례관리를 종결하는 단계로, 클라이언트의 정서 변화를 민감하게 다루어야 하며 사례관리 평가결과에 따라 필요시 다른 기관에 의뢰한다.

3 사례관리자의 역할

사정자	클라이언트의 강점, 능력, 성장과 발전가능성, 건전한 기능, 자원, 잠재력 등의 긍정적인 요소에 중점을 두고 클라이언트의 욕구를 수집, 분석, 종합함.
계획가	클라이언트의 욕구를 충족시키기 위해 사례계획, 치료, 서비스 통합, 기관의 협력 및 서비스망을 설계함.
상담자	클라이언트 스스로 지지망을 개발하고 유지하는 방법을 알 필요가 있음을 알리며, 상담으로 신뢰관계를 발전시키고 역기능적인 측면을 점검하여 보다 유용한 측면의 개발을 촉진함.
중개자	클라이언트가 필요로 하는 자원을 연결시키는 역할
조정자	클라이언트의 욕구와 자원과의 관계에서 필요한 수준의 자원을 조정함.
평가자	프로그램의 효과성, 효율성을 평가하여 사례관리과정 전반에 관한 정보와 자료를 수집하고 분석함.
옹호자	클라이언트를 대변하여 클라이언트의 요구사항을 구체화시키고, 자원이 클라이언트에게 적절히 공급될 수 있도록 활동함.

01
기출 23회

사례관리의 등장배경으로 옳지 않은 것은?

① 복합적인 서비스를 필요로 하는 대상자가 증가하였다.
② 복지국가 재정위기로 정책방향을 저비용·고효율로 전환하였다.
③ 시설중심의 통합적 서비스 제공에 대한 요구가 증가하였다.
④ 지역사회에서 서비스 조정이 필요하게 되었다.
⑤ 서비스 공급주체가 중앙정부에서 지방정부로 변화하였다.

02
기출 22회

사례관리자의 역할에 관한 예로 옳은 것은?

① 중개자: 독거노인의 식사지원을 위해 지역사회 내 무료급식소 연계
② 상담가: 욕구사정을 통해 클라이언트에 대한 체계적인 개입 계획을 세움
③ 조정자: 사례회의에서 시청각장애인의 입장을 대변하여 이야기함
④ 옹호자: 지역사회 기관 담당자들이 모여 난방비 지원사업에 중복 지원되는 대상자가 없도록 사례회의를 실시함
⑤ 평가자: 청소년기 자녀와 갈등을 겪고 있는 부모와 자녀 사이에 개입하여 상호 만족스러운 합의점을 도출함

| 해설 |
01 지역사회중심의 통합적 서비스 제공에 대한 요구가 증가하였다.
02 중개자는 클라이언트가 필요로 하는 자원을 연결시키는 역할을 한다.

정답 | 01 ③　02 ①

사회복지실천론

더 풀어볼 TEST

01 다음에서 설명하고 있는 사회복지실천모델은? _기출 21회_

- 비장애인이 대부분인 사회에서 장애인 클라이언트의 취약한 권리에 주목하였다.
- 사회복지사와 클라이언트 집단은 장애인의 권익을 옹호하는 데 협력하였다.
- 대화, 발견, 발전의 단계를 통해 클라이언트 집단은 주도적으로 불평등한 사회제도를 개선하였다.

① 의료모델   ② 임파워먼트모델   ③ 사례관리모델
④ 생활모델   ⑤ 문제해결모델

02 사회복지실천의 역사적 발달과정을 발생한 순서대로 옳게 나열한 것은? _기출 23회_

- ㉠ 기능주의 학파와 진단주의 학파의 갈등
- ㉡ 밀포드 회의에서 개별사회사업 방법론을 기본으로 하는 사회복지실천의 공통요소 제시
- ㉢ 사회복지실천에 관한 이론과 방법을 최초로 체계화한 「사회진단」 출간
- ㉣ 사회복지실천 방법으로 통합적 방법론 등장

① ㉠ - ㉡ - ㉢ - ㉣   ② ㉡ - ㉠ - ㉣ - ㉢
③ ㉡ - ㉢ - ㉣ - ㉠   ④ ㉢ - ㉠ - ㉡ - ㉣
⑤ ㉢ - ㉡ - ㉠ - ㉣

03 핀커스와 미나한(A. Pincus & A. Minahan)이 제시한 사회복지실천의 목적을 설명한 것으로 옳지 <u>않은</u> 것은? _기출 23회_

① 개인의 문제해결과 대처능력을 향상한다.
② 개인을 사회자원, 서비스, 기회를 제공해주는 환경체계와 연결한다.
③ 다양한 사회복지기관이나 조직의 효과적이고 효율적인 운영을 촉진한다.
④ 개인과 환경 간 불균형 발생 시 문제를 극대화하도록 돕는다.
⑤ 사회정책의 개발과 향상에 기여한다.

04 면접의 유형에 관한 예로 옳은 것을 모두 고른 것은? _기출 22회_

- ㉠ 정보수집면접: 갈등을 겪고 있는 부부를 대상으로 문제에 대한 과거력, 개인력, 가족력을 파악하는 면접을 진행함
- ㉡ 사정면접: 클라이언트의 사회적응을 위해 환경변화를 목적으로 클라이언트와 관련 있는 중요한 사람과 면접을 진행함
- ㉢ 치료면접: 학교폭력 피해학생의 자존감 향상을 위해 심리적 지지를 제공하는 면접을 진행함

① ㉠   ② ㉠, ㉡   ③ ㉠, ㉢   ④ ㉡, ㉢   ⑤ ㉠, ㉡, ㉢

---

01 키워드 04

임파워먼트모델에 대한 설명이다. 임파워먼트모델은 대화, 발견, 발전의 실천단계로 이루어진다.

02 키워드 05

㉢은 1917년, ㉡은 1929년, ㉠은 1930년대~1950년대, ㉣은 1957년에 발생한 일이다.

03 키워드 08

개인과 환경 간 불균형 발생 시 문제를 감소하도록 돕는다.

04 키워드 10

㉡ 사정면접은 자료를 해석하고 의미를 부여하여 실천방향을 결정하기 위한 것으로, 서비스에 대한 의사결정을 하기 위해 실시한다.

정답

01 ②   02 ⑤   03 ④   04 ③

05 다음 사례에서 사회복지사가 자료수집과정에서 사용한 정보의 출처가 <u>아닌</u> 것은?

기출 22회

> 사회복지사는 결석이 잦은 학생 A에 대한 상담을 하기 전 담임선생님으로부터 A 와 반 학생들 사이에 갈등관계가 있음을 들었다. 이후 상담을 통해 A가 반 학생들로 부터 따돌림당하고 있음을 알게 되었다. 상담 과정에서 A는 사회복지사와 눈을 맞추 지 못하고 본인의 이야기를 하는 것에 주저하는 모습을 보이며 상담 내내 매우 위축 된 모습이었다. 어머니와의 전화 상담을 통해 A가 집에서 가족들과 대화를 하지 않 고 방안에서만 지내고 있다는 것을 알게 되었다.

① 클라이언트의 이야기
② 클라이언트의 비언어적 행동
③ 상호작용의 직접적 관찰
④ 주변인으로부터 정보 획득
⑤ 클라이언트와의 직접적 상호작용 경험

06 사정의 특성으로 옳지 <u>않은</u> 것은?

기출 23회

① 클라이언트의 생활 속에서 욕구를 발견하고 문제를 정의한다.
② 클라이언트와 사회복지사 양자가 참여하는 상호과정이다.
③ 환경 속의 클라이언트를 이해하고 계획의 근거를 마련하는 이중초점을 지 닌다.
④ 클라이언트의 독특한 상황과 관련하여 개별화되어야 한다.
⑤ 클라이언트에 대한 서비스 제공 여부를 판단한다.

07 사례관리자가 수행하는 직접실천기술은?

기출 23회

① 클라이언트를 서비스나 자원에 연결한다.
② 클라이언트의 권리를 보호하고 클라이언트에게 서비스에 대한 자격이 주 어지도록 옹호한다.
③ 클라이언트에게 제공되는 서비스와 자원의 전달상황을 점검한다.
④ 다양한 전문가들의 협력과 조정을 수행한다.
⑤ 클라이언트와 가족 간의 문제해결을 위해 가족상담을 진행한다.

08 사례관리의 원칙에 해당하지 <u>않는</u> 것은?

기출 22회

① 서비스의 개별화
② 서비스의 접근성
③ 서비스의 연계성
④ 서비스의 분절성
⑤ 서비스의 체계성

---

05 키워드 11

담임선생님으로부터 A와 반 학생들 사이에 갈등관계가 있 음을 들었고, 어머니와의 전화 상담을 통해 A가 가족들과 대 화를 하지 않고 방안에서만 지 내고 있다는 것을 알게 되었으 므로 상호작용을 간접적으로 관찰한 것이다.

06 키워드 12

클라이언트에 대한 서비스 제 공 여부 판단은 접수단계에 해 당한다.

07 키워드 13

직접실천기술은 클라이언트가 위기상황에 처했을 때 개입하 는 서비스를 말하며, 가족상담 이 이에 해당한다.

08 키워드 15

서비스의 분절성은 서비스가 서로 연결되어 있지 않고 각각 나누어진 상태를 말하는데, 이 는 사례관리의 원칙에 해당하 지 않는다.

정답

05 ③ 06 ⑤ 07 ⑤ 08 ④

STEP 1 기출분석

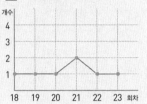

☑ 6개년 출제리포트

☑ 키워드 공략포인트

사회복지실천의 전반적인 특징이나 사회복지실천 지식의 특징을 묻는 문제가 출제되고 있습니다.

정답 잡는 오답노트

▼ **사회복지실천**   16회

• **틀린 선지는?**
심리학, 사회학 등 타 학문과 배타적 관계에 있다. (×)

• **틀린 이유는?**
사회복지실천은 여러 학문과 상호보완적 관계에 있다.

STEP 2 핵심이론 공략

1 사회복지실천의 전문적 지식

(1) 실천지식의 차원

실천에 영향을 주는 구체성의 정도에 따라, 패러다임 – 관점(시각) – 이론 – 모델 – 실천지혜의 형태로 구분된다.

패러다임	가장 추상적인 수준의 개념적 틀로, 세계관과 현실에 대한 인식의 방향을 결정함.
관점·시각	개념적 준거틀로서, 관심 영역과 가치, 대상들을 규정하는 사고체계
이론	특정 현상을 설명하기 위한 가설이나 개념, 의미의 집합체
모델	• 일관된 실천활동의 원칙과 방식을 구조화시킨 것 • 실천과정에 직접적으로 필요한 기법이나 기술을 제시
실천지혜	• 지식을 구체화시키는 마지막 과정으로, 사회복지실천현장에서 귀납적 또는 경험적으로 만들어진 지식 • 암묵적 지식과 같은 의미로, 개인의 가치체계와 경험으로부터 만들어지며 사회복지사의 직관에 영향을 받음.

(2) 사회복지실천의 전문지식
인간행동과 발달에 관한 지식, 인간관계와 상호작용에 관한 지식, 실천이론과 모델에 관한 지식, 특정 분야와 대상집단에 관한 지식, 사회정책과 서비스에 관한 지식, 사회복지사 자신에 관한 지식

2 사회복지실천의 대인관계 기술

(1) 특징
① 클라이언트와의 효과적인 상호교류가 이루어지도록 돕는다.
② 전문적 관계를 유지·발전시키는 데 기초가 된다.
③ 문제해결과정을 돕기 때문에 모든 대인서비스 현장의 전문가들에게 기본적으로 요구되는 것이다.

(2) 비자발적 클라이언트에 대한 공감 기술
① 원하지 않는 면담이 클라이언트에게 힘들다는 것을 이해한다.
② 클라이언트의 저항을 온화한 태도로 수용한다.
③ 클라이언트의 어려움을 사회복지사가 도울 수 있다는 것을 알려준다.
④ 클라이언트의 변화 속도에 맞춘다.

(3) 종류

재보증	불안감이나 불확실한 감정을 줄이고 편안한 감정을 가지도록 돕는 것
명료화	클라이언트가 말한 내용을 사회복지사가 잘 이해했는지 확인하는 것

환기	클라이언트가 문제에 대해 표현할 수 있도록 하고 부정적 감정의 강도를 약화시켜 감정의 정화(카타르시스)를 경험할 수 있도록 돕는 것
재명명	클라이언트가 부여하는 의미를 수정해서 클라이언트의 시각을 변화시키는 것
환언	클라이언트의 메시지에 초점을 두고 사회복지사가 재진술하는 것
요약	면접 중에 특정 주제에 초점을 맞추거나 다른 주제로 전환하고자 할 때 사용하는 것
반영	클라이언트가 표현한 감정을 이해하고 클라이언트에게 반응하게 하여 자신의 주변상황을 이해하는 데 도움을 주는 것
해석	문제를 새로운 방식으로 또는 보다 객관적으로 바라보도록 도와줌으로써, 클라이언트가 표현한 문제에 숨겨진 의미를 발견할 수 있도록 돕는 것
직면	클라이언트가 말한 내용과 행동 또는 말한 내용들 간에 일치되지 않는 부분이 있을 때 왜곡된 부분을 살피며 상황을 명확히 인식하도록 돕는 것
초점화	클라이언트가 말을 두서없이 장황하게 하거나 어떤 주제를 회피하려고 할 때, 간단한 질문을 하거나 문제를 다시 언급함으로써 초점을 맞추는 것

3 사회복지실천의 기반

(1) 전문적 기반(전문성)

① 사회복지실천은 과학과 예술의 조화라고 하며, 과학성과 예술성은 상호 보완적인 관계에 있다.

② 사회복지사는 인간행동과 사회환경 등에 대한 지식과 기술 및 절차를 이용할 줄 아는 과학적 기반과 함께 다른 사람이 변화하도록 돕기 위한 창의성, 직관적 감정, 관심 등 예술적 기반이 있어야 한다.

(2) 과학적 기반(과학성)

① 다양한 사회현상, 사회정책과 프로그램, 사회복지실천이론과 관련된 지식에 바탕을 두고 이를 적용·활용하는 것이다.

② 과학성에 기반을 둔 사회복지실천은 체계적인 이론과 과학적인 근거가 뒷받침되어 편견이나 주관성에 의한 판단 오류를 줄여 주고, 사회복지실천을 더 효과적이고 효율적으로 작용할 수 있게 한다.

(3) 예술적 기반(예술성)

① 사회복지사의 개인적인 특성이나 예술적 혹은 직관적 능력 등을 과학적 기반과 더불어 적절히 활용하는 것이다.

② 사회복지사가 과학적 기반을 활용하는 동시에 그것을 적용시키려면 창의성과 직관 등의 예술성이 필요하다.

③ **예술적 기반의 요소**: 전문적 관계 형성, 감정이입, 진실성, 상상력, 융통성

STEP 3 필수문제 점검

01
기출 21회

사회복지실천현장의 지식 유형에 관한 설명으로 옳지 않은 것은?

① 이론은 현상을 설명하기 위한 가설이나 개념의 집합체이다.
② 관점은 개인과 사회에 관한 주관적 인식의 차이를 보여 주는 사고체계이다.
③ 실천지혜는 실천활동의 원칙과 방식을 구조화한 것이다.
④ 패러다임은 역사와 사상의 흐름에 영향을 받는 추상적 개념 틀이다.
⑤ 모델은 실천과정에 직접적으로 필요한 기술적 적용방법을 제시한 것이다.

02
기출 21회

클라이언트와의 면접 중에 주제를 전환하기 위한 목적으로 사용하는 실천기술은?

① 반영　　　　② 요약
③ 해석　　　　④ 직면
⑤ 초점화

| 해설 |

01 실천지혜는 지식을 구체화시키는 마지막 과정으로, 사회복지실천현장에서 귀납적 또는 경험적으로 만들어진 지식의 종류를 말한다. 실천활동의 원칙과 방식을 구조화한 것은 모델이다.

02 요약이란 면접 중에 특정 주제에 초점을 맞추거나 다른 주제로 전환하고자 할 때 사용하는 기술로, 클라이언트 메시지의 정서와 내용이 문장 안에 잘 축약되도록 하는 것이다.

정답 | 01 ③　02 ②

정신역동모델

☑ 키워드 공략포인트

정신역동모델은 개인 대상 실천 모델에서 다루는 키워드입니다. 심리사회모델, 인지행동모델, 과제중심모델, 역량강화모델, 위기개입모델, 행동수정모델 등의 내용과 함께 통합적으로 출제될 수 있습니다.

1 정신역동모델의 개요

(1) 특징

① 심리적 결정론에 근거한다.

② 자유연상, 훈습, 직면의 기술을 사용한다.

③ 자기분석이 가능하고 성장 의지가 높은 클라이언트일수록 효과적이다.

④ 전이의 분석을 통해 클라이언트의 통찰력을 증진시킨다.

⑤ 현재의 문제를 과거의 경험과 연관 짓는다.

⑥ 클라이언트의 무의식적 충동과 과거의 정신적 외상 경험을 강조한다.

⑦ 원초아와 초자아 사이에 발생하는 불안과 긴장 해소를 위해 방어기제를 사용한다고 본다.

(2) 방어기제의 종류

억압	용납하기 어려운 생각, 욕망, 충동을 무의식 속으로 누르는 것
부정	현실에서 일어났던 위협적이거나 외상적인 사건을 받아들이지 않고 무의식적으로 부정함으로써 자신을 방어하는 것
반동형성	겉으로 드러나는 태도나 언행이 마음속의 요구나 생각과 정반대인 경우
동일시	불안을 없애고자 불안의 원인인 사람과 똑같이 되려는 것
투사	자신이 가지고 있는 좋지 않은 충동과 문제를 다른 사람의 것인 양 타인의 탓으로 돌리는 것(책임 전가)
합리화	자신의 문제행동이 받아들여질 수 있도록 그럴듯한 핑계를 사용하여 재해석하는 것
퇴행	심한 스트레스를 받거나 좌절했을 때, 현재의 발달단계보다 더 이전의 단계로 후퇴하는 것
승화	수용될 수 없는 충동이 사회가 받아들일만한 충동으로 대체되는 것
취소	수용할 수 없는 과거의 행위를 취소하듯이, 그것과는 정반대의 상징적 행동을 무의식적으로 하는 것
자기에게로 전향	공격적인 충동이 자기 자신에게로 향하는 것
전치	어떤 생각이나 감정 등을 덜 위험한 대상으로 옮겨 표현하는 것
보상	자신이 가지고 있는 결함을 다른 것으로 대체하기 위하여 자신의 감정을 지나치게 강조하는 것

정답 잡는 오답노트

▼ 정신역동모델　14회

• 틀린 선지는?

클라이언트의 무의식적 충동과 미래의 의지를 강조한다. (×)

• 틀린 이유는?

정신역동모델은 클라이언트의 무의식적 충동을 강조하고, 미래의 의지보다는 과거의 정신적 외상 경험을 강조한다.

2 정신역동모델의 개입기법

(1) 개입과정

관계형성단계 → 동일시를 통한 자아구축 단계 → 클라이언트가 독립된 정체감을 형성하도록 원조하는 단계 → 클라이언트의 자기이해를 원조하는 단계 등으로 진행된다.

(2) 개입기법

① 전이의 해석

    ㉠ 전이: 클라이언트가 부모나 다른 사람들에게 지녔던 부정적이고 적대적인 감정과 사고를 치료자에게 투사하는 것이다.

        • 긍정적 전이: 치료자를 특별히 좋아하거나 이상적인 인물로 본다.

        • 부정적 전이: 치료자를 두려워하거나 미워한다.

    ㉡ 정신역동모델 개입과정에서 전이와 역전이의 해석과 활용은 매우 중요하다.

        참고 역전이: 치료자가 지닌 부정적인 감정을 클라이언트에게 투사하는 것

② 자유연상

    클라이언트의 마음속에 떠오르는 감정, 생각, 기억, 환상, 꿈 등을 자유롭게 말하게 하는 기법이다.

③ 훈습

    ㉠ 클라이언트가 자신의 내면적 문제 또는 갈등의 원인과 그 역동을 통찰하게 한다.

    ㉡ 현실상황에서 그와 유사한 문제를 마주쳤을 때 스스로 해결할 수 있도록 치료자가 클라이언트와 함께 치료장면에서 문제를 반복적으로 경험하는 과정이다.

    ㉢ 저항이나 전이에 대한 이해를 심화·확장하여 통합적으로 이해하도록 한다.

④ 꿈의 분석

    꿈에 나타나는 무의식적인 소망과 욕구, 두려움을 해석함으로써 무의식적으로 억압하였던 것들을 풀어내고 새로운 통찰력을 가지게 하는 기법이다.

⑤ 직면

    클라이언트의 말과 행위 사이의 불일치, 표현한 가치와 실행 사이의 모순, 회피 등을 클라이언트 자신이 의식할 수 있도록 하는 기법이다.

STEP 3   필수문제 점검

01

정신역동모델의 개입기법에 관한 설명으로 옳은 것을 모두 고른 것은?

> ㉠ 직면: 클라이언트의 이야기와 행동 간 불일치를 보일 때 자기모순을 직시하게 한다.
> ㉡ 해석: 치료적 관계에서 나타나는 클라이언트의 특정 생각이나 행동의 의미를 설명한다.
> ㉢ 전이 분석: 클라이언트가 과거의 중요한 인물에 대해 느꼈던 감정을 치료사에게 재현하는 현상을 분석하여 과거 문제를 해석하고 통찰하도록 한다.
> ㉣ 명료화: 저항이나 전이에 대한 이해를 심화·확장하여 통합적으로 이해하도록 한다.

① ㉠   ② ㉡, ㉣   ③ ㉢, ㉣

④ ㉠, ㉡, ㉢   ⑤ ㉠, ㉡, ㉢, ㉣

02

정신역동모델 개입과정을 순서대로 옳게 나열한 것은?

> ㉠ 동일시를 위한 자아구축 단계
> ㉡ 클라이언트의 자기이해를 원조하는 단계
> ㉢ 관계형성 단계
> ㉣ 클라이언트가 독립된 자아정체감을 형성하도록 원조하는 단계

① ㉠ → ㉢ → ㉣ → ㉡

② ㉡ → ㉢ → ㉠ → ㉣

③ ㉡ → ㉢ → ㉣ → ㉢ → ㉠

④ ㉢ → ㉠ → ㉣ → ㉡

⑤ ㉢ → ㉡ → ㉠ → ㉣

| 해설 |

01 ㉣ 훈습에 관한 설명이다. 명료화는 클라이언트의 문제에서 클라이언트가 혼란과 갈등을 느끼고 있는 부분을 가려내어 분명히 해 주는 기술이다. 이를 통해 클라이언트의 통찰력을 향상시킬 수 있다.

02 정신역동모델의 개입과정은 ㉢ 관계형성단계 → ㉠ 동일시를 통한 자아구축 단계 → ㉣ 클라이언트가 독립된 자아정체감을 형성하도록 원조하는 단계 → ㉡ 클라이언트의 자기이해를 원조하는 단계 등으로 이루어져 있다.

정답 | 01 ④   02 ④

STEP 1 \ 기출분석

☑ 6개년 출제리포트

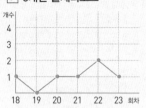

☑ 키워드 공략포인트

심리사회모델에서는 전체적인 개념과 주요 개입기법을 묻는 문제가 출제되므로 이에 대한 충분한 학습이 필요합니다.

STEP 2 \ 핵심이론 공략

1 심리사회모델의 개요 Tip 심리사회모델은 장기개입 치료모델입니다.

(1) 특징

① 심리적인 측면과 사회적인 측면, 그리고 양자의 상호작용에 의한 결과도 동시에 고려하면서 이해하므로, '상황 속의 인간'이라는 개념이 중요하다.

② 인간을 둘러싼 사회·경제적인 상황을 포함한 포괄적이고 전체적인 시각으로 인간 또는 인간의 문제에 대하여 이해하고 접근한다.

③ 사회복지사와 클라이언트의 관계를 수용하고, 클라이언트의 자기결정권을 존중한다.

(2) 기본가치와 실천원칙

① **수용**: 클라이언트의 내적 감정이나 주관적 상태를 받아들이는 능력인 공감 혹은 감정이입을 갖추어야 하며, 이는 수용의 주요한 구성요소이다.

② **자기결정(자기지시)**: 클라이언트 스스로 자신의 행동을 결정하고, 사회복지사는 클라이언트의 자기결정을 최대한 존중해 주어야 한다.

③ **개별화**: 각각의 클라이언트는 개별적인 독특한 특성을 가지고 있다는 것을 인정하고, 이해하여 클라이언트를 원조하는 내용과 방법, 그 과정을 개별적으로 다루어야 한다는 원칙이다.

2 심리사회모델의 개입기법

(1) **직접적 개입**: 클라이언트와 직접 관계하면서 심리적 변화를 추구하는 기법이다.

① **지지하기**: 관심과 공감을 동반하여 경청하기, 감정과 행동 지지하기

목표	클라이언트의 불안을 감소시키고 동기화를 촉진하여 원조관계를 수립함.
기법	• 재보증(안심): 클라이언트가 가진 죄의식, 불안, 분노의 감정에 대한 이해를 표현하여 클라이언트를 안심시키는 것. 다만, 근거 없는 확신은 클라이언트가 문제의 본질을 탐색할 기회를 상실할 수 있음을 유의해야 함. ⑩ 자녀에게 심하게 화를 내는 것에 대해 죄책감에 시달리는 어머니(클라이언트)에게 분노와 화나는 감정을 이해한다는 표현을 함으로써 안심시킨다. "그런 감정은 자연스러운 거에요" • 격려: 클라이언트의 능력에 신뢰를 표현하며 성과를 인정하고 성공에 대한 기쁨을 표현함.

② **직접 영향 주기(지시하기)**: 제안이나 조언 등을 통해 직접 영향 주기

목표	사회복지사가 조언이나 지시, 제안 등을 함으로써 클라이언트의 행동을 향상시킴.

정답 잡는 오답노트

▼ **심리사회모델의 개입기법**
20회

• **틀린 선지는?**
직접적인 영향은 주변인에게 영향력을 행사하여 환경을 변화시키는 기법이다. (×)

• **틀린 이유는?**
직접적인 영향 주기는 사회복지사가 클라이언트에게 직접 제안이나 지시를 함으로써 행동을 변화시키는 것이다.

기법	클라이언트의 제안을 격려하고 강화하거나 장려하기, 현실적인 제안을 설정하기, 직접적인 조언하기, 대변적인 행동하기 등 예 "지금까지의 방법이 효과적이지 않다면 다른 방법을 시도해 보면 어떨까요? 제 생각에는 지금쯤 변화가 필요하니 가족상담에 참여해 보시면 어떨까 합니다."

③ **탐색-기술(묘사)-환기**: 사실을 말하고 감정을 탐색하며 환기할 수 있게 하기

목표	클라이언트가 사실 및 사실과 관련된 감정을 이해하도록 돕고 감정을 표출하게 하여 긴장을 완화시킴.
기법	초점 잡아주기, 부분화하기, 화제 전환하기, 환기(감정의 정화) 등 예 "지금의 문제에 대해 조금 더 이야기해 보세요. 당신과 가족이 같이 있을 때 어떤 일이 일어나나요?", "그 일이 발생했을 때 어떻게 느끼셨나요?"

④ **개인-환경에 대한 (반성적) 고찰**: '상황 속의 인간'의 관점에서 고려하기

목표	클라이언트를 둘러싼 현재 또는 최근의 사건에 대해 고찰하게 하여 상황을 현실적으로 파악하게 함.
기법	논리적 토의 및 추론, 설명, 일반화, 변화, 역할극, 강화, 명확화, 교육 등 예 "막내아들의 어떤 행동이 당신을 힘들게 하나요?", "딸이 그토록 반항심이 커지게 된 것은 무엇 때문일까요?"

⑤ **유형-역동성 고찰**: 성격과 행동, 심리 내적 역동 고찰하기

목표	변화의 동기를 촉진시키면서 클라이언트 자신의 성격유형, 특징, 행동유형, 방어기제, 자아기능 수행 등 심리 내적 역동에 대해 이해하도록 원조함.
기법	명확화, 해석, 통찰 등 예 "가까워지기 어려운 사람들과 친밀감을 높이기 위해 당신이 자주 사용하는 행동 패턴이 있다고 생각하십니까?"

⑥ **발달적 고찰**: 과거 경험이 현재 기능에 미치는 영향 고찰하기

목표	유년기의 문제와 현재 행동의 인과관계를 클라이언트가 자각하도록 함.
기법	명확화, 해석, 통찰, 논리적 토의 및 추론, 설명, 일반화, 변호, 역할극, 강화, 교육 등 예 "이와 같은 감정을 이전에도 경험한 일이 있나요?", "당신의 아버지에게 느꼈던 대로 선배 앞에 서면 위축되고 불안한가요?"

(2) 간접적 개입

① 클라이언트의 문제에 영향을 미치는 외적·환경적·인간관계적 억압이나 장애를 완화시켜 클라이언트의 적응과정에 간접적으로 도움을 줌으로써 문제를 해결해 나가도록 돕는 것이다.

② 환경 조성(조정)이나 의뢰 등의 방법이 있다.

STEP 3　필수문제 점검

01　　기출 22회

심리사회모델에 관한 설명으로 옳은 것을 모두 고른 것은?

> ㉠ 심리사회모델을 체계화하는 데 홀리스(F. Hollis)가 공헌하였다.
> ㉡ "직접적 영향주기"는 언제나 사용 가능한 기법이다.
> ㉢ "환기"는 클라이언트의 긍정적 감정을 표출시킨다.
> ㉣ 간접적 개입기법으로 "환경조정"을 사용한다.

① ㉠, ㉣　　　　② ㉡, ㉢
③ ㉢, ㉣　　　　④ ㉡, ㉢, ㉣
⑤ ㉠, ㉡, ㉢, ㉣

02　　기출 21회

다음 사례에서 활용한 심리사회모델의 개입기법은?

> "지금까지의 방법이 효과적이지 않다면 다른 방법을 시도해 보면 어떨까요? 제 생각에는 지금쯤 변화가 필요하니 가족상담에 참여해 보시면 어떨까 합니다."

① 지지하기
② 직접적 영향 주기
③ 탐색-기술-환기
④ 인간-환경에 관한 고찰
⑤ 유형-역동성 고찰

| 해설 |

01 ㉡ 직접적 영향주기는 심리사회모델의 개입기법으로 제안이나 조언 등으로 클라이언트에게 직접 영향을 주며 심리적 변화를 추구하는 기법이지만 언제나 사용 가능한 것은 아니다.
ㄷ 환기는 심리사회모델에서 '탐색 – 기술(묘사) – 환기' 영역으로, 클라이언트가 부정적 감정을 표출시켜 감정의 정화(카타르시스)를 경험하도록 원조한다.

02 사회복지사가 조언이나 지시 등을 함으로써 클라이언트의 특정 행동을 촉진시키고 있으므로, 직접적 영향 주기에 해당한다.

정답 | 01 ① 02 ②

STEP 1 기출분석

STEP 2 핵심이론 공략

☑ 6개년 출제리포트

☑ 키워드 공략포인트

인지행동모델은 전반적인 내용을 기반으로 한 특징, 개입기법을 묻는 문제가 매회 1문제 이상 출제되고 있습니다.

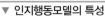
정답 잡는 오답노트

▼ 인지행동모델의 특성
16회

• 틀린 선지는?
객관적 경험의 일반화 (×)

• 틀린 이유는?
인지행동모델은 클라이언트의 주관적 경험, 문제상황에 대한 주관적 의미를 중요시한다.

• 옳은 선지 정리하기
– 사건을 이해하는 신념체계가 감정에 어떤 영향을 주는지 파악
– 문제에 대한 통제력이 자신에게 있다고 전제
– 질문을 통해 자기발견과 타당화의 과정을 거침.

1 행동주의모델

(1) 개요

① 관찰 가능한 행동과 환경을 분석한 후, 이를 변화시킴으로써 클라이언트의 욕구를 충족하고자 한다.

② 구체적이고 정확한 문제의 규정, 변화목표, 개입과정을 중시하며 사회화의 중요성을 강조하고 있는 학습이론에 기초를 두고 있다.

③ 인간의 행동 관찰을 강조한 파블로프의 고전적 조건화, 스키너의 조작적 조건화, 반두라의 관찰학습 등을 이론적 기반으로 삼고 클라이언트의 환경 요인의 중요성을 인정함으로써 사회복실천에 중요한 지지를 받게 되었다.

(2) 인간 행동의 기본 가정

파블로프의 고전적 조건화	자연스럽게 만족시키는 자극이 중립적 자극과 연결될 때 발생
스키너의 조작적 조건화	• 새롭게 학습된 행동은 조건화된 반응, 반영, 습관임. • 행동은 욕구에 의해 동기화되고 보상과 처벌이라는 형태의 강화에 의해 견고해지거나 약화됨. • 인간행동은 환경적 자극에 의해 동기화되며, 그것에 따르는 강화에 의해 행동 빈도와 강도가 결정됨. • 인간은 자신의 행동을 통제할 힘이 없음. • 외적강화가 없이는 어떤 행동의 학습이나 수정도 이뤄질 수 없음. • 문제행동에 내포된 역사적 근원이나 무의식적 과정을 표출하려 하지 않음.
반두라의 관찰학습 (사회학습이론)	• 행동은 관찰이나 모델링을 통해 학습 • 인간행동은 환경적 자극에 의해 동기화되며, 개인의 인지적 요인과 다른 내적 사건들에 의해 중재되어 최종적으로 표현되는 행동이 결정됨. • 인간은 자기효능감을 성취하는 방향으로 행동을 규제할 수 있음. • 새로운 행동의 학습은 외적강화없이도 이뤄질 수 있음. • 인간행동은 '외적환경의 자극'과 '내적사건'이 상호작용하여 결정됨.

2 인지행동모델

(1) 이론적 기반

① 인지이론: 인간의 경험과 사회적 상호작용의 결과로 인간의 인지능력이 발달하며, 환경에 대한 인간의 사고, 인식, 해석이 정서와 행동의 결정요인이라고 보는 이론이다.

② 행동주의이론

　㉠ 정신분석이론의 한계를 지적하면서 등장하였다.

　㉡ 인간은 과거의 경험이나 심리 내적 역동보다는 외부환경이나 자극을 통해 학습한다고 보고, 클라이언트가 잘못된 행동 또는 부정적인 행동을 모방하거나 학습한 결과로 역기능적 행동을 수행한다고 본다.

　㉢ 인간의 행동은 고전적 조건화, 조작적 조건화, 대리적 조건화로 학습된다고 본다.

(2) **특징**

① **클라이언트의 주관적 경험의 독특성 중시**: 클라이언트의 주관적 경험, 문제 및 관련 상황에 대하여 느끼는 주관적 의미를 중요시한다.

② **클라이언트와 사회복지사가 상호 협조하는 노력**: 클라이언트는 본인, 타인, 세계를 보는 시각 등을 사회복지사에게 제공하고, 사회복지사는 문제와 치료, 개입, 사정, 전력, 도구 등에 대한 정보를 클라이언트에게 제공한다. 따라서 치료에 중요한 요소인 신뢰는 상호 협조하는 노력 및 관계를 통해서 성립될 수 있다.

③ **구조화되고 방향적(직접적)인 접근**: 개입은 구조화된 절차를 거치면서 이루어진다.

④ **클라이언트의 능동적인 참여**: 클라이언트는 사회복지사에 의해서 치료되는 수동적인 존재가 아니라, 능동적으로 문제해결에 참여하는 존재이다.

⑤ **교육적 접근(교육모델)**: 개입 초기에 클라이언트가 인지행동치료기법을 이해하고 협조할 수 있도록 충분히 설명하고 교육하며 이에 대해 논의한다.

⑥ **소크라테스식 문답법(산파술)**: 상대방에게 질문을 거듭하여 스스로 진리를 깨달을 수 있도록 도와주는 방법이다.

⑦ **경험적인 초점**: 클라이언트의 인지적 기능은 정서적·행동적 반응과 연관되므로 인지적 기능에 대해 경험적으로 탐색한다.

⑧ **시간제한적인 개입**: 설명과 논의 등을 통해 클라이언트가 내용을 이해하게 되면 개입기간은 단축되고 효과성은 커진다.

⑨ **문제의 재발 방지**: 종결 이후에 클라이언트 자신이 치료자가 되어 재발을 방지하고 문제를 해결할 수 있는 능력을 형성하며, 그러한 능력을 배양하기 위하여 다양한 방법을 시도한다.

⑩ **문제중심, 목표지향, 현재중심**: 문제 해결 및 원인 탐색 과정에서 과거의 경험이나 무의식을 강조하지 않으며, 현재가 중심이 된다.

⑪ **다양한 개입방법 사용**: 인지적·정서적·행동적 기법을 사용하여 사고, 정서(기분), 행동을 변화시킨다.

인지적 기법	문답식 대화, 논박 등
정서적 기법	합리적·정서적 심상법, 클라이언트 수용 등
행동적 기법	역할연습, 역할 바꾸기, 과제수행 등

(3) 개입기법

① 합리적 정서치료 – 엘리스

  ㉠ 특징

- 클라이언트의 비합리적인 신념과 그 신념들에서 생기는 부적절한 정서적 결과를 스스로 자각하고, 비합리적인 신념을 수정할 수 있도록 원조한다.
- 인지적·행동적 요소 모두를 강조한다.
- 적극적·행동적 방법을 사용한다.
- 클라이언트가 치료 중에 획득한 통찰을 실생활에 적용할 수 있도록 적극적이고 체계적으로 과제를 부여한다.
- 인지, 정서, 행동기법을 통합하는 다차원적 접근을 사용한다.

  ㉡ ABCDE모델

- 문제는 어떤 사실 자체가 아니라 그것을 바라보는 시각(인지의 왜곡화, 인지적 오류) 때문에 혼란을 경험하고 장애가 유발될 수 있다고 본다.
- 인간의 정서적·행동적 결과에 영향을 미치는 원인으로 사건보다는 신념체계의 중요성을 강조한다.
- 개입과정

A (Accident, 실재하는 사건)	인간의 정서를 유발하는 어떤 사건이나 현상 또는 행위
B (Belief, 신념체계)	사건(A)에 대해서 가지고 있는 신념, 생각
C (Consequence, 정서적·행동적 결과)	개인의 믿음, 인식 등에서 초래된 감정이나 행동
D (Dispute, 논의·논박)	비합리적 신념체계에 대한 논박·치료의 논박과정
E (Effect, 효과)	논박(D)을 통하여 합리적인 신념으로 재구조화된 이후에 갖는 태도와 감정의 결과 또는 효과

② 인지치료 – 벡

  ㉠ 특징

- 클라이언트의 심리사회적 문제를 해결하기 위해서는 왜곡된 인지를 수정하는 것이 가장 효과적이라고 본다.
- 역기능적이고 자동적인 사고, 역기능적인 스키마(도식)·신념·가정, 역기능적인 대인관계의 영향력을 강조한다.

  ㉡ **목표**: 잘못된 정보처리과정의 인지적 오류와 편견을 수정하고, 부적응적인 행동과 정서를 유지시키는 가정을 수정하는 것이다.

🔍 인지의 왜곡화

- 엘리스는 심리적 혼란이나 부정적 감정의 근원이 되는 비합리적 신념의 특징으로 인지의 왜곡화를 제시함.
- 인지의 왜곡화는 대부분 '~해야 한다, ~이어야 한다, ~해서는 안 된다' 등의 당위적 사고 형태를 띰.
- 이분법적 사고, 과잉 일반화, 선택적 사고 등이 있음.

ⓒ 인지적 왜곡의 유형

임의적 추론	자신의 생각을 뒷받침하는 증거가 없거나 명백한 반대의 증거가 있음에도 특정한 결론을 내리는 것
선택적 추출	특정한 사건과 관련된 일부의 정보만 선택적으로 받아들여 그것이 마치 전체를 의미하는 것처럼 잘못 해석하는 것
과잉일반화	특수한 상황의 경험으로부터 일반적 결론을 내리고 무관한 상황에도 그 결론을 적용시키는 것으로, '항상', '모두', '전혀'가 들어감.
과장과 의미축소	실제보다 훨씬 심각하게 생각하거나 의미를 축소하는 것
개인화	자신과 무관한 사건을 자신과 관련된 것으로 잘못 해석하는 것
이분법적 사고	두 개의 극단으로만 해석하는 것
인지협착	사건의 한 가지 측면만 보는 것
잘못된 명명	사람의 특성이나 행위를 기술할 때 과장되거나 부적절한 명칭을 사용하여 기술하는 오류
독심술의 오류	충분한 근거 없이 다른 사람의 마음을 제멋대로 추측하고 단정하는 것
예언자의 오류	마치 미래에 일어날 일을 예언하듯 단정하고 확신하는 것

③ 인지행동 수정(자기지시훈련) - 마이켄바움
　ⓐ 특징
　　• 역기능적인 혼잣말에 초점을 두어 행동은 자신이 뱉은 말의 결과이며, 비합리적인 내적 언어는 정서적 장애의 원인이 된다고 본다.
　　• 내적 언어의 발달은 타인 또는 자기교습으로 통제가 가능하다고 본다.
　　• 사고와 인지를 행동적 절차로 바꿀 수 있다고 보는 행동치료의 확장된 영역으로, 언어변화를 중요하게 다룬다.
　　• 클라이언트가 자기진술을 인식하도록 돕는 데 초점을 두고 충동성, 공격 성향, 시험 공포, 대중 앞에서의 연설에 대한 두려움 등과 같은 문제들에 효과적으로 대처할 수 있도록 하는 인지재구성(재구조화) 방법을 사용한다.
　　• 우울증과 같이 심각한 정신병리보다는 생활에 약간의 문제가 있는 사람이 자기 스스로 통찰할 수 있는 과정을 겪을 수 있다는 점에서 유용하다.

🔍 **인지적 왜곡의 유형별 예시**

• **임의적 추론** → 내 신경을 거슬리게 하려고 노래를 큰 소리로 부르고 있군.
• **선택적 추출** → 여자친구가 파티에서 좀 더 잘 듣기 위해 다른 남자 쪽으로 고개를 돌리는 것을 보고 질투가 났다.
• **과잉일반화** → 시험에 몇 번 실패 후 '무슨 일이든', '노력에 상관없이', '항상' 실패할 것으로 믿음.
• **과장과 의미축소**
　→ 과장: 당신이 내 삶을 망쳐 놓았어.
　→ 의미축소: 그 사람이 한 칭찬은 별 뜻 없이 한 말이야.
• **개인화** → 길을 걷고 있는 사람이 다른 사람들의 웃음 소리를 듣고 자신을 비웃는 것으로 착각
• **이분법적 사고** → 최고로 답을 잘 쓰지 않는 이상, 나는 실패한 거나 다름 없어.
• **잘못된 명명** → 자신의 잘못을 과장하여 "나는 인간 쓰레기다."라고 명명

ⓒ 행동변화의 과정

1단계	자기관찰	변화는 클라이언트가 자신의 행동을 관찰하는 방법을 학습하는 데서 시작한다고 봄.
2단계	새로운 내적 대화의 시작	클라이언트는 자신의 부적응적 행동을 알아차리는 것을 배우고, 적합한 행동대안에 주목하기 시작함.
3단계	새로운 기술의 학습	효과적인 대처기술을 클라이언트에게 가르치고 그것을 실생활에서 실행함.

ⓒ 개입기법: 대처기술(스트레스 예방훈련), 정보의 조합, 소크라테스식 문답법, 인지 재구조화, 문제해결, 이완훈련, 행동시연, 자기감시, 자기지시, 자기강화, 환경적 상황의 수정 등

④ 기타 개입기법

인지 재구조화	개인의 기존 인식을 재구성하여 사고의 방식을 변경하는 기법
체계적 둔감법 (탈감법)	클라이언트에게 가장 덜 위협적인 상황부터 가장 위협적인 상황까지 순서대로 제시하면서, 불안자극과 불안반응 간의 연결이 없어질 때까지 불안을 일으키는 자극들을 이완 상태와 반복적으로 짝 짓는 기법
모델링	클라이언트가 다른 사람이 행동하는 것을 관찰하여 새로운 행동을 학습할 수 있게 하는 기법
이완훈련	클라이언트가 스트레스 상황에 적절히 대처할 수 있도록 불안이나 분노상황을 연상한 상태에서 신체를 이완시켜 불안이나 분노를 점차 완화시키는 기법
사회기술훈련	사회적 기술이 부족한 성원의 사회기술을 향상시키기 위한 훈련
시연 (리허설)	클라이언트가 습득한 행동기술을 현실세계에서 직접 실행하기 전에 사회복지사 앞에서 반복적으로 연습하는 것
자기지시기술 (자기지시훈련)	클라이언트가 변화시키기를 원하는 행동을 대상으로 구체적인 목표를 정하고 이에 따라 행동지침을 작성하며 실행에 옮기는 기술
내적 의사소통 명료화	클라이언트 스스로 자신에 대해 독백하고 사고하는 과정
역설적 의도	특정 행동에 대한 클라이언트의 불안이 그 행동을 유발할 때, 클라이언트가 두려워하는 행동을 하도록 지시함으로써 클라이언트의 인지적 오류에 도전하고 불안을 감소시키는 것
유머사용	클라이언트의 비합리적 신념을 지적하기 위해 유머를 사용함으로써 클라이언트로 하여금 실수를 웃어넘기고 인간적인 약점을 수용하도록 하는 기법

3 행동수정모델

(1) 개요

① 인간행동을 분석하고 수정하는 심리학적 모델이다.
② 행동주의모델을 이론적 근거로 하며, 개개인의 수준에 맞추어 주위 환경을 변화시켜 바람직한 행동이 더 많이 발생하도록 하고, 바람직하지 않은 행동은 감소 내지는 소멸시켜 나가는 과정을 말한다.

(2) 행동수정의 원리와 기법

순환론적 사고	원인과 결과가 구별되지 않는 설명 방식으로, 이는 지양해야 함.
조작적 행동	인간행동은 그 행동의 결과가 유쾌할 때는 강화되고 불쾌할 때는 감소·소거된다는 것
정적 강화	긍정적 자극을 제공함으로써 바람직한 행동을 증가시킴. 예 숙제를 하면 사탕을 주는 것
부적 강화	부정적 자극을 철회함으로써 바람직한 행동을 증가시킴. 예 숙제를 하면 청소를 면제해 주는 것
정적 처벌	부정적 자극을 제공함으로써 바람직하지 않은 행동을 감소시킴. 예 동생이랑 싸우면 벌을 주는 것
부적 처벌	긍정적 자극을 철회함으로써 바람직하지 않은 행동을 감소시킴. 예 동생이랑 싸우면 컴퓨터 게임을 못하게 하는 것
소거	강화된 반응이 더 이상 강화되지 않을 때 형성된 조작적 행동은 줄어들거나 나타나지 않음.
간헐적 강화	• 행동을 통제하기 위해 정해진 계획에 따라 간헐적으로 강화물이 제공되는 것 • 간헐적으로 강화된 행동은 소거하기 어려움.
차별적 자극	• 대부분의 조작적 행동은 결국 선행조건의 영향으로 발생함. • 어떤 행동이 강화되었을 때 있었던 자극이 발현되면 그 행동은 일어나기 쉽지만, 그 행동이 강화를 받지 못했을 때는 같은 자극이 발현되어도 그 행동은 일어나지 않음.
회피행동	불쾌한 사건이 임박했다는 선행조건은 회피행동을 유발함.
조건화	선행조건이 정서적인 자동적 반응을 불러일으키게 함.
모델링	대부분의 행동은 다른 사람의 행동을 보고 모방학습을 할 수 있음.

(3) 개입과정

초기단계	문제 규정 → 기초선에 근거한 사정 → 목표설정 → 개입계획 수립 → 계약
개입단계	• 개입계획을 실행하고 수행 여부를 점검·수정하는 단계 • 현재의 문제행동을 변화시켜서 바람직하지 않은 행동은 제거하고 바람직한 행동은 양성함. • 관찰 가능한 행동에 초점을 둠.
종결단계	종결을 예고하고 그동안의 진전과정을 클라이언트와 함께 평가함.

01
기출 21회

인지적 오류(왜곡)에 관한 예로 옳지 않은 것은?

① 임의적 추론: 내가 뚱뚱해서 지나가는 사람들이 나만 쳐다봐.
② 개인화: 그때 내가 전화만 받았다면 동생이 사고를 당하지 않았을 텐데. 나 때문이야.
③ 이분법적 사고: 이 일을 완벽하게 하지 못하면 실패한 것이야.
④ 과잉일반화: 시험보는 날인데 아침에 미역국을 먹었으니 나는 떨어질 거야.
⑤ 선택적 요약: 지난번 과제에 나쁜 점수를 받았어. 이건 내가 꼴찌라는 것을 의미해.

02
기출 22회

인지행동모델 개입 기법에 관한 설명으로 옳은 것은?

① 행동시연: 관찰학습 과정을 통해 클라이언트가 시행착오를 거치지 않고 행동할 수 있도록 한다.
② 유머사용: 인지적 기법의 하나로서 비합리적인 신념에서 오는 불안을 감소시키는 데 유용하다.
③ 내적 의사소통 명료화: 클라이언트 스스로 자신에 대해 독백하고 사고하는 과정이다.
④ 역설적 의도(paradoxical intention): 클라이언트의 역기능적 사고를 인식하고 이를 현실적인 사고로 대치한다.
⑤ 이완훈련: 클라이언트가 가장 덜 위협적인 상황에서 가장 위협적인 상황까지 순서대로 제시한다.

| 해설 |
01 임의적 추론에 해당하는 예이다. 과잉일반화란 한두 가지 사건에 근거해서 결론을 내리고 그것을 서로 관계없는 상황에 적용하는 것을 말한다.
02 내적 의사소통 명료화는 클라이언트가 스스로에게 피드백을 줌으로써 자신의 생각과 이야기 속에 숨겨진 인지적 오류와 비합리적 신념에 대한 통찰력을 발전시키고 이해할 수 있도록 돕는다.

정답 | 01 ④ 02 ③

과제(과업)중심모델, 해결중심모델

STEP 2   핵심이론 공략

1 과제(과업)중심모델

☑ 6개년 출제리포트

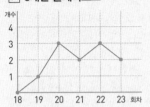

☑ 키워드 공략포인트

• 과제중심모델은 개인 대상 실천
기법에서 비중 있게 출제되는
키워드 중 하나입니다.
• 과제중심모델의 개입과정을 묻
는 문제가 자주 등장하고 있으
므로 주의하여 학습하세요.

(1) 특징

① 클라이언트의 자기결정을 기본전제로 하는 시간제한적인 단기개입 치료모델이다.
② 클라이언트가 인식한 문제를 중심으로 계획적·의도적인 과정을 통해 클라이언트의 문제를 구체적인 과제로 해결한다.
③ 직접적 개입보다는 클라이언트 스스로 실행 가능한 과제로 대치하고 과제를 수행할 수 있도록 원조한다.
④ 사회복지사는 클라이언트가 제한된 기간 내에 가능한 한 건설적으로 자신의 문제를 완화시킬 수 있는 활동을 할 수 있도록 원조한다.
⑤ 개입의 책무를 강조한다.
⑥ 문제해결, 인지적·행동적·구조적 접근방법 등에서 경험을 바탕으로 발생한 이론과 방법을 선택적으로 사용한다.
⑦ 구조화된 접근을 한다.
⑧ 다양한 이론과 모델을 절충적으로 활용한다.

(2) 개입과정

① 시작단계

면접	• 자발적 클라이언트: 서비스 제공이 적합하다 판단되면 바로 문제규명 단계 진행 • 의뢰된 클라이언트: 의뢰 이유 및 목표 확인, 목표 달성을 위한 의뢰기관의 자원 확인

② 초기단계

1단계 (문제규명단계)	• 클라이언트가 제시하는 문제 탐색 • 표적문제가 무엇인지 구체적으로 설정하고 표적문제의 우선순위를 결정함. • 신속한 초기사정
2단계 (계약단계)	계약 내용: 목표, 주요 표적문제(최대 3개), 일반적 과제, 기간, 일정, 참가자 등

③ 중기단계

3단계 (실행단계)	• 후속사정 수행(재사정, 표적문제 사정) • 대안마련(모색), 과제 개발 및 수행, 진행 시 어려움 조사(점검)

④ 종결단계

4단계 (종결단계)	• 개입과정을 통해 성취한 것 점검 • 필요시 개입을 연장하거나 사후 지도를 실시함.

정답 잡는 오답노트

▼ 과제중심모델   14회

• 틀린 선지는?
단기치료의 기본원리를 강조한 비구조화된 접근이다. (×)

• 틀린 이유는?
과제중심모델은 단기치료의 기본원리를 강조한 구조화된 접근이다.

2 해결중심모델

(1) 기본가정

① 병리적인 것 대신 건강한 것에 초점을 둔다.

② 클라이언트의 장점, 강점, 건강한 특성들을 최대한 찾아내어 실천에 활용한다.

③ 변화는 항상 일어나며 불가피하다.

④ 간단하고 단순한 방법을 일차적으로 사용한다.

⑤ 클라이언트의 자율적인 협력을 중요시한다.

⑥ 현재에 초점을 두며 미래지향적이다.

⑦ 탈이론적·비규범적인 입장을 취하며, 클라이언트가 결정한 관점을 존중한다.

(2) 개입목표 설정 7가지 원칙

① 작은 것을 목표로 하기

② 목표수행은 힘든 일이라고 인식하기

③ 목표를 종료보다는 시작으로 간주하기

④ 클라이언트에게 중요한 것을 목표로 하기

⑤ 구체적이고 명확하며 행동적인 것을 목표로 하기

⑥ 클라이언트의 생활에서 현실적이고 성취가능한 것을 목표로 하기

⑦ 없는 것(문제를 없애는 것)보다 있는 것(긍정적인 행동들)에 관심 두기

(3) 개입과정 4단계

1단계	2단계	3단계	4단계
해결방안 모색의 시작	해결중심적인 목표설정	해결방안을 찾는 실천	변화의 평가

(4) 클라이언트와 사회복지사의 협력관계

① 상호 협력하는 자세로 클라이언트의 경험과 그 의미에 대해 탐구하고 목표를 정하고 클라이언트에게 가장 잘 맞는 대처방법을 찾는다.

② 최고의 변화방법을 알고 있다는 의미를 내포하며 선문성을 상징하는 '치료자'라는 말보다는 '의논자'로 사회복지사를 지칭한다.

③ 클라이언트 중심, 강점 중심 접근과 일맥상통하는 언어 및 행동적 실천을 한다.

④ '스스로(클라이언트)가 삶의 중심인물이자 전문가'라는 기본전제는 사회복지사만이 전문가는 아니라는 것을 나타내고 사회복지사는 클라이언트에게 옳은 생활방식을 가르쳐주거나 평가하는 식으로 개입하지 않는다는 것을 말한다.

⑤ 해결중심모델에서는 '알고 싶어 하는 자세'라고 부르기도 한다.

01　기출 22회

다음 설명에 해당하는 모델로 옳은 것은?

- 구조화된 개입
- 개입의 책임성 강조
- 클라이언트의 자기결정권 강조
- 클라이언트의 환경에 대한 개입

① 심리사회모델　　② 위기개입모델

③ 해결중심모델　　④ 인지행동모델

⑤ 과제중심모델

02　기출 21회

해결중심모델에 관한 설명으로 옳은 것은?

① 클라이언트에게 대처행동을 가르치고 훈련함으로써 부적응을 해소하도록 한다.

② 탈이론적이고 비규범적이며 클라이언트의 견해를 존중한다.

③ 문제의 원인을 클라이언트의 심리 내적 요인에서 찾는다.

④ 클라이언트의 문제를 자원 혹은 기술 부족으로 본다.

⑤ 문제와 관련이 있는 환경과 자원을 사정하고 개입방안을 강조한다.

| 해설 |

01 ① 심리사회모델의 개입기법에는 직접적 개입과 간접적 개입 등이 있다.

　② 위기개입모델은 단기원조중심, 즉각적 개입(행동기술), 제한된 목표, 초점적 문제해결 등의 특징이 있다.

　③ 해결중심모델은 강점 활용, 변화의 불가피성과 작은 변화의 중요성 강조, 현재와 미래 지향, 탈이론적·비규범적 입장 등의 특징이 있다.

　④ 인지행동모델은 클라이언트의 주관적 경험의 독특성 중시, 클라이언트의 능동적인 참여, 소크라테스식 문답법 등의 특징이 있다.

02 ① 인지행동모델에 관한 설명이다.

　③ 정신역동모델에 관한 설명이다.

　④ 과제중심모델에 관한 설명이다.

　⑤ 클라이언트의 환경적 자원에 초점을 두어 강점을 확인하고 자원의 역량을 사정하여 개입방안을 수립한다는 점에서 역량강화모델에 가깝다.

정답 | 01 ⑤　02 ②

역량강화모델, 위기개입모델

STEP 1 기출분석

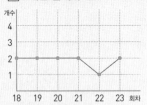

☑ **6개년 출제리포트**

☑ **키워드 공략포인트**

역량강화모델과 위기개입모델은 개입기법과 함께 각 실천모델별 특징을 숙지해야 합니다.

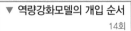

정답 잡는 오답노트

▼ **역량강화모델의 개입 순서**
14회

• **틀린 선지는?**
발견단계–대화단계–발전단계의 실천과정 순서로 진행된다. (×)

• **틀린 이유는?**
역량강화모델의 개입은 '대화단계 → 발견단계 → 발전단계' 순서로 진행된다.

STEP 2 핵심이론 공략

1 역량강화모델(임파워먼트모델)

(1) 역량강화의 개념

역량강화(임파워먼트)는 클라이언트가 충분히 자신의 삶을 통제할 수 있도록 원조하여 개인적·대인적·정치적 측면에서 클라이언트의 힘을 키워나가는 과정이다.

(2) 특징

① 클라이언트의 강점과 환경적 자원에 초점을 두고, 클라이언트의 역량을 향상시키기 위한 해결중심 접근을 한다.
② 클라이언트가 필요한 자원을 얻거나 통제하도록 원조하는 것을 강조한다.
③ 클라이언트의 자기결정권을 강조한다. 의사결정과정에 클라이언트를 참여시키는 것과 클라이언트가 자립적으로 기능하는 데 필요한 지식과 기술을 획득하도록 원조하는 것을 강조한다.

(3) 개입과정

대화단계		발견단계		발전단계
• 파트너십 형성 　(동맹관계 창출) • 현재상황 명확화 • 방향 설정	⇒	• 강점 확인 • 자원역량 사정 • 해결방안 수립	⇒	• 기회 확대 • 자원 활성화 • 성공 확인 • 성과 집대성

2 위기개입모델

(1) 위기의 개념과 특징

① 개인이 현재 자원과 대처 기제로는 감당하기 어려운 사건이나 상황을 지각하거나 경험하는 것이다.
② 위험과 기회가 공존한다.
　㉠ **위험**: 위기상황의 개인은 타살이나 자살에 이르는 심각한 병리상태가 될 수 있다.
　㉡ **기회**: 고통을 경험하지만 고통을 해결하기 위해 도움을 구하기도 한다.
③ 위기는 단순히 원인과 결과로 설명하기 어렵고, 증상이 매우 복잡하다.
④ 위기 상황에서 나타나는 불안은 긍정적 변화의 추진력이 된다.
⑤ 위기에 처한 사람은 단기개입 외의 다양한 형태의 도움을 쉽게 받아들이지만, 오래된 문제일수록 빠른 해결을 기대하기 어렵다.
⑥ 선택은 어려움을 극복할 계획을 조직적으로 세울 기회를 주므로, 위기상황에는 선택이 필요하다.

⑦ **위기의 보편성**: 모든 위기에는 혼란이 따르며, 위기에 처했던 사람이 다시 위기를 경험할 수도 있다.

⑧ **위기의 고유성**: 같은 상황에서 누구는 성공적으로 위기를 극복할 수 있지만, 다른 누구는 그렇지 못할 수도 있다.

(2) 위기의 종류

상황적 위기	아무 준비없이 갑작스레 발생한 위기
발달적 위기	발달단계마다 요구되는 발달과업을 진행할 때 생길 수 있는 불안정감이나 스트레스에 의한 위기
실존적 위기	삶의 목적이나 중요한 삶의 이슈에 동반되는 불안과 관련된 위기
환경적 위기	개인의 실수나 잘못이 아닌 환경 등의 문제로 사건의 여파가 미치는 위기

(3) 위기개입의 원리 및 특징

① **신속한 개입**: 시간제한적인 본질 때문에 즉각적인 개입이 필요하며, 위기단계에서 6주 이내에 해결한다.

② **행동기술**: 사회복지사는 행동기술에 초점을 두고 역할을 수행한다.

③ **제한된 목표**: 최소한의 목표는 파멸의 예방, 균형상태 회복, 위기 이전 상태로 돌아가는 것이다.

④ **희망과 기대**: 절망하는 클라이언트에게 희망을 준다.

⑤ **지지**: 사회복지기관이나 병원 등 여러 자원의 정보를 제공한다.

⑥ **초점적 문제해결**: 문제파악과 해결에 초점을 두면서 클라이언트가 조종할 수 있을 만큼만 현재에 직면하도록 돕는다.

(4) 골란의 위기발달단계와 위기개입모델

① **위기발달단계**: 사회적 위험(위험한 사건) → 취약단계 → 위기촉진 요인 발생 → 실제 위기단계 → 재통합단계

② **위기개입모델**

시작단계 (형성)	계약 형성, 위기 파악
중간단계 (수행)	계약 이행, 과업 확인 및 이해, 자료의 조직과 이에 따른 활동, 행동변화 초래
종결단계 (종료)	개입상황 점검, 성취한 과업 확인, 미래에 대한 계획 수립, 종료시기 결정

STEP 3 　필수문제 점검

01
기출 19회

역량강화모델에 관한 설명으로 옳은 것을 모두 고른 것은?

> ⊙ 클라이언트를 자신 문제의 전문가로 인정한다.
> ⓒ 사회복지사와 클라이언트 간의 상호협력적 파트너십을 강조한다.
> ⓒ 클라이언트를 개입의 객체가 아닌 주체로 보기 때문에 자기결정권이 잘 보호될 수 있다.
> ⓔ 클라이언트가 가진 문제의 원인에 초점을 두고 개입한다.

① ⊙, ⓒ　　　　② ⓒ, ⓔ
③ ⊙, ⓒ, ⓒ　　④ ⊙, ⓒ, ⓔ
⑤ ⓒ, ⓒ, ⓔ

02
기출 23회

골란(N. Golan)의 위기발달 단계로 옳은 것은?

① 위험사건 – 촉발요인 – 취약단계 – 위기단계 – 재통합

② 취약단계 – 위험사건 – 촉발요인 – 위기단계 – 재통합

③ 취약단계 – 위험사건 – 위기단계 – 촉발요인 – 재통합

④ 위험사건 – 취약단계 – 위기단계 – 촉발요인 – 재통합

⑤ 위험사건 – 취약단계 – 촉발요인 – 위기단계 – 재통합

| 해설 |

01 ⓔ 병리 관점에 관한 설명이다. 역량강화모델은 클라이언트의 역량과 욕구에 초점을 두는 강점관점 중심으로 접근한다.

02 골란의 위기발달단계는 사회적 위험(위험사건) – 취약단계 – 위기촉진 요인 발생 – 실제 위기단계 – 재통합단계 순이다.

정답 | 01 ③　02 ⑤

✓ 6개년 출제리포트

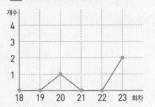

✓ 키워드 공략포인트

2025년 시험에 동기강화모델이 처음 등장하였고, 앞으로도 계속 출제될 수 있습니다. 클라이언트 중심모델보다 출제비중이 높을 것으로 예상되니 개념을 잘 익혀 두어야 합니다.

정답 잡는 오답노트

▼ **클라이언트중심모델의 주요 개념** 23회

· **틀린 선지는?**
인지적 개입 (×)

· **틀린 이유는?**
인지행동모델의 주요 개념에 해당한다.

STEP 2 핵심이론 공략

1 동기강화모델

(1) 개요

① 클라이언트에게 내재되어 있는 변화동기를 유발하고, 변화와 저항에 대한 양가감정을 해결하여 행동변화를 촉진한다.

② 협력적이고 클라이언트 중심적이며, 내적 동기를 강화하고 양가감정을 탐색하는 목표 지향적인 접근법이다.

(2) 기본원리

① **공감 표현하기**: 사회복지사가 반영적 경청을 하면서 클라이언트의 느낌이나 관점을 이해하며 공감을 표현하는 자세를 말한다.

② **불일치감 만들기**: 클라이언트가 현재 행동과 목표 또는 가치 간의 차이를 인식하도록 유도하여 변화 동기를 강화하는 과정을 말한다.

③ **저항과 함께 구르기**: 클라이언트의 저항에 직접적으로 맞서지 않고 수용하며 자연스럽게 변화의 방향으로 이끌어가는 것을 말한다. 이때 새로운 관점은 유도되어야 하는 것이지 강요되어서는 안 된다.

④ **자기효능감 지지해 주기**: 클라이언트 스스로 변화를 성공시킬 수 있다는 신념인 자기효능감에 대해 사회복지사가 긍정적인 격려와 지지를 제공하는 것을 말한다.

(3) 주요 개념

① **전문적 관계 형성**: 사회복지사와 클라이언트는 신뢰와 협력을 바탕으로 권위의 차이가 없는 평등한 관계를 형성한다. 이는 '상담, 치료'라는 표현보다 '면담, 협력적 대화'라고 표현하는 것에서 알 수 있다.

② **변화 동기 강화**: 외부적인 설득이나 보상 없이 클라이언트의 내적 가치관과 목표를 탐색하여 이를 활성화함으로써 행동 변화를 자극한다.

③ **저항 다루기**: 저항을 변화에 대한 양가감정의 자연스러운 행동 기제로 보고, 이를 반박하거나 논쟁하는 대신 반영적 경청을 통해 저항을 다루며 해결한다.

2 클라이언트중심모델

(1) 원리와 특징

① 실존주의이론, 형태치료와 같이 실존주의 철학에 기원을 둔다.

② 1940년대 초, 로저스가 인간중심적 접근을 시작했다.

③ 치료기법보다는 사회복지사와 클라이언트의 태도 및 감정의 중요성을 강조한다.

④ 사회복지사는 자신의 관점을 소개하기보다는 클라이언트의 준거틀에 철저하게 초점화할 수 있도록 원조한다.

⑤ 치료면접의 내용은 클라이언트가 일관성 있게 주도해 나간다.

(2) 주요 개념

① 현상학적 장(주관적 현실): 개인이 경험하거나 지각한 장은 그 개인의 사적이고 주관적인 경험의 세계이다.

② 자아: 개인의 전체적인 현상적 장 혹은 지각적 장으로부터 분화된 부분을 의미한다.

③ 실현화 경향: 인간은 성장하고 발달하려는 생득적인 경향을 가지며, 이를 통해 자신을 유지하고 발전시켜 자신의 잠재력을 실현하고자 한다.

④ 자아실현 욕구: 자아가 형성됨에 따라 일부 실현화 경향이 자아실현으로 표현된다.

⑤ 긍정적 관심: 다른 사람들로부터 긍정적 관심과 존경을 받고자 하는 욕구가 생긴다.

⑥ 조건부 가치: 중요한 타인들의 긍정적 관심이 조건부로 주어짐에 따라, 특정 조건 외에는 개인이 존중받지 못함을 느낄 때 일어나는 것이다.

(3) 사회복지실천에서의 적용

① 클라이언트가 진정한 감정을 경험하고 자아의 요소를 발견할 수 있는 안정적이고 자유로운 분위기를 제공하는 것이 핵심이다.

② 클라이언트가 현재의 문제에 집중하기보다는 이후의 문제를 보다 잘 대처할 수 있도록 성장에 초점을 둔다.

(4) 사회복지사의 태도

① 일치성과 진실성: 사회복지사가 자신을 있는 그대로 인정하고 표현하면 할수록 클라이언트가 건설적인 방향으로 변화하고 성장할 수 있다고 본다.

② 무조건적인 긍정적 관심과 수용: 클라이언트가 나타내는 어떤 감정이나 행동의 특징들을 그대로 수용하여 존중하는 사회복지사의 태도이다.

③ 정확한 공감적 이해: 실천과정이나 문제해결에서 클라이언트의 책임과 주체성을 강조하며 전문가의 기술보다는 수용적인 상담관계를 중시한다.

STEP 3 필수문제 점검

01 기출 23회

밀러와 롤닉의 동기강화모델의 원리로 옳지 않은 것은?

① 불일치감 인식하기
② 자기효능감 지지하기
③ 저항과 함께하기
④ 내적 의사소통 명료화하기
⑤ 공감 표현하기

02 기출 23회

클라이언트중심모델의 주요 개념으로 옳지 않은 것은?

① 실현화 경향
② 자아실현 욕구
③ 인지적 개입
④ 조건부 가치
⑤ 긍정적 관심

| 해설 |

01 내적 의사소통 명료화하기는 인지행동모델의 개입기법에 해당한다. 인지행동모델은 비합리적 신념이나 인지적 오류, 자기 패배적인 사고를 변화시킴으로써 감정이나 행동을 변화시키는 것을 목표로 한다.

02 인지적 개입은 인지행동모델의 개입기법에 해당한다.

정답 | 01 ④ 02 ③

가족의 이해

STEP 1 기출분석

☑ 6개년 출제리포트

☑ 키워드 공략포인트

가족에 대한 전반적인 개념, 가족의 변화, 가족생활주기에 대한 문제가 자주 출제되고 있습니다.

STEP 2 핵심이론 공략

1 가족의 특징과 기능

(1) 특징

① 사회변화에 민감하며, 경계를 가지고 있다.

② 각 부분의 특성을 합한 것 이상의 특성을 지닌 체계이다. 가족체계 내 한 부분의 변화는 순환적 인과관계를 형성하여 가족체계 전체의 변화를 초래할 수 있다.

③ 가족의 현재 모습은 세대 간 전승된 통합과 조정의 결과물이다.

(2) 기능: 구성원 양육 및 보호, 사회화, 성적 욕구 충족, 새로운 가족원에게 사회적 신분 부여, 경제적 기능, 정서적 교류, 가족의 문화와 전통 계승, 자녀 출산, 가족원의 안전을 위한 기능, 오락을 통한 사회적 기능

2 가족체계의 주요 개념

① **가족항상성**: 체계로서의 가족은 구조와 기능에서 균형을 유지하려는 속성을 가진다.

② **경계**: 가족 내 체계들 또는 가족체계와 외부체계를 구분하는 보이지 않는 선이다.

　㉠ **올바른 경계선을 가진 가족**: 경계가 분명하면서도 정보교환이 자유롭게 일어나는 건강한 가족이다.

　㉡ **경직된 경계선을 가진 가족**: 에너지와 정보의 교환이 없는 건강하지 않은 가족으로, 경계가 모호하여 지나치게 개방적이어도 가족불안정과 역기능이 일어난다.

③ **순환적 인과성(순환적 인과관계)**: 가족 내 한 성원의 변화는 다른 성원의 반응을 일으키는 자극이 되고, 이는 또 다른 가족에게 영향을 주어 결국 가족 전체에 영향을 미친다.

④ **피드백**: 가족이 사회환경과 환류(feedback)를 주고받으며 변화를 도모한다.

⑤ **환류고리**

　㉠ 가족은 현재의 평형상태를 유지하기 위해, 주로 의사소통과 환류를 활용한다.

　㉡ 정적 환류와 부적 환류

정적 환류	현재의 변화가 지속되거나 증폭되도록 하는 환류
부적 환류	어떤 상태나 변화, 새로운 행동이 부적절하므로 원래의 상태로 돌아가게 하는 환류

⑥ **하위체계**: 가족 내에서 지속적인 연합을 이루며 가족의 기능에 중요한 역할을 하는 것으로 부부하위체계, 부모하위체계, 형제자매하위체계로 분류된다.

⑦ **비총합성**: 전체는 부분의 합보다 크기 때문에 가족을 이해하기 위해서는 성원의 개별적 특성보다는 성원 간의 행동을 연결하는 상호작용이나 의사소통 유형에 주의를 기울여야 한다.

⑧ **가족규칙**: 가족 구성원은 가족 내에 암묵적인 규칙의 지배를 받는데, 치료자와 달리 가족 자신들은 가족규칙을 찾아내지 못하는 경우가 많다.

3 가족생활주기

(1) 특징

① 가족생활주기는 가족의 유형(예 한부모가족, 다세대가족, 재혼 가족 등) 혹은 사회·문화적 차이에 따라 달라진다. 같은 가족 유형이라도 사회와 문화적 배경이 다르면 가족의 생활주기도 달라진다.

② 가족은 가족생활주기에 따라 발달하며, 각 생활주기마다 수행해야 하는 발달과업과 욕구를 가진다. 또한 가족생활주기의 각 단계의 길이나 내용은 가족마다 다르다. **참고** 부부의 결혼 연령과 자녀 출산 시기, 자녀 수, 자녀의 독립 시기, 부부의 은퇴나 사망 등에 영향을 받는다.

(2) 가족생활주기 8단계 – 듀발

단계		가족생활 발달과업
1단계	자녀가 없는 부부	상호 만족스러운 결혼생활의 확립, 친족망과 조화 이루기
2단계	자녀 출산 가족	임신과 부모 역할에 대한 적응, 유아의 발달에 적응, 부모와 유아가 만족하는 가정의 확립
3단계	취학 전 자녀 가족	자녀의 욕구와 관심을 격려하고 성장을 증진하도록 적응, 에너지 고갈과 프라이버시 부족에 대처
4단계	학령기 자녀 가족	지역사회와의 조화, 자녀의 교육성취를 격려
5단계	십대 자녀 가족	자유와 책임의 조화, 부모 역할을 마친 후의 관심과 진로 확립
6단계	성인 초기 자녀를 독립시키는 가족	적절한 의례와 지원으로 초기 성인 독립, 지지적 가정의 기반 유지
7단계	중년기 부모	결혼관계의 재확립, 노인 세대·젊은 세대와의 관계 유지, 빈 둥지에 적응하기
8단계	노년 가족 성원	사별에 대처, 노년·은퇴에 적응

4 현대 가족의 변화 **Tip** 비전통적인 가족 유형이 증가하고 있습니다.

다양한 가족 형태	• 한부모가족, 다문화가족, 재혼가족, 1인 가구 등 증가 • 가족생활주기별 구분이 보다 모호해짐.
저출산 시대의 무자녀 부부 증가	• 초혼 연령 상승 및 조혼인율(인구 천 명당 혼인건수)의 감소로 저출산 문제 심화 • 첫 자녀결혼 시작에서 막내 자녀결혼 완료까지의 기간이 출산 자녀수의 감소로 점차 짧아짐.
가족주기 변화 발생	• 핵가족 형태의 가구 비율 감소로 1인 가구가 새로운 가족의 대안적 형태로 자리 잡아감. • 초혼 연령 상승으로 가족생활주기 시작 전까지의 기간과 자녀출산 완료 이후 자녀의 결혼 시작 전까지의 확대완료기가 길어짐.
사회 이슈 발생	• 평균 수명 증가로 가족생애주기 길어짐. • 청년 실업 증가로 자녀의 독립 시기가 늦어짐. • 부부 간 의사결정방식에서 부부공동형 및 아내주도형이 증가

01 기출 22회

생태체계적 관점에서 보는 가족에 관한 설명으로 옳지 않은 것은?

① 항상성: 가족구성원들이 현재 상태를 유지
② 경직된 경계: 가족이 다수의 복지서비스를 이용
③ 하위체계: 가족구성원들이 경계를 가지고 각자의 기능을 수행
④ 피드백: 가족이 사회환경과 환류를 주고받으며 변화를 도모
⑤ 순환적 인과관계: 가족 한 사람의 행동이 다른 구성원에게 영향을 주어 가족 전체를 변화

02 기출 22회

사회변화에 따라 달라지는 가족에 관한 설명으로 옳지 않은 것은?

① 가족 형태가 다양해지는 경향이 있다.
② 저출산 시대에는 무자녀 부부가 증가한다.
③ 세대구성이 단순화되면서 확대가족의 의미가 약화된다.
④ 단독으로 생계를 유지하는 경우는 가구의 범위에 속하지 않는다.
⑤ 양육, 보호, 교육, 부양 등에서 사회 이슈가 발생한다.

| 해설 |

01 경직된 경계는 가족 내에 소외감, 거리감, 무관심, 최소한의 접촉과 의사소통이 존재하는 상태이다.

02 단독으로 생계를 유지하는 경우는 대표적으로 1인 가구가 있으며, 이는 가구의 범위에 속한다.

정답 | 01 ② 02 ④

사회복지실천기술론

STEP 1 　기출분석

STEP 2 　핵심이론 공략

☑ 6개년 출제리포트

☑ 키워드 공략포인트

• 가족사정은 거의 매회 1문제 이상 출제되는 중요한 내용입니다.
• 가족 내 의사소통 유형의 특징을 알아보고, 가족사정도구의 특징을 비교하며 학습하기 바랍니다.

1 가족경계

(1) 가족 구성원 간의 경계

밀착된 가족 (하위체계 간의 경계가 모호)	• 가족 성원 간 독립심과 자율성이 결여되어 밀착된 관계가 형성됨. • 가족 응집력이 지나치게 높고, 가족원에게 획일적인 감정과 생각을 강요함. • 가족원에게 가족 전체를 위한 희생을 요구하며 속박감을 주고, 구성원들의 자립적인 탐구, 활동, 문제해결을 지원하지 못함.
유리된 가족 (하위체계 간의 경계가 경직)	• 가족원 간의 경계가 너무 경직되어 상호작용이 이루어지기 어려우며 의사소통에 융통성이 없음. • 가족원 간 응집력과 결속력이 낮아서 서로에게 관심이 없고, 특히 정서적인 욕구를 잘 알아차리지 못하고 반응하지도 못함.

(2) 가족 외부와의 경계

① 모든 가족은 외부체계와 어떤 유형으로든 경계를 형성하며 살아간다.
② 가족은 주변환경과 다양한 상호작용을 하는데, 가족 외부와의 경계는 경계의 침투성 정도에 따라 개방형 가족, 폐쇄형 가족, 방임형 가족으로 구분된다.

2 가족원의 의사소통

(1) 의사소통의 특징

① 기능적 의사소통: 어떤 사실이나 감정을 가족원끼리 자유롭게 표현하는 긍정적인 의사소통 유형으로, 의사소통의 명확성이 높다.
② 역기능적 의사소통: 표현을 주저하고 회피하는 태도를 보이는 의사소통 유형으로, 언어적 메시지와 비언어적 메시지의 의미가 일치하지 않는다.

(2) 의사소통 유형 – 사티어　Tip 일치형을 제외한 4가지 유형은 역기능적 의사소통입니다.

유형	특징
일치형	• 언어적 메시지와 비언어적 메시지가 일치하며 메시지가 분명하고 직접적임. • 자신과 타인, 상황 모두를 고려함.
비난형	• 타인의 결점을 발견하고 잘못을 남의 탓으로 돌림. • 타인의 말이나 행동을 비난하고 통제하며 명령함.
회유형 (아첨형)	• 상대방이 화를 내거나 자신을 비난하지 않도록 상대방의 비위를 맞추려 함. • 자신의 내적 감정이나 욕구를 표출하지 않음.
초이성형 (계산형)	• 매사에 비판적이고 분석적이며, 평가하는 반응을 보임(원리원칙 강조). • 자신의 감정을 잘 표현하지 않으며 실수하지 않으려고 노력함. • 지나치게 이성적이며 부정적 측면을 잘 지적함.

정답 잡는 오답노트

▼ 가족사정도구　20회

• 틀린 선지는?
생태도를 통해 회복탄력성과 문제해결능력을 확인한다. (×)

• 틀린 이유는?
생태도는 한 가족이 집단, 자원, 조직, 단체, 다른 가족 및 개인과 맺는 상호작용에 초점을 두어 가족과 외부환경체계 간의 에너지 흐름을 확인하는 사정도구로, 회복탄력성과 문제해결능력을 확인하는 것은 아니다.

혼란형 (주의산만형)	• 타인의 말이나 행동과는 상관없는 의사소통을 함. • 상황을 제대로 파악하여 적절하게 반응하는 것이 어렵고, 의사 표현에 요점이 없음.

3 가족사정도구

(1) 가계도와 생태도

① 가계도

  ㉠ 2~3세대 이상에 걸친 가족 성원의 정보와 가족 성원들 간의 관계를 도표화한 가족사정도구이다.

  ㉡ 중요한 생활 사건이나 인구사회학적 특성이 표시되어 있어 각 세대별 중요한 정보를 얻을 수 있고, 가족 내에서 반복되는 정서적·행동적 패턴, 여러 세대에 걸쳐 발전된 가족 역할, 유형, 관계 등을 알아볼 수 있다.

  ㉢ 도식으로 표시되기 때문에 복잡한 가족 유형의 형태를 한눈에 볼 수 있다.

② 생태도

  ㉠ 개인 또는 가족의 삶의 공간에 존재하는 여러 생태체계, 개인 및 가족과 그들 체계와의 관계, 개인 및 가족을 둘러싼 자원 또는 에너지의 유입과 유출을 표시함으로써 클라이언트에게 유용한 자원이나 환경이 무엇인지 등을 알 수 있다.

  ㉡ 생태도를 그린 후 사회복지사와 클라이언트는 클라이언트체계의 적용과 대처능력을 향상시킬 수 있는 외부요인을 찾고, 조정되어야 할 갈등 요소, 연결·동원되어야 할 자원들을 확인해야 한다.

(2) 사회적 관계망표와 생활력 도표

① 사회적 관계망표

  ㉠ 개인, 가족의 사회적 관계망 혹은 사회적 지지 정도를 사정한다.

  ㉡ 알 수 있는 정보: 가족의 사회적 관계망에서 중요한 인물, 가족이 지지를 받는 생활영역, 사회적 관계망에서 지지를 제공하는 각각의 지지 유형, 지지 정도의 중요성, 지지의 방향(쌍방 혹은 일방), 개인적 친밀감 정도, 접촉 빈도, 관계의 지속기간

② 생활력도표

  ㉠ 클라이언트의 삶에서 중요한 사건이나 문제를 시기별로 전개해 표로 나타낸 사정도구이다.

  ㉡ 클라이언트나 가족이 겪고 있는 문제의 발생 시점과 촉발 사건 등을 파악할 수 있으며, 사건 간의 양상이나 관계를 파악할 수 있다.

  ㉢ 클라이언트의 생애 동안 발생한 사건, 문제의 발전과정과 가족 생활주기를 알 수 있다.

  ㉣ 원이나 선, 화살표 등의 기호를 사용하지 않고 표를 이용한다.

STEP 3 필수문제 점검

01

가족경계(boundary)에 관한 설명으로 옳은 것은?

① 하위체계의 경계가 경직된 경우에는 지나친 간섭이 증가한다.

② 하위체계의 경계가 희미한 경우에는 감정의 합일 현상이 증가한다.

③ 하위체계의 경계가 경직된 경우에는 가족의 보호 기능이 강화된다.

④ 하위체계의 경계가 희미한 경우에는 가족 간 의사소통이 감소한다.

⑤ 하위체계의 경계가 경직된 경우에는 가족 구성원이 독립적으로 행동하기 어렵다.

02

알코올 의존을 겪는 가장과 그 자녀의 상황에 사티어(V. Satir)의 의사소통 유형을 적용한 것으로 옳은 것은?

① 회유형: 모든 것이 자녀 때문이라며 자신이 외롭다고 함

② 초이성형: 스트레스가 유해하다는 연구를 인용하며 술이라도 마셔서 스트레스를 풀겠다고 침착하게 말함

③ 비난형: 어려서 고생을 많이 해서 그렇다며 벌떡 일어나 방 안을 왔다갔다 함

④ 산만형: 살기 힘들어 술을 마신다며 자신의 술 문제가 자녀 학업을 방해했다고 인정함

⑤ 일치형: 다른 사람들 말이 다 옳고 자신은 아무것도 아니라고 술 문제에 대한 벌을 달게 받겠다고 함

| 해설 |

01 하위체계의 경계가 희미한 경우, 즉 밀착된 가족 형태에서는 감정의 합일 현상이 증가하며 가족 성원에게 생각이나 감정을 강요하는 현상이 나타난다.

02 초이성형(계산형)은 매사에 비판적이고 분석적이며, 평가하는 반응을 많이 하는 의사소통 유형이다.

정답 | 01 ② 02 ②

가족 대상 실천과정

☑ 6개년 출제리포트

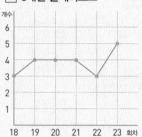

☑ 키워드 공략포인트

• 가족 대상 실천과정은 최근 6년 간 매회 평균 3문제 이상 출제될 정도로 중요도가 높은 키워드입니다.

• 가족 대상 실천 중간과정에서 사용되는 학자별 모델은 사례와 함께 묻는 문제가 많이 출제됩니다.

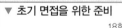

▼ 초기 면접을 위한 준비
18회

• 틀린 선지는?
모든 질문을 사전에 확정해 놓는다. (×)

• 틀린 이유는?
초기 면접에서는 구조화된 질문지를 사용하기도 하지만, 대화를 통해서 새로운 상황이나 문제로 접근하기도 하는 등 융통성을 발휘할 수 있다. 따라서 모든 질문을 사전에 확정해 놓는 것은 바람직하지 않다.

---

1 가족 대상 실천 초기과정 [접수 → 자료수집 → 사정 → 계획]

(1) 초기과정의 과업

접수	• 실천을 시작하는 단계로, 사례의 적격 여부를 판별하여 접수를 결정함. • 접수된 사례는 클라이언트와 긍정적인 원조관계를 수립함으로써 클라이언트의 참여를 유도함. • 서비스 제공이 불가능하다고 판단되면 다른 기관에 의뢰함.
자료수집	• 클라이언트의 문제를 이해하고 분석·해결하는 데 필요한 자료를 모으는 과정 • 클라이언트는 일차적인 정보제공자로서 가장 중요함.
사정	• 자료 해석, 의미 부여, 문제 규정, 개입 방향 결정 등의 과업을 모두 포함함. • 사정과 자료수집은 동시에 일어나며 순환적임.
계획	사회복지사와 클라이언트가 '목표달성 전략, 사회복지사와 클라이언트의 역할, 개입방법, 평가방법' 등을 기술한 내용에 동의하는 과정

(2) 초기과정에서 필요한 태도

① 가족의 조직과 유형이 역기능일지라도 먼저 받아들인다.

② 가족의 교류 양식과 그 장점을 경험한다.

③ 배척되거나 속죄양이 된 가족 성원의 고통을 느끼고 공감한다.

④ 가족 성원들과 함께 문제탐색과정에 참여하여 가족 성원들이 가장 중요하게 생각하는 문제가 무엇인지 알아야 한다.

⑤ 의사소통의 방식(예 속도, 언어 유형 등)을 알고 따른다.

⑥ 클라이언트의 자율성을 존중하면서 의존 조성을 피하고 전문적 관계를 유지한다.

⑦ 클라이언트의 저항을 재사정한다.

(3) 초기과정에서의 면접

① 면접은 클라이언트의 문제가 무엇인지를 파악하는 가장 기본적이고 핵심적인 작업이다. 그러므로 면접에서 자료를 수집하고 결정하는 작업은 초기에 이루어져야 한다.

② 면접은 주로 언어적 형태의 자료를 이용하는데, 대화보다는 조직화되어 있으며 심리검사보다는 덜 구조화되어 있는 방법을 사용하기도 하고, 경우에 따라서는 구조화된 면접을 사용하기도 한다.

③ 초기 면접에서는 클라이언트의 현 상태와 과거력을 탐색하여야 한다.

2 가족 대상 실천 중간과정 [개입 → 점검]

(1) 보웬의 세대 간 가족치료(다세대적 모델)

특징	• 가족을 다세대적 현상으로 보고, 다세대적 분석을 통해 현재의 가족문제를 파악함. • 대부분의 가족문제는 가족 성원이 자신의 원가족에서 심리적으로 분리되지 못한 데서 비롯된다고 봄.
주요 개념	• 자아분화: 한 가족의 정서적 혼란으로부터 자신이 자유로워지는 과정 　– 자아분화 수준이 높은 경우: 생각과 감정이 적절히 분리되어 있고, 사고와 감정이 균형을 이룸. 　– 자아분화 수준이 낮은 경우: 가족원을 끌어들여 삼각관계를 형성하고 근본적인 문제의 원인을 회피하려 함. • 삼각관계: 두 사람 사이에서 스트레스나 긴장관계가 발생했을 때 제3자를 끌어들여 긴장의 수준을 완화하려는 것으로, 가족의 분화수준이 낮을수록 삼각관계를 형성하려는 경향이 있음. • 핵가족 정서과정: 해소되지 못한 불안들이 개인에게서 가족에게로 투사되는 것 • 가족 투사과정: 부부의 불안이 증가될 때 자신의 미분화된 정서문제를 자녀에게 투사하는 과정 • 다세대 전수과정: 가족 정서과정이 세대를 이어 전개되는 것 • 정서적 단절: 해결되지 못한 정서적 애착에서 도피하는 것
대표 기법	탈삼각화, 가계도

(2) 미누친의 구조적 가족치료(구조적 모델)

특징	가족의 불균형으로 가족문제가 발생한다고 보아 가족구조의 변화(재구조화)를 목표로 함.
주요 개념	• 경계: 체계와 체계를 구분하는 보이지 않는 선으로 가족의 상호 역동에 따라 명확한 경계, 경직된 경계, 밀착된 경계로 구분함. • 제휴: 가족체계에서 한 개인이 다른 구성원의 활동에 협력 또는 반대하는 등의 관계를 가지는 것 • 세력(권력): 가족 성원 개개인이 상호작용을 통해 다른 사람에게 미치는 영향력
대표 기법	경계 만들기, 균형 깨뜨리기, 합류하기(추적하기), 과제 부여, 긴장 고조시키기, 실연

(3) 사티어의 경험적 가족치료(성장모델)

특징	가족 특유의 갈등과 행동양식에 맞는 새로운 경험을 제공하여 의사소통방법을 교정하고 자아존중감을 향상시키는 것을 목표로 함.
주요 개념	• 자아존중감: 경험적 모델의 핵심이자 치료의 결과적 목적으로, 자아존중감의 형성에는 생애 초기에 어떠한 관계를 경험했는가가 중요함. • 의사소통: 비난형, 회유형, 초이성형, 혼란형, 일치형이 있으며 역기능적 의사소통의 교정을 중시함.
대표 기법	가족조각, 가족그림, 역할극, 비유, 역할반전, 빙산치료

> 🔍 **자아분화**
>
> • 정신 내적 측면에서의 자아분화란 개인의 지적·정서적 측면의 분리 또는 구분을 의미함.
> • 외부관계적 측면에서의 자아분화란 타인과 친밀하면서도 독립성을 유지하는 능력을 의미함.
> • 자아분화 수준이 높을수록 가족체계의 정서에서 분화되고, 적응력과 자율성이 커짐.
> • 가족 내에 자아분화 정도가 낮은 성원이 존재하면 그를 중심으로 삼각관계가 형성될 수 있음.
> 　📝 자아분화 수준이 낮은 부모는 미분화에서 오는 자신의 불안을 삼각관계를 통해 회피하려고 함.

사회복지실천기술론

(4) 드 세이저의 해결중심 단기 가족치료(해결중심모델)

특징	가족의 문제가 무엇인가를 파악하기보다는 가족이 원하는 해결책이 무엇인가에 초점을 둠.
주요 개념	• 사회복지사와 클라이언트의 관계유형: 불평형, 방문형, 고객형 • '알지 못함'의 자세: 사회복지사 혹은 가족치료자가 언어적·비언어적 행동으로 클라이언트에게 풍부하고 진실한 호기심을 전달하는 것을 말함.
대표 기법	면접 전 변화에 대한 질문, 예외질문(예외 상황), 척도질문(수량화·점수화), 기적질문(상상), 대처질문(과거에 극복했던 경험), 관계성 질문(중요한 타인의 생각을 묻는 것) **Tip** 순환질문은 해결중심모델의 기법에 해당되지 않습니다.

(5) 헤일리의 전략적 가족치료(전략적 모델)

특징	• 행동이 일어난 이유보다는 행동의 변화에 관심을 두며, 이론보다는 문제해결에 초점을 두고 다양한 전략을 시도함. • 단기치료, 행동중심
주요 개념	• 전략적 가족치료 학파의 세 가지 가정 – 사이버네틱스이다: 어려움은 잘못 시도된 해결의 지속이나 정적 환류고리의 확대로 생기는 만성적인 문제 　**참고** 사이버네틱스의 이론에 의하면, 가족치료는 치료자가 피드백 정보를 바꾸는 데 개입함으로써 가족의 비정상적인 행동패턴을 보다 바람직한 패턴으로 바꾸어 주는 것으로 이해할 수 있다. – 구조적인 것이다: 문제는 가족권력이나 가족경계에 연합이 일어난 결과 – 기능적인 것이다: 한 개인이 다른 누군가를 보호하거나 통제할 때 나타나는 문제는 전체 가족체계의 기능을 도움. • 가족항상성: 가족은 안정을 유지하고자 하는 기능뿐만 아니라 변화하고자 하는 기능을 동시에 가지고 있는 체계 • 이중구속: 동시에 다른 수준에서 상호 모순되는 메시지를 보냄으로써 어떠한 메시지에도 선택적으로 반응할 수 없는 혼란스러운 상황에 놓이는 것
대표 기법	역설적 개입(증상처방, 변화제지, 시련), 순환적 질문, 재명명, 긍정적 의미부여

(6) 다양한 실천기법

① **가족중재**: 사회복지사가 가족 내 감정에 깊이 관여하기보다는 중립적 입장에서 단순히 구조화된 과정을 안내하는 것이다.

② **가족옹호**: 직접적이고 전문적인 지식을 이용하여 가족의 생활 조건을 향상시키도록 계획된 전문적 서비스로, 가족의 권리를 대변하고 서비스를 확충하도록 노력하는 것이다.

③ **문제의 외현화(외재화)**:
　㉠ 이야기치료에서는 문제가 개인의 속성이나 내부에 존재하는 것이 아니라 외부에 존재하는 것으로 보며, 가족문제를 가족을 괴롭히는 존재로 보고 이야기한다.
　㉡ 치료자와 클라이언트와의 관계를 통한 이야기 속에서 문제의 초점을 찾는다.
　㉢ 클라이언트의 잠재력과 가능성을 인식하고 강점을 개발할 수 있도록 촉진한다.

④ **시연(행동시연)**: 클라이언트가 습득한 행동기술을 현실세계에서 직접 실행하기 전에 사회복지사 앞에서 반복적으로 연습하는 것이다.

3 가족 대상 실천 종결과정 [종결 → 평가]

종결 시기 결정하기	• 종결할 때가 되었는지 여부를 판단하여 종결 시기 결정 • 종결 시기를 판단할 때 고려사항 – 개입 목표의 달성 정도 – 서비스 시간 내 제공 완료 여부 – 클라이언트 문제상황의 해결 정도 – 사회복지사와 기관의 투자 노력 – 이득 체감(더 이상의 만남이 큰 도움이 되지 않으리라는 것)에 대한 합의 – 클라이언트의 의존성 – 새로운 서비스 필요성의 여부
정서적 반응 다루기	• 분리과정 동안 경험하는 정서적 반응 해결하기 • 클라이언트의 스트레스를 최소화하면서 효과적으로 종결 하기 위해서는 클라이언트의 정서적인 반응을 다루어 주어 야 함.
효과의 유지와 강화	• 개입으로 획득된 성과를 유지하고 일반화하며, 클라이언트 가 계속 발전할 수 있도록 계획하기 • 사후관리: 종결 후 일정 기간(1~6개월)이 지나서 클라이언 트가 잘 적응하고 있는지 변화의 유지 정도를 확인함.
의뢰하기	목표가 달성되지 않았거나 혹은 달성되었더라도 클라이언트 에게 새로운 서비스가 필요한 경우 의뢰함.
평가하기	• 원조과정의 결과를 평가하고, 개입의 효과성과 효율성을 측정함. • 무엇이 클라이언트에게 도움이 되었고, 어떤 것들이 다르게 진행되었어야 했는지를 알 수 있음.
환류하기	• 사회복지사가 제공한 서비스나 원조활동의 성과를 평가한 이후에는 사정이나 계획, 개입단계에 대해 확인하는 단계가 이루어져야 함. • 만일 평가를 통해 변화가 없거나 부정적인 결과가 나타난 경우에는 욕구의 재확인이나 서비스 계획의 재수립, 개입 전략의 수정이나 추가 등의 환류과정을 거치는 것이 필요

STEP 3 　필수문제 점검

01
기출 22회

다음과 같은 기법을 사용하는 가족치료모델은?

> • 가족구성원들 사이 힘의 우위에 따라 대칭
 적이거나 보완적 관계가 형성된다.
• 비언어적 의사소통이 가족의 욕구를 나타
 내므로 메타 의사소통이 중요하다.
• 가족이 문제행동을 유지하도록 지시함으로
 써 클라이언트가 통제력을 발휘한다.

① 전략적 가족치료모델
② 해결중심 가족치료모델
③ 구조적 가족치료모델
④ 다세대 가족치료모델
⑤ 경험적 가족치료모델

02
기출 21회

**가족실천 모델과 주요 개념, 기법의 연결로
옳지 <u>않은</u> 것은?**

① 보웬모델 – 자아분화 – 탈삼각화
② 구조적 모델 – 하위체계 – 균형깨뜨리기
③ 경험적 모델 – 자기대상 – 외현화
④ 전략적 모델 – 환류고리 – 재구성
⑤ 해결중심모델 – 강점과 자원 – 예외질문

| 해설 |

01 ② 해결중심 가족치료모델은 대표적인 단기치료
 　 개입방법으로, 가족이 원하는 해결방안이 무엇
 　 인가에 초점을 두고 개입한다.
 ③ 구조적 가족치료모델은 가족을 재구조화함으
 　 로써 가족이 적절한 기능을 수행할 수 있도
 　 록 돕는 가족치료기법이다.
 ④ 다세대 가족치료모델은 다세대적 분석을 통해
 　 현재의 가족문제를 파악하고자 한다.
 ⑤ 경험적 가족치료모델은 가족의 특유한 갈등
 　 과 행동양식에 맞는 경험을 제공하려고 노력
 　 한다.
02 외현화는 이야기치료모델의 기법이다. 자기대상
 　 이란 하인즈 코헛이 주장한 자기이론의 주요
 　 개념으로, 자기 자신의 일부로서 경험되는 대상
 　 (양육자 등)을 말한다.

정답 | 01 ① 　02 ③

집단의 유형과 구분

STEP 1 기출분석

STEP 2 핵심이론 공략

☑ 6개년 출제리포트

☑ 키워드 공략포인트

• 집단 유형별 특징은 집단 대상 실천기법의 기본이 됩니다.
• 토스랜드와 리바스가 제시한 집단의 목적에 따른 구분도 자주 출제되는 내용입니다.

1 집단 유형

(1) 결속 정도에 따른 구분

1차집단	• 자주 접촉하면서 아주 친밀한 관계를 맺는 집단 예 가족, 친구, 소규모집단 등 • 공동의 규범을 가지고 있고, 지속적으로 광범위한 영역에 걸쳐 상호 영향을 미침.
2차집단	• 목적을 달성하기 위해 인위적 계약에 의하여 형성된 집단 • 직접 대면해서 접촉하는 경우는 드물며, 전혀 접촉하지 않는 경우도 있음. • 공식적으로 연관되어 있고 약간의 관심사만 공유함.

(2) 구성방법에 따른 구분

자연발생적 집단	자연적으로 발생한 사건이나 인간관계상 매력 또는 성원의 욕구 등을 기초로 하여 구성된 집단 예 가족, 또래집단, 갱 집단 등
인위적 형성집단	외부의 영향이나 개입을 통하여 의도적으로 만들어진 집단 예 치료집단, 위원회 등

(3) 집단의 개방 정도에 따른 구분

구분	폐쇄형 집단	개방형 집단
개념	집단이 시작되면 새로운 성원을 받아들이지 않는 집단	집단이 시작된 후에도 새로운 성원이 참여할 수 있는 집단
장점	• 집단 성원의 역할과 집단 규범이 안정적 • 집단응집력이 강함.	• 새로운 집단 성원의 참여가 집단과 성원들에게 자극이 될 수 있음. • 가입과 탈퇴 조건이 유연함.
단점	• 다수의 성원이 탈퇴할 경우 남은 집단 성원에게 미치는 영향이 큼. • 새로운 정보나 내용이 없으면 집단 성원이 지루해할 수 있음.	• 집단 성원이 자주 교체되면 응집력이 약화될 수 있음. • 새로운 집단 성원이 소속감을 갖는 데 어려움이 있을 수 있음.

정답 잡는 오답노트

▼ **집단을 구성할 때 고려할 내용** 14회

• **틀린 선지는?**
다양한 집단 성원의 참여를 유도하기 위해 폐쇄형 집단으로 구성한다. (×)

• **틀린 이유는?**
다양한 집단 성원의 참여를 유도하기 위해서는 개방형 집단으로 구성하는 것이 좋다.

(4) 집단의 목적에 따른 구분 – 토스랜드와 리바스

구분	치료집단	과업집단
목적	성원의 사회·정서적 욕구 충족	특수한 과업이나 목표 달성
결속동기	집단 성원의 개별적 욕구	수행해야 할 과업
구성	공동의 관심사, 문제, 특성 등에 따라 구성	필요한 재능, 전문성, 노동 분화에 따라 구성
실천방식	개방적·공개적인 상호작용으로 성원을 격려	특정 과업에 대한 의사소통에 초점

역할	상호작용을 통하여 결정	각 성원에게 과업 할당
절차	집단에 따라 융통적 또는 공식적으로 이루어짐.	형식적·공식적 안건이나 규정 존재
자기노출	많음.	적음.
비밀보장	개인적 수준에서 처리되거나 집단 내에서 유지됨.	개인적으로 처리될 수도 있지만 공개되기도 함.
평가	집단 성원의 치료적 목적의 성취 정도에 따라 성공 여부 평가	집단 성원이 성취한 과업이나 의무 사항, 결과물로 평가

(5) 치료집단의 세부 유형

자조집단	• 문제상황에 대처할 수 있는 능력을 고양하도록 공통문제를 가진 집단 성원이 서로를 돕는 것을 목적으로 하는 집단 • 성원 간 서로 도우며 스스로를 긍정적으로 느끼게 되고 삶에 대해 적극적으로 대처·통제함. • 사회복지사가 최소한으로 개입함. 예 단주집단, 한부모집단 등
지지집단	삶에서 장차 일어날 사건에 효과적으로 적응하기 위하여 대처기술을 발전시킴으로써 삶의 위기에 대처하도록 돕는 집단 예 한부모집단, 이혼집단 등
교육집단	• 집단 성원들의 지식과 정보 획득 및 기술 향상이 목적인 집단 • 주로 강의나 토론 형태로 진행 예 청소년 성교육집단, 부모역할훈련집단, 위탁부모집단 등
성장집단	• 성원들의 자기인식 증진과 사고의 변화가 목적인 집단 • 질병의 치료보다는 사회·정서적 건강 증진 중시 예 참만남집단, 퇴직을 준비하는 집단, 잠재력 개발집단 등
치유집단	• 집단 성원의 행동 변화, 개인적인 문제의 완화나 제거가 목적인 집단 • 자기노출 수준이 높음. • 사회복지사는 권위적 인물로서의 역할을 함. 예 외래 환자를 대상으로 한 정신치료집단, 금연집단
사회화집단	• 사회적 관계에서 어려움을 겪는 경우 사회적 기술을 습득하고 사회생활에서 효과적으로 기능할 수 있도록 원조하는 것이 목적인 집단 • 사회기술훈련집단, 자치집단, 여가집단이 해당됨. 예 주의력 결핍 및 과잉행동장애 아동을 대상으로 하는 활동집단, 퇴원한 정신장애인을 위한 사교집단

2 집단 구성 시 고려해야 할 사항

① 집단응집력을 높이려면 참여동기가 유사한 성원을 모집해야 한다.
② 다양한 성원의 참여를 유도하려면 개방형 집단으로 구성해야 한다.
③ 집단 성원의 동질성을 높이기 위해 사전에 욕구 수준을 파악한다.
④ 집단의 목표에 따라 집단의 크기를 융통성 있게 조절한다.
⑤ 집단의 정서적 안정감을 높이기 위해 쾌적한 장소를 선정한다.

01
기출 22회

집단에 관한 설명으로 옳은 것은?

① 개방형 집단은 폐쇄형 집단에 비해 집단 성원의 중도 가입이 어렵다.
② 개방형 집단은 폐쇄형 집단에 비해 응집력이 강하다.
③ 개방형 집단은 폐쇄형 집단에 비해 집단 성원의 역할이 안정적이다.
④ 폐쇄형 집단은 개방형 집단에 비해 집단 발달단계를 예측하기 어렵다.
⑤ 폐쇄형 집단은 개방형 집단에 비해 집단 규범이 안정적이다.

02
기출 22회

토스랜드와 리바스(R. Toseland & R. Rivas)가 분류한 집단 모델에 관한 설명으로 옳은 것은?

① 치료모델은 집단의 사회적 목표를 강조한다.
② 상호작용모델은 개인 치료를 위한 수단으로 집단을 강조한다.
③ 상호작용모델은 개인의 역기능 변화가 목적이다.
④ 사회적 목표모델은 민주시민의 역량 개발에 초점을 둔다.
⑤ 사회적 목표모델은 집단성원 간 투사를 활용한다.

| 해설 |
01 폐쇄형 집단은 집단 성원의 역할과 집단 규범이 안정적이며, 집단응집력이 강하다는 장점이 있다.
02 사회적 목표모델은 민주시민의 역량 개발과 성원 간 소속감 및 결속력에 초점을 둔다.

정답 | 01 ⑤ 02 ④

사회복지실천기술론

STEP 2 핵심이론 공략

1 집단 사회복지실천의 개요

(1) **개념**: 집단을 매개수단으로 한 목표지향적 활동으로 개인이 가진 문제를 해결하거나 개인의 강점을 더욱 강화시키고, 집단이나 지역사회가 당면한 문제에 효과적으로 대처해 나가도록 돕는 사회복지실천방법이다.

(2) **원칙**

① 집단활동에 필요한 최소한의 규범을 설정한다.
② 집단이 직면한 어려움을 해결하기 위해 개입한다.
③ 집단 성원의 참여를 촉진하기 위해 지지한다.
④ 집단 성원의 성장을 돕기 위해 개인의 욕구에 대응한다.

(3) **장점**: 상호지지, 일반화(보편성), 희망 증진(희망고취), 이타성 향상, 새로운 지식 및 정보 습득, 집단의 성장 및 소속감, 재경험의 기회 제공, 감정 정화(카타르시스)

(4) **집단이론**

장이론	'장'이란 상호 의존적이며 공존하고 있는 모든 사실들의 총합으로, 집단은 구성원 간 상호작용이 연속적으로 발생하는 과정
소시오메트리	집단에서 상호 간의 관심을 서술하고 측정하기 위한 방법
집단 상호작용	집단은 특정 문제를 해결하기 위해 상호작용하는 성원들의 체계

(5) **집단문화**: 집단성원들이 공통적으로 향유하는 가치, 신념, 관습, 전통 등을 의미한다. 집단성원이 동질적이거나 폐쇄형 집단이면 빠르게 형성되지만, 이질적이거나 개방형 집단이면 느리게 형성된다.

2 집단 사회복지실천모델

(1) **사회적 목표모델**

집단의 목적	• 민주주의와 지역사회의 정의 고취 및 개발 • 구성원의 사회의식과 사회적 책임 향상 • 지역사회 내 범죄, 빈곤과 같은 문제 다루기
활동의 초점	개인의 성숙과 민주시민의 역량 개발
집단 지도자의 역할	영향력을 끼치는 자, 촉진자(바람직한 역할모델 제시)
집단 성원의 이미지	시민이나 이웃
활동의 장	지역복지관, 시민조직
대표적 집단·조직	청소년 유해환경 감시단, 지역사회 환경 감시단

(2) 상호작용모델

집단의 목적	• 집단 지도자와 성원이 상호작용하여 목표 형성 • 개인과 집단 간의 상호 또는 공생 관계
활동의 초점	성원 간의 자조, 상호 원조체계 개발
집단 지도자의 역할	중재자, 조력자
집단 성원의 이미지	공동의 목표 달성을 위해 협력하는 구성원
활동의 장	사회복지관, 임상기관
대표적 집단·조직	지지집단, 가정폭력 피해자집단

(3) 치료모델

집단의 목적	집단을 통한 개인의 치료
활동의 초점	개인적인 역기능 변화
집단 지도자의 역할	변화매개자, 전문가
집단 성원의 이미지	문제해결을 원하는 자
활동의 장	사회복지관, 사회복지시설, 병원
대표적 집단·조직	치유집단, 정신치료를 위한 집단

3 집단치료와 집단역동성, 집단응집력

(1) 집단치료 참고 치료자는 집단적 행동을 도와주고 통제하는 역할을 함.

① 목적: 집단 내 구성원 간의 상호작용을 통해 변화와 성숙을 이끌어낸다.

② 얄롬의 11가지 집단치료의 효과: 희망의 고취, 보편성, 정보전달, 이타주의(이타심), 초기가족의 교정적 재현, 사회화 기술의 발달, 모방행동, 대인관계 학습, 집단응집력, 정화(카타르시스), 실존적 요인

(2) 집단역동성

① 집단 성원 간 또는 집단 성원과 집단 지도자 간의 역동적 상호작용을 집단과정이라 하며, 이러한 과정에서 형성된 개별뿐만 아니라 집단 전체에 영향을 미치는 독특한 힘을 집단역동성이라고 한다.

② 기본요소: 집단 규범, 지위와 역할, 집단응집력, 집단 의사소통과 상호작용(정서적 유대, 하위집단, 집단의 크기와 물리적 환경), 집단문화, 피드백

③ 집단 내 하위집단의 형성은 자연스러운 현상으로, 집단역동에 영향을 미친다. 참고 하위집단의 형성을 긍정적이거나 부정적이라고 단정할 수는 없다.

(3) 집단응집력

① 집단 성원이 다른 성원 또는 집단 전체에 느끼는 매력을 의미한다.

② 집단 성원들이 집단에 매력을 느끼고 있을 때 집단응집력(결속력)이 생긴다. 이러한 집단응집력이 높을수록 집단의 목표를 달성하는 데 효과적이며 결과도 만족스럽다.

STEP 3   필수문제 점검

01 기출 22회

집단 사회복지실천의 장점에 관한 설명으로 옳지 <u>않은</u> 것은?

① 모방행동: 기존의 행동을 고수한다.

② 희망의 고취: 문제가 개선될 수 있다는 희망을 갖게 한다.

③ 이타심: 위로, 지지 등으로 서로 도움을 주고 받는다.

④ 사회기술의 발달: 대인관계에 관한 사회기술을 습득한다.

⑤ 보편성: 다른 사람들도 비슷한 경험을 하는 것으로 위로를 받는다.

02 기출 21회

사회목표모델에 관한 내용에 해당하지 <u>않는</u> 것은?

① 자원 개발의 과제

② 민주적 의사결정 방식

③ 인본주의이론에 근거

④ 사회복지사의 촉진자 역할

⑤ 성원 간 소속감과 결속력 강조

| 해설 |

01 모방행동을 통해 다른 집단 성원이나 집단 리더를 모방함으로써 바람직한 사고, 행동, 감정을 습득할 수 있다. 확증편향은 자신의 신념과 일치하는 정보는 받아들이고 신념과 일치하지 않는 정보는 무시하는 경향으로, 기존의 행동을 고수하는 것도 이에 해당한다.

02 인본주의이론에 근거하는 집단 사회복지실천 모델은 상호작용모델이다.

정답 | 01 ① 02 ③

제4영역 사회복지실천기술론

집단발달단계별 사회복지실천

☑ **6개년 출제리포트**

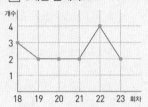

☑ **키워드 공략포인트**

- 집단발달단계별 사회복지실천 은 매회 2~3문제가 출제되고 있습니다.
- 집단 사회복지실천의 각 단계 별 특징과 과업을 묻는 문제가 자주 출제되므로 해당 내용을 잘 숙지해야 합니다.

정답 잡는 오답노트 🖉

▼ **집단사정도구**   18회

- **틀린 선지는?**

소시오메트리: 성원 간의 상호작용 빈도를 기록한다. (×)

- **틀린 이유는?**

소시오메트리는 상호작용 빈도가 아니라 성원 간 상호작용관계 및 관심 정도를 측정하기 위한 방법 이다.

STEP 2   핵심이론 공략

준비단계 ➡ 초기단계 ➡ 사정단계 ➡ 중간단계 ➡ 종결단계

1 준비단계

(1) 개념

집단이 형성되기 이전에 사회복지사가 집단을 계획하고 구성하는 단계이다.

(2) 과업

① 집단의 목적을 설정한다(방향과 지침 제공, 토론으로 타협과 수정).
② 잠재적 성원 모집과 사정이 이루어진다(집단 성원 선별).
③ 집단의 지속기간과 회합 빈도(횟수, 시간 등)를 정한다.
④ 적합한 집단을 구성한다(이질적 집단과 동질적 집단, 개방집단과 폐쇄집단, 집단의 크기 등을 고려).

> **참고** • 개방집단이 적합한 집단: 거주시설, 병원 등에서 운영하는 치료집단
> • 폐쇄집단이 적합한 집단: 교육집단(집단 성원들의 성과 강화가 필요할 경우)

🔍 **집단의 크기가 클 때의 장단점**

장점	• 아이디어, 기술, 자원 등을 상대적으로 더 많이 확보할 수 있음. • 더욱 복잡한 과업을 다룰 수 있음. • 말이나 행동에 압력을 덜 받음. • 한두 명 정도 빠져도 큰 문제가 생기지 않음. • 의미 있는 상호작용에 필요한 최소한의 수준 이하로 떨어질 위험이 적음.
단점	• 각각의 성원들이 주목받을 수 있는 확률이 떨어짐. • 친밀한 상호작용이 어려움. • 집단을 저해하는 하위집단이 생길 위험이 있음. • 침묵하는 성원이 많이 생길 수 있음. • 성원이 빠지는 것을 상대적으로 덜 의식하게 됨. • 사회복지사가 관리하기 어려움. • 응집력 형성과 의견 일치가 어려움.

2 초기단계

(1) 특징

① 성원들이 다른 집단의 경험, 이전의 관계, 역할과 상호작용에 기초한 기대 등을 가지고 있다.

② 집단의 구체적인 목적에 대해서는 완전하게 알지 못할 수도 있다.

③ 성원들은 첫 만남부터 서로를 탐색하기 시작하며, 친숙해질 수 있는 전형적인 대화를 나눈다.

④ 첫 번째 모임에 참석한 성원들은 다른 성원과 사회복지사에게 접근하는 동시에 회피하려는 성향을 가지고 있다.

(2) 과업

① 집단 성원 앞에서 사회복지사를 소개한다.

② 집단 성원과 성원의 역할을 소개한다.

③ 집단의 목적을 소개한다.

④ 개별 성원의 목표를 설정한다.

⑤ 집단 성원과의 합의하에 집단 규칙을 설정한다.

⑥ 신뢰감을 조성하고 계약을 진행한다.

Tip 일반적으로 사회복지사는 첫 번째 모임에서 집단 성원을 대상으로 오리엔테이션을 실시하여 집단의 정보를 제공합니다.

3 사정단계

(1) 개념

① 사정은 원조과정에서 과정(절차)과 결과(산물)라는 두 가지 측면을 포함한다.

② 과정으로서의 사정은 정보를 수립하고 조직화하며 판단하는 것이다.

③ 결과로서의 사정은 집단과 성원의 기능을 언어 또는 문서로 진술하는 것이다.

(2) 집단발달단계별 사정의 특징

① 사정은 특정 단계에서만 이루어지는 것이 아니라 연속적으로 이루어진다.

② 각 단계마다 사정이 이루어지며, 단계별로 내용이 조금씩 달라진다.

초기단계	집단 및 성원의 기능 수행에 대한 체계적 사정
중기단계	초기 사정내용의 타당성을 검토하고 그 성공 여부에 기반하여 개입계획 수정
종결단계	집단 및 성원의 기능 달성 정도를 사정, 추가 개입이 필요한 영역에 주목

🔍 대표적인 집단사정도구

소시오메트리	소시오그램
• 집단 성원 간의 친소관계나 상호작용 관계를 파악하는 사회성 측정도구 • 행렬표로 그린 것 • 대규모집단에서 활용	• 사회집단에서 개인 사이의 대인관계를 그림으로 나타낸 것 • 그림으로 시각화시킨 것 • 소규모집단에서 활용

🔍 집단과정을 촉진하기 위한 실천기술

• 자기노출: 사회복지사가 자신의 생각과 감정, 삶의 경험을 적절하게 노출함으로써 클라이언트의 표현을 촉진시키고 클라이언트의 상호 이해를 증진시키는 것

• 직면: 집단 성원이 말과 행동 간의 불일치를 보이는 경우 혹은 집단 성원이 전달하는 메시지의 내용 사이에 불일치를 보이는 경우 집단 성원에게 불일치 내용을 언급하는 것

• 피드백 활용: 집단 성원들에게 그들의 역할 수행 정도나 서로를 바라보는 관점에 대해서 명확한 정보를 제공하는 것

🔍 기타 집단사정도구

• 사회적 관계망표
 – 개인, 가족의 사회적 관계망 혹은 사회적 지지를 사정하는 도구
 – 클라이언트의 사회적 관계망 내에 있는 사람들이 클라이언트와 어떤 관계이고 어느정도의 물질적·정서적·정보적 지지를 주고 있으며, 도움은 일방적인지 쌍방적인지, 관계망 구성원과의 접근성과 접촉빈도 및 최초 접촉시기 등이 표시됨.

• 의의차별척도: 집단사정도구 중 하나로, 5개 혹은 7개의 응답범주를 가지고 2개의 상반된 입장에서 하나를 선택하는 사정도구

• 상호작용차트
 – 성원의 집단참여 수준을 분석하는 사정도구
 – 집단성원들 간의 상호작용 또는 집단성원과 사회복지사 간의 상호작용의 빈도를 기록하는 그림

4 중간단계

(1) 과업

① 집단모임(회합)을 준비한다.
   예 과제나 의제의 준비, 역할극 개발, 프로그램 활동 선정, 지난 회합의 검토 및 평가, 다음 회합의
   일정 제시 및 사전 연습 등
② 집단을 구조화한다.
③ 성원의 참여를 유도하고 능력을 고취시킨다.
④ 성원들의 목표 달성을 원조한다.
⑤ 저항하는 집단 성원을 독려한다.
⑥ 집단 진행과정을 점검하고 평가(모니터링)한다.

(2) 개입방법

개인 내적 수준의 개입	• 개별 성원의 사고, 행동, 감정 등의 파악과 분별 • 사고와 감정과 행동 사이의 연관성 파악 • 사고와 비합리적 신념 분석 • 사고, 신념, 감정 상태의 변화 유도: 인지적 재구조화, 인지적 자기지시, 사고 중단, 재정의, 인지적 심상기법, 점진적 이완기법, 체계적 둔감화 등을 이용
대인관계의 변화를 위한 개입	• 모델 관찰·역할극을 통한 학습 • 사회기술훈련을 통한 대인관계기술 향상
환경 수준의 개입	• 성원이 필요로 하는 특별한 자원을 연결 • 성원의 사회적 관계망 확대 • 물리적 환경을 변화시킴. • 집단을 후원하는 기관의 지원을 확대시킴. • 기관 간 연계망 형성 • 지역사회의 인식 증진

5 종결단계

(1) 특징

① 집단과정에서 일어난 일들이 통합되는 단계이다.
② 성원들과 집단이 목표를 달성할 때 종결하는 것이 이상적이지만, 집단 성원이 중도
   탈락하거나 집단이나 성원의 목적을 달성하지 못한 채 종결하기도 한다.
③ 집단과정을 통해서 획득한 변화나 기술, 기법 등이 집단이 종결된 이후에도 유지될
   수 있도록 계획을 수립한다.

(2) 과업

① 성취된 변화를 유지하고 일반화한다.
② 개별 성원의 독립적 기능을 촉진하고 집단 의존성을 감소시킨다.
③ 미래에 대한 계획을 세운다.
④ 종결 시 성원들이 느끼는 감정을 다룬다.
⑤ 다른 자원 및 서비스에 클라이언트를 의뢰한다.
⑥ 불만족스러운 종결의 원인을 분석한다.

⑦ 성원들의 종결 준비과정을 원조한다.

⑧ 집단 활동을 평가한다.

⑨ 종결을 통보한다.

(3) 계획된 종결과 계획되지 않은 종결

계획된 종결	• 계획에 따라 집단이 종결되는 경우 • 목적과 목표를 성취하여 더 이상 서비스를 받지 않아도 되는 성공적인 종결을 맞기도 하고 그렇지 않을 수도 있음.
계획되지 않은 종결	• 집단 성원의 중도탈락에 의한 종결 • 사회복지사의 사정에 의한 종결

(4) 성공적인 종결과 성공적이지 않은 종결

성공적인 종결	• 집단과 집단 성원들이 목표를 성취한 경우 • 성취에 만족감을 느끼며 자존감 향상 • 만족감은 있지만 이별에 의한 상실감을 겪기도 함. • 남아 있는 문제에 대한 계획을 성원들이 수립하도록 원조
성공적이지 않은 종결	• 집단과 성원 목표의 대부분 또는 모두를 이루지 못한 경우 • 결과에 분노, 좌절, 실망, 우울, 절망, 죄책감, 책임 전가, 비난 등의 감정을 느낄 가능성이 있음. • 종결의 의식이나 형식을 잘 계획해야 하고, 목표를 달성하지 못한 이유나 대안 등을 토론하는 것이 좋음.

(5) 종결단계에서 사회복지사의 역할

① 종결을 맞이하는 클라이언트의 분노, 상처, 실망 등의 반응 및 표현을 인지해야 한다.

② 종결을 맞이하는 클라이언트의 반응은 다양하기 때문에 종결 시 각 사례를 개별화하여 사정해야 한다.

③ 종결에서는 다음과 같은 기술이 활용될 수 있다.

　㉠ 클라이언트의 동의하에 결정된 프로그램을 진행하는 사회복지사는 종결이 예정되어 있음을 알린다.

　㉡ 사회복지사는 부정적인 감정이 있는 클라이언트의 간접적인 암시를 직접적으로 표현하도록 격려한다.

　㉢ 클라이언트의 종결감정을 인정하고, 사회복지사의 종결감정을 클라이언트와 공유한다.

STEP 3　필수문제 점검

01
기출 21회

집단을 준비 또는 계획하는 단계에서 고려할 사항으로 옳은 것을 모두 고른 것은?

> ㉠ 집단성원의 참여 자격
> ㉡ 공동지도자 참여 여부
> ㉢ 집단성원 모집방식과 절차
> ㉣ 집단의 회기별 주제

① ㉠ 　　　　　　　　② ㉠, ㉢
③ ㉡, ㉣ 　　　　　　④ ㉠, ㉢, ㉣
⑤ ㉠, ㉡, ㉢, ㉣

02
기출 22회

집단 종결단계에서 사회복지사의 역할로 옳은 것을 모두 고른 것은?

> ㉠ 집단과정에서 성취한 변화를 지속적으로 유지하도록 돕는다.
> ㉡ 집단성원의 개별 목표를 설정한다.
> ㉢ 종결을 앞두고 나타나는 다양한 감정을 토론하도록 격려한다.
> ㉣ 집단에 대한 의존성을 서서히 감소시켜 나간다.

① ㉠, ㉡ 　　　　　　② ㉢, ㉣
③ ㉠, ㉡, ㉣ 　　　　④ ㉠, ㉢, ㉣
⑤ ㉡, ㉢, ㉣

| 해설 |

01 ㉠, ㉡, ㉢, ㉣ 모두 집단을 준비 또는 계획하는 단계에서 고려할 사항에 해당한다.

02 ㉡ 집단성원의 개별 목표를 설정하는 것은 초기 단계에서의 역할이다.

정답 | 01 ⑤　02 ④

STEP 1   기출분석

☑ 6개년 출제리포트

☑ 키워드 공략포인트
사회복지실천 기록에서는 기록의 목적과 용도, 좋은 기록의 특징, 문제중심 기록과 SOAP 방식 등이 출제되었습니다.

정답 잡는 오답노트

▼ 기록유형별 장단점   11회

• 틀린 선지는?
이야기체기록 – 초점을 명확히 기술함으로써 체계적이고 전형적인 정보를 구축하는 데 유용하며 나중에 정보 복구가 용이하다. (×)

• 틀린 이유는?
이야기체기록은 초점이 모호할 수 있으며 시간이 흐른 뒤에 정보 복구가 쉽지 않다는 단점이 있다.

STEP 2   핵심이론 공략

1 사회복지실천 기록의 목적

① **책임성**: 사회복지사는 기관, 지역사회, 클라이언트에게 법적·윤리적 책임을 가진다.
② **정보 제공**: 정보를 개방하고 공유하여 클라이언트의 알 권리를 보호하고, 치료적 목적으로 활용한다.
③ **서비스 개입 및 과정의 점검과 평가**: 개입이나 서비스의 과정을 점검하고 평가하려는 목적이 있다.
④ **클라이언트에 대한 이해 증진**: 클라이언트의 욕구 파악과 이에 근거한 개입을 용이하게 하고, 사회복지사 자신이 기록에 참여함으로써 원활한 의사소통이 가능하다.
⑤ **지도·감독 및 교육의 활성화**: 실천가를 지도하고 교육하는 것은 물론, 학생이나 실습생, 초보 사회복지사를 지도·감독하기에 유익하다.
⑥ **근거자료로 활용**: 기관의 승인과 정책의 증명, 서비스 관리와 연구조사를 위한 근거자료가 된다.
⑦ **사례의 지속성**: 다른 전문가에게 의뢰될 경우 기록은 서비스의 중복이나 단절을 막아 효과적 사례관리에 도움이 된다.
⑧ **다른 전문직과의 의사소통**: 클라이언트에 대한 동료 전문가나 다른 직종의 전문가와의 원활한 의사소통은 협력을 원활하게 하기 때문에 사례관리에 유익하다.
⑨ **자료화**: 사회복지실천 활동을 모두 자료로 남긴다.

2 단계별 사회복지실천 기록 내용

시작단계	사회복지서비스를 요청하게 된 이유, 클라이언트의 특성, 이용 가능한 자원과 서비스 등에 초점을 두어 기록
사정단계	• 클라이언트 문제에 영향을 주고 유지시키는 다양한 요인을 기록 • 문제해결에 유용한 클라이언트의 강점, 능력, 자원을 기록 • 개입을 위한 문제, 개입방법, 전략, 평가 수단, 개입기간을 기록
계약단계	• 사회복지사와 클라이언트가 함께 달성하고자 하는 목표를 기록 • 계약에 대한 사회복지사와 클라이언트의 책임을 구체적으로 기록 • 목표 달성과정에 사용될 기법과 방법을 기록 • 면접을 위한 시간, 장소와 같은 행정적 절차를 기록
개입단계	• 클라이언트와의 활동 또는 클라이언트를 대신한 활동을 기록 • 클라이언트와 문제상황에 관한 새로운 정보를 기록 • 클라이언트에게 제공한 자원들 및 개입과정의 진전 상황을 기록
종결단계	종결 또는 의뢰의 이유, 클라이언트와 문제에 대한 재검토, 개입효과 평가, 향후 서비스를 위한 계획, 사후관리 등을 기록

3 사회복지실천 기록의 종류

(1) 이야기체기록

① 클라이언트의 상황과 서비스, 사례의 진행사항을 이야기하듯이 요약한 보고 형태의 기록으로, 주제와 시간에 따라서 조직 및 재구성된 총괄적 기록이다.

② 사회력이나 사정과 같은 특정 내용을 문서화하기에 유용하여 사회복지관에서 많이 활용되고 있다.

③ 초점이 모호할 수 있으며, 정보 복구가 쉽지 않다.

(2) 문제중심기록

단순 기록하는 차원을 넘어 문제해결 접근방법을 반영하는 기록이다.

S(주관적 정보)	클라이언트가 지각하는 상황과 문제를 바라보는 관점과 생각, 느낌 등의 주관적인 정보를 기술
O(객관적 정보)	사회복지사가 클라이언트의 행동이나 외모를 관찰한 내용과 같은 사실적이고 객관적인 정보를 기술
A(사정)	주관적 정보와 객관적 정보를 기반으로 확인된 문제 사정
P(계획)	문제해결방법이나 계획 기술

(3) 과정기록: 클라이언트와의 면접내용을 대화체로 옮겨 사회복지사와 클라이언트의 상호작용을 시간의 흐름에 따라 있는 그대로 기록하는 것이다.

(4) 요약기록: 클라이언트의 문제, 제공된 서비스, 진전과정 등에 대한 요약으로, 시간의 경과에 따라 변화된 상황, 개입활동, 주요 정보를 요약하여 기록하는 것이다.

4 좋은 기록의 특징

① 서비스의 결정과 행동에 초점을 둔다.

② 클라이언트와 상황에 관한 정보가 들어 있다.

③ 각 단계의 목적, 목표, 계획, 과정과 진행을 포함하여 서비스 전달에 관한 정보가 들어 있다.

④ 상황 묘사와 사회복지사 견해가 분리되어 각 주제하에 기록을 열람할 때 사회복지사의 관찰사항과 해석을 구분하여 이해할 수 있다.

⑤ 정보를 효과적으로 문서화하고 쉽게 색출해 낼 수 있다.

⑥ 간결하고 명확하며 구체적·논리적이고, 시기적절하다.

⑦ 사회복지 전문가적 윤리를 바탕으로 한다.

⑧ 사회복지사가 행한 실천에서 수용된 이론에 기초해 있다.

⑨ 전문가의 견해를 담으면서도 클라이언트의 관점을 무시하지 않는다.

⑩ 개인정보 보호를 위해 서비스 신청이 필요한 경우, 민감한 사적 정보도 동의를 받아야 한다.

01
기출 22회

사회복지실천 과정의 개입단계 기록에 포함될 내용으로 옳지 않은 것은?

① 클라이언트와의 활동
② 개입과정의 진전 상황
③ 클라이언트의 문제에 관한 추가 정보
④ 클라이언트에게 제공한 자원들
⑤ 클라이언트에 관한 사후지도 결과

02
기출 21회

다음에 해당되는 기록방법은?

- 교육과 훈련의 중요한 수단이며, 자문의 근거자료로 유용
- 면담전개 과정을 시간의 흐름에 따라 기술하는 방식
- 사회복지사 자신의 행동분석을 통해 사례에 대한 개입능력 향상에 도움

① 과정기록
② 문제중심기록
③ 이야기체기록
④ 정보시스템을 이용한 기록
⑤ 요약기록

| 해설 |

01 클라이언트에 관한 사후지도 결과는 종결단계(평가) 기록에 포함되어야 한다. 이 외에 종결 또는 의뢰의 이유, 클라이언트와 문제에 대한 재검토, 개입 효과에 대한 평가, 향후 서비스를 위한 계획, 추후관리 등을 기록한다.

02 시간의 흐름에 따라 기술하며, 사회복지사 자신의 행동분석을 통해 개입능력 향상에 도움을 주는 기록방법은 과정기록이다. 과정기록은 사회복지사와 클라이언트의 상호작용을 있는 그대로 기록하는 방법으로, 사회복지실습이나 교육방법으로 유용하게 사용된다.

정답 | 01 ⑤ 02 ①

제4영역 사회복지실천기술론

사회복지실천 평가

STEP 1 기출분석

☑ 6개년 출제리포트

☑ **키워드 공략포인트**

• 사회복지실천 평가는 19회 시험을 제외하고 사회복지실천 기록과 함께 매회 1문제씩은 출제되는 키워드입니다.

• 사회복지조사론 영역에서 다루는 단일사례설계도 주요 출제 영역이니 함께 살펴 봅시다.

정답 잡는 오답노트

▼ **단일사례설계** 14회

• **틀린 선지는?**

개입과정에서 개입의 강도나 방식을 바꿀 수 없다. (×)

• **틀린 이유는?**

단일사례설계는 개입과정에서 개입의 강도나 방식을 바꿀 수 있으며 개입의 종류도 변경이 가능하다.

STEP 2 핵심이론 공략

1 사회복지실천 평가의 목적

① 개별 클라이언트에 대한 특정 개입의 효과성에 관한 정보를 통하여 클라이언트에게 최대한 도움이 되기 위함이다.

② 서로 다른 문제·특성·환경을 가진 클라이언트들에게 상대적으로 효과적인 개입 방법을 선정하기 위함이다.

③ 기관, 클라이언트, 전문가 그리고 지역사회에 대한 책무성을 향상시키기 위함이다.

2 사회복지실천 평가기법 - 단일사례설계

(1) 개념

개인 및 가족, 소집단 등을 대상으로 문제를 해결하기 위한 개입의 효과를 과학적으로 입증하는 조사설계방법이다.

(2) 특징

① 개입의 효과성 분석
② 표본의 크기=1, 분석단위=1, N=1
③ 즉각적인 환류
④ 통제집단 부재
⑤ 개입 전후 비교
⑥ 동시에 여러 문제의 변화 측정 가능

(3) 종류

① AB설계(기초선단계 → 개입단계): 기본 단일설계

  ㉠ 기초선(A) 설정 후 개입(B)이 뒤따른다.

  ㉡ 개입 전 국면(A)에서는 표적행동 빈도 등에 관한 단순 관찰만 이루어진다.

  ㉢ 개입이 표적행동의 변화에 미치는 효과의 신뢰도가 낮다.

② ABA설계(기초선단계 → 개입단계 → 제2기초선단계)

  ㉠ AB설계에서 개입 이후 또 하나의 기초선(A)을 추가한 설계이다.

  ㉡ 개입 후 일정기간이 지난 뒤에 개입을 중단하고 표적행동을 관찰하는 설계이다.

  ㉢ 개입 이후에 기초선 관찰이 다시 이루어진다.

  ㉣ 두 번째 기초선 기간은 처음 기초선과 같은 상태로 돌아간다는 의미에서 반전 기간 또는 제2기초선이라고 한다.

③ ABAB설계(기초선단계 → 개입단계 → 제2기초선단계 → 제2개입단계)

  ㉠ 외생변수를 좀 더 효과적으로 통제하기 위해 제2기초선(A)과 제2개입(B)을 추가하는 것이다.

  ㉡ 두 번째 기초선(A)에서는 개입을 철회하는 것으로, '기초선(A) → 1차 개입(B) → 반전·철회(A) → 2차 개입(B)'의 형태이다.

  ㉢ 개입과 철회를 반복했을 때 같은 결과가 나오면 인과관계를 명확히 할 수 있다.

ⓔ 개입을 철회하는 경우, 윤리적인 문제가 발생할 수 있다.

ⓜ 제2기초선과 제2개입단계를 추가한 설계이므로 철회·반전설계라고도 부른다.

④ BAB설계(개입단계 → 기초선단계 → 제2개입단계)

ⓖ 기초선 측정 없이 바로 개입하는 설계이다.

ⓛ 클라이언트가 위기에 처해 있거나 기초선을 측정할 수 없는 상황에서 바로 개입해야 할 때 사용한다.

ⓒ 클라이언트 상황이 어느 정도 안정되면 개입을 중지하고 기초선단계 자료를 수집한다.

⑤ 다중요소설계(기초선단계 → 서로 다른 개입방법 사용)

ⓖ ABCD설계, ABAC설계, ABACA설계 등이다.

ⓛ 하나의 기초선(A) 자료에 여러 개의 각기 다른 개입방법(B, C, D)을 연속적으로 도입해 보는 것이다.

⑥ 복수(다중)기초선설계

ⓖ 둘 이상의 클라이언트 혹은 상황이나 문제에 AB설계를 반복하여 외부사건을 통제하는 설계이다.

ⓛ 둘 이상의 기초선을 정하기 위해 개입을 중단하는 대신 둘 이상의 기초선을 동시에 시작하고, 개입은 각 기초선의 다른 시점에서 시작한다.

ⓒ 표적행동이 아주 구체적이지 않은 이상 개입의 영향을 밝히기 위해 대개 복수기초선을 활용한다.

(4) 단일사례설계와 실험집단연구설계의 비교

구분	단일사례설계	실험집단연구설계
연구대상	개인, 가족, 소집단	모집단에서 무작위 표본 추출
연구목적	표적행동에 대한 개입의 효과성 규명	가설의 검증
실험처치	하나의 사례에 기초선 측정과 개입을 반복함으로써 단일사례의 변화 방향과 효과를 검증	실험집단과 통제집단으로 나누어 사전·사후검사 값을 비교하여 실험처치의 효과를 평가

🔍 **단일설계 작업과정**

문제 확인 ➡ 변수 선정 ➡ 측정대상 선정 ➡ 개입목표 선정 ➡ 조사설계 ➡ 조사 실시 ➡ 개입 평가

STEP 3 필수문제 점검

01
기출 21회

다음에 해당하는 단일사례설계의 유형은?

> 친구를 사귀는 데 어려움을 갖고 있는 여름이와 겨울이는 사회복지기관을 찾아가 대인관계 향상 프로그램에 참여하게 되었다. 먼저 두 사람은 대인관계 수준을 측정하였으며, 여름이는 곧바로 대인관계 훈련을 시작하여 변화 정도를 측정하고 있다. 3주간 시간차를 두고 겨울이의 대인관계 훈련을 시작하고 그 변화를 관찰하였다.

① AB
② BAB
③ ABC
④ ABAB
⑤ 다중기초선설계

02
기출 22회

다음에 해당하는 단일사례설계유형에 관한 설명으로 옳지 않은 것은?

> 김 모 씨는 대인관계에 어려움이 있어서 지역사회복지관에서 실시하는 사회기술훈련프로그램에 참여하였다. 개입 전 4주간(주2회) 조사를 실시하고 4주간(주2회) 개입의 변화를 기록한 후 개입을 멈추고 다시 4주간(주2회)의 변화를 기록하였다.

① 기초선을 두 번 설정한다.
② 통제집단을 활용한다.
③ 개입효과성에 대한 파악이 가능하다.
④ 표본이 하나다.
⑤ 조사기간이 길어진다.

| 해설 |

01 제시된 〈사례〉에서 여름이는 곧바로 대인관계 훈련을 시작하여 변화 정도를 측정했고, 겨울이는 3주간의 시간차를 두고 대인관계 훈련을 시작했다. 시간차를 두어 동일한 개입방법을 여러 대상에 적용하여 개입의 효과를 측정하고 있으므로, 이는 다중기초선설계에 해당한다. 다중기초선설계는 AB설계를 여러 문제, 상황, 사람에게 적용할 때 사용하는 기법이다.

02 제시된 〈사례〉는 단일사례설계유형으로, 클라이언트 스스로가 통제집단이 되기 때문에 별도의 통제집단이 없다.

정답 | 01 ⑤ 02 ②

제4영역 **사회복지실천기술론**

더 풀어볼 TEST

최신
01 정신역동모델의 개입기술에 관한 설명으로 옳은 것은? 기출 23회

① 전이는 현재의 인물에게 느끼는 사랑이나 증오의 감정을 과거의 인물에게 전치하는 것을 말한다.

② 훈습은 경험적 확신을 갖도록 전이와 저항에 대한 분석과 해석을 반복적으로 진행하는 것이다.

③ 직면은 클라이언트의 말과 행동 사이의 불일치나 모순이 있을 때에 우회적 방법으로 알리는 것이다.

④ 해석은 클라이언트의 공감능력을 키우는 효과가 있다.

⑤ 자유연상은 클라이언트가 수치스럽게 생각하거나 도움이 안 되는 내용을 선택할 수 있다.

02 음주문제와 가정불화로 직장에 적응하지 못해 의뢰된 클라이언트에게 심리사회 모델을 적용할 때 그 개입기법으로 적절하지 <u>않은</u> 것은? 기출 17회

① 음주와 관련된 감정을 표출하도록 한다.

② 문제해결을 위해 직접적인 조언을 한다.

③ 클라이언트의 인지오류와 신념체계를 탐색한다.

④ 직장 상사와의 갈등이 현재에 미친 영향을 파악한다.

⑤ 유년기 문제와 현재 행동의 인과관계를 지각하도록 한다.

03 인지행동모델의 개입방법에 해당되는 것을 모두 고른 것은? 기출 20회

| ⊙ 내적 의사소통의 명료화 | ⓒ 모델링 |
| ⓒ 기록과제 | ② 자기지시 |

① ⊙, ⓒ   ② ⓒ, ②
③ ⊙, ⓒ, ⓒ   ④ ⓒ, ⓒ, ②
⑤ ⊙, ⓒ, ⓒ, ②

04 다음 사례에 대한 위기개입으로 옳은 것은? 기출 20회

> 20대인 A씨는 최근 코로나19에 감염되어 실직한 이후 경제적 어려움과 신체적 후유증으로 인해 일상을 유지하기 힘들 정도로 우울감을 경험하며 때때로 자살까지 생각하곤 한다.

① A씨의 문제를 발달적 위기로 사정한다.

② 코로나19 감염 이전 기능수준으로 회복하는 것을 목표로 잡는다.

③ 적절한 감정표현 행동을 습득하도록 장기교육 프로그램을 실시한다.

④ A씨 스스로 도움을 요청할 때까지 개입을 유보한다.

⑤ 보다 긍정적인 인생관을 갖도록 삶의 태도를 근본적으로 재조직한다.

---

01 키워드 02

훈습은 클라이언트가 자신의 내면적 문제 또는 갈등의 원인과 그 역동을 통찰하게 하여 현실상황에서 그와 유사한 문제를 마주쳤을 때 스스로 해결할 수 있도록 문제를 반복적으로 경험하는 과정이다.

02 키워드 03

클라이언트의 인지오류와 신념체계를 탐색하는 것은 인지행동모델의 개입기법이다. 심리사회모델은 인간을 둘러싼 사회적·경제적인 상황과 인간의 상호작용을 고려하여 '상황 속의 인간'을 중요시한다.

03 키워드 04

⊙, ⓒ, ⓒ, ② 모두 인지행동모델의 개입방법에 해당된다.

04 키워드 06

제시된 사례에서 A씨는 코로나19 감염 이후 극단적인 정서적 상태에 있기 때문에 일상생활을 유지할 수 있도록 빠르게 개입하여 기능수준을 회복해야 한다.

정답

01 ②   02 ③   03 ⑤   04 ②

05 다음 사례에 해당하는 가족개입 기법은?　　　　　　　　기출 23회

> 끊임없는 잔소리로 말다툼이 잦아 갈등을 겪고 있는 부부에게 매일 1회 시간을 정해서 30분 동안 부부싸움을 하도록 하였다.

① 실연　　　　　　　　　　② 재구성
③ 역설적 지시　　　　　　　④ 순환적 질문하기
⑤ 긍정적 의미부여

05 키워드 10

역설적 지시는 문제를 유지하는 연쇄를 변화시키기 위해서 가족이 역설적이라고 생각하는 행동, 즉 문제행동을 유지하거나 강화하는 행동을 수행하도록 지시하는 기법이다.

06 집단발달의 초기단계에 적합한 실천기술에 해당하는 것을 모두 고른 것은?　기출 21회

> ㉠ 집단성원이 신뢰감을 갖고 참여할 수 있는 분위기를 조성한다.
> ㉡ 집단성원이 수행한 과제에 대해 솔직하고 구체적인 피드백을 준다.
> ㉢ 집단역동을 촉진하기 위해 사회복지사가 의도적인 자기노출을 한다.
> ㉣ 집단성원의 행동과 태도가 불일치하는 경우에 직면을 통해 지적한다.

① ㉠　　　　　　　　　　　② ㉠, ㉢
③ ㉡, ㉣　　　　　　　　　④ ㉠, ㉢, ㉣
⑤ ㉠, ㉡, ㉢, ㉣

06 키워드 13

집단발달 과정 중 초기단계에서는 집단성원이 집단에 대한 신뢰감을 갖고 참여할 수 있도록 분위기를 조성하여야 한다.

07 집단 중간단계의 개입기술에 관한 설명으로 옳지 <u>않은</u> 것은?　기출 22회

① 집단성원 간 상호작용을 향상시킨다.
② 집단성원을 사후관리 한다.
③ 집단의 목표를 달성하도록 원조한다.
④ 집단의 응집력을 향상시킨다.
⑤ 집단성원이 집단과정에 적극 활동하도록 촉진한다.

07 키워드 13

집단발달 과정 중 중간단계의 개입기술에는 집단성원이 집단 과정에 적극적으로 활동하도록 촉진하고, 집단의 목표를 달성할 수 있도록 하며 집단성원 간 상호작용 및 응집력을 향상시키는 것 등이 있다.

08 다음 설명에 해당하는 기록방법은?　　　　　　　　기출 20회

> • 날짜와 클라이언트의 기본사항을 기입하고 개입내용과 변화를 간단히 기록함.
> • 시간 흐름에 따라 변화된 상황, 개입활동, 주요 정보 등의 요점을 기록함.

① 과정기록
② 요약기록
③ 이야기체기록
④ 문제중심기록
⑤ 최소기본기록

08 키워드 14

요약기록은 시간의 흐름에 따라 변화된 상황, 개입활동, 주요 정보 등을 요약하여 기록한 것이다.

정답

05 ③　06 ①　07 ②　08 ②

STEP 1 기출분석

STEP 2 핵심이론 공략

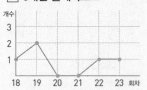

☑ 6개년 출제리포트

개수

3

2

1

18 19 20 21 22 23 회차

☑ 키워드 공략포인트

- 인간사회 발달에 따라 지역사회가 어떻게 변화하고 있는지를 묻는 문제가 자주 출제되고 있습니다.
- 학자별 지역사회의 정의를 묻는 종합적인 문제가 출제되는 경향이 있습니다.

1 지역사회의 개념

① 일정한 지리적 범위 내의 사람들이 개인 또는 공동의 가치, 문화 동질성, 상호작용, 이해관계에 기초하여 형성한 사회적 단위이다.

② 오늘날에는 전통적·지리적 의미의 지역사회 개념이 허물어지고, 사이버 공동체, 네트워크 공동체와 같이 지리적 공간을 뛰어넘어 가치를 공유하고 상호작용하며, 공동의 관심사를 가진 집단이나 조직체까지도 지역사회에 포함된다.

2 학자별 지역사회의 정의

(1) 로스

① **지리적 의미의 지역사회**: 지역사회는 주민들이 공동체 의식을 형성할 수 있는 지리적·공간적 영역을 공유하고 상호작용을 하는 집단이다(공간 중심의 지역사회).
    @ 행정단위(특별시, 광역시·도, 시·군·구, 읍·면·동), 대단위 아파트 단지 등

② **기능적 의미의 지역사회**: 지역사회는 공간과 관계없이 공동의 관심 또는 이익을 추구하거나 이해관계를 함께하는 사람들의 집단이다(사회관계 중심의 지역사회). 이는 사회문화적 동질성을 기반으로 형성된다.
    @ 정당, 교회, 사회단체, 사회복지사협회 등

(2) 파크와 버제스

① 지리적(공간적) 의미의 지역사회를 강조한다.

② 모든 지역사회는 사회이지만, 모든 사회가 지역사회는 아니라고 강조한다.

③ 지역사회의 생활이 사회를 움직이는 힘의 원동력이라고 본다.

(3) 메키버

① 사회적 동질성을 띤 지역사회를 강조한다.

② 인간의 공동생활이 영위되는 일정한 지역을 '공동생활권'으로 설명한다.

③ 협동, 공동생활 등 감정적 측면을 강조한다.

④ 지역사회는 다른 지역과 구별되는 자체적인 특성을 지녀야 한다고 주장한다.

(4) 워렌

① 지리적·사회적 동질성을 가지는 지역사회를 강조한다.

② 지역사회를 작은 부분체계로 이루어진 하나의 전체적 체계로 본다.

③ 지역적 접합성을 가지는 주요한 사회적 기능 수행의 단위와 체계의 결합으로 설명한다.

정답 잡는 오답노트

▼ 지역사회의 변화   15회

- **틀린 선지는?**
지역사회는 이익사회에서 공동사회로 발전한다. (×)

- **틀린 이유는?**
산업화·도시화, 인터넷과 같은 사회관계망의 발달에 따라 지역사회는 혈연·지연 등에 의한 공동사회보다는 합리적 이익 추구에 기초한 이익사회로 발전하는 경향이 있다.

(5) 힐러리

① 지리적·사회적 동질성을 강조한다.

② 지리적 영역, 사회적 상호작용, 공통의 연대를 지역사회의 3요소로 제시한다.

지리적 영역	공동의 생활터전을 구축하는 데 필요한 공간
사회적 상호작용	주민들 간의 상호교류
공동의 연대	심리적 유대감·동료의식 형성

(6) 퇴니스

① 지역사회를 심리사회적 관점에 따라 공동사회와 이익사회로 구분하였다.

공동사회	• 혈연, 지연, 우정과 감정에 기초한 전통적·정서적 결합으로 이루어진 지역사회 • 소규모의 대면적 관계 강조 • 가족, 마을, 작은 지역 단위에서 다수를 차지
이익사회	• 개인주의와 객관적 계약에 의해 이루어진 합리적 이익 추구에 기초한 사회의 형태 • 대규모의 비대면적 관계 강조 • 조합, 정당, 국가 등이 해당

② 지역사회는 '공동사회 연합체 → 공동사회 협의체 → 이익사회 협의체 → 이익사회 연합체'의 순으로 발전한다고 보았다.

(7) 던햄

① 인구 크기에 의한 분류

　예 대도시, 중소도시, 읍, 자연부락 등

② 산업구조 및 경제적 기반에 의한 분류

　예 광산촌, 농촌, 어촌, 산업단지 등

③ 정부의 행정구역에 의한 분류

　예 특별시, 광역시·도, 시·군·구, 읍·면·동 등

④ 인구구성의 사회적 특수성에 의한 분류

　예 노인 밀집지역, 차이나타운, 외국인 집단 거주지역, 새터민 주거지역 등

STEP 3　필수문제 점검

01
기출 19회

기능적 공동체에 관한 설명으로 옳은 것을 모두 고른 것은?

> ㉠ 멤버십(membership) 공동체 개념을 말한다.
> ㉡ 외국인 근로자 공동체의 사례가 포함된다.
> ㉢ 가상공동체인 온라인 커뮤니티도 포함된다.
> ㉣ 사회문화적 동질성이 기반이 된다.

① ㉠

② ㉡, ㉣

③ ㉢, ㉣

④ ㉠, ㉡, ㉣

⑤ ㉠, ㉡, ㉢, ㉣

02
기출 23회

던햄(A. Dunham)의 지역사회유형에 따른 예시로 옳은 것을 모두 고른 것은?

> ㉠ 인구 크기 – 대도시, 중·소도시
> ㉡ 인구구성의 사회적 특수성 – 외국인촌, 저소득층 지역
> ㉢ 경제적 기반 – 농촌, 어촌, 광산촌
> ㉣ 행정구역 – 특별시, 광역시·도, 시·군·구, 읍·면·동

① ㉠, ㉡

② ㉠, ㉢

③ ㉡, ㉣

④ ㉠, ㉢, ㉣

⑤ ㉠, ㉡, ㉢, ㉣

| 해설 |

01 ㉠, ㉡, ㉢, ㉣ 모두 옳은 내용이다. 기능적 의미의 지역사회(기능적 공동체)는 공동의 이익이나 공통된 관심사, 사회문화적 동질성을 가진 집단이다.

02 던햄은 지역사회유형을 인구 크기, 산업구조 및 경제적 기반, 행정구역, 인구구성의 사회적 특수성을 구분하였다. 보기의 내용 모두 그 예시로 적절하다.

정답 | 01 ⑤　02 ⑤

지역사회복지론

제5영역 지역사회복지론

지역사회의 기능과 요건

STEP 1   기출분석

☑ 6개년 출제리포트

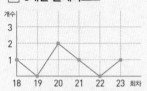

☑ 키워드 공략포인트

• 지역사회의 기능과 요건은 지역사회의 정의와 통합하여 출제되고 있으며, 학자별 지역사회 기능과 요건, 관점들을 정확하게 구분할 줄 알아야 합니다.

• 지역사회 기능과 제도를 연결할 수 있어야 하며, 사례에 적용해 볼 수 있어야 합니다.

정답 잡는 오답노트

▼ 지역사회의 기능과 사례
14회

• 틀린 선지는?
사회화 기능: '갑' 마을에서는 인사 잘하는 마을 만들기를 위하여 조례를 제정하고, 위반하는 청소년에게 벌금을 강제로 부과한다.
(×)

• 틀린 이유는?
마을에서 조례를 제정하고 벌금을 부과하는 것 등은 정치제도로, 사회통제 기능에 해당한다.

STEP 2   핵심이론 공략

1 지역사회 기능과 제도 - 길버트와 스펙트

기능	제도	내용
생산·분배·소비	경제제도	지역사회 주민들이 일상생활을 영위하는 데 필요한 서비스를 생산하고 분배하며 소비함.
사회화	가족제도	지식, 가치, 행동 양태(양식)를 사회 구성원에게 전달함.
사회통제	정치제도	• 구성원들이 사회적 규범에 순응하게 함. • 지역사회의 질서를 지키고 사회해체를 막음.
사회통합	종교제도	• 사회참여의 기능이라고도 하며, 지역사회 구성원들의 상호협력, 결속력과 참여를 강조함. • 스스로 규범을 준수하고 바람직한 행동을 하게 함.
상부상조	사회복지제도	• 자신의 욕구를 스스로 해결할 수 없는 경우, 서로의 안녕을 위해 도움을 주고받는 사회적 기능 • 지역사회 구성원들이 상부상조하여 욕구 충족에 어려움을 겪는 구성원을 돕는 기능을 가짐.

2 지역사회 기능의 비교 척도 - 워렌

① **지역적 자치성**: 지역사회의 자립도와 의존도를 파악한다.

② **서비스 영역의 일치성**: 서비스 영역이 어느 정도 같은 지역 내에서 이루어지고 있느냐에 관심을 둔다.

③ **지역에 대한 주민들의 심리적 동일시**: 지역사회 주민들이 자기 지역에 어느 정도의 소속감을 갖는가에 관심을 둔다.

④ **수평적 유형**: 지역사회 내에 다른 조직들이 구조적·기능적으로 어느 정도의 상호 관련성을 가지고 있느냐에 관심을 둔다.

3 좋은 지역사회의 기준 - 워렌

① 다양한 소득집단 및 인종·종교·이익집단을 포용해야 한다.

② 의사결정과정 및 정책형성과정에서 협력을 극대화하고 갈등을 최소화해야 한다.

③ 인간적인 기초 위에서 서로를 존중하며, 구성원 사이에 인격적인 관계가 이루어져야 한다.

④ 권력의 폭넓은 분산과 배분이 이루어져야 한다.

⑤ 규칙 준수 및 질서유지와 같이 높은 수준의 지역적 통제가 이루어져야 한다.

⑥ 주민들의 자율권이 충분히 보장되어야 한다.

4 역량 있는 지역사회의 기준 - 펠린

① 지역사회 구성원은 지역사회에 헌신하고 협력해야 한다.
② 지역사회 내 다양한 집단은 자신의 가치와 이익을 자각해야 한다.
③ 합의된 목표를 달성하기 위해서는 효과적인 의사소통을 하여 수단과 방법에 대한 의견 일치가 이루어져야 한다.
④ 구성원들은 목표를 확인하고 목표달성을 위한 활동에 참여해야 한다.
⑤ 지역사회 내 여러 집단 간에 발생하는 갈등을 조정하기 위한 절차가 있어야 한다.
⑥ 적당한 수준의 자율성이 지켜져야 하며, 외부사회와의 관계를 조정할 수 있어야 한다.

5 지역사회를 바라보는 관점

(1) 지역사회 상실이론
지역공동체의 개념이 상실되었기 때문에 국가가 사회복지제도를 통해 지역사회 기능을 대체해야 한다고 본다.

(2) 지역사회 보존이론
① 전통사회의 사회적 관계망 육성 및 지지를 강조하여 지역사회의 기능을 보존할 수 있다고 본다.
② 국가적 차원의 복지제도보다 가족이나 지역사회를 통한 상호부조 기능을 강조한다.

(3) 지역사회 개방이론
① 지역성의 의미를 벗어나 새로운 사회적 지지망으로서 비공식적 연계를 강조한다.
② 지역사회 상실이론과 지역사회 보존이론의 대안적 이론이다.

6 지역사회가 새롭게 주목받는 이유

① 급격한 경제성장이 가져온 부정적인 사회현상에 대한 비판적 시각이 대두되었다.
② 환경운동과 생태주의 관점의 확산으로 획일적이고 거대한 중앙집권 체제에 대한 비판이 제기되었다.
③ 지역사회 수준에서의 지속 가능한 삶에 대한 관심이 증가하였다.
④ 지방자치제도가 실시되었다.
⑤ 복지 다원주의가 확산되었다.

| STEP 3 | 필수문제 점검 |

01
기출 21회

다음은 길버트와 스펙트(N. Gilbert & H. Specht)의 지역사회 기능 중 무엇에 해당되는가?

> 구성원들이 지역사회의 다양한 사회적 규범을 준수하고 순응하게 하는 것

① 생산·분배·소비 기능
② 의사소통 기능
③ 사회치료 기능
④ 상부상조 기능
⑤ 사회통제 기능

02
기출 23회

다음에서 설명하는 길버트와 스펙트(N. Gilbert & H. Specht)의 지역사회 기능은?

> 지역사회가 공유하는 지식, 사회적 가치, 행동양식을 지역사회 구성원들에게 전달하는 것

① 상부상조 기능
② 생산·분배·소비 기능
③ 사회화 기능
④ 사회통합 기능
⑤ 사회통제 기능

| 해설 |
01 구성원들이 지역사회의 다양한 규범을 준수하고 순응하게 하는 것은 사회통제의 기능이다.
02 ① 상부상조 기능은 자신의 욕구를 스스로 해결할 수 없는 경우, 서로의 안녕을 위해 도움을 주고받는 사회적 기능이다.
② 생산·분배·소비 기능은 지역사회 주민들이 일상생활을 영위하는 데 필요한 서비스를 생산·분배·소비하는 것이다.
④ 사회통합 기능은 지역사회 구성원들의 상호협력, 결속력과 참여를 강조하는 기능이다.
⑤ 사회통제 기능은 구성원들이 사회적 규범에 순응하도록 하는 기능이다.

정답 | 01 ⑤ 02 ③

지역사회복지 실천의 이해

☑ 6개년 출제리포트

개수
3
2
1

18 19 20 21 22 23 회차

☑ 키워드 공략포인트

지역사회복지와 지역사회복지 실천의 개념과 특징, 지역사회복지 실천의 핵심원칙을 묻는 문제가 출제되고 있습니다.

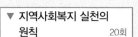
정답 잡는 오답노트

▼ 지역사회복지 실천의 원칙   20회

• 틀린 선지는?
지역사회 특성과 문제의 일반화
(×)

• 틀린 이유는?
각각의 지역사회는 고유한 특성을 지니고 있으므로 문제는 개별화해야 한다.

• 옳은 선지 정리하기
– 지역주민 간의 상생협력화
– 지역사회 특징을 반영한 실천
– 지역사회 구성원 관점의 목표 형성
– 지역사회 문제의 구조적 요인을 고려한 개입

1 지역사회복지

(1) 특징

① 일정한 지역사회 내에서 이루어진다.
② 지역주민의 삶의 질 향상에 목표를 둔다.
③ 지역사회의 문제해결능력을 향상시키고 주민의 복지욕구를 충족시킨다.
④ 정부와 민간기관의 상호 협력이 강화되는 추세로 발전하고 있다.
⑤ 조직적인 활동을 강조하는 전문적 서비스와 방법을 사용한다.

(2) 관련 개념

시설보호	보호가 필요한 사람에게 일정한 시설에서 의식주와 보호서비스를 제공하여 장·단기적으로 거주하게 하는 형태의 사회적 보호
지역사회보호	시설보호 위주 서비스의 문제점 및 한계점을 보완하고자 등장하여, 지역사회 내의 환경에서 일상을 유지할 수 있도록 사회복지서비스 제공
재가보호	보호가 필요한 사람들이 자신의 가정에서 서비스를 받는 것
지역사회조직	• 전통적인 사회복지실천방법 중 하나로, 공공·민간 사회복지기관의 전문 사회복지사가 수행하는 활동 • 민간조직과 공공조직의 협력을 통하여 목적 달성
지역사회개발	지역사회의 문제를 해결하거나 삶의 질을 향상시킬 수 있도록 지역주민들의 대처기술 발달을 지원하는 활동
시설의 사회화	• 지역사회의 복지욕구를 충족·발전시키기 위해 시설이 소유한 장소, 설비, 기능, 인적 자원 등을 지역사회에 개방·제공하는 것 • 시설의 이용, 학습 및 참가 등의 활동에 참여하여 사회복지시설과 지역사회 사이의 상호작용을 촉진하는 일련의 과정

(3) 이념

정상화	모든 주민이 지역사회에서 정상적인 생활을 유지하고 가치 있는 역할을 수행할 수 있도록 지원하는 것 Tip 1950년대 북유럽에서 시작된 이념입니다.
사회통합	계층 간 격차를 줄이고 불평등을 감소시킴으로써 삶의 질을 제고하는 것
탈시설화	다양한 소규모 시설에서 서비스를 제공함으로써 시설병 등의 부작용을 방지하고 개인의 생활을 유지할 수 있도록 돕는 것
주민참여	• 주민과 지방자치단체가 동등한 파트너십을 형성하는 방법 • 주민의 욕구를 파악하는 것뿐만 아니라, 주민이 지역사회의 주체가 되는 것
네트워크	지역 내 주민 전체의 복지욕구를 파악하고, 이를 근거로 서비스 제공의 체계를 구축·실천하는 것

2 지역사회복지 실천

(1) 개념
① 지역사회의 복지증진을 위해 자원과 기술의 활용 및 공식적·비공식적 전문가의 도움으로 변화를 추구한다.
② 지역사회는 그 대상인 동시에 수단이 된다.
③ 사회복지 전문가뿐 아니라 타 영역의 전문가 또는 민간단체나 자치단체의 자원봉사자들이 광범위하게 수행한다.
④ 조직화, 계획 및 개발활동, 변화의 각 과정에서 실천기술을 응용하는 것을 포함한다.
⑤ 지역사회 구성원들이 공유하는 문제와 지역사회의 변화에 필요한 개입기술을 활용한다.

(2) 특성
① **예방성**: 지역사회 내 해결하지 못한 욕구나 문제를 조기 발견할 수 있도록 네트워크를 형성한다.
② **통합성**: 서비스의 중복과 누락 방지에 관심을 가지며, 서비스 공급자의 관점을 강조한다.
③ **포괄성**: 서비스 이용자의 관점을 강조하며, 지역주민의 다양한 욕구 충족을 위해 생활영역 전반을 다각도에서 포괄적으로 다룬다.
④ **연대성 및 공동성**: 개인적인 문제를 연대하여 공동으로 해결하고자 한다.

(3) 핵심원칙
① 클라이언트와 협력관계 구축
② 지역사회 구성원 중심의 목표형성과 평가
③ 문제의 사회구조적 요인을 반영한 개입전략
④ 전략적 성공을 위한 전술적 승리의 활용
⑤ 소규모 지역사회 수준에서의 지속가능성

(4) 목적 - 펄만과 구린
① 지역사회 참여와 통합의 강화
② 문제대처능력의 고양
③ 사회조건과 서비스의 향상
④ 불이익집단의 이익 증대

(5) 가치
① 다양성 및 문화적 이해
② 자기결정과 역량 강화(임파워먼트)
③ 비판의식의 개발
④ 상호학습
⑤ 사회정의와 균등한 자원배분

STEP 3 　필수문제 점검

01
기출 21회

다음의 설명에 해당하는 지역사회복지 이념은?

> • 개인의 자유와 권리 증진의 순기능이 있다.
> • 의견수렴과정을 통해 합리적 의사결정을 할 수 있다.
> • 지역주민의 공동체의식을 강화한다.

① 정상화　　　　② 주민참여
③ 네트워크　　　④ 전문화
⑤ 탈시설화

02
기출 22회

다음 (　　)에 들어갈 내용은?

> 사회복지사는 자신이 가지고 있는 가치와 신념, 행동과 관습 등이 참여자보다 상위에 있는 전문가라고 생각할 수 있기 때문에 (　　)을/를 통하여 참여자들의 문화적 배경에 대해 배우고자 하는 자세가 필요하다.

① 상호학습
② 의사통제
③ 우월의식
④ 지역의 자치성
⑤ 서비스 영역의 일치성

| 해설 |
01 주민참여는 지방자치제도의 실시로 더욱 강조되는 이념이다. 주민을 지역사회 욕구 및 문제 해결의 주체로 보고 주민의 주체성을 강조한다.
02 상호학습은 지역사회복지 실천과정에서 지역사회 주민들 사이의 관계를 평등하게 유지하기 위해 개발되는 기술이다. 지역사회복지 실천가는 지역주민들의 문화적 배경에 대해 배우고자 하는 적극적인 학습자가 되어야 하며, 지역사회 주민들은 클라이언트의 입장을 뛰어넘어 교육자이자 파트너로서의 역할을 수행하기 위한 동기부여를 해야 한다.

정답 | 01 ② 02 ①

04

영국 지역사회복지의 역사

☑ **6개년 출제리포트**

☑ **키워드 공략포인트**

영국 지역사회복지의 각 시기별 특성을 파악하고, 각 보고서들을 구분할 줄 알아야 합니다.

정답 잡는 오답노트

▼ **인보관운동**   14회

• **틀린 선지는?**
우애방문 활동을 중심으로 전개하였다. (×)

• **틀린 이유는?**
우애방문 활동을 중심으로 전개한 것은 자선조직협회이다.

• **옳은 선지 정리하기**
- 세계 최초의 인보관은 영국의 토인비홀이다.
- 일본의 인보관은 간다의 킹스레이관에서 시작되었다.
- 주요 이념은 자유주의, 급진주의이다.
- 빈곤문제 해결을 위하여 환경에 관심을 갖고 접근하였다.

STEP 2   핵심이론 공략

1 근대 지역사회복지의 시작(1800년대 후반~1950년대 초반)

① 배경: 산업혁명 이후 실업자, 부랑인의 증가 등 각종 사회문제가 발생함에 따라 자선단체가 난립하면서 체계적인 구호활동의 필요성이 제기되었다.

② 자선조직협회(COS)와 인보관운동

구분	자선조직협회(COS)	인보관운동
기원	1869년 런던	1884년 런던 토인비홀
문제의 원인	개인적 요인	환경적 요인
참여 형태	우애방문원	빈민들과 거주하는 자원봉사자
주 활동층	중산층(주로 상류층)	대학생, 교수, 성직자, 중류층
이념	사회진화론	자유주의, 급진주의, 계몽주의
문제 접근 및 해결방법	• 빈민 개조와 상황의 역기능 수정 • 가치가 있는 빈민과 가치가 없는 빈민으로 구분하여 원조	• 빈민과 함께 거주하며 환경 개선 • 기존 사회질서 비판 • 실용주의적·개혁주의적 노력
활동 방향	• 빈민에 대한 생활지도 • 기관·단체들 간의 서비스 조정	• 사회문화적·교육적 서비스 제공 • 서비스 자체에 역점을 둠.
활동 내용	• 우애방문원의 가정방문 • 복지기관의 개선 • 관련 입법 활동 전개 • 지역사회계획 전문기관 탄생	• 환경과 제도 개혁을 위한 노력 • 서비스 개선 및 강구 • 아동노동 반대 • 참여와 민주주의 강조
영향	• 개별사회사업·사례관리의 모태 • 사회조사 기술의 발전	사회복지관 형성에 영향

🔍 **베버리지 보고서(1942)**

사회문제를 5대 악(결핍, 질병, 불결, 무지, 태만)으로 규정하고 사회보험의 성공을 위한 전제로 완전고용, 포괄적 보건서비스 및 가족수당의 필요성을 강조하였다.

2 지역사회복지의 태동기(1950년대 초반~1960년대 후반)

① 정신보건법(1959) 제정으로 탈시설화, 정상화, 사회통합, 시설의 사회화 개념이 도입되었다.

② 1960년대 이후 대규모 정신병원이 폐쇄되는 등의 변화는 재가복지서비스의 시행이 정착되는 기틀이 되었다.

3 지역사회복지의 형성기(1960년대 후반~1980년대 후반)

① 시봄 보고서(1968)

  ㉠ 지역사회보호와 관련된 최초의 보고서이다.

  ㉡ 지방정부에 사회서비스국이 창설되어 홈헬퍼서비스를 담당하게 되면서 대인 사회복지서비스가 지방자치단체의 의무로 정착되었다.

  ㉢ 지역사회를 사회서비스의 수혜자이자 서비스 제공자로 정의하고, 공식서비스뿐만 아니라 비공식서비스의 필요성과 통합서비스 및 지방행정 당국을 중심으로 한 포괄적 서비스의 중요성을 강조하였다.

  ㉣ 1960년대 후반, 대인 사회서비스 부문의 중요한 정책적 근거가 되었다.

② 하버트 보고서(1971)

  ㉠ 재정적인 원조와 지원의 필요성, 가족체계와 지역사회의 근린에 초점을 둔 비공식서비스가 중요하다고 보았다.

  ㉡ 공공과 민간서비스의 주요 과업은 친구와 친척 등에 의한 비공식 보호를 지원함으로써 클라이언트의 긴급한 욕구를 충족시키는 것이라고 보았다.

③ 바클레이 보고서(1982)

  ㉠ 비공식 보호서비스와 공식 보호서비스 간의 파트너십 개발의 필요성을 강조하였다.

  ㉡ 대부분의 지역사회보호는 지역주민이 제공한다고 보았다.

4 지역사회복지의 발전기(1980년대 후반~현재)

① 경제 불황으로 지역사회복지의 업무를 민간에 이양(민영화)하고, 시장경제체제가 도입되는 등 정부의 역할이 축소되었다.

② 그리피스 보고서(1988)

  ㉠ 지역사회보호의 권한과 재정의 일차적 책임을 이양받은 지방정부는 직접적인 대인서비스의 제공보다는 서비스 구매·조정자로서의 역할을 수행한다고 보았다.

  ㉡ 케어 매니지먼트(care management)의 도입을 강조하면서 소비자의 선택과 서비스 제공자 간의 경쟁을 통하여 지역사회서비스의 수준이 향상될 것이라고 보았다.

  ㉢ 지역사회보호 실천 주체의 다양화를 강조하였다.

③ 국민보건서비스 및 지역사회보호법(1990)이 제정되었다.

④ 최근의 동향

  ㉠ 돌봄서비스 제공 기관을 주축으로 한 개인과 자원 조직에 대한 모니터링이 확대되고, 복지서비스에 대한 감독제도가 강화되었다.

  ㉡ 서비스 이용자 욕구 중심 서비스를 추구한다.

  ㉢ 케어서비스의 질을 향상시키기 위해 민간부문이 관리·감독할 수 있는 법적 근거가 마련되었다.

STEP 3 필수문제 점검

01
기출 23회

영국의 지역사회복지 역사에 영향을 준 사건을 과거부터 시대순으로 옳게 나열한 것은?

> ㉠ 토인비홀(Toynbee Hall) 설립
> ㉡ 시봄(Seebohm) 보고서
> ㉢ 정신보건법(Mental Health Act) 제정
> ㉣ 바클레이(Barclay) 보고서
> ㉤ 하버트(Harbert) 보고서

① ㉠ → ㉡ → ㉣ → ㉤ → ㉢
② ㉠ → ㉢ → ㉡ → ㉤ → ㉣
③ ㉠ → ㉢ → ㉣ → ㉤ → ㉡
④ ㉡ → ㉢ → ㉤ → ㉣ → ㉠
⑤ ㉢ → ㉠ → ㉤ → ㉣ → ㉡

02
기출 16회

영국의 그리피스 보고서(Griffiths Report, 1988)에서 강조하고 있는 지역사회보호에 관한 설명으로 옳은 것을 모두 고른 것은?

> ㉠ 지역사회보호를 위한 권한과 재정을 지방정부에 이양할 것을 주장하였다.
> ㉡ 지역사회보호를 위한 지방정부의 서비스 공급자 역할을 강조하였다.
> ㉢ 서비스의 적절성 확보를 위한 케어 매니지먼트(care management)를 강조하였다.
> ㉣ 지역사회보호 실천 주체 다양화를 추구하였다.

① ㉠, ㉡   ② ㉠, ㉣   ③ ㉡, ㉢
④ ㉠, ㉢, ㉣   ⑤ ㉡, ㉢, ㉣

| 해설 |

01 ㉠ 1884년 → ㉢ 1959년 → ㉡ 1968년 → ㉤ 1971년 → ㉣ 1982년

02 ㉡ 그리피스 보고서에서는 지방정부가 서비스 구매·조정자로서의 역할을 수행할 것을 강조한다.

정답 | 01 ② 02 ④

제5영역 지역사회복지론

미국 지역사회복지의 역사

STEP 1 기출분석

☑ 6개년 출제리포트

☑ 키워드 공략포인트

- 최근 들어 출제 비중이 다소 줄었지만 영국 지역사회복지의 역사와 함께 기본적으로 알아 두어야 할 내용입니다.
- 제1차 세계대전 및 대공황, 빈곤과의 전쟁, 신보수주의 및 작은 정부 등과 같은 역사적·정치적 변화과정과 연계하여 흐름을 이해해야 합니다.

정답 잡는 오답노트

▼ 미국 지역사회복지의 역사
9회

- **틀린 선지는?**
레이거노믹스 이후 복지예산 삭감에 대한 압력이 줄어들었다. (×)

- **틀린 이유는?**
레이거노믹스 이후 작은 정부를 지향하며 정부의 복지사업이 축소되었으므로, 복지예산 삭감에 대한 압력은 커졌다.

STEP 2 핵심이론 공략

1 지역사회복지의 태동기(1865년~1914년)

① 산업화로 도시 빈곤 문제, 남북전쟁 후 흑인 처우의 문제, 주택이나 질병 등의 사회 문제가 발생하였다.

② 자선조직협회와 인보관이 지역사회복지 실천의 주요 전달체계를 담당하였다.
　㉠ **자선조직협회(1877)**: 뉴욕 버팔로 시에 거틴 목사가 설립하였다.
　㉡ **근린길드(1886)**: 뉴욕에 코이트가 설립한 미국 최초의 인보관이다.
　㉢ **헐 하우스(1889)**: 시카고 빈민가에 제인 애덤스가 세운 인보관이다.

③ 국가의 역할을 국민 재산권 보호와 자유수호, 인권보장에 한정한다.

④ 사회적으로 불이익을 받는 사람의 권익보호와 옹호를 위해 제도의 개혁과 사회복지 정책 개선의 필요성이 제기되었다.

⑤ 사회진화론, 자유주의, 급진주의, 실용주의 사상의 영향을 받았다.

⑥ 1913년 지역공동모금을 위한 상공회의소의 자선연합회가 출현하였다.

2 지역사회복지의 형성기(1920~1950년대) Tip 제도와 조직의 형성 시기입니다.

① 경제대공황(1929) 이후 인보관 사업은 지역사회센터를 중심으로 새로운 변화를 시도하게 되었다.

② **지역공동모금제도**: 제1차 세계대전 중 설립된 전시모금기구를 시작으로 공동모금이 확산되어 1950년대 전국적 공동모금 조직이 결성되었다.

③ **사회복지기관협의회**: 사회사업을 합리적으로 조직화할 필요성이 대두되면서 지역 공동모금회의 모금능력 강화, 사회복지기관의 자치성 확보를 위해 설립되었다.

④ **지역사회 조직화**: 사회문제, 빈곤의 해결방법을 지역사회 조직화에서 찾으려 하며 1939년 지역사회조직이 사회복지실천방법으로 공식화되었다.

⑤ **공공복지사업의 마련(1929~1954)**
　㉠ 지역사회복지에 대한 민간과 정부 간 상호 협력 필요성이 대두되면서 연방정부의 개입이 확대되었다. 이에 따라 지역사회사업을 정부기관으로 이양하였다.
　㉡ 사회보장법(1935), 와그너법(1935), 최저임금법(1938), 뉴딜정책, 공공부조제도가 시행되었다.

3 지역사회복지의 정착기(1960년대 이후)

(1) **1960년대** Tip 연방정부의 책임 증대 시기입니다.

① 존슨 대통령이 '빈곤과의 전쟁'을 선포하면서 사회문제에 대한 연방정부의 책임이 커지고, 흑인운동 및 빈민운동이 일어나며 풀뿌리 대중을 조직화하는 계기가 마련되었다.

② 지역사회의 주민들을 조직화하여 자신들이 당면한 문제를 스스로 해결하도록 지원하고, 지역사회를 대변하고 조직하도록 지역사회행동 프로그램을 실시하였다.

③ 1965년 대도시 빈민가 미취학 아동을 위한 헤드스타트 프로그램이 도입되었다.

④ 로스만의 3가지 실천모델이 제시되었다.

> **Tip** 로스만의 3가지 실천모델은 키워드 08에서 자세히 다룹니다.

(2) 1970년대～1990년대 > **Tip** 시민운동의 성장 시기입니다.

① 1970년대 후반에 나타난 신보수주의 경향이 1980년대까지 이어지면서 정부의 복지사업이 대대적으로 축소되었다.

② 반전 시위, 인종차별 철폐운동의 확산에 따라 지역사회조직사업이 촉진되는 계기가 되었다.

③ 석유파동, 심각한 인플레이션, 신자유주의적 이념의 확산, 반(反)복지적 물결의 등장으로 사회복지예산이 삭감되고, 복지 프로그램이 축소되었다.

④ 1981년 레이건 행정부가 작은 정부를 지향(레이거노믹스)하면서 공공 사회복지서비스의 위축과 함께 사회복지의 민영화가 본격화되면서 자조집단 형성 및 자원봉사 조직화 등의 활동을 전개하였다.

⑤ 1990년대 클린턴 행정부는 근로연계복지(workfare)를 내세우며 고용을 강조하였고, 사회복지기관의 행정과 계획, 조직 발전, 평가·개발에 중점을 두고 사회복지서비스의 효율성과 평가를 강조하였다.

(3) 2000년대 이후

① 2000년 공화당 부시 대통령 당선 이후 미국 행정부는 공공부조 수급자와 급여 액수를 줄이는 복지 축소를 추진하였다.

② 2008년 오바마 행정부는 정부 역할의 확대를 통한 사회복지정책 강화와 균등 분배, 환경문제에 대응하는 정책 강화 등을 강조하고, 연방정부 주도의 국가 개입보다는 주정부 또는 민간부문 주도의 지역사회복지를 지향하고 있다.

③ 2017년 이후 트럼프 정부는 기존의 복지제도를 축소 혹은 폐지하는 정책기조를 보였다. 메디케이드, 장애연금, 빈곤층·고령층·장애인 소득보장, 저소득층과 취약계층에 대한 영양지원, 서비스(푸드스탬프), 최저생계비 이하의 빈곤가구 긴급지원 등 거의 모든 사회복지부문의 예산을 축소시키는 등의 반복지 정책을 일관되게 펼쳤다.

④ 2020년 바이든 정부는 사회복지 확대와 기후변화 대응을 뒷받침하는 '더 나은 재건(Built Back Better, BBB)－무상보육, 무상교육 및 기후변화 대응 등－' 법안을 제시하였으나 국제적 경제위기와 미국 내부 경제상황으로 실시 여부는 불투명하다.

STEP 3 **필수문제 점검**

01 기출 16회

미국 지역사회복지의 역사적 특징으로 옳은 것은?

① 대공황 이전에는 공공이 지역사회복지 실천의 주요 전달체계를 담당하였다.

② 케네디와 존슨 행정부의 '빈곤과의 전쟁'은 사회복지의 지방정부 역할과 책임을 강조하였다.

③ 1970년대 인종차별 금지와 반전(反戰)운동은 지역사회조직사업을 촉진하였다.

④ 1990년대 '복지개혁(welfare reform)'은 풀뿌리 지역사회조직활동을 강조하였다.

⑤ 오바마 행정부는 연방정부 중심의 지역사회복지 프로그램 평가에 주안점을 두었다.

02 기출 10회

1800년대 후반부터 1900년대 초반의 미국 지역사회복지 발달에 영향을 미친 이념이 아닌 것은?

① 사회진화주의　② 급진주의
③ 실용주의　　　④ 자유주의
⑤ 민권운동

| 해설 |

01 ① 대공황 이전에는 자선조직협회와 인보관이 지역사회복지실천의 주요 전달체계를 담당하였다.
　② 존슨 대통령은 '빈곤과의 전쟁'을 선포하면서 연방정부의 책임과 역할을 강화하였다.
　④ 1990년대에는 복지개혁으로 지역사회 중심의 민간조직이 양적으로 확대되었다.
　⑤ 오바마 행정부는 정부 및 민간부문 역할 확대를 통한 기존 미국 복지정책의 극적인 변화를 가져왔다.
02 미국에서 민권운동은 1950년대 중반부터 1960년대까지의 시기에 가장 활발히 일어나 미국 지역사회복지에 영향을 미쳤다.

정답 | 01 ③ 02 ⑤

STEP 1 　기출분석

☑ 6개년 출제리포트

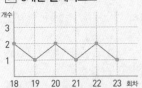

☑ 키워드 공략포인트

2000년 이후의 지역사회복지 발달과정과 그 내용이 매회 1문제 이상 꾸준히 출제되고 있습니다.

정답 잡는 오답노트

▼ 국민기초생활 보장제도
18회

• 틀린 선지는?

2001년 국민기초생활 보장제도 시행으로 정부의 책임성 강화 (×)

• 틀린 이유는?

2000년 국민기초생활 보장제도의 시행으로 지역 중심의 자활사업이 본격화되었다.

STEP 2 　핵심이론 공략

1 근대 이전

(1) 민간 지역복지

두레	농민들의 상호 협동체로, 농사 위주의 공동 작업 수행
계	지출 대비책으로, 경제적·조합적 성격을 띠는 자연발생적 조직
품앗이	같은 마을에 살고 있는 농민들끼리 노동력을 교환하는 조직
향약	조선 시대 지식인들의 자치적 협동조직
사창	징수 또는 기증받은 곡식을 저장하였다가 흉년 등에 대여해 주는 구호제도 Tip 사창은 민간에서 행한 지역복지이지만 국가의 지도·감독을 받았습니다.

(2) 공공 지역복지

오가작통	5가구를 1통으로 묶어 강제적 연대책임을 지고 서로 도울 수 있도록 운영한 기관
의창	흉년을 대비해 양곡을 저장·보관한 제도
상평창	곡식 대여 후 추수기에 상환하게 하고 물가조절을 하는 기관
진휼청	흉년에 구휼 업무를 담당하고 이재민과 빈민을 구제하는 국가기관
혜민서	서민의 질병을 치료해 주고 보살펴 주는 기관

2 근대~현대

1921년	• 태화사회복지관(태화여자관): 최초의 인보관운동 • 조선사회사업연구회 → 1929년 조선사회사업협회로 확대·개칭
1941년	조선방면위원제도 전면 개편: 요보호자에 대한 보호, 구제 및 사례관리 시도
1944년	조선구호령(근대적 공공부조제도) 참고 1961년 생활보호법 제정으로 폐지
1951년	기부금품모집금지법 제정
1952년	외국 민간원조단체 한국연합회(KAVA) 조직 참고 본부는 외국에 두고 국내에서 사회복지사업 전개
1956년	이화여대 부설 사회복지관 설립(최초의 대학부설 사회복지관)
1970년	• 새마을운동 전개 참고 농촌생활 개선운동에서 소득증대운동으로 발전(정부 주도) • 사회복지사업법에 공동모금 실시 규정 참고 민간 주도의 공공모금사업 진행
1983년	• 사회복지사업법 개정: 사회복지관 설립·운영규정 마련 • 사회복지사 자격제도 도입 • 사회복지협의회를 법정 단체로 인정
1987년	사회복지전문요원제도(1992년 사회복지법 개정에 따라 사회복지전담공무원에 대한 법적 근거 마련) 참고 현재는 사회보장급여법에서 법적 근거를 찾을 수 있음.
1992년	재가복지봉사센터 설치 및 운영

1995년	• 보건복지부 사회복지사무소 시범사업(1995년 7월~1999년 12월) • 지방자치단체장 직접 선출
1997년	• 사회복지공동모금법 제정 → 1999년 사회복지공동모금회법 시행 • 자활후견기관 지정 도입 → 2006년 지역자활센터로 개칭 • 사회복지시설평가 법제화 [참고] 3년마다 최소 1회 평가 실시
1998년	사회복지공동모금회 설립, 공동모금제도 시행(전국 16개 광역시·도)
2000년	국민기초생활 보장제도 시행: 지역 중심의 자활사업 본격화
2003년	사회복지사업법 개정: 지역사회복지계획(지역사회보장계획) 수립 의무화, 지역사회복지협의체 설치 근거 마련
2004년	• 사회복지사무소 시범사업 실시(2004년 7월~2006년 6월) • 건강가정지원센터 시범사업 실시(2005년 1월 본격 시행)
2005년	지역사회복지협의체 설치·운영, 제1기 지역사회복지계획 수립
2006년	• 주민생활지원서비스 전달체계 실시(2007년 3단계 완성) • 자활후견기관을 지역자활센터로 개칭
2007년	• 동사무소를 동주민센터로 명칭 변경 • 제1기 지역사회복지계획 시행(2007~2010년) • 사회적기업 육성법 제정, 희망스타트 시범사업 실시 • 아동발달 지원계좌(디딤씨앗통장) 개설 • 전자바우처 사회서비스 사업 시행
2008년	• 드림스타트 사업(구 희망스타트 사업) 실시 • 노인장기요양보험제도 시행
2010년	사회복지통합관리망(행복e음) 개통, 희망키움통장 사업 실시
2011년	제2기 지역사회복지계획 시행(2011~2014년)
2012년	• 사회복지기관의 3대 기능 중심 개편, 협동조합 기본법 제정 • 사회보장기본법상의 '사회복지서비스'를 '사회서비스'로 변경 • 시·군·구 희망복지지원단 운영으로 통합사례관리 시행 • 사회보장정보시스템 단계별 개통
2013년	• 사회보장정보시스템 완전 개통 • 노인양로·장애인주거 시설, 정신요양시설사업을 중앙정부로 환원
2015년	• '지역사회복지계획'을 '지역사회보장계획'으로 변경 • 국민기초생활 보장제도 수급자 선정기준을 기준 중위소득으로 변경
2016년	• 읍·면·동 복지허브화 사업 실시 • 동주민센터를 행정복지센터로 명칭 변경(일부 지역)
2018년	• 아동수당 도입 • 동주민센터를 행정복지센터로 명칭 변경(전국적 시행)
2019년	• 커뮤니티 케어 추진, 지역사회 통합돌봄사업 추진 • 사회서비스원 시범사업 시행(서울, 경기, 경남, 대구) • 제4기 지역사회보장계획 시행(2019~2022년)
2020년	사회서비스원 서울·대구·광주·세종·경기·경남 등 6개 시·도로 확대(2022년 전국으로 확대)
2021년	탈시설 장애인 지역사회 자립 지원 로드맵 확정, 발표
2023년	제5기 지역사회보장계획 시행(2023~2026년)

STEP 3 필수문제 점검

01
기출 23회

한국의 지역사회복지 역사에 관한 설명으로 옳지 않은 것은?

① 1950년대 – 외국민간원조한국연합회 (KAVA) 결성
② 1980년대 – 사회복지관 운영·건립 국고 보조사업 지침 마련
③ 1990년대 – 재가복지봉사센터 설치·운영
④ 2010년대 – 읍·면·동 복지허브화사업 실시
⑤ 2020년대 – 시·군·구 희망복지지원단 설치·운영

02
기출 22회

우리나라 지역사회복지 환경 변화의 순서로 옳은 것은?

> ㉠ 희망복지지원단 설치·운영
> ㉡ 사회복지통합관리망(행복e음) 구축
> ㉢ 지역사회통합돌봄(커뮤니티 케어) 선도 사업 시행
> ㉣ '읍·면·동 복지 허브화' 사업 시행

① ㉠ → ㉡ → ㉢ → ㉣
② ㉠ → ㉡ → ㉣ → ㉢
③ ㉡ → ㉠ → ㉢ → ㉣
④ ㉡ → ㉠ → ㉣ → ㉢
⑤ ㉡ → ㉢ → ㉠ → ㉣

| 해설 |
01 시·군·구 희망복지지원단은 2010년대인 2012년에 설치 및 운영되었다.
02 우리나라 지역사회복지 환경 변화는 '㉡ 사회복지 통합관리망(행복e음) 구축(2010년) → ㉠ 희망 복지지원단 설치·운영(2012년) → ㉣ 읍·면·동 복지 허브화 사업 시행(2016년) → ㉢ 지역사회 통합돌봄(커뮤니티 케어) 선도사업 시행(2019년)' 의 순서로 이루어졌다.

정답 | 01 ⑤ 02 ④

지역사회복지론

지역사회복지 이론

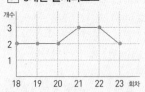

✓ 키워드 공략포인트
- 지역사회복지 이론은 최근 6년 동안 매회 1문제 이상 꾸준히 출제된 중요 키워드입니다.
- 각 이론의 특징을 정확히 구분할 줄 아는 것이 중요합니다.

정답 잡는 오답노트

▼ 갈등이론   21회

- 틀린 선지는?
조직구조 개발에 자원동원과정을 중요하게 여긴다. (×)

- 틀린 이유는?
조직구조 개발에 자원동원과정을 중요하게 여기는 것은 자원동원 이론이다.

STEP 2 핵심이론 공략

1 지역사회복지 이론

(1) 기능주의이론과 갈등주의이론

구분	기능주의이론	갈등주의이론
내용	• 사회는 다수의 체계로 구성되어 있으며, 합의된 가치와 규범에 따라 움직임. • 체계의 안정을 위한 구조적 적용	• 권력과 자원이 불평등하게 배분되어 있기 때문에 갈등은 불가피함. • 갈등이 사회발전의 요인
사회 형태	안정 지향	집단 간 갈등
각 요소의 관계	조화, 적응, 안정, 균형	경쟁, 대립, 투쟁, 갈등
대상 요인	사회 부적응	사회 불평등
주요 가치 결정	합의에 의한 결정	지배계급의 이데올로기
지위 배분	개인의 성취	지배계급에 유리
변화	점진적, 누진적	급진적, 비약적

(2) 사회체계이론
① 한 체계의 요소들은 상호작용을 통해 영향을 주고받는다.
② 체계 전체는 일정한 조정과 적응과정을 거치면서 새로운 균형상태에 도달한다.

(3) 생태이론(생태체계이론)
다양한 개념을 활용해 지역사회의 변화과정을 역동적인 진화과정으로 설명한다.

경쟁	보다 나은 입지를 차지하려는 적응과정
중심화	지역의 기능과 사회시설 및 서비스가 지역의 중심으로 몰리는 현상
분산	구성원이 중심지역에서 밀도가 더 낮은 외곽으로 빠져나가는 것
집결	개인이 도시 등으로 이주하며 유입되는 것
분리	물리적 지역 내의 개인, 집단 등이 유사 배경 및 기능을 중심으로 한데 모이는 것
우세	기능적으로 우위에 있는 것이 다른 단위에 영향력을 행사하는 것
침입	지역사회의 한 집단이 완전히 분리된 다른 집단이 거주하는 지역으로 들어가는 것
계승	침입이 완결된 지역의 상태

(4) 자원동원이론
① 의사결정 시 조직 간의 자원 불균형을 고려하여야 한다.

② 동원할 수 있는 자원(에 돈, 정보, 사람, 조직 간의 연대 등)의 정도와 범위에 따라 사회운동조직의 역할과 한계가 규정된다.

③ 사회운동의 성패는 조직원 충원, 자원 조달, 적절한 조직을 개발할 수 있는 능력 여부에 달려 있다.

(5) 사회교환이론

① 인간은 자신의 사회적 신분과 비용, 보상의 정도에 따라 행동 유형이 달라진다고 본다.

② 하드캐슬의 권력 균형 전략: 경쟁, 재평가, 호혜성, 연합, 강제(강압)

(6) 엘리트이론: 소수 엘리트의 주도적 가치판단을 중시하며, 엘리트집단이 정책을 좌우하는 권력을 장악하고 있다고 본다.

(7) 다원주의이론: 정책 결정과정에서 대중의 참여와 경쟁을 강조하며, 다양한 이익집단이 사회를 이끈다고 본다.

(8) 사회구성주의이론

① 주류 이데올로기의 생성, 유지, 내재화에 초점을 맞춘다.

② 사회체계는 상호 역동적 관계에 있는 개인들 사이에서 창조·건설된다.

③ 사회복지사는 클라이언트와 관계된 정치·문화·개인적 역사를 통찰하고 그들의 문화적 가치와 규범에 대한 의미를 해석한다.

(9) 사회자본이론

① 신뢰, 호혜성, 네트워크, 공유된 인지를 강조한다.

② 사회자본은 개인 간 관계에서 형성되고 집단이 공유하므로, 사용할수록 총량이 늘어난다.

③ 사회자본은 관습이나 문화의 영향을 받는다. 사회자본은 집단 간 혹은 집단 내 협동을 촉진하는 공유된 규범으로서 가치, 신뢰 및 상호이해를 수반하는 네트워크라고 합의된 것이다.

(10) 권력의존이론

① 지역주민이나 집단 또는 조직이 소유하는 힘의 여부가 지역사회 발전에 영향을 미친다고 본다.

② 자원의 희소성, 크기가 상이하므로 권력의 불균형이 발생한다.

③ 외부 재정지원자에 지나치게 의존하면 조직의 목적 상실, 자율성 제한 등 부정적인 영향을 주기 때문에 특정 지원자에게 의존하는 것에서 탈피해야 함을 주장한다.

(11) 사회학습이론 참고 인간행동이론의 영향을 받았다.

① 지역주민에게 영향을 주는 지역사회 및 주변 환경을 학습하면서 지역사회 구성원의 역량이 강화되고 지역사회도 발전한다고 본다.

② 지역사회복지 실천가 개개인의 경험적 행동이나 인식이 각 실천영역에 영향을 미친다고 보며, 실천가의 높은 자기확신을 중요시한다.

STEP 3   필수문제 점검

01
기출 21회

다음 A 지역의 변화를 분석하기 위한 지역사회복지 실천이론은?

> A 지역은 외국인 노동자의 유입으로 특정 국적의 외국인 주거 공동체가 형성되기 시작하면서 주민 간 갈등이 발생하였다.

① 생태학이론
② 사회학습이론
③ 엘리트주의이론
④ 교환이론
⑤ 다원주의이론

02
기출 23회

지역사회복지이론에 관한 설명으로 옳은 것을 모두 고른 것은?

> ㉠ 사회체계이론 – 지역사회 내 갈등이 변화의 원동력이다.
> ㉡ 갈등이론 – 자원의 불평등한 분배로 인해 이해관계의 대립이 발생한다.
> ㉢ 자원동원이론 – 인간행동은 타인이나 사회환경과 상호작용하는 동안에 학습된다.
> ㉣ 사회자본이론 – 신뢰와 네트워크를 통해 지역사회 문제 해결을 위한 규범 등이 형성된다.

① ㉠, ㉢   ② ㉡, ㉣
③ ㉢, ㉣   ④ ㉡, ㉢, ㉣
⑤ ㉠, ㉡, ㉢, ㉣

| 해설 |

01 특정 국적의 외국인 주거 공동체가 형성되기 시작하면서 주민 간 갈등이 발생하였으므로, 이를 분석하기 위해서는 생태학이론이 가장 적절하다.

02 ㉠ 갈등이론에 관한 설명이다.
　　㉢ 사회학습이론에 관한 설명이다.

정답 | 01 ① 02 ②

STEP 1   기출분석

☑ 6개년 출제리포트

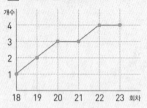

☑ 키워드 공략포인트

• 매회 꾸준히 출제되는 내용입니다. 로스만의 3가지 모델에 중점을 두고, 각 모델의 특징을 꼼꼼히 학습해야 합니다.
• 최근에는 웨일과 갬블의 지역사회복지 실천모델이 자주 출제되고 있습니다.

정답 잡는 오답노트

▼ 지역사회개발모델   16회

• 틀린 선지는?
변화전략은 표적대상에 대한 조치를 취할 수 있도록 주민을 동원하는 것이다. (×)

• 틀린 이유는?
지역사회개발모델은 지역주민들이 참여하여 욕구를 제시하고 문제해결방안을 모색하는 것을 변화전략으로 한다. 표적대상에 대한 조치를 취할 수 있도록 주민을 동원하는 것은 사회행동모델의 변화전략이다.

STEP 2   핵심이론 공략

1 로스만의 지역사회복지 실천모델

(1) 각 실천모델별 비교

구분	지역사회개발모델	사회계획모델	사회행동모델
개념	광범위한 주민들이 변화의 목표설정과 실천행동에 참여	사회문제를 해결하고자 하는 기술적 과정 강조	지역사회의 불우계층, 기존 제도와 현실에 대한 근본적인 변화 요구
적용	새마을운동 등	도심 재개발 등	학생운동, 민권운동, 복지권운동, 소비자보호운동 등
목표	과정 중심 목표 (참여집단: 과업 중심 목표)	과업 중심 목표	• 과업·과정 중심 목표 • 소규모이고 단기적인 문제상황보다 체제 변화에 따른 결과 중시
기본 전략	함께 모여서 이야기	진상을 파악하여 논리적인 조치 강구	억압자를 분쇄하기 위해 규합
전술과 기법	합의, 의견 교환, 토의	문제 확인, 사정, 목표 개발, 실행, 평가, 사실 발견과 분석, 갈등·합의	갈등, 대결, 직접행동, 협상, 시위
사회복지사 역할	조력자, 격려자, 조정자, 교육자, 촉진자, 안내자, 능력부여자	전문가, 계획가, 사실 발견 수집가, 분석가, 프로그램 기획과 평가자	옹호자, 행동가, 매개자, 중재자, 대변가, 조직가
클라이언트 범위	전 지역사회	• 전 지역사회 • 특수 지역 및 일부 계층	지역사회 일부로 전문가의 특수한 지원을 요하는 고통 받는 집단 참고 후원이나 치료의 대상이 아닌 동지로 여김.
구성원 간의 이해관계에 관한 전제	• 상이한 집단·계층의 이해관계가 조화를 이룸. • 합리적인 설득이나 대화와 상호 호의를 위해 쉽게 규합됨.	• 지역사회 내 집단 간 갈등의 이해에 크게 개의치 않음. • 실용적이며 특정 문제의 해결에만 관심을 가짐.	구성집단 간의 이해관계가 상충되어 서로 조화를 이룰 수 없음.
공공의 이익	합리주의적·중앙집권적	이상주의적·중앙집권적	현실주의적·개인주의적
클라이언트 집단	시민	소비자	희생자

(2) 과업 중심 목표와 과정 중심 목표

① 과업 중심 목표
 ㉠ 서비스 제공
 ㉡ 새로운 서비스 강구
 ㉢ 특수 사회입법 통과

② 과정 중심 목표
 ㉠ 지역사회에 있는 여러 집단 간의 협동관계 수립
 ㉡ 지역사회문제를 해결하기 위해 자치조직 결성
 ㉢ 지역사회문제를 해결하는 데 필요한 역량기반 강화
 ㉣ 주민들이 지역사회의 일에 관심을 갖도록 적극적 참여 유도
 ㉤ 지역사회의 공동사업에 대한 협력적 태도와 작업 증진
 ㉥ 토착적 지도자 양성

> 🔍 **관계 중심 목표 – 던햄**
>
> • 지역사회와 집단 간의 관계와 의사결정권의 분배에서 변화를 추구한다.
> • 지역사회 구성요소 간의 사회관계에서 변화를 시도한다.

> 🔍 **과업 중심 목표와 과정 중심 목표**
>
> • 과업 중심 목표: 구체적 사업을 완성하거나 지역사회의 기능과 관련하여 지역사회의 한정된 문제를 해결하는 데 관심을 가짐.
> • 과정 중심 목표
>   – 지역사회 개입을 위한 구체적 수단과 방법에 초점을 둠.
>   – 지역사회주민의 참여와 자조를 통해 지역사회주민의 협동능력과 문제해결능력을 향상시켜 문제에 보다 효과적으로 대처하는 역량을 기르도록 함.
>   – 체제의 유지와 기능을 강화하여 지역사회가 장기간에 걸쳐 제 기능을 할 수 있도록 함.

2 웨일과 갬블의 지역사회복지 실천모델

(1) 근린지역사회 조직모델

목표	조직화를 위한 구성원의 능력(역량) 개발
표적체계	지방정부, 외부개발자, 지역주민
구성원	지역사회 주민
관심 영역	지역사회 주민의 삶의 질 향상
사회복지사의 역할	조직가, 교사, 촉진자, 코치

(2) 기능적 지역사회조직모델

목표	행동·태도의 변화에 초점을 둔, 사회정의를 위한 행동
표적체계	일반 대중, 정부기관
구성원	공동의 관심과 이해를 가진 동호인
관심 영역	특정 이슈의 정책, 행위, 태도 등을 옹호
사회복지사의 역할	촉진자, 조직가, 옹호자, 정보제공자, 교육가

(3) 지역사회의 사회·경제적 개발모델

목표	주민이 사회·경제적 투자를 할 수 있도록 준비
표적체계	은행, 재단, 외부개발자, 지역사회 주민
구성원	저소득 계층, 주변 계층, 불이익 계층
관심 영역	소득, 자원 개발, 교육과 리더십 기술 향상
사회복지사의 역할	협상가, 교사, 계획가, 관리자

(4) 사회계획모델

목표	전문가의 지식과 기술, 객관적 조사와 자료분석에 기초한 도시 또는 지역적 제안으로 행동 유도
표적체계	지역사회 지도자의 관점, 휴먼(인간)서비스 지도자의 관점
구성원	선출직 공무원, 기관 책임자, 기관 간의 조직
관심 영역	사회적 욕구 통합, 사회서비스 연계망 구축 및 조정
사회복지사의 역할	조사자, 관리자, 프로포절 작성자, 정보제공자(전달자)

(5) 프로그램 개발과 지역사회연계모델

목표	지역사회 주민에게 필요한 서비스를 향상시키거나 새로운 서비스를 계획
표적체계	기관 프로그램의 재정 충원자, 기관의 서비스 수혜자
구성원	기관 위원회, 행정가, 지역사회 대표자
관심 영역	특정 대상이나 지역사회를 위한 서비스 개발
사회복지사의 역할	대변자, 관리자, 계획가, 프로포절 제안자

(6) 정치·사회행동모델

목표	정책 또는 정책결정자의 변화에 초점을 둔, 사회정의를 위한 행동
표적체계	선출된 공직자, 잠재적인 참여자
구성원	정치적 권한이 있는 시민
관심 영역	정치 권력의 형성과 제도
사회복지사의 역할	옹호자, 조직가, 조사자, 조정자

(7) 연합모델

목표	프로그램의 방향 또는 지원을 최대한 끌어낼 수 있는 다조직적 권력기반 형성
표적체계	선출직 공무원, 자금을 제공하는 재단과 정부기관
구성원	이해관계가 있는 조직체
관심 영역	사회적 욕구 또는 관심사에 관련된 특정 현안
사회복지사의 역할	대변인, 협상가, 중개자, 조직가

(8) 사회운동모델

목표	특정 대상집단 또는 현안에 대한 사회정의를 위한 행동
표적체계	일반 대중, 정치제도
구성원	새로운 비전과 이미지를 제시할 수 있는 조직과 지도자
관심 영역	사회정의
사회복지사의 역할	옹호자, 촉진자

3 테일러와 로버츠의 지역사회복지 실천모델

구분	특징	권한
프로그램개발 및 조정모델	프로그램 개발·조정	후원자 100%
계획모델	합리성과 전문성에 기초, 인간지향적인 측면 강조	후원자 $\frac{7}{8}$
지역사회연계모델	클라이언트의 문제를 지역사회에 연계	후원자와 클라이언트 각각 50%
지역사회개발모델	지역사회 자체의 역량을 강화하여 지역사회문제 해결	클라이언트 $\frac{7}{8}$
정치적 역량강화모델	배제된 집단의 사회적 참여	클라이언트 100%

4 포플의 지역사회복지 실천모델

모델	특징	사회복지사의 역할
지역사회보호모델	지역사회 주민의 복지를 위한 사회적 관계망과 자발적 서비스 증진	조직가, 자원봉사자
지역사회조직모델	복지기관 간의 상호협력	조직가, 촉매자, 관리자
지역사회개발모델	삶의 질 향상을 위한 기술, 신뢰를 습득할 수 있도록 집단을 원조	조력자, 지역사회 활동가, 촉진자
사회·지역 계획모델	지역사회의 프로그램 계획, 자원동원, 집행, 평가	조력자, 촉진자
지역사회교육모델	교육과 지역사회 간 동등한 관계로 방향 모색	교육자, 촉진자
지역사회행동모델	힘 없는 집단의 효과성 증가	행동가
여권주의적 지역사회사업모델	성 불평등의 해소, 여성의 복지 향상	행동가, 조력자, 촉진자
인종차별 철폐 지역사회사업모델	인종차별에 저항	행동가, 자원봉사자

STEP 3　필수문제 점검

01
기출 19회

다음에서 설명하는 웨일과 갬블의 지역사회복지 실천모형에 해당하는 것은?

- 대면접촉이 이루어지는 가까운 지역사회에 초점을 둔다.
- 조직화를 위한 구성원의 능력개발, 지역주민의 삶의 질 증진을 목표로 한다.
- 사회복지사의 역할은 조직가, 촉진자, 교육자, 코치 등이다.

① 근린지역사회 조직모형
② 프로그램개발모형
③ 정치사회적 행동모형
④ 연합모형
⑤ 사회운동모형

02
기출 23회

다음에서 설명하는 테일러와 로버츠(S. Taylor & R. Roberts)의 지역사회복지 실천모델은?

- 지역사회의 문제해결을 위해 관계망을 형성하거나 조정
- 사회복지사, 자원봉사자, 행정가 등 다양한 구성원이 참여
- 지역사회복지 실천 과정에서 클라이언트와 후원자의 영향력이 동등

① 계획모델
② 지역사회연계모델
③ 지역사회개발모델
④ 정치적 역량강화모델
⑤ 프로그램 개발 및 조정모델

| 해설 |

01 제시된 설명은 웨일과 갬블의 지역사회복지 실천모형 중 근린지역사회 조직모형에 대한 설명이다.

02 제시된 설명은 테일러와 로버츠의 지역사회복지 실천모델 중 지역사회연계모델에 대한 설명이다.

정답 | 01 ① 02 ②

지역사회복지론

제5영역 지역사회복지론

실천모델별 사회복지사의 역할

STEP 1 기출분석

☑ 6개년 출제리포트

☑ 키워드 공략포인트

• 사업의 유형, 목적에 따른 사회복지사의 역할을 명확히 구분할 수 있어야 합니다.
• 제시된 사례에 알맞은 역할을 찾는 문제가 자주 출제되고 있습니다.

정답 잡는 오답노트

▼ 독거노인 대상 의료네트워크 형성사업 시 사회복지사의 역할 13회

• 틀린 선지는?
혁명가 (×)

• 틀린 이유는?
독거노인을 위한 의료네트워크 형성사업을 할 때 사회복지사는 옹호자, 촉매자, 협상가, 조정자 등의 역할을 한다. 혁명가의 역할과는 거리가 멀다.

• 옳은 선지 정리하기
– 옹호자: 클라이언트에게 필요한 정보 수집, 서비스 개발
– 촉매자: 자기평가와 반성의 분위기 형성, 의사소통 촉진, 변화 가능성에 대한 신념을 고무시킴.
– 협상가: 이해집단 사이에 중간 지점을 찾아 합의를 끌어냄.
– 조정자: 서비스들을 조직적인 형태로 정리, 주로 사례관리자의 역할 수행

STEP 2 핵심이론 공략

1 지역사회개발모델의 사회복지사 역할

> 참고 해당 사회복지사 역할은 로스(Ross)가 제시한 사회복지사 역할입니다. 로스만(170쪽)과 포플(173쪽)이 주장한 지역사회개발모델의 사회복지사 역할도 함께 참고하여 학습하시길 권장드립니다.

(1) 안내자

① 지역사회의 조건을 객관적인 입장에서 이해하며, 문제해결을 위한 목표를 설정한다.
② 문제해결과정에서 지역사회 주민들을 설득하는 주도적인 역할을 한다.

(2) 전문가

① 지역사회를 진단하고 분석한다.
② 조사방법에 대한 지식과 기술을 활용하여 지역사회 자체 조사에 참여한다.
③ 타 지역사회에서 진행된 조사, 연구, 시범사업 등의 정보를 제공한다.
④ 지역주민들에게 조직을 결성하는 방법 및 절차 등에 대해 조언한다.

(3) 조력자

① 지역사회의 개인적·집단적 불만을 집약하여 표출할 수 있도록 지원하고 조직화를 격려하며, 좋은 인간관계를 조성한다.
② 공동의 목표를 달성할 수 있도록 지역사회의 역량을 개발한다.

(4) 치료자

① 지역사회의 노력을 저해하는 행동이나 태도를 분석·진단하여 긴장을 해소하고, 방해요인을 제거하는 등의 역할을 수행한다.
② 지역사회의 특성을 진단한 내용을 주민들에게 이해시킨다.

> Tip 2025년 제23회 2교시 62번 문제에서 지역사회개발모델의 사회복지사 핵심역할이 아닌 것을 묻는 문제의 정답으로 치료자가 정답 처리되었습니다. 해당 문제는 로스만으로 한정 지었을 때 정답에 대한 오류가 없으나, 그렇지 않기 때문에 많은 수험생들이 이의제기를 한 문항입니다. 향후 유사 문제 출제에 대비하여 지역사회개발모델의 사회복지사 역할을 학자별로 학습하시기를 권장드립니다.

2 사회계획모델의 사회복지사 역할

(1) 분석가

사회문제에 영향을 미치는 요인을 조사하여 프로그램 과정을 분석하고 평가한다.

(2) 계획가

계획 수립에서 재정적이거나 물질적인 것보다는 인간적인 면을 더욱 중시하고, 목표를 설정하여 성과평가에 복지적인 목표를 강조하며, 목표 달성을 위한 수단을 고려한다.

(3) 행정가

① 업무를 조정하고, 평가 계획을 작성하며 역할을 분담한다.

② 목표의 효과적인 달성을 위해 인적·물적 자원을 적절하게 관리한다.

③ 프로그램 운영과정에서 발생하는 문제해결에 융통성을 발휘한다.

(4) 조직가

사업의 계획과 실천과정에 지역사회 주민을 참여시켜 사기를 진작한다.

3 사회행동모델의 사회복지사 역할

(1) 조력자

① 소외계층의 복지를 증진시키기 위해 그들의 편에서 활동을 전개해야 함을 주장하며, 서비스의 수혜자 입장보다 제공자인 기관의 입장에서 일하게 되는 경향을 비판한다.

② 지역주민이 주도적인 역할을 할 수 있도록 주민 스스로 욕구를 분석하게 하고 중립적 입장에서 간접적으로 돕는 역할을 한다.

(2) 중개자

① 자원과 지역주민을 직접적으로 연결해 주거나 지역주민이 필요한 자원에 접근할 수 있도록 돕는다.

② 사회복지사의 단독 개입보다는 전체 주민에게 영향을 주는 행정과 정책의 변화를 추구한다.

(3) 옹호자(대변자)

① 클라이언트나 지역사회에 필요한 정보를 직접 수집한다.

② 개인적으로 서비스를 받지 못하고 있는 지역주민이 서비스를 받을 수 있도록 직접적인 역할을 한다.

③ 주민의 입장에서 정당성을 주장하고, 기관 입장에 도전할 수 있는 지도력과 자원을 제공한다.

(4) 행동가

불이익을 받는 주민을 위해 갈등상황에서 강한 행동가 역할을 수행하며 클라이언트의 행동을 조직화한다.

🔍 기타 사회복지사의 역할

- 네트워커(networker)
  - 지역사회의 자원을 활용하여 클라이언트에게 서비스를 제공하기 위해서는 지역사회 자원 간의 네트워킹이 필요함.
  - 최근 클라이언트의 역량강화를 강조하는 경향과 커뮤니티 케어의 등장으로 클라이언트의 통합적 지원을 위한 인적 자원 네트워크 활동을 진행함.
  - **참고** 네트워커의 활동은 상호교환무역의 원리와 호혜성을 기반으로 함.
- 평가자
  - 측정 및 연구에 관한 전문가적 역할, 평가요구자나 관련자와의 대인관계적 역할, 평가업무 계획 및 수행과 그 결과보고 활동을 중요시하는 행정가적 역할
  - 평가상황에 대해 적절한 판단을 내리고, 사회적·정치적 역할 등을 종합적으로 수행

STEP 3   필수문제 점검

01
기출 21회

다음에 제시된 사회복지사의 핵심 역할은?

> A 지역은 저소득가구 밀집지역으로 방임, 결식 등 취약계층 아동 비율이 높은 곳이다. 사회복지사는 지역사회 아동의 안전한 보호와 부모의 양육부담 완화를 위해 아동돌봄시설 확충을 위한 서명운동 및 조례제정 입법 활동을 하였다.

① 옹호자   ② 교육자
③ 중재자   ④ 자원연결자
⑤ 조정자

02
기출 23회

다음 사례에 제시된 사회복지사의 핵심 역할은?

> A 사회복지사는 지역 내 복합적인 욕구를 가진 가구에 대한 사례관리 계획을 수립하였다. 이를 위해 지역사회의 다양한 기관들과 함께 서비스의 중복과 누락을 방지하기 위한 효율적인 개입 방안을 논의하였다.

① 옹호자   ② 교육자
③ 조정자   ④ 자원개발자
⑤ 협상가

| 해설 |

01 지역사회 아동의 안전한 보호와 부모의 양육부담을 완화해주는 아동돌봄시설 확충을 위한 서명운동 및 조례제정 입법 활동은 옹호자의 역할이다.

02 조정자로서 사회복지사는 클라이언트가 다른 체계에 의뢰될 때, 능력·기술·지식·자원이 부족한 경우 이를 조정하는 역할이다.

정답 | 01 ① 02 ③

지역사회복지 실천과정

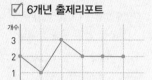

☑ 6개년 출제리포트

☑ 키워드 공략포인트

- 각 단계별 과업으로 옳지 않은 내용을 찾는 유형이 자주 출제됩니다.
- 최근에는 욕구사정방법의 출제 비중이 크므로 이에 대비해야 합니다.

정답 잡는 오답노트 ✏

▼ 지역사회 욕구사정방법
21회

• 틀린 선지는?
명목집단기법: 지역주민으로부터 설문조사를 통해 직접적으로 자료를 획득 (×)

• 틀린 이유는?
명목집단기법은 다양한 배경을 가진 지역사회 내 집단의 이익을 수렴하여 욕구를 조사하고 우선순위를 결정하는 방법이다.

1 문제확인단계

(1) 지역사회의 욕구 파악

충족되지 않은 지역사회의 욕구나 사회문제를 찾아 과거에는 문제해결을 위해 어떤 노력을 했는지 파악하고 문제의 성격과 크기 등을 명확하게 규명하는 단계이다.

(2) 지역사회의 자원 파악

인적 자원	지역사회에 살고 있는 주요 인물, 자원봉사자, 사회복지 대상자
물적 자원	후원자나 후원금을 받기 위한 기업, 재단, 개인 개발
조직	관공서, 경찰서, 소방서 같은 공공기관과 법인, 단체 등 비공식조직
정보 자원	주민 생활과 밀접한 정책의 제정 및 개정, 문화공연, 보건복지서비스, 자원봉사 참여

2 사정단계 Tip 지역사회의 발전과정, 정치·사회구조, 경제상황, 사회문화를 사정합니다.

(1) 지역사회 욕구사정을 위한 자료수집방법

인터뷰	• 공식적 인터뷰: 지역사회 쟁점에 전문적 지식을 가진 주요 정보제공자와 전화 혹은 대면으로 인터뷰 실시 • 비공식적 인터뷰: 자유로운 의견 교환으로 특정 입장에 관계없이 정보수집
초점집단기법	• 관련된 소수의 의견을 청취하여 현안에 대한 의견을 심층적으로 파악 • 대상자: 주요 정보제공자, 관련 서비스 제공 단체 대표, 수혜자, 잠정적 수혜자, 지역사회 주민 등
명목집단기법	• 다양한 집단의 이익을 수렴하여 욕구를 조사하고 우선순위를 결정 • 방법: 구성원들이 서로 의사소통하지 않고 무기명으로 의견 제출 → 유사한 의견들을 정리하여 발표한 후 논의 진행 → 참가자들이 의견에 점수를 매기고 진행자가 취합하여 평균점수를 계산한 뒤 최종 우선순위 결정
민속학적 조사방법 (참여관찰기법)	조사자가 직접 연구대상자를 관찰하여 지배문화에서 벗어난 사람들의 삶의 양식을 조사
델파이기법	전문가를 대상으로 특정 주제나 문제에 대해 익명 처리된 설문조사를 반복함으로써 전문가 간의 합의점을 찾는 방식
지역사회포럼	대중에게 공개되거나 지역사회를 대표한다고 생각되는 사람들에게 특정 지역문제에 대해 의견이나 피드백을 요청
공청회	중요한 정책결정이나 법령 등의 제정 또는 개정안 심의 전에 이해관계자나 해당 분야의 전문가에게 공식 석상에서 의견을 듣는 방법
서베이	질문지를 활용해 응답을 받는 방법으로, 욕구조사에서 많이 활용
사회지표분석 및 2차자료	• 통계청이나 관련 기관, 정부에서 발표한 통계 등을 활용 • 직접 조사하지 않은 2차자료를 활용하여 수집

(2) 지역사회 사정의 유형

포괄적 사정	특정 문제나 표적집단에 한정하기보다는 지역사회 전반을 대상으로 한 사정으로, 1차자료를 생성할 목적으로 수행
탐색적 사정	지역사회의 상태를 개괄적으로 살펴보기 위해 실행하는 사정
문제중심 사정	지역사회의 중요 문제에 초점
하위체계 사정	지역의 중요 하위체계에 초점
자원 사정	지역사회에서 이용할 수 있는 권력, 전문기술, 재정, 서비스 등 인적·물적 자원영역 사정
협력 사정	참여자들이 완전한 파트너로서 조사계획, 참여관찰, 분석과 실행에 관계하면서 지역사회에 의해 수행

3 실행계획수립 및 자원동원단계

목표설정 → 정책 수립 및 프로그램 개발 → 실천방법수립 → 지역사회 복지계획 실시 → 자원동원 및 활용

4 실행단계 Tip 재원·추진인력·추진기관의 리더십을 확보하는 단계입니다.

① **참여자 적응시키기**: 오리엔테이션 등의 기본교육을 실시하여 변화의 가치와 의도, 철학에 대한 메시지를 명확하게 전달한다.
② **활동 조정하기**: 여러 활동을 통합·조화시키는 행위로, 각 요소 간의 일관성 유지가 필요하다.
③ **적응과 조정 촉진하기**: 계획이 제대로 실행되도록 클라이언트를 적응시키고, 필요시 계획을 조정한다.

5 평가단계

Tip 실천과정에서 발생한 모든 투입, 처리, 산출, 결과에 대한 내용을 파악합니다.

(1) 사용 목적에 따른 분류

형성평가	프로그램 운영 중 실시하여 서비스 전달체계 향상 또는 효과성 증진 도모
총괄평가	프로그램 종료 후 실시하여 프로그램이 목적을 달성했는지와 프로그램의 지속 여부를 평가
통합평가	형성평가와 총괄평가를 통합한 평가

(2) 평가규범에 따른 분류

효과성평가	프로그램의 목표를 얼마나 달성했는가를 평가
효율성평가	프로그램 수행 대비 비용의 적절성을 평가
공평성평가	프로그램의 효과와 비용이 얼마나 공평하게 배분되었는지를 평가

STEP 3 필수문제 점검

01 기출 21회

지역사회복지 실천과정에서 다음 과업이 수행되는 단계는?

- 재정자원의 집행
- 추진인력의 확보 및 활용
- 협력과 조정을 위한 네트워크 구축

① 문제발견 및 분석단계
② 사정 및 욕구 파악단계
③ 계획단계
④ 실행단계
⑤ 점검 및 평가단계

02 기출 23회

지역사회복지 실천과정에 관한 설명으로 옳지 않은 것은?

① 지역사회문제 해결과정으로 볼 수 있다.
② 지역사회 사정은 지역사회의 욕구와 자원을 파악하는 단계이다.
③ 지역사회 문제나 욕구는 지역사회 상황에 따라 다양한 형태로 나타날 수 있다.
④ 자원동원, 재정집행, 네트워크는 실행단계에서 수행된다.
⑤ 총괄평가는 수행과정 중에 실시되어 실천과정의 문제점을 수정하는 데 유용하다.

| 해설 |
01 실행단계에서는 지역사회복지실천의 다양한 개입 전략과 전술 가운데 적합한 것을 선택한다. 계획에 맞춰 자원을 집행하고 프로그램을 실행하며, 문제해결의 주체가 되는 지역주민의 참여를 조직화한다. 또한, 진행상황을 점검하며 상황변화에 대응하고 지역사회의 서비스 공급주체 간 연계 협력을 추진한다.
02 형성평가에 관한 설명이다. 총괄평가는 프로그램 종료 후에 실시하는 평가이다.

정답 | 01 ④ 02 ⑤

지역사회복지 실천기술

☑ 6개년 출제리포트

☑ 키워드 공략포인트

- 실천기술은 사회복지사가 현장에서 활용하게 될 기술이기 때문에 사례와 접목한 문제가 출제되는 경향이 있습니다.
- 각 실천기술의 개념과 내용을 파악하고, 실제 현장에서 어떻게 사용할 수 있는지를 연계하여 이해합시다.

정답 잡는 오답노트

▼ 옹호활동   19회

- **틀린 선지는?**
지역사회 내 복지자원을 조정하고 연계한다. (×)

- **틀린 이유는?**
지역사회 내 복지자원을 조정하고 연계하는 것은 네트워크(연계)활동에 해당한다.

- **옳은 선지 정리하기**
- 시의원 등에게 정치적 압력을 행사한다.
- 피케팅으로 해당 기관을 난처하게 한다.
- 행정기관에 증언 청취를 요청한다.
- 지역주민으로부터 탄원서에 서명을 받는다.

1 옹호(대변)기술

(1) 개념
클라이언트의 입장에서 정당성을 요구하거나 클라이언트가 이익을 얻을 수 있도록 대변인으로 활동하는 기술이다.

(2) 옹호의 유형

유형	개념	사회복지사의 기술
자기옹호	클라이언트 개인 및 집단이 스스로 자신을 옹호하는 활동	행정적·기술적 지원
개인옹호	사회복지사가 개인이나 가족을 대신하여 옹호하는 활동	• 개인 및 가족의 욕구 파악 • 사정기술
집단옹호	유사한 문제를 경험하는 클라이언트로 구성된 집단의 공동문제를 해결하기 위한 활동	• 집단사회복지 실천기술 • 의사소통 개입기술
지역사회옹호	공동의 문제를 경험하는 지역주민들을 위한 옹호활동	주민을 모으고 조직화하는 기술
정책적 옹호	사회정의와 복지를 증진시키기 위해서 다양한 형태로 전개되는 조직활동	특정 법안의 통과를 제안하거나 지지하기 위한 로비기술
체제변환적 옹호	제도상의 근본적인 변화를 위해 구성원인 시민들과 사회체제 전체에 영향을 미치려는 옹호활동	• 캠페인 • 조직화기술 • 홍보기술

(3) 옹호의 전술
① 설득
② 공청회 또는 증언 청취
③ 표적을 난처하게 하기
④ 정치적 압력
⑤ 탄원서 서명
⑥ 청원

2 네트워크(연계)기술

(1) 개념
서비스의 중복을 방지하거나 자원을 효율적으로 사용할 수 있게 조직을 연계하는 기술로, 상호 신뢰와 호혜성을 기반으로 개별 조직들은 상호 의존관계이면서도 수평관계가 강조된다. 지역사회 주민의 신뢰를 바탕으로 사회적 자본을 확충해 나간다.

(2) 수준

연락	낮은 수준의 연계·협력으로, 개별 기관이 서비스 제공에 필요한 정보를 교환하고 공유함.

조정	서비스의 중복 방지와 효율적인 자원 활용을 위해 조직의 정체성을 유지하며 정기 모임이나 회의를 통해 활동이 이루어지도록 조력함.
협력	분리된 각 조직이 단일 프로그램이나 서비스를 결합하여 함께 제공하기 위한 목적을 가지고 연계하되, 조직의 정체성을 유지하면서 자원을 공유함.
통합	개별 기관들이 각자의 정체성을 유지하지 않고 서비스 제공을 위해 하나의 조직체로 통합하며 새로운 조직체로의 정체성을 가짐.

(3) 네트워크의 구성 원칙

자발성	자발적 참여로 구성
분권성	참여조직들 간의 권력과 자원의 분산
평등성	구성원의 권한·참여·자원분배의 평등
유연성	참여와 탈퇴의 자유성 보장

3 조직화기술

(1) 개념

지역사회가 처한 상황이나 해결방향에 따라 목표를 세우고, 지역주민으로 구성된 모임에서 지역사회 문제를 해결해 나가도록 돕는 기술이다.

(2) 특징

① 지역사회가 스스로 상황을 인식하고 문제를 해결할 수 있도록 돕는다.
② 사회적 약자의 사회 참여 및 자립·자활을 위해 지역사회와 지역주민들의 내적 역량을 극대화하여 지역사회 문제의 예방 및 해결 활동에 적극적으로 참여할 수 있도록 지원한다.

(3) 조직화의 단계

준비 → 계획화 → 조직화 → 지역활동 및 복지운동 → 평가 및 과제 전환

4 기타 실천기술

(1) 자원개발·동원기술

지역사회 문제해결에 필요한 자원이 부족하여 외부의 도움을 받아야 할 경우 자원을 발굴하고 동원하는 기술이다.

(2) 임파워먼트기술

치료보다는 역량을 강조하고, 지역사회의 문제를 문제가 아닌 도전으로 보며, 지역주민의 잠재능력을 인정하여 스스로 문제를 해결하게 하는 기술이다.

> 참고 구체적 기술: 의식 제고, 자기주장, 공공의제의 틀 갖추기, 권력 키우기, 역량 건설, 사회자본의 창출

(3) 지역사회교육기술

지역사회나 지역주민들의 욕구에 맞는 프로그램을 개발하고, 교육을 통하여 정보를 제공하고 기술을 가르치는 기술이다.

STEP 3 필수문제 점검

01
기출 21회

지역사회복지 실천기술 중 연계에 관한 내용으로 옳지 않은 것은?

① 인적·물적 자원의 효율적 관리
② 사회복지사의 자원 네트워크 확장
③ 지역의 사회적 자본 확대
④ 클라이언트 중심의 통합적 서비스 제공
⑤ 지역주민 권익향상을 위한 사회행동

02
기출 22회

연계기술에 해당하지 않는 것은?

① 클라이언트 중심의 사회적 관계망을 강화시킬 수 있다.
② 이용자 중심의 통합적 서비스를 제공할 수 있다.
③ 새로운 인프라 구축에 필요한 시간과 비용을 줄일 수 있다.
④ 사회복지시설의 서비스 중복·누락을 방지할 수 있다.
⑤ 지역사회 공공의제를 개발하고 주민 의식화를 강화할 수 있다.

| 해설 |

01 지역주민 권익향상을 위한 사회행동은 옹호기술이다.

02 지역사회 공공의제를 개발하고 주민 의식화를 강화하는 것은 임파워먼트기술에 해당한다.

정답 | 01 ⑤ 02 ⑤

제5영역 지역사회복지론

사회행동의 전략과 전술

✓ 6개년 출제리포트

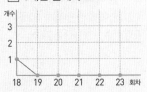

✓ 키워드 공략포인트

사회행동의 전략에서 힘을 극대화하기 위한 전략과 타 조직과의 협력 전략, 법적 행동과 사회적 대결을 중심으로 알아두는 것이 좋습니다.

1 사회행동의 전략

(1) 사회행동의 토대가 될 수 있는 힘의 원천

① **정보력**: 정부 당국, 특히 정치인들이 특정 행동을 할 수 있도록 현 상태에 관한 정보를 제공하는 것이다.

② **힘의 과시**: 자신의 결정에 반대하는 집단이 불편과 손해를 겪게 하여 힘을 과시하는 것이다.

③ **피해를 입힐 수 있는 잠재력**: 실제로 피해를 입히지는 않지만 그러한 힘을 가졌음을 암시하는 것이다.

④ **수치심 자극**: 사업의 결정권을 가지고 있는 공무원, 정치인 또는 기업인의 약점을 언론에 노출시켜 수치심을 자극해 상황을 유리하게 만드는 것이다.

⑤ **동원능력**: 집단행동에 많은 사람을 동원함으로써 사회행동이 정당성을 획득하고 있다는 것을 잠재적으로 표출하는 것이다. 이는 합법적이면서 가장 강력한 힘의 원천이 된다.

(2) 지역사회의 타 조직과의 협력 전략

협조	특정 사건이 있을 때 최소한으로 협력하는 것으로, 필요에 따라 일시적인 협력을 함.
연합(조정)	보다 조직적인 협력관계로, 공동의 관심사를 협의하기 위해 둘 이상의 사람이나 집단이 합쳐져 만들어진 조직체
동맹	전문적인 활동이 필요한 바람직한 협력관계로, 공동의 목적을 이루기 위하여 전문가를 둔 영속적인 조직

2 사회행동의 전술

① **정치적 압력 전술**: 정치인이나 정부 관리가 자신을 따르도록 압박하는 것이다. 상대의 규칙이 가지는 합법성을 인정하면서도 상대조직이 패배할 수 있도록 조치를 강구한다.

 ⊙ **과정**: 이슈를 논의대상으로 삼기 → 해결대안 제시하기 → 법안 통과 추진하기 → 실천에 영향력 행사하기

 ⊙ **기술**: 적재적소에 압력을 가하는 기술, 정치인과 정부 관리를 상대로 한 논쟁의 기술, 압력 전술을 선택하는 기술

② **법적 행동**: 국가의 힘을 수반하는 강제적인 사회규범으로, 규칙을 준수하지 않는 상대 조직이 규칙을 지키도록 한다.

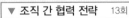
정답 잡는 오답노트

▼ **조직 간 협력 전략** 13회

• **틀린 선지는?**
조직 간의 협력체계 정도는 협조 → 동맹 → 연합 순으로 갈수록 강화된다. (×)

• **틀린 이유는?**
조직 간 협력체계 정도는 협조 → 연합 → 동맹 순으로 강화된다.

③ 사회적 대결

　　㉠ 표적집단에 직접적인 타격을 가함으로써 문제해결을 요구하는 전술로, 도덕적 정당성을 무시한 채 전술을 전개하면 행동의 명분과 대중의 지지를 확보하기 어렵다.

　　㉡ 사회적 대결의 유형

　　　• 시위 전술: 많은 사람들을 동원하여 세력을 과시함으로써 기득권층의 일상을 교란하는 것이다. 예 농성, 집회, 피케팅

　　　• 교육홍보 전술: 대규모 교육과 선전을 펼침으로써 문제를 드러내고 해결책을 제시하는 것이다. 예 면담, 공청회, 광고

　　　• 불평 전술: 문제의 존재를 알리는 것으로, 비공개적으로 전달되기도 한다. 예 청원

　　　• 경제 전술: 상대방에게 경제적인 타격을 주어 불만을 표출하는 방법이다. 예 불매운동, 파업

④ 협상 전술

　　㉠ 일반적으로 사회행동에서는 협상이 필요한 상황이 생기는데, 이러한 상황에서 양쪽 모두 상대가 취하는 조치에 영향을 미치려고 한다. 자신의 결정이 어떤 영향을 주는지 분석하는 것이 중요하다.

　　㉡ 협상의 기술 – 프루이트

　　　• 협상에 시한을 두어야 한다.

　　　• 요구하는 입장을 확고히 해야 한다.

　　　• 언제, 어떻게 양보를 해야 할 것인가를 배워야 한다.

　　　• 상대방의 제안에는 신중하게 대응해야 한다.

　　　• 협상이 계속 진행되도록 해야 한다.

　　　• 중재자를 개입시킬 필요가 있는지 고려해야 한다.

법적 행동과 사회적 대결의 비교

구분	법적 행동	사회적 대결
특징	• 제한된 인원 • 참여자 행동이 냉정하고 심각함.	직접 행동
장점	• 조직 활동을 공식적으로 합법화 • 상대방의 급작스런 조치에 공격할 수 있는 시간을 얻어냄. • 상대방이 주민조직에게 활용하려고 하는 정보를 얻어냄. • 고소하겠다는 위협만으로도 이슈에 대한 논의를 끌어냄.	• 온건하고 간접적인 방법이 비효과적일 때 사용 가능 • 표적에게 직접적인 타격을 가하는 동시에 사회행동조직의 내부 결속력을 높이는 수단이 됨.
문제점	• 시간과 돈이 많이 듦. • 전문가(예 변호사 등)에 의존하기 때문에 주민조직 스스로의 성취감이 상실되기도 함. • 실질적인 승리를 가져다주지 못하기도 함.	• 폭력을 사용할 수 있음. • 조직의 세력을 유지시키지 못할 위험이 있음. • 실천을 보장하지 못함. • 불법적이거나 비윤리적일 수 있음.

STEP 3　필수문제 점검

01

협상(negotiation)기술에 관한 설명으로 옳지 않은 것은?

① 협상 범위를 면밀히 분석한다.
② 사회행동모델에 사용할 수 없다.
③ 협상과정에 중재자가 개입할 수 있다.
④ 재원확보와 기관 간 협력을 만드는 데 유리하다.
⑤ 협상 시 양쪽 대표들은 이슈와 쟁점에 대해 토의해야 한다.

02
기출 14회

지역사회 행동 전략 중 다음 설명과 관계있는 타 조직과의 협력 전략으로 옳은 것은?

> 사회복지사가 서비스의 중복을 방지하고 자원 활용의 효율성을 도모하기 위해 조직의 정체성을 유지하면서 정기모임이나 회의를 통해 활동이 이루어지도록 조력하는 것

① 연락(communication)
② 융합(convergence)
③ 통합(integration)
④ 동맹(alliance)
⑤ 조정(coordination)

| 해설 |

01 사회행동모델에서도 협상을 해야 하는 상황이 발생하기도 한다. 협상상황에서는 자신의 결정이 상대방의 선택권에 어떤 영향을 주는지 분석하는 것이 중요하다.

02 조정은 연합의 다른 표현으로, 기관 간의 조정을 의미한다.

정답 | 01 ② 02 ⑤

제5영역 지역사회복지론

지역사회보장계획

STEP 1 　기출분석

STEP 2 　핵심이론 공략

☑ **6개년 출제리포트**

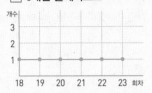

☑ **키워드 공략포인트**

지역사회보장계획의 연혁, 수립 절차와 더불어 지역사회보장계획에 포함되어야 할 내용을 알아 두어야 합니다.

1 지역사회보장계획의 개요 　Tip 사회보장급여법에 근거합니다.

(1) 목적

① **통합성**: 중앙정부와 시·도에서 시작되는 상위계획 사업들을 고려하여 지역 차원에서 통합되는 실행계획을 수립한다.

② **참여성**: 계획의 수립·시행·평가 등에서 주민의 참여 및 민간의 참여를 유도한다.

③ **협력성**: 공공기관과 민간기관의 연계·협력을 비롯한 다양한 복지 주체 간의 네트워크를 구축한다.

(2) 의의

지역사회복지 자원동원과 주민 참여를 촉진하고, 자치단체 수준에서 지역의 특성과 주민의 복지욕구를 반영한다.

(3) 연혁

① **지역사회복지계획**: 2005년 사회복지사업법에 따라 지역사회복지계획을 4년마다 수립하였다.

② **지역사회보장계획**: 2015년 사회보장급여법 시행에 따라 명칭을 변경하였다.

(4) 지역사회보장계획 수립에 관한 주요 규정

① 특별시장·광역시장·특별자치시장·도지사·특별자치도지사 및 시장·군수·구청장은 지역사회보장에 관한 계획을 4년마다 수립하고, 매년 지역사회보장계획에 따라 연차별 시행계획을 수립하여야 한다. 이 경우 사회보장기본법에 따른 사회보장에 관한 기본계획과 연계되도록 하여야 한다.

② 시장·군수·구청장은 해당 시·군·구의 지역사회보장계획을 지역주민 등 이해관계인의 의견을 들은 후 수립(지역사회보장조사)하고, 지역사회보장협의체의 심의와 해당 시·군·구 의회의 보고를 거쳐 시·도지사에게 제출하여야 한다.

③ 시·도지사는 제출받은 시·군·구의 지역사회보장계획을 지원하는 내용 등을 포함한 해당 특별시·광역시·도·특별자치도의 지역사회보장계획을 수립하여야 한다.

④ 특별자치시장은 지역주민 등 이해관계인의 의견을 들어 지역사회보장계획을 수립하여야 한다.

⑤ 시·도지사는 지역사회보장계획을 시·도 사회보장위원회의 심의와 해당 시·도 의회의 보고를 거쳐 보건복지부장관에게 제출하여야 한다. 이 경우 보건복지부장관은 제출된 계획을 사회보장위원회에 보고하여야 한다.

⑥ 시·도지사 또는 시장·군수·구청장은 지역사회보장계획을 수립할 때 필요하다고 인정하는 경우에는 사회보장 관련 기관·법인·단체·시설에 자료 또는 정보의 제공과 협력을 요청할 수 있다.

정답 잡는 오답노트

▼ **지역사회보장계획** 19회

• **틀린 선지는?**
시·군·구 지역사회보장계획은 변경할 수 없다. (×)

• **틀린 이유는?**
시·군·구 지역사회보장계획은 변경할 수 있다.

⑦ 보장기관의 장은 지역사회보장계획의 수립 및 지원 등을 위하여 지역 내 사회보장 관련 실태와 지역주민의 사회보장에 관한 인식 등에 관하여 필요한 조사를 실시할 수 있으며, 시·도지사 및 시장·군수·구청장은 지역사회보장계획 수립 시 지역사회보장조사 결과를 반영할 수 있다.

2 지역사회보장계획 수립 절차

(1) 시·군·구 지역사회보장계획

① 수립 절차: 지역사회보장조사 실시 → 지역사회보장계획(안) 마련 → 지역주민 의견 수렴 → 지역사회보장협의체의 심의, 시·군·구 의회 보고 → 시·도지사에게 계획 제출 → 시행 및 평가

② 지역사회보장계획 포함 내용

- 지역사회보장 수요의 측정, 목표 및 추진전략
- 지역사회보장의 목표를 점검할 수 있는 지표의 설정 및 목표
- 지역사회보장의 분야별 추진전략, 중점 추진사업 및 연계협력 방안
- 지역사회보장 전달체계의 조직과 운영
- 사회보장급여의 사각지대 발굴 및 지원 방안
- 지역사회보장에 필요한 재원의 규모와 조달 방안
- 지역사회보장에 관련한 통계 수집 및 관리 방안
- 지역 내 부정수급 발생 현황 및 방지대책
- 그 밖에 대통령령으로 정하는 사항

(2) 특별시·광역시·도·특별자치도 지역사회보장계획

① 수립 절차: 지역사회보장조사 실시 → 지역사회보장계획(안) 마련 → 시·도 사회보장위원회의 심의, 시·도 의회 보고 → 보건복지부에 계획 제출 → 시행 및 평가

② 지역사회보장계획 포함 내용

- 시·군·구의 사회보장이 균형적이고 효과적으로 추진될 수 있도록 지원하기 위한 목표 및 전략
- 지역사회보장지표의 설정 및 목표
- 시·군·구에서 사회보장급여가 효과적으로 이용 및 제공될 수 있는 기반 구축 방안
- 시·군·구 사회보장급여 담당 인력의 양성 및 전문성 제고 방안
- 지역사회보장에 관한 통계자료의 수집 및 관리 방안
- 시·군·구의 부정수급 방지대책을 지원하기 위한 방안
- 그 밖에 지역사회보장 추진에 필요한 사항

STEP 3   필수문제 점검

01
기출 21회

시·군·구 지역사회보장계획에 관한 설명으로 옳은 것을 모두 고른 것은?

> ⓐ 시·군·구 지역사회보장협의체의 보고와 의회의 심의를 거쳐야 한다.
> ⓑ 사회보장급여의 이용·제공 및 수급권자 발굴에 관한 법률에 의거한다.
> ⓒ 시행연도의 전년도 11월 30일까지 수립하여 제출하여야 한다.
> ⓓ 4년마다 수립하고 매년 연차별 시행계획을 수립해야 한다.

① ⓐ, ⓑ   ② ⓐ, ⓒ
③ ⓑ, ⓓ   ④ ⓐ, ⓑ, ⓓ
⑤ ⓑ, ⓒ, ⓓ

02
기출 18회

시·군·구 지역사회보장계획에 포함되어야 할 내용으로 옳은 것을 모두 고른 것은?

> ⓐ 지역사회보장 전달체계의 조직과 운영
> ⓑ 지역 내 부정수급 발생 현황 및 방지대책
> ⓒ 사회보장급여의 사각지대 발굴 및 지원 방안
> ⓓ 지역사회보장의 분야별 추진전략, 중점 추진사업 및 연계협력 방안

① ⓐ, ⓓ   ② ⓑ, ⓓ
③ ⓐ, ⓑ, ⓒ   ④ ⓐ, ⓒ, ⓓ
⑤ ⓐ, ⓑ, ⓒ, ⓓ

| 해설 |

01 ⓐ 시·군·구 지역사회보장협의체의 심의와 의회의 보고를 거쳐야 한다.
　　ⓒ 시·군·구 지역사회보장계획을 시행연도의 전년도 9월 30일까지, 그 연차별 시행계획을 시행연도의 전년도 11월 30일까지 각각 시·도지사에게 제출하여야 한다.

02 ⓐ, ⓑ, ⓒ, ⓓ 모두 시·군·구 지역사회보장계획에 포함되어야 할 내용으로 옳다.

정답 | 01 ③ 02 ⑤

✓ 6개년 출제리포트

✓ 키워드 공략포인트

- 지역사회보장협의체는 공공 사회복지추진체계에 속하고, 사회복지협의회는 민간 사회복지추진체계에 속합니다.
- 지역사회보장협의체는 구성과 역할, 사회복지협의회의 전반적 특징에 대한 문제가 자주 출제되고 있습니다.

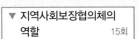

▼ 지역사회보장협의체의 역할 15회

- **틀린 선지는?**
민간 사회복지기관에 대한 감사 및 평가 (×)

- **틀린 이유는?**
지역사회보장협의체는 지역사회 보장계획을 심의하거나 건의하며, 민간 사회복지기관에 대한 감사 및 평가는 하지 않는다.

- **옳은 선지 정리하기**
— 네트워크 원리에 따른 운영
— 수요자 중심의 지역사회보장 서비스 제공기반 마련
— 지역사회 공동체 기능 회복과 사회자본 확대 지향
— 사회보장급여의 이용·제공 및 수급권자 발굴에 관한 법률로 시행

1 지역사회보장협의체

(1) 연혁

2015년 사회보장급여법이 시행됨에 따라 지역사회복지협의체는 지역사회보장협의체로 확대개편되었다. 기존 보건·복지 외에 고용·주거·문화 등 참여 범위를 사회보장 전 분야로 확장하여 연계·협력 기반을 마련하고 그 기능도 강화되었다.

(2) 구성 및 역할

구성	기능 및 역할

대표협의체	• 지역사회 보장 증진, 관련 서비스 제공기관·법인·단체·시설 간 연계·협력 강화
	• 심의·자문 역할 수행
	   — 시·군·구 지역사회보장계획 수립·시행 및 평가에 관한 사항
	   — 지역사회보장조사 및 지역사회보장지표에 관한 사항
	   — 사회보장급여 제공에 관한 사항
	   — 사회보장 추진에 관한 사항
	   — 읍·면·동 단위 지역사회보장협의체의 구성 및 운영에 관한 사항
	   — 그 밖에 위원장이 필요하다고 인정하는 사항

실무협의체	• 지역사회보장협의체 업무를 효율적으로 수행하기 위하여 구성·운영 • 공동사업개발 및 건의 • 지역사회보장계획 수립·시행 및 평가에 관한 전문 연구 • 지역사회서비스 제공 및 연계 협력에 관한 협의 • 대표협의체 심의(건의) 안건 사전 검토 • 실무분과 간 역할조정 및 협력 도모 • 그 밖에 위원장이 필요하다고 인정하는 사항
실무분과	• 연계·협력 강화 공동사업 시행 • 대상자별 사례회의 • 서비스 제공 및 연계 • 분과사업 논의 • 서비스 제공을 위하여 필요한 사항
읍·면·동 단위 지역사회 보장협의체	• 사회보장사업에 근거한 도움을 필요로 하는 사람 발굴 • 사회보장자원 발굴 및 연계 • 지역사회보호체계 구축 및 운영 • 그 밖에 관할 지역주민의 사회보장 증진을 위하여 필요한 업무

(3) 위원의 임명

① 위원의 임기는 2년으로 한다. 위원장은 한 차례만 연임할 수 있다.
② 대표협의체의 위원은 위원장 포함 10인 이상 40인 이하로 구성한다.

2 사회복지협의회

① 지역사회의 여러 기관, 단체, 시설이 모여 지역사회의 사회복지문제를 함께 협의하고 조정하는 주민주체의 운동단체이다.

② 사회복지사업법에 규정이 마련되어 있는 법정단체이지만, 국가기관이 아닌 사회복지법인 민간기관이다.

> **참고** 2009년부터 기타 공공기관으로 지정되어 운영되고 있다.

③ 비영리 공익법인으로 민간사회복지 증진을 위한 협의·조정, 정책개발, 조사연구, 교육훈련, 자원봉사활동의 진흥, 정보화 사업, 사회적 취약계층을 위한 사업을 수행하는 기관이다.

④ 조사연구, 협력체계 구축, 네트워크, 지역사회문제를 해결하기 위한 민간기관의 연계 등 간접서비스를 제공하는 기관이다.

⑤ 사회복지에 관한 조사연구와 각종 복지사업을 조성하고, 사회복지사업과 활동을 조직적으로 협의·조정하며, 사회복지에 대한 국민의 참여를 촉진시킴으로써 우리나라의 사회복지 증진과 발전에 기여하는 것을 목적으로 한다.

⑥ 중앙협의회, 시·도 및 시·군·구 협의회로 구성되어 있으며, 사회복지사업법에 따른 사회복지법인의 형태로 운영한다.

⑦ 중앙협의회와 시·도 협의회, 시·군·구 협의회는 의무규정으로 반드시 설치·운영되어야 한다.

⑧ 중앙협의회와 시·도 및 시·군·구 협의회는 서로 독립법인으로 운영되며, 지회의 성격을 가지지 않는다.

🔍 지역사회보장협의체와 사회복지협의회의 비교

구분	지역사회보장협의체	사회복지협의회
법적 근거	사회보장급여의 이용·제공 및 수급권자 발굴에 관한 법률 제41조	사회복지사업법 제33조 제1항
구성	• 민간, 공공으로 구성된 조직 • 공무원, 보건·복지 등의 대표로 구성된 조직 • 대표협의체, 실무협의체, 실무분과로 구성	• 민간 중심의 자발적 조직 • 보건·복지·종교 등 지역주민들이 참여하는 회원 조직
역할	지역사회보장을 위한 계획 수립 및 평가, 심의 및 건의	지역사회복지를 위한 연계, 조정, 건의, 협력

01
기출 20회

한국사회복지협의회의 주요 사업이 아닌 것은?

① 사회복지에 관한 교육훈련
② 사회복지에 관한 계몽 및 홍보
③ 자원봉사활동의 진흥
④ 사회복지사업에 관한 기부문화의 조성
⑤ 읍·면·동이 위탁하는 사회복지에 관한 업무

02
기출 19회

지역사회보장협의체에 관한 설명으로 옳은 것은?

① 사회복지사업법에 법적 근거를 두고 있다.
② 10명 이상 25명 이하의 위원으로 구성하고, 임기는 2년이다.
③ 관할 지역의 사회복지사업에 관한 중요사항을 심의·건의한다.
④ 민·관 네트워크를 통한 지역복지 거버넌스 구조와 기능을 축소시킨다.
⑤ 실무협의체, 실무분과, 읍·면·동 협의체 간 수평적 네트워크 관계를 형성한다.

| 해설 |

01 한국사회복지협의회는 읍·면·동이 아닌 보건복지부 장관이 위탁하는 사회복지에 관한 업무를 수행한다.

02 ① 지역사회보장협의체는 사회보장급여법에 법적 근거를 둔다.
② 위원장을 포함하여 10명 이상 40명 이하의 위원으로 구성하고, 임기는 2년이다.
③ 지역사회보장협의체는 법률로 정해진 업무에 관해 심의·자문하는 역할을 한다. 해당 업무는 지역사회보장협의체의 업무가 아니다.
④ 민·관 네트워크를 통한 지역복지 거버넌스 구조와 기능을 강화시킨다.

정답 | 01 ⑤ 02 ⑤

공공 사회복지추진체계, 지방분권화

☑ **6개년 출제리포트**

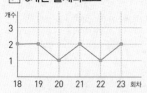

☑ **키워드 공략포인트**

- 사회복지전담공무원과 지방분권의 영향에 대한 문제가 주로 출제됩니다.
- 2016년 읍·면·동 복지허브화 발표 이후 관련 문제가 출제되고 있으니 그 내용과 영향 위주로 알아두는 것이 좋습니다.

정답 잡는 오답노트

▼ **읍·면·동 복지허브화**
16회

- **틀린 선지는?**
읍·면·동 복지허브화로 지역사회복지 네트워크가 약화되었다.
(×)

- **틀린 이유는?**
읍·면·동 복지허브화에 따라 민간 전문인력이 투입되어 민·관 협력을 제고하면서 지역사회복지 네트워크가 강화되었다.

1 희망복지지원단(통합사례관리)

(1) 개요
① 2012년부터 구성·운영되었다.
② 지역주민의 다양한 욕구에 맞춤형 서비스를 연계·제공함으로써 지역주민의 삶을 안정적으로 지원·지지하고, 복지제도의 효과성과 효율성을 향상시킨다.
③ 복지욕구 및 경제적 여건을 고려하여 빈곤계층의 탈빈곤·빈곤예방에 중점을 둔다.

(2) 운영
① **대상**: 국민기초생활수급가구 및 차상위 빈곤가구, 긴급지원대상가구
② **역할**: 지원대상자에 대한 상담·지도 및 사회보장에 대한 욕구조사, 서비스 제공 계획수립과 그에 따른 사회보장급여 및 서비스의 연계, 보장기관과 민간의 법인·단체·시설 등이 제공하는 서비스의 관리·점검 등
③ **사업 절차**: 대상자 접수 → 욕구조사 → 사례회의 → 대상자 구분 및 선정 → 서비스 제공계획 수립 → 서비스 제공 및 점검 → 종결 → 사후관리(읍·면·동)

2 읍·면·동 복지허브화

① 복지담당공무원이 도움이 필요한 지역주민을 먼저 찾아가 복지대상자를 발굴·상담하고 적절한 자원 및 서비스를 찾아 연계해 주는 사업이다.
② 주민 개개인의 욕구에 따른 맞춤형 통합서비스를 지원하는 사업이다.
   참고 가구별 서비스 제공 시 통합사례관리를 실시한다.
③ 복지통장 및 지역사회보장협의체, 그리고 다양한 복지기관과 협력·연계하여 지원 대상 및 자원 발굴·확대, 민간 전문인력을 통한 민·관 협력을 도모한다.
④ 2014년부터 15개 주민센터에 복지전담팀 시범사업을 진행하였고, 2016년에 주민센터 중 700여 곳을 행정복지센터로 바꾸고 복지전담팀을 구성하는 등의 내용을 기반으로 2018년까지 전국으로 확대·개편 추진하였다.
⑤ 읍·면·동에서 통합사례관리를 직접 수행하여 사례관리 기능이 강화되었고, 지역 인적안전망 구성의 활성화가 이루어졌다.

🔍 **공공 사회복지전달체계의 읍·면·동 중심 개편에 따라 나타난 현상**

- 찾아가는 보건·복지서비스 확대
- 읍·면·동에서 통합사례관리 직접 수행
- 민간 전문인력 투입으로 민·관 협력 제고
- 복지·보건·고용 연계 등 통합서비스 강화
- 지역 인적안전망 구성의 활성화

3 지역사회 통합돌봄(커뮤니티 케어)

(1) 개요

돌봄이 필요한 주민이 살던 곳(자신의 집이나 그룹홈, 공동생활가정 등)에서 개개인의 욕구에 맞는 서비스를 누리고 지역사회와 함께 어울려 살아갈 수 있도록 주거, 보건의료, 요양, 돌봄, 독립생활 지원 등을 통합적으로 지원하는 지역주도형 사회서비스이다.

(2) 4대 핵심요소

주거지원 인프라 확충	어르신 맞춤형 케어 안심주택, 집수리 사업, 커뮤니티 케어형 도시 재생뉴딜
방문건강 및 방문의료	집중형 방문건강서비스, 방문의료, 어르신 만성질환 전담 예방 관리, 병원에 '지역 연계실' 운영
재가돌봄 및 장기요양	차세대 노인장기요양보험 구축, 재가의료급여 신설, 식사배달 등 다양한 신규 재가서비스(회복·재활서비스)
지역자율형 전달체계 구축	케어 안내창구 신설(읍·면·동), 지역케어회의 등 지역사회 민관서비스 연계·협력(시·군·구)

(3) 단계적 계획

① 1단계(2018~2022): 선도사업 실시 및 핵심 인프라 확충단계
  ㉠ 선도사업 실시: 커뮤니티 케어모델 개발
  ㉡ 생활SOC 투자: 케어 안심주택, 주민건강센터, 커뮤니티 케어 도시 재생 뉴딜
  > 참고 생활SOC(Social Overhead Capital): 일상생활에 필요한 필수 인프라
  ㉢ 법·제도 정비: 지역사회 통합돌봄 기본법(가칭) 제정[2024년에 '의료·요양 등 지역 돌봄의 통합지원에 관한 법률' 제정(2026.3.27. 시행)], 개별법 및 복지사업지침 정비
② 2단계(2023~2025): 제공 기반 구축 단계
  ㉠ 장기요양 등 재가서비스 대대적 확충
  ㉡ 인력 양성, 케어 매니지먼트 시스템 및 품질관리체제 구축
  ㉢ 재정 전략 마련
③ 3단계(2026년 이후): 보편화 단계
  ㉠ 케어가 필요한 사람 누구에게나 욕구에 맞게 보편적 케어 제공
  ㉡ 지역사회 중심으로 자율적 시행

4 사회복지전담공무원

(1) 개요 및 연혁

① 지방자치단체에서 사회복지업무를 수행하는 공무원을 말한다.

② 1987년 저소득 취약계층에게 전문적인 복지서비스를 제공하기 위해 사회복지전문 요원(별정직)이라는 이름으로 서울, 부산, 대구, 인천, 광주, 대전에 처음 배치되었다.

③ 1992년 사회복지사업법 개정으로 사회복지전담공무원의 법적 근거가 마련되었다.

> **참고** 현재는 사회보장급여의 이용·제공 및 수급권자 발굴에 관한 법률에서 법적 근거를 찾을 수 있다.

④ 1999년 일반직 전환에 대한 구체적인 지침이 마련되어 2000년부터 별정직에서 일반직으로 전환되었다.

(2) 역할

조직가	실천활동과정에 지역주민들을 참여시켜 스스로 역할을 다할 수 있도록 지지와 훈련을 제공하는 역할
교육자	클라이언트의 사회적 기능이나 문제해결능력의 향상을 위해 교육 프로그램·정보를 제공하거나 기술을 가르치는 역할
옹호자	사회정의 실현을 추구하고, 불이익을 받는 클라이언트의 입장에서 정당성을 주장하며, 대변·보호하고 개입하는 역할
협상가	갈등상황에서 상호 합의를 이끌어 내기 위해 타협하는 역할
자원연결자	클라이언트에게 시설 입소, 취업정보 제공 및 알선 등 필요한 자원을 소개해 주고 이용할 수 있도록 지원하는 역할
자문가	전문적이고 기술적인 자문을 제공하며, 관심 있는 쟁점을 효과적으로 다룰 수 있도록 지원
조력자	불만의 집약, 조직화 격려, 좋은 인간관계 조성, 공동의 목표 창조
상담가	클라이언트가 전문 상담자와 대화를 나누며 자신의 행동 및 심리상태를 이해하고, 이를 토대로 문제를 해결하도록 원조

5 지방분권화

(1) 장점

① 지방정부의 자율성이 확대되고 책임성이 강화된다.

② 지역의 특성에 맞는 효율적인 복지집행체계 구축이 용이하다.

③ 지역주민의 욕구에 민감하게 반응하고, 지역의 다양성과 특수성이 고려되어 지역주민에게 밀착된 서비스 제공이 가능하다.

④ 지방정부의 역할 강화와 비정부조직(NGO)의 자원을 활용하여 분권형 복지사회를 실현한다.

⑤ 지역주민의 참여 기회가 확대되고 주민 욕구 맞춤형 복지프로그램을 제공한다.

(2) 단점

① 지역별 사회복지서비스의 격차로 지역 간 불균형이 발생한다.

② 지역 이기주의가 조장될 수 있다.

③ 중앙정부의 사회복지 책임이 약화되어 사회복지공급이 축소될 수 있다.

(3) 의의

① 지방정부의 권력 강화로 복지예산이 확대되는 경우도 있으나 대부분의 경우 복지예산은 삭감되며, 대신 민간의 참여가 확대되어 지방정부의 역할을 보완한다.

② 중앙정부의 권한을 지방정부로 이양함으로써 지방정부의 자율성을 강화하고, 지역 특성에 맞는 정책 수립이 가능하다.

③ 사회복지서비스 공급 측면에서 지방자치단체의 역할과 책임을 강화하고 지역 간 균형발전을 도모한다.

④ 지역주민의 참여기회과 확대된다.

STEP 3 　필수문제 점검

01　　　　　　　　　　기출 19회

지방분권에 관한 설명으로 옳지 않은 것은?

① 주민참여 기회가 확대된다.

② 중앙정부의 책임성이 강화된다.

③ 지역 특성에 맞는 정책을 수립할 수 있다.

④ 지역 간 복지수준의 격차가 발생할 수 있다.

⑤ 지방자치단체의 역할과 책임을 강화시킬 수 있다.

02　　　　　　　　　　기출 18회

사회복지전담공무원에 관한 설명으로 옳지 않은 것은?

① 2000년 별정직에서 일반직인 사회복지직 렬로 전환

② 국민기초생활 보장제도의 시행으로 인원 확대

③ 1992년 서울, 부산, 대구 3곳에서 처음 으로 임용·배치

④ 사회복지전문요원에서 사회복지전담공무 원으로 명칭 변경

⑤ 취약계층에 대한 상담과 지도, 생활실태 의 조사 등 사회보장급여 관련 업무 담당

| 해설 |

01 지방분권화로 중앙정부의 역할과 책임이 지방 정부로 이양되면서 지방정부의 책임성이 강화 되었다.

02 사회복지전담공무원은 생활보호대상자(현재 국 민기초생활보장 수급자), 노인, 장애인 등 저소 득 취약계층에게 전문적인 복지서비스를 제공 하기 위하여 1987년 사회복지전문요원이라는 이름으로 서울, 부산, 대구, 인천, 광주, 대전 6곳 에 처음 배치되었다.

정답 | 01 ② 02 ③

제5영역 지역사회복지론

민간 사회복지추진체계 I

STEP 1 기출분석

✓ 6개년 출제리포트

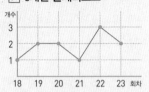

✓ 키워드 공략포인트

• 본 키워드는 키워드 17과 연결 지어 공부하는 것이 좋습니다.

• 사회복지관에서는 기능, 운영의 기본원칙, 시설평가, 서비스 제공의 우선대상 등을 묻는 문제가 출제되고, 공동모금에서는 사회복지공동모금회의 구조, 모금방법, 배분방법 등이 출제됩니다. 자활사업에서는 자활센터의 참여대상에 대한 문제가 출제되었습니다.

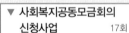

▼ 사회복지공동모금회의
   신청사업   17회

• 틀린 선지는?

사회복지공동모금회의 신청사업은 프로그램사업과 긴급지원사업으로 나누어 공모형태로 진행된다. (×)

• 틀린 이유는?

사회복지공동모금회의 신청사업은 프로그램사업과 기능보강사업으로 구분되어 공모형태로 진행된다.

STEP 2 핵심이론 공략

1 사회복지관

(1) 기능

① 지역사회의 실정과 주민의 욕구파악 및 평가를 통해 전문적인 지역사회복지서비스를 제공한다.

② 지역사회통합의 매개 역할을 하여 관할 지역의 서비스 조정·통합의 기능을 담당한다.

③ 지역사회 잠재자원의 발굴 및 활용을 통해 주민참여 및 조직의 기능과 지역사회복지 계획자로서의 기능을 담당한다.

④ 주민을 위한 지역사회 교육의 매체를 제공한다.

⑤ 주민의 성장과 자립을 위한 종합복지서비스를 제공한다.

(2) 운영 원칙

① 지역성   ② 전문성

③ 책임성   ④ 자율성

⑤ 통합성   ⑥ 투명성

⑦ 중립성   ⑧ 자원동원과 효율적 활용(자원활용의 원칙)

(3) 사업 내용

① 사례관리 기능

사례 발굴	지역 내 보호가 필요한 대상자 및 위기개입 대상자를 발굴하여 개입계획 수립 **참고** 지역사회보장협의체, 희망복지지원단(통합사례관리)과 연계
사례 개입	지역 내 보호가 필요한 대상자 및 위기개입 대상자의 문제와 욕구를 해결할 수 있는 맞춤형 서비스가 제공될 수 있도록 개입
서비스 연계	사례 개입에 필요한 지역 내 민간 및 공공의 가용자원과 서비스에 대한 정보를 제공하고 대상자에게 맞는 자원 및 서비스에 연계·의뢰

② 서비스 제공 기능

가족기능 강화사업	가족관계 증진사업, 가족기능 보완사업, 가정문제 해결·치료사업, 부양가족 지원사업 등
지역사회 보호사업	급식서비스, 보건의료서비스, 경제적 지원, 일상생활 지원, 정서서비스, 일시 보호서비스, 재가복지봉사서비스
교육문화사업	아동·청소년 사회교육, 성인기능교실, 노인 여가·문화, 문화복지사업
자활지원사업	직업기능훈련, 취업알선, 직업능력개발, 자활공동체 육성

③ 지역조직화 기능

복지네트워크 구축	지역 내 여러 복지기관·시설과 네트워크를 구축함으로써 복지서비스 공급의 효율성을 제고하고, 사회복지관이 지역 복지의 중심 역할을 수행할 수 있도록 강화 예 지역사회연계사업, 지역욕구조사, 실습지도 등
주민조직화	주민조직의 육성을 지원하고, 주민협력 강화에 필요한 주민 의식을 높이기 위한 교육 실시 예 주민복지증진사업, 주민조직화사업, 주민교육 등
자원개발 및 관리	지역주민의 다양한 욕구 충족 및 문제해결을 위해 필요한 인력, 재원 등을 발굴하여 연계 및 지원 예 자원봉사자 개발·관리, 후원자 개발·관리 등

④ 사업의 대상과 우선순위: 사회복지관은 모든 지역주민을 대상으로 사회복지서비스를 실시하되, 다음 주민을 우선한다.

- 국민기초생활 보장법에 따른 수급자, 차상위계층
- 장애인, 노인, 한부모가족 및 다문화가족
- 직업 및 취업 알선이 필요한 사람
- 보호와 교육이 필요한 유아·아동 및 청소년
- 그 밖에 사회복지관의 사회복지서비스를 우선 제공할 필요가 있다고 인정 되는 사람

2 공동모금

(1) 공동모금의 사회적 기능

① 합리적인 기부금 모금을 통해 사회복지자금을 조성한다.
② 국민의 상부상조 정신을 고양한다.
③ 사회복지 이해를 보급하고 여론을 형성한다.
④ 민주시민으로서 권리와 책무를 수행한다.

(2) 공동모금의 모금원

개별형	개인이나 가정을 대상으로 하는 모금으로, 가장 기본적인 모금
기업중심형	회사, 공장 등 사업체와 근로자를 대상으로 하는 모금
단체형	재단, 협회 등을 대상으로 하는 모금
특별사업형	특별 프로그램이나 자선공연 등 일시적인 행사를 통한 모금

(3) 사회복지공동모금회의 개요

① 사회복지공동모금회의 설립은 사회복지공동모금회법에 근거한다.
② 모금방식은 기간을 기준으로 (연말)집중모금, 연중모금으로 분류한다.
③ 1999년 사회복지공동모금회법 개정에 따라 시·도별 지회를 두게 되었다.
④ 지역사회를 중심으로 재원을 동원하고 배분하는 전문기관이자 민간 재원을 기초로 한 민간운동의 특성을 가진다.
⑤ 모금의 일원화를 추구하여 효율성을 높인다.

🔍 **모금기간에 따른 모금방식 분류**

- (연말)집중모금: 1년 중 일정 기간을 모금기간으로 정해 놓고, 방송, 신문, ARS, 지로모금, 사랑의 열매(사랑의 계좌모금) 등의 방법으로 실시
- 연중모금: 기간을 정하지 않고 연중 계속해서 모금을 하는 유형으로, 기업모금, 직장모금, 인터넷모금, 기타 기획모금 등으로 실시

(4) 사회복지공동모금회의 주요 배분사업

종류	개념
신청사업	• 자유주제 공모형태로 신청을 받아 배분하는 사업 • 프로그램사업과 기능보강사업으로 구분
기획사업	• 모금회가 그 주제를 정하여 배분하는 사업 또는 배분대상자에게 제안받은 내용 중에 선정하여 배분하는 시범적이고 전문적인 사업 • 제안기획사업과 테마기획사업으로 구분
지정기탁사업	기부자가 기부금품의 배분지역, 배분대상 또는 사용용도를 지정한 기부를 그 지정 취지에 따라 배분
긴급지원사업	• 재난재해지원: 재해 및 재난으로 피해를 입은 개인 및 단체에 대한 의식주 및 의료지원 등 • 개인긴급지원: 재해 및 재난에 준하는 사회복지서비스 지원이 필요한 개인을 대상으로 하는 배분 ⓔ 저소득층 응급지원 등

3 자활사업

(1) 개요

① 자활사업은 절대빈곤층의 기초생활을 보장하되 종합적 자립자활서비스 제공으로 생산적 복지를 구현하는 데 목적이 있다.
② 근로능력자의 기초생활을 보장하는 국민기초생활 보장제도를 도입하면서 근로역량 배양 및 일자리 제공으로 탈빈곤 및 빈곤예방을 지원한다.

(2) 참여대상

조건부수급자	자활사업 참여를 조건으로 생계급여를 받는 수급자
자활급여특례자	의료급여 수급자로서 자활근로, 자활기업 등 자활사업 또는 국민취업지원제도에 참가하여 발생한 소득으로 소득인정액이 기준 중위소득의 40%를 초과한 자
일반수급자	근로능력 없는 생계급여수급권자 및 조건부과유예자, 의료·주거·교육급여수급(권)자 중 참여 희망자 참고 • 일반수급자의 경우 지역 및 개인 여건(예산·자원, 참여자·대기자 규모 및 대기기간, 근로 능력 등)을 종합적으로 고려하여 시·군·구청장의 판단하에 참여 가능 • 정신질환, 알코올질환자 등은 시장·군수·구청장의 판단하에 참여 제한 가능
특례수급가구의 가구원	의료급여특례, 이행급여특례가구의 근로능력이 있는 가구원 중 자활사업 참여를 희망하는 자
차상위자	근로능력이 있고, 소득인정액이 기준 중위소득 50% 이하인 비수급권자 참고 • 소득인정액이 기준 중위소득 50% 이하인 자로서 한국 국적의 미성년 자녀를 양육하고 있는 국적 미취득의 결혼이민자 포함 • 만 65세 이상의 경우 지역 및 개인 여건을 종합적으로 고려하여 시·군·구청장 판단에 따라 참여 가능
근로능력이 있는 시설수급자	• 시설수급자 중 생계·의료급여 수급자: 행복e음 보장결정 필수 • 일반시설생활자(주거·교육급여 수급자 및 기타): 차상위자 참여 절차 준용

자활사업 참여대상의 분류와 우선순위

- 참여대상의 분류
  - 의무참여대상: 조건부수급자
  - 희망참여대상: 자활급여특례자, 일반수급자, 특례수급가구의 가구원, 차상위자, 근로능력이 있는 시설수급자
- 참여대상 선정의 우선순위: 조건부수급자 → 자활급여특례자 → 일반수급자, 특례수급가구의 가구원, 차상위자, 근로능력이 있는 시설수급자

(3) 지역사회 자활실천기관

① 지역자활센터

ㄱ 지역 내 기초생활수급자 및 차상위계층의 자활 촉진에 필요한 사업을 수행한다.

ㄴ 1996년 자활지원센터 시범사업 실시를 시작으로 2000년에는 국민기초생활 보장법에 근거하여 자활후견기관으로 명칭이 변경되었으며, 2007년 7월 국민기초생활 보장법의 개정으로 지금의 지역자활센터가 되었다.

② 한국자활복지개발원

ㄱ 2006년 국민기초생활 보장법에 설립 근거를 두고, 중앙자활센터가 설립되었다. 이후 법령 개정에 따라 2019년 7월부터 명칭이 한국자활복지개발원으로 변경되었다.

ㄴ 자활지원체계의 총괄 조정 및 자활사업 직·간접 참여기관 간의 협력 네트워크를 구축하여 자활지원사업의 전문성과 효율성을 높이려는 목적을 가진다.

ㄷ 조사, 연구, 교육 및 홍보, 네트워크 구축, 취업·창업을 위한 자활 촉진 프로그램 개발 등의 사업을 수행한다.

③ 광역자활센터: 기초생활수급자 및 차상위계층 등 저소득층의 역량을 강화하여 자활을 촉진하며, 지속적이고 안정적인 소득 보장을 목적으로 운영된다.

④ 자활기관협의체

ㄱ 기초자치단체장이 조건부수급자 등 저소득층을 대상으로 하는 자활지원사업의 효율적인 추진을 위해 직업안정기관, 자활사업 실시기관 및 사회복지시설 등의 장으로 구성한 상시적인 협의체이다.

ㄴ 조건부수급자의 자활을 위한 사업의뢰 및 사후관리체제를 구축하여 자활사업을 효율적으로 추진하는 데 목적이 있다.

STEP 3 **필수문제 점검**

01 기출 19회

사회복지공동모금회에 관한 설명으로 옳지 않은 것은?

① 기획, 홍보, 모금, 배분 업무를 수행한다.
② 사회복지사업법에 의한 사회복지법인이다.
③ 지정기부금 모금단체이다.
④ 사회복지 프로그램의 전문성 제고에 기여할 수 있다.
⑤ 지역사회의 자원을 동원하는 민간운동적인 특성이 있다.

02 기출 18회

다음에서 사회복지관이 사회복지서비스를 우선 제공하여야 할 대상을 모두 고른 것은?

> A씨는 국민기초생활 보장법에 따른 수급자로서, 75세인 어머니와 보호가 필요한 유아 자녀, 교육이 필요한 청소년 자녀, 취업을 희망하는 배우자와 함께 살고 있다.

① A씨
② A씨, 배우자
③ 어머니, 배우자
④ 배우자, 자녀
⑤ A씨, 어머니, 배우자, 자녀

| 해설 |

01 사회복지공동모금회는 사회복지공동모금회법에 따른 법정기부금 모금단체이다.

02 A씨는 국민기초생활 보장법에 따른 수급자, 어머니는 75세 노인, 배우자는 직업 및 취업 알선이 필요한 자, 자녀는 보호와 교육이 필요한 유·아동 및 청소년이다. 따라서 이들 모두 사회복지관의 사회복지서비스를 우선 제공받아야 할 대상자에 해당한다.

정답 | 01 ③ 02 ⑤

민간 사회복지추진체계 II

STEP 1 기출분석

✓ 6개년 출제리포트

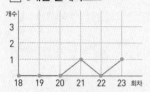

개수
18 19 20 21 22 23 회차

✓ 키워드 공략포인트

• 본 키워드는 키워드 16과 통합형 문제로 많이 출제됩니다.
• 지역아동센터의 프로그램, 자원봉사센터 관련 법령, 재가복지봉사센터의 특징에 대한 문제가 출제된 바 있습니다.

정답 잡는 오답노트

▼ **자원봉사센터의 기능과 역할**   16회 변형

• **틀린 선지는?**
자원봉사센터는 자원봉사자 관리 업무만을 담당한다. (×)

• **틀린 이유는?**
자원봉사센터는 자원봉사활동 및 수급조정, 등록, 자원봉사활동의 지원, 자원봉사자 양성 및 연수, 네트워크화 등의 기능을 담당한다.

STEP 2 핵심이론 공략

1 지역아동센터

(1) 기능

① 취약계층 아동 지역사회보호 실현   ② 교육적 기능
③ 정서적 지원 기능   ④ 문화서비스 제공 기능
⑤ 지역사회 연계 기능

(2) 프로그램

보호프로그램	빈곤 및 방임 아동 보호, 일상생활 지도, 급식제공
교육프로그램	학교생활 준비, 숙제지도, 예체능교육, 안전교육, 독서지도 등
문화프로그램	문화체험, 견학, 캠프, 공동체 활동, 놀이활동 지원, 특기적성 등
복지프로그램	사례관리, 상담 및 정서적 지원, 부모교육, 가정방문 등
지역사회연계프로그램	지역 내 인적·물적 자원 연계, 결연후원, 지역복지활동 등

2 자원봉사센터   Tip 관련 부처는 행정안전부이고, 자원봉사활동 기본법에 근거합니다.

(1) 설립 목적

① 다양한 자원봉사자의 참여를 촉진하고 자원봉사자를 개발·육성한다.
② 자원봉사자를 필요로 하는 기관과 단체의 자원봉사자 수급관리를 지원한다.
③ 지역사회 자원의 조직화, 소통, 조정, 연계를 담당하며 지역사회의 문제해결을 돕는다.
④ 자원봉사에 대한 인식을 증진하고, 자원봉사자의 위상을 제고하여 활동을 증진시킨다.

(2) 운영

① 국가기관 및 지방자치단체는 자원봉사센터를 설치할 수 있다.

> 참고 법인으로 운영하거나 비영리법인에 위탁하여 운영하여야 한다.

② 지원을 받는 자원봉사단체 및 자원봉사센터는 그 명의 또는 그 대표의 명의로 특정 정당이나 특정인의 선거운동을 하여서는 안 된다.
③ 국가와 지방자치단체는 자원봉사단체 및 자원봉사센터가 특정한 사업을 수행하기 위해 국유·공유재산이 필요하다고 인정되면 이를 무상으로 대여하거나 사용하게 할 수 있다.

(3) 기능 및 역할

수급	모집, 상담, 연결, 관리배치
안내	자원봉사활동에 대한 상담

기록 및 등록	활동의 기록, 등록카드 작성
기자재·장소 대여	회의장·기자재의 제공, 자원봉사활동 관련 각종 지원금 소개·절차의 안내 및 기금조성
인정 및 보상	자원봉사활동 인정서·수첩 발급, 자원봉사자 표창
상담·조언	자원봉사활동 관련 상담·정보제공, 자료의 안내·제공·대출
육성·조직	자원봉사자 소그룹 활동의 지원
교육·훈련	자원봉사자 오리엔테이션 및 재교육
연수	자원봉사자 스쿨, 워크샵, 자원봉사 담당자 교육 및 훈련
홍보	홍보지·포스터 발행, 자원봉사신문 발행, 사례집 발간
계발	자원봉사 캠페인 실시, 자원봉사 체험학교 운영
연계망 구축	자원봉사단체 간의 협의체 구성
교류	자원봉사자, 관계기관·단체·담당자 간 교류, 지역연대사업
조사·연구	욕구, 지역조사 등
프로그램 개발	조사·연구를 통한 프로그램 개발

3 재가복지봉사센터 **Tip** 종합사회복지관으로 흡수·통합되었습니다.

(1) 역할

① 조사 진단   ② 서비스 제공
③ 자원동원 및 활용   ④ 교육기관
⑤ 지역사회 연대의식 고취   ⑥ 사업평가

(2) 운영 원칙

적극성	찾아가는 서비스를 제공하고, 서비스 대상자를 발굴
능률성	최소의 비용을 투입하여 최대의 효과를 거둘 수 있도록 운영
연계성	다양한 서비스 욕구 충족을 위해 각 기관 간 연계체계를 구성
자립성	서비스 대상자가 자립할 수 있도록 자활에 초점을 둠.

(3) 제공 서비스

가사서비스	집안청소, 식사준비 및 취사, 세탁
간병서비스	간호, 병원 안내 및 동행, 통원차량 지원 등
정서지원	말벗, 상담, 학업지도, 여가지도 등
결연서비스	생활용품 및 재정적 지원 알선 등
의료서비스	지역의료기관, 보건기관 간 연계·결연, 정기·수시 방문 진료
자립지원	탁아, 직업보도, 기능훈련, 취업알선 등
주민교육	재가보호서비스 요령 및 방법에 대한 교육

STEP 3   필수문제 점검

01   기출 21회

자원봉사활동 추진체계의 역할로 옳지 않은 것은?

① 보건복지부: 자원봉사활동의 진흥을 위한 국가기본계획 수립
② 지방자치단체: 자원봉사센터 운영을 위한 예산 지원
③ 중앙자원봉사센터: 자원봉사센터 정책 개발 및 연구
④ 시·도 자원봉사센터: 자원봉사 프로그램 개발 및 보급
⑤ 시·군·구 자원봉사센터: 지역 자원봉사 거점역할 수행

02   기출 23회

지역사회 복지기관의 역할로 옳지 않은 것은?

① 사회복지협의회: 사회복지기관 간의 연계·협력·조정
② 자원봉사센터: 자원봉사 프로그램 개발·보급
③ 지역자활센터: 자활기금 설치·운영
④ 사회복지공동모금회: 모금 및 배분의 운용·관리
⑤ 사회복지관: 지역사회 복지문제 예방·해결

| 해설 |

01 자원봉사활동의 진흥을 위한 국가기본계획을 5년마다 수립하는 것은 행정안전부이다.
02 자활지원사업의 원활한 추진을 위하여 자활기금을 설치·운영·적립하는 곳은 보장기관이다.

정답 | 01 ①   02 ③

사회적 경제, 지역사회복지운동

STEP 1 기출분석

✓ 6개년 출제리포트

✓ 키워드 공략포인트
• 사회적 경제조직의 종류와 각각의 역할을 알아두어야 합니다.
• 지역사회복지운동의 의의와 주민참여의 8단계를 묻는 문제가 자주 출제되고 있습니다.

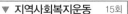
정답 잡는 오답노트

▼ 지역사회복지운동 15회

• 틀린 선지는?
노동자계층의 소득수준을 높이는 민중운동 (×)

• 틀린 이유는?
지역사회복지운동은 지역사회의 역량을 강화시켜 지역주민의 욕구와 문제를 해결하기 위한 운동으로, 노동자계층의 소득수준을 높이는 민중운동과는 거리가 멀다.

• 옳은 선지 정리하기
– 지역사회의 변화를 주도하는 조직운동
– 지역사회복지의 확산과 발전을 위한 생활운동
– 복지권리의식과 시민의식을 배양하는 사회권 확립운동
– 지역사회 관련조직 간의 유기적인 협력이 이루어지는 연대운동

STEP 2 핵심이론 공략

1 사회적 경제

(1) 개념
① 양극화 해소, 일자리 창출 등 공동이익과 사회적 가치의 실현을 위해 사회적 경제조직이 상호 협력과 연대를 바탕으로 사업체를 통해 행하는 모든 경제적 활동을 말한다.
② 정부와 시장이 아닌 제3의 영역이 주체가 되어 기업의 주요 가치인 이윤추구 외에도 조직 구성원과 지역사회의 이익을 함께 고려한다.
③ 조직운영과정은 정부에서 독립적·민주적이며, 이윤배분과정에서는 자본보다 인간과 사회를 우선시한다.

(2) 사회적 경제조직의 종류

구분	내용
사회적 기업 참고 2007년 시작	• 부처 및 근거법령: 고용노동부, 사회적기업 육성법 • 주 참여자: 취약계층 • 역할: 취약계층에게 사회서비스 또는 일자리를 제공하거나 지역사회에 공헌함으로써 지역주민의 삶의 질을 높이는 등 사회적 목적을 추구하면서 재화 및 서비스의 생산·판매 등 영업활동을 하는 기업(이윤활동에 제약이 있음) • 지원사업: 사회적 기업 공공구매 지원, 사회보험료 일부 지원, 사회적 기업 인건비, 기관운영비, 사업개발 등 재정 지원, 사회적 기업가 육성, 경영컨설팅, 판로 등 경영지원, 통합정보시스템 구축 등
마을기업 참고 2010년 시작	• 부처 및 근거법령: 행정안전부, 도시재생활성화 및 지원에 관한 특별법 • 주 참여자: 지역주민 • 역할: 지역주민 또는 단체가 해당 지역의 인력, 향토, 문화, 자연자원 등 각종 자원을 활용하여 생활환경을 개선하고 지역공동체를 활성화하며 소득 및 일자리를 창출하기 위하여 운영하는 기업 참고 시·도에서 추천한 기업을 대상으로 행정안전부에서 지정 • 지원사업: 마을기업 사업비, 컨설팅 지원, 마을기업 설립 전 교육 및 신규모델 발굴·확산, 경영컨설팅, 멘토링, 판로개척 및 지역네트워크 구축 등 지원
협동조합 참고 2012년 시작	• 부처 및 근거법령: 기획재정부, 협동조합 기본법 • 주 참여자: 이해당사자 • 역할: 재화 또는 용역의 구매·생산·판매·제공 등을 협동으로 영위함으로써 조합원의 권익을 향상하고 지역사회에 공헌하고자 하는 사업조직 • 지원사업: 협동조합 설립지원 및 인큐베이팅, 교육·홍보사업, 판로개척 지원, 사회적 협동조합 공공구매 지원, 협동조합 정보시스템 운영 등
자활기업 참고 2012년 시작	• 부처 및 근거법령: 보건복지부, 국민기초생활 보장법 • 주 참여자: 저소득층(기초생활보장 수급자 및 차상위계층) • 역할: 2인 이상의 수급자 또는 차상위자가 상호 협력하여 조합 또는 사업자의 형태로 탈빈곤을 위한 자활사업을 운영하는 기업 • 지원사업: 자활기업 창업자금, 전세자금, 자활근로 참여수급자 인건비, 자활기업 운영비, 사업비 등 재정 지원, 자활지원을 위한 조사·연구·교육 및 홍보 등

2 지역사회복지운동

(1) 의의

① 지역사회 주민의 주체성과 역량을 강화하고, 지역사회의 변화를 주도하는 조직운동이다.

② 주민참여를 활성화하여 복지권리의식과 시민의식을 배양하는 사회권 확립운동이다.

③ 지역사회 주민의 삶의 질과 관련된 생활영역을 주된 관심사로 하는 지역사회복지의 확산과 발전을 위한 생활운동이다.

④ 지역사회의 다양한 자원 활용 및 관련조직 간의 유기적인 협력이 이루어지는 동원운동이다.

(2) 필요성

사회복지정책 결정, 지역사회조직 활성화, 주민의 권리의식 제고 등에 영향을 준다.

3 주민참여

(1) 효과

긍정적 효과	부정적 효과
• 지방정부 의사결정의 효율성 제고 • 지방행정의 불평등 완화 • 지방정부와 공공기관 간 갈등 중재·해결	• 행정비용 증가 • 계획, 집행의 지연 가능성 • 주민 간 갈등 유발 • 참여자들의 대표성의 문제

(2) 아른스테인의 주민참여 8단계

단계		내용
1	조작	행정과 주민이 서로의 관계를 확인한다는 것에서 의의를 찾을 수 있으며, 공무원이 일방적으로 교육·설득하고 주민은 단순히 참석하는 수준에 그침.
2	치료	주민의 욕구불만을 일정한 사업에 분출시켜서 치료하는 단계로, 행정의 일반적인 지도에 그침.
3	정보제공	행정기관이 주민에게 일방적으로 정보를 제공하며 환류는 잘 일어나지 않음.
4	상담	공청회나 집회 등의 방법으로 행정에 참여하기를 유도하고 있으나 형식적인 단계에 그침.
5	회유	각종 위원회 등을 통해 주민의 참여 범위가 확대되지만 최종적인 판단은 행정기관이 한다는 점에서 제한적임.
6	협동관계	행정기관이 최종결정권을 가지고 있지만 필요한 경우 주민들이 그들의 주장을 협상으로 유도할 수 있음.
7	권한위임	주민들이 특정한 계획에 관해서 우월한 결정권을 행사하고 집행단계에서도 강력한 권한을 행사함.
8	주민통제	주민이 스스로 입안하고 결정하며, 집행과 평가단계까지 통제함.

01
기출 23회

사회적 경제에 관한 설명으로 옳은 것을 모두 고른 것은?

> ㉠ 사회적 경제주체는 정부와 시장이다.
> ㉡ 사회통합과 공동체의식 증진에 기여할 수 있다.
> ㉢ 호혜와 연대에 기초한 사회적 자본으로 시장경제의 대안이 된다.
> ㉣ 사회적 경제조직의 유형에는 협동조합, 마을기업, 자활기업 등이 있다.

① ㉠   ② ㉠, ㉡
③ ㉡, ㉢   ④ ㉠, ㉢, ㉣
⑤ ㉡, ㉢, ㉣

02
기출 21회

지역사회복지운동에 관한 설명으로 옳은 것은?

① 사회복지전문가 중심의 활동으로 이루어진다.
② 목적지향적인 조직적 활동이다.
③ 운동의 초점은 정치권력의 장악이다.
④ 지역사회의 구조적 문제는 배제된다.
⑤ 지역사회복지운동단체는 서비스 제공 활동을 하지 않는다.

| 해설 |
01 ㉠ 사회적 경제주체는 사회적 기업, 협동조합, 마을기업, 자활기업 등이다. 해당 기업은 사회적 가치를 창출하기 위해 재화와 용역을 생산하고 판매하는 민간의 경제 활동을 한다.
02 ① 지역사회주민을 중심으로 이루어진다.
③ 대상자 중심의 운동으로 정치적 장악에는 초점을 두지 않는다.
④ 지역사회의 구조적 문제해결에 초점을 둔다.
⑤ 지역사회복지운동단체는 실직자 생계비지원 등 직접적 서비스 제공 활동을 실시한다.

정답 | 01 ⑤ 02 ②

제5영역 **지역사회복지론**

더 풀어볼 TEST

01 우리나라 지역사회복지 역사를 과거부터 순서대로 옳게 나열한 것은? 기출 20회

> ㉠ 영구임대주택단지 내에 사회복지관 건립이 의무화되었다.
> ㉡ 지역사회복지협의체가 지역사회보장협의체로 명칭이 변경되었다.
> ㉢ 국민기초생활 보장법 제정으로 공공의 책임성이 강화되었다.

① ㉠ → ㉡ → ㉢ 　　　　② ㉠ → ㉢ → ㉡
③ ㉡ → ㉠ → ㉢ 　　　　④ ㉡ → ㉢ → ㉠
⑤ ㉢ → ㉠ → ㉡

02 (최신) 다음 사례에 해당하는 지역사회복지 이론은? 기출 23회

> 　A 사회복지기관은 지방정부로부터 보조금을 지원 받은 후 지방정부의 요구와 통제를 수용하였다.

① 갈등이론　　　　　　② 엘리트주의이론
③ 사회체계이론　　　　④ 권력의존이론
⑤ 사회자본이론

03 테일러와 로버츠(S. Taylor & R. Roberts)의 지역사회복지 실천모델에 관한 설명으로 옳지 <u>않은</u> 것은? 기출 21회

① 프로그램 개발과 조정: 지역주민의 역량강화 및 지도력 개발에 관심
② 계획: 구체적 조사전략 및 기술 강조
③ 지역사회연계: 지역사회 문제해결을 위한 관계망 구축 강조
④ 지역사회개발: 지역주민의 참여와 자조 중시
⑤ 정치적 역량강화: 상대적으로 권력이 약한 시민의 권한 강화에 관심

04 지역사회개발모델 중 조력자로서의 사회복지사 역할이 <u>아닌</u> 것은? 기출 22회

① 좋은 대인관계를 조성하는 일
② 지역사회를 진단하는 일
③ 불만을 집약하는 일
④ 공동의 목표를 강조하는 일
⑤ 조직화를 격려하는 일

---

01 키워드 06
㉠ 1989년 → ㉢ 1999년 → ㉡ 2015년 순으로 진행되었다.

02 키워드 07
권력의존이론은 지역사회의 집단이나 조직들이 힘을 얻고 분산시키면서 지역사회가 발전한다는 점을 강조한다. 지역사회의 발전은 권력의 소유 여부에 달려 있다고 본다.

03 키워드 08
지역사회개발모델에 대한 설명이다. 프로그램 개발과 조정 모델은 지역주민이 원하는 서비스를 기획·개발·실행하는 데 초점을 둔다.

04 키워드 09
지역사회를 진단하는 일은 지역사회개발모델 중 전문가의 역할에 해당한다.

정답
01 ②　02 ④　03 ①　04 ②

05 다음에서 설명하는 지역사회 욕구사정방법은? 　기출 20회

> • 전문가 패널의 의견을 수렴하는 방법
> • 합의에 이르기까지 여러 번 설문 실시
> • 반복되는 설문을 통하여 패널의 의견 수정 가능

① 명목집단기법 　　　　② 2차자료 분석
③ 델파이기법 　　　　　④ 지역사회포럼
⑤ 초점집단기법

05 키워드 10
제시된 설명에 해당하는 욕구 사정방법은 델파이기법이다.

최신
06 지역사회복지 실천기술 중 조직화기술에 해당하지 <u>않는</u> 것은? 　기출 23회
① 주민의 효율적 통제 기술
② 주민회의, 토론 등을 통한 의사소통
③ 구성원 간 갈등조율을 위한 대인관계기술
④ 주민지도력 발굴 및 향상 교육
⑤ 지역사회 문제와 이슈에 대한 정보수집 및 분석

06 키워드 11
주민의 효율적 통제 기술은 임파워먼트기술에 해당한다.

07 사회복지관 사업 내용 중 서비스 제공 기능에 해당하지 <u>않는</u> 것은? 　기출 20회
① 지역사회 보호 　　　　② 사례관리
③ 교육문화 　　　　　　④ 자활지원
⑤ 가족기능 강화

07 키워드 16
사례관리는 사회복지관의 3대 기능 중 사례관리 기능에 해당한다.

08 사회적 기업에 관한 설명으로 옳은 것을 모두 고른 것은? 　기출 21회

> ㉠ 유급근로자를 고용하여 영업활동을 해야 사회적 기업으로 인증받을 수 있다.
> ㉡ 조직형태는 민법에 따른 조합, 상법에 따른 회사, 특별법에 따른 법인 등이 있다.
> ㉢ 보건복지부로부터 사회적 기업으로 인증을 받아야 활동할 수 있다.
> ㉣ 서비스 수혜자, 근로자 등 이해관계자가 참여하는 의사결정 구조를 갖추어야 한다.

① ㉠, ㉡ 　　　　　　　② ㉠, ㉢
③ ㉡, ㉢ 　　　　　　　④ ㉠, ㉡, ㉣
⑤ ㉠, ㉢, ㉣

08 키워드 18
㉢ 사회적 기업은 고용노동부로부터 인증을 받아야 활동할 수 있다.

정답
05 ③ 　06 ① 　07 ② 　08 ④

지역사회복지론 = 측면의 글자 "지역사회복지론"

SOCIAL WORKER

☑ **키워드 공략포인트**

사회복지정책의 의의에서는 가치(평등)가 자주 출제되었지만, 23회에는 출제범위(사회복지정책의 목적, 사회적 연대)가 확대되었습니다.

1 사회복지정책의 목적(필요성)

생존권 보장	생활수준이 최저한도 수준에 미달하는 경우, 생활유지에 필요한 지원을 통하여 인간다운 생활수준으로 끌어올리는 것
빈곤 경감	현대 산업사회에서는 소득의 재분배를 목적으로 하는 사회복지정책을 통하여 빈곤 경감
평등 증진	국가가 사회복지정책을 통해 사회에 개입하여 보다 더 평등한 사회 조성
사회통합 증진	• 사회적 배제와 반대 개념 • 사회구조와 경제구조의 정책 변화 추진 → 건전한 구성원이 되어 화합시킴.
사회안정 증진	사회문제로 인한 사회구성원의 고통과 불만 해소 → 사회적 안정에 기여
자립성 증진	모든 사회구성원이 각자 능력에 따라 성장·발달할 수 있는 가능성을 개발

2 사회복지정책의 가치

(1) **평등**

① **수량적 평등 [= 산술적 평등, 결과의 평등]:** 평등의 개념 가운데 가장 적극적인 평등으로, 모든 사람을 똑같이 취급하여 사회적 자원을 재분배하는 것이다. **데** 무상급식

② **비례적 평등 [= 형평, 공평(equity)]:** 개인의 욕구, 노력, 능력, 기여에 따라 사회적 자원을 다르게 배분하는 것, 즉 공평한 처우를 말한다.
　　데 국민연금 보험료 기여 수준에 따라 급여액이 달라지는 사회보험

③ **기회의 평등:** 가장 소극적인 성격의 평등으로, 결과가 평등한지 아닌지의 측면은 완전히 무시한 채 과정상의 기회만을 똑같이 부여하는 것을 말한다. **데** 취업 훈련 프로그램

④ **조건의 평등:** 기회의 평등과 연결되며, 사회적 기회를 획득하려는 자유 경쟁의 출발 조건을 평등하게 정비하고자 노력하는 것을 말한다.

정답 잡는 오답노트

▼ **사회복지정책의 가치**

17회

• **틀린 선지는?**

비례적 평등은 결과의 평등이다.
(×)

• **틀린 이유는?**

비례적 평등은 개인의 욕구, 노력, 능력, 기여에 따라 사회적 자원을 상이하게 배분하는 것이다. 반면, 결과의 평등은 모든 사람을 똑같이 취급하여 사회적 자원을 재분배하는 것이다.

(2) **자유:** 사회복지정책을 바탕으로 한 국가의 개입은 부유층의 소극적 자유를 줄이는 반면, 사회적 약자의 적극적 자유를 증진시킨다.

• 소극적 자유와 적극적 자유

소극적 자유	• 원하지 않는 것을 하지 않을 자유, 타인의 간섭 혹은 의지로부터의 자유를 말함. • 국가의 개입을 자유의 침해로 간주하며, 자유방임주의자·신자유주의자가 선호
적극적 자유	• 원하는 것을 할 수 있는 자유, 즉 복지혜택을 누릴 수 있는 자유(사회적 권리)를 말함. • 복지국가의 실현 = 적극적 자유 증진 • 사회민주주의자, 마르크스주의자가 선호

(3) 효율: 최소한의 자원을 투입하여 최대한의 결과를 얻는 것으로, 수단으로서의 효율과 목표로서의 효율이 있다.

수단으로서의 효율	목표 효율성, 운영 효율성, 대상 효율성
목표로서의 효율	파레토 효율(배분적 효율)

(4) 사회적 적절성

① 사회복지정책의 급여수준이 개인이 살아가고 있는 사회적 수준에 적절해야 한다는 것을 의미한다.

② 사회적 수준의 적절성의 가치는 시장과 환경에 따라 변화한다.

③ 시대와 사회적 환경에 따라 그 기준은 달라질 수 있다.

⑩ 국민기초생활보장제도의 급여기준(기준 중위소득), 최저임금제도(최저임금)

(5) 사회적 연대

① 사회나 집단에서 보이는 통합을 의미하며, 이해관계가 다른 사람들 간의 타협을 유도하거나 단결을 통해 힘을 얻기 위한 관계를 말한다.

② 일반적으로 동질성과 동등성을 갖지 못한 대상에 대한 배타성을 가진다.

참고 에밀 뒤르켐은 연대를 기계적 연대(전통사회, 변화속도 완만, 동질성, 미분화)와 유기적 연대(현대사회, 변화속도 급격, 이질성, 고도 분화)로 구분하였다.

3 사회복지정책의 이념

자유주의	• 개인이나 가족의 욕구는 개인의 비용과 자유 선택으로 충당하여야 한다고 봄. • 욕구를 스스로 충족시킬 수 없는 사람은 국가가 최저생계비나 최저생활 수준을 보장해 주어야 한다는 입장
마르크스주의	복지국가의 근본적 기능이 자본주의적 생산관계의 유지와 재생산이기 때문에, 사회정책이 사회통합과 이타주의라는 근본적 변화를 가져오기는 힘들다고 봄.
신마르크스주의	복지정책을 자본축적의 위기나 정치적 도전을 수정하기 위한 수단으로 봄.
신자유주의	경제적 측면을 강조하는 이념으로, 국가의 복지서비스를 축소하여 시장의 경쟁 원리를 다시 복원시켜야 한다고 봄.
신보수주의	정치적 측면을 강조하는 이념으로, 정부의 개입을 최대한 배제하고 시장이나 기업 활동에 대한 규제를 철폐하고자 함.
수정자본주의	자본주의체제 자체의 본질적인 변혁을 거치지 않고 일부 원리를 수정 또는 개량하여, 자본주의 발전에 따른 제반 모순을 해결하고자 함.
사회민주주의	• 개인의 복지권, 자유 등을 중요한 가치로 봄. • 모든 국민에게 비차별적인 복지서비스를 제공하는 보편적 복지국가의 모형을 강조함.

STEP 3	필수문제 점검

01 기출 21회

다음 중 사회복지정책이 필요한 이유를 모두 고른 것은?

> ㉠ 국민의 생존권 보장
> ㉡ 사회통합의 증진
> ㉢ 개인의 자립성 증진
> ㉣ 능력에 따른 분배

① ㉠, ㉡   ② ㉡, ㉢
③ ㉡, ㉣   ④ ㉠, ㉡, ㉢
⑤ ㉠, ㉢, ㉣

02 기출 23회

사회복지정책 가치인 연대에 관한 설명으로 옳지 않은 것은?

① 사람들이 서로 의무감과 책임감을 느끼고 함께 하려는 상태를 의미한다.
② 일반적으로 동질성과 동등성을 갖지 못한 대상에 대한 배타성을 갖게 된다.
③ 이질성과 개인화가 강조되는 상태에서 유지되는 연대를 유기적 연대라고 한다.
④ 최근 우리나라에서는 노동시장의 변화로 노동자들 간 동질성이 더욱 강화되었다.
⑤ 장애인의무고용은 연대를 제도화한 것이다.

| 해설 |

01 ㉣ 능력에 따른 분배는 사회복지정책의 필요성에 해당되지 않으며, 개인의 욕구, 노력, 능력, 기여에 따라 사회적 자원을 상이하게 배분하는 '비례적 평등'에 가깝다.

02 최근 우리나라에서는 노동시장의 변화로 노동자들 간 이질성이 강화되고, 노동자들 내 동질성이 더욱 강화되면서 양극화 현상이 나타나고 있다.

정답 | 01 ④ 02 ④

사회복지정책 발달이론

☑ 6개년 출제리포트

☑ 키워드 공략포인트

· 산업화이론, 이익집단이론, 권력자원이론, 국가중심이론, 시민권이론을 묻는 문제가 자주 출제되었습니다.
· 이번 23회에서는 마이클샌델의 '정의'를 묻는 신개념 문제가 출제되었습니다.

정답 잡는 오답노트

▼ 시민권이론　　　12회

· 틀린 선지는?
시민권론은 정치권의 실현을 통해서 완전한 시민권의 실현이 가능하다고 본다. (×)

· 틀린 이유는?
시민권론은 사회권(복지권)의 실현을 통해서 완전한 시민권의 실현이 가능하다고 본다.

· 옳은 선지 정리하기
– 수렴이론은 산업화와 이로 인한 인구사회 구조 변화에 주목한다.
– 확산이론은 한 나라의 사회복지정책이 다른 나라에 미치는 영향을 강조한다.
– 이익집단론은 노인복지의 확대를 설명하는 데 유용하다.
– 사회양심이론은 인도주의에 입각한 사회적 의무감이 복지정책을 확대할 수 있다고 본다.

1 산업화이론(수렴이론)　참고 대표적 학자: 윌렌스키, 르보

① 산업화가 심화되면 복지 요구가 증가하여 복지정책이 발달하고 국가의 역할이 증대된다.
② 서로 다른 유형의 복지국가라도 시간이 지날수록 유사한 유형으로 수렴한다고 보며, 산업화와 이로 인한 인구구조 변화에 주목한다.

2 사회양심이론　참고 대표적 학자: 베이커

① 음모이론과 반대로, 국가의 활동을 동정적·인도주의적·박애주의적 관점에서 본다.
② 인간의 이타주의적 본성을 강조하는 사회양심이론은 개인의 사회적 양심이 성장하여 사회복지제도가 발전하였다고 가정한다.

3 시민권이론　참고 대표적 학자: 마샬

시민권을 공민권(18세기), 정치권(19세기), 사회권(20세기)의 세 가지로 구분하며, 사회복지의 발달을 시민권의 발달 측면에서 설명한다.

4 확산이론(전파이론, 근대화론)

① 한 나라의 선진 사회보장제도는 인접한 국가 또는 저발전 국가로 확산·모방된다.
② 사회보장제도의 발전은 국가의 지리적 위치와 밀접한 관계가 있다.
③ 확산의 유형

위계적 확산	위로부터의 확산	기술혁신이나 새로운 제도가 선진국에서 후진국으로 확산되는 것
	아래로부터의 확산	비교적 덜 발전한 국가가 기술적·제도적으로 발전한 국가의 것을 모방·보완함으로써 확산되는 것
공간적 확산		지리적으로 인접한 국가 간 제도나 정책이 확산되는 것

5 음모이론

① 사회복지정책은 사회통제와 질서 유지를 목적으로 한다.
② 지배계층이 기존의 사회질서가 위협받고 있다고 느낄 때 사회 변화를 시도함으로써 위기를 극복하는 과정에서 사회복지정책이 발달한다고 본다.

6 종속이론과 이익집단정치이론(다원주의이론)

① 종속이론: 개발도상국의 후진성이나 그 원인을 설명한 이론으로, 선진국의 영향으로 제3세계가 발전하지 않는다고 본다.

② 이익집단정치이론: 다양한 이익집단 간에 희소한 사회적 자원의 배분을 둘러싼 갈등이 발생하면 그것을 국가가 중재하게 되는데, 그 결과로 복지국가가 발전한다고 본다.

7 독점자본이론

① 신마르크스주의의 입장에서 복지국가 발전을 독점자본주의의 속성과 연결시킨다.

② 갈등이 정치화되는 과정에서 복지국가가 발전했다고 본다.

8 권력자원이론(사회민주주의이론)과 엘리트이론

① 권력자원이론: 의회민주주의의 정착과 노동조합의 영향에 따른 노동자 계급의 정치세력화로 복지정책이 발달한다고 본다.

② 엘리트이론: 사회복지정책은 소수의 엘리트가 집행하며 대중의 요구는 수용되지 않는다고 본다.

9 사회정의론(공정으로서의 정의)과 정의론

① 사회정의론 참고 대표적 학자: 롤스

　⊙ 정의의 원칙 속에 자유주의적 전통의 가치인 '자유'와 사회주의적 전통의 가치인 '평등'의 통합을 시도한다.

　ⓛ 정의의 원칙

제1원칙 (평등한 자유의 원칙)	• 모든 사람은 기본적 자유를 평등하게 누려야 함. • 기울어진 운동장에서 서로 다른 사회적 자원을 소유하고 있기 때문에 사회 구성원들에게 동일한 조건을 제시할 수 있는 '무지의 베일', '원초적 입장(상황)'을 전제함.
제2원칙 (차등의 원칙)	• 기회 균등의 원칙: 사회적·경제적 불평등의 계기가 되는 직위와 직책은 모든 사람들에게 열려 있어야 함. • 최소 극대화 원칙: 사회적·경제적 불평등은 최소 수혜자에게 최대의 이익이 되어야 함.

② 정의론 참고 대표적 학자: 마이클 샌델

공리주의적 관점, 평등적 자유주의적 관점(롤스), 자유 지상주의적 관점(노직), 공동체주의적 관점(매킨타이어)의 '반성적 평형'을 통해, 각 공동체와 그 구성원들은 '어떤 가치를 인정하는 것이 우리 사회를 더 좋게 만들어 줄 것인가'에 대해 결정해야 한다고 주장한다.

01
기출 21회

롤스(J. Rawls)의 정의론(공정으로서의 정의)에 관한 설명으로 옳은 것은?

① 제1원칙은 기본적 자유에 대한 동등한 권리이다.

② 기회의 균등보다는 결과의 평등이 더 중요하다.

③ 사회경제적 불평등은 어떠한 경우라도 허용될 수 없다.

④ 최대다수의 최대행복을 추구한다.

⑤ 정당한 소유와 합법적인 이전은 정의로운 결과를 가져온다.

02
기출 22회

사회복지정책의 발달을 설명하는 이론으로 옳은 것을 모두 고른 것은?

> ⊙ 시민권이론은 정치권, 공민권, 사회권의 순서로 발달한 것으로 본다.
> ⓛ 권력자원이론은 노동조합의 중앙집중화 정도, 좌파정당의 집권을 복지국가 발달의 변수로 본다.
> ⓒ 이익집단이론은 다양한 이익집단들의 정치적 활동을 통해 복지국가가 발달한 것으로 본다.
> ⓔ 국가중심이론은 국가 엘리트들과 고용주들의 의지와 능력에 의해 결정된다고 본다.
> ⓜ 수렴이론은 그 사회의 기술수준과 산업화 정도에 따라 사회복지의 발달이 수렴된다고 본다.

① ⊙, ⓛ, ⓔ 　　② ⊙, ⓒ, ⓜ

③ ⓛ, ⓒ, ⓔ 　　④ ⓛ, ⓒ, ⓜ

⑤ ⓒ, ⓔ, ⓜ

| 해설 |

01 ② 제2원칙(차등의 원칙)은 기회 균등의 원칙이다.

　③ 기회의 균등은 사회경제적 불평등을 허용하는 전제적 조건이다.

　④ 벤담의 양적 공리주의에 해당한다.

　⑤ 노직의 역사적 원칙에 해당한다.

02 ⊙ 시민권이론은 공민권(18세기, 자유권), 정치권(19세기, 참정권), 사회권(20세기, 복지권)의 순서로 발달한 것으로 본다.

　ⓔ 국가중심이론은 사회복지정책에서 적극적 행위자로서의 국가를 강조한다.

정답 | 01 ① 02 ④

STEP 1 기출분석

✓ 6개년 출제리포트

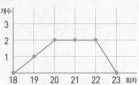

✓ 키워드 공략포인트

학자별 사회복지모형의 특징을
이해하고 암기하여야 합니다.

STEP 2 핵심이론 공략

1 윌렌스키와 르보의 사회복지모형

구분	보충적 모형	제도적 모형
지향점	• 개인주의 • 간섭받지 않을 자유 • 시장경제 원칙을 기본가치로 자본주의 정신에 충실	• 집합주의 • 평등의 구현 • 빈곤으로부터의 자유 • 우애를 기본가치로 함.
빈곤의 책임	개인	사회구조
국가의 책임	국가의 책임 축소(또는 최소화)	국가의 책임 확대
개인의 욕구	개인의 욕구를 비정상적인 것으로 간주함.	개인의 욕구는 산업화의 영향을 받아 필연적으로 발생함.
사회복지서비스 제공 시기	개인이 가진 자원이 모두 소진된 이후 제공	문제가 심각해지기 전에 미리 제공
원칙	선별주의	보편주의
낙인	낙인이 발생함.	낙인과 거리가 멂.
제공기간	사회복지는 문제를 일시적으로 완화시킬 뿐이니 최후의 자선이나 시혜로서 가급적 단기간에 종결됨.	사회복지에는 예방과 재활이 제도화되어 있으며, 영구적으로 제공됨.
성격	보완적·선별적·선택적·한정적·제한적·임시적·응급조치적·사후적·소극적	보편적·일반적·사전적·예방적·적극적
대표적인 예	소수 빈곤층을 대상으로 하는 공공부조	다수 국민을 대상으로 하는 사회보험

2 티트머스의 사회복지모형

구분	주요 영역	강조점
보충적 모형	가족, 시장	공공부조 프로그램
산업적 업적 달성 모형	시장에서의 업적, 성취도, 생산성	사회보험 프로그램
제도적 재분배 모형	시장경제 밖에서의 사회복지제도	보편적 사회복지 프로그램

① 보충적 모형(잔여적 모형)

  ㉠ 사회복지제도는 시장과 가족이 붕괴될 때에만 활동을 시작하지만, 어디까지나 잠정적인 것이다.

  ㉡ 공공부조 프로그램을 강조한다.

정답 잡는 오답노트

▼ 에스핑-앤더슨   13회

• 틀린 선지는?
조합주의 복지국가는 보편적 사회수당을 핵심 정책으로 하고 있다.
(×)

• 틀린 이유는?
사회민주주의 복지국가가 보편적 사회수당을 핵심 정책으로 하고 있다.

② 산업적 업적달성모형(업적성취모형, 업적수행모형)

　㉠ 사회복지의 제공은 시장에서의 업적과 밀접한 관계가 있다. 즉, 사회복지와 급여가 시장에서의 직무 수행 정도 및 생산성의 정도에 따라 차등적으로 제공되어야 한다는 것을 강조한다.

　㉡ 사회보험 프로그램을 강조한다.

③ 제도적 재분배모형

　㉠ 사회복지가 적극적인 역할을 수행하는 것으로 본다.

　㉡ 사회복지는 욕구의 원리를 기반으로 시장 경제 메커니즘 밖에서 보편적 서비스를 제공하는 기본적이고 통합적인 제도이다.

　㉢ 보편적 사회복지 프로그램을 강조한다.

3 에스핑-앤더슨의 사회복지모형

에스핑-앤더슨은 '탈상품화의 정도', '국가와 사회계층제의 형태', '시장 및 가족과의 관계'의 세 가지 기준으로 복지국가를 세 가지 유형으로 구분하였다.

자유주의적 복지국가	• 시장의 역할 강조, 국가 개입 최소화 → 탈상품화 효과 최소 • 불평등 심화, 계층 간 대립관계 형성 • 선별주의 원칙 • 자산조사에 의한 공공부조 프로그램 중시 • 민간의 역할(민간보험, 기업복지) 강조
조합주의적 복지국가	• 시장의 역할은 상대적으로 덜 강조하고, 국가의 역할 증대 및 가족의 기능 유지에 중점 → 보수조합주의적 복지국가 • 사회보험에 의한 소득보장 중시, 시장에서의 계층과 지위에 따라 사회복지급여 상이 → 탈상품화 효과에 한계
사회민주주의적 복지국가	• 가급적 최대한의 평등 추구 → 탈상품화 효과 최대 • 보편주의 원칙 • 사회적 권리로서 복지 제공 → 시장의 복지 기능 최대한 약화 • 완전고용정책의 성공 여부가 매우 중요

🔍 에스핑-앤더슨의 복지국가 3분법

기준	자유주의	조합주의	사회민주주의
급여대상	빈곤자	피용자	모든 국민
급여의 종류	최소화	필요시 확대 가능	극대화
급여수준	최저생계비 수준	계급과 지위에 따라 차등 지급	중간계급의 생활 수준
탈상품화	미약	미약~중간	강력
계층화	높음(강화)	중간	낮음(완화)
탈가족화	미약(가족주의)	미약~중간(이원적 가족주의)	강력(탈가족주의)
관련 국가	미국, 캐나다 등	독일, 프랑스 등	스웨덴, 노르웨이 등

🔍 탈상품화

• 개인의 복지가 시장에 의존하지 않고도 이루어질 수 있는 상태. 즉, 특정 개인이 시장에 의존하지 않고도 기본적인 삶을 유지할 수 있는 상태

• 탈상품화의 정도는 곧 시장기제에서 얼마나 독립했는가를 의미하며, 탈상품화 효과가 가장 큰 것은 사회민주주의 복지국가임.

🔍 계층화(계층제)

• 각 계층 간의 권한과 책임을 배분하고 명령복종 및 지휘감독체계를 확립해야 하며 권한의 위임은 차례로 이어지는 계층을 따라 이루어져야 함.

• 고용형태, 기업규모, 조직구조로 세분화된 상태

• 고용형태, 기업규모, 조직구조가 높음으로 되어 있는 경우(강화, 대립)에는 자유주의 복지국가이고, 낮음으로 되어 있는 경우(완화, 통합)에는 사회민주주의 복지국가임.

🔍 탈가족화

• 가족의 부양부담을 사회화하고 가족구성원이 가족 내 관계나 역할에 상관없이 사회적으로 적절한 수준의 생활을 유지할 수 있도록 하는 것을 의미

• 가족주의정책: 가족의 출산, 돌봄, 양육 및 부양 등을 오롯이 가족에게 책임을 전가하여 저출생, 가족해체 현상을 초래하는 자유주의 복지국가

• 탈가족주의정책: 시민권의 범위를 더욱 확대하고 구체화하여 국가의 가족에 대한 재정적 지원이나 일-가족 양립 지원, 급여의 개별수급권을 보장하는 사회민주주의 복지국가

사회복지정책론

4 조지와 윌딩의 사회복지모형

(1) 조지와 윌딩의 4분법체계 <small>Tip</small> 조지와 윌딩이 제시한 초기 모형(1976)입니다.

반집합주의	• 복지국가가 자유시장경제를 왜곡하는 것으로 보고, 국가가 시장경제 또는 복지에 개입하는 것 자체를 비(非)복지로 간주함. • 기본적인 사회적 가치: 자유, 개인주의, 경쟁, 불평등, 시장, 가족 • 소극적 자유를 강조하며, 시장경제를 적극적으로 옹호함.
소극적 집합주의	• 반집합주의와 마찬가지로 소극적 자유 강조 • 시장의 실패를 해결하기 위해 국가가 복지에 개입하는 것을 어느 정도 인정함. • 단, 국가의 개입에는 한계가 있다고 보기 때문에 공공부문과 병행하는 민간부문의 역할을 강조함.
페이비언 사회주의	• 적극적 자유 강조 • 기본적인 사회적 가치: 평등, 자유, 우애 • 복지국가는 사회주의로 가는 과정의 한 단계이며, 복지국가의 확대는 자본주의를 변화시킬 수 있다고 봄. 따라서 경제 성장, 평등, 사회 통합을 위하여 복지국가의 확대가 필요하다고 봄. • 공공부문이 절대적으로 강조되고, 개인이나 가족 등 민간부문의 역할은 극소화됨.
마르크스주의	• 적극적 자유 강조 • 기본적인 사회적 가치: 평등, 자유, 우애 • 복지국가의 존재는 자본가의 이익을 위함. • 복지국가를 사회주의로 가는 과정이라 생각하지 않고, 복지국가는 자본주의를 살리기 위한 수단으로 봄.

🔍 조지와 윌딩의 4분법체계

구분	반집합주의	소극적 집합주의	페이비언 사회주의	마르크스주의
이념	자유방임주의	수정자유주의	사회민주주의	사회주의
초점	개인주의, 소극적 자유, 불평등		우애, 평등, 적극적 자유	경제적 평등, 적극적 자유
정부 개입	부정	조건부 인정	인정	적극 인정
복지국가	반대	찬성	적극 찬성	적극 반대

🔍 **조지와 윌딩의 6분법**

조지와 윌딩(1994)은 사회복지 이념모형을 4분법에 이어 신우파, 중도노선, 사회민주주의, 마르크스주의, 페미니즘, 녹색주의의 6가지로 새롭게 구분하였다.

(2) 조지와 윌딩의 수정된 6분법체계 <small>Tip</small> 조지와 윌딩이 수정한 모형(1994)입니다.

이념		복지국가 지지 정도	복지국가를 바라보는 입장
우파	신우파	반대	자유시장의 걸림돌
	중도노선	제한적 지지	사회 안정, 질서 유지
좌파	사회민주주의	적극 지지	사회 통합, 평등한 사회 실현
	마르크스주의	반대	자본주의체제 강화
페미니즘		제한적 지지	여성의 평등한 지위 보장
녹색주의(생태주의)		반대	환경문제 야기

5 안토넨과 시필라의 사회복지모형

구분	공공서비스 모델	보충주의모델		자산조사 – 시장 의존모델	가족주의 모델
국가	스웨덴, 덴마크	프랑스, 벨기에	독일, 네덜란드	영국, 미국	스페인, 이탈리아
복지혼합	공공 우위	공공 우위	비영리 우위	영리 우위	가족
복지원칙	보편주의	보편주의, 보충주의	보충주의	선별주의	선별주의
중앙–지방 관계	지방정부 기획·제공	중앙 집중	분권화 (독일), 중앙 집중 (네덜란드)	중앙–지방 이중체계	탈집중화
조세 비중	매우 높음.	높음.	높음.	낮음.	낮음.
우선지출 대상	아동	아동	노인	노인	노인
일–가정 양립도	높음.	높음.	낮음.	낮음.	낮음.
사회서비스 계층화	낮음.	아동: 높음. 노인: 낮음.	높음.	낮음.	남유럽형: 높음. 동아시아형: 낮음.

01
기출 21회

에스핑–안데르센의 복지국가 유형에 관한 설명으로 옳지 않은 것은?

① 탈상품화 정도, 계층화 정도 등에 따라 복지국가를 3가지 유형으로 분류하였다.
② 탈상품화는 돌봄이나 서비스 부담을 가족에게 의존하지 않는 정도를 의미한다.
③ 사회민주주의 복지국가는 탈상품화 정도가 높고 보편적 사회서비스를 제공한다.
④ 보수주의 복지국가에서 사회보험은 직업집단 등에 따라 분절적으로 운영된다.
⑤ 자유주의 복지국가는 공공부조의 역할이 크고 탈상품화 정도는 낮다.

02
기출 22회

사회복지의 잔여적 개념과 제도적 개념에 관한 설명으로 옳은 것을 모두 고른 것은?

㉠ 잔여적 개념에 따르면 개인은 기본적으로 가족과 시장을 통해 욕구를 충족시킨다.
㉡ 제도적 개념에 따르면 가족과 시장에 의한 개인의 욕구 충족이 실패했을 때 국가가 잠정적·일시적으로 그 기능을 대신한다.
㉢ 잔여적 개념은 작은 정부를 옹호하고 시장과 민간의 역할을 중시하는 보수주의자들의 선호와 맥락을 같이한다.
㉣ 제도적 개념은 사회복지를 시혜나 자선으로 보지 않지만 국가에 의해 주어진 것이므로 권리성은 약하다.

① ㉠
② ㉣
③ ㉠, ㉢
④ ㉡, ㉢
⑤ ㉡, ㉢, ㉣

| 해설 |
01 탈상품화는 노동자가 자신의 노동력을 상품으로 시장에 팔지 않고도 살 수 있는 정도를 말한다.
02 ㉡ 제도적 개념(제도적 모형)은 가족과 시장에 의한 개인의 욕구 충족이 실패했을 때 국가가 보편적·일반적·예방적·사전적·적극적으로 그 기능을 대신한다고 본다.
ㄹ 제도적 개념은 사회복지를 시혜나 자선이 아니라 국가에 의해 주어진 것으로 보기 때문에 권리성이 강하다.

정답 | 01 ② 02 ③

사회복지정책론

STEP 1 기출분석

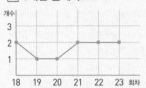

☑ 6개년 출제리포트

☑ 키워드 공략포인트

- 우리나라의 사회복지 발달사는 거의 출제되지 않으며, 주로 영국과 미국의 사회복지 발달사가 출제되고 있습니다.
- 최근에는 국가별 특징들을 묶어 통합형 문제로 출제되고 있으므로 개념을 꼼꼼히 익히고 문제를 풀어보며 응용력을 키워야 합니다.

정답 잡는 오답노트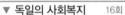

▼ 독일의 사회복지   16회

- 틀린 선지는?
독일의 재해보험법(1884)에서 재정은 노사가 반반씩 부담하였다.
(×)

- 틀린 이유는?
비스마르크의 사회보험은 그 재정을 주로 자본가가 부담하였다.

STEP 2 핵심이론 공략

1 영국의 사회복지

(1) 구빈법의 발달과정

① 엘리자베스 구빈법(1601): 노동능력이 있는 빈민, 노동능력이 없는 빈민, 빈곤아동으로 빈민을 분류하여 각각에 맞는 대책을 강구하기 위한 대상자 선정기준을 법제화하였다. 구빈세에 의한 구빈 대책을 강구하며 공공부조의 효시가 되었다.

② 정주법(1662): 빈민이 일자리를 찾아 부유한 교구로 이동하는 것을 금지하고자 교구와 귀족들의 압력으로 제정되었다.

③ 작업장법(1722): 노동능력이 있는 빈민의 근로의욕 강화에 초점을 맞춰 구빈 감독관과 교회 집사들이 작업장을 건립할 수 있는 권한과, 작업장에 빈민을 고용 및 수용할 목적으로 민간업자와 계약할 수 있는 권한을 가지도록 법으로 구체화하였다.

④ 길버트법(1782): 작업장법의 빈민 착취 조항을 폐지하고, 감독이나 구제위원과 같은 유급 구빈전문관리(최초의 유급 구빈사무원)로 하여금 구빈행정을 수행하도록 하였다. 원외구제로 눈을 돌리기 시작한 최초의 시도였다.

⑤ 스핀햄랜드법(1795): 그 지방의 식비(빵 가격)에 기초해서 구호의 양을 결정하는 방법으로, 식비와 부양가족의 수에 대응하여 지방세에서 임금을 보조함으로써 최저생계비를 보장하였다.

⑥ 공장법(1833): 최초의 아동노동복지법으로, 면방직 산업에 9세 미만의 아동을 고용하지 못하게 하고 9~13세 아동의 노동시간에 제한을 두었으며, 감독관을 파견해 공장들이 규정을 제대로 이행하는지 감독하도록 하였다.

⑦ 개정 구빈법(신구빈법, 1834)

ㄱ 1차적 목적을 구빈비용의 감소에 두고, 빈곤을 개인의 문제로 보았다.

ㄴ 개정 구빈법의 기본원칙

전국 균일처우의 원칙	구빈법을 의회의 감독하에 두어 보다 효율적으로 운영하기 위한 원칙으로, 전국적으로 빈민의 처우를 통일하고자 함.
열등처우의 원칙	국가의 부조를 받는 자에 대한 처우가 부조를 받지 않고 자활하는 최하급 노동자의 처우보다는 낮아야 함.
작업장 수용의 원칙	노동능력자 및 그 가족의 구제를 작업장 내에 한정시키는 원내구제 원칙

(2) 자선조직협회와 인보관운동

구분	자선조직협회	인보관운동
최초	런던 자선조직협회(1869) 참고 미국: 1877년 뉴욕 버팔로	토인비 홀(1884) 참고 미국: 1886년 근린길드
주도 인물	로크	바네트
주 활동층	신흥 자본가(주로 상류층)	엘리트 청년
이념	전통적 자유주의(사회진화론)	급진주의
빈곤의 책임	개인(빈민의 책임)	사회구조(국가의 책임)
목적	• 자선 활동의 조정 • 빈민 개조와 역기능의 수정	• 사회의 개혁 • 사회질서 비판
활동	• 중복구호 방지를 위한 자선 활동의 조정 • 환경조사(사례조사)와 적절한 원조의 제공	• 빈민과의 거주 • 빈민의 교육과 문화 발전 • 빈민의 생활환경에 관한 정보와 긴밀한 사회적 욕구 파악 • 사회·건강문제 및 사회입법에 대한 국민의 관심 촉구

(3) 국민보험법(1911)

① 자유당 정부의 개혁을 주도했던 조지와 처칠이 추진하였으며, 건강보험과 실업보험으로 구성된다.

② 건강보험의 기금은 피보험자(노동자)·고용주·국가 3자가 갹출하고, 실업보험도 일부 사업체에서 실험적으로 실시하였다.

(4) 베버리지 보고서(1942)

① 강제적인 사회보험이 국민최저선 달성을 위한 제도라고 보았다.

② 사회보장을 위한 3대 전제 조건
  ㉠ 완전고용
  ㉡ 포괄적 보건 서비스(포괄적 의료 및 재활서비스, 국민 의료서비스)
  ㉢ 아동수당(가족수당)

③ 5대 프로그램
  ㉠ 사회보험
  ㉡ 공공부조
  ㉢ 아동수당
  ㉣ 포괄적 건강(의료) 및 재활서비스
  ㉤ 완전고용

④ 3대 원리

포괄성의 원리	사회보험대상의 위험을 포괄하고 사회보험의 조직 형태를 일원화하는 것과 함께 이를 전 국민에게 적용하는 보편주의를 채택함.
평등성의 원리	모든 국민에게 동일 금액 갹출과 동일 급여를 적용함.
국민 최저 수준의 원리	다른 자산이 없어도 최저생활을 보장할 수 있는 급여 수준을 설정함.

원내구제와 원외구제

• 원내구제
 – 빈민을 작업장이나 구빈원과 같은 시설에 입소시켜 구제를 행하는 것
 – 구제의 대가로 시설 입소 및 노동을 강제함으로써 빈민 통제의 성격을 강하게 지님.
• 원외구제: 빈민을 시설에 입소시키지 않고 구제를 행하는 것

중상주의

• 15세기 중엽부터 18세기 중엽까지 유럽에서 절대왕정 국가들이 채택했던 경제정책과 사상
• 수출을 장려하고 수입을 억제하여 무역의 차액을 통해 국가의 재력 증가
• 수입품에 대한 높은 보호 관세 부과
• 국제 무역을 제로섬 게임으로 간주하여 식민지 개척
• 주변국을 궁핍화하는 정책 실시
• 초기 산업자본의 형성을 위해 국내시장과 국내산업 보호
• 자원의 확보를 위해 해외 식민지 건설

영국 사회의 5대 악과 그 해결방안

베버리지는 영국의 사회문제를 제시하고, 이를 해결할 수 있는 사회보험과 관련 서비스가 필요함을 주장함.
• 결핍: 소득보장정책 실시
• 질병: 의료보장정책 실시
• 무지: 교육보장정책 실시
• 불결: 주택보장정책 실시 또는 공중위생 개선
• 나태: 고용보장정책 또는 정신교육 실시

⑤ 6대 원칙 참고 개정 구빈법의 기본원칙(전국 균일처우·열등처우·작업장 수용의 원칙)과 비교

정액 기여의 원칙	보편주의 원칙 아래 소득에 관계없이 동일한 액수의 보험료를 부담해야 함.
정액 급여의 원칙	급여는 사회적·경제적 수준 및 인구학적 특징에 관계없이 동일해야 함.
행정 통합의 원칙	기존의 복잡하고 산만한 사회보험을 하나의 통일된 체계로 통합하여 행정 운영의 낭비를 최소화해야 함.
적절성의 원칙	수급자의 기본적인 욕구를 충족시킬 수 있을 정도의 적절한 급여를 지급하고 지급기간도 적절해야 함.
포괄성의 원칙	사회보험의 적용 대상층이나 적용 욕구의 범위가 포괄적이어야 함. 참고 베버리지는 자영업자를 포함한 전 국민을 대상으로 하는 포괄적인 사회보험을 제안하였음.
피보험자 구분의 원칙	피보험자(대상)를 피용자, 자영인, 가정주부, 기타 노동인구, 취업 전 청소년, 노동불능 고령자 6가지로 분류하고, 모든 인구층의 욕구를 보장함.

> Tip 이러한 원칙에도 불구하고 베버리지 보고서에 따르면 '사회보험에 가입할 수 있는 자격을 갖추지 못하였거나 능력이 없는 자들은 공공부조의 혜택을 받게 한다'고도 하였는데, 이는 공공부조가 사회보험 대상 제외자에게 안전망의 기능을 수행할 것을 기대한 것입니다.

🔍 베버리지 보고서 이후 제정된 주요 법률

- 가족수당법(1945)
- 국민보험법(1946)
- 산업재해법(1946)
- 국민보건서비스법(1946)
- 국민부조법(1948)

2 미국의 사회복지

(1) 1870년대 이후

① **자선조직협회(1877):** 뉴욕 주의 버펄로에 미국 최초의 자선조직협회가 설립되었다.

② **근린길드(근린조합, 1886):** 코이트와 스토버가 뉴욕에 설립한 미국 최초의 인보관이다.

> Tip 근린길드는 1886년에 코이트가 설계하고, 1887년에 스토버와 함께 문을 열었습니다.

③ **헐 하우스(1889):** 제인 아담스가 시카고에 세운 인보관이다.

④ **뉴딜 정책(1933):** 경제 대공황(1929)으로 대량 실업과 빈곤이 발생하자 루스벨트 대통령이 구제, 부흥, 개혁의 과업을 목적으로 실시한 정책이다.

(2) 사회보장법(1935)

① 연방정부 차원에서 시행된 최초의 사회복지 프로그램으로서 미국 사회보장제도의 역사적 근간이 되었다.

② 사회보장법의 프로그램

사회보험	• 실업보험, 노령·유족 및 장애보험 • 노령연금은 연방정부가 관장, 실업보험은 주정부가 관장하고 연방정부가 재정 보조
공공부조	• 노령부조, 요보호 맹인부조, 요보호 아동부조 • 주정부가 관장하고 연방정부가 재정 보조
보건 및 복지서비스	• 모자보건서비스, 지체장애아동을 위한 서비스, 아동복지서비스, 직업 재활 및 공중보건서비스 • 주정부가 관장하고 연방정부가 재정 보조

③ 사회보장법에 의료보험(건강보험)이 포함되지 않았고, 실업보험도 급여기간이나 내용 면에서 문제가 많아 비판의 대상이 되었다.

(3) 빈곤과의 전쟁(1960년대)

① 1964년 존슨 대통령이 선언하고 실시한 여러 가지 활동을 일컫는다.

② 연방정부 차원에서 사회복지 관련 법령을 제정 및 개정하였다.

③ 프로그램

헤드 스타트	취학 전 빈곤아동 대상의 조기 교육 프로그램
메디케이드	장애인 및 저소득층 대상의 의료보장 프로그램
메디케어	65세 이상 고령자 또는 장애인 대상의 의료보장 프로그램
AFDC	부양아동이 있는 가족을 위한 원조

(4) 레이거노믹스(1980년대)

① 경제의 재활성화를 통하여 '힘에 의한 위대한 미국'의 재건을 기한다는 국가정책이다.

② 신자유주의를 바탕으로 복지 프로그램의 감축과 신연방주의를 표방하였다.

③ 정책: 정부의 복지비용 최소화, 연방정부의 권한을 주정부로 이양(신연방주의), 연방세금의 감면, 단기 서비스 제공

(5) 1990년대

1997년 AFDC제도를 폐지하고 빈곤가구를 원조하는 한시부조 프로그램(TANF)을 실시하였다. 이는 공공부조제도로서 부양아동이 있는 한부모 가족에게 급여를 제공하는 제도이다.

(6) 2000년대 이후

오바마 정부는 건강보험 개혁안을 추진하여 건강보험 수혜율을 95%까지 끌어올리고자 하였다.

3 독일의 사회복지

① 비스마르크는 산업화과정에서 발생한 노동자 계급과 시민 계급 간 긴장 완화를 목적으로 노동자 계급을 회유하는 사회복지정책을 제시하였다.

② 비스마르크는 질병보험법(1883), 산재(재해)보험법(1884), 노령폐질보험법(1889) 등 일련의 사회입법을 제정하였다.

질병보험	• 세계 최초의 사회보험 • 지역이나 직장별로 운영되도록 하고 이를 국가가 감독함.
산재(재해)보험	• 사용자가 보험료를 부담하여 운영 • 육체 노동자와 저임금 화이트칼라 종사자를 대상으로 함.
노령폐질보험	• 노동자와 사용자가 보험료를 절반씩 부담 • 육체 노동자와 저임금 화이트칼라를 주 대상으로 함.

01
기출 21회

영국 구빈제도의 역사에 관한 설명으로 옳지 않은 것은?

① 1601년 엘리자베스 빈민법은 빈민을 노동능력 있는 빈민, 노동능력 없는 빈민, 빈곤 아동으로 분류하였다.

② 1662년 정주법은 부랑자들의 자유로운 이동을 금지하였다.

③ 1782년 길버트법은 원외구제를 허용하였다.

④ 1795년 스핀햄랜드법은 열등처우의 원칙을 명문화하였다.

⑤ 1834년 신빈민법은 노동능력이 있는 빈민에 대한 원외구제를 폐지하였다.

02
기출 22회

영국 사회복지정책의 역사에 관한 설명으로 옳은 것을 모두 고른 것은?

㉠ 길버트법은 빈민의 비참한 생활과 착취를 개선하기 위해 원외구제를 허용했다.

㉡ 스핀햄랜드법은 빈민의 임금을 보충하기 위해 가족 수에 따라 보조금을 지급할 수 있게 했다.

㉢ 신빈민법은 열등처우의 원칙을 적용하였고 원내구제를 금지했다.

㉣ 왕립빈민법위원회의 소수파보고서는 구빈법의 폐지보다는 개혁을 주장했다.

㉤ 베버리지 보고서를 근거로 하여 가족수당법, 국민부조법 등이 제정되었다.

① ㉠, ㉢   ② ㉢, ㉤   ③ ㉠, ㉡, ㉤

④ ㉡, ㉢, ㉣   ⑤ ㉡, ㉣, ㉤

| 해설 |

01 1834년 개정 구빈법을 제정하면서 보충급여 형식인 열등처우의 원칙을 명문화하였다.

02 ㉢ 신빈민법(개정 구빈법)은 국가의 부조를 받는 자에 대한 처우가 부조를 받지 않고 자활하는 최하급 노동자의 처우보다 낮아야 한다는 열등처우의 원칙을 적용하였고 노동능력자 및 그 가족에 대한 구제는 작업장 내로 한정시키는 원내구제를 원칙을 적용하였다.

㉣ 다수파보고서가 주장한 내용이며, 소수파보고서는 구빈법의 완전한 폐지를 주장하였다.

정답 | 01 ④ 02 ③

복지국가

☑ 6개년 출제리포트

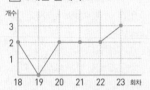

☑ 키워드 공략포인트

• 최근에는 복지국가의 세부 내용을 묻는 문제가 출제되는 경향을 보입니다.
• 케인즈주의, 앤서니 기든스의 제3의 길 중 사회투자국가가 주요 출제 포인트이며, 복지혼합에 대한 내용도 숙지해야 합니다.

정답 잡는 오답노트

▼ 복지국가의 특징　13회

• 틀린 선지는?
복지국가는 궁극적으로 기회의 평등을 추구한다. (×)

• 틀린 이유는?
복지국가는 궁극적으로 비례적 평등을 추구한다.

STEP 2　핵심이론 공략

1 복지국가의 개념과 특징

① 복지국가는 국민들의 복지가 가족 또는 시장이 아니라 국가의 막중한 책임하에 제공되는 국가이다.
② 특징: 빈곤의 소멸 내지 현저한 감소, 소득의 분배·재분배에 대한 평등화 지향, 완전고용의 실현, 사회보장의 충실, 혼합경제, 궁극적으로 비례적 평등 추구
③ 필요성: 사회복지 재화의 공공재적 성격, 외부효과, 불완전한 정보

2 케인즈주의

① 대공황(1929)의 원인을 유효 수요의 부족으로 판단하여 금리 인하(통화정책), 정부의 인프라 투자(재정정책)가 해결방안으로 제시되었다.
② 금리를 낮출 경우 투자가 활성화되며 소비가 촉진된다.
③ 저축의 증가는 소비를 위축시키고, 저축이 투자로 연결되지 않으면 수요가 위축되어 산출과 고용이 감소될 수 있다.

3 복지국가의 변천과정

(1) 복지국가의 정착기(1920년대~1945년)

세계대전과 대공황으로 유럽과 미국 등에서 새로운 복지제도의 확충, 복지 수혜자의 범위 확대, 사회복지를 위한 국가의 재정 지출이 대폭 증가하는 현상이 나타났다.

(2) 복지국가의 팽창기(1945년~1970년대 중반)

제2차 세계대전이 종결된 이후의 시기로, 복지제도의 다양화, 복지 수혜자의 보편성, 복지 혜택의 적절성이라는 측면에서 복지국가 발전이 극대화되었다.

(3) 복지국가의 위기와 재편(1970년대 중반 이후)

① 1970년대 불황과 물가상승을 동시에 발생시킨 오일쇼크가 복지국가의 위기를 불러왔으며, 케인즈주의에 입각한 정책이 붕괴되고 복지국가는 재편기에 접어들었다.
② 신자유주의의 득세　참고　신자유주의 3대 기조: 민영화, 지방화, 시장화
  ㉠ 영국: 보수당의 마가렛 대처 집권(대처리즘, 1979)
  ㉡ 미국: 공화당의 레이건 대통령 집권(레이거노믹스, 1980)
③ 민영화(1980년대 신자유주의 정책)
  ㉠ 정부가 공급하는 재화와 서비스 비용을 절감하기 위해 도입되었다.
  ㉡ 소비자 선호와 선택 중시, 공급자 간 경쟁 유발로 서비스 품질 향상을 도모한다.
  ㉢ 자유시장 경제체제(소극적 자유)에 따라 구매능력 및 지불능력이 없거나 부족한 취약계층의 서비스 접근성이 낮아졌다.

④ 권능부여국가: 길버트와 테렐은 근로촉진, 선별적 표적화, 민영화, 사회적 의무와 연계된 급여를 복지국가 재편의 핵심이라고 주장하였다.

🔍 시장실패와 정부실패의 원인 비교

복지국가의 필요성(시장의 실패)	신자유주의의 필요성(정부의 실패)
• 공공재 • 외부효과 • 정보와 경쟁시장의 불완전함. • 역의 선택 • 도덕적 해이 • 위험발생의 상호의존 • 소득분배의 불공정성 • 규모의 경제	• 경쟁의 결여(독점성) • 정부조직의 내부성(내부목표와 사회목표의 괴리) • X-비효율성(비용체증) • 비용과 편익의 절연(수익자 부담주의 미적용) • 파생적 외부효과(부작용) • 권력의 편재에 의한 분배의 불평등

4 앤서니 기든스의 제3의 길

제1의 길	'요람에서 무덤까지'로 대표되는 복지국가를 목표로 한 사회민주주의적 기획(사회적 평등)
제2의 길	시장의 자유를 극대화하고 국가의 개입을 최소화하려는 신자유주의적 기획(시장의 효율성)
제3의 길	시장경제를 수용하면서도 정부, 기업, 시민사회 간의 공생과 협력관계를 중시(사회민주주의와 신자유주의 동시 추구)

참고 제3의 길 프로그램 중 사회투자국가는 단순한 소비 차원을 넘어 인적 자본 개발과 사회적 자본 확충에 집중하는 복지국가로, 결과의 평등보다는 기회의 평등을, 불평등의 해소보다는 사회적 포섭을 더욱 중시한다.

5 복지혼합(복지다원주의)

(1) 복지혼합경제 또는 복지다원주의
① 복지국가는 개인의 경제활동에 대한 동기를 떨어뜨려 복지 의존성을 높이고, 사회 내 하위계층의 형성을 초래한다고 보았다.
② 사회복지에 대한 국가의 책임과 역할을 시장, 가족, 지역사회, 자원조직 등 다양한 공급주체들이 대체해야 한다고 본다.
예 시립 사회복지관 민간 위탁, 바우처 방식의 보육서비스 등

(2) 서비스 이용자의 선택권

계약	공급자와 이용자 간의 의사 표시(권리와 의무의 발생·변경·소멸)
증서 (이용권)	사용 용도와 비용을 제한해 두고 이용자가 그 범위에서 자유롭게 선택하는 것
세제혜택	서비스의 일정 한도 내에서 세액공제 및 조세감면 또는 면제

참고 계약 < 증서 < 세제혜택 순으로 선택권이 크다.

01 기출 22회

국가가 주도적으로 사회복지를 제공해야 할 필요성으로 옳지 않은 것은?

① 역선택
② 도덕적 해이
③ 규모의 경제
④ 능력에 따른 분배
⑤ 정보의 비대칭

02 기출 22회

복지다원주의 또는 복지혼합에 관한 설명으로 옳지 않은 것은?

① 국가는 복지의 주된 공급자로 인정하면서도 불평등을 야기하는 시장은 복지 공급자로 수용하지 않는다.
② 국가를 포함한 복지제공의 주체를 재구성하는 논리로 활용된다.
③ 비공식부문은 제도적 복지의 발달에도 불구하고 존재하는 비복지 문제에 대응하는 복지주체이다.
④ 시민사회는 사회적경제조직을 구성하여 지역사회에서 공급주체로 참여하는 역할을 한다.
⑤ 복지제공의 주체로 국가 외에 다른 주체를 수용한다는 점에서 복지국가를 비판하는 논리로 쓰인다.

| 해설 |

01 자유방임주의(자유주의)는 국가의 최소개입과 개인주의를 바탕으로 능력에 따른 배분을 강조한다. 또한, 개인이나 가족의 욕구는 개인의 비용과 자유 선택으로 충족시켜야 한다고 주장하며, 시장을 기회와 소득의 배분자로 보면서도 국가의 최소한의 복지 기능을 인정하고 있다.

02 복지다원주의(혼합경제)는 경제활동을 민간부문이 전적으로 담당하는 자유방임주의와 달리 국가가 적극적으로 경제에 관여함으로써 사적 경제와 공적 경제가 병존하는 경제 체제이다. 또한, 사회복지에 대한 국가의 책임과 역할을 지방정부, 민간영역, 비영리부문, 기업, 지역사회, 개인 등 다양한 공급주체들이 대체해야 한다고 주장한다.

정답 | 01 ④ 02 ①

사회복지정책론

☑ 6개년 출제리포트

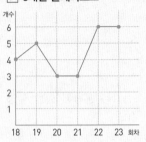

☑ 키워드 공략포인트

할당체계, 급여체계, 재원체계, 전달체계 각각의 특징을 알고, 사회복지서비스와 연결할 수 있어야 합니다.

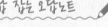
정답 잡는 오답노트

▼ 현금급여와 현물급여
15회

• 틀린 선지는?
현물급여는 현금급여에 비해 오남용의 위험이 크다. (×)

• 틀린 이유는?
현물급여는 현금급여에 비해 오남용의 위험이 적다.

▼ 할당의 원칙
12회

• 틀린 선지는?
귀속적 욕구의 원리는 보편주의보다는 선별주의 할당원리에 가깝다. (×)

• 틀린 이유는?
귀속적 욕구의 원리는 선별주의보다는 보편주의 할당원리에 가깝다.

1 사회복지정책의 분석 유형(3P) - 길버트와 스펙트

(1) 과정분석

사회복지정책 형성의 역동성에 주목하여 정책의 계획에 관련된 각종 정보와 조직들의 관계, 상호작용 등을 분석한다.

(2) 산출(산물)분석

① 프로그램이나 법률의 형태로 만들어진 일련의 정책선택을 분석한다.
② 정책분석틀을 할당, 급여, 재정, 전달체계로 구분한다.

(3) 성과(효과)분석

정책프로그램의 집행결과를 서술·평가하는 것으로, 정책프로그램이 잘 집행되었는지, 정책프로그램의 효과성은 어떠한지에 초점을 둔다.

> **🔍 사회복지정책의 분석 기본틀(길버트와 테렐)**
>
> • 할당체계: 누구에게 줄 것인가?
> • 급여체계: 무엇을 줄 것인가?
> • 재원체계: 어떻게 재원을 마련할 것인가?
> • 전달체계: 어떻게 전달할 것인가?

2 할당체계

(1) 할당의 세부 원칙

① 집단지향적 할당
  ㉠ 귀속적 욕구: 현재의 사회적 또는 경제적 제도로는 충족되지 않는 공통적 욕구를 가진 사람들의 집단에 속하는 경우 급여를 제공하는 것이다. 보편주의에 입각하여 정해진다.
  ㉡ 보상: 사회적 또는 경제적 기여자(예 국가유공자, 사회보험 기여자) 및 사회적으로 부당한 행위의 피해자(예 인종차별·성차별 피해자)를 대상으로 주어진다.

② 개인적 할당
  ㉠ 진단적 구분: 전문가가 특별한 재화 혹은 서비스가 필요하다고 판단을 내리는 개인(예 신체적·정신적 결함이 있는 사람)을 대상으로 주어진다.
  ㉡ 자산조사: 재화나 서비스를 살 수 없는 개인을 대상으로 주어지며, 욕구의 경제적 기준에 기초한다.

  Tip 귀속적 욕구가 보편주의적 성격이 가장 강하고, 자산조사가 선별주의적 성격이 가장 강합니다.

(2) 보편주의와 선별주의

구분	보편주의	선별주의
내용	• 모든 국민이 사회복지의 대상 • 시민권에 입각한 사회적 권리 • 사회적 효과성 강조	• 주로 자산조사 결과로 판별되는 개인의 욕구에 기초하여 대상자 선정 • 엄격한 자격기준과 선정절차 • 비용효과성 강조
장점	• 빈곤의 예방 • 비교적 행정절차가 용이함. • 낙인감이 발생하지 않음.	• 도움이 필요한 사람들(주로 빈곤층)에게 급여 또는 서비스가 집중됨. • 자원의 낭비를 줄일 수 있음.
단점	• 목표 대상의 효율성이 낮음. • 한정된 자원에 대한 낮은 효율성	낙인감 발생을 피하기 어려움.
사례	국민연금, 건강보험 등	자활사업, 기초연금 등

🔍 자산조사의 장단점

장점	• 기준에 부합하는 대상에게만 급여를 제공함으로써 한정된 예산을 절약할 수 있음. • 어떤 것이 얼마만큼 기준에 미달되는지 확인함으로써 부족한 부분만을 충족시킬 수 있음. • 급여대상자의 선정뿐만 아니라 욕구가 무엇인지를 규명할 수 있음.
단점	• 개인의 권리나 존엄성이 침해될 수 있으며, 낙인감이 발생함. • 다양하고 개별적인 요소를 지니고 있는 급여대상자 개개인의 욕구를 정확하게 판단하기 쉽지 않아 급여대상을 선정하기가 어려움. • 자산조사를 위한 전문인력의 채용과 급여대상자 선정 및 관리를 위한 절차상의 비용 및 전산 프로그램 설치·운영 등 필수적인 행정비용이 필요함.

3 급여체계

(1) 현금급여와 현물급여

구분	현금급여	현물급여
장점	• 교환가치 강조 • 수급자와 업무 담당자 모두 유리 • 선택의 자유가 높아 소비자 주권, 자기결정권이 존중됨. • 행정적 관리비용이 절감되어 운영효율성이 높음. • 낙인감 감소	• 사용가치 강조 • 소비행위에 대한 사회적 통제가 강조되어 목표효율성이 높음. • 필요 대상자에게만 분배하여 낭비를 줄임. • 대상효율성이 높음. • 정치적 측면에서 선호됨.
단점	• 목적 외 사용을 통제하기 어려워 목표효율성이 낮음. • 대상효율성이 낮음.	• 선택의 자유를 제한함. • 관리비용이 커서 운영효율성이 낮음.

🔍 급여 수급조건

귀속적 욕구, 인구학적 조건, 기여의 조건, 근로능력의 조건, 자산조사, 전문가의 진단, 급여의 적절성

🔍 현금급여의 장점

• 수급자: 선택의 자유가 있어 유리함.
• 업무 담당자: 계좌이체로 편리하게 운영할 수 있어 유리함.

(2) 바우처(증서, 이용권)

① 일정한 용도 내에서 수급자(대상자)가 원하는 재화나 서비스를 자유롭게 선택할 수 있게 하는 방법으로, 현물급여와 현금급여의 중간 형태이기 때문에 각각의 장점을 살리면서 단점을 보완할 수 있다.

② 장점: 정책의 목적에 따라 선택권을 조정·통제할 수 있다.

③ 단점: 서비스 공급자가 특정 소비자를 선호 또는 회피하는 현상이 발생한다.

> 🔍 **현금급여, 현물급여, 바우처의 비교**
>
> - 운영효율성: 현물 < 바우처 < 현금
> - 오용 및 남용의 정도: 현물 < 바우처 < 현금
> - 소비 통제의 정도: 현금 < 바우처 < 현물
> - 소비자 선택권: 현물 < 바우처 < 현금
> - 목표효율성: 현금 < 바우처 < 현물
> - 정치적 선호도: 현금 < 바우처 < 현물

(3) 기타

① 기회: 사회의 불이익집단(예 소수 민족, 노인, 장애인 등)에게 진학, 취업, 진급 등에서 유리한 조건을 제시하여 시장의 경쟁에서 평등을 추구하는 형태이다. 긍정적 차별과 관련이 있다.

② 권력: 재화와 자원의 통제에 영향을 미칠 수 있는 힘을 재분배하는 것을 말한다.

> 🔍 **할당체계와 급여체계의 운영효율성 비교**

구분	할당체계	급여체계
운영효율성 ↑ (행정관리비용 ↓)	보편주의 (모든 국민)	현금급여 (교환가치)
운영효율성 ↓ (행정관리비용 ↑)	선별주의 (취약계층)	현물급여 (사용가치)

4 재원체계

(1) 공공재원

① 일반 예산

조세	민간부문의 재원이나 공공부문의 재원 중에서 사회보험의 기여금보다 재원의 안정성이나 지속성이 더 강함.
직접세	일반적으로 누진적인 방식으로 부과됨(소득이 높을수록 높은 세율 적용).
간접세	조세 저항이 적어 징수가 용이하지만, 그 비중이 높을수록 소득 재분배 기능이 약화됨.

② 사회보험료: 기본적으로 소득에 비례하여 부과되는 경향이 있기 때문에 누진적으로 부과되는 직접세에 비하여 소득 재분배 효과가 약하다.

③ 조세 비용(조세 지출): 내야 하는 세금을 걷지 않거나 되돌려 주는 방식이다. 소득이 높을수록 공제 대상 지출이 많기 때문에 고소득층이 유리하다.

사회보험료와 조세의 관계

- 조세는 다른 재원에 비해서 평등을 구현하는 데 용이함.
- 조세는 재원의 안정성과 지속성이 가장 강함.
- 사회보험료는 소득세에 비해 상대적으로 조세저항이 약함.
- 사회보험료는 조세와 비교해 상대적으로 소득재분배 효과가 약함.
- 사회보험료는 소득 상한선이 있어 조세에 비해 역진적임.
- 사회보험료는 재산권적 성격이 있어 조세에 비해 징수에 대한 저항이 작음.
- 소득세 누진성이 높을수록 재분배효과가 큼.
- 사회보험료와 조세는 정률제의 형태로 납부하기 때문에 소득이 높은 사람이 더 많이 부담함.
- 지불능력·구매능력이 있는 사람이 조세(직접세, 간접세)를 납부하고 있으며, 지불능력·구매능력이 없는 취약계층은 납부하지 않음.

(2) 민간재원

① **사용자 부담**: 사회복지서비스를 받는 사람이 이용료의 일부를 부담하는 것으로, 서비스 이용자의 남용을 억제하는 효과가 있다.

② **자발적 기여**: 개인, 기업 등의 복지를 위한 자발적 기여금으로, 제공자의 의사에 의존하기 때문에 예측가능성이 낮고, 재원의 안정성이 약하다.

③ **기업 복지**: 기업의 사용자가 피고용자에게 주는 임금 이외의 사회복지적인 급여 혜택이다.

5 전달체계

(1) 공적 전달체계

① **중앙정부**
  ㉠ 모든 국민을 대상으로 하는 의료나 교육서비스 등은 공공재적 성격을 가지지만, 자원의 비효율적 배분의 문제가 발생할 수 있다.
  ㉡ 서비스의 지속성과 안정성 확보에 유리하며, 어떤 재화는 대상이 되는 사람이 많을수록 기술적인 측면에서 유리하다.

② **지방정부**
  ㉠ 중앙정부보다 지역주민의 욕구를 신속하고 효율적으로 해결할 수 있고, 서비스 수혜자의 정책결정과정 참여가 용이하다.
  ㉡ 지역 간 급여의 차이가 불평등의 문제를 야기할 수 있다(사회통합의 저해요인).

(2) 사적 전달체계

① 공적 전달체계에서 제공하는 급여 또는 서비스를 받지 못하는 대상자에게 필요한 서비스를 제공하며, 정부의 사회복지 예산 절감에 기여한다. 또한, 이용자의 다양한 선택권을 보장하는 데 유리하다.

② 프로그램의 안정성과 지속성 측면에서 가장 불리하다.

③ 기관 간 연계 부족으로 통합적인 서비스를 제공하는 데 한계가 있다.

④ 사회통합의 저해 우려가 있고 규모의 경제 실현이 어렵다.

01 　기출 22회

보편주의와 선별주의에 관한 설명으로 옳은 것을 모두 고른 것은?

> ㉠ 보편주의는 시민권에 입각해 권리로서 복지를 제공하므로 비납세자는 사회복지 대상에서 제외한다.
> ㉡ 보편주의는 기여자와 수혜자를 구별하지 않는다.
> ㉢ 선별주의는 수급자격이 제한된 급여를 제공하기 위해 자산조사 또는 소득조사를 한다.
> ㉣ 보편주의자와 선별주의자 모두 사회적 평등성 또는 사회적 효과성을 나름대로 추구한다.

① ㉢　　　　　② ㉠, ㉢　　　　　③ ㉡, ㉣
④ ㉠, ㉡, ㉣　　　　⑤ ㉡, ㉢, ㉣

02 　기출 22회

급여의 형태에 관한 설명으로 옳은 것을 모두 고른 것은?

> ㉠ 현금급여는 선택의 자유를 보장하지만 사회적 통제가 부과된다.
> ㉡ 현물급여는 집합적 선을 추구하고 용도 외 사용을 방지하지만 관리비용이 많이 든다.
> ㉢ 서비스는 클라이언트를 위한 제반 활동을 말하며 목적 외 다른 용도로 사용할 수 없다.
> ㉣ 증서는 일정한 범위 내에서만 교환가치를 가지기 때문에 개인주의자와 집합주의자 모두 선호한다.
> ㉤ 기회는 재화와 자원을 통제할 수 있는 영향력을 의미하며 정책에 관한 의사결정권을 갖는 것을 말한다.

① ㉠, ㉣　　　　　　② ㉡, ㉤
③ ㉠, ㉡, ㉢　　　　④ ㉠, ㉢, ㉤
⑤ ㉡, ㉢, ㉣

| 해설 |
01 ㉠ 보편주의는 비납세자를 포함한 전 국민을 사회복지 대상으로 본다.
02 ㉠ 현금급여(교환가치)는 선택의 자유를 보장하지만 용도 외 사용을 막을 수 없어, 통제의 정도가 낮다.
　㉤ 권력에 대한 설명이다.

정답 | 01 ⑤　02 ⑤

사회복지정책론

☑ 6개년 출제리포트

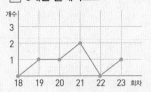

☑ 키워드 공략포인트

정책결정모형, 사회복지정책 평가 영역의 출제 비중이 높습니다.

STEP 2 | 핵심이론 공략

1 사회복지정책의 결정

(1) 정책결정과정

문제 형성 → 어젠다 형성 → 정책대안 형성 → 정책결정 → 정책집행 → 평가

(2) 정책결정모형

① 합리모형

ⓐ 정책결정에 관여하는 인간이 이성적이고 합리적이라고 가정한다.

ⓑ 주어진 상황에서 목표를 해결하기 위하여 최선의 정책대안을 찾을 수 있다.

ⓒ 주어진 조건하에서 최선의 정책대안을 만들어 낼 수 있는 인간의 능력을 암묵적으로 전제한다.

ⓓ 각 정책대안들을 비교·평가하는 데 필요한 판단기준(대안의 비교기준)이 명백하게 존재한다.

ⓔ 문제해결에 필요한 최선의 정책대안을 찾아내어 정책결정이 이루어진다고 본다.

② 만족모형

ⓐ 인간이 가진 합리성이 완전하지는 않다고 여긴다.

ⓑ 정책목표 및 기준의 불확정성: 정책목표는 물론 정책대안들 중 우선순위를 평가할 수 있는 기준이 명백하지는 않다.

ⓒ 제한된 대안의 탐색: 정책결정과정에서 모든 정책대안이 다 고려되지도 않고, 고려될 수도 없으며, 고려될 필요도 없다고 본다.

ⓓ 만족스러운 대안의 탐색: 만족할 만한 정책대안을 찾으면 그 대안을 선택함으로써 대안의 탐색이 중단되고 정책결정이 이루어진다고 본다.

③ 점증모형(점진모형)

ⓐ 합리모형과 반대로 인간의 비합리성을 전제로 한다.

ⓑ 항상 수단을 목적에 맞추는 것이 아니고 목적을 수단에 맞추기도 하는, 이른바 수단과 목적 사이에 서로 조정이 이루어진다.

ⓒ 정치적 성격: 정책대안을 선택할 때는 다른 조직과의 상호작용 및 다양한 이해당사자들을 고려하는 등 정치적인 배려가 포함된다.

ⓓ 보수적 성격: 이전의 정책과 전혀 다른 정책을 선택하는 것은 현재까지의 정책이 잘못된 것임을 인정하는 것이라고 여기기 때문에 있을 수 없다고 본다.

④ 혼합모형

ⓐ 기본적인 결정에서는 합리성이 작용하지만, 세부적인 결정에서는 점증적인 결정이 이루어진다고 본다.

ⓑ 정책결정과정을 기본적 결정(합리모형)과 세부적 결정(점증모형)으로 구분한다.

정답 잡는 오답노트 ✏️

▼ 사회복지정책의 결정

12회

• 틀린 선지는?

만족모형 – 주어진 상황에서 목표 달성을 극대화하는 최선의 정책대안을 찾아낼 수 있다. (×)

• 틀린 이유는?

주어진 상황에서 목표 달성을 극대화하는 최선의 정책대안을 찾아내는 것은 합리모형이다.

ⓒ 사회의 조직 원리: 합리모형은 개발도상국가의 계획지향적인 정책결정에, 점증모형은 다원주의사회의 정책결정에, 혼합모형은 능동적 사회에 적합한 모형이라고 주장한다.

⑤ 최적모형: 현실 여건이 합리성을 제약하므로 경제적 합리성과 함께 직관이나 판단력, 창의력과 같은 초합리성을 고려한다.

⑥ 쓰레기통모형-킹돈: 4가지 요소(문제, 해결책, 선택 기회, 참여자)와 3가지 흐름(정치적 흐름, 문제의 흐름, 정책대안의 흐름)이 서로 다른 시간에 통(can) 안으로 들어와 우연히 동시에 한 곳에서 만날 때 비로소 정책결정이 이루어진다.

(3) 정책결정에 영향을 미치는 요인

정책과정의 참여자, 정책대안의 존재 여부, 정치·경제·사회적 상황, 정책결정 구조, 다른 정책과의 관계

2 사회복지정책의 평가

(1) 정책평가의 특징

① 가치지향적: 정책 프로그램의 무엇이 잘되고 무엇이 잘못되었는지 또는 앞으로 어떻게 하는 것이 바람직한지를 포함하고 있다.

② 정치적: 정책결정자 등은 현실적으로 정책평가가 가치중립적인 입장을 보이지 않도록 노력한다.

③ 실용적: 정책결정에 유용하게 적용하는 것을 목표로 한다.

④ 종합학문적: 정책결정은 현재의 정치, 사회, 문화 등 현실의 다양성을 반영하며, 통계기법과 같은 실질적 지식은 물론 정책문제에 대한 다양한 이론적 지식까지 요구된다.

⑤ 기술적: 정책평가를 위해서 평가기법 등의 기술을 활용하며, 통계기법 및 과학적 분석기법 등이 요구된다.

⑥ 개별사례적: 구체적인 정책 프로그램이나, 그 프로그램이 적용된 개별 사례를 연구대상으로 한다.

(2) 정책평가의 유형

과정평가	정책집행과정의 문제점을 찾는 데 효율적임.
총괄평가	정책집행 이후 정책의 효과, 영향 등을 평가
효과성평가	최초의 정책목표 달성 여부를 평가하는 것
효율성평가	• 정책목표 달성을 위한 비용 대비 편익을 비교하는 것 • 비용 효과 분석: 정책목표 달성 여부를 비용 측면에서 평가 • 비용 편익 분석: 정책성과를 화폐 단위로 환산하여 평가

---

01   기출 21회

정책결정 모형 중 드로어(Y. Dror)가 제시한 최적모형에 관한 설명으로 옳은 것을 모두 고른 것은?

> ㉠ 합리모형과 점증모형의 단순혼합이 아닌 정책성과를 최적화하려는 데 초점을 둔다.
> ㉡ 합리적 요소와 초합리적 요소를 다 고려하는 질적 모형이다.
> ㉢ 초합리성의 구체적인 달성 방법에 대한 명확한 설명이 제시되었다.
> ㉣ 정책결정을 체계론적 시각에서 파악한다.
> ㉤ 정책결정 과정에서 실현가능성이 낮다는 비판이 있다.

① ㉠, ㉡   ② ㉠, ㉢, ㉣
③ ㉠, ㉡, ㉣, ㉤   ④ ㉠, ㉢, ㉣, ㉤
⑤ ㉡, ㉢, ㉣, ㉤

02   기출 21회

사회복지정책 평가가 갖는 특징으로 옳지 **않은** 것은?

① 정치적이다.
② 실용적이다.
③ 종합학문적이다.
④ 기술적이다.
⑤ 가치중립적이다.

| 해설 |

01 ㉢ 최적모형은 초합리성의 구체적인 달성 방법에 대한 명확한 설명을 제시하지 못한다.
02 사회복지정책 평가는 가치지향적이다. 결정된 정책 프로그램의 무엇이 잘되고 무엇이 잘못되었는지 또는 앞으로 어떻게 하는 것이 바람직한지를 포함하고 있기 때문이다.

정답 | 01 ③   02 ⑤

사회보장

STEP 1　기출분석

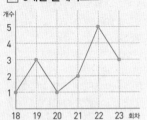

☑ 6개년 출제리포트

☑ 키워드 공략포인트

사회보험과 민영보험, 공공부조의 차이점, 공적연금, 소득 재분배에 대한 내용을 중심으로 학습해야 합니다.

정답 잡는 오답노트 ✏️

▼ 사회보험제도　　19회

• 틀린 선지는?
사회보험급여를 받을 권리 여부는 자산조사 결과에 근거하여 결정된다. (×)

• 틀린 이유는?
급여를 받을 권리 여부가 자산조사 결과에 근거하여 결정되는 것은 공공부조이다.

STEP 2　핵심이론 공략

1 사회보험의 개요

(1) 특징

① 사회보험의 급여는 법으로 규정되며, 국가의 책임하에서 운영되는 비영리적이고 강제적인 프로그램이다.

② 사회보험은 사회적 위험으로부터 모든 국민을 보호하는 보편적·의무적 제도이자 사회적 위험을 대비하는 최저 소득 보장제도이다. 사회보험에서의 최저 소득 보장은 하한선으로서의 의미가 크다.

③ 사회보험 수급권은 수급자와 보험자(정부) 간에 법에 의하여 규정된 권리로, 자산조사 없이 권리로서 수급권을 보장받는다.

④ 빈곤을 예방하고 사회적 위험을 대비하는 최저소득 보장수단이며, 저축성(예 연금제도)이 있다. 또한, 개인적 형평성보다는 사회적 적절성(충분성)을 중시한다.

⑤ 불평등을 완화하고 소득 재분배의 효과를 갖기 위하여 급여수준은 기여의 정도에 단순 비례하지 않아야 하며, 저소득 피보험자에게 유리하도록 설계되어야 한다.

> 참고　고소득층에서 저소득층으로의 소득 재분배 기능은 사회보험보다 공공부조가 더욱 크다.

⑥ 민간보험은 반드시 재정의 완전 적립을 요구하지만, 사회보험은 그렇지 않다.

⑦ 사회보험의 재정은 근로자와 고용주, 자영업자가 책임진다(수익자 재정 책임·부담의 원칙).

⑧ 기여방식 공적연금은 국민연금, 특수직역연금으로 구분하여 운영된다.

⑨ 고용보험료는 노사가 1/2씩 부담하며, 고용보험의 고용안정 및 직업능력개발사업 보험료는 사업주가 전액 부담한다.

⑩ 국민건강보험의 직장가입자 보험료는 노사가 1/2씩 부담하지만 사립학교 교원은 본인이 50%, 사용자가 30%, 국가가 20%를 부담한다. 다만, 사립학교 직원은 본인과 사용자가 각각 1/2씩 부담한다.

⑪ 능력에 따른 차등 기여가 적용된다는 점과 기여를 많이 한 사람이 보다 많은 급여를 제공받는다는 점(정비례하지 않음)에서 응능주의적·응익주의적 성격을 가진다.

(2) 사회보험의 주관 및 보험자의 종류

주관(관장)	사회보험	보험자	피보험자	통합징수기관
보건복지부장관	국민연금	국민연금공단	가입자	국민건강 보험공단 (고지, 수납, 체납 관리)
	건강보험, 노인장기 요양보험	국민건강 보험공단	가입자 및 피부양자 (본인부담금, 직역종사자)	
고용노동부장관	산재·고용보험	근로복지공단	가입자	

(3) 사회보험과 민영보험의 비교

사회보험	민영보험
• 강제적 가입 • 최저 수준의 소득 보장 • 법적 권리(가변성) • 사회적 적절성(충분성)–복지 • 정부 독점, 비용 지출 예측 곤란 • 재정의 완전적립 불필요 • 물가 상승에 적절히 대응함. • 평균적 위험 또는 소득수준에 따른 차등 보험료 부과	• 자발적 가입 • 개인의 의사와 지불능력에 좌우 • 계약 권리(계약 준수) • 개인적 공평성–형평 • 자유 경쟁, 비용 지출 예측 가능 • 재정의 완전적립 필요 • 물가 상승에 대응이 어려움. • 개별적 위험 또는 급여수준에 따른 차등 보험료 부과

(4) 사회보험과 공공부조의 비교

구분	사회보험	공공부조
대상	모든 국민(보편주의)	빈곤층(선별주의)
재원	기여금, 부담금(일부는 조세)	조세
자산조사	자산조사에 근거하지 않음.	자산조사를 실시함.
대상 효율성	(공공부조에 비하여) 낮음.	(다른 제도에 비하여) 높음.
소득 재분배 효과	• 수직적 재분배, 수평적 재분배 효과가 모두 있음. • 공공부조제도에 비하여 수직적 재분배 효과는 낮음.	수직적 재분배 효과가 큼.

2 사회보험법상 급여의 종류

요양	• 산업재해보상보험법: 요양급여(본인부담금 없음) • 국민건강보험법: 요양급여(본인부담금 있음)
유족	• 산업재해보상보험법: 유족급여　　• 국민연금법: 유족연금
장애	• 산업재해보상보험법: 장해급여(1~14급) • 국민연금법: 장애연금(1~4급)
상병	• 산업재해보상보험법: 상병보상연금(요양급여, 휴업급여 대신 지급) • 고용보험법: 상병급여(구직급여 대신 지급) • 국민건강보험법: 상병수당(부가급여의 일종으로, 질병이나 부상으로 경제 활동이 어려운 기간동안 소득을 보전)
장례	• 산업재해보상보험법: 장례비(업무상 재해로 사망 시, 평균임금의 120일분 지급) • 국민건강보험법: 장제비(부가급여로, 2008년 1월 1일부터 폐지)
임금	• 평균임금 – 산업재해보상보험법: 휴업급여, 장례비 　　　　　　– 고용보험법: 구직급여 • 통상임금(고용보험법): 출산전후휴가 급여, 육아휴직급여

🔍 **사회보험의 사회보장급여(보편주의)**

• 국민연금: 노령연금, 장애연금, 유족연금, 반환일시금, 사망일시금
• 건강보험: 요양급여, 요양비, 건강검진, 장애인보조기기 구입비, 부가급여
• 고용보험: 실업급여, 육아휴직급여, 출산전후휴가급여
• 산재보험: 요양급여, 휴업급여, 장해급여, 간병급여, 유족급여, 상병보상연금, 장례비, 직업재활급여
• 노인장기요양보험: 재가급여, 시설급여, 특별현금급여

🔍 **공공부조의 사회보장급여(선별주의)**

• 국민기초생활 보장: 생계급여, 주거급여, 의료급여, 교육급여, 해산급여, 장제급여, 자활급여
• 기초연금: 기초연금
• 장애인연금: 장애인연금(기초급여, 부가급여)
　参考 장애인복지법 장애수당: 사회서비스
• 긴급복지지원: 생계지원, 의료지원, 주거지원, 사회복지시설 이용지원, 교육지원, 그 밖의 지원(연료비 등)

🔍 **급여 대기 기간**

• 산업재해보상보험법상 휴업급여: 요양으로 취업하지 못한 기간이 3일 이내일 때는 미지급
• 고용보험법상 구직급여: 실업의 신고일부터 계산하기 시작하여 7일간은 구직급여 미지급

사회복지정책론

3 공적연금

(1) 특징

① 공적연금제도는 주로 장기 소득보장을 하는 사회보험의 일환으로, 일상생활의 위험 가운데 노령 퇴직 등의 사유가 발생하였을 때 미리 설정한 기준에 따라 획일적인 급여를 지급한다.

② 국가가 운영하는 비영리사업으로 사회직 위험 발생 시 급여를 지급하고, 가입자의 소득수준에 따라 기여하는 소득비례원칙이 적용된다.

③ 국민연금과 특수직역연금(공무원, 군인, 사립학교, 별정우체국)으로 구분하여 운영되고 있다.

④ 공무원연금(1960), 군인연금(1963), 국민연금(1986), 사립학교교직원연금(2000), 별정우체국연금(2015) 순으로 제정되었다.

⑤ 수급개시연령이 국민연금은 가입자 연령을 기준으로, 특수직역연금은 퇴직연도 기준으로 산정한다.

(2) 운영방식

① 적립방식

㉠ 가입자의 근로기간 중 보수의 일부를 갹출하여 그 원금과 운용수입을 개별 계정에 적립하고, 이를 급여의 재원으로 하는 방식이다.

㉡ 장단점

장점	• 가입기간 중 납부한 보험료에 대한 이자가 가산되므로 보험료 총액보다 높은 연금액을 지급받으며, 인구변동으로 인한 위험이 적음. • 장래의 보험료 부담이 경감되고, 재정의 안정화를 기할 수 있음. • 적립된 기금이 잘 활용되는 경우 경제 발전에 기여할 수 있음.
단점	• 인플레이션이 발생하면 연금의 실질가치를 보호받지 못하고, 투자 위험이 존재 • 수급자의 생활수준의 향상과는 무관하게 일정 금액을 지급받게 됨. • 충분한 적립 기간이 요구됨.

② 부과방식

㉠ 노령세대에게 지급할 연금에 소요되는 재원을 당해 경제활동을 하는 세대가 부담하는 방식이다.

㉡ 매년 지급될 연금액만큼 당해 연도에 보험료를 납부한다(수지균형 원리 적용).

㉢ 장단점

장점	연금 수지차가 거의 없어 연금의 실질가치 대책이나 연금수리의 장기추계를 필요로 하지 않음.
단점	• 인구구조의 변화에 영향을 받으며, 장기적인 측면에서는 재정 운영이 불안정해짐. • 사회적·경제적 환경의 변화를 반영하여 정부가 연금의 급여수준 및 보험료율을 변화시키는 정치적 위험이 적립방식보다 큼.

🔍 **부과방식의 종류**

• **정액제**: 소득과 관계없이 정해진 금액을 기여하는 것
  📝 베버리지 보고서의 정액 기여·정액 급여의 원칙

• **정률제**: 소득수준에 따라 일정한 비율로 기여하는 것
  📝 우리나라 사회보험제도의 소득비례 원칙

• **연동제**: 시간의 경과에 따른 화폐가치의 하락 및 물가상승 시 연금액의 실질적인 가치를 보장하는 것
  📝 국민연금제도상 연금액에 전국 소비자 물가변동률 반영

  참고 소득재분배 효과는 정액제 < 정률제 < 연동제 순으로 크다.

③ 수정적립방식
　ⓐ 시행 초기에 낮은 보험료로 출발하여 단계적으로 보험료를 인상함으로써 미래세대에 일정한 부담을 전가하며, 적립방식과 부과방식을 절충한 방식이다.
　ⓑ 우리나라의 국민연금제도 운영방식에 해당한다.

🔍 사회보험, 공공부조, 사회수당

구분	사회보험	공공부조	사회수당
대상	소득능력자(피용자, 사용자, 자영업자)	소득 무능력자 또는 소득이 불충분한 자	소득능력과 관계 없음.
수급요건	보험료 납부, 보험 사고 발생	불충분한 소득 또는 욕구의 발견	국가나 사회에 기여 및 공인된 욕구
급여수준	이전 소득과 연계된 또는 높은 수준의 정액 급여	최저생계를 위한 낮은 수준의 보충 급여	일반적으로 낮은 수준의 정액 급여
재정부담	피용자, 사용자, 자영업자, 국가	국가 및 지방자치 단체	일반적으로 국가
전달체계	국가	국가 및 지방자치 단체	일반적으로 국가
수급절차	사고 발생의 확인	자산조사	인구학적 조건, 사회적 기여의 확인
낙인 유무	없음.	있음.	없음.
제도	연금·건강·산재·고용(실업)보험, 노인장기요양보험	국민기초생활 보장, 의료 급여, 긴급복지지원, 기초연금, 장애인연금 등	아동수당, 부모급여, 국가유공자 예우 등

4 소득 재분배

세대 간 재분배	• 현 근로세대 → 노령세대　　• 미래세대 → 현재세대 〈예〉 국민연금 중 부과방식연금(젊은 세대의 집단적 노인부양방식)	
세대 내 재분배	수직적 재분배	고소득층 → 저소득층 〈예〉 공공부조, 적립방식의 연금제도, 누진적 소득세 등
	수평적 재분배	위험 미발생 집단 → 위험 발생 집단 〈예〉 건강보험(건강한 사람 → 건강하지 않은 사람), 고용보험(취업자 → 실업자)

STEP 3　필수문제 점검

01
기출 19회

연금제도의 적립방식과 부과방식에 관한 설명으로 옳은 것을 모두 고른 것은?

> ⓐ 적립방식은 부과방식에 비해 세대 내 소득재분배 효과가 크다.
> ⓑ 부과방식은 적립방식에 비해 자본축적 효과가 크다.
> ⓒ 부과방식은 적립방식에 비해 기금확보가 더 용이하다.

① ⓐ　　　　　　② ⓑ
③ ⓒ　　　　　　④ ⓐ, ⓑ
⑤ ⓐ, ⓒ

02
기출 22회

보건복지부장관이 관장하는 사회보험제도를 모두 고른 것은?

> ⓐ 국민연금　　　　ⓑ 국민건강보험
> ⓒ 산업재해보상보험　ⓓ 고용보험
> ⓔ 노인장기요양보험

① ⓐ, ⓑ　　　　　② ⓑ, ⓒ
③ ⓐ, ⓑ, ⓔ　　　④ ⓐ, ⓒ, ⓓ
⑤ ⓒ, ⓓ, ⓔ

| 해설 |
01 ⓑ 부과방식은 적립방식에 비해 자본축적 효과가 작다.
　ⓒ 부과방식은 적립방식에 비해 기금확보가 용이하지 않다.
02 ⓒ, ⓓ은 고용노동부장관이 관장하는 사회보험제도이다.

정답 | 01 ①　02 ③

빈곤과 소득 불평등

☑ 6개년 출제리포트

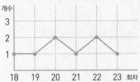

☑ 키워드 공략포인트

빈곤의 개념을 파악하고, 소득 불평등을 측정하는 방법 간 차이점을 헷갈리지 않도록 학습해야 합니다.

정답 잡는 오답노트

▼ 빈곤	17회

• 틀린 선지는?
지니 계수가 1에 가까울수록 평등한 상태를 의미한다. (×)

• 틀린 이유는?
지니 계수는 값이 클수록 불평등하다. 즉, 0에 가까울수록 평등하고, 1에 가까울수록 불평등하다.

1 빈곤

(1) 용어

빈곤율	빈곤선 소득 이하 빈곤가구의 숫자를 전체 인구로 나눈 값
빈곤 갭	모든 빈곤층의 소득을 빈곤선 수준으로 끌어올리는 데 필요한 총소득
빈곤의 덫 (빈곤의 함정)	수급자가 근로 활동으로 소득이 발생했을 때 공공부조의 급여 감소율이 크거나 빈곤선보다 약간 높은 소득의 발생으로 수급자에서 탈락할 것이 예상되는 경우에 근로 활동을 기피하는 경향
사회적 배제	• 빈곤을 포함한 전반적인 사회문제를 나타내는 개념 • 빈곤에 이르는 과정보다는 빈곤이라는 결과인 상태에 초점 • 빈곤 개념과 비교해 빈곤의 역동성과 동태적인 과정에 초점 • 소득의 문제에 국한되지 않고, 다차원적인 불리함을 의미 • 사회적 교류의 연대의 단절이나 집단의 주변화와 같이 관계적이고 과정적인 문제에 초점
신 사회적 위험	후기 산업사회로의 이행과 연관된 경제·사회변동, 가족구조의 변화 등과 연관된 결과로서, 사람들이 생애기간에 직면하게 되는 새로운 위험들

(2) 빈곤선 측정방식

① 객관적 방식

절대적 빈곤	• 전물량방식(라운트리방식·마켓바스켓방식·예산기준방식) 　예 생활보호법(최저생계비) • 반물량방식(엥겔방식, 오샨스키방식)
상대적 빈곤	평균 또는 중위소득의 비율, 소득 분배상의 일정 비율, 타운센드방식, 박탈지표방법 　예 국민기초생활 보장법(기준 중위소득)

② 주관적 방식: 여론조사(사회조사), 라이덴방식, 창의적 접근방법

2 소득 분배의 불평등도 측정방법

(1) 로렌츠 곡선

대각선에 가까울수록 평등하고, 대각선에서 멀수록(우하향으로 볼록할수록) 불평등하다고 본다.

(2) 지니 계수

0에 가까울수록, 즉 값이 작을수록 소득 분포가 평등하고, 반대로 1에 가까울수록, 즉 값이 클수록 불평등하다고 본다.

🔍 지니 계수

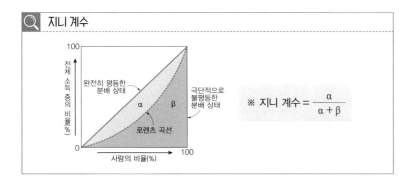

※ 지니 계수 = $\dfrac{\alpha}{\alpha + \beta}$

(3) 5분위 분배율

① 모든 가구를 소득 순으로 5개 집단으로 나눈 다음, 소득 수준이 가장 높은 5분위(상위 20%)의 평균 소득을 소득이 가장 낮은 1분위(하위 20%)의 평균 소득으로 나눈 값을 말한다.

② 5분위 분배율이 1이면 소득 격차가 가장 작고, 값이 커질수록 소득 격차도 커진다고 본다.

(4) 10분위 분배율

① 상위 20% 계층(고소득층) 소득에 대한 하위 40% 계층(빈곤층) 소득의 비율을 나타낸다.

② 10분위 분배율의 최댓값은 2(소득 격차가 가장 작은 상태)이며, 최솟값은 0(소득 격차가 가장 큰 상태)이다.

(5) 센(sen) 지수

기존 빈곤 지표들의 불평등 정도를 재구성한 종합지표로, 0(평등)과 1(불평등) 사이의 값을 갖는다.

01

다음 중 상대적 빈곤선을 설정(측정)하는 방식으로 옳은 것을 모두 고른 것은?

> ㉠ 중위소득의 일정 비율
> ㉡ 라이덴(Leyden)방식
> ㉢ 반물량방식
> ㉣ 라운트리(Rowntree)방식
> ㉤ 타운센드(Townsend)방식

① ㉠, ㉡　　　　② ㉠, ㉤
③ ㉡, ㉤　　　　④ ㉢, ㉣
⑤ ㉠, ㉢, ㉣

02

빈곤과 소득불평등의 측정에 관한 설명으로 옳은 것은?

① 반물량방식은 엥겔 계수를 활용하여 빈곤선을 추정한다.

② 상대적 빈곤은 생존에 필요한 생활수준이 최소한의 수준에 도달하지 못한 상태를 말한다.

③ 라이덴방식은 객관적 평가에 기초하여 빈곤선을 측정한다.

④ 빈곤율은 빈곤층의 소득을 빈곤선 수준으로 끌어올리는 데 필요한 총소득을 나타낸다.

⑤ 지니 계수가 1일 경우는 완전 평등한 분배 상태를 의미한다.

| 해설 |

01 상대적 빈곤선을 측정하는 방식은 빈곤선을 측정하는 객관적 방식 중 하나로, 평균 또는 중위소득의 비율(㉠), 소득 분배상의 일정 비율, 타운센드방식(㉤), 박탈지표방법이 있다.

02 반물량방식은 객관적으로 빈곤선을 측정하는 방식으로, 식료품비가 전체 소득에서 차지하는 비율인 엥겔 계수를 활용한다.

정답 | 01 ② 02 ①

제6영역 사회복지정책론

산업재해보상보험제도

STEP 1 기출분석

☑ 6개년 출제리포트

☑ 키워드 공략포인트

- 산업재해보상보험제도의 특징 및 급여의 계산 등을 중심으로 학습해야 합니다.
- 사회복지법제론에서 다루는 산업재해보상보험법과 연계하여 학습하는 것이 좋습니다.

STEP 2 핵심이론 공략

1 주요 연혁

연도	내용
1953	근로기준법 제정(사업주의 개별보상책임제 시행)
1963	산업재해보상보험법 제정·공포
1964	산업재해보상보험제도 실시
1995	근로복지공단 설립(산업재해보상보험법에 의거하여 운영)
1999	고용보험 적용 징수 업무 이관
2000	산업재해보상보험 5인 미만 사업장(모든 사업장)으로 적용 확대
2004	산업재해보상보험·고용보험 토탈서비스(온라인) 시행
2005	고용보험 및 산업재해보상보험의 보험료 징수 등에 관한 법률 시행
2011	4대 사회보험(산업재해보상보험, 건강보험, 국민연금, 고용보험)의 보험료 별도 고지, 국민건강보험공단에서 통합징수
2018	통상의 출퇴근재해 보상범위 확대

2 산업재해보상보험제도의 특징

① 업무상 사유로 재해를 입은 재해 근로자에 대하여 무과실 책임주의에 입각하여 사업주의 보상 책임을 담보하여 주는 사업주 책임 보험으로서의 특성을 가지고 있다. 따라서 보험료 전액을 사업주가 부담한다.

② 근로자의 고의·자해행위나 범죄행위 또는 그것이 원인이 되어 발생한 부상·질병·장해 또는 사망은 업무상 재해로 보지 않는다.

③ 사업장 중심으로 관리한다. 즉, 다른 사회보험제도와 달리 사업장 단위로만 가입이 이루어지고 개별 근로자의 관리는 별도로 이루어지지 않는다.

④ 산재보험료율은 사업 종류별(업종별)로 구분하여 결정한다. 이때 업종은 재해 발생의 위험성과 경제 활동의 동질성 등을 기초로 분류한다.

⑤ 산재근로자가 받는 급여에는 요양급여, 휴업급여, 장해급여 및 간병급여, 유족급여, 상병보상연금, 장례비, 직업재활급여 등이 있다.

⑥ 국민건강보험공단이 보험료를 징수하고, 근로복지공단이 보험급여를 결정하여 지급한다.

⑦ 업무상 질병의 인정 여부를 심의하기 위하여 근로복지공단 소속 기관에 업무상질병판정위원회를 둔다.

정답 잡는 오답노트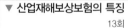

▼ 산업재해보상보험의 특징
13회

• 틀린 선지는?
보험료 부담은 사용자와 근로자가 각각 절반씩 부담한다. (×)

• 틀린 이유는?
보험료는 사용자가 전액 부담한다.

3 업무상 재해 인정 기준

Tip 사회복지법제론 산업재해보상보험법(303쪽)에서 상세 내용 소개

업무상 사고	근로자가 근로계약에 따른 업무나 그에 따르는 행위를 하던 중 발생한 사고 등을 포함한 그 밖에 업무와 관련하여 발생한 사고
업무상 질병	직장 내 괴롭힘, 고객의 폭언 등으로 인한 업무상 정신적 스트레스가 원인이 되어 발생한 질병 등을 포함한 그 밖에 업무와 관련하여 발생한 질병
출퇴근 재해	사업주가 제공한 교통수단이나 그에 준하는 교통수단을 이용하는 등 사업주의 지배관리 하에서 출퇴근하는 중 발생한 사고를 포함한 그 밖에 통상적인 경로와 방법으로 출퇴근하는 중 발생한 사고

4 급여의 종류

요양급여	업무상 부상 또는 질병에 걸렸을 때 의료기관에서 치료에 소요되는 비용을 치유 시까지 지급하는 현물급여
휴업급여	요양으로 취업하지 못한 기간에 대하여, 산재 근로자와 그 가족의 생활보호를 위하여 1일당 평균임금의 70%를 지급하는 현금급여
상병보상연금	요양급여를 받는 근로자가 요양을 시작한 지 2년이 지난 이후 중증요양상태등급 1~3급 해당자인 경우 휴업급여 대신 지급되는 현금급여
간병급여	요양급여를 받은 자 중 치유 후 의학적으로 상시 또는 수시로 간병이 필요하여 실제로 간병을 받은 자에게 지급하는 현물급여
장해급여	업무상 재해의 치유 후 당해 재해와 인과관계가 있는 장해가 남게 되는 경우, 그 장해의 정도(1~14등급)에 따라 지급하는 현금급여
유족급여	근로자가 업무상의 사유로 사망한 경우에 그 유족의 생활보장을 위하여 지급되는 현금급여
장례비	근로자가 업무상의 사유로 사망한 경우에 지급하되, 평균임금의 120일분에 상당하는 금액을 그 장례를 지낸 유족에게 지급되는 현금급여
직업재활급여	장해급여 또는 진폐보상연금을 받은 사람, 장해급여 수급이 명백한 사람으로서 취업을 위하여 직업훈련이 필요한 자 및 업무상 재해가 발생한 당시 사업에 복귀한 장해급여자에 대해 고용을 유지하거나 직장적응훈련 또는 재활운동을 실시한 사업주에게 지급되는 현금 및 현물급여

01
기출 20회

우리나라 산업재해보상보험의 급여가 **아닌** 것은?

① 요양급여　　② 상병수당
③ 유족급여　　④ 장례비
⑤ 직업재활급여

02
기출 15회

우리나라의 산업재해보상보험에 관한 설명으로 옳은 것은?

① 장해급여는 등급에 따라 연금이나 일시금으로 지급된다.
② 업무와 재해 사이의 인과관계와 상관없이 보상한다.
③ 산업재해보상보험 급여수급권은 퇴직하면 소멸한다.
④ 산업재해보상보험은 보건복지부장관이 관장한다.
⑤ 각종 민간 사회단체는 산업재해보상보험의 임의적용사업장으로 분류된다.

| 해설 |
01 상병수당은 국민건강보험제도의 급여 중 부가급여에 속하지만, 현재 우리나라에서는 시행하고 있지 않다. 다만, 2025년 상병수당제도 도입을 목표로 2022년 7월부터 단계별 시범사업 실시 중이다.
02 ② 업무와 재해 사이의 인과관계에 따라 보상 유무가 결정된다.
　③ 산업재해보상보험 급여수급권은 대상자의 퇴직과는 상관없이 유지된다.
　④ 산업재해보상보험은 고용노동부장관이 관장한다.
　⑤ 산업재해보상보험법에 따르면 근로자 1인 이상을 사용하는 모든 사업장은 모두 당연적용사업장이다. 각종 민간 사회단체도 당연적용사업장으로 분류된다.

정답 | 01 ② 02 ①

사회복지정책론

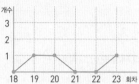

✓ **6개년 출제리포트**

✓ **키워드 공략포인트**

국민연금의 운영방식 및 우리나라 국민연금의 형태를 알아두어야 합니다.

정답 잡는 오답노트 ✏️

▼ **소득 상한선과 소득 하한선**
15회

• **틀린 선지는?**
소득 상한선을 낮게 유지할 경우 고소득계층의 부담은 그만큼 더 커지게 된다. (×)

• **틀린 이유는?**
소득 상한선을 낮추면, 고소득계층의 부담은 경감될 수 있다.

STEP 2 **핵심이론 공략**

1 주요 연혁

연도	내용
1973	국민복지연금법 제정·공포 Tip 석유 파동으로 시행이 연기되었습니다.
1986	국민연금법 공포(전문 개정)
1988	국민연금제도 실시(상시 근로자 10인 이상 사업장 적용)
1999	도시지역 자영업자 연금 확대 적용(전 국민 국민연금 실현)
2000	농어촌지역 특례노령연금 지급
2003	사업장 적용범위 확대(근로자 5인 미만 사업장 중 법인·전문직종 사업장, 5인 이상 사업장의 비정규직 근로자)
2006	사업장 적용범위 확대 완료(근로자 1인 이상 사업장 전체 적용)
2008	• 완전노령연금(가입기간 20년 이상) 지급 개시 • 군복무 크레딧, 출산 크레딧 시행
2012	10인 미만 사업장 저소득 근로자에 대한 국민연금 보험료 지원 시행(두루누리 사업)
2014	기초연금제도 시행
2016	• 구직급여 수급자를 대상으로 실업 크레딧 시행 • 경력단절 여성을 대상으로 추후 납부를 확대하여 1국민 1연금 시대 개막

2 연금의 형태

(1) 연금급여액의 소득 연계 여부에 따른 구분

정액연금	과거 소득에 관계없이 모든 연금 수급자에게 동일한 금액을 지급하는 제도
소득비례연금	퇴직 전 일정기간 동안의 평균 소득 또는 생애 근로기간 동안의 평균 소득에 비례하여 연금급여액을 지급하는 제도

(2) 급여 산정방식에 따른 구분

확정급여연금	• 급여액이 통상 임금이나 소득의 일정 비율 또는 일정한 금액으로 급여 산정 공식에 의하여 미리 확정되어 있음. • 원칙적으로 기여금은 가입자의 가입기간, 전체 가입자 평균소득, 가입자 가입기간 평균소득, 전국소비자물가변동률 등으로 인해 확정되어 있지 않음.
확정기여연금	• 기여금만 확정될 뿐 급여액은 확정되지 않음. • 적립한 기여금과 기여금의 투자 수익에 의해서만 결정되기 때문에 사전에 급여액이 얼마가 될지 알 수 없음.

(3) 우리나라 국민연금의 형태

① 우리나라는 수정적립방식을 취하고 있다. 제도 초기에는 비교적 낮은 보험료율로 시작하지만 사회·경제적인 사정(예 인플레이션, 임금 상승, 슬라이드제 등)에 따라 단계적으로 보험료율을 인상한다.

② 우리나라는 확정급여연금 방식을 취하고 있으며, 연금급여액의 소득연계 여부의 구분에 따라 소득비례연금 방식을 적용하고 있다.

3 소득 상한선과 소득 하한선

소득 상한선	• 국민연금 가입자들 상호 간 연금급여의 편차를 일정 수준에서 제한하는 기능이 있음. • 소득 상한선 이상의 소득에 대해서는 보험료가 부과되지 않음. 따라서 소득 상한선을 낮추면 고소득계층의 부담이 경감될 수 있음.
소득 하한선	• 일정 수준 이하의 저소득계층을 제도의 적용에서 제외시키는 기능이 있음. • 소득 하한선을 높게 설정할 경우 국민연금 가입자 규모가 감소할 수 있음.

4 소득대체율과 비례상수

① **소득대체율**: 가입자 개인의 가입기간 중 평균소득 대비 받을 수 있는 연금월액의 비율을 말한다. 2008년 이후 소득대체율은 50%에서 매년 0.5%씩 감소하여, 2028년 이후 40%가 된다.

② **비례상수**: 소득대체율의 설정에 따라 달라지는, 계산을 맞추기 위한 상수이다. 2008년 이후 비례상수는 1.5에서 매년 0.015씩 감소하여, 2028년 이후에는 1.2가 된다.

5 국민연금 크레딧제도

군복무 크레딧 (2008)	• 군 복무자에 대한 가입기간을 최대 12개월까지 추가 산입 인정 • 소요되는 비용은 국가가 전부 부담
출산 크레딧 (2008)	• 첫째 아이부터 12개월씩 가입기간을 추가로 인정하며, 자녀 수에 따라 추가 인정기간이 달라짐. • 소요되는 비용은 국가가 전부 또는 일부 부담
실업 크레딧 (2016)	• 본인 부담분 연금보험료(25%)를 납부했을 때, 국가에서 보험료(75%)를 지원 • 최대 12개월까지 가입기간으로 추가 산입 • 구직급여 수급자가 연금보험료 납부 희망 시 가입기간 추가 산입

STEP 3 　필수문제 점검

01 　　　　　　　　　　　　기출 20회

국민연금의 연금 크레딧 제도 중 가장 최근에 시행된 것은?

① 실업 크레딧　　　② 고용 크레딧
③ 양육 크레딧　　　④ 군복무 크레딧
⑤ 출산 크레딧

02 　　　　　　　　　　　　기출 23회

국민연금제도에 관한 설명으로 옳은 것만 모두 고른 것은?

> ⊙ 국민연금공단은 관리운영과 보험료 징수를 담당한다.
> ⓛ 기본연금액의 균등부분은 연금수급 전 3년간 전체 가입자 평균소득월액의 평균액이다.
> ⓒ 기본연금액의 균등부분에서 소득재분배 효과가 나타난다.
> ⓔ 기본연금액의 소득비례부분은 전체 가입자의 기준소득월액의 평균액이다.
> ⓜ 2028년 이후 국민연금의 소득대체율은 40년 가입기준 40%이다.

① ⊙, ⓒ　　　　　　② ⓛ, ⓔ
③ ⊙, ⓔ, ⓜ　　　　④ ⓛ, ⓒ, ⓜ
⑤ ⊙, ⓛ, ⓒ, ⓔ, ⓜ

| 해설 |
01 실업 크레딧(①)은 2016년부터 구직급여 수급자를 대상으로 시행되었으며, 고용 크레딧(②)과 양육 크레딧(③)은 국민연금 크레딧 제도에 해당하지 않는다. 군복무 크레딧(④)과 출산 크레딧(⑤)은 2008년부터 시행되었다.
02 ⊙ 보험료 징수는 건강보험공단에서 담당한다.
　　ⓔ 기본연금액의 소득비례부분은 가입자의 기준소득월액의 평균액이다.

정답 | 01 ① 02 ④

고용보험제도

☑ **6개년 출제리포트**

☑ **키워드 공략포인트**

고용보험제도의 특징을 중심으로 적용 대상 및 적용 제외 대상을 알아두어야 합니다.

정답 잡는 오답노트 ✏

▼ **고용보험제도의 특징**

12회

• **틀린 선지는?**
고용안정·직업능력개발사업의 보험료는 근로자와 사업주가 절반씩 부담한다. (×)

• **틀린 이유는?**
고용안정·직업능력개발사업의 보험료는 사업주가 모두(100%) 부담한다.

1 주요 연혁

연도	내용
1993	고용보험법 제정
1995	고용보험제도 시행
1998	1인 이상 전 사업장으로 고용보험 확대
2012	• 자영업자 고용보험(실업급여) 적용 • 두루누리 사회보험 지원 제도 시행 [참고] 두루누리 사회보험: 소규모 사업의 사업주와 근로자의 고용보험, 국민연금 사회보험료 일부를 국가에서 지원하는 사업
2016	실업 크레딧 시행
2022	퀵서비스, 대리운전기사 고용보험 적용

2 고용보험제도의 의의

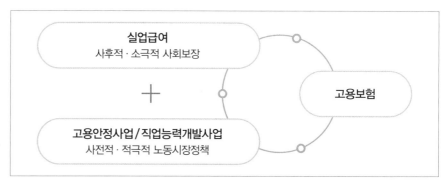

① 우리나라의 고용보험은 실직한 근로자에게 실업급여를 지급하는 소극적 노동시장정책과 함께 직업 소개 또는 직업훈련 지원을 통하여 재취업을 촉진하고 실업 예방, 취업 기회 확대, 근로자의 직업능력 향상 및 기타 근로자의 복지 증진을 목적으로 하는 적극적 노동시장정책이 결합된 형태이다.

② 고용보험은 실직 근로자에게 실업급여를 지급하는 전통적인 의미의 실업보험사업과 고용안정사업 및 직업능력개발사업을 상호 연계하여 통합적으로 실시하는 사회보장보험이다.

③ 실업보험이 실직자의 생계를 지원하는 사후적·소극적인 사회보장제도인 반면, 고용보험은 실직자의 생계 지원은 물론 재취업을 촉진하는 사전적·적극적 차원의 종합적인 인력정책 수단이다.

3 고용보험제도의 특징과 기능

(1) 특징

① 실업급여는 노동자와 사업주가 절반씩 부담한다.

② 고용안정 및 직업능력개발사업의 보험료는 사업주가 전액 부담한다.

③ 구직급여의 소정급여일수는 연령 및 가입기간에 따라 120일에서 270일까지이다.

④ 구직급여 수급을 위해서는 이직일 이전 18개월간 피보험 단위기간이 통산 180일 이상일 것 등의 요건을 충족하여야 한다. 단, 임금체불 등이 있으면 수급자격이 제한되지 않는 이직 사유에 해당한다.

⑤ 구직급여는 퇴직 다음 날에서 12개월이 경과하면 소정급여일수가 남아 있더라도 더 이상 지급받을 수 없다.

⑥ 실업의 신고일부터 계산하기 시작하여 7일간은 대기기간으로 보아 구직급여를 지급하지 아니한다. **참고** 건설일용근로자 예외

⑦ 육아휴직 기간(1년 이내)에 대하여 통상임금의 100분의 80(상한: 월 150만 원, 하한: 월 70만 원)을 육아휴직 급여액으로 지급한다.

⑧ 실업급여인 구직급여(상병급여 포함)와 취업촉진수당(조기 재취업수당, 직업능력개발수당, 광역 구직 활동비, 이주비)은 모두 현금급여로 지급한다.

(2) 기능: 빈곤 방지 기능, 사회적 연대 증진 기능, 소득재분배 기능, 기업 경쟁력 강화 기능, 경기 조절 기능

4 적용 대상

① 1인 이상의 근로자를 고용하는 사업 및 사업장을 대상으로 적용한다.

② 적용 대상에 따라 당연적용사업과 임의가입사업으로 구분한다.

③ **고용보험 적용 제외 대상 근로자**

- 소정근로시간이 대통령령으로 정하는 시간 미만인 자
- 공무원. 다만, 별정직공무원, 임기제공무원의 경우는 본인의 의사에 따라 고용보험(실업급여에 한함)에 가입 가능
- 사립학교교직원 연금법의 적용을 받는 자
- 그 밖에 대통령령으로 정하는 자

  참고 65세 이후에 고용(65세 전부터 피보험 자격을 유지하던 사람이 65세 이후에 계속하여 고용된 경우 제외)되거나 자영업을 개시한 자(다만, 근로자 또는 자영업자에 대한 고용안정·직업능력개발사업에 관하여는 그러하지 아니함)에게는 실업급여와 육아휴직급여를 지급하지 않는다.

④ **자영업자인 피보험자의 실업급여**

㉠ 최소 1년간 가입하여 보험료를 납부해야 실업급여를 수급할 수 있으며, 불가피한 사유로 폐업한 경우 실업급여를 지급한다.

㉡ 자영업자는 구직급여, 직업능력개발수당, 광역구직활동비, 이주비는 적용되나, 연장급여와 조기재취업수당은 적용되지 않는다.

㉢ **실업급여 지급일수:** 자영업자 고용보험에 가입한 기간(피보험기간)에 따라 120~210일 동안 구직급여를 지급한다.

01
기출 19회

고용보험제도에 관한 설명으로 옳은 것은?

① 고용보험료는 고용보험위원회에서 부과·징수한다.

② 고용보험의 가입대상은 모든 국민과 국내에 거주하는 외국인이다.

③ 고용보험 구직급여는 30일 동안의 구직기간에는 지급되지 않는다.

④ 보험가입자는 사업주와 근로자 모두 포함한다.

⑤ 고용보험의 재원은 사용자가 단독으로 부담한다.

02
기출 22회

사회보장 급여 중 현물급여가 아닌 것은?

① 산업재해보상보험의 요양급여

② 고용보험의 상병급여

③ 노인장기요양보험의 재가급여

④ 국민기초생활보장의 의료급여

⑤ 국민건강보험의 건강검진

| 해설 |

01 ① 고용보험료는 국민건강보험공단에서 부과·징수한다. 2011년부터 사회보험 징수 통합에 따라 고용·산재보험의 보험료 징수업무(고지·수납 및 체납관리)는 국민건강보험공단에서 수행하고 있다.

② 고용보험의 가입대상은 사업장에 취업한 근로자와 외국인근로자의 고용 등에 관한 법률의 적용을 받는 외국인근로자이다.

③ 고용보험 구직급여는 실업의 신고일부터 7일간은 대기기간으로 보아 지급하지 아니한다.

⑤ 고용보험의 재원은 사업자와 근로자가 공동으로 부담하고, 고용안정사업 및 직업능력개발사업의 비용은 사업주가 전액 부담한다.

02 고용보험의 상병급여는 수급자격을 갖춘 사람이 실업신고를 한 이후에 질병·부상 또는 출산으로 취업이 불가능하여 실업의 인정을 받지 못한 날에 대하여 구직급여를 갈음하여 지급하는 현금급여이다.

정답 | 01 ④ 02 ②

STEP 1 기출분석

☑ **6개년 출제리포트**

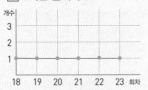

☑ **키워드 공략포인트**

국민건강보험제도의 특징, 자격 요건 및 보험료의 내용 등을 중심으로 학습하는 것이 좋습니다.

정답 잡는 오답노트

▼ **국민건강보험제도** 13회

• **틀린 선지는?**
적용대상은 국내·외에 거주하는 모든 국민이다. (×)

• **틀린 이유는?**
적용대상에서 국외에 거주하는 국민은 제외되며, 국내에 거주하는 의료급여대상자도 적용 대상이 아니다.

• **옳은 선지 정리하기**
보험자는 국민건강보험공단이다.

STEP 2 핵심이론 공략

1 주요 연혁

연도	내용
1963	의료보험법 제정 → 1964년 시행 Tip 임의적용방식으로 유명무실해졌습니다.
1977	500인 이상 사업장 의료보험 실시
1979	공무원·사립학교교직원 의료보험 실시
1989	도시 자영업자 의료보험 실시(전 국민 의료보험 실현)
1999	국민건강보험법 제정 참고 2000년 시행
2000	국민의료보험관리공단과 직장조합 통합(의료보험 행정 통합)
2011	국민건강보험공단 사회보험 통합징수(건강보험, 국민연금, 고용보험, 산재보험)
2012	포괄수가제 병·의원급 의료기관 당연적용(7개 질병군 입원환자)
2015	간호·간병통합서비스 보험급여 적용
2019	외국인 지역가입자 당연적용 실시

2 국민건강보험제도의 특징과 기능

(1) **특징**

① 일정한 법적 요건이 충족되면 본인 의사에 관계없이 적용된다.
② 피보험자에게 보험료 납부의 의무가 주어지며, 보험자에게는 보험료 징수의 강제성이 부여된다.
③ 소득수준 등 부담능력에 따라 보험료를 차등적으로 부과한다.
④ 보험료 부과수준에 관계없이 관계 법령에 근거하여 균등하게 보험급여가 이루어진다.
⑤ 1년 단위의 회계연도를 기준으로 수입과 지출을 예정하여 보험료를 계산하며, 지급조건과 지급액도 보험료 납입기간과는 상관이 없고 지급기간이 단기이다.
⑥ 사립학교 교원의 보험료는 가입자 본인, 사용자, 국가가 분담하며, 사립학교 직원의 보험료는 본인과 사용자가 각각 1/2씩 부담한다.
⑦ 직장가입자의 보험료율은 건강보험정책심의위원회에서 심의·의결한다.
⑧ 국민건강보험공단의 회계연도는 정부의 회계연도에 따른다.

(2) **기능**

① **의료보장**: 피보험자 모두에게 기본적 의료를 적정한 수준까지 보장한다.
② **사회연대**: 건강은 사회공동의 책임임을 강조하여 사회적 연대를 강화한다.
③ **소득 재분배**: 개인의 경제적 능력에 따라 비용을 부담하고 필요에 따라 균등하게 급여를 제공한다.

3 의료보장제도로서의 건강보험

사회보험 방식 (SHI)	국가가 기본적으로 의료보장의 책임을 지지만, 의료비에서 국민의 자기 책임을 일정 부분 인정 **예** 독일, 프랑스
국민건강보험 방식(NHI)	단일한 보험자가 국가 전체의 건강보험을 관리·운영 **예** 한국, 대만
국가보건 서비스 방식 (NHS)	정부가 일반조세로 재원을 마련하고 모든 국민에게 무상으로 의료를 제공하여 국가가 직접적으로 의료를 관장 **예** 영국, 스웨덴, 이탈리아

4 건강보험 진료비 지불제도(수가제도)

Tip 의사가 담당하는 환자 수에 비례하여 일정 금액을 지급하는 인두제 방식도 있습니다.

행위별 수가제	진료에 소요되는 약재 또는 재료비를 별도로 산정하고 의료인이 제공하는 진료 행위를 항목별로 가격을 책정하여 진료비를 지불하는 제도로서, 현재 우리나라의 운영방식
질병군별 포괄수가제	환자가 어떤 질병으로 의료서비스를 받는가에 따라 'DRG'라는 질병군(환자군)별로 미리 책정된 일정액의 진료비를 지급하는 제도로, 4개 진료과목(안과, 이비인후과, 일반외과, 산부인과) 내 7개 질병군으로 구성되어 있음.
총액 계약제 (일괄 계약제)	보험자 측과 의사 단체(보험의협회) 간에 국민에게 제공되는 의료서비스 진료비 총액을 추계하고 협의한 후, 사전에 결정된 진료비 총액을 지급하는 방식

5 건강보험료의 산정

(1) 직장가입자의 보수월액(2025년 기준)

직장가입자가 당해 연도에 받은 보수총액을 근무월수로 나눈 금액이다.

상한선	가입자의 보수월액은 127,056,982원(월별 보험료 상한액: 9,008,340원)
하한선	가입자의 보수월액은 279,266원(월별 보험료 하한액: 19,780원)

(2) 직장가입자의 소득월액 보험료

보수월액에 포함된 보수를 제외한 직장가입자의 소득으로 이자, 배당, 사업, 근로, 연금, 기타소득을 합산한 후 2,000만 원을 공제한 금액을 12로 나눈 금액이다(근로·연금소득은 50% 적용).

(3) 건강보험료의 경감대상

- 섬·벽지·농어촌 등 대통령령으로 정하는 지역에 거주하는 사람
- 65세 이상인 사람
- 장애인복지법에 따라 등록한 장애인
- 국가유공자 등 예우 및 지원에 관한 법률에 따른 국가유공자
- 휴직자
- 그 밖에 생활이 어렵거나 천재지변 등의 사유로 보험료를 경감할 필요가 있다고 보건복지부장관이 정하여 고시하는 사람

STEP 3   필수문제 점검

01
기출 22회 변형

우리나라 사회보험제도에 관한 설명으로 옳은 것은?

① 기여방식 공적연금은 국민연금, 특수직역연금, 기초연금으로 구분하여 운영된다.
② 고용보험의 고용안정 및 직업능력개발사업 보험료는 노사가 1/2씩 부담한다.
③ 노인장기요양보험의 시설급여 제공기관에는 노인요양공동생활가정과 노인전문요양병원이 포함된다.
④ 국민건강보험의 직장가입자 보험료는 노사가 1/2씩 부담하지만 사립학교 교원은 국가가 20% 부담한다.
⑤ 산업재해보상보험의 급여에는 상병수당과 상병보상연금이 있다.

02
기출 21회

우리나라 의료보장제도(국민건강보험, 의료급여)에서 시행하고 있는 것 중 의료비 절감 효과와 관련이 가장 적은 것은?

① 포괄수가제
② 의료급여 사례관리제도
③ 건강보험급여 심사평가제도
④ 행위별 수가제
⑤ 본인일부부담금

| 해설 |
01 국민건강보험의 직장가입자 보험료는 노사가 1/2씩 부담하지만, 사립학교 교원은 가입자 본인이 50%, 학교(법인)가 30%, 국가가 20%를 각각 부담한다. 다만, 사립학교 직원은 일반 직장가입자와 동일하게 본인이 50%, 학교(법인)가 50%를 부담하게 된다.
02 행위별 수가제는 의료서비스를 의료인의 행위별로 계산하여 진료비를 책정하는 방식으로, 의료인의 과잉진료 문제가 발생할 수 있다.
② 수급권자의 건강향상과 의료급여 재정을 효율적으로 관리하고자 도입된 제도이다.
⑤ 요양기관의 청구에 따라 요양급여를 받는 사람이 요양기관에 납부하는 것으로, 과도한 의료서비스 방지 차원에서 운영되는 제도이다.

정답 | 01 ④ 02 ④

노인장기요양보험제도

☑ 키워드 공략포인트

• 노인장기요양보험제도의 특징 및 급여의 종류 등을 알아두어야 합니다.
• 사회복지법제론에서 다루는 노인장기요양보험법과 연계하여 학습하는 것이 좋습니다.

정답 잡는 오답노트 🖊

▼ 장기요양급여   11회

• 틀린 선지는?
단기보호는 시설급여에 속한다.
(×)

• 틀린 이유는?
단기보호는 재가급여에 속한다.

STEP 2   핵심이론 공략

1 주요 연혁

연도	내용
2007	노인장기요양보험법 제정 참고 2008년 시행
2014	노인장기요양 등급체계를 개편하여 3등급 체계에서 5등급 체계로 변경
2016	치매전담형 장기요양기관 도입
2018	인지지원등급 신설로 모든 치매질환노인 보장 강화

2 노인장기요양보험제도의 특징

① 보건복지부장관이 관장하고, 보험자는 국민건강보험공단으로 한다.
② 장기요양보험료는 국민건강보험법에 따른 보험료(건강보험료)와 통합하여 징수한다. 공단은 장기요양보험료와 건강보험료를 구분하여 고지해야 한다.
③ 노인장기요양보험 급여 신청자격에 별도의 소득기준은 없다.
④ 비영리법인만 노인장기요양서비스를 제공할 수 있는 것은 아니다.
⑤ 장기요양을 최초로 인정받은 유효기간은 최소 1년 이상(법률)이며, 재판정 시 직전 등급과 같은 등급으로 판정된 경우에는 최소 2~4년 이상(명령)으로 정한다.
⑥ 수급자는 재가급여, 시설급여 및 특별현금급여를 중복하여 받을 수 없다.
⑦ **장기요양등급판정위원회:** 특별자치시·특별자치도·시·군·구 단위로 설치한다. 다만, 인구수 등을 고려하여 하나의 특별자치시·특별자치도·시·군·구에 2개 이상의 등급 판정위원회를 설치하거나 2개 이상의 특별자치시·특별자치도·시·군·구를 통합하여 하나의 등급판정위원회를 설치할 수 있다.

🔍 **장기요양인정 유효기간**

장기요양인정의 갱신 결과 직전 등급과 같은 등급으로 판정된 경우에는 그 갱신된 장기요양인정의 유효기간은 다음과 같음.
• 장기요양 1등급: 4년   • 장기요양 2~4등급: 3년   • 장기요양 5등급 및 인지지원등급: 2년

3 장기요양급여

(1) 장기요양급여 제공의 기본원칙

① 노인 등의 심신 상태·생활환경과 노인 등 및 그 가족의 욕구·선택을 종합적으로 고려하여 필요한 범위 안에서 적정하게 제공하여야 한다.
② 노인 등의 가족과 함께 생활하면서 가정에서 장기요양을 받는 재가급여를 우선적으로 제공하여야 한다.

③ 노인 등의 심신 상태나 건강 등이 악화되지 아니하도록 의료서비스와 연계하여 제공하여야 한다.

(2) 종류

재가급여	방문요양, 방문목욕, 방문간호, 주·야간보호, 단기보호, 기타 재가급여
시설급여	장기요양기관에 장기간 입소한 수급자에게 신체활동 지원 및 심신기능의 유지·향상을 위한 교육·훈련 등을 제공하는 장기요양급여
특별현금급여	가족요양비, 특례요양비, 요양병원간병비

🔍 **노인복지법에 따라 급여를 제공할 수 있는 장기요양기관**

재가급여	재가노인복지시설로서 지정받은 장기요양기관
시설급여	• 노인요양시설로서 지정받은 장기요양기관 • 노인요양공동생활가정으로서 지정받은 장기요양기관 ※ 노인요양공동생활가정은 5인 이상 9인 이하로 운영(입소정원 1명당 연면적 20.5㎡ 이상의 공간 확보)

4 장기요양급여의 재원

(1) 장기요양보험료(2025년 기준)
① 건강보험료×장기요양보험료율(12.95%, 소득 대비 0.92%)
② 노인장기요양보험 가입자는 국민건강보험 가입자와 동일하며 건강보험료와 통합 징수한다.
③ 장기요양보험료율은 보건복지부장관 소속 장기요양위원회의 심의를 거쳐 대통령령으로 명시한다.

(2) 본인부담금
① 재가급여 및 시설급여의 비용은 수급자가 부담한다. 재가급여는 15%, 시설급여는 20%(식재료비, 이·미용비 등 비급여는 본인부담)를 부담한다.
② 다만, 의료급여 수급권자 등 저소득층은 60% 범위 내로 차등하여 감경할 수 있다.

구분	시설급여	재가급여
60% 감경 대상	8%	6%
40% 감경 대상	12%	9%

③ 기초생활 수급권자는 무료 장기요양 등급판정 기준에 따른다.

STEP 3 필수문제 점검

01
기출 18회

노인장기요양보험제도에 관한 설명으로 옳은 것은?

① 장기요양보험사업의 보험자는 보건복지부장관이다.
② 등급판정에 따른 장기요양인정의 유효기간은 최소 6개월 이상으로서 대통령령으로 정한다.
③ 통합 징수한 장기요양보험료와 건강보험료를 각각의 독립회계로 관리하여야 한다.
④ 재가급여비용은 수급자가 해당 장기요양급여비용의 100분의 20을 부담한다.
⑤ 수급자는 시설급여와 특별현금급여를 중복하여 받을 수 있다.

02
기출 20회

우리나라의 노인장기요양보험에 관한 설명으로 옳지 않은 것은?

① 가족의 부담을 덜어줌으로써 국민의 삶의 질을 향상하는 것을 목적으로 한다.
② 노인장기요양보험 기금과 국민건강보험 기금은 통합하여 관리한다.
③ 노인장기요양보험료는 국민건강보험료와 통합하여 징수한다.
④ 65세 이상의 노인은 소득수준과 상관없이 적용대상이다.
⑤ 재가급여를 시설급여에 우선하여 제공하여야 한다.

| 해설 |
01 ① 장기요양보험사업의 보험자는 국민건강보험공단으로 한다.
　② 등급판정에 따른 장기요양인정의 유효기간은 최소 1년 이상으로서 대통령령으로 정한다.
　④ 재가급여비용은 수급자가 100분의 15, 시설급여비용은 수급자가 100분의 20을 부담한다.
　⑤ 수급자는 시설급여와 특별현금급여를 중복하여 받을 수 없다.
02 노인장기요양보험 기금과 국민건강보험 기금은 통합하여 징수하되, 각각의 독립회계로 관리하여야 한다(노인장기요양보험법 제8조).

정답 | 01 ③ 02 ②

☑ **6개년 출제리포트**

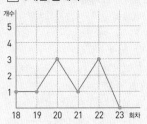

☑ **키워드 공략포인트**

- 공공부조제도는 보통 매년 1문 제 이상 꼭 출제되는 중요한 내용입니다.
- 공공부조의 원리와 특징, 급여의 종류, 자활지원의 기능에 대한 문제가 출제될 수 있으니, 충분히 이해하고 암기해야 합니다.

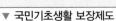
정답 잡는 오답노트

▼ **국민기초생활 보장제도**
20회

- **틀린 선지는?**
수급권자란 국민기초생활 보장법에 따른 급여를 받는 사람을 말한다. (×)

- **틀린 이유는?**
수급권자란 국민기초생활 보장법에 따른 급여를 받을 수 있는 자격을 가진 사람을 말한다.

1 국민기초생활 보장제도

(1) 국민기초생활 보장급여의 종류

생계급여	• 기준 중위소득 32% 이하 　참고　 부양의무자 기준 폐지 • 의복·음식물 및 연료비 등 일상생활에 기본적으로 필요한 금품 지급 • 생계급여액: 생계급여 최저보장수준에서 소득인정액을 차감한 금액
의료급여	• 기준 중위소득 40% 이하 　• 근로능력 유무에 따라 1종, 2종 구분 　참고　 • 2024년부터 부양의무자 기준 단계적 완화: 2024년 1월부터 부양의무자 가구원 중 중증장애인이 있는 경우에는 부양의무자 기준 미적용 • 국내 입양된 18세 미만 아동, 이재민, 노숙인, 북한이탈주민, 국가유공자, 5·18 민주화 유공자, 무형문화재보유자: 근로능력과 상관없이 1종 수급권자
주거급여	• 기준 중위소득 48% 이하 　참고　 부양의무자 기준 폐지 • 국토교통부장관이 정하는 기준에 따라 거주지, 거주 유형, 가구 규모 등을 고려하여 주거 안정에 필요한 임차료, 유지 수선비 지급
교육급여	• 기준 중위소득 50% 이하 　참고　 부양의무자 기준 폐지 • 교육부장관이 정하는 기준에 따라 초·중·고등학생을 대상으로 교육활동지원비 등을 바우처로 지급
해산급여	수급자가 출산할(출산예정 포함) 시 출생 영아 1인당 70만 원(쌍둥이는 140만 원)을 현금으로 지급 　참고　 교육급여만 받는 수급자는 제외
장제급여	생계급여, 의료급여, 주거급여 중 하나의 급여를 받는 수급자가 사망했을 때 사망자 1인당 80만 원 지급 　참고　 교육급여만 받는 수급자는 제외
자활급여	수급자의 자활을 위하여 필요한 급여·근로능력 향상을 위한 지원·근로기회 등 제공

(2) 수급자 선정기준

① 가구 소득인정액(소득평가액＋재산의 소득환산액)이 급여별 수급자 선정기준(기준 중위소득의 일정 비율) 이하인 자

② 부양의무자(1촌의 직계혈족 및 그 배우자)가 없는 자, 부양의무자가 있어도 부양능력이 없거나 부양을 받을 수 없는 자

(3) 자활지원

① 한국자활복지개발원

㉠ 국민기초생활 보장법에 따라 법인으로 설립·운영한다.

㉡ 업무: 자활지원을 위한 사업의 개발 및 평가, 자활지원을 위한 조사·연구 및 홍보, 광역자활센터, 지역자활센터에 따른 자활기업의 기술·경영 지도 및 평가, 자활 관련 기관 간의 협력체계 및 정보네트워크 구축·운영 등

② 광역자활센터
  ㉠ 사회복지법인, 사회적 협동조합 등 비영리법인과 단체에 특별시·광역시·특별자치시·도·특별자치도 단위로 지정한다.
  ㉡ 업무: 시·도 단위의 자활기업 창업 지원, 시·도 단위의 수급자 및 차상위자에 대한 취업·창업 지원 및 알선, 지역자활센터 종사자 및 참여자에 대한 교육훈련 및 지원 등
③ 자활기업
  ㉠ 수급자 및 차상위자는 상호 협력하여 자활기업을 설립·운영할 수 있다. **참고** 차상위계층: 소득인정액이 기준 중위소득의 50% 이하인 사람
  ㉡ 자활기업은 조합 또는 부가가치세법상의 사업자로 한다.
  ㉢ 보장기관은 자활기업에 직접 또는 자활복지개발원, 광역자활센터에 따른 지역자활센터를 통하여 지원할 수 있다.

2 긴급복지지원제도

(1) 기본원칙

선지원 후처리 원칙	위기상황에 처한 자 등의 지원요청 또는 신고 → 긴급지원담당공무원 등의 현장확인(1일 이내) → 긴급한 지원의 필요성을 포괄적으로 판단하여 우선 지원(추가 2일 이내, 총 72시간 이내) 신속 실시 → 소득, 재산 등을 조사하여 지원의 적정성 심사
단기 지원 원칙	• 시·군·구청장은 위기상황에 처한 사람에게 일시적(최대 1년 이내)으로 신속 지원 • 지원 종료 시 재지원 제한 기간 내 동일 종류로 재지원 불가
다른 법률 지원 우선의 원칙	다른 법률(재해구호법 및 피해자보호 등에 관한 법률, 피해자 보호 등에 관한 법률 등)에 의하여 긴급지원의 내용과 동일한 내용의 구호·보호·지원을 받고 있는 경우에는 긴급지원에서 제외
가구단위 지원의 원칙	• 가구단위로 산정하여 지원하는 것이 원칙 • 의료·교육지원 등의 경우, 필요한 가구구성원에 한하여 지원(개인단위 지원)

(2) 긴급지원 종류 **Tip** 사회복지법제론 긴급복지지원법(318쪽)에서 상세 내용 소개

금전·현물 지원	위기상황 주지원	생계·복지시설 이용(6회), 의료(2회), 주거(12회)
	부가지원	교육(4회), 그 밖의 지원(위기사유 발생으로 생계유지가 곤란한 자에게 지원)
민간기관·단체 연계지원 등		민간 긴급지원프로그램과 연계 상담 등 기타 지원

3 기초연금제도

① 만 65세 이상이면서 대한민국 국적을 가지고 있는 소득 하위 70% 이하 노인에게 지급하는 무기여 방식의 노후소득 보장제도이다.
② 기초연금액은 가구유형과 소득에 따라 차등 지급된다.
③ 기초연금액은 기준연금액과 국민연금 급여액 등을 고려하여 산정한다.
④ 만 65세 이상의 부부가 모두 기초연금 수급자인 경우, 부부합산 기초연금액의 20%를 감액한다.

STEP 3 필수문제 점검

01 기출 21회

최근 10년간 국민기초생활보장제도의 변화에 관한 설명으로 옳은 것을 모두 고른 것은?

> ㉠ 수급자격 중 부양의무자 기준은 완화되었다.
> ㉡ 기준중위소득은 2015년 이후 지속적으로 인상되었다.
> ㉢ 교육급여가 신설되었다.
> ㉣ 근로능력평가 방식이 변화되었다.

① ㉠, ㉡   ② ㉠, ㉢   ③ ㉠, ㉣
④ ㉡, ㉣   ⑤ ㉠, ㉡, ㉣

02 기출 22회 변형

다음에서 ㉠, ㉡을 순서대로 옳게 나열한 것은?

> 2025년 국민기초생활보장제도 수급자 선정 소득기준은 다음과 같다. 생계급여는 기준 중위소득의 (㉠)% 이하, 주거급여는 기준 중위소득의 48% 이하, 의료급여는 기준 중위소득의 (㉡)% 이하, 교육급여는 기준 중위소득의 50% 이하이다.

① 30, 30   ② 30, 40   ③ 32, 30
④ 32, 40   ⑤ 35, 40

03 기출 22회

다음에서 ㉠, ㉡을 합한 값은?

> 긴급복지지원제도의 생계급여 지원은 최대 (㉠)회, 의료급여 지원은 최대 (㉡)회, 주거급여는 최대 12회, 복지시설 이용은 최대 6회 지원된다.

① 4   ② 6   ③ 8   ④ 10   ⑤ 12

| 해설 |

01 ㉢ 1961년 생활보호법상의 보호 가운데 교육보호가 있었으며, 1999년 국민기초생활보장법으로 전면 개정되면서 교육급여로 명칭이 변경되었고, 2015년 교육부 소관으로 개정되었다.
02 생계급여는 기준 중위소득의 32% 이하, 의료급여는 기준 중위소득의 40% 이하이다.
03 긴급복지지원제도의 생계급여 지원은 최대 6회(개월), 의료급여 지원은 최대 2회 지원된다.

정답 | 01 ⑤ 02 ④ 03 ③

우리나라 사회복지서비스 정책

STEP 1 기출분석

☑ 6개년 출제리포트

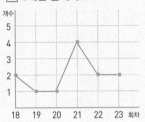

☑ 키워드 공략포인트

- 해당 영역은 신개념 문제가 출제되고 있는 영역으로 23회에는 최저임금제도, 사회서비스가 출제되었고 과거에는 사회복지운동, 근로장려세제, 비정규직, 퇴직연금, 사회적 경제가 출제되었습니다.
- 사회복지서비스 정책의 동향에 관심을 기울여야 합니다.

정답 잡는 오답노트

▼ **근로장려세제** 18회

- **틀린 선지는?**
근로장려금 신청 접수는 보건복지부에서 담당한다. (×)

- **틀린 이유는?**
근로장려금 신청 접수는 국세청 관할 세무서에서 담당한다.

STEP 2 핵심이론 공략

1 근로장려세제

① 소득이 적어 생활이 어려운 근로자 가구에 대하여 근로소득에 따라 산정된 근로장려금을 지급하는 근로연계형 소득지원제도로, 2008년부터 시행되었다.
② 국세청이 주무 부처로서, 관할 세무서에서 신청 접수한다.
③ 관련 법령은 조세특례제한법이며, 미국의 근로장려세제(EITC)를 모델로 하였다.
④ 자녀 수별로 급여액, 급여의 증가율, 급여의 감소율 등을 차등화하였다.
⑤ 가구별 총급여액에 따라 모형이 점증구간·평탄구간·점감구간으로 이루어진다.
⑥ 근로장려세제는 일정액 이하의 저소득 근로자 또는 사업자(전문직 제외) 가구에 대하여 가구원 구성과 총급여액 등에 따라 산정된 근로장려금을 지급함으로써 근로를 장려하고 실질소득을 지원한다.

2 보육수당 등

① **아동수당**: 8세 미만의 아동에게 매월 10만 원을 지급한다(아동수당법).
② **부모급여**: 1세 미만(0~11개월) 매월 100만 원, 1~2세 미만(12~23개월) 매월 50만 원을 지급한다(아동수당법).
③ **양육수당**: 국가와 지방자치단체는 어린이집이나 유치원을 이용하지 아니하는 영유아에게 양육수당을 지원하기로 결정한 경우에는 결정한 날이 속하는 달부터 영유아가 6세가 된 날이 속하는 해의 다음 해 2월까지 매월 정기적으로 양육수당(월 20~10만 원)을 지원한다(영유아보육법 시행령).

구분	부모급여	양육수당	아동수당
0~11개월	월 100만 원 (0~1세 미만)	월 20만 원	월 10만 원 (8세 미만)
12~23개월	월 50만 원 (1~2세 미만)	월 15만 원	
24~86개월		월 10만 원	
~95개월			

3 사회서비스 - 전자 바우처

(1) 특징

① 상품을 이용할 수 있는 구매력을 제공한다.

② 주로 바우처 방식으로 수요자를 지원한다.

③ 국가·지방자치단체 및 민간부문이 주체가 되어 공급한다.

④ 국가, 지방자치단체, 민간 부문의 도움이 필요한 모든 국민이 대상이 된다.

⑤ 공공재원(국비 등)의 비중이 가장 높으며, 민간재원(사용자부담금 등)도 함께 병행하여 지원한다.

⑥ 상담, 재활, 돌봄, 정보제공, 시설이용, 역량개발, 사회참여 지원 등 다양한 서비스를 제공한다.

⑦ 정책 목적이나 취지에 따라 선택권을 조정하거나 통제가 가능하다.

　㉠ 구매하는 상품의 종류, 양, 범위 등을 제한할 수 있다.

　㉡ 이용의 합리성 제고를 위한 자부담(본인부담금)이 도입되었다.

⑧ 수요자와 공급자에게 별도의 자격기준 설정이 가능하다.

수요자 측면	소득, 장애인, 외국인, 연령에 대한 기준 설정
공급자 측면	자격이나 면허, 품질 인증에 대한 기준 설정

(2) 이해당사자별 역할

대상자	시·군·구에서 사회서비스 수혜자로 인정을 받은 대상자
보건복지부	대상자 선정기준, 서비스 유형 및 바우처 지급방법, 사회서비스 조직과 운영에 관한 내용, 기준·방법·절차의 기반 마련
시·군·구	대상자 신청 접수·선정·통지, 제공기관 신청 접수·선정·통지
한국사회보장 정보원	서비스 결제 승인, 자금 관리(비용 지급 및 정산), 결제 매체(카드 및 단말기) 등의 사업 관리
제공기관	보건복지부에서 사회서비스 제공기관으로 인정받아 대상자에게 사회서비스 제공

(3) 주요 사업과 서비스

① 지역자율형 사회서비스 투자사업: 지역사회서비스 투자사업, 산모·신생아 건강관리 지원사업, 가사·간병 방문 지원사업

② 주요 서비스: 장애인 활동지원사업, 장애아동 가족지원사업, 발달장애인 지원사업, 임신·출산 진료비 지원제도, 청소년 산모 임신·출산 의료비 지원사업, 기저귀·조제분유 지원사업, 에너지 바우처 사업, 아이돌봄 지원사업, 여성청소년 생리대 바우처 지원사업, 첫만남 이용권 지원사업

4 사회적 경제

사회적 기업 (2007)	• 부처: 고용노동부 인증 • 주 참여자: 취약계층 • 영리기업과 비영리기업의 중간 형태
마을기업 (2010)	• 부처: 행정안전부 지정 • 주 참여자: 지역주민 • 지역의 인력, 향토, 문화, 자연자원 등 각종 자원을 활용하여 생활환경을 개선하고 지역공동체를 활성화하며, 소득 및 일자리를 창출하기 위하여 운영하는 마을 단위의 기업
자활기업 (2012)	• 부처: 보건복지부(보장기관) 인증 • 주 참여자: 저소득층(기초수급, 차상위자) • 2인 이상 저소득층이 상호 협력한 조합 또는 공동사업 형태
협동조합 (2012)	• 부처: 기획재정부 인증 • 주 참여자: 이해당사자 • 협동조합을 설립하려는 경우 5인 이상의 조합원 자격을 가진 자가 발기인이 되어 정관을 작성하고, 창립총회의 의결을 거친 후 시·도지사에게 신고해야 함.

5 사회복지운동

① 민간이 사회복지정책에 대해 특정한 견해를 가지고 이를 관철시키기 위한 실천운동이다.
② 사회복지종사자들이 사회복지운동의 주체가 되어 전문성을 실현하는 중요한 통로가 되었다.
③ 1987년 민주주의 실현과 함께 사회복지운동을 통해 운동단체의 의견에 귀를 기울이기 시작하였다.
④ 노동운동·시민운동·여성운동 단체 등 다양한 주체들이 관심과 역량을 투입하는 사회운동의 한 분야이다.

6 최저임금제

① 우리나라에서는 1986년에 최저임금법이 제정되었고, 이 법에 근거하여 1988년에 최저임금제가 시행되었다.
② 정신장애로 근로능력이 현저히 낮은 사람에게는 적용되지 않는 '최저임금 적용제외의 인가'가 있다.
  ㉠ 최저임금 적용 제외의 인가를 받으려는 사용자는 관할 지방고용노동관서의 장에게 신청서를 제출하여야 한다.
  ㉡ 인가기간은 1년을 초과할 수 없다.
③ 근로자에게 최저한의 생계를 유지할 수 있는 수준의 임금을 보장하기 위한 제도이다.
④ 저임금 근로자의 증가를 억제하는 장치로 작용할 수 있다.
⑤ 사회보장 급여수준에 영향을 미칠 수 있다.

7 우리나라의 사회문제와 관련 정책

(1) 저출산문제

① 합계 출산율이 2.1명 이하로 지속되는 현상을 저출산이라고 하며, 합계 출산율이 1.3명 이하인 현상은 초저출산이라고 한다. 우리나라는 저출산 사회를 넘어 2001년부터 초저출산 사회에 들어섰다.

② 관련 정책: 보육 시설 확충, 출산비 지원, 육아휴직 확대 및 자녀 교육비 지원, 부모급여, 아동수당 등

(2) 고령화문제

① 노인의 비율이 높아지면서 2000년에는 전체 인구 중 65세 노인 인구가 차지하는 비율이 7%를 초과하여 '고령화 사회'에 들어섰다. 2017년에는 14%를 초과하여 '고령 사회'에 진입하였고, 이후 2026년에는 '초고령 사회'에 진입할 것으로 예상된다.

② 관련 정책

㉠ 노인들의 경제적 기반을 마련하기 위해 평생 교육, 재취업 기회 확대, 정년 연장 등을 실시하고 있다.

㉡ 건강하고 안정적인 노후 생활 보장을 위해 노인복지정책이나 노인편의시설과 실버산업 확대 등 고령화 사회에서 삶의 질을 향상시킬 수 있는 사회 환경을 마련하고자 노력하고 있다.

STEP 3 필수문제 점검

01 기출 22회

우리나라 근로장려세제(EITC)에 관한 설명으로 옳지 않은 것은?

① 소득재분배 효과를 기대할 수 있다.
② 근로능력이 있는 저소득층의 근로유인을 제고한다.
③ 소득과 재산보유상태 등을 반영하여 지급한다.
④ 근로장려금 모형은 점증구간, 평탄구간, 점감구간으로 되어 있다.
⑤ 사업자는 근로장려금을 받을 수 없다.

02 기출 21회

사회복지운동에 관한 설명으로 옳은 것을 모두 고른 것은?

㉠ 민간이 사회복지에 대한 특정 견해를 가지고 이를 관철시키려는 실천이다.
㉡ 노동운동·시민운동·여성운동 단체 등 다양한 주체들이 관심과 역량을 투여하는 사회운동의 한 분야이다.
㉢ 사회복지종사자들이 갖고 있는 전문성을 실현하는 중요한 통로의 하나이다.
㉣ 우리나라의 사회복지역사에서 정부는 사회복지운동단체의 의견을 모두 수용하였다.

① ㉠, ㉢   ② ㉡, ㉣
③ ㉠, ㉡, ㉢   ④ ㉡, ㉢, ㉣
⑤ ㉠, ㉡, ㉢, ㉣

| 해설 |
01 사업자도 근로장려금을 받을 수 있지만, 전문직 사업자(그 배우자 포함)는 받을 수 없다.
02 ㉣ 과거 중앙집권화 시기에는 사회복지운동단체의 의견을 수용하지 않은 채 일방적으로 사회복지정책을 결정하였다. 최근 들어 조금씩 사회복지운동단체의 의견을 수용하는 실정이지만, 모두 수용하는 것은 아니다.

정답 | 01 ⑤ 02 ③

제6영역 **사회복지정책론**

더 풀어볼 TEST

01 사회복지정책의 발달이론 중 의회민주주의의 정착과 노동자계급의 조직화된 힘을 강조하는 이론은? 기출 21회

① 산업화론
② 권력자원이론
③ 확산이론
④ 사회양심이론
⑤ 국가중심이론

02 에스핑–안데르센의 복지국가 유형에 관한 설명으로 옳은 것은? 기출 22회

① 복지국가 유형을 탈상품화, 계층화 등을 기준으로 분류하였다.
② 보수주의 복지국가는 탈가족주의와 통합적 사회보험을 강조한다.
③ 자유주의 복지국가는 공공부조의 비중과 탈상품화 수준이 낮은 편이다.
④ 사회민주주의 복지국가는 국가의 책임을 최소화하고 시장을 통해 문제해결을 한다.
⑤ 보수주의 복지국가의 예로는 프랑스, 영국, 미국을 들 수 있다.

03 조세와 사회보험료에 관한 설명으로 옳은 것은? 기출 22회

① 조세는 사회보험료에 비해 소득역진적이다.
② 조세와 사회보험료는 공통적으로 빈곤완화, 위험분산, 소득유지, 불평등완화의 기능을 수행한다.
③ 조세와 사회보험료는 공통적으로 상한선이 있어서 고소득층에 유리하다.
④ 사회보험료를 조세로 보기는 하지만 임금으로 보지는 않는다.
⑤ 개인소득세는 누진성이 강하고 일반소비세는 역진성이 강하다.

04 정책결정이론모형에 관한 설명으로 옳은 것을 모두 고른 것은? 기출 20회

> ㉠ 합리모형은 인간의 이성과 합리성을 믿고 주어진 상황에서 목표달성을 극대화하는 최선의 정책대안을 찾아낼 수 있다고 본다.
> ㉡ 점증모형은 조직화된 무정부상태 속에서 점진적으로 질서를 찾아가는 과정을 정책결정 과정으로 설명한다.
> ㉢ 쓰레기통모형은 문제의 흐름, 정책대안의 흐름, 정치의 흐름이 우연히 결합하여 정책의 창이 열릴 때 정책이 결정된다고 본다.
> ㉣ 혼합모형은 합리모형과 최적모형을 혼합하여 최선의 정책결정에 도달하는 정책결정모형이다.

① ㉠, ㉢
② ㉠, ㉣
③ ㉡, ㉣
④ ㉠, ㉡, ㉢
⑤ ㉠, ㉡, ㉢, ㉣

01 키워드 02
사회복지정책 발달이론에서 의회민주주의 정착과 노동자계급의 정치세력화로 인하여 사회복지가 발전하게 되었다고 보는 것은 권력자원이론(사회민주주의이론)이다.

02 키워드 03
에스핑–안데르센은 탈상품화, 계층화 그리고 탈가족화를 기준으로 자유주의, 보수주의, 사회민주주의 복지국가로 유형화하였다.

03 키워드 06
사회복지정책의 분석틀에서 재원체계는 공공재원과 민간재원으로 구분되며, 공공재원에서 조세는 별도의 상한선을 설정하고 있지 않기 때문에 사회보험료에 비해 누진성이 강하다.

04 키워드 07
㉢ 쓰레기통모형에 관한 설명이다.
㉣ 혼합모형은 합리모형과 점증모형을 혼합한 모형이다.

정답

01 ② 02 ① 03 ⑤ 04 ①

05 공공부조, 사회보험, 사회수당의 특성에 관한 설명으로 옳지 <u>않은</u> 것은? 기출 18회

① 공공부조는 다른 두 제도에 비해 권리성이 약하다.

② 사회수당은 수평적 재분배 효과가 있다.

③ 사회보험의 급여조건은 보험료 기여조건과 함께 사회적 위험에 직면해야 하는 조건이 부가된다.

④ 사회수당은 기여 여부와 무관하게 지급된다.

⑤ 운영효율성은 세 제도 중 공공부조가 가장 높다.

05 키워드 08

운영효율성은 사회보험이 가장 높다.

06 산업재해보상보험제도에 관한 설명으로 옳지 <u>않은</u> 것은? 기출 18회

① 근로복지공단은 보험급여를 결정하고 지급한다.

② 업무상의 재해란 업무상의 사유에 따른 근로자의 부상·질병·장해 또는 사망을 말한다.

③ 직장 내 괴롭힘, 고객의 폭언 등으로 인한 업무상 정신적 스트레스가 원인이 되어 발생한 질병은 업무상 재해로 인정되지 않는다.

④ 업무상 질병의 인정 여부를 심의하기 위하여 근로복지공단 소속 기관에 업무상질병판정위원회를 둔다.

⑤ 국민건강보험공단이 보험료를 징수한다.

06 키워드 10

직장 내 괴롭힘, 고객의 폭언 등으로 인한 업무상 정신적 스트레스가 원인이 되어 발생한 질병도 업무상 재해로 인정된다.

[최신]
07 노인장기요양보험제도에 관한 설명으로 옳지 <u>않은</u> 것은? 기출 23회

① 가족요양비는 신체·정신 등의 사유로 인하여 가족에게 요양을 받아야 하는 자에게 지급할 수 있다.

② 재가급여로 분류되는 단기보호의 급여기간은 월 9일 이내를 원칙으로 하되, 특별한 사유가 있는 경우 연장 가능하다.

③ 장기요양등급판정을 받은 65세 이상 노인은 소득수준과 상관없이 장기요양보험 급여를 받을 수 있다.

④ 일반 노인장기요양보험 가입자는 재가급여를 이용할 경우 15% 본인부담금을 부담하여야 한다.

⑤ 노인요양공동생활가정은 5인 이상 15인 이하로 운영된다.

07 키워드 14

노인복지법상의 노인의료복지시설인 노인요양공동생활가정은 5인 이상 9인 이하로 운영된다(입소정원 1명당 연면적 20.5㎡ 이상의 공간을 확보).

[최신]
08 최저임금제에 관한 설명으로 옳지 <u>않은</u> 것은? 기출 23회

① 우리나라에서는 최저임금제가 2000년부터 실시되었다.

② 최저임금제는 정신장애로 근로능력이 현저히 낮은 사람에게는 적용되지 않는다.

③ 최저임금제는 근로자에게 최저한의 생계를 유지할 수 있는 수준의 임금을 보장하기 위한 제도이다.

④ 최저임금제는 저임금 근로자의 증가를 억제하는 장치로 작용할 수 있다.

⑤ 최저임금제는 사회보장 급여수준에 영향을 미칠 수 있다.

08 키워드 16

우리나라는 1986년에 최저임금법이 제정되어 1988년에 최저임금제가 시행되었다.

정답

05 ⑤ 06 ③ 07 ⑤ 08 ①

사회복지행정의 이해

☑ **6개년 출제리포트**

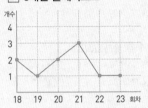

☑ **키워드 공략포인트**

사회복지행정의 원칙과 특성 및 이해를 묻는 문제가 매년 1~2문제가 출제되고 있고, 최근 들어 사회복지조직의 특징을 묻는 문제가 출제되고 있습니다.

정답 잡는 오답노트

▼ 사회복지행정의 특성 16회

• **틀린 선지는?**
사회복지행정가는 대안선택 시 가치중립적이어야 한다. (×)

• **틀린 이유는?**
사회복지행정가는 가치지향적이어야 한다.

▼ 휴먼서비스 사회복지행정의 특성을 결정하는 요소
13회

• **틀린 선지는?**
성과평가의 용이성 (×)

• **틀린 이유는?**
휴먼서비스 사회복지행정은 효과성, 효율성을 측정하는 척도가 거의 부재하여 성과평가가 용이하지 않다.

---

1 사회복지행정의 개념

(1) 협의의 개념

① 요보호 대상자를 주요 고객으로 하는 사회복지시설의 행정이다.

② 개별사회사업, 집단사회사업, 지역사회 조직사업이 있다.

③ 사회복지조직의 서비스 대상인 클라이언트의 문제해결에 초점을 두면서 전문적인 해결방법을 모색하거나 개입하고, 사회복지조직 자체의 과제수행에 역점을 둔다.

(2) 광의의 개념

① 공공·민간의 모든 사회복지행정을 포함하여 사회복지조직의 활동과정에 기여하는 모든 조직 구성원의 협동적이고 조직적인 활동이다.

② 사회복지정책을 사회복지서비스로 전환하는 데 필요한 사회복지조직의 총체적인 활동이다.

③ 공공 복지기관 행정으로, 국가 및 지방자치단체가 주체가 되어 전 국민을 대상으로 한다.

④ 사회문제 해결과정에서 가치지향적이며, 사회복지행정조직의 효과성과 효율성 모두가 중요하다.

⑤ 정부 재정 외에 민간자원(인적, 물적자원 및 기부금, 후원금, 수익자부담 등)도 활용한다.

2 사회복지행정의 특성 - 하센펠트

① 직접 사람을 다루므로 도덕적 정당성이 요구되며, 윤리적 딜레마라는 도덕적 모호성이 존재한다.

② 기관 직원과 클라이언트의 상호작용 및 일선 성원들의 활동이 중요하다.

③ 주로 전문가와 사회적 환경에 의존하며, 사용하는 기술이 다양하고 불확실하다.

④ 목표가 애매모호하며, 효과성·효율성 척도가 거의 없어 결과평가에 논란이 많다.

⑤ 사회복지행정 조직은 변화와 혁신에 대한 저항이 다른 조직보다 크다.

⑥ 사회복지서비스의 전달과정은 조직적으로 이루어진다.

⑦ 공공의 이익을 위해서 사회적·물질적·비물질적 후원을 받는다.

⑧ 외부의 공공 민간조직과 활동하며, 주로 외부의 재정에 의존하므로 가치 상충이나 이해관계의 갈등이 일어날 수 있고, 환경과의 관계에 많은 어려움이 야기된다.

🔍 **사회복지행정의 특성을 결정하는 요소**

• 환경 의존성　　• 대립적 가치의 상존성　　• 조직 간 연계의 중요성　　• 인본주의적 가치 지향성

3 사회복지행정의 실천원칙

- 사회사업 가치의 원칙
- 기관 목적의 원칙
- 의도적 관계의 원칙
- 전문적 책임의 원칙
- 커뮤니케이션의 원칙
- 계획의 원칙
- 권한 위임의 원칙
- 자원 활용의 원칙
- 평가의 원칙
- 지역사회와 클라이언트 욕구의 원칙
- 문화적 장의 원칙
- 기관 전체성의 원칙
- 참여의 원칙
- 지도력의 원칙
- 조직의 원칙
- 조정의 원칙
- 변화의 원칙
- 성장의 원칙

4 사회복지행정의 과정 - 귤릭과 어윅

기획(Planning)	조직의 목표달성을 위한 과업과 수행방법 결정
조직(Organizing)	공식적 구조를 설정하고 구성원의 과업을 할당 및 조정
인사(Staffing)	채용, 승진, 해고, 교육과 훈련 등 근무조건의 유지
지시(Directing)	명령, 지시 등 직원에게 업무 부과
조정(Coordinating)	구성원 간의 효과적인 의사소통망 연결
보고(Reporting)	조직에서 일어나는 상황 등을 알리는 과정
예산(Budgeting)	재정 행동의 3요소(건전한 조직 계획, 재정 계획, 재정 운영의 통제)로 구분
평가(Evaluating)	조직의 전반적인 활동의 결과를 사정

Tip 각 과정의 앞글자를 따서 POSDCoRBE 방식이라고도 합니다.

5 사회복지행정가

① 사회복지행정가는 지식, 기술, 경험을 겸비한 3차원적인 능력과 책임을 가진 사람을 말한다.

② 사회복지행정가의 기본요소

- 수용과 관심
- 기획과 조직화
- 의사결정과 의사전달
- 창의성과 민주성
- 우선순위 설정
- 동기부여와 촉진
- 신뢰와 인정
- 권한의 위임과 실행
- 조직이론 이해

③ 사회복지행정가가 가져야 할 능력

- 기관의 목표, 정책, 서비스에 대한 지식
- 인간행동의 역동성에 관한 지식
- 지역사회 자원, 특히 기관과 관련되어 있는 자원에 대한 지식
- 기관에서 활용 가능한 대안 모색, 우선순위 결정 등 사회복지방법론에 대한 지식
- 권한위임과 권한실행에 필요한 관리의 원칙, 과정, 기술에 관한 지식
- 사회복지 관련 전문단체 및 협회에 관한 지식
- 조직이론에 대한 지식
- 평가과정과 기법에 관한 지식

STEP 3 필수문제 점검

01 기출 21회

사회복지행정의 기능에 관한 설명으로 옳은 것을 모두 고른 것은?

> ⊙ 기획(Planning): 조직의 목적과 목표달성 방법을 설정하는 활동
> ⓒ 조직화(Organizing): 조직의 활동을 이사회와 행정기관 등에 보고하는 활동
> ⓒ 평가(Evaluating): 설정된 목표에 따라 성과를 평가하는 활동
> ⓔ 인사(Staffing): 직원 채용, 해고, 교육, 훈련 등의 활동

① ⊙, ⓒ ② ⊙, ⓒ
③ ⊙, ⓒ, ⓔ ④ ⓒ, ⓒ, ⓔ
⑤ ⊙, ⓒ, ⓒ, ⓔ

02 기출 22회

사회복지조직의 특성에 관한 설명으로 옳지 않은 것은?

① 사회복지사의 전문성과 자율성을 인정한다.
② 클라이언트와 사회복지사의 관계에 따라 서비스의 효과성이 좌우된다.
③ 서비스의 효과성을 객관적으로 입증하기가 용이하다.
④ 다양한 상황에서 윤리적 딜레마와 가치 선택에 직면한다.
⑤ 조직의 목표가 명확하거나 구체적이기 어렵다.

| 해설 |

01 ⓒ 조직화(Organizing)는 공식적인 구조를 설정하고 과업을 할당하고 조정하는 활동이다. 조직의 활동을 이사회와 행정기관 등에 보고하는 활동은 보고(Reporting)이다.
02 사회복지조직의 서비스는 객관적으로 측정할 수 있는 척도가 없기 때문에 효과성을 객관적으로 입증하기가 어렵다.

정답 | 01 ③ 02 ③

사회복지행정의 역사

☑ 6개년 출제리포트

☑ 키워드 공략포인트

- 사회복지행정의 변화 과정을 묻는 문제가 매년 출제되고 있습니다.
- 특히 한국의 연대별 특징을 묻는 문제가 출제되고 있고, 1990년대~2010년대에서 자주 출제되고 있습니다.

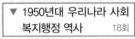

정답 잡는 오답노트

▼ 1950년대 우리나라 사회 복지행정 역사   18회

• 틀린 선지는?

KAVA는 지역사회 조직화나 공동체 형성을 위한 조직관리 기술을 적극적으로 활용하였다. (×)

• 틀린 이유는?

KAVA는 정보 교환, 사업내용 상호 조정, 합동조사 등의 활동을 하였다. 지역사회 조직화나 공동체 형성을 위한 조직관리 기술의 활용과는 관련이 없다.

1 미국 사회복지행정의 역사

구분	주요 내용
형성기 (1870~1920년대)	• 자선조직협회 및 인보관 등장 • 지역공동모금회 조직 • 지역사회복지기관협의회 조직·창설 • 사회복지행정 교과목 신설
발전기 (1930~1960년대)	• 공공 사회복지행정의 확대 • 사회복지행정 교육의 활성화 • '빈곤과의 전쟁'으로 정부의 민간 지원 확대 → 서비스의 효율성·효과성에 대한 비판 및 의문 제기로 사회복지행정의 발달이 주춤하기도 함.
확립기 (1970~1990년대)	• 사회복지행정가의 역할 증대 • 사례관리의 실시로 서비스의 통합화 강조 • 사회복지행정의 학문적 체계 확립 • '작은 정부' 정책으로 국가 역할 축소 → 민영화 확대
도전과 모색기 (1990년대 이후)	• 신자유주의적 기조에 맞춰 사회복지 부문의 민영화 • 재정관리와 마케팅 강조 • 외부환경의 중요성 부각 • 인적 자원 관리, 리더십 등에 대한 관심 증대 • 사회복지행정 정보시스템 구축(전자 정부) • 공공 복지기관과 민간 복지기관의 경계가 모호해짐.

2 한국 사회복지행정의 역사

구분	주요 내용
1950년대	1952년 외국민간원조기관협의회(KAVA) 설립 – 구호물자의 배분을 중심으로 사회복지행정 활동 – 정보 교환, 사업내용 상호 조정, 합동조사 등을 실시하여 단체교섭, 대정부 건의 활동
1970년대	• 1970년 사회복지사업법 제정으로 사회복지시설 운영에 관한 법적 근거 마련 • 1976년 한국 사회복지관연합회 설립(22개 사회복지관)
1980년대	• 1982년 한국사회사업가협회(현재의 한국사회복지사협회)가 사회복지사 윤리강령을 채택하고, 사회복지 영역에서 전문가의 책임과 역할을 크게 인식하기 시작 • 1983년 사회복지사업법 개정에 따라 사회복지관 운영 국고보조금 지원 시작 • 1985년 사회복지관의 양적 팽창 • 1987년 사회복지전문요원제도가 시행되어 공공복지행정의 체계 마련

1990년대	• 1992년 사회복지사업법 개정으로 사회복지전담공무원과 복지사무전담기구(사회복지사무소)를 설치할 수 있는 법적 근거 마련
	• 1995년 전국 5개 지역에서 보건소에 사회복지 기능을 통합한 보건복지사무소 시범사업 실시
	• 1997년 사회복지시설의 설치가 허가제에서 신고제로 변경, 시설평가제 법제화
	• 1998년 사회복지공동모금회 설립
	• 1999년 사회복지시설평가제 실시
	  참고 기수별 평가 시행기관
	  • 1~2기: 보건사회연구원
	  • 3~6기: 한국사회복지협의회
	  • 7기: 사회보장정보원
	  • 8기: 중앙사회서비스원

2000년대	• 2000년 국민기초생활보장법 시행 참고 1999년 제정 • 2003년 제1회 사회복지사 1급 국가시험 시행 • 2004년 사회복지사무소 시범사업 실시 • 2005년 시·군·구에서 지역사회복지협의체 운영 시작 • 2006년 주민생활지원서비스 전달체계 실시 • 2007년 주민생활지원서비스 전달체계 3단계 실시 → 도농 복합 시·군·구 중심, 동사무소를 동주민센터로 명칭 변경(50개 군) • 2008년 드림스타트 사업 실시 • 2008년 노인장기요양보험제도 도입 참고 법은 2007년 제정
2010년대	• 2010년 사회복지통합관리망(행복e음) 구축 및 개통 • 2012년 희망복지지원단 운영, 사회복지관 3대 기능(사례관리, 서비스 제공, 지역조직화 기능)으로 개편 • 2013년 사회보장정보시스템(범정부) 개통 • 2015년 분권교부세 폐지, 사회보장급여법 제정에 따른 지역사회보장협의체 운영 참고 지역사회복지협의체가 지역사회보장협의체로 명칭 변경 • 2016년 찾아가는 보건복지서비스 → 읍·면·동 복지허브화 시범사업(동 행정복지센터) • 2018년 혼재된 사회복지통합관리망(행복e음)과 사회보장정보시스템(범정부)을 통합하여 사회보장정보시스템(행복e음) 개통 • 2019년 지역사회 통합돌봄(커뮤니티 케어) 시행, 사회서비스원 설립
2020년대	• 2020년 기존 6개의 노인돌봄사업 통합·개편으로 노인맞춤돌봄서비스 시행 • 2020년 청년저축계좌 시행(2023년 청년내일저축계좌로 개편) • 2020년 아동학대 2회 신고 시 즉각 분리제도 도입(아동학대처벌법) • 2021년 고교 무상교육 전면 실시 • 2021년 예술인 고용보험 적용 • 2022년 첫만남 이용권 지원사업 실시 • 2023년 부모급여(0~2세 미만), 청년내일저축계좌 실시 • 2023년 4월 사회복지사 윤리강령 5차 개정

STEP 3 필수문제 점검

01
기출 21회

한국의 사회복지전달체계 개편 순서를 올바르게 나열한 것은?

> ㉠ 주민생활지원서비스 전달체계
> ㉡ 사회복지통합관리망(행복e음) 개통
> ㉢ 읍·면·동 복지허브화
> ㉣ 지역사회 통합돌봄

① ㉠ - ㉡ - ㉢ - ㉣
② ㉠ - ㉡ - ㉣ - ㉢
③ ㉠ - ㉢ - ㉡ - ㉣
④ ㉡ - ㉠ - ㉢ - ㉣
⑤ ㉡ - ㉢ - ㉠ - ㉣

02
기출 22회

한국 사회복지행정의 역사에 관한 설명으로 옳지 않은 것은?

① 6·25 전쟁 이후 외국원조기관을 중심으로 사회복지시설이 설립되었다.
② 1960년대 외국원조기관 철수 후 자생적 사회복지단체들이 성장했다.
③ 1980년대 후반부터 지역사회 이용시설 중심의 사회복지기관이 증가했다.
④ 1980년대 후반부터 사회복지전문요원이 배치되기 시작했다.
⑤ 1990년대 후반에 사회복지시설 설치기준이 허가제에서 신고제로 바뀌었다.

| 해설 |

01 한국의 사회복지전달체계는 ㉠ 주민생활지원서비스 전달체계(2006년) - ㉡ 사회복지통합관리망(행복e음) 개통(2010년) - ㉢ 읍·면·동 복지허브화(2016년) - ㉣ 지역사회 통합돌봄(2019년) 순서로 개편되었다.

02 1960년대에는 저소득층을 위한 공공부조, 외원단체 중심의 사회복지서비스가 제공되었다. 1970년대에는 외국원조기관 철수 후 국가가 이를 대신하여 지원하게 되어, 토착적인 사회복지단체들이 발달하지 못하였다.

정답 | 01 ① 02 ②

사회복지서비스 전달체계

STEP 1 기출분석

☑ 6개년 출제리포트

☑ 키워드 공략포인트

- 사회복지행정 영역에서 매년 1~2문제가 출제되고 있습니다.
- 특히 전달체계의 원칙과 전달체계의 유형(공공과 민간)을 묻는 문제가 출제될 수 있으니 살펴보아야 합니다.

정답 잡는 오답노트

▼ 전달체계의 원칙   16회

- 틀린 선지는?
책임성: 충분한 양과 질 높은 서비스가 제공되어야 한다. (×)

- 틀린 이유는?
책임성이란 사회복지조직은 국가가 시민의 권리로 인정한 사회복지서비스를 전달하도록 위임받았기 때문에 사회복지서비스의 전달에 책임을 져야 한다는 원칙이다.

▼ 사회복지전달체계 주체로서 민간의 강점   14회

- 틀린 선지는?
대상자 선정과정의 강한 엄격성과 책임성 보증 (×)

- 틀린 이유는?
대상자 선정과정의 강한 엄격성과 책임성 보증은 중앙정부(공공)에 의한 전달체계의 강점이다.

STEP 2 핵심이론 공략

1 전달체계 구축의 원칙

전문성	사회복지서비스의 주요 업무(핵심 업무)는 반드시 전문가가 담당해야 함.
적절성 (충분성)	사회복지서비스는 그 양과 질, 제공기간이 서비스의 목표 달성에 충분해야 함.
포괄성	인간의 욕구와 문제는 다양하고 복잡하기 때문에 이러한 욕구들에 동시에 접근하고 순차적으로 문제를 해결할 수 있는 다양한 서비스를 제공해야 함.
통합성	• 클라이언트의 문제는 대부분 복합적이고 서로 연관되어 있기 때문에 문제의 해결을 위한 서비스들도 서로 연관되어야 함. • 프로그램 또는 서비스조직 간에 상호 유기적 연계와 협조체계가 갖추어져야 함. 참고 지역사회통합돌봄(커뮤니티 케어), 원스탑서비스 제공 → 서비스 단편성과 비연속성 문제 해결
지속성 (연속성)	한 개인이 필요로 하는 서로 다른 종류의 서비스들을 지역사회 내에서 연속적이고 지속적으로 받을 수 있도록 서비스들이 상호 연계되어야 함.
접근성	사회복지서비스를 필요로 하는 사람들(클라이언트)이면 누구나 쉽게 접근할 수 있어야 함. 참고 접근성 장애요인: 정보의 결여 또는 부족, 지리적·시간적 장애, 심리적 장애, 선정절차상의 장애, 자원의 부족 등
평등성	사회복지서비스는 자격 제한(예 연령, 소득수준)을 두는 특별한 경우 외에는 개인의 성별, 연령, 근로능력, 소득, 재산, 종교, 지위 등에 관계없이 모든 국민에게 제공되어야 함.
책임성	사회복지조직은 국가가 시민의 권리로 인정한 사회복지서비스를 전달하도록 위임받은 조직이므로 사회복지서비스의 전달에 책임을 져야 함.

2 운영주체별 서비스 전달체계

구분	공공 전달체계	민간 전달체계
담당	정부(중앙·지방정부)나 공공기관이 관리 참고 사회보험 관장(보건복지부 또는 고용노동부), 사회보험 보험자(공단), 공공부조(지방자치단체, 행정복지센터)	민간(민간단체)이 관리
적용	보건복지부 → 특별시·광역시·도 → 시·군·구 → 읍·면·동 → 대상자	사회복지법인, 복지재단, 자원봉사단체, 사회복지시설, 개인 등
내용	• 안정적인 재정 • 관료적, 복잡성 • 외적 요인에 다소 둔감	• 취약한 재정 • 융통성, 창의성, 유연성 • 사회 변화와 요구에 민감

(1) 중앙정부에 의한 전달체계

① 의료나 교육서비스 등은 공공재적 성격이 강하여 모든 국민을 대상으로 하는 것이 유리하다.

② 급여대상자가 많을수록 중앙정부에서 제공하는 것이 기술적인 측면에서 유리하다. **예** 사회보험

③ 사회복지정책이 추구하는 가장 중요한 목표인 평등과 사회적 적절성의 가치를 구현하는 데 유리하다.

④ 급여를 지속적이고 안정적으로 유지하는 데 유리하다.

⑤ 대상자를 선정하는 과정에서 강한 엄격성과 책임성이 보증된다.

(2) 지방정부에 의한 전달체계

① 지방자치제도가 정착됨에 따라 역할과 중요성이 강조되고 있다.

② 중앙정부에 비하여 지역주민들의 욕구에 보다 신속히 접근함으로써 효율적인 해결을 도모한다.

③ 지방정부 간 경쟁으로 서비스 개발이 활발히 이루어질 경우, 서비스의 양과 질을 향상시킬 수 있다.

④ 주민들이 정책 결정에 직접 참여하거나 간접적으로 영향을 미칠 수 있는 기회를 제공한다.

(3) 민간에 의한 전달체계

① 정부가 제공하는 서비스가 미치지 못하는 자에게 서비스를 제공한다.

② 같은 범주에 속한 서비스 중 클라이언트가 원하는 것을 선택할 수 있는 기회를 제공한다.

③ 사회복지서비스의 선도적 개발 및 보급이 이루어진다.

④ 민간의 사회복지 참여 욕구를 수렴할 수 있다.

⑤ 정부의 사회복지 활동을 견제하거나 감시하는 압력단체 역할을 한다.

⑥ 국가의 사회복지비용을 절약할 수 있다.

⑦ 서비스 간 또는 기관 간 연계가 부족하여 통합적인 서비스의 제공이 이루어지기 힘들다.

🔍 주요 서비스 전달체계의 구성

• 노인장기요양서비스: 보건복지부 → 국민건강보험공단 → 서비스 기관 → 이용자
• 장애인활동지원서비스: 보건복지부 → 국민연금공단 → 서비스 기관 → 이용자
• 보육서비스: 보건복지부 → 지방자치단체 → 서비스 기관 → 이용자
• 자활급여: 보건복지부 → 지방자치단체 → 보장기관 및 서비스 기관 → 이용자

🔍 사회복지서비스의 파편화와 단절을 줄이는 방법

• 사회복지 제공자의 네트워크를 구축함.
• 사례관리를 강화함.
• 종합적인 욕구를 파악함.
• 서비스 연계 시스템을 마련함.

STEP 3 　 필수문제 점검

01 　　　　　　　　　　기출 22회

사회복지전달체계 구축 원칙에 관한 설명으로 옳지 않은 것은?

① 서비스 비용 부담을 낮춤으로써 접근성을 높일 수 있다.

② 서비스 간 연계성을 강화함으로써 연속성을 높일 수 있다.

③ 양·질적으로 이용자 욕구에 부응함으로써 적절성을 높일 수 있다.

④ 최소 비용으로 최대 효과를 얻음으로써 전문성을 높일 수 있다.

⑤ 이용자의 요구나 불만을 파악함으로써 책임성을 높일 수 있다.

02 　　　　　　　　　　기출 22회

공공 사회복지전달체계에 관한 설명으로 옳은 것은?

① 사회복지전담공무원 제도 이후 사회복지전문요원 제도가 실시되었다.

② 보건복지사무소와 사회복지사무소 시범사업은 동시에 진행되었다.

③ 읍·면·동 복지허브화 사업 이후 읍·면·동사무소가 주민자치센터로 변경되었다.

④ 지역사회복지협의체가 지역사회보장협의체로 명칭이 변경되었다.

⑤ 사회서비스원 설치 후 전자바우처 방식의 사회서비스 사업이 시작되었다.

| 해설 |

01 최소 비용으로 최대 효과를 얻는 것은 '효율성'으로, 사회복지전달체계 구축 원칙에는 포함되지 않는다. '전문성'이란 사회복지서비스의 핵심적인 업무는 반드시 전문가가 담당해야 한다는 것이다.

02 2015년 사회보장급여법의 시행으로 지역사회복지협의체가 지역사회보장협의체로 명칭이 변경되었다.

정답 | 01 ④　02 ④

제7영역 사회복지행정론

서비스의 품질관리와 위험관리

STEP 1 기출분석

✓ 6개년 출제리포트

✓ 키워드 공략포인트

• 사회복지행정의 품질관리와 위험관리 중, 품질관리에 대한 문제가 매년 출제되고 있습니다.
• 특히 TQM(총체적 품질관리), 패러슈라만 등의 서브퀄(SERVQUAL)의 유형을 묻는 문제가 자주 출제되고 있으니 살펴보아야 합니다.

정답 잡는 오답노트

▼ 총체적 품질관리   15회

• 틀린 선지는?
서비스 품질은 마지막 단계에 고려한다. (×)

• 틀린 이유는?
서비스 품질은 초기단계부터 고려해야 한다.

▼ 서브퀄 구성 차원   20회

• 틀린 선지는?
공감성: 전문적 지식과 기술, 정중한 태도로 이용자를 대하는 능력 (×)

• 틀린 이유는?
공감성은 각각의 이용자에 대한 개인적 관심과 배려이다.

STEP 2 핵심이론 공략

1 품질관리

(1) 개념

① 소비자가 요구하는 품질의 제품과 서비스를 경제적으로 생산할 수 있도록 조직 구성원 전체의 적극적 참여가 뒷받침되어 품질을 유지·개선하는 관리 활동을 말한다.
② 리더가 강력한 의지로 주도하되, 조직 내 다양한 직원들이 협력한 활동의 결과로 나타나기 때문에 직원들의 적극적인 참여가 전제되어야 한다.

(2) 시설의 서비스 최저기준

• 시설 이용자의 인권
• 시설의 운영
• 시설의 인력관리
• 서비스의 과정 및 결과
• 시설의 환경
• 시설의 안전관리
• 지역사회 연계
• 그 밖에 서비스 최저기준 유지에 필요한 사항

(3) 종류

① 총체적 품질관리(TQM)
  ㉠ 서비스의 품질은 궁극적으로 고객이 결정한다. 즉, 고객 중심의 관리이다.
  ㉡ 서비스의 품질은 초기단계부터 계획된다.
  ㉢ 서비스의 질이 떨어지는 변이 가능성을 사전에 방지하는 것이 중요하다.
  ㉣ 고품질의 서비스는 개인의 노력보다는 조직 내의 다양한 직원들이 협력하여 활동한 결과로 나타난다.
  ㉤ 투입과 과정을 개선하려는 지속적인 노력이 질적 우월성을 가져온다.
  ㉥ 품질의 개선은 직원들의 적극적인 참여를 통해서 이루어진다.
  ㉦ 품질은 전체 조직의 헌신과 사명감을 필요로 한다.
② 서브퀄(SERVQUAL) – 패러슈라만 등
  ㉠ 사회복지서비스는 무형성, 이질성, 비분리성, 소멸성을 특징으로 한다. 이를 측정하기 위해 고객이 서비스를 기대하고 자각하는 정도를 분석하는 기법으로 서비스의 질 측정도구인 서브퀄이 제시되었다.
  ㉡ 서브퀄은 여러 유형의 서비스를 이용하는 일반 고객을 대상으로 소비자가 서비스를 평가할 때 고려하는 요인들을 다음의 5가지 차원으로 제시한다.

유형성 (Tangibles)	물리적인 시설(예 건물, 매장, 인테리어 등), 장비, 직원(서비스 제공자)의 외양
신뢰성 (Reliability)	약속한 서비스를 정확히 수행할 것이라고 믿을 만한 종업원의 능력
즉응성(반응성) (Responsiveness)	즉각적 서비스를 제공해 줄 수 있는 종업원의 능력
확신성 (Assurance)	종업원이 가진 지식·예절·정중함, 고객에게 신뢰와 자신감을 심어줄 수 있는 능력
공감성 (Empathy)	고객 각각에 대한 개인적 관심과 배려

2 위험관리

(1) 개념

① 사업의 지속과 안정적 발전을 확보해 나가는 경영기법으로, 위험을 확인(발견)·분석·평가하여 최적의 위험 처리 방도를 선택하는 것이다.

② 위험관리의 목적은 사고방지 활동 등을 통해 조직의 손실을 최소로 억제하고, 서비스의 질을 보증하는 것이다.

(2) 사회복지조직에서 위험관리의 필요성

① 생명을 지키는 것이다.

② 서비스의 질을 향상하는 것이다.

③ 신뢰를 쌓는 것이다.

④ 복지권을 보장하는 것이다.

> 참고 이는 복지서비스가 헌법에서 규정하는 생존권 이념을 배경으로 하여 상당 부분의 일반 조세를 재원으로 제공받는 구조를 가지고 있기 때문이다.

⑤ 이용자의 선택과 결정이 중시된다.

⑥ 전문성의 확보와 전문가의 윤리적 기준의 실행을 위해서 필요하다.

⑦ 이용자의 만족을 추구하기 위함이다.

⑧ 조직(기관) 경영을 유지하고 발전시켜 나가는 것이다.

STEP 3 필수문제 점검

01
기출 21회

사회복지조직의 서비스 질 관리에 관한 설명으로 옳은 것은?

① 서비스 질 관리를 위하여 위험관리가 필요하다.

② 총체적 품질관리(TQM)는 기업의 소비자 만족을 극대화하기 위한 기법이므로 사회복지기관에 적용하기에는 적합하지 않다.

③ 총체적 품질관리는 지속적인 개선보다는 현상유지에 초점을 둔다.

④ 서브퀄(SERVQUAL)의 요소에 확신성(Assurance)은 포함되지 않는다.

⑤ 서브퀄에서 유형성은 고객 요청에 대한 즉각적 반응을 말한다.

02
기출 22회

패러슈라만 등(A. Parasuraman, V. A. Zeithaml & L. L. Berry)의 SERVQUAL 구성 차원에 해당하는 질문을 모두 고른 것은?

> ㉠ 약속한 대로 서비스를 제공했는가?
> ㉡ 안전하게 서비스를 제공했는가?
> ㉢ 자신감을 가지고 정확하게 서비스를 제공했는가?
> ㉣ 위생적이고 정돈된 시설에서 서비스를 제공했는가?

① ㉠, ㉣　　　② ㉡, ㉢　　　③ ㉡, ㉣
④ ㉠, ㉡, ㉢　　　⑤ ㉠, ㉢, ㉣

| 해설 |

01 ② 총체적 품질관리(TQM)는 서비스의 품질을 고객이 결정하는 고객중심관리로 사회복지기관에 적용하기에 적합하다.

　③ 총체적 품질관리는 현상유지가 아닌 지속적인 개선에 초점을 둔다.

　④ 서브퀄(SERVQUAL)은 유형성, 신뢰성, 즉응성, 확신성, 공감성의 요소로 구성되어 있다.

　⑤ 서브퀄에서 유형성은 물리적인 시설, 장비, 직원들의 외양과 관련되며, 고객 요청에 대한 즉각적 반응은 즉응성(반응성)이다.

02 ㉠ 신뢰성 차원에 대한 내용이다.

　㉢ 확신성 차원에 대한 내용이다.

　㉣ 유형성 차원에 대한 내용이다.

정답 | 01 ① 02 ⑤

사회복지행정론

Keyword 05 조직이론

STEP 1 기출분석

☑ 6개년 출제리포트

☑ 키워드 공략포인트

• 조직이론은 매년 1~2문제가 출제될 정도로 출제비중이 높은 영역입니다.
• 고전이론과 인간관계이론뿐만 아니라 현대조직이론에 대한 문제들도 출제될 수 있으니 살펴보아야 합니다.

정답 잡는 오답노트

▼ 관료제　　　　　　18회

• 틀린 선지는?
조직의 복잡한 규칙을 적용하면서 창조성이 향상된다. (×)

• 틀린 이유는?
관료제는 조직의 복잡한 규칙을 적용하기 때문에 창조성이 발휘되기 어렵다.

STEP 2 핵심이론 공략

1 고전이론 참고 조직의 상황에 관계없이 효율성을 극대화할 수 있는 이상적 방법 추구

관료제이론 (베버)	• 관료제: 전통적인 권위나 카리스마적 인물에 의한 지배가 아닌 합법성·합리성에 의한 지배의 전형적 형태 • 표준 운영 절차를 통한 합리성과 전문성 추구 • 전통사회(봉건체제; 가산관료제)와 근대사회(시민사회; 근대관료제)로 구분 • 장점: 효율성, 위계, 권위, 규칙, 통제, 분업, 안정성 • 단점: 경직성, 비인간적, 형식주의(레드 테이프), 집단사고(동조 과잉), 목적전치, 할거주의(파벌), 무사안일주의, 엽관주의
과학적 관리론 (테일러)	• 직무에 관한 과학적 연구와 분석 • 최소의 비용으로 최대의 생산효과를 낸다는 원칙하에 개개인의 과업기준 산출 • 합리성, 효율성, 동작에 따른 소요시간의 표준화 • 과업 달성 정도에 따라 임금 지급
공공 행정학파이론 (귤릭과 어윅)	• 행정의 능률을 위해 행정의 관리적 기능 강조 • 분업(전문화): 가장 단순한 형태의 과업 분류를 강조 • 통제의 통일: 소단위 과업 성과를 감독·조정하기 위한 집권화된 통제를 강조

🔍 관료제적 병폐

• 매너리즘: 틀에 박힌 일정한 방식이나 태도를 취하면서 신선함과 생기를 잃는 것
• 크리밍: 사회서비스의 도움으로 목표를 달성할 가능성이 가장 높은 사람들에게 혜택이 집중되는 것
• 레드 테이프: 관공서의 번거로운 형식주의

2 인간관계이론 참고 조직 내 인간을 심리적·사회적 욕구를 가진 전인격적 존재로 파악

메이요의 호손실험		• 인간관계, 구성원의 상호작용, 비공식집단을 강조 • 과학적 관리론에 반대, 사회복지조직에 적합
맥그리거의 X·Y이론	X이론	• 인간은 일하는 것을 좋아하지 않으므로 통제해야 함. • 보상과 제재에 의한 관리 중시
	Y이론	• 인간은 일하는 것을 좋아하므로 잠재력을 인정해야 함. • 상상력, 창의력을 발휘하도록 함.
룬트슈테트의 Z이론		과학자, 학자들에 관한 관리이론으로, 자유의지 존중

3 체계이론

① 고전·인간관계·구조주의이론 등이 하나로 통합될 수 있다는 가정에 기초하고 있다.
② 조직의 각 하위체계들이 어떤 기능, 역동성, 기제를 수행하는가의 표준을 제시함으로써 특정한 조직의 성과를 표준과 비교하고 평가한다.

③ 하위체계

생산	클라이언트에게 서비스를 제공(전문화의 원리)
유지	조직을 안정 상태로 유지 **예** 보상, 교육, 훈련
경계	외부환경과의 상호작용 **예** 홍보
적응	실제 조직변화를 이룰 수 있는 최적의 대안을 찾기 위해 연구하고 평가 **예** 연구, 계획
관리	생산, 유지, 경계, 적응의 네 가지 하위체계를 조정하고 통합 **예** 갈등 해결과 조정, 적절한 업무환경의 제공

4 조직환경이론

상황이론	개방체계 관점의 시작으로, 조직의 목적·기술·규모, 과업의 종류와 같은 조직환경적 요인을 강조함.
자원의존이론	• 인적·물적·무형적 자원에 초점을 두면서 조직과 환경의 관계 설명 • 환경의 통제를 극복하고 환경을 조직에 유리하도록 관리하는 조직의 주체적인 노력 강조
(신)제도이론	자원과 정당성을 획득하고자 사회의 규범, 가치, 규칙에 순응하며, 강제적·모방적·규범적 동형화라는 제도적 동형화 형성
정치경제이론	• 서비스 전달체계에서 업무환경을 강조 • 정치적 자원(합법성, 세력)과 경제적 자원(물적 자원, 클라이언트, 인력)이 조직 생존에 필수적임.
조직군 생태학이론	• 환경적 욕구에 부합하는 조직만이 생존한다는 이론(환경결정론적 시각)으로, 다윈의 진화론(적자생존)에 영향을 받음. • 개별이 아닌 조직군에 관심을 두며, 장기적 변동 예측 용이 • 구조적 관성(변이, 선택, 보전)의 과정을 거침.

5 현대조직이론

목표 관리제 (MBO)	• 명확한 목표설정, 참여, 평가, 피드백 • 사회복지에 적용하기에는 한계가 있음.
학습조직이론	• 조직원들이 성과를 달성하도록 역량을 확대하고, 학습방법을 서로 공유하면서 지속적으로 배워야 한다고 봄. • 새롭고 포용력 있는 사고능력의 함양
총체적 품질관리 (TQM)	• 리더가 강력한 의지로 주도하지만 모든 구성원의 참여가 매우 중요한 고객중심의 관리 • 지속적인 학습과정이자 총체적인 관리과정
벤치마킹	조직 내부의 활동과 기능, 관리능력 등을 외부의 조직과 비교·평가하고 판단하여 지속적인 개선 및 자기 혁신을 추구하는 기법
신공공관리	• 공공부분 조직운영에 시장(경쟁)원리를 적용하여 효율성 극대화 • 행정 효율성과 고객에 대한 대응성 중시 • 규제 완화와 조직원 참여 중시 • 시민과 고객을 중심으로 서비스의 질적 수준 제고에 중점

STEP 3   필수문제 점검

01
기출 21회

다음에서 설명하는 조직이론은?

• 인간의 사회적, 심리적, 정서적 욕구 강조
• 조직 내 비공식 집단의 중요성 인식
• 조직 내 개인은 감정적이며 비물질적 보상에 민감하게 반응

① 과학적 관리론   ② 관료제론
③ 인간관계론   ④ 행정관리론
⑤ 자원의존론

02
기출 22회

조직이론에 관한 설명으로 옳지 않은 것은?

① 학습조직이론: 개인 및 조직의 학습공유를 통해 역량강화
② 정치경제이론: 경제적 자원과 권력간 상호작용 강조
③ 상황이론: 조직을 폐쇄체계로 보며, 조직 내부의 상황에 초점
④ 총체적 품질관리론: 지속적이고 총체적인 서비스 질 향상을 통한 고객만족 극대화
⑤ X이론: 생산성 향상을 위해 조직 구성원에 대한 감독, 보상과 처벌, 지시 등이 필요

| 해설 |

01 ① 과학적 관리론은 최소의 비용으로 최대의 생산효과를 낸다는 원칙하에 개개인의 과업 기준을 산출하고, 이를 바탕으로 과학적 관점에서의 관리를 시도하였다.
② 관료제론은 전통적인 권위나 카리스마적 인물에 의한 지배가 아닌 합법성·합리성에 의한 지배의 전형적 형태라고 파악하였다.
④ 행정관리론은 행정의 능률을 위해 행정의 관리적 기능(분업, 통제의 통일)을 강조하였다.
⑤ 자원의존론은 조직이 생존을 위하여 필요로 하는 인적·물적·무형적 자원에 초점을 두면서 조직과 환경과의 관계를 설명하고자 하는 이론이다.

02 상황이론은 조직을 개방체계로 보며, 조직 내부의 상황(조직의 목적·기술·규모, 과업의 종류 등)에 초점을 둔다.

정답 | 01 ③ 02 ③

사회복지조직의 구조와 유형

☑ 6개년 출제리포트

☑ 키워드 공략포인트

• 사회복지조직의 구조와 유형, 사회복지서비스의 활용전략, 조직문화를 묻는 문제가 출제되고 있습니다.
• 최근에는 조직구조의 형태 등을 묻는 문제가 자주 출제되고 있으니, 세심하게 살펴보아야 합니다.

정답 잡는 오답노트

▼ 조직의 구성요소   17회

• 틀린 선지는?
집권화는 구성원의 자발적 참여와 재량권을 확대시킨다. (×)

• 틀린 이유는?
구성원의 자발적 참여와 재량권을 확대시키는 것은 분권화이다.

▼ 조직구조   14회

• 틀린 선지는?
정보가 과다하게 집중되어 있는 상황에서 의사결정의 집권화는 실패 가능성을 줄일 수 있다. (×)

• 틀린 이유는?
조직구조에서 정보가 과다하게 집중되어 있는 상황이라면, 의사결정의 집권화는 실패 가능성이 크다.

1 민간 비영리 사회복지조직의 특성

① 정부와 시장의 실패 보완 및 이들이 공급하기 어려운 서비스 제공이 가능하다.
② 정부조직에 비해 상대적으로 관료화 정도가 낮다.
③ 최소한의 조직 구조와 운영 공식성을 가지며, 지방자치단체 보조금을 받을 수 있다.
④ 서비스 질을 고려하여 조직을 운영한다.
⑤ 개입대상 선정과 개입방법 특화 및 특정 이익집단을 위한 서비스 제공이 가능하다.

2 조직구조의 구성요소

공식화 (표준화)	• 조직 내 직무, 규칙, 절차, 지시 및 의사전달이 명세화(명문화·표준화)된 정도 • 조직이 어떤 일을 누가, 언제, 어떻게 수행할 것인가를 구체적으로 지시한 규칙과 규정의 정도 • 공식화 정도가 높을수록 수평적 전문화(분업) 감소
집권화	• 권한의 배분 정도로, 의사결정 권한이 조직의 상위기관(위)에 집중된 정도 • 조직의 규모가 작을수록, 조직이 특정 개인의 리더십에 의존할수록 형성됨. • 장점: 조직의 통일성과 업무 전문화 촉진, 신속한 의사결정 가능 • 단점: 조직의 경직화, 조직의 관료주의화 성향 및 권위주의적 성격 초래
분권화	• 의사결정 권한이 하위기관(아래)에 분산된 정도 • 조직이 장기계획이나 정책문제에 더 많은 노력을 들이고자 할 때 높아짐. • 장점: 조직 구성원의 업무숙달을 용이하게 하여 업무능률 향상(생산성 증가) • 단점: 특정 업무의 전문화가 어려움, 구성원 간 갈등, 의사소통 지연, 관리비용 증가
복잡성 (분화)	• 조직(과업)의 분화 정도 • 조직이 여러 하위단위로 세분화되는 과정이나 상태를 의미 • 조직구조가 복잡할수록, 규모가 커질수록 복잡성 정도가 높아짐. • 분화 정도가 높을수록, 작업자의 숙련도와 훈련 정도는 덜 중요

3 조직구조의 형태

① 공식조직과 비공식조직
  ㉠ 공식조직: 목표 달성을 목적으로 인위적으로 형성된 조직이다.
  ㉡ 비공식조직: 공식조직 내에서 인간관계에 따라 자연적으로 성립된 조직이다.
② 수직조직과 수평조직
  ㉠ 수직조직: 조직의 목표 달성에 직접적으로 기여하며, 결정권과 집행권을 가지고 있는 최고 행정 책임자를 정점으로 수직적인 구조를 이룬다(계선조직).
  ㉡ 수평조직: 수직조직이 원활하게 기능을 수행할 수 있도록 간접적으로 조력하는 조직이다(막료조직, 참모조직).

③ 집권형조직과 분권형조직
  ㉠ 집권형조직: 중요한 의사결정 권한이 상부에 집중되어 있는 조직이다.
  ㉡ 분권형조직: 의사결정 권한이 각 계층에 위임되어 있는 조직이다.
④ 행렬조직(매트릭스조직)
  ㉠ 주로 업무의 세분화로 유발되는 문제들에 대처할 수 있는 합리적인 수준의 분업과 통합을 강조하는 이중적 기능을 가진다.
  ㉡ 구성원들은 일차적으로 분과에 소속되어 있으면서 수직적인 위계에 의해 통제된다. 각 분과의 대표는 각 프로그램의 목적을 수행하기 위해 수평적인 협조관계를 유지해야 한다.
  ㉢ 장단점

장점	단점
• 전문화 원리와 시장 적응의 동시 달성 가능 • 인재의 이동과 활동이 용이함. • 지식·기술의 전사적 이전과 활용이 용이함.	• 명령계통 간 권력다툼이 발생하기 쉬움. • 조정을 위한 의사결정이 지연되기 쉬움. • 책임과 권한이 모호해질 수 있음. • 이중 역할과 역할 긴장이 나타남.

⑤ 프로젝트조직
  ㉠ 특정한 목표를 달성하기 위해 임시적으로 편성된 조직이다.
  ㉡ 장단점

장점	단점
• 목적 지향, 고객 지향의 증대 • 분권화와 기동성 촉진 • 책임, 평가의 명확성 • 후계자 육성이 용이함.	• 자원이 중복되기 쉬움. • 할거주의의 확대(인사의 경직화 등) • 단기 지향의 증가 • 스트레스가 발생하기 쉬움.

⑥ 태스크 포스(TF; task force)
  ㉠ 정규조직이 수행하기 어려운 업무를 제한된 시일 내에 효율적으로 해결하고자 임시로 편성된 조직으로, 그 구성원들은 업무와 관련된 전문 지식이나 능력을 가지고 있다.
  ㉡ 할당된 과업을 달성하거나 기한을 넘기면 조직을 해산하고, 소속 부서에서 차출되었던 구성원들은 자신이 속한 부서로 복귀한다.
⑦ 위계조직: 직급에 따라 의사결정권이 상위 직급에 집중되어 있는 조직 구조를 의미한다.
⑧ 라인-스탭(line-staff): 라인은 수직조직을, 스탭(스태프)은 수평조직을 의미한다.
⑨ 감사조직: 특정조직의 비리 등을 잡기 위해 의사결정 기구의 직속이거나 특별한 수준의 독립성을 보장받으며, 감사유형에 따라 외부감사, 내부감사로 구분한다.
⑩ 거버넌스조직: 조직의 전략적 방향과 의사결정을 체계적으로 관리하는 구조와 프로세스를 의미하며, 다양한 문제를 해결하는 다양한 방법을 포함한다.

🔍 **사회복지 조직화의 원리**

• 계층제의 원리: 구성원 간 권한과 책임을 배분하고, 명령, 지휘, 복종의 관계를 명시화함.
• 명령 통일의 원리: 조직원은 직속상관에게만 명령을 받아야 함.
• 통솔범위의 원리: 상관, 감독자가 통솔하는 대상자의 수가 한정되어야 함.
• 분업·전문화의 원리: 분야별로 업무를 분담시키는 것으로, 규모와 전문성이 커질수록 필요함.
• 조정의 원리: 조직원의 행동을 유도하기 위한 원리
• 권한에 준하는 책임의 원리: 권한 행사에는 책임이 수반된다는 원리
• 부문화·부서화의 원리: 수평적 조정을 효율적으로 수행하기 위해, 수·시간·기능 등에 따라 재조직함.

4 사회복지조직의 부문화 방법

수 기준	• 같은 역할을 하는 사람들을 한 명의 슈퍼바이저에게 소속시키는 방법 • 구성원의 수가 너무 많으면 둘 이상의 비슷한 단위를 만들 수 있음.
시간 기준	• 2교대 또는 3교대 등으로 조직의 업무를 부문화하는 방법 • 24시간 서비스를 제공하는 조직에서 활용할 수 있음.
지리적 영역 기준	• (잠재적) 클라이언트의 기주지역에 따라 부문화하는 방법 • 서비스의 효율성을 높이고 서비스 책임자를 분명히 할 수 있음.
서비스 기준	• 개별사회사업, 집단사회사업, 지역사회복지 등의 서비스 제공방법에 따라 조직의 업무를 부문화하는 방법 • 전문화를 촉진할 수 있음.
기능 기준	직원의 능력, 선호도 등에 근거하여 적성에 맞는 분야에 사람을 배치하는 방법
고객 기준	노인, 아동, 장애인 또는 실업문제, 빈곤문제, 가족문제와 같이 클라이언트의 종류 또는 문제에 따라 조직의 업무를 부문화하는 방법
서비스 접근 통로 기준	클라이언트가 서비스에 접근할 수 있는 통로별로 업무를 부문화하는 방법

5 사회복지서비스 활용 전략

(1) 서비스의 전략

① 클라이언트가 서비스 활용에 따르는 비용을 부담함으로써 서비스 활용에 대한 욕구가 절제되기도 한다.

② 서비스 활용의 극대화를 위하여 클라이언트의 서비스 활용에 따르는 비용을 줄이려는 노력이 필요하다.

(2) 서비스 접근성과 활용

접근성의 관리	욕구와 서비스의 일치
서비스 과활용	욕구에 해당하지 않는 사람에게 서비스 제공(비표적인구의 서비스 접근)
서비스 저활용	욕구가 있는 사람에게 서비스 미제공(표적인구의 서비스 비접근)
표적 효율성	욕구가 있는 사람에게 적합한 서비스 제공 정도(표적인구가 자신에게 적합한 서비스에 접근하는 정도)

① 서비스의 활용과 비용

㉠ 저활용에 따른 사회적 비용: 사회문제가 해결되지 않고 세금이 증가한다.

㉡ 과활용에 따른 사회적 비용: 기회비용의 문제가 발생한다.

㉢ 행정비용: 접근효과성 향상을 위한 비용이 발생한다.

② 서비스 활용의 전략: 기회비용 축소, 클라이언트의 욕구와 서비스 제공 일치, 접근성 증진

> 참고 접근성을 증진시키는 전략: 아웃리치, 정보 및 의뢰, 홍보, 서비스조직의 개선, 신뢰관계 형성

6 조직문화

(1) 특징

① 실체가 없는 무형적 관념체계이다.

② 조직이 대내외 환경에 적응하는 과정에서 역사적으로 형성된다.

③ 조직과 조직 구성원들에 의해 학습된다.

(2) 기능

① 일상적으로 일어나는 업무 관행이나 의사결정 관행에 영향을 미친다.

② 조직이 정책이나 전략을 선택하는 데 영향을 미친다.

③ 조직이 처한 내·외부적 환경에 대처하거나 조직에 적합한 기술을 선택하는 데 영향을 미쳐 조직 성과의 극대화를 돕는다.

④ 조직 내에 성격이 다른 소집단의 통합 또는 합병 등 상이한 두 조직을 통합하는 데 결정적인 요소가 된다.

STEP 3 필수문제 점검

01
기출 21회

조직구조에 관한 설명으로 옳은 것은?

① 조직규모가 커질수록 공식화 정도가 낮아진다.

② 공식화 정도가 높을수록 직원의 재량권이 줄어든다.

③ 과업의 종류가 많을수록 수직적 분화가 늘어난다.

④ 분권화 정도가 높을수록 최고관리자에게 조직 통제권한이 집중된다.

⑤ 집권화 정도가 높을수록 직원의 권한과 책임의 범위가 모호해진다.

02
기출 22회

조직문화에 관한 설명으로 옳지 않은 것은?

① 조직의 정체성을 결정하는 일련의 가치와 신념이다.

② 조직과 일체감을 갖게 함으로써 구성원의 정체감 형성에 기여한다.

③ 조직의 믿음과 가치가 깊게 공유될 때 조직문화는 더 강해진다.

④ 경직된 조직문화는 불확실한 환경에 대처하도록 돕는다.

⑤ 조직 내에서 자연적으로 생길 수 있다.

| 해설 |

01 조직의 공식화 정도가 높을수록 의사소통이 원활하고 의사소통이 빈번할수록 조직효과성은 향상되지만, 직원의 의사결정 참여도와 재량권은 줄어든다.

02 경직된 조직문화는 불확실한 환경에 대처하는 데 도움이 되지 않는다.

정답 | 01 ② 02 ④

제7영역 사회복지행정론

사회복지조직과 환경

☑ 6개년 출제리포트

개수

4
3
2
1

18 19 20 21 22 23 회차

☑ 키워드 공략포인트

• 사회복지조직의 환경 변화를 묻는 문제가 출제되고 있습니다.
• 특히 정책과 법령 개정, 욕구 변화 등을 고려한 환경 변화를 묻는 문제가 출제될 수 있으니 살펴보아야 합니다.

정답 잡는 오답노트

▼ 사회복지조직의 과업환경
15회

• 틀린 선지는?
문화적 조건 (×)

• 틀린 이유는?
사회복지조직의 환경은 일반환경과 과업환경으로 구분되며, 과업환경에는 재정 자원의 제공자, 합법성·권위의 제공자, 클라이언트 제공자, 보충적 서비스 제공자, 조직 산출물의 소비·인수자, 경쟁조직이 있다. 문화적 조건은 일반환경에 속한다.

STEP 2 핵심이론 공략

1 사회복지조직과 환경 - 홀

(1) 일반환경

경제적 조건	자원 공급의 절대량과 서비스 수요에 영향을 줌. 예 경기 불황 및 호황, 중앙정부 및 지방자치단체의 재정, 고용률 및 실업률, 경제성장률 등
사회인구학적 조건	장기적인 서비스의 수요 변동과 예측에 영향을 줌. 예 연령별·성별·지역별·소득계층별 인구 분포, 노인 및 유년 인구 비율, 가구 형태 등
문화적 조건	사회의 가치와 규범, 사회복지조직의 목표와 기술에 영향을 줌. 예 가족주의 가치, 빈곤에 대한 사회적 인식 변화 등
정치적·법적 조건	자원 흐름의 통제에 영향을 줌. 예 사회복지 관련 법령의 제정·개정·폐지, 정부의 사회복지·경제정책 등
기술적 조건	사회의 기술적 발전 혹은 변화가 초래하는 영향 예 컴퓨터와 인터넷의 발달로 인한 조직관리방법의 변화, 신경안정제의 개발로 인한 탈시설화 확대 등

(2) 과업환경 참고 특정 사회복지조직이 자원과 서비스를 교환하고 특별한 상호작용을 하는 집단들이다.

재정 자원의 제공자	정부, 기업체, 개인, 서비스 이용자 등
합법성(정당성)과 권위의 제공자	클라이언트 집단, 지역사회, 국회, 정부기관 등
클라이언트 제공자	클라이언트 자신, 가족, 지역사회, 국가 등
보충적 서비스 제공자	조직의 업무수행을 위해 보충적으로 필요한 서비스 제공
조직 산출물의 소비·인수자	정부, 국회, 전문가 단체, 운영 법인, 클라이언트 옹호단체
경쟁조직	자원과 클라이언트를 두고 경쟁관계에 있는 다른 조직들

2 사회복지조직의 환경 변화

(1) 공공부문

서비스의 통합	전달체계를 개편하여 각 정부 부처에 흩어져 있는 사회복지 관련 서비스를 통합함으로써 서비스의 누락 및 중복을 방지할 수 있는 기틀 마련
지방분권화	지역 실정에 적합한 사회복지서비스가 이루어질 수 있도록 법적 체계 마련 예 시·도 및 시·군·구 지역사회보장계획 수립
민관 협력	공공의 책임성을 다하면서 민간의 전문성도 확보할 수 있도록 민간 위탁, 지역사회보장협의체를 중심으로 한 민관 협력 등 다양한 방식을 모색

(2) 민간부문

지역 중심 강화 (탈시설화)	시설복지에서 지역복지로 전환하여 다양한 지역사회 내의 자원을 활용하기 위한 노력 증가
소비자 주권	공급자 중심에서 클라이언트 중심으로 서비스가 전환되고 소비자 주권에 대한 인식 강화
수요 중심	욕구 충족을 위한 복지에서 수요 충족을 위한 복지 제공
기관의 투명화와 개방화	사회복지시설 및 기관의 투명화·개방화된 운영에 대한 요구가 증가하고 있으며, 이 요구를 수용하고자 노력
자립 중심	원조 중심에서 자립·자활 중심으로의 전환이 강조되고 있으며, 다양한 사회문제 및 클라이언트의 욕구를 충족시키기 위한 창의적인 프로그램 개발을 위한 노력 증가
민영화	사회복지서비스 분야의 민영화에 따른 경쟁력 강화
기업경영론의 확산	기업경영적 관리기법의 도입, 마케팅 활성화, 품질관리의 강화, 산출 강조 등 시장의 경쟁적 구조에 적합한 조직 운영을 모색

참고 그 밖의 변화 경향: 지역사회 주민운동 활성화, 사회서비스 공급 주체로서 영리부문 참여, 사회적 경제에 의한 비영리조직의 시장경쟁력 강화

🔍 사회복지조직 변화의 외부요인

- 사회복지 공급 주체의 다원화
- 기업의 경영관리기법 도입
- 책임성과 전문성에 대한 요구 증대
- 사회복지서비스의 민영화 경향
- 사회복지기관, 시설의 평가제도 실시
- 급격한 사회변화와 다양한 사회문제

3 사회복지조직의 환경관리전략 - 하센펠트

① **권위주의전략**: 조직이 자금과 권위를 충분히 획득할 경우 다른 조직과의 교환관계와 조건들에서 유리한 위치에 설 수 있는데, 이처럼 권력을 사용하여 다른 조직의 행동을 이끌고 명령을 내리는 전략이다.

② **경쟁전략**: 다른 조직들과 경쟁하면서 세력을 증가시켜 서비스의 질과 절차 등을 매력적으로 만드는 전략이다.

③ **협동전략**: 다른 조직들이 필요로 하는 서비스를 제공하여 불안감을 해소시키고 이에 대한 보답으로 권력을 증가시키는 전략으로, 세 가지 형태로 구분된다.

계약	두 조직 간 자원 혹은 서비스를 교환하여 협상된 공식적·비공식적 합의를 이끌어 내는 전략
연합	여러 조직이 사업을 위해 협력적으로 자원을 합하는 전략
흡수	과업환경 내 주요 조직의 대표자들을 조직의 정책수립기구에 참여시키는 전략

④ **방해전략**: 경쟁적 위치에 있는 다른 조직의 활동을 방해하거나 세력을 약화시키는 전략이다.

STEP 3 필수문제 점검

01
기출 21회

사회복지행정 환경의 변화에 관한 설명으로 옳지 않은 것은?

① 책임성 요구가 높아지고 있다.
② 서비스 이용자의 소비자 주권이 강해지고 있다.
③ 빅데이터 활용이 증가하고 있다.
④ 사회서비스 공급에 민간의 참여가 증가하고 있다.
⑤ 기업의 경영관리기법 도입이 줄어들고 있다.

02
기출 23회

최근 사회복지행정환경 변화에 관한 설명으로 옳은 것은?

① 기업경영 방식 활용이 늘어나고 있다.
② 국가가 직접 제공하는 서비스가 늘어나고 있다.
③ 성과(outcome) 중심 평가에서 산출(output) 중심 평가로 전환되고 있다.
④ 사회복지행정의 이론적 준거틀이 필요없게 되었다.
⑤ 사회복지서비스가 다양화되면서 전문가 활용이 감소하고 있다.

| 해설 |
01 사회복지행정에 기업의 경영관리기법을 도입하는 사례가 증가하면서 성과 강조와 마케팅 활성화가 이루어졌다.
02 ② 국가가 직접 제공하는 서비스는 줄고, 민영화 경향이 증가하고 있다.
③ 산출 중심에서 성과 중심 평가로 전환되고 있다.
④ 사회복지행정의 이론적 준거틀이 필요하게 되었다.
⑤ 전문가 활용이 증가하고 있다.

정답 | 01 ⑤ 02 ①

사회복지행정론

☑ 6개년 출제리포트

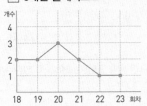

☑ 키워드 공략포인트

- 리더십이론은 매년 출제되고 있는 영역입니다.
- 최근에는 상황이론, 변혁이론, 경쟁가치 리더십, 섬김 리더십의 특징을 묻는 문제가 출제되고 있으니 잘 살펴보아야 합니다.

정답 잡는 오답노트

▼ 참여적 리더십   15회

- **틀린 선지는?**
하급자들이 의사결정을 적극적으로 주도한다. (×)

- **틀린 이유는?**
참여적 리더십은 민주적 리더십으로, 부하직원을 결정과정에 참여시킨다. 하급자들이 의사결정을 적극적으로 주도하는 것은 대부분의 의사결정을 부하직원에게 위임하는 자율적 리더십에 해당한다.

1 사회복지조직의 리더십이론

(1) 특성이론(1940~1950년대)

① 효과적인 리더와 그렇지 못한 리더를 구별할 수 있는 보편적 특성이 존재한다고 본다.

② 리더십은 타고난 것이며, 어떤 특정한 특성을 갖추면 효과적인 리더가 된다고 본다.

(2) 행동이론(1950~1960년대)

① 리더십에서 가장 중요한 것은 리더의 특성이 아닌 다양한 상황 속 리더의 행동이다.

② 효과적인 리더와 그렇지 못한 리더는 그들의 리더십 행동 유형에 따라 구별된다.

③ 대표적으로 오하이오연구, 미시간연구, 관리격자이론이 있다.

> **참고** 관리격자이론: 블라이크와 머튼이 제시한 리더십 이론으로, '생산(일)'과 '사람'에 대한 관심을 축으로 하여 격자 형태로 리더십 유형을 나타내었다[이상적 유형은 팀형(9.9)].

(3) 상황이론(1970년대)

① 리더의 효과성은 그 자신의 행동 유형뿐만 아니라 리더십의 환경을 둘러싸고 있는 복합적인 상황에 따라 결정된다고 보는 이론이다.

② 리더는 상황의 산물이기 때문에 상황별로 효과적인 리더십 유형이 다르다는 것이다.

피들러의 상황적합이론	• 리더의 유형과 상황적 조건을 결합시키려는 이론으로, 리더의 유형을 관계지향적 리더와 과업지향적 리더로 분류하였다.
	• 리더에게 호의적인 정도를 결정하는 리더십 상황요소 3가지를 제시
	  – 리더–구성원 관계: 구성원들이 리더에게 가지는 신뢰와 존경의 정도
	  – 과업구조: 직무가 절차화된 정도(구조화 또는 비구조화된 정도)
	  – 직위 권력: 리더가 채용, 해고, 징계, 승진, 임금 인상과 같은 권력 변수에 대해 행사할 수 있는 영향력의 정도

하우스의 경로–목표 이론	• 리더십에 관한 오하이오연구와 동기부여의 기대이론을 결합한 이론
	• 상황적 특성에 따라 하위자의 동기를 높이기 위해 필요한 리더십 유형을 4가지로 구분
	  – 지시적(수단적) 리더십: 과업이 비구조화되어 있어 복잡하고 과업의 공식화가 미비한 상황
	  – 지지적(지원적) 리더십: 과업이 구조화되어 있으나 과업 스트레스가 심하고 지루한 상황
	  – 참여적 리더십: 과업이 구조화되어 있고, 하위자의 업무 성취 욕구와 자율성의 욕구가 강한 상황일 때 효과적인 리더십 유형
	  – 성취지향적 리더십: 과업이 비구조화되어 있으나 하위자가 도전해 볼 만한 목표를 갖게 해주는 상황일 때 효과적인 리더십 유형

허시와 블랜차드의 상황이론	• 상황변수로 구성원의 성숙도(능력과 의지)에 따라 분류 • 지시형 리더십, 설득형 리더십, 참여형 리더십, 위임형 리더십의 4가지 리더십 유형 제시

(4) 변혁이론 - 변혁적 리더십(1980~1990년대)

① 조직의 문화와 노선을 변혁하려는 개혁적 리더십이다.

② 리더십은 지도자와 추종자가 협력하는 과정에서 발생한다고 본다.

(5) 경쟁가치 리더십

① 퀸은 특정한 리더십 스타일의 선택을 강조하기보다는 여러 경영이론을 정리하여 포괄적 리더십모델을 제안하였다.

② 리더십의 초점을 외부 지향적, 내부 지향적으로 구분한 축과 통제성 위주, 유연성 위주로 구분한 축을 바탕으로 4가지 영역의 경쟁가치모형을 제시하였다.

③ 경쟁가치모형

ㄱ 경쟁가치모형은 모순적이고 배타적인 다양한 조직문화의 가치 요소들을 포괄적으로 분석할 수 있는 틀을 제공한다.

ㄴ 조직의 안녕과 발전, 목표달성을 중시하느냐, 구성원의 복지와 안녕을 중시하느냐의 문제로서, 이를 외부와 내부로 대비시키기도 한다.

구분	외부 지향	내부 지향
통제성	**합리적 목표모형** • 목적: 생산성, 능률성 • 수단: 기획, 목표설정, 합리적 통제	**내부과정모형** • 목적: 안정성, 통제와 감독 • 수단: 정보관리, 의사소통
유연성	**개방체계모형** • 목적: 성장, 자원 획득, 환경 적응 • 수단: 유연성, 용이성	**인간관계모형** • 목적: 인적 자원 발달, 능력 발휘, 구성원 만족 • 수단: 응집력, 사기

(6) 섬김 리더십(서번트 리더십)

① 리더가 부하직원을 섬기는 자세로 봉사, 경청을 통해 자발적인 행동이 가능할 수 있도록 인간 존중, 정의, 정직성, 공동체적 윤리성을 강조한다.

② 리더가 부하직원의 요구 등의 청을 들어주는 사람이라는 의미의 청지기(stewardship) 책무에 대한 활동을 말한다.

2 리더십의 유형 - 칼리슬

지시적 리더십	• 명령과 복종을 강조하는 유형 • 리더는 독선적이며 조직 구성원을 보상과 처벌로 통제하고 관리함.
참여적 리더십	• 민주적 리더십으로, 의사결정과정에 성원들을 참여시킴. • 성원들의 참여 동기와 사명감이 향상될 수 있는 반면, 책임 분산으로 무기력해질 수 있음.
자율적 리더십	• 방임적(위임적) 리더십 • 대부분의 의사결정권을 부하직원에게 위임함.

01
기출 21회

리더십 이론에 관한 설명으로 옳지 **않은** 것은?

① 상황이론에 의하면 상황에 따라 적합하게 대응하는 리더십이 효과적이다.

② 행동이론에서 컨트리클럽형(country club management)은 사람에 대한 관심과 일에 대한 관심이 모두 높은 리더이다.

③ 행동이론에서 과업형은 일에만 관심이 있고 사람에 대해서는 전혀 관심이 없는 리더이다.

④ 서번트 리더십(servant leadership)은 사회복지조직 관리에 적합한 리더십이 될 수 있다.

⑤ 생산성 측면에서 서번트 리더십은 자발적 행동의 정도를 중시한다.

02
기출 22회

섬김 리더십(servant leadership)에 관한 설명으로 옳은 것을 모두 고른 것은?

ㄱ 인간 존중, 정의, 정직성, 공동체적 윤리성 강조
ㄴ 가치의 협상과 계약
ㄷ 청지기(stewardship) 책무 활동
ㄹ 지능, 사회적 지위, 교육 정도, 외모 강조

① ㄱ, ㄷ
② ㄴ, ㄹ
③ ㄷ, ㄹ
④ ㄱ, ㄴ, ㄷ
⑤ ㄱ, ㄴ, ㄷ, ㄹ

| 해설 |

01 컨트리클럽형은 일에 대한 관심은 없고, 사람에 대한 관심만 높은 리더이다. 사람에 대한 관심과 일에 대한 관심이 모두 높은 리더는 팀형이다.

02 ㄴ 거래적(선택적) 리더십에 관한 설명이다.

ㄹ 특성(자질)이론에서 리더십은 타고나는 것으로 지능, 사회적 지위, 교육 정도, 외모 등이 중요하게 작용하며, 어떤 특별한 특성들을 갖추게 되면 효과적인 리더가 될 수 있다고 본다.

정답 | 01 ② 02 ①

사회복지행정론

인사관리

STEP 1   기출분석

☑ 6개년 출제리포트

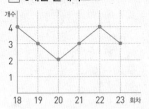

☑ 키워드 공략포인트

- 인적자원관리(특징, 직원능력 개발방법, 직무소진, 슈퍼비전), 동기부여이론이 출제되었습니다.
- 특히 최근에는 인적자원관리의 특징, 동기부여이론을 묻는 문제가 자주 출제되고 있으니 살펴보아야 합니다.

정답 잡는 오답노트

▼ **동기부여이론**   20회

- **틀린 선지는?**
허즈버그의 동기·위생요인이론은 불만초래요인을 동기요인으로 규정한다. (×)

- **틀린 이유는?**
허즈버그의 동기·위생요인이론은 불만초래요인을 위생요인으로 규정한다.

STEP 2   핵심이론 공략

1 인사관리(인적자원관리)

(1) **개념**   Tip   인사관리는 성과관리, 개발관리, 보상관리 등을 포함합니다.

조직의 목표 달성에 가장 도움이 되는 방향으로 직원을 채용하고 능력을 개발하며, 조직에 헌신할 수 있도록 동기를 부여하고 유지하는 관리 활동이다.

(2) **구성 요소**

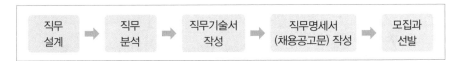

직무설계	직무내용, 수행방법, 직무 간의 관계 등 설정
직무분석	인사관리나 조직관리의 기초를 세우기 위해 직무내용을 분석하는 것
직무기술서 작성	직무분석의 결과로, 직무의 명칭 및 개요, 장비, 환경, 직무활동 등을 기술
직무명세서 작성	• 인적 요건이 강조되며, 주로 모집과 선발에 사용됨. • 직무의 명칭, 소속 및 직종, 교육수준, 직무수행자 자격요건 기술, 기능·기술수준, 정신적 특성(창의력, 판단력 등), 육체적 능력, 직무 경험 등이 내용에 포함됨.

(3) **직무수행평가**

① 조직 내에서 특정 직무를 수행하는 구성원의 실적, 업적, 성과를 평가하는 활동이다.

② 직무수행의 결과치 중 업적을 나타내는 성과, 전문성(현재)과 잠재적 능력(미래)을 말하는 능력, 성실함과 업무를 처리하기 위한 노력 등을 나타내는 태도가 가장 중요한 평가요소이다.

③ 목적

㉠ 임금인상, 승진, 전보, 해임 등의 인사조치와 관련된 관리를 목적으로 한다.

㉡ 구성원 개발을 목적으로 개별 구성원이 직무를 수행할 때의 약점을 보완하고 업무능력을 향상시키기 위한 상담, 교육 등에 활용한다.

㉢ 인사선발과 교육훈련 절차의 타당성을 평가하는 준거로 사용할 수 있는 조사의 목적이 있다.

④ 종류

객관적 직무수행평가	다양한 행동(예 결근, 지각, 생산성 등), 직무행동의 결과치(예 실적, 성과, 판매량 등)로 평가
주관적 직무수행평가	평가자가 '아주 잘했다, 잘했다, 못했다, 아주 못했다' 등으로 구성원의 직무수행 결과를 평가

⑤ 평가자: 조직은 직무수행평가를 실시할 때 적어도 상사, 동료, 자기 자신, 부하, 고객의 5가지 출처에서 활용 가능한 정보를 얻어 그 내용을 참고할 수 있다.

(4) 직원능력 개발관리

① 계속교육: 학교 교육이 끝난 사회복지조직의 직원들을 대상으로 그들이 전문성을 유지 및 향상시킬 수 있도록 필요에 맞게 교육을 계속하는 것을 의미한다.

② 사례발표: 직원능력 개발에 공통으로 쓰이는 방법으로, 직원들이 차례로 돌아가면서 실시한다. 직원들의 이해와 능력 개선 외에도 사례를 계획하고 개입하는 기법을 배우는 데 도움이 된다.

③ 역할연기: 2인 또는 그 이상의 직원들이 다른 직원들 앞에서 연기한 사례에 대해 여러 직원이 평가·토론하고 사회자가 결론을 설명한다.

④ 현장훈련(OJT, On the Job Training): 직무를 수행하는 실제 현장에서 감독자 또는 선임자가 피훈련자에게 업무에 관한 지식과 기술을 학습시키는 방법으로, 직무의 성격이 고도의 기술, 전문성, 정밀성을 요구하는 경우에 적합한 방법이다.

⑤ 신디케이트(분임토의): 모든 직원을 10명 내외의 소집단으로 나누고, 각 집단이 동일한 문제를 주제로 토의하여 작성한 해결방안을 전체가 모인 자리에서 발표하고 토론하는 과정을 거치며 하나의 합리적인 문제해결방안을 모색하는 방법이다.

⑥ 포럼: 전문가 특정 주제에 관한 새로운 자료와 견해를 제시하여 관심을 높이고, 필요한 정보를 추가 제공하여 문제를 명확하게 한 뒤에 참석자들이 각자의 의견을 표명하도록 촉진하는 방법이다.

⑦ 순환보직: 일정 간격을 두고 다른 직위, 직급 등으로 전보시킴으로써 시야와 경험을 넓히는 방법으로, 전문성과 능률을 저하시킬 우려가 있다.

2 슈퍼비전의 기능

참고 슈퍼비전은 조직구성원 훈련 및 개발에 유용한 도구이다.

교육적 기능	• 핵심은 사회복지사의 지식과 기술의 향상에 있음. • 슈퍼바이저는 기관의 기본가치, 임무, 목적과 함께 다양한 서비스 실천이론 및 모델에 관해 교육을 실시하여 사회복지사의 문제해결능력과 실천기술 향상을 도모함.
행정적 (관리적) 기능	• 관리자로서 슈퍼바이저의 역할이 기관의 규정과 절차에 맞는 서비스 제공이라는 것에 초점을 둠. • 기관 관리자들과 일선 사회복지사의 의사소통을 촉진하는 역할과 함께 전반적인 기관 활동을 조정·통제하는 임무를 수행함.
지지적 기능	사회복지사의 수단적 욕구에 관심을 두는 교육적·행정적 기능과 반대로, 사회복지사의 개별적 욕구에 관심을 가짐.

🔍 슈퍼비전의 모델(왓슨)

• 개인교사모델: 슈퍼바이저와 사회복지사가 1:1의 관계를 통해 이루어짐.
• 집단 슈퍼비전(슈퍼비전 집단): 개인교사모델을 확대시킨 형태로, 한 명의 슈퍼바이저와 다수의 사회복지사로 구성됨.
• 동료집단 슈퍼비전: 동료 사회복지사들이 동등한 자격으로 서로에게 슈퍼바이저 역할을 수행함.
• 직렬 슈퍼비전(동료 2인 슈퍼비전): 동료집단 슈퍼비전과 비슷한 형태로, 두 명의 사회복지사가 서로에게 슈퍼비전 역할을 수행함.
• 팀 슈퍼비전: 가능한 한 다양한 구성원들로 팀을 형성하여 의사결정 일정(그날 회의할 안건을 미리 정해 놓은 사례)이 구성원들에 의해 사전에 제안되고 구성원들의 상호작용을 통해 한 사례에 대한 결론을 도출함.
• 사례 컨설테이션(Case Consultation): 사회복지사와 컨설턴트의 1:1 관계 또는 일 대 다수의 관계를 통해 사회복지사에게 할당된 사례에 대한 슈퍼비전을 제시함.

3 동기부여이론

(1) 내용이론

① 무엇이 인간의 동기를 유발시키는지 연구한 이론이다(무엇이 동기를 부여하는 요인 인가?).

② 인간의 행동을 작동시키고, 에너지를 일정한 방향으로 조정하며 유지시키는 내적 요인에 초점을 두고 인간의 욕구와 욕구에서 비롯되는 충동, 욕구의 배열, 유인 또는 달성하려는 목표 등을 설명한 이론이다.

③ 학자별 이론의 비교

매슬로우의 욕구계층이론 (욕구위계이론)	생리적 욕구 → 안전(안정)의 욕구 → 소속·사랑(애정)의 욕구 → 자기존중의 욕구 → 자기실현의 욕구
알더퍼의 ERG이론	존재(Existence)의 욕구 → 관계(Relationship)의 욕구 → 성장 (Growth)의 욕구

허즈버그의 동기-위생이론	• 위생요인: 충분히 작용하면 불만족스럽지 않게 느끼도록 하는 소극적 동기부여요소
	  예 조직의 정책·행정·규정, 근로(작업) 조건, 인간관계, 지위, 기술적 슈퍼비전(감독), 업무적 안정감
	• 동기요인: 충분히 작용하면 만족을 느끼게 하는 적극적 동기 부여요소
	  예 성취(달성), 책임, 인정, 향상(승진), 성장(발전) 가능성

맥클리랜드의 성취욕구이론 (성취동기이론)	• 권력욕구: 다른 구성원에게 통제력을 행사하거나 행동에 영향을 미치고자 하는 욕구 • 친화욕구: 다른 사람과 우호적이고 따뜻한 관계를 유지하려는 욕구 • 성취욕구: 우수한 결과를 얻기 위해 높은 기준을 설정하고 이를 달성하고자 하는 욕구

④ 매슬로우의 욕구계층이론을 기준으로 비교한 동기부여이론

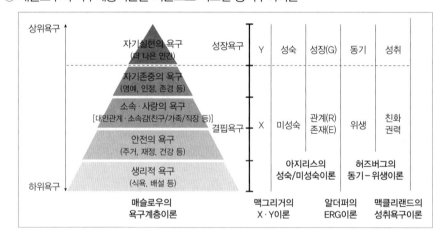

(2) 과정이론

① 인간의 동기가 어떻게 유발되는가를 설명하는 이론이다(어떤 과정을 거쳐 동기부여가 되는가?).

② 동기부여가 되는 과정(process)을 설명한 이론으로, 인간의 인지적 계산과정과 의도를 중요시하며, 주관적 개념이 많이 내포되어 있음을 설명한 이론이다.

③ 학자별 이론의 비교

아담스의 공정성이론 (형평성 · 공평성이론)	• 일종의 사회적 비교이론으로서, 한 개인이 다른 사람에 비해 어느 정도 공정하게 대우받고 있는가에 대한 지각의 중요성을 강조함. • 사람들의 인지과정에서 만들어지는 형평성이 사람들의 동기에 영향을 미친다고 봄.
브룸의 기대이론	• 어떤 일을 하게 되는 사람의 동기는 그것이 적극적이든 소극적이든 자신이 노력한 결과에 대해 스스로 부여하는 가치로 결정됨. • 자신의 노력이 목표를 성취하는 데 실질적으로 도움을 줄 것이란 확신을 갖게 될 때 더욱 크게 동기부여가 된다고 봄.
로크의 목표설정이론	• 최근 조직경영에서 실제로 적용되는 이론 • 인간의 행위는 가치와 의도에 따라 결정됨. • 가치와 판단의 기준 → 욕망과 정서 → 의도 또는 목표 → 실제 행위 또는 성과

4 직무소진

① 직무와 관련된 스트레스에 효과적으로 대처하지 못함으로써 표출되는 정서적 · 육체적 · 태도적 고갈 상태를 말한다.

② 직무에서 비롯되는 스트레스에 대한 반응이다.

③ 직업에 가졌던 목적의식이나 관심을 점차적으로 상실하는 과정이다.

④ 소진의 단계

열성 ➡ 침체 ➡ 좌절 ➡ 무관심

⑤ 직무소진의 측정도구

㉠ **정서적 고갈**: 과도한 접촉, 과중한 업무로 정서적으로 지치고 탈진한 상태이다.

㉡ **비인격화**: 상대방에게 냉정한 태도를 취하고 무감각해지는 것이다.

㉢ **성취감 감소**: 직무수행 중 집중력 상실로 만족감, 성취감을 느끼지 못하는 현상이다.

01
기출 21회

사회복지조직의 인적자원관리에 관한 설명으로 옳지 않은 것은?

① 동기부여를 위한 보상관리는 해당되지 않는다.

② 직원채용, 직무수행 평가, 직원개발을 포함한다.

③ 목표관리법(MBO)으로 직원을 평가할 수 있다.

④ 직무수행 과정에서 경력을 개발해 나갈 수 있도록 한다.

⑤ 직무만족도 개선과 소진관리가 포함된다.

02
기출 22회

사회복지행정가 A는 직원의 불만족 요인을 낮추기 위하여 급여를 높이고, 업무환경 개선을 위한 사무실 리모델링을 진행하여 조직의 성과를 높이고자 하였다. 이때 적용한 이론은?

① 브룸(V. H. Vroom)의 기대이론

② 허즈버그(F. Herzberg)의 동기위생이론

③ 스위스(K. E. Swiss)의 TQM이론

④ 맥그리거(D. McGregor)의 XY이론

⑤ 아담스(J. S. Adams)의 형평성 이론

| 해설 |

01 동기부여란 스스로 우선순위를 어디에 둘지 조정하고 관리하는 것으로, 조직에서는 보상체계로 인정, 성과급, 승진 등을 실시하며 구성원의 동기부여를 높인다.

02 허즈버그의 동기위생이론은 직무불만족을 가져다주는 내용을 위생요인(불만족요인), 직무만족을 가져다주는 내용을 동기요인(만족요인)으로 설명한다. 즉 위생요인인 조직의 정책, 근로(작업) 조건, 기술적 슈퍼비전(감독), 동료 · 상사 · 부하 직원과의 관계, 급여, 직무에 대한 안정감 등에 변화를 주면 '불만족하지 않은 상태'로 바뀌게 된다고 본다.

정답 | 01 ① 02 ②

제7영역 사회복지행정론

재정관리

STEP 1   기출분석

✓ **6개년 출제리포트**

개수
4
3
2
1
    18   19   20   21   22   23 회차

✓ **키워드 공략포인트**

• 재정관리에서는 예산편성방식과 통제 및 집행의 원칙을 묻는 문제가 출제되었습니다.
• 최근에는 예산에 대한 전반적인 내용, 예산통제 등을 묻는 문제가 출제되고 있으니 살펴보아야 합니다.

정답 잡는 오답노트

▼ **품목별 예산**   18회

• **틀린 선지는?**
신축성 있게 예산을 집행할 수 있다. (×)

• **틀린 이유는?**
품목별 예산은 예산이 회계 계정별, 구입 품목별로 편성되기 때문에 신축성 있는 집행이 곤란하다.

STEP 2   핵심이론 공략

1 사회복지조직의 재정관리

① 사회복지조직은 자원의 외부 의존성이 높으며, 재원 조달의 통제능력이 약하다.
② 재정관리는 사회복지조직의 구조 및 의사결정과정에도 상당한 영향을 미친다.

2 예산 편성방식

(1) 품목별 예산   참고 사업 목적보단 지출 품목 강조

장점	단점
• 명확한 지출근거로 예산 통제에 효과적 • 회계가 용이함. • 점증식으로 평가됨.	• 예산의 신축성 저해, 효율성 무시 • 예산 증감의 정당성 근거 희박 • 결과 고려 부족 • 항목별 지출과 성과목표와의 연계가 어려움. • 프로그램 내용을 파악하기 어려움.

(2) 성과주의 예산   참고 '단위원가 × 업무량 = 계산액'으로 편성

장점	단점
• 목표와 프로그램에 대한 높은 이해도 • 사업별, 프로그램별 통제 가능 • 예산 집행의 신축성, 프로그램 효율성 도모	• 예산 통제 곤란 • 비용 지출의 단위 설정 및 비용 책정이 어려움. • 장기적 계획 및 효과성 무시

(3) 기획(계획) 예산   참고 장기적 기획과 단기적 예산 편성을 결합하여 사업단위로 묶어 편성한 예산제도

장점	단점
• 목표와 프로그램을 명확하게 이해할 수 있음. • 장기적 프로그램의 신뢰성 확보 • 자금 배분의 합리성, 프로그램의 효과성 도모 • 프로그램 계획과 예산수립 간의 괴리 방지	• 목표설정이 어려움. • 의사결정의 중앙집권화 우려 • 결과 강조로 과정 경시

(4) 영기준 예산   참고 매 회계연도마다 사업을 처음부터 새롭게 평가 및 조정하여 예산 편성

장점	단점
• 예산 절약과 프로그램의 쇄신에 기여 • 재정 운영과 자금 배분의 탄력성, 합리화 • 관리 참여도 증가 • 프로그램의 효율성과 효과성 도모	• 효과적 의사소통, 의사결정, 프로그램 평가에 대한 관리자의 훈련 필요 • 정치적·심리적 요인 무시 • 장기 계획에 의한 프로그램 수행 곤란

3 예산 관련 원칙

(1) 예산 통제(집행) 원칙 – 로만

개별성의 원칙	예산(재정) 통제는 개별 기관 그 자체의 제약조건, 요구사항 및 기대사항에 맞게 고안해야 함.
강제의 원칙	• 예산 집행의 통제에는 강제성이 있는 명시적인 규정이 있어야 함. • 때로는 개별성을 무시할 수 있으나 규칙을 동일하게 적용하여 공평성을 공식화할 필요가 있음.
예외의 원칙	규칙에는 반드시 예외사항을 고려해야 하고, 예외사항에 적용되는 다른 규칙도 명시해야 함.
보고의 원칙	• 재정 관련 행위를 공식적으로 감시하고 통제해야 함. • 예산의 남용이나 개인적 유용, 항목 변경 등의 사실이 있음에도 보고하지 않으면 재정 활동에 큰 문제가 발생할 수 있음.
개정의 원칙	• 규칙은 대개 일정 기간만 적용할 수 있도록 제한함. • 부작용에 대비해 일정한 기간이 지난 후에는 규칙을 새로 개정할 수 있어야 함.
효율성의 원칙	예산 통제는 비용과 노력을 최소화하는 정도에서 이루어져야 함(통제비용의 최소화).

(2) 예산 수립 원칙

공개 원칙	지역주민의 알 권리를 보호하고 집행부의 독주 방지, 정보 공급, 조세 저항의 최소화, 지역주민의 지지 확보를 목적으로 함.
회계연도 독립의 원칙	각 회계연도의 경비는 당해 연도의 세입으로 충당해야 하며, 매 회계연도의 세출예산은 다음 연도에 사용할 수 없음.
건전재정 운영의 원칙	재정은 수지균형의 원칙에 따라 건전하게 운영하여야 함.
예산의 목적 외 사용금지 원칙	세출예산에서 정한 목적 이외의 경비를 사용할 수 없고, 세출예산이 정한 각 기관 간이나 분야·부문·정책사업 간에 융통하여 사용할 수 없음.
예산 총계주의 원칙	각 회계연도의 모든 수입은 세입으로 하고 모든 지출은 세출로 하며, 세입과 세출은 모두 예산에 편입되어야 함.
예산 사전의결의 원칙	예산은 회계연도가 개시되기 전에 심의·의결을 거쳐야 함.
예산 한정성의 원칙	예산은 연도 간, 분야·부문·정책사업 간 각각의 명백한 한계가 있어야 함.
예산 사전절차 이행의 원칙	예산과 관련된 법령에 따라 반드시 사전에 제정된 후에 예산을 의결하여야 하며, 상급기관의 승인을 받아야 하는 사항은 승인절차를 이행하고 편성하여야 함.

01
기출 21회

예산에 관한 설명으로 옳은 것은?

① 영기준 예산(Zero Based Budgeting)은 전년도 예산 내역을 반영하여 수립한다.
② 계획 예산(Planning Programming Budgeting System)은 국가의 단기적 계획 수립을 위한 장기적 예산편성 방식이다.
③ 영기준 예산(Zero Based Budgeting)은 비용−편익분석, 비용−효과분석을 거치지 않고 수립한다.
④ 성과주의 예산(Performance Budgeting)은 전년도 사업의 성과를 고려하지 않고 수립한다.
⑤ 품목별 예산(Line Item Budgeting)은 수입과 지출을 항목별로 명시하여 수립한다.

02
기출 22회

예산 집행의 통제 기제에 관한 설명으로 옳지 않은 것은?

① 개별 기관의 제약조건, 요구사항 및 기대사항에 맞게 고안되어야 한다.
② 예외적 상황에 적용되는 규칙을 명시해야 한다.
③ 보고의 규정을 두어야 한다.
④ 강제성을 갖는 규정은 두지 않는다.
⑤ 필요할 경우 규칙은 새로 개정할 수 있다.

| 해설 |

01 ① 영기준 예산은 전년도 예산을 고려하지 않고 프로그램의 정당성을 매년 새로이 마련한다.
　　② 계획 예산은 국가의 장기적 계획을 수립하고 기본계획을 연차적으로 실행하기 위해 프로그램별로 예산을 편성하는 방식이다.
　　③ 영기준 예산은 최적의 대안을 선택하기 위해 비용−편익분석, 비용−효과분석을 거쳐 수립한다.
　　④ 성과주의 예산은 산출물 또는 성과를 중심으로 예산을 운용하는 제도로, 전년도 사업의 성과를 고려하여 수립한다.
02 예산 집행의 통제에는 강제성이 있는 명시적인 규정이 있어야 한다. 강제성이 없으면 효과가 없기 때문이다(강제의 원칙).

정답 | 01 ⑤ 02 ④

STEP 1 기출분석

☑ 6개년 출제리포트

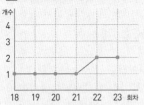

☑ 키워드 공략포인트

• 기획과 의사결정에서는 의사결정을 묻는 문제가 출제되었습니다.

• 과거에는 기획에 대한 문제가 출제되었다면, 최근에는 의사결정의 모형과 기술을 묻는 문제가 출제되고 있습니다. 그러나 기획을 묻는 문제도 출제될 수 있으니 살펴보아야 합니다.

정답 잡는 오답노트

▼ 기획에 관한 설명   16회

• 틀린 선지는?

목표지향적이나 과정지향적이지는 않다. (×)

• 틀린 이유는?

기획은 목표지향적이면서 과정지향적이라는 특성을 가진다.

▼ 의사결정의 방법   15회

• 틀린 선지는?

직관적 결정은 개인의 지식과 경험에 의해 이루어진다. (×)

• 틀린 이유는?

직관적 결정은 합리성보다는 감정이나 육감에 근거하여 이루어진다.

STEP 2 핵심이론 공략

1 기획

(1) 기획의 특성

① 미래지향적인 과정이다.
② 의사결정과정과 연결된다.
③ 계속적인 과정이다.
④ 과정지향적이다.
⑤ 목표지향적이며 목표를 위한 수단이다.
⑥ 전문화된 지식체계를 기반으로 한다.

(2) 사회복지조직에서 기획의 필요성

① **효율성과 효과성의 증진:** 사회복지 인력과 자원은 제한되어 있다. 따라서 투입되는 비용과 인력을 사전에 고려해야 자원 낭비를 줄일 수 있으며(효율성), 과업 달성에 적합한 수단과 방법을 결정하고 계획적으로 대상자에게 서비스를 제공하여 개입의 효과성을 증진시켜야 한다.

② **책임성의 증진:** 사회복지행정은 사회의 인가를 받아 국고와 개인의 기부금을 사용하고 있기 때문에 목표하는 서비스를 효과적이고 효율적으로 제공할 책임이 있으며, 그에 대한 자료나 증빙을 외부에 제시할 수 있어야 한다.

③ **동기부여와 사기 진작:** 조직 성원이 기획과정에서 의견을 수렴하거나 의사결정에 참여할 수 있으므로 조직 성원의 사기 진작이 가능하다.

④ **사회복지조직 목표의 모호성 감소:** 급변하는 사회복지조직 환경에 따른 미래의 불확실성을 감소시키고 조직의 목표를 재확인할 수 있다.

⑤ **문제해결을 위한 합리성 증진:** 기획은 문제해결과 의사결정을 위해 타당하게 적용될 수 있으므로 합리성을 향상시킨다.

(3) 기획과정

스키드모어	목표 설정 → 자원 고려 → 대안 모색 → 결과 예측 → 계획 결정 → 구체적 프로그램 수립 → 개방성 유지
드러커	목표 설정 → 목표의 우선순위 선정 → 자원 식별 → 프로그램 실행 → 통합 유지
요크	• 문제 확인 → 목표 설정 → 프로그램 설계 → 평가 • 평가과정에서 다시 문제 확인과정으로 연결되는 순환적 관계임.

(4) 프로그램 기획기법

① 시간별 활동계획 도표(간트도표)

㉠ 세로에는 사업(행사)을 위한 주요 세부 목표 및 관련 활동을 기입하고 가로에는 월별 또는 주별, 일별 시간을 기입한 도표에, 사업의 시작 또는 완료까지의 기간 동안 계획된 세부 목표 및 활동기간과 실제 수행 현황을 병행하여 막대 모양으로 표시한 도표이다.

㉡ 근로자의 생산 활동과 시간을 통제할 수 있는 도구로서, 작업의 단위와 시간을 분석하여 하나의 작업이 완료된 후에 다음 단계로 넘어갈 수 있는 작업, 하나의 작업이 진행되는 중간에 시작되는 작업, 동시에 시작할 수 있는 작업으로 구분하여 시간을 통제함으로써 하나의 프로젝트가 정해진 시간에 완성될 수 있도록 관리하는 기법이다.

㉢ 장단점

장점	• 여러 활동들 간의 선후관계를 확인할 수 있음. • 기획된 활동이 일정대로 진행되는지 쉽게 파악할 수 있음.
단점	• 총 소요시간 및 작업의 연관성을 파악하기 어려움. • 복잡한 기획 활동은 도표 작성이 쉽지 않음.

② 프로그램 평가검토기법(PERT)

㉠ 목표 달성의 기한을 정해 놓고 주요 세부 목표 또는 활동의 상호관계와 시간계획을 연결시켜 도표로 나타내는 기법이다.

㉡ 통로: 시작부터 종료에 이르기까지의 과정에 있는 일련의 연결된 활동들의 집합을 말한다.

㉢ 임계통로(주경로): 시작부터 종료에 이르기까지 가장 많은 시간을 요구하는 통로를 말한다.

㉣ 장단점

장점	• 기획된 활동의 실행에 필요한 과업의 선후 병행 관계 및 소요시간 등을 도표로 나타내어 전체 과정을 쉽게 파악할 수 있음. • 기획된 활동의 실행과정에서 조정의 노력을 원만하게 제공하며 실행과정에서 생길 수 있는 문제점을 예상할 수 있게 함. • 기획된 활동의 실행과정에서 작업을 종료할 수 있는 대안 경로를 제시하며 이를 토대로 체계적인 평가가 가능함.
단점	• 완성된 PERT도표가 복잡하면 이해하기가 어려우며, 도표 작성에 많은 시간이 소요됨. • 기획된 활동의 실행과정에서 불확실성이 너무 많으면 활용하기 어려움.

③ 월별 활동계획카드(Shed-U Graph)

㉠ 바탕 종이(24×42)의 위쪽 가로에 월별을 기록하고, 특정 활동이나 업무는 작은 카드(3×5)에 기입하여 월별 아래 공간에 삽입하거나 붙인다.

㉡ 업무의 시간에 따라 변경 및 이동시키는 데는 편하지만, 과업과 완료된 업무 간 상관관계를 알기는 어렵다.

> **기획과정의 위계수준**
> • 최고 관리층: 조직 전체 기획, 장기적 기획, 전략적 기획
> • 중간 관리층: 부문·부서별 기획, 운영 기획
> • 감독 관리층: 구체적 프로그램 기획, 운영 기획
> • 관리 실무자: 일상적 업무 및 사소한 절차에 한정

④ 방침관리기획(PDCA)
  ㉠ PDCA(Plan-Do-Check-Act)에 따른 프로그램 기획방법으로, 조직의 문제를 해결하고 핵심 목표를 달성하기 위해 조직의 자원을 동원시키는 데 중점을 둔다.
  ㉡ 공통된 목표를 달성하기 위해 전체 조직원의 노력을 적절하게 조정하는 데 사용된다.
⑤ 책임행렬표(책임할당모델)
  ㉠ 프로젝트 혹은 비즈니스 프로세스에서 업무 수행에 필요한 구성원별 책임과 역할을 식별하는 방법으로, RACI(Responsible, Accountable, Consulted, Informed)차트를 통해 목표, 활동, 책임 유형을 구성원별로 제시한다.
  ㉡ 책임할당모델을 적용하기 위해서는 과업, 중요한 단계, 핵심 의사결정 등 모든 것을 목록화하고, 누가 책임을 지며 누가 책무를 다하고 누가 적절한 곳에서 컨설팅 또는 정보를 필요로 하는지 명확히 해야 한다.

2 의사결정

(1) 의사결정의 방법
① 직관적 결정: 합리성보다는 감정이나 육감에 근거하여 결정한다.
② 문제해결적 결정: 정보수집, 연구, 분석과 같은 합리적인 절차를 거쳐 결정한다.
③ 판단적 결정: 개인이 가지고 있는 지식과 경험을 기반으로 결정한다.
④ 정형적 의사결정: 절차, 규정, 방침에 따라 규칙적인 의사결정 행위가 전개된다.
⑤ 비정형적 의사결정: 사전에 결정된 기준 없이 이루어지며, 일반적으로 예상하지 못한 상황에서 내리는 결정으로 단발성을 가진다.

(2) 의사결정의 모형
① 합리모형(객관적 합리성): 인간의 이성과 완전한 합리성을 통해 주어진 목표와 상황에서 인간의 능력에 대한 신뢰를 전제로 최선의 정책대안을 선택할 수 있다고 본다.
② 만족모형(주관적 합리성): 제한된 합리성으로 정책목표 및 기준의 불확정성이 있으며, 제한된 대안에서 탐색하고, 만족스러운 대안을 선택하게 되지만 선택의 기준이 모호하다.
③ 최적모형(경제적 합리성, 초합리성): 질적 모형으로 경제적 합리성과 초합리성을 바탕으로 한다.
④ 점증모형(정치적 합리성): 비합리성으로 정책의 목표는 개혁이 아닌 수단으로 수정·보완한다는 점에서 정치적(보수적) 성격이 있다.
⑤ 혼합모형(종합적 합리성): 기본적 결정(합리모형)과 세부적 결정(점증모형)으로 구분하여, 사회의 조직원리를 찾는다.
⑥ 쓰레기통 모형: 조직화된 무정부(혼란) 상태에서 4가지 흐름(문제, 해결책, 선택 기회, 참여자)에 의해 정책과정을 구성한다.

(3) 의사결정의 기술

① 개인 의사결정기술

㉠ 의사결정나무 분석

- 문제해결이 가능한 여러 가지 대안을 발견하여 나열하고, 각각의 대안을 선택했을 때와 선택하지 않았을 때의 결과를 그림으로 그려서 생각하는 방법이다.
- 그림의 모양이 나무와 같아서 의사결정나무 분석이라고 부른다.

㉡ 대안선택 흐름도표

- 목표가 분명하고 예상 가능한 사항을 선택할 때 적용한다.
- 어떤 사항의 진행과정에서 '예'와 '아니요'로 답변할 수 있는 질문을 연속적으로 하여 예상되는 결과를 보고 대안을 결정하도록 하는 도표이다.

② 집단 의사결정기술

㉠ 델파이기법

- 전문가들에게 우편으로 의견이나 정보를 수집하여 그 결과를 분석한 후, 그것을 다시 응답자들에게 보내어 의견을 묻는 식으로 만족스러운 결과를 얻을 때까지 계속하는 방법이다.
- 선례가 없거나 어떤 불확실한 사항에 대해 전문가들의 합의를 얻으려고 할 때 활용한다.

㉡ 명목집단기법(소집단 투표 의사결정법)

- 전문가 또는 관련자들을 한 장소에 모아 각자 적어 낸 의견을 종합하여 정리한 후, 만족스러운 수준의 합의가 이루어질 때까지 의견 검토 절차를 계속하는 방법이다.
- 모든 참여자의 의사가 고루 반영될 수 있고, 소수 엘리트집단이 독단적으로 의사결정할 가능성을 최소화할 수 있다.

㉢ 브레인스토밍(집단토의)

- 어떤 한 가지 주제와 관계된 사람들이 모인 집단의 효과를 살려 아이디어의 연쇄반응을 일으킴으로써 자유분방하게 아이디어를 내는 방법이다.
- 주제와 다소 무관한 의견이라도 새로운 아이디어로 연결될 수 있다는 점을 감안하기 때문에 제약 없이 의견을 제시할 수 있다.
- 제시된 의견들을 잘 취합해야 하고, 특정 사람들에게 발언권이 편중되지 않도록 유의해야 한다.

㉣ 변증법적 토의

- '정(正)－반(反)－합(合)'이라는 헤겔의 변증법적 사고방식에 기초한 토의방법이다.
- 토의가 진행되기 전에 참여자들에게 쟁점 및 관련 정보를 알리면 참여자들은 각자 정보를 검토하여 찬성 혹은 반대를 미리 선택한다.

01
기출 21회

사회복지조직의 의사결정모형에 관한 설명으로 옳은 것은?

① 점증모형은 여러 대안을 평가하여 합리적 평가 순위를 정하는 모형이다.
② 연합모형은 경제적·시장 중심적 시각에서 이루어지는 모형이다.
③ 만족모형은 주로 해결해야 할 문제가 분명하고 단순한 의사결정에 적용된다.
④ 쓰레기통모형은 조직의 목표가 모호하고, 조직의 기술이 막연한 경우에 적용되는 모형이다.
⑤ 공공선택모형은 시민들을 공공재의 생산자로 규정하고 정부를 소비자로 규정한다.

02
기출 22회

다음 설명에 해당하는 의사결정 기법은?

- 대면하여 의사결정
- 집단적 상호작용의 최소화
- 민주적 방식으로 최종 의사결정

① 명목집단기법　　② 브레인스토밍
③ 델파이기법　　④ SWOT기법
⑤ 초점집단면접

| 해설 |

01 쓰레기통모형은 조직의 목표 및 이를 달성하는 기술 등이 모호하고 구성원들의 이동이 많은 조직에서 문제, 해결책, 선택 기회, 참여자의 네 가지 요소가 독자적으로 움직이다가 우연히 마주치게 될 때 의사결정이 이루어진다는 것이다.

02 명목집단기법은 전문가 또는 관련자들을 한 장소에 모아 각자 적어 낸 의견을 종합하여 정리한 후 만족스러운 수준의 합의가 이루어질 때까지 의견 검토 절차를 계속하는 의사결정 기법이다. 이는 모든 참여자의 의사가 고루 반영될 수 있고, 소수 엘리트집단이 독단적으로 의사결정할 가능성을 최소화할 수 있다.

정답 | 01 ④　02 ①

STEP 1 기출분석

✓ **6개년 출제리포트**

✓ **키워드 공략포인트**

- 사회복지조직의 마케팅의 필요성, 특징, 기법, 전략 등을 묻는 문제가 출제되었습니다.
- 특히 마케팅 기법, 마케팅 전략을 묻는 문제가 지속적으로 출제되고 있으니 살펴보아야 합니다.

정답 잡는 오답노트

▼ **비영리조직 마케팅** 19회

- **틀린 선지는?**
사회복지조직이 제공하는 비물질적인 서비스는 마케팅 대상이 아니다. (×)

- **틀린 이유는?**
사회복지조직이 제공하는 물질적·비물질적인 서비스 모두가 마케팅 대상이 된다.

STEP 2 핵심이론 공략

1 사회복지조직 마케팅의 필요성

재정의 확보	목표달성에 필요한 재정자원 동원 및 확보
비영리조직들의 증가와 경쟁	질 높은 서비스를 제공하는 조직 간의 경쟁 유도
서비스 개발	외부환경의 변화에 민감한 사회복지조직 → 환경 분석 및 서비스 개발 필요
책임성 측면	외부 재원에 의존하는 사회복지조직 → 서비스 제공에서 효율성과 효과성 달성을 위해 최선의 노력을 해야 함.

2 사회복지조직 마케팅의 특징

① **서비스의 무형성**: 현물이 아니기 때문에 이용하기 전에는 확인할 수가 없으며, 홍보를 하거나 특허를 내기가 어렵다.

② **서비스의 다양성과 복잡성**: 사회복지서비스는 각각의 클라이언트가 가진 다양하고 복잡한 욕구를 개별적으로 다루기 때문에 표준화하기 어렵다. 이러한 특성 때문에 대량생산이 불가능하고 단위 비용이 높아진다.

③ **생산과 소비의 동시 발생**: 일반적으로 영리부문의 상품은 생산한 후에 소비가 이루어지지만, 사회복지서비스는 생산과 소비가 동시에 발생한다.

④ **서비스의 소멸성**: 사회복지서비스는 형태가 없기 때문에 축적·저장·반환이 불가하다.

⑤ **목표달성과 측정 척도 부재**: 목표달성과 결과에 대한 측정이 어렵다.

3 영리조직과 비영리조직의 마케팅 차이

구분	영리조직	비영리조직
마케팅 대상	지불능력이 있는 고객	서비스 수혜자, 기부자
목적	이윤추구 (단일한 목적)	수혜자의 서비스 만족과 발전, 기부자의 자발적 참여, 지역사회개발(다양한 목적)
제공물	유형의 상품	무형의 서비스
대중의 평가	강도가 낮음	강도가 높음(대중의 욕구에 따른 서비스 제공, 세금면제, 보조금 제공)

4 마케팅 전략

(1) **STP 전략**: 마케팅 목표를 달성하기 위한 마케팅 전략이다. 잠재고객의 다양한 욕구를 발견하기 위해서는 시장 세분화(S)를 통해 예상 고객층이 존재하는 표적시장을 선정(T)한 후 시장 및 고객의 특징이 파악되면 기관의 서비스 등을 포지셔닝(P)하는 과정이다.

(2) 마케팅 믹스(4P) 전략: STP 전략을 실행에 옮기는 전략이다. 마케팅 믹스는 개별로도 마케팅에서 중요한 도구들이지만, 둘 이상을 통합하여 사용하면 더욱 시너지를 발휘하는데, 이를 '마케팅 믹스 전략'이라고 한다.

상품 (제품, Product)	• 어떤 상품(서비스)을 제공할 것인가? • 클라이언트의 욕구를 충족시키기 위한 결과물로서, 서비스를 개발할 때에는 클라이언트가 이용하려는 것이 무엇인가를 이해하고 파악하는 것이 중요
가격 (Price)	• 가격(서비스 비용)을 어떻게 결정할 것인가? • 클라이언트가 그 서비스를 받기 위해 지불하고자 하는 대가로서, 서비스 제공자는 비용을 결정하기 전에 사람들이 그 서비스에 어떤 가치를 부여하고 있는지를 알아야 함.
유통 (장소, Place)	• 클라이언트가 얼마나 쉽게 조직을 찾을 수 있는가? • 서비스의 접근성과 관계되는 것으로 클라이언트뿐만 아니라, 후원자들이 사회복지조직을 쉽게 찾고 편리하게 후원할 수 있도록 여러 가지 후원방법을 개발하는 것과도 관계가 있음.
촉진 (판촉, Promotion)	• 상품(서비스)의 유용성을 어떻게 전달할 것인가? • 상품(서비스)의 유용성을 전달하는 과정, 즉 홍보와 의사소통을 의미하며, 클라이언트의 관심을 자극하기 위해 활용하는 모든 홍보기술 및 촉진기술

5 마케팅 기법

다이렉트 마케팅	잠재적 후원자들에게 우편으로 후원을 요청하는 편지를 발송하여 후원자를 개발하는 가장 전통적인 방법
데이터베이스 마케팅	고객의 지리적·인구 통계적·심리적 특성, 생활양식, 행동양식이나 구매 기록뿐만 아니라 경쟁사 정보, 산업 정보 등 시장에 관한 각종 정보를 직접 수집·분석한 내용을 데이터베이스화하여 전략을 수립하는 방법
인터넷 마케팅	정보화 시대에 적합한 기법으로, 메일링 서비스를 활용한 개별적인 고객관리, 배너 교환이나 인터넷의 홈페이지에서 기관을 홍보하고 모금하는 방법
고객관계관리 마케팅	고객과 관련된 자료를 분석하고 그들의 욕구를 파악하여 이른바 '맞춤 서비스'를 지속적으로 제공함으로써 모금효과를 극대화하며, 후원자 관리에 유용한 방법
기업(공익) 연계마케팅	• 기업의 이미지를 높여 주어 기업의 상품 판매에 긍정적인 영향을 미치면서 사회복지기관의 후원자 개발에도 기여하는 방식 • 소위 사회복지조직도 좋고 기업도 좋은 '윈-윈(win-win) 전략'으로 활용함.
사회마케팅	정부나 지방자치단체, 시민과 지역사회를 위한 대중의 행동변화 도모가 목적이고, 사회문제에서 도출한 사회적 목표를 달성하고자 사회적 아이디어를 개발하여 공익을 실현하기 위한 집단적이고 조직적인 노력을 함.
소셜마케팅	기업이 이익 추구뿐만 아니라 사회적 책임을 다하기 위해 행함.
클라우드 펀딩	웹이나 모바일 네트워크 등의 수단을 활용하여 다수의 개인으로부터 자금을 모으는 방법

01 　　　　　　　기출 21회

비영리조직 마케팅의 특성으로 옳지 <u>않은</u> 것은?

① 이윤추구보다는 사회적 가치 실현에 주안점을 둔다.
② 마케팅에서 교환되는 것은 유형의 재화보다는 무형의 서비스가 대부분이다.
③ 영리조직에 비해 인간의 태도나 행동을 변화시키는 것이 어렵다.
④ 서비스의 생산과 소비의 동시성을 고려한다.
⑤ 조직의 목표달성과 측정이 용이하다.

02 　　　　　　　기출 22회

사회복지 마케팅 기법에 관한 설명으로 옳지 <u>않은</u> 것은?

① 다이렉트 마케팅은 방송이나 잡지 등 대중매체를 활용하는 방식이다.
② 기업연계 마케팅은 명분마케팅이라고도 한다.
③ 데이터베이스 마케팅은 이용자에 대한 각종 정보를 수집, 분석하여 활용하는 방식이다.
④ 사회 마케팅은 대중에 대한 캠페인 등을 통해 행동변화를 유도하는 방식이다.
⑤ 고객관계관리 마케팅은 개별 고객특성에 맞춘 서비스를 지속적으로 제공하는 방식이다.

| 해설 |
01 비영리조직의 마케팅은 클라이언트의 변화를 목표로 다양한 대상에 초점을 맞추기 때문에 다중의 이해관계와 성격에 따라 목표 설정 및 달성, 성과 측정에 어려움이 있을 수 있다.
02 다이렉트 마케팅(DM)은 잠재적 후원자들에게 우편으로 후원을 요청하는 편지를 발송하여 후원자를 개발하는 가장 전통적인 마케팅 방법이다.

정답 | 01 ⑤ 02 ①

프로그램 설계

☑ **6개년 출제리포트**

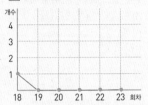

☑ **키워드 공략포인트**

• 프로그램 설계 영역은 과거에 비해 출제비중이 다소 낮아지기는 하였지만, 논리모형(모델)에 대한 내용과 프로그램 설계를 묻는 문제가 출제되었습니다.

• 앞으로도 출제 비중은 다소 낮을 수 있지만, 논리모형(모델)에서 산출과 성과에 대한 정확한 정의를 묻는 문제가 출제될 수 있으니 살펴보아야 합니다.

1 프로그램 개발 시 고려요소(5P)

합목적성 및 목표의 일관성 (Purpose)	프로그램의 내용은 목적이 제시하는 내용에 적합해야 함.
능력 수준과 흥미의 적합성 (Person)	프로그램의 내용은 대상자의 필요와 흥미 또는 능력 수준을 고려하여 내용과 방법이 적합하고 친밀감을 느낄 수 있는 것으로 선정해야 함.
통합성 (Problem)	목표 달성을 위하여 단편적인 프로그램을 제공하는 것이 아니라, 인간의 경제적·사회적·심리적·문화적 제반 문제들을 통합적으로 고려하는 프로그램을 제공해야 함.
지속성과 네트워크화 (Process)	프로그램은 일시적이고 일회적인 접근이 아니라 체계화된 일정 계획 아래 지속적이어야 함.
지역성 (Place)	프로그램을 실시하는 기관의 지역적·문화적 상황에 따라 그 지역의 독특한 특성을 살릴 수 있어야 함.

2 논리모델

① 사회복지 프로그램 개발과정에서 체계이론의 개념을 적용한다.

② **논리모델의 과정**   Tip 산출과 성과는 그 정의를 정확히 구별할 수 있어야 합니다.

투입	프로그램에 투여되거나 프로그램에 의해 소비된 자원으로, 클라이언트와 관련된 요소, 직원과 관련된 요소, 물리적 자원 및 장비 등이 포함됨. ⓔ 이용자, 직원, 봉사자, 자금, 예산, 시설, 장비, 소모품 등
활동 (전환)	임무를 수행하기 위해 프로그램에서 투입으로 활동하는 것으로, 서비스의 정의, 서비스 과업, 개입방법 등이 포함됨. ⓔ 상담, 직업훈련, 치료 및 교육, 보호, 클라이언트 대인관계 지도, 사회적응훈련, 재가서비스, 정보 제공 및 의뢰 등
산출	프로그램 활동의 직접적 결과물 및 실적 등(서비스 종료) ⓔ 상담 건수, 서비스 참여자 수, 서비스 제공시간, 식사 배달 횟수, 배포된 교육자료 및 홍보지의 수, 교육 시행 횟수, 지도한 집단의 수 등
성과	프로그램 활동 중 또는 활동 이후 참여자가 얻은 이익 또는 혜택 등(측정 가능한 변화) ⓔ 클라이언트의 지식·태도·기술·가치의 변화, 행동의 수정, 향상된 조건, 변화된 지위 등
영향 또는 환류	의도했던 문제의 해결에 영향을 미친 정도(장기적 성과) ⓔ 장기적으로 나타나는 사회적 효과

정답 잡는 오답노트

▼ **프로그램의 논리모형** 11회

• **틀린 선지는?**
성과는 활동을 통한 직접 산출물을 의미한다. (✕)

• **틀린 이유는?**
활동을 통한 직접 산출물이 의미하는 것은 산출이다. 성과는 변화 정도를 의미한다.

3 목표의 위계

① 소비자 목표(서비스를 받게 될 사람의 수): '얼마나 많은 소비자들이 서비스를 받게 될 것인가'와 관련된 것이다.

② 활동 목표(시간): 공급자 입장에서 '얼마나 많은 서비스가 제공될 것인가'를 주로 시간 단위로 표현하는 것이다.

③ 산출 목표(제공받은 사람 수): 서비스를 제공받은 사람들의 수로 표시하는 것이다.

④ 성과 목표(변화, 효과): 서비스를 제공받은 클라이언트의 변화 양상을 나타내는 것이다.

⑤ 영향 목표(지역사회): '서비스가 얼마나 많은 영향을 끼칠 수 있는가'와 관련된 것이다.

4 프로그램의 설계

(1) 프로그램 설계의 중요성

① 명확한 목표를 설정할 수 있도록 한다.

② 효과성을 증진시킬 수 있다.

③ 효율성 향상에 기여한다.

④ 외부의 지지도가 상승한다.

⑤ 구성원의 직무 만족도가 향상된다.

⑥ 대상자의 역량이 강화된다.

(2) 사회복지 프로그램 대상자 구분

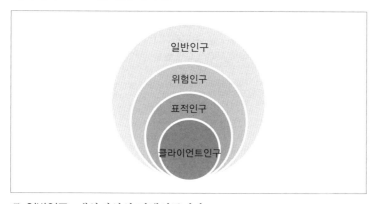

① 일반인구: 대상지역의 전체인구이다.

② 위험(위기)인구: 일반인구의 하위집단으로, 특정 사회문제에 노출된 인구이다.

③ 표적인구: 위험인구의 하위집단으로, 프로그램 수급자격을 갖춘 인구이다.

④ 클라이언트인구: 표적인구의 하위집단으로, 서비스 참여인구이다.

> **Tip** 일반적으로 표적인구가 일반인구보다 적으며, 자원이 부족하면 표적인구가 클라이언트인구보다 많아집니다.

STEP 3   필수문제 점검

01
기출 17회

논리모델을 적용하여 치매부모부양 가족원 스트레스 완화 프로그램을 설계했을 때, 옳은 것을 모두 고른 것은?

> ⊙ 투입: 스트레스 완화 프로그램 실행비용 1,500만 원
> ⓒ 활동: 프로그램 참여자의 스트레스 완화
> ⓒ 산출: 상담전문가 10인
> ⓔ 성과: 치매부모부양 가족원 삶의 질 향상

① ⊙
② ⊙, ⓔ
③ ⓒ, ⓒ
④ ⓒ, ⓔ
⑤ ⓒ, ⓒ, ⓔ

02
기출 18회

사회복지 프로그램 목표에서 성과목표로 옳은 것은?

① 1시간씩 학습지도를 제공한다.
② 월 1회 요리교실을 진행한다.
③ 자아존중감을 10% 이상 향상한다.
④ 10분씩 명상훈련을 실시한다.
⑤ 주 2회 물리치료를 제공한다.

| 해설 |

01 ⓒ 성과: 프로그램 참여자의 스트레스 완화
　　ⓒ 투입: 상담전문가 10인

02 '자아존중감을 10% 이상 향상한다'라는 목표는 특정 활동이 클라이언트 및 사회에 미칠 영향을 의미하므로 프로그램 실행 후의 변화 양상을 파악하는 성과목표로 적절하다.

정답 | 01 ② 02 ③

STEP 1   기출분석

☑ 6개년 출제리포트

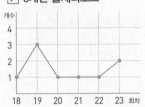

☑ 키워드 공략포인트

- 평가조사를 묻는 문제가 자주 출제되었습니다.
- 특히, 평가조사에서 평가의 종류를 묻는 문제가 출제되었고, 앞으로도 평가의 종류에 대한 세부적인 내용을 묻는 문제가 출제될 수 있으니 살펴보아야 합니다.

정답 잡는 오답노트 🖊

▼ 사회복지 평가기준   16회

- 틀린 선지는?
영향성은 사회집단 간 얼마나 공평하게 배분되었는지를 의미한다. (×)

- 틀린 이유는?
영향성은 사회문제나 클라이언트의 변화에 미친 영향을 의미하며, 사회집단 간 얼마나 공평하게 배분되었는지를 의미하는 것은 '형평성'이다.

STEP 2   핵심이론 공략

1 욕구조사

(1) 욕구이론

① 폰시오엔: 사회의 우선적인 책임은 구성원의 생물학적·사회적·정서적 요소를 포함한 기본적인 생존의 욕구를 충족시키는 것이라고 보았다.

② 매슬로우의 욕구계층이론: 생리적 욕구(1단계) – 안전의 욕구(2단계) – 사랑과 소속에 대한 욕구(3단계) – 자기존중의 욕구(4단계) – 자기실현의 욕구(5단계)

③ 브래드쇼의 사회적 욕구이론: 규범적 욕구(전문가의 판단) – 인지적 욕구(개인이 느끼는 욕구) – 표출적 욕구(욕구가 행동으로 표출) – 상대적 욕구(타인과의 비교에 따른 욕구)

(2) 욕구조사의 접근방법

클라이언트 중심	• 특정 인구집단을 위한 서비스나 프로그램을 제공하는 기관이 시행하는 조사 • 특정 인구집단이 가지고 있는 문제와 서비스의 수준을 조사함.
서비스 중심	• 특수한 서비스를 제공하고 있는 기관이 시행하는 조사 • 특정한 문제를 해결할 수 있는 서비스 기술이 있는 것을 전제로 함.
지역사회 중심	• 클라이언트 중심의 욕구조사와 서비스 중심의 욕구조사를 통합한 것 • 지역사회 전반의 문제를 확인하여 문제해결의 우선순위, 적절한 개입 대상인구 및 적절한 서비스 수준 등을 파악함.

2 평가조사

(1) 평가의 종류

① 평가 목적(시점)에 따른 분류

형성평가	• 프로그램을 개발하거나 시행 중인 프로그램을 개선하기 위한 목적으로 프로그램 운영 도중에 이루어지는 평가 • 서비스 전달체계를 향상시키거나 서비스의 효율성을 증진시키기 위해 실시
총괄평가 (성과평가)	• 프로그램이 종결된 이후에 이루어지는 평가 • 어느 프로그램을 지속할 것인지, 종결할 것인지, 또는 여러 개의 대안 프로그램들 가운데 어느 것을 선택해야 하는지 등 총괄적인 의사결정을 할 경우 실시
통합평가	• 형성평가와 총괄평가를 통합한 평가 • 통상적으로는 총괄평가적 접근으로 평가한 후에 형성평가적 접근으로 프로그램 운영과정의 타당성과 인과관계를 정밀하게 검사함으로써 총괄평가에서 얻은 정보의 타당성과 신뢰도를 평가

② 평가 주체에 따른 분류

자체평가	• 프로그램 담당자가 스스로 행하는 평가 • 평가비용을 절약하고 장기적으로 실시할 수 있음. • 공정성을 확보하기 어려움.
내부평가	프로그램의 직접 담당자를 제외한 기관 내부의 다른 사람, 즉 책임자나 상급자 혹은 동료에 의해 이루어지는 평가
외부평가	프로그램을 담당하는 기관 외부에 속한 사람에 의해 이루어지는 평가

③ 평가 규범에 따른 분류

효과성 평가	프로그램의 목적 달성도에 대한 평가
효율성 평가	• 투입 대비 산출(산출 극대화) 또는 산출 대비 투입(투입 최소화)에 대한 평가 • 비용 편익 분석: 모든 비용과 편익을 화폐 가치로 환산함. • 비용 효과 분석: 비용은 화폐 단위로, 효과는 재화 단위나 용역 단위 등으로 측정함.
공정성 평가	프로그램의 효과와 비용이 사회집단 간 또는 지역 간에 얼마나 공평하게 배분되었는가에 대한 평가

(2) 프로그램 평가의 기준

노력성 평가	프로그램과 관련된 사람들이 그 프로그램을 위해 얼마나 열심히 일하였는가(일하고 있는가, 활동의 양)를 평가
사회적 형평성 평가	프로그램 활동과 관련하여 균등하게 배분이 이루어졌는가(공평성)를 평가
영향성 평가	사회문제나 클라이언트가 변화하는 데 얼마나 영향을 미쳤는가에 대해 평가
프로그램의 질 평가	프로그램의 질적인 측면(전문성)을 평가
접근성	프로그램을 필요로 하는 모든 사람들이 시간적·장소적·비용적·심리적·절차적으로 손쉽게 서비스에 접근할 수 있는 정도를 평가
책임성	• 활동의 결과에 대한 책임감과 과정에 있어서의 정당성도 갖추어야 함을 의미 • 사회복지 조직은 효과성뿐만 아니라 효율성, 권한의 원칙이나 영향력 등의 정당성까지도 고려 • 책임성 요구가 증가하면서 사회복지서비스에 대한 양적·질적 평가 병행 실시

(3) 사회복지시설 평가의 평가지표

① 사회복지시설 평가는 이용시설, 거주시설(생활시설)과 상관없이 3년마다 전수조사를 실시한다.

② 평가지표는 시설 및 환경, 재정 및 조직운영, 프로그램 및 서비스, 이용자의 권리, 지역사회관계, 시설운영 전반의 6가지 영역으로 구성되어 있으며 이는 2년마다 수정·보완한다.

01

프로그램 평가에 관한 설명으로 옳은 것을 모두 고른 것은?

> ㉠ 비용 – 효과 분석은 프로그램의 비용과 결과의 금전적 가치를 고려하지 않는다.
> ㉡ 비용 – 편익 분석은 프로그램의 비용과 결과를 금전적 가치로 환산하여 평가한다.
> ㉢ 노력성 평가는 프로그램 수행에 투입된 인적·물적 자원 등을 기준으로 평가한다.
> ㉣ 효과성 평가는 프로그램의 목표 달성 정도를 평가한다.

① ㉠, ㉡   ② ㉠, ㉢
③ ㉡, ㉣   ④ ㉡, ㉢, ㉣
⑤ ㉠, ㉡, ㉢, ㉣

02

사회복지 프로그램 평가의 목적과 그 설명으로 옳은 것은?

① 정책개발: 사회복지실천 이념 개발
② 책임성 이행: 재무·회계적, 전문적 책임 이행
③ 이론 형성: 급여의 공평한 배분을 위한 여론 형성
④ 자료수집: 종사자의 기준행동 강화
⑤ 정보관리: 민간기관의 행정협상력 약화

| 해설 |
01 ㉠ 비용–효과 분석은 프로그램 비용의 금전적 가치를 고려하지만, 결과의 금전적 가치는 고려하지 않는다. 즉, 투입(비용)은 화폐가치로, 결과(효과)는 비화폐적 가치로 분석한다.
02 사회복지 프로그램 평가는 기관 운영의 재무·회계적, 전문적 책임을 이행하기 위한 것이다.

정답 | 01 ④ 02 ②

사회복지법인 및 사회복지시설 재무·회계 규칙

☑ 6개년 출제리포트

☑ 키워드 공략포인트

- 재무·회계 규칙은 재정관리 영역과 병행하여 출제되고 있습니다.
- 재무·회계 규칙의 예산, 결산, 회계, 후원금 관리 영역을 정확히 구분하면서 학습하셔야 합니다.
- 2025년 23회 기출문제에서는 관·항·목간 예산을 전용과 예산편성 절차를 묻는 문제가 출제된 바 있으니 꼼꼼하게 살펴보아야 합니다.

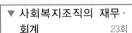

정답 잡는 오답노트

| ▼ 사회복지조직의 재무·
회계 | 23회 |

- **틀린 선지는?**
사회복지법인 대표이사는 관·항·목간 예산을 전용할 수 없다.
(×)

- **틀린 이유는?**
법인의 대표이사 및 시설의 장은 관·항·목간의 예산을 전용할 수 있다(사회복지법인 및 사회복지시설 재무·회계 규칙 제16조).

1 예산

참고 예산편성 절차: 예산편성 – 시설운영위원회 보고 – 이사회 의결 – 지방자치단체 제출 – 예산 공고

(1) 예산에 첨부하여야 할 서류(제11조)

㉠ 예산총칙	㉡ 세입·세출명세서	㉢ 추정재무상태표
㉣ 추정수지계산서	㉤ 임직원 보수 일람표	
㉥ 예산을 의결한 이사회 회의록 또는 예산을 보고받은 시설운영위원회 회의록 사본		

① 단식부기로 회계를 처리하는 경우: ㉠·㉡·㉤ 및 ㉥의 서류만 첨부

② 국가·지방자치단체·법인 외의 자가 설치·운영하는 시설로서 거주자 정원 또는 일일평균 이용자가 20명 이하인 시설: ㉡ 및 ㉥의 서류만 첨부(노인장기요양기관은 ㉡·㉤ 및 ㉥의 서류만 첨부)

(2) 준예산(제12조)

회계연도 개시 전까지 법인 및 시설의 예산이 성립되지 아니한 때에는 법인의 대표이사 및 시설의 장은 시장·군수·구청장에게 그 사유를 보고하고 예산이 성립될 때까지 경비(임·직원의 보수, 법인 및 시설운영에 직접 사용되는 필수적인 경비, 법령상 지급의무가 있는 경비)를 전년도 예산에 준하여 집행할 수 있다.

(3) 예산 전용(제16조)

① 사회복지법인 회계는 법인회계, 시설회계, 수익사업회계로 구분한다.

② 법인회계와 수익사업회계는 필요시 복식부기도 할 수 있다.

③ 법인의 대표이사 및 시설의 장은 관·항·목간의 예산을 전용할 수 있다. 다만, 법인 및 시설(소규모 시설 제외)의 관간 전용 또는 동일 관내의 항간 전용을 하려면 이사회의 의결 또는 시설운영위원회에의 보고를 거쳐야 하되, 법인이 설치·운영하는 시설인 경우에는 시설운영위원회에 보고한 후 법인 이사회의 의결을 거쳐야 한다.

2 결산

(1) 결산서의 작성 및 제출(제19조)

법인의 대표이사 및 시설의 장은 법인회계와 시설회계의 세입·세출 결산보고서를 작성하여 각각 이사회의 의결 및 시설운영위원회의 보고를 거친 후 다음 연도 3월 31일까지 시장·군수·구청장에게 제출하여야 한다.

> **참고** • 법인이 설치·운영하는 시설: 시설운영위원회 보고 → 의사회 의결 → 시·군·구청장에게 제출
> • 영유아보육법에 따른 어린이집: 다음 연도 5월 31일까지 시장·군수·구청장에게 제출

(2) 결산보고서에 첨부해야 할 서류(제20조)

① 단식부기로 회계를 처리하는 경우: 세입·세출결산서, 과목 전용조서, 예비비 사용조서, 기본재산수입명세서(법인만 해당), 사업수입명세서, 정부보조금명세서, 후원금 수입 및 사용결과보고서(전산파일 포함), 후원금 전용계좌의 입출금내역, 인건비 명세서, 사업비명세서, 그 밖의 비용명세서(인건비 및 사업비 제외), 감사보고서,

법인세 신고서(수익사업이 있는 경우만 해당)

② 소규모 시설: 세입·세출결산서, 후원금수입 및 사용결과보고서(전산 파일 포함)

③ 노인장기요양기관: 세입·세출결산서, 과목 전용조서, 예비비 사용 조서, 정부보조금명세서, 후원금수입 및 사용결과보고서(전산파일 포함), 후원금 전용계좌의 입출금내역, 인건비명세서, 사업비명세서, 그 밖의 비용명세서(인건비 및 사업비 제외)

3 회계

(1) 수입 및 지출사무의 관리(제21조)

법인의 대표이사와 시설의 장은 법인과 시설의 수입 및 지출에 관한 사무를 관리하며, 수입 및 지출원인행위에 관한 사무를 각각 소속직원에게 위임할 수 있다.

(2) 회계의 방법(제23조) 및 장부의 종류(제24조)

① 회계는 단식부기에 의한다. 다만, 법인회계와 수익사업회계에 있어서 복식부기의 필요가 있는 경우에는 복식부기에 의한다.

② 장부의 종류: 현금출납부, 총계정원장, 재산대장, 비품관리대장

4 후원금의 관리

(1) 후원금의 영수증 발급 등(제41조의4)

① 법인의 대표이사와 시설의 장은 후원금을 받은 때에는 소득세법 시행규칙에 따른 기부금영수증 서식 또는 법인세법 시행규칙에 따른 기부금영수증 서식에 따라 후원금 영수증을 발급하여야 하며, 영수증 발급목록을 별도의 장부로 작성·비치하여야 한다.

② 법인의 대표이사와 시설의 장은 금융기관 또는 체신관서의 계좌입금을 통하여 후원금을 받은 때에는 법인명의의 후원금전용계좌나 시설의 명칭이 부기된 시설장 명의의 계좌를 사용하여야 한다. 이 경우 후원자가 영수증 발급을 원하는 경우를 제외하고는 영수증의 발급을 생략할 수 있다.

(2) 후원금의 용도 외 사용금지(제41조의7)

① 법인의 대표이사와 시설의 장은 후원금을 후원자가 지정한 사용용도 외의 용도로 사용하지 못한다.

② 보건복지부장관은 후원자가 사용용도를 지정하지 아니한 후원금에 대하여 그 사용기준을 정할 수 있다.

참고 후원금의 수입 및 지출은 '예산의 편성 및 결정절차'의 규정에 의한 예산의 편성 및 확정절차에 따라 세입·세출예산에 편성하여 사용하여야 한다.

01
기출 20회

사회복지법인 및 시설 재무·회계규칙상 사회복지관에서 예산서류를 제출할 때 첨부하는 서류가 아닌 것은?

① 예산총칙
② 세입·세출명세서
③ 사업수입명세서
④ 임직원 보수 일람표
⑤ 예산을 의결한 이사회 회의록 또는 예산을 보고받은 시설운영위원회 회의록 사본

02
기출 22회

사회복지조직의 재정관리에 관한 설명으로 옳지 않은 것은?

① 「사회복지법인 및 사회복지시설 재무·회계 규칙」을 따른다.
② 사회복지법인과 시설은 매년 1회 이상 감사를 실시한다.
③ 시설운영 사회복지법인인 경우, 시설회계와 법인회계는 통합하여 관리한다.
④ 사회복지법인의 회계연도는 정부의 회계연도를 따른다.
⑤ 사회복지법인이 설치·운영하는 시설의 경우 시설운영위원회에 보고하고 법인 이사회의 의결을 통해 예산편성을 확정한다.

| 해설 |

01 사업수입명세서는 결산보고서에 첨부해야 할 서류이다. 사회복지법인 및 시설 재무·회계규칙상 사회복지관에서 예산서류를 제출할 때 첨부하는 서류는 예산총칙, 세입·세출명세서, 추정재무상태표, 추정수지계산서, 임직원 보수 일람표, 예산을 의결한 이사회 회의록 또는 예산을 보고받은 시설운영위원회 회의록 사본이다.

02 시설운영 사회복지법인인 경우 시설회계와 법인회계를 각각 구분하여 관리한다. 법인의 회계는 법인회계, 해당 법인이 설치·운영하는 시설의 시설회계 및 수익사업회계로 구분하여야 하며, 시설의 회계는 해당 시설의 시설회계로 한다(사회복지법인 및 사회복지시설 재무·회계 규칙 제6조 제2항).

정답 | 01 ③ 02 ③

01 사회복지행정의 특징에 관한 설명으로 옳은 것은? 　기출 21회

① 서비스 성과를 평가하기 어렵다.
② 사회복지행정가는 가치중립적이어야 한다.
③ 서비스 효율성은 고려하지 않는다.
④ 재정관리는 사회복지행정에 포함되지 않는다.
⑤ 직무환경에 관계없이 획일적으로 운영된다.

01 키워드 01

사회복지행정은 객관적으로 측정할 수 있는 척도가 거의 없으므로 서비스 성과를 정확하게 평가하기 어렵다.

최신
02 패러슈라만 등의 서비스 질 구성 차원 중 다음에 해당하는 것은? 　기출 23회

> • 직원의 지식수준과 정중함, 신뢰와 확신을 심어줄 수 있는 능력
> • 긍정적 의사소통기법을 사용, 제품과 서비스를 정확히 설명

① 즉응성(responsiveness)
② 확신성(assurance)
③ 신뢰성(reliability)
④ 유형성(tangible)
⑤ 공감성(empathy)

02 키워드 04

① 즉응성: 즉각적으로 서비스를 제공해줄 수 있는 종업원들의 능력
③ 신뢰성: 약속한 서비스를 믿을 수 있고 정확히 수행할 수 있는 종업원의 능력
④ 유형성: 물리적인 시설, 장비, 직원들의 외양(용모)을 말한다.
⑤ 공감성: 고객 각각에 대한 개인적 관심과 배려

최신
03 신공공관리(New Public Management)에 관한 설명으로 옳지 <u>않은</u> 것은? 기출 23회

① 공공부문 조직운영에 시장원리를 적용한다.
② 조직규모 확장과 중앙집권화를 지향한다.
③ 행정 효율성과 고객에 대한 대응성을 중시한다.
④ 규제완화와 조직원 참여를 중시한다.
⑤ 시민과 고객을 중심으로 서비스의 질적 수준 제고에 중점을 둔다.

03 키워드 05

조직규모 확장과 중앙집권화를 지향한 것은 1930년대 복지국가의 형태이다.

04 조직 구성요소에 관한 설명으로 옳은 것은? 　기출 22회

① 집권화 수준을 높이면 의사결정의 권한이 분산된다.
② 업무가 복잡할수록 공식화의 효과는 더 크다.
③ 공식화 수준을 높이면 직무의 사적 영향력이 높아진다.
④ 과업분화가 적을수록 수평적 분화가 더 이루어진다.
⑤ 수직적 분화가 많아질수록 의사소통의 절차가 복잡해진다.

04 키워드 06

조직 구성요소에서 수직적 분화가 많아질수록 의사소통의 절차가 복잡해진다.

정답

01 ①　02 ②　03 ②　04 ⑤

05 참여적 리더십에 관한 설명으로 옳지 <u>않은</u> 것은? 기출 20회

① 의사결정의 시간과 에너지가 절약될 수 있다.
② 하급자가 의사결정에 참여하는 것을 강조한다.
③ 동기부여 수준이 높은 업무자로 구성된 조직에서 효과적이다.
④ 책임성 소재가 모호해질 수 있다.
⑤ 사회복지의 가치와 부합한다.

05 키워드 08

참여적 리더십은 의사결정 과정에 성원들을 참여시켜 동기를 부여하고 사명감을 향상시킬 수 있지만 의사결정에 시간과 에너지가 많이 소요될 수도 있다.

06 동기부여이론에 관한 설명으로 옳지 <u>않은</u> 것은? 기출 17회

① 매슬로우의 욕구단계이론에서 최상위 단계는 자아실현 욕구이다.
② 알더퍼의 ERG이론은 인간의 욕구를 세 가지 범주로 나누었다.
③ 허즈버그의 동기–위생이론에 의하면 감독, 안전은 위생요인에 해당한다.
④ 맥클리랜드의 성취동기이론에 의하면 성장욕구는 관계욕구보다 상위 단계이다.
⑤ 아담스는 공평성이론에서 조직이 공평성을 실천함으로써 구성원을 동기부여할 수 있다고 하였다.

06 키워드 09

맥클리랜드의 성취동기이론은 권력욕구, 친화욕구, 성취욕구로 구성되어 있으며, 성취욕구가 친화욕구, 권력욕구보다 상위 단계이다. 욕구를 존재욕구, 관계욕구, 성장욕구로 나눈 것은 알더퍼의 ERG이론이다.

07 사회복지평가의 기준이 되는 효율성에 관한 설명으로 옳지 <u>않은</u> 것은? 기출 19회

① 사회복지조직의 책임성 평가 방식이다.
② 투입한 자원과 산출된 결과의 비율을 측정한다.
③ 자금이나 시간의 투입과 서비스 제공 실적의 비율을 파악한다.
④ 비용 절감은 서비스 이용자의 욕구 충족을 위한 목표와 관련성이 없다.
⑤ 최소한의 비용으로 최대한의 효과를 거둘 수 있도록 한다.

07 키워드 14

비용 절감은 효율성을 극대화하여 클라이언트의 욕구를 고려한 다양한 복지서비스 제공을 가능하게 한다. 따라서 비용 절감은 서비스 이용자의 욕구 충족을 위한 목표와 관련이 있다.

08 사회복지조직의 재무·회계에 관한 설명으로 옳지 <u>않은</u> 것은? 기출 23회

① 보건복지부는 국가재정법을 적용한다.
② 사회복지시설은 사회복지법인 및 사회복지시설 재무·회계규칙을 적용한다.
③ 사회복지법인 회계는 법인회계, 시설회계, 수익사업회계로 구분한다.
④ 법인회계와 수익사업회계는 필요시 복식부기도 할 수 있다.
⑤ 사회복지법인 대표이사는 관·항·목간 예산을 전용할 수 없다.

08 키워드 15

사회복지법인 대표이사는 관·항·목간 예산을 전용할 수 있다.

정답

05 ① 06 ④ 07 ④ 08 ⑤

사회복지행정론

STEP 1 기출분석

☑ **6개년 출제리포트**

☑ **키워드 공략포인트**

• 사회복지법의 법원(法源)과 헌법상의 사회권적 기본권을 묻는 문제가 출제되고 있습니다.
• 특히, 헌법 제10조(행복추구권)와 제34조 제1항(인간다운 생활권)을 묻는 문제가 출제되고 있으니 살펴보아야 합니다.

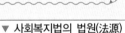
정답 잡는 오답노트

▼ **사회복지법의 법원(法源)** 16회

• **틀린 선지는?**
시행령은 업무소관 부처의 장관이 발한다. (×)

• **틀린 이유는?**
시행령은 대통령령이다. 업무소관 부처의 장관이 발하는 것은 시행규칙으로, 부령이라고도 한다.

▼ **법률의 제정** 16회

• **틀린 선지는?**
법률은 국무회의의 의결을 거쳐 대통령이 제정한다. (×)

• **틀린 이유는?**
법률은 국회의 의결을 거쳐 대통령이 서명·공포함으로써 성립한다.

STEP 2 핵심이론 공략

1 사회복지법의 법원(法源)

① 법원이란 법의 존재형식, 즉 법의 연원(淵源)을 말한다.
② 법원이 된다는 것은 해당 법규범이 국민의 권리와 의무를 규율할 수 있는 힘, 즉 법규적 효력이 있다는 의미이다.

2 헌법

(1) 개요
① 헌법은 국가의 기본 조직, 통치 작용, 국민의 기본권 등을 정한 나라의 기본법이다.
② 하위법인 법률, 명령, 규칙 등은 최상위법인 헌법에 저촉되어서는 안 된다.
③ 1919년 독일의 바이마르 헌법에서 최초로 생존권을 명문으로 규정하였다.

(2) 헌법에 명시된 사회복지법
① **사회권적 기본권**: 교육을 받을 권리(제31조), 근로의 권리(제32조), 노동3권(제33조), 인간다운 생활권(제34조 제1항), 사회보장수급권(제34조 제2항·제6항), 환경권(제35조), 보건권(제36조 제3항)
② **생존권**
　㉠ 헌법 제10조: 모든 국민은 인간으로서의 존엄과 가치를 가지며, 행복을 추구할 권리를 가진다. 국가는 개인이 가지는 불가침의 기본적 인권을 확인하고 이를 보장할 의무를 진다. ▨참고 헌법 제10조에서 기본권 보장의 대원칙을 선언하고 있다.
　㉡ 헌법 제34조
　　• 제1항: 모든 국민은 인간다운 생활을 할 권리를 가진다.
　　• 제2항: 국가는 사회보장·사회복지의 증진에 노력할 의무를 진다.
　　• 제3항: 국가는 여자의 복지와 권익의 향상을 위하여 노력하여야 한다.
　　• 제4항: 국가는 노인과 청소년의 복지 향상을 위한 정책을 실시할 의무를 진다.
　　• 제5항: 신체장애자 및 질병·노령 기타의 사유로 생활능력이 없는 국민은 법률이 정하는 바에 의하여 국가의 보호를 받는다.
　　• 제6항: 국가는 재해를 예방하고 그 위험으로부터 국민을 보호하기 위하여 노력하여야 한다.

(3) 헌법의 개정 절차

① 헌법 개정은 국회 재적의원 과반수 또는 대통령의 발의로 제안된다.

② 제안된 헌법 개정안은 대통령이 20일 이상 이를 공고하여야 한다.

③ 국회는 헌법 개정안이 공고된 날로부터 60일 이내에 의결하여야 하며, 국회의 의결은 재적의원 3분의 2 이상의 찬성을 얻어야 한다.

④ 헌법 개정안은 국회가 의결한 후 30일 이내에 국민투표에 붙여 국회의원 선거권자 과반수의 투표와 투표자 과반수의 찬성을 얻어야 한다.

⑤ 투표자 과반수 찬성 시 헌법 개정은 확정되며 대통령은 즉시 공포하여야 한다.

3 법률

(1) 개요

① 국회의 의결을 거쳐 대통령이 서명·공포함으로써 성립하는 법이다.

② 법의 체계에서 법률은 헌법의 하위에 있는 법이므로 헌법에 위배되면 법적 효력이 없으며, 그러한 법률은 제정할 수 없다.

③ 법률은 명령이나 규칙 등에 대하여는 상위의 지위를 갖는다. 따라서 명령이나 규칙은 법률에 위배되는 내용을 가질 수 없다.

(2) 법률의 제정 절차

① 10인 이상의 국회 또는 정부가 법률안을 제출한다.

② 법률안의 내용과 성질에 따라 소관 상임 위원회에 회부 또는 심의한다. 상임 위원회에서 심의·채택된 법률안은 본회의에 부의한다.

③ 재적의원 과반수의 출석과 출석의원 과반수 찬성으로 의결한다.

④ 표결을 거친 법률안을 정부로 이송(송부)한다.

⑤ 15일 이내 대통령 서명·공포의 과정을 거쳐 성립·시행된다.

4 명령

(1) 시행령(대통령령): 법률에서 구체적인 범위를 정하여 위임받은 사항과 법률 집행 시 필요한 사항에 관하여 대통령이 발할 수 있는 명령이다.

(2) 시행규칙(총리령, 부령): 국무총리나 행정 각 부의 장관이 소관사무에 대하여 발하는 명령이다.

5 자치법규

(1) 개요

① 지방자치단체는 법령의 범위 안에서 자치에 관한 규정을 제정할 수 있다.

② 지방의회는 조례 제정권을, 지방자치단체의 장은 규칙 제정권을 갖는다.

③ 시·군 및 자치구의 조례는 시·도의 조례를 위반해서는 아니 된다.

④ 주민은 지방자치단체의 조례를 제정할 것을 청구할 수 있다.

⑤ 사회복지시설의 설치·운영 및 관리는 주민의 복지증진과 관련된 지방자치단체의 사무이다.

🔍 성문법과 불문법 비교

• 성문법
  - 일정한 절차를 거쳐서 조문의 형식으로 제정이 된 법
  - 성문법의 체계: 헌법-법률-명령-자치법규 등
• 불문법
  - 일정한 제정 절차가 없이 문장의 형식이 아닌 법
  - 불문법의 종류: 관습법, 판례법, 조리

🔍 명령과 법령

• 명령: 국회의 의결을 거치지 아니하고 행정기관이 제정하는 것으로 국회가 제정한 법률보다 하위에 속한다.
• 법령: 법률과 명령을 합하여 '법령'이라고 부른다.

사회복지법제론

(2) 조례

① 지방자치단체가 법령의 범위 내에서 지방의회의 의결을 거쳐 그 사무에 관하여 제정한 법이다.
② 조례는 규칙보다 상위 법규범이다.

(3) 규칙

① 지방자치단체의 장이 법령 또는 조례가 위임한 범위 내에서 그 권한에 속하는 사무에 관하여 제정한 법이다.
② 시·도의 규칙은 시·군 및 자치구의 규칙보다 상위 법규범이다.

(4) 사회복지 관련 조례 및 규칙

① 자치 입법권의 인정: 지방자치단체는 주민의 복리에 관한 사무를 처리하고 재산을 관리하며, 법령의 범위 안에서 자치에 관한 규정을 제정할 수 있다(헌법 제117조 제1항).
② 조례 제정의 근거: 지방자치단체는 법령의 범위에서 그 사무에 관하여 조례를 제정할 수 있다(지방자치법 제28조 제1항).
> **Tip** 조례(하위법)는 법령(상위법)의 범위를 벗어나면 법적 구속력을 상실합니다.
③ 규칙 제정의 근거: 지방자치단체의 장은 법령 또는 조례의 범위에서 그 권한에 속하는 사무에 관하여 규칙을 제정할 수 있다(지방자치법 제29조).

🔍 **조례의 제한**

조례는 해당 지방자치단체가 관할하는 지역 안에서만 효력을 가지며, 상위 법령(헌법, 법률, 시행령, 시행규칙)에 모순되거나 위배되어서는 안 된다.

6 국제법

① 국제법상 주체인 국가 간에 국제적 권리·의무의 발생을 목적으로 체결하는 것이다.
② 헌법에 의하여 체결·공포된 조약과 일반적으로 승인된 국제법규는 국내법과 같은 효력을 가진다(헌법 제6조).
③ 국민연금법은 외국과의 사회보장협정 규정을 두고 있다.

🔍 **국민연금법에 명시된 외국과의 사회보장협정**

대한민국이 외국과 사회보장협정을 맺은 경우에는 이 법에도 불구하고 국민연금의 가입, 연금보험료의 납부, 급여의 수급 요건, 급여액의 산정, 급여의 지급 등에 관하여 그 사회보장협정에서 정하는 바에 따른다(국민연금법 제127조).

7 불문법

(1) 관습법

사회적으로 자연스럽게 형성된 관행이 사회 일반으로부터 법적 확신을 얻음으로써 법적 의미가 생긴 것으로, 성문법에 대하여 보충적 효력으로만 인정된다.

(2) 판례법

유사한 사건에 대하여 법원이 동일한 취지의 판결을 반복하여 판례의 방향이 확정됨으로써, 동종의 사건에 대한 사실상의 구속력을 갖게 되어 형성되는 법이다.

8 사회복지 관련 주요 법률 Tip 각 법률에 관한 자세한 내용은 이후 키워드별로 다룹니다.

(1) 사회보장기본법

① 사회보장에 관한 국민의 권리와 국가 및 지방자치단체의 책임을 정하고 사회보장정책의 수립·추진과 관련 제도에 관한 기본적인 사항을 규정함으로써 국민의 복지증진에 이바지하고자 한다.

② 사회보장급여와 사회보장기본계획 및 사회보장정책 등에 관한 규정을 두고 있다.

(2) 사회보험법

① 국가에 의해 시행되는 강제보험으로, 모든 국민에게 적용되며 사회적 위험을 보험 방식으로 대처하고자 한다.

② 관련 법률: 국민연금법, 국민건강보험법, 고용보험법, 산업재해보상보험법, 노인장기요양보험법 등

(3) 공공부조법

① 국가 및 지방자치단체의 책임하에 생활유지능력이 없거나 생활이 어려운 국민의 최저생활을 보장하고 자립을 지원하기 위함이다.

② 관련 법률: 국민기초생활 보장법, 의료급여법, 긴급복지지원법, 기초연금법, 장애인연금법 등

(4) 사회복지서비스법

① 국가, 지방자치단체 및 민간부문의 도움을 필요로 하는 모든 국민을 지원하기 위함이다.

② 관련 법률: 장애인복지법, 노인복지법, 아동복지법, 한부모가족지원법 등

STEP 3   필수문제 점검

01   기출 21회

헌법 제34조 규정의 일부이다. ㉠~㉢에 들어갈 내용으로 옳은 것은?

> • 국가는 (㉠)·(㉡)의 증진에 노력할 의무를 진다.
> • 신체장애자 및 질병·노령 기타의 사유로 생활능력이 없는 국민은 (㉢)이 정하는 바에 의하여 국가의 보호를 받는다.

① ㉠: 사회보장, ㉡: 사회복지, ㉢: 법률
② ㉠: 사회보장, ㉡: 공공부조, ㉢: 법률
③ ㉠: 사회복지, ㉡: 공공부조, ㉢: 헌법
④ ㉠: 사회복지, ㉡: 사회복지서비스, ㉢: 헌법
⑤ ㉠: 공공부조, ㉡: 사회복지서비스, ㉢: 법률

02   기출 22회

우리나라 사회복지법의 법원에 관한 설명으로 옳은 것은?

① 관습법은 사회복지법의 법원이 될 수 없다.
② 법률은 정부의 의결을 거쳐 제정·공포된 법을 말한다.
③ 지방자치단체의 조례는 성문법원이다.
④ 명령은 행정기관이 제정한 법규로 국회의 의결을 거쳐야 한다.
⑤ 일반적으로 승인된 국제법규는 사회복지법의 법원에 포함되지 않는다.

| 해설 |

01 • 국가는 사회보장·사회복지의 증진에 노력할 의무를 진다.
     • 신체장애자 및 질병·노령 기타의 사유로 생활능력이 없는 국민은 법률이 정하는 바에 의하여 국가의 보호를 받는다.

02 ① 관습법은 사회복지법의 법원이 될 수 있다.
     ② 법률은 국회의 의결을 거쳐서 대통령이 서명·공포함으로써 성립하는 법이다.
     ④ 명령은 국회의 의결을 거치지 아니하고 권한 있는 행정기관이 단독으로 정하는 법규이다.
     ⑤ 헌법에 의하여 체결·공포된 조약과 일반적으로 승인된 국제법규는 국내법과 같은 효력을 가진다(헌법 제6조 제1항).

정답 | 01 ①   02 ③

사회복지법제론

한국 사회복지법의 발달과정

✓ 6개년 출제리포트

✓ 키워드 공략포인트

- 한국 사회복지법의 발달과정을 묻는 문제가 매년 꾸준히 출제되고 있습니다.
- 이 부분은 해당 법들의 제정 순서를 묻거나 특정 연도 이전 또는 이후에 제정된 것을 묻는 방식으로 문제가 출제되고 있습니다.

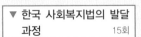

▼ 한국 사회복지법의 발달
　과정　　　　　　　　15회

・틀린 선지는?
2000년대 제정된 사회복지법은 영유아보육법이다. (×)

・틀린 이유는?
영유아보육법은 1991년 제정되었다.

1 연대별 사회복지법의 발달과정

연도	제정	법령
1940년대	1944	조선구호령 참고 폐지
1960년대	1960	공무원연금법
	1961	• 생활보호법 참고 폐지　　　　　• 윤락행위등방지법 참고 폐지 • 아동복리법 참고 아동복지법(1981)으로 법명 변경
	1963	• 군인연금법　　　　　　　　　　• 사회보장에 관한 법률 참고 폐지 • 산업재해보상보험법　　　　　　• 의료보험법 참고 폐지
1970년대	1970	사회복지사업법
	1973	• 사립학교교원연금법 참고 사립학교교직원연금법(2000)으로 개정 • 국민복지연금법 참고 국민연금법(1986)으로 법명 변경
	1977	• 공무원 및 사립학교교직원의 의료보험법 참고 폐지 • 의료보호법 참고 의료급여법(2001)으로 법명 변경
1980년대	1981	• 아동복지법　　　　　　　　　　• 노인복지법 • 심신장애자복지법 참고 장애인복지법(1989)으로 법명 변경
	1986	• 국민연금법　　　　　　　　　　• 최저임금법 참고 1988년 최저임금제도 시행
	1989	• 모자복지법 참고 모・부자복지법(2002) → 한부모가족지원법(2007)으로 개정 • 장애인복지법
1990년대	1990	장애인고용촉진 등에 관한 법률 참고 장애인고용촉진 및 직업재활법(2000)
	1991	• 영유아보육법 • 고령자고용촉진법 참고 고용자고용법(약칭, 2008)으로 법명 변경
	1993	고용보험법 참고 1995년 시행
	1995	• 정신보건법 참고 폐지 • 여성발전기본법 참고 양성평등기본법(2014)으로 법명 변경 • 사회보장기본법
	1997	• 청소년보호법　　　　　　　　　• 가정폭력방지 및 피해자 보호 등에 관한 법률 • 사회복지공동모금법 참고 사회복지공동모금회법(1999)으로 법명 변경
	1999	• 국민기초생활 보장법 참고 2000년 시행 • 국민건강보험법 참고 2000년 시행
2000년대	2000	• 사립학교교직원연금법　　　　　• 장애인고용촉진 및 직업재활법
	2001	의료급여법
	2002	모・부자복지법 참고 한부모가족지원법(2007)으로 법명 변경
	2005	• 긴급복지지원법　　　• 저출산・고령사회기본법　　　• 자원봉사활동 기본법

연대	연도	내용
	2007	• 노인장기요양보험법 • 기초노령연금법 참고 기초연금법(2014) 제정으로 폐지 • 장애인차별금지 및 권리구제 등에 관한 법률 • 한부모가족지원법
	2008	• 다문화가족지원법 • 고용상 연령차별금지 및 고령자고용촉진에 관한 법률
2010년대	2010	• 장애인연금법 • 성폭력방지 및 피해자보호 등에 관한 법률
	2011	• 장애인활동 지원에 관한 법률 • 사회복지사 등의 처우 및 지위 향상을 위한 법률 • 노숙인 등의 복지 및 자립지원에 관한 법률 • 장애아동복지지원법 • 사회서비스이용 및 이용권 관리에 관한 법률
	2014	• 기초연금법 • 사회보장급여법(약칭) • 발달장애인 권리보장 및 지원에 관한 법률 • 주거급여법
	2016	정신건강복지법(약칭)
	2018	아동수당법
2020년대	2020	청년기본법

2 연대별 폐지된 사회복지법과 신법

구분	폐지된 법	신법
1940년대	조선구호령(1944)	생활보호법(1961, 폐지)
1960년대	아동복리법(1961)	아동복지법(1981)
	생활보호법(1961)	국민기초생활 보장법(1999)
	사회보장에 관한 법률(1963)	사회보장기본법(1995)
	의료보험법(1963)	국민의료보험법(1997, 폐지)
1970년대	국민복지연금법(1973)	국민연금법(1986)
	사립학교교원연금법(1973)	사립학교교직원 연금법(2000)
	의료보호법(1977)	의료급여법(2001)
1980년대	심신장애자복지법(1981)	장애인복지법(1989)
	모자복지법(1989)	모·부자복지법(2002, 폐지)
1990년대	정신보건법(1995)	정신건강복지법(2016, 약칭)
	사회복지공동모금법(1997)	사회복지공동모금회법(1999)
	국민의료보험법(1997)	국민건강보험법(1999)
2000년대	모·부자복지법(2002)	한부모가족지원법(2007)
	기초노령연금법(2007)	기초연금법(2014)

STEP 3   필수문제 점검

01
기출 21회

사회복지법의 역사적 변천에 관한 설명으로 옳은 것을 모두 고른 것은?

> ㉠ 2014년 기초노령연금법이 제정되면서 기초연금법은 폐지되었다.
> ㉡ 1999년 제정된 국민의료보험법은 국민건강보험법을 대체한 것이다.
> ㉢ 1973년 제정된 국민복지연금법은 1986년 국민연금법으로 전부개정되었다.

① ㉠   ② ㉡   ③ ㉢
④ ㉠, ㉡   ⑤ ㉡, ㉢

02
기출 22회

법률의 제정 연도가 가장 최근인 것은?

① 아동복지법   ② 노인복지법
③ 장애인복지법   ④ 한부모가족지원법
⑤ 다문화가족지원법

03

2010년대 이후에 제정된 법률이 아닌 것은?

① 성폭력방지 및 피해자보호 등에 관한 법률
② 장애아동복지지원법
③ 기초연금법
④ 아동수당법
⑤ 다문화가족지원법

| 해설 |

01 ㉠ 2014년 기초연금법이 제정되면서 기초노령연금법(2007년)은 폐지되었다.
　　㉡ 1999년 제정된 국민건강보험법은 국민의료보험법(1997년)을 대체한 것이다.
02 제정 연도가 최근인 순으로 나열하면, 다문화가족지원법(2008년) → 한부모가족지원법(2007년) → 장애인복지법(1989년) → 아동복지법/노인복지법(1981년)이다.
03 다문화가족지원법은 2008년 제정되었다.
　　① 성폭력방지 및 피해자보호 등에 관한 법률(2010)
　　② 장애아동복지지원법(2011)
　　③ 기초연금법(2014)
　　④ 아동수당법(2018)

정답 | 01 ③ 02 ⑤ 03 ⑤

제8영역 사회복지법제론

사회복지법의 체계와 사회복지의 권리성

STEP 1 기출분석

STEP 2 핵심이론 공략

☑ 6개년 출제리포트

☑ 키워드 공략포인트

사회보험법, 공공부조법, 사회복지서비스법의 수급권 또는 권리구제가 가끔 출제되고 있으니 살펴보아야 합니다.

정답 잡는 오답노트

▼ **사회보장수급권**   17회

• **틀린 선지는?**
사회보장수급권은 다른 사람에게 양도하거나 담보로 제공할 수 있다. (×)

• **틀린 이유는?**
사회보장수급권은 다른 사람에게 양도하거나 담보로 제공할 수 없으며, 이를 압류할 수 없다.

▼ **권리구제**   13회

• **틀린 선지는?**
국민연금법상 국민연금재심사위원회의 재심사에 불복하려는 자는 행정심판법상 행정심판을 제기할 수 있다. (×)

• **틀린 이유는?**
국민연금법상 국민연금재심사위원회에 재심사를 청구할 수 있고, 이는 행정심판법에 따른 행정심판으로 본다(국민연금법 제110조, 제112조).

1 사회복지법의 체계

① **상위법 우선의 원칙:** 하위법은 상위법에 위배되어서는 안 된다.
② **특별법 우선의 원칙:** 특정한 목적의 달성을 위하여 제정된 특별법이 일반법에 우선한다.
③ **신법 우선의 원칙:** 신법은 구법을 폐지한다.
④ **일사부재리의 원칙:** 판결이 확정된 사건은 재차 처벌하지 않는다.
⑤ **법률 불소급의 원칙:** 법률 시행 이전에 발생한 사항에 대하여는 소급하여 적용하지 않는다.

> **법체계 원칙의 우선순위**
>
> 상위법 우선 ➡ 특별법 우선 ➡ 신법 우선 ➡ 일사부재리 ➡ 법률 불소급
>
> 구법인 특별법과 신법인 일반법 간에 충돌이 있으면 우선순위에 따라 구법인 특별법이 우선된다.

2 사회복지의 권리성

(1) 사회보장수급권

① **사회보장수급권의 보호**
  ㉠ **양도·압류 등의 제한:** 사회보장수급권은 타인에게 양도하거나 담보로 제공할 수 없으며, 이를 압류할 수 없다.
  ㉡ **급여의 변경 제한:** 사회보장급여는 정당한 사유 없이 수급권자에게 불리하게 변경할 수 없다.
  ㉢ **조세 등의 부과 제한:** 원칙적으로 사회보장급여로 제공된 급여에는 조세를 부과하지 않는다.

② **사회보장수급권의 제한과 포기**
  ㉠ 사회보장수급권은 제한되거나 정지될 수 없다. 다만, 관계 법령에서 따로 정하여 제한되거나 정지되는 경우에는 제한 또는 정지하는 목적에 필요한 최소한의 범위에 그쳐야 한다.
  ㉡ 사회보장수급권은 정당한 권한이 있는 기관에 서면으로 통지하여 포기할 수 있고, 그 포기도 취소할 수 있다. 다만, 사회보장수급권의 포기가 타인에게 피해를 주거나 관계 법령에 위반되는 경우에는 포기할 수 없다.

(2) 권리구제

① **개요**: 사회복지급여의 수급권자가 보험료, 수급 자격, 급여 내용 등과 관련하여 당해 처분에 이의가 있거나 불복이 있는 경우, 사회복지 관계 법령에서 규정하고 있는 각종 심사위원회나 법원에 그 처분의 시정을 구할 수 있는 절차이다.

② **의의**: 급여대상자인 사회적 약자의 생존권을 신속하게 확보함으로써 인간다운 생활을 보장한다.

③ **절차**

㉠ 이의신청과 심사(심판)청구

구분	이의신청	심사(심판)청구
국민건강보험법	이의신청위원회 (국민건강보험공단 또는 건강보험심사평가원)	건강보험분쟁조정위원회 (보건복지부)
의료급여법	시장·군수·구청장 또는 급여비용심사기관	건강보험분쟁조정위원회 (보건복지부)

㉡ 심사청구와 재심사청구

구분	심사청구	재심사청구
국민연금법	국민연금심사위원회 (국민연금공단) 또는 징수심사위원회 (국민건강보험공단)	국민연금재심사위원회 (보건복지부)
산업재해보상보험법	산업재해보상보험 심사위원회 (근로복지공단)	산업재해보상보험 재심사위원회 (고용노동부)
고용보험법	고용보험심사관 (고용노동부 소속 공무원)	고용보험심사위원회 (고용노동부)
노인장기요양보험법	장기요양심사위원회 (국민건강보험공단)	장기요양재심사위원회 (보건복지부)

Tip 노인장기요양보험법상 재심사청구기관인 '장기요양재심사위원회'는 2018년에 기존의 '장기요양심판위원회'에서 명칭이 변경되었습니다.

㉢ **이의신청**: 국민기초생활 보장법, 기초연금법, 장애인연금법, 긴급복지지원법

STEP 3   필수문제 점검

01
기출 21회

사회보장기본법상 사회보장수급권에 관한 설명으로 옳지 않은 것은?

① 사회보장급여를 받으려는 사람은 국가나 지방자치단체에 신청하는 것을 원칙으로 하고 있다.

② 사회보장수급권은 다른 사람에게 양도하거나 담보로 제공할 수 없다.

③ 사회보장수급권은 원칙적으로 제한되거나 정지될 수 없다.

④ 사회보장수급권은 구두로 통지하여 포기할 수 있다.

⑤ 사회보장수급권의 포기는 취소할 수 있다.

02
기출 19회

각 법률의 권리구제절차 내용으로 옳은 것은?

① 국민연금법에 따르면 심사청구와 재심사청구의 순으로 진행된다.

② 국민건강보험법에 명시되어 있는 권리구제절차는 심사청구이다.

③ 고용보험법에 명시되어 있는 권리구제절차는 이의신청이다.

④ 한부모가족지원법에 따르면 이의신청과 심판청구의 순으로 진행된다.

⑤ 기초연금법에 명시되어 있는 권리구제절차는 이의신청과 재심사청구이다.

| 해설 |

01 사회보장수급권은 서면으로 통지하여 포기할 수 있다.

02 ② 국민건강보험법 – 이의신청, 심판청구
   ③ 고용보험법 – 심사청구, 재심사청구
   ④ 한부모가족지원법 – 심사청구
   ⑤ 기초연금법 – 이의신청

정답 | 01 ④   02 ①

사회복지법제론

제8영역 | 사회복지법제론

사회보장기본법

STEP 1   기출분석

☑ 6개년 출제리포트

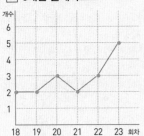

☑ 키워드 공략포인트

- 사회보장기본법의 전반적인 내용을 숙지하고 있는지를 확인하는 문제가 출제되고 있습니다.
- 특히 용어의 정의, 사회보장위원회, 운영원칙, 비용부담 등을 묻는 문제가 출제되고 있으니 살펴보아야 합니다.

정답 잡는 오답노트

▼ **사회보험**   15회

- **틀린 선지는?**
사회보험은 국가와 지방자치단체의 책임으로 시행하는 것을 원칙으로 한다. (×)

- **틀린 이유는?**
사회보험이란 국민에게 발생하는 사회적 위험을 보험의 방식으로 대처함으로써 국민의 건강과 소득을 보장하는 제도를 말한다. 사회보험은 국가의 책임으로 시행하고, 보험료는 개인, 기업, 국가가 각각 분담한다.

STEP 2   핵심이론 공략

1 사회보장기본법의 개요

(1) 용어의 정의

사회보장	출산, 양육, 실업, 노령, 장애, 질병, 빈곤 및 사망 등의 사회적 위험으로부터 모든 국민을 보호하고 국민 삶의 질을 향상시키는 데 필요한 소득·서비스를 보장하는 사회보험, 공공부조, 사회서비스
사회보험	국민에게 발생하는 사회적 위험을 보험의 방식으로 대처함으로써 국민의 건강과 소득을 보장하는 제도
공공부조	국가와 지방자치단체의 책임하에 생활유지능력이 없거나 생활이 어려운 국민의 최저생활을 보장하고 자립을 지원하는 제도
사회 서비스	국가·지방자치단체 및 민간부문의 도움이 필요한 모든 국민에게 복지, 보건의료, 교육, 고용, 주거, 문화, 환경 등의 분야에서 인간다운 생활을 보장하고 상담, 재활, 돌봄, 정보의 제공, 관련 시설의 이용, 역량 개발, 사회참여 지원 등을 통하여 국민의 삶의 질이 향상되도록 지원하는 제도
평생사회 안전망	생애주기에 걸쳐 보편적으로 충족되어야 하는 기본욕구와 특정한 사회위험에 의하여 발생하는 특수욕구를 동시에 고려하여 소득·서비스를 보장하는 맞춤형 사회보장제도
사회보장 행정데이터	국가, 지방자치단체, 공공기관 및 법인이 법령에 따라 생성 또는 취득하여 관리하고 있는 자료 또는 정보로서 사회보장 정책 수행에 필요한 자료 또는 정보

(2) 사회보장급여의 수준

① 국가와 지방자치단체는 모든 국민이 건강하고 문화적인 생활을 유지할 수 있도록 사회보장급여의 수준 향상을 위하여 노력하여야 한다.

② 국가는 관계 법령에서 정하는 바에 따라 최저보장수준과 최저임금을 매년 공표하여야 한다.

③ 국가와 지방자치단체는 ②에 따른 최저보장수준과 최저임금 등을 고려하여 사회보장급여의 수준을 결정하여야 한다.

(3) 사회보장수급권의 보호 및 포기

① 사회보장수급권은 관계 법령에서 정하는 바에 따라 다른 사람에게 양도하거나 담보로 제공할 수 없으며, 이를 압류할 수 없다.

② 사회보장수급권은 정당한 권한이 있는 기관에 서면으로 통지하여 포기할 수 있다. 그 포기는 취소할 수 있다.

③ 사회보장수급권을 포기하는 것이 다른 사람에게 피해를 주거나 사회보장에 관한 관계 법령에 위반되는 경우에는 사회보장수급권을 포기할 수 없다.

④ 사회보장수급권은 제한되거나 정지될 수 없다. 다만, 관계 법령에서 따로 정하고 있는 경우에는 그러하지 아니하다.

2 사회보장기본계획과 사회보장위원회

(1) 사회보장기본계획

① 보건복지부장관은 관계 중앙행정기관의 장과 협의하여 사회보장 증진을 위한 사회보장기본계획을 5년마다 수립하여야 한다.

② 기본계획의 내용

    ㉠ 국내외 사회보장환경의 변화와 전망

    ㉡ 사회보장의 기본목표 및 중장기 추진방향

    ㉢ 주요 추진과제 및 추진방법

    ㉣ 필요한 재원의 규모와 조달방안

    ㉤ 사회보장 관련 기금 운용방안

    ㉥ 사회보장 전달체계

    ㉦ 그 밖에 사회보장정책의 추진에 필요한 사항

(2) 사회보장위원회

① 사회보장에 관한 주요 시책을 심의·조정하기 위하여 국무총리 소속으로 사회보장위원회를 둔다.

② 위원회의 구성: 위원장 1명(국무총리), 부위원장 3명(기획재정부·교육부·보건복지부장관)과 행정안전부·고용노동부·여성가족부·국토교통부장관을 포함한 30명 이내의 위원으로 구성한다.

③ 위원의 자격 요건: 대통령령으로 정하는 관계 중앙행정기관의 장, 근로자를 대표하는 사람, 사용자를 대표하는 사람, 사회보장에 관한 학식과 경험이 풍부한 사람, 변호사 자격이 있는 사람 중 대통령이 위촉하는 사람

④ 위원의 임기: 2년으로 한다. 다만, 공무원인 위원의 임기는 그 재임기간으로 하고, 위원회의 위원이 기관·단체의 대표자 자격으로 위촉된 경우에는 그 임기는 대표의 지위를 유지하는 기간으로 한다.

⑤ 심의 및 조정 사항

    ㉠ 사회보장 증진을 위한 기본계획

    ㉡ 사회보장 관련 주요 계획

    ㉢ 사회보장제도의 평가 및 개선

    ㉣ 사회보장제도의 신설 또는 변경에 따른 우선순위

    ㉤ 둘 이상의 중앙행정기관이 관련된 주요 사회보장정책

    ㉥ 사회보장급여 및 비용 부담

    ㉦ 국가와 지방자치단체의 역할 및 비용 분담

    ㉧ 사회보장의 재정추계 및 재원조달 방안

    ㉨ 사회보장 전달체계 운영 및 개선

    ㉩ 사회보장통계

    ㉪ 사회보장정보의 보호 및 관리

    ㉫ 사회보장제도의 신설 및 변경에 따른 조정

    ㉬ 그 밖에 위원장이 심의에 부치는 사항

사회복지법제론

3 사회보장제도의 운영

(1) 운영원칙

① 국가와 지방자치단체가 사회보장제도를 운영할 때에는 이 제도를 필요로 하는 모든 국민에게 적용하여야 한다(보편성).

② 국가와 지방자치단체는 사회보장제도의 급여 수준과 비용 부담 등에서 형평성을 유지하여야 한다(형평성).

③ 국가와 지방자치단체는 사회보장제도의 정책 결정 및 시행 과정에 공익의 대표자 및 이해관계인 등을 참여시켜 이를 민주적으로 결정하고 시행하여야 한다(민주성).

④ 국가와 지방자치단체가 사회보장제도를 운영할 때에는 국민의 다양한 복지 욕구를 효율적으로 충족시키기 위하여 연계성과 전문성을 높여야 한다(효율성·연계성·전문성).

⑤ 사회보험은 국가의 책임으로 시행하고, 공공부조와 사회서비스는 국가와 지방자치단체의 책임으로 시행하는 것을 원칙으로 한다. 다만, 국가와 지방자치단체의 재정 형편 등을 고려하여 이를 협의·조정할 수 있다.

(2) 협의 및 조정

① 국가와 지방자치단체는 사회보장제도를 신설하거나 변경할 경우 기존 제도와의 관계, 사회보장 전달체계에 미치는 영향, 재원의 규모·조달방안을 포함한 재정 등에 미치는 영향 및 지역별 특성 등을 사전에 충분히 검토하고 상호 협력하여야 한다.

② 중앙행정기관의 장과 지방자치단체의 장은 사회보장제도를 신설하거나 변경할 경우 신설 또는 변경의 타당성, 기존 제도와의 관계, 사회보장 전달체계에 미치는 영향, 지역복지 활성에 미치는 영향 및 운영방안 등에 대하여 대통령령으로 정하는 바에 따라 보건복지부장관과 협의하여야 한다.

(3) 비용의 부담

① 사회보장 비용의 부담은 각각의 사회보장제도의 목적에 따라 국가, 지방자치단체 및 민간부문 간에 합리적으로 조정되어야 한다.

② 사회보험에 드는 비용은 사용자, 피용자 및 자영업자가 부담하는 것을 원칙으로 하되, 관계 법령에서 정하는 바에 따라 국가가 그 비용의 일부를 부담할 수 있다.

③ 일정 소득 수준 이하의 국민에 대한 사회서비스에 드는 비용의 전부 또는 일부는 국가와 지방자치단체가 부담한다.

④ 공공부조에 드는 비용의 전부 또는 일부는 국가와 지방자치단체가 부담한다.

⑤ 부담능력이 있는 국민에 대한 사회서비스에 드는 비용은 그 수익자가 부담함을 원칙으로 하되, 관계 법령에서 정하는 바에 따라 국가와 지방자치단체가 그 비용의 일부를 부담할 수 있다.

(4) 중장기 사회보장 재정추계

① 보건복지부장관은 사회보장제도의 안정적인 운영을 위하여 중장기 사회보장 재정추계를 적어도 3년마다 실시하고 이를 공표하여야 한다.

② 보건복지부장관은 ①에 따른 중장기 사회보장 재정추계의 실시를 위하여 관계 중앙행정기관의 장, 공공기관 또는 정부출연연구기관의 장에게 중장기 대내외 거시경제전망, 재정전망 및 장래인구추계 등에 관한 자료의 제출을 요청할 수 있다. 이 경우 자료의 제출을 요청받은 관계 중앙행정기관의 장 등은 특별한 사유가 없으면 이에 따라야 한다.

(5) 사회보장급여의 관리

국가와 지방자치단체는 국민의 사회보장수급권의 보장 및 재정의 효율적 운용을 위하여 아래의 관리체계를 구축·운영하여야 한다.

- 사회보장수급권자 권리구제
- 사회보장급여의 사각지대 발굴
- 사회보장급여의 부정·오류 관리
- 사회보장급여의 과오지급액의 환수 등 관리

STEP 3　필수문제 점검

01　기출 21회

사회보장기본법상 국가와 지방자치단체의 사회보장 운영원칙에 관한 설명으로 옳지 <u>않은</u> 것은?

① 사회보험은 지방자치단체의 책임으로 시행하는 것을 원칙으로 한다.

② 공공부조와 사회서비스는 국가와 지방자치단체의 책임으로 시행하는 것을 원칙으로 한다.

③ 사회보장제도의 급여 수준과 비용 부담 등에서 형평성을 유지하여야 한다.

④ 사회보장제도를 필요로 하는 모든 국민에게 적용하여야 한다.

⑤ 국민의 다양한 복지욕구를 효율적으로 충족시키기 위하여 연계성과 전문성을 높여야 한다.

02　기출 22회

사회보장기본법의 내용으로 옳지 <u>않은</u> 것은?

① 사회보장위원회의 위원 임기는 3년으로 한다.

② 국가와 지방자치단체는 평생사회안전망을 구축하여야 한다.

③ 사회보장 기본계획에는 사회보장 관련 기금 운용방안이 포함되어야 한다.

④ 사회보장제도를 운영하는 자는 불법행위의 책임이 있는 자에 대하여 구상권을 행사할 수 있다.

⑤ 사회보장에 관한 다른 법률을 개정하는 경우에는 이 법에 부합되도록 하여야 한다.

| 해설 |

01 사회보험은 국가의 책임으로 시행하는 것을 원칙으로 한다(사회보장기본법 제25조 제5항).

02 사회보장위원회 위원의 임기는 2년으로 한다. 다만, 공무원인 위원의 임기는 그 재임기간으로 하고 위원회의 위원이 기관·단체의 대표자 자격으로 위촉된 경우에는 그 임기는 대표의 지위를 유지하는 기간으로 한다(사회보장기본법 제21조 제4항).

정답 | 01 ① 02 ①

제8영역 사회복지법제론

사회보장급여법

☑ **6개년 출제리포트**

☑ **키워드 공략포인트**

- 사회보장급여법은 2014년 2월 송파 세 모녀 자살사건 이후, 2014년 12월 30일 복지사각지대 발굴로 복지서비스 누락 등의 문제를 해소하기 위하여 제정된 법입니다.
- 특히 용어의 정의, 지역사회보장계획, 지역사회보장협의체 등을 묻는 문제가 출제되고 있으니 살펴보아야 합니다.

정답 잡는 오답노트

▼ **수급권자**   21회

- **틀린 선지는?**
수급권자란 사회보장급여를 제공하는 국가기관과 지방자치단체를 말한다. (×)

- **틀린 이유는?**
수급권자란 사회보장급여를 제공받을 권리를 가진 사람을 말한다.

1 사회보장급여법의 개요

Tip 사회보장급여법은 '사회보장급여의 이용·제공 및 수급권자 발굴에 관한 법률'의 약칭입니다.

(1) 용어의 정의

사회보장급여	보장기관이 제공하는 현금, 현물, 서비스 및 그 이용권
수급권자	사회보장급여를 제공받을 권리를 가진 사람
수급자	사회보장급여를 받고 있는 사람
지원대상자	사회보장급여를 필요로 하는 사람
보장기관	관계 법령 등에 따라 사회보장급여를 제공하는 국가기관과 지방자치단체

(2) 기본원칙: 보편성, 충분성, 적절성, 공정성, 투명성, 적정성, 연계성, 편의성, 균일성

2 지역사회보장계획   참고 4년마다 수립

(1) 시·군·구 지역사회보장계획의 내용

- 지역사회보장 수요의 측정, 목표 및 추진전략
- 지역사회보장의 목표를 점검할 수 있는 지표의 설정 및 목표
- 지역사회보장의 분야별 추진전략, 중점 추진사업 및 연계협력 방안
- 지역사회보장 전달체계의 조직과 운영
- 사회보장급여의 사각지대 발굴 및 지원 방안
- 지역사회보장에 필요한 재원의 규모와 조달 방안
- 지역사회보장에 관련한 통계 수집 및 관리 방안
- 지역 내 부정수급 발생 현황 및 방지대책

참고 수립절차: 지역사회보장계획(안) 마련 → 지역주민 의견 수렴 → 지역사회보장협의체에서 계획 심의 → 시·군·구 의회에 보고 → 시·도지사에게 계획 제출

(2) 특별시·광역시·도·특별자치도 지역사회보장계획의 내용

- 시·군·구의 사회보장이 균형적이고 효과적으로 추진될 수 있도록 지원하기 위한 목표 및 전략
- 지역사회보장 지표의 설정 및 목표
- 시·군·구에서 사회보장급여가 효과적으로 이용 및 제공될 수 있는 기반 구축 방안
- 시·군·구 사회보장급여 담당 인력의 양성 및 전문성 제고 방안
- 지역사회보장에 관한 통계자료의 수집 및 관리 방안
- 시·군·구의 부정수급 방지대책을 지원하기 위한 방안

참고 수립절차: 지역사회보장계획(안) 마련 → 사회보장위원회에서 계획 심의 → 시·도지사에게 보고 → 보건복지부장관에게 계획 제출

3 지역사회보장 운영체계

(1) 시·도 사회보장위원회 참고 시·도지사가 해당 시·도에 두는 위원회

시·도 사회보장위원회는 다음의 업무를 심의·자문한다.

- 시·도의 지역사회보장계획 수립·시행 및 평가에 관한 사항
- 시·도의 지역사회보장조사 및 지역사회보장지표에 관한 사항
- 시·도의 사회보장급여 제공에 관한 사항
- 시·도의 사회보장 추진과 관련한 중요 사항
- 읍·면·동 단위 지역사회보장협의체의 구성 및 운영에 관한 사항
  참고 특별자치시에 한정한다.
- 사회보장과 관련된 서비스를 제공하는 관계 기관·법인·단체·시설과의 연계·협력 강화에 관한 사항 참고 특별자치시에 한정한다.

(2) 지역사회보장협의체 참고 시장·군수·구청장이 해당 시·군·구에 두는 협의체

지역사회보장협의체는 다음의 업무를 심의·자문한다.

- 시·군·구의 지역사회보장계획 수립·시행 및 평가에 관한 사항
- 시·군·구의 지역사회보장조사 및 지역사회보장지표에 관한 사항
- 시·군·구의 사회보장급여 제공에 관한 사항
- 시·군·구의 사회보장 추진에 관한 사항
- 읍·면·동 단위 지역사회보장협의체의 구성 및 운영에 관한 사항

(3) 사회보장사무 전담기구
특별자치시장 및 시장·군수·구청장은 사회보장에 관한 업무를 효율적으로 수행하기 위하여 관련 조직, 인력, 관계 기관 간 협력체계 등을 마련하여야 하며, 필요한 경우에는 사회보장에 관한 사무를 전담하는 기구를 별도로 설치할 수 있다.

(4) 통합사례관리
① 통합사례관리를 실시하기 위하여 필요한 경우에는 특별자치시 및 시·군·구에 통합사례관리사를 둘 수 있다.
② 보건복지부장관은 통합사례관리 사업의 전문적인 지원을 위하여 해당 업무를 공공 또는 민간 기관·단체 등에 위탁하여 실시할 수 있다.
③ 통합사례관리사의 자격·업무 등 운영에 필요한 사항과 통합사례관리 사업의 지원업무 위탁에 필요한 사항은 보건복지부령으로 정한다.

(5) 사회복지전담공무원
① 시·도, 시·군·구, 읍·면·동 또는 사회보장사무 전담기구에 사회복지전담공무원을 둘 수 있다.
② 사회복지사업법에 따른 사회복지사의 자격을 가진 사람으로 하며, 그 임용 등에 필요한 사항은 대통령령으로 정한다.
③ 사회복지전담공무원은 사회보장급여에 관한 업무 중 취약계층에 대한 상담과 지도, 생활실태의 조사 등 보건복지부령으로 정하는 사회복지에 관한 전문적 업무를 담당한다.
④ 국가는 사회복지전담공무원의 보수 등에 드는 비용의 전부 또는 일부를 보조할 수 있다.

01 기출 21회
사회보장급여의 이용·제공 및 수급권자의 발굴에 관한 법률의 내용으로 옳은 것은?
① 시장·군수·구청장은 중앙생활보장위원회를 둔다.
② 보건복지부장관은 사회보장급여 부정수급실태조사를 3년마다 실시하고 그 결과를 공개하여야 한다.
③ "수급권자"란 사회보장급여를 제공하는 국가기관과 지방자치단체를 말한다.
④ 보장기관의 업무담당자는 지원대상자가 심신미약 등 대통령령으로 정하는 경우에 해당하면 지원대상자의 동의하에서만 직권으로 사회보장급여의 제공을 신청할 수 있다.
⑤ 보장기관의 장은 지원대상자 발굴체계의 운영 실태를 3년마다 점검하고 개선방안을 마련하여야 한다.

02 기출 22회
사회보장급여의 이용·제공 및 수급권자 발굴에 관한 법률의 내용으로 옳지 않은 것은?
① 보장기관은 지역의 사회보장 수준이 균등하게 실현될 수 있도록 노력하여야 한다.
② 「청소년 기본법」에 따른 청소년상담사는 지원대상자의 사회보장급여를 신청할 수 있다.
③ 보장기관의 장은 위기가구를 발굴하기 위하여 노력하여야 한다.
④ 정부는 한국사회보장정보원의 설립·운영에 필요한 비용을 출연할 수 없다.
⑤ 특별자치시 지역사회보장계획은 사회보장급여 담당 인력의 양성 및 전문성 제고 방안을 포함하여야 한다.

| 해설 |
01 ① 사회보장급여법 제41조 제1항에 따라 지역사회보장협의체를 둬야 한다.
③ 수급권자란 사회보장급여를 제공받을 권리를 가진 사람을 말한다(동법 제2조 제2호).
④ 동법 제5조 제3항에 따라 지원대상자의 동의 없이 직권으로 신청할 수 있다.
⑤ 동법 제12조의2 제2항에 따라 보건복지부장관이 매년 발굴체계 운영 실태를 점검하여야 한다.
02 사회보장급여법 제29조 제4항에 따라 정부는 필요한 비용을 출연 및 지원할 수 있다.

정답 | 01 ② 02 ④

제8영역 사회복지법제론

사회복지사업법

☑ 6개년 출제리포트

☑ 키워드 공략포인트

사회복지사업의 전반적인 내용과 사회복지사, 사회복지시설 등에 대한 문제가 출제될 가능성이 높으므로 해당 내용을 꼼꼼히 살펴보고 암기해야 합니다.

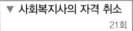

▼ 사회복지사의 자격 취소
21회

• 틀린 선지는?
보건복지부장관은 사회복지사가 거짓이나 그 밖의 부정한 방법으로 자격을 취득한 경우 그 자격을 1년의 범위에서 정지할 수 있다. (×)

• 틀린 이유는?
보건복지부장관은 사회복지사가 거짓이나 그 밖의 부정한 방법으로 자격을 취득한 경우 그 자격을 취소하여야 한다.

STEP 2 핵심이론 공략

1 사회복지사업법의 개요

(1) 용어의 정의

사회복지법인	사회복지사업을 할 목적으로 설립된 법인
사회복지시설	사회복지사업을 할 목적으로 설치된 시설
사회복지관	지역사회를 기반으로 일정한 시설과 전문인력을 갖추고 지역주민의 참여와 협력을 통하여 지역사회의 복지문제를 예방하고 해결하기 위하여 종합적인 복지서비스를 제공하는 시설
사회복지서비스	국가·지방자치단체 및 민간부문의 도움을 필요로 하는 모든 국민에게 사회보장기본법에 따른 사회서비스 중 사회복지사업을 통한 서비스를 제공하여 삶의 질이 향상되도록 제도적으로 지원하는 것

(2) 사회복지사업법의 기본이념

① 사회복지를 필요로 하는 사람은 누구든지 자신의 의사에 따라 서비스를 신청하고 제공받을 수 있다.

② 사회복지법인 및 사회복지시설은 공공성을 가지며 사회복지사업을 시행하는 데 있어서 공공성을 확보하여야 한다.

③ 사회복지를 제공하는 자는 사회복지를 필요로 하는 사람의 인권을 보장하여야 한다.

④ 사회복지서비스를 제공하는 자는 필요한 정보를 제공하는 등 사회복지서비스를 이용하는 사람의 선택권을 보장하여야 한다.

2 사회복지서비스 제공의 원칙

① 사회복지서비스를 필요로 하는 사람(보호대상자)에 대한 사회복지서비스 제공은 현물로 제공하는 것을 원칙으로 한다.

② 시장·군수·구청장은 국가 또는 지방자치단체 외의 자로 하여금 서비스 제공을 실시하게 하는 경우에는 보호대상자에게 사회복지서비스 이용권을 지급하여 국가 또는 지방자치단체 외의 자로부터 그 이용권으로 서비스 제공을 받게 할 수 있다.

③ 국가와 지방자치단체는 사회복지서비스의 품질 향상과 원활한 제공을 위하여 필요한 시책을 마련하여야 한다.

④ 국가와 지방자치단체는 사회복지서비스의 품질을 관리하기 위하여 사회복지서비스를 제공하는 기관·법인·시설·단체의 서비스 환경, 서비스 제공 인력의 전문성 등을 평가할 수 있다.

⑤ 보건복지부장관은 평가를 위하여 평가기관을 설치·운영하거나, 평가의 전부 또는 일부를 관계 기관 또는 단체에 위탁할 수 있다.

⑥ 보건복지부장관은 평가를 위탁한 기관 또는 단체에 대하여 그 운영에 필요한 비용을 지원할 수 있다.

3 사회복지사

(1) 자격증의 발급

① 사회복지사의 등급은 1급·2급으로 하되, 정신건강·의료·학교 영역에 대해서는 영역별로 정신건강사회복지사·의료사회복지사·학교사회복지사의 자격을 부여할 수 있다.

② 사회복지사 1급 자격은 국가시험에 합격한 사람에게 부여하고, 정신건강사회복지사·의료사회복지사·학교사회복지사의 자격은 1급 사회복지사의 자격이 있는 사람 중에서 보건복지부령으로 정하는 수련기관에서 수련을 받은 사람에게 부여한다.

(2) 자격 취소 및 정지 사유   Tip ①~③의 사유는 무조건 자격이 취소됩니다.

① 거짓이나 그 밖의 부정한 방법으로 자격을 취득한 경우(반드시 자격 취소)

② 결격사유 중 어느 하나에 해당하게 된 경우(반드시 자격 취소)

③ 자격증을 대여·양도 또는 위조·변조한 경우(반드시 자격 취소)

④ 사회복지사의 업무수행 중 그 자격과 관련하여 고의나 중대한 과실로 다른 사람에게 손해를 입힌 경우(보건복지부장관은 이와 관련해 한국사회복지사협회의 장 등 관계 전문가의 의견을 들을 수 있음)

⑤ 자격정지 처분을 3회 이상 받았거나, 정지기간 종료 후 3년 이내에 다시 자격정지 처분에 해당하는 행위를 한 경우

⑥ 자격정지 처분기간에 자격증을 사용하여 자격 관련 업무를 수행한 경우

(3) 사회복지사의 채용

① 사회복지법인 및 사회복지시설을 설치·운영하는 자는 대통령령으로 정하는 바에 따라 사회복지사를 그 종사자로 채용한다.

② 사회복지사 의무채용 제외 시설

- 노인복지법에 따른 노인여가복지시설   참고 노인복지관은 제외한다.
- 장애인복지법에 따른 장애인 지역사회재활시설 중 수화통역센터, 점자도서관, 점자도서 및 녹음서 출판시설
- 영유아보육법에 따른 어린이집
- 성매매방지 및 피해자보호 등에 관한 법률에 따른 성매매피해자 등을 위한 지원시설 및 성매매피해상담소
- 정신건강증진 및 정신질환자 복지서비스 지원에 관한 법률에 따른 정신요양시설 및 정신재활시설
- 성폭력방지 및 피해자보호 등에 관한 법률에 따른 성폭력피해상담소

4 사회복지법인

(1) 법인의 설립: 사회복지법인을 설립하려는 자는 대통령령으로 정하는 바에 따라 시·도지사의 허가를 받아야 한다.

사회복지사의 결격사유

- 피성년후견인
- 금고 이상의 실형을 선고받고 그 집행이 끝나거나(집행이 끝난 것으로 보는 경우를 포함한다) 집행이 면제되지 아니한 사람
- 금고 이상의 형의 집행유예를 선고받고 그 유예기간 중에 있는 사람
- 법원의 판결에 따라 자격이 상실되거나 정지된 사람
- 마약·대마 또는 향정신성의약품의 중독자
- 정신건강증진 및 정신질환자 복지서비스 지원에 관한 법률에 따른 정신질환자(전문의가 사회복지사로서 적합하다고 인정하는 사람은 제외)

법인 설립허가 취소의 경우

〈반드시 취소되는 경우〉
- 거짓이나 그 밖의 부정한 방법으로 설립허가를 받았을 때
- 법인 설립 후 기본재산을 출연하지 아니한 때

〈시정명령 혹은 취소 가능의 경우〉
- 설립허가 조건을 위반하였을 때
- 목적 달성이 불가능하게 되었을 때
- 목적사업 외의 사업을 하였을 때
- 정당한 사유 없이 설립허가를 받은 날부터 6개월 이내에 목적사업을 시작하지 아니하거나 1년 이상 사업실적이 없을 때
- 법인이 운영하는 시설에서 반복적 또는 집단적 성폭력범죄 및 학대관련범죄가 발생한 때
- 법인이 운영하는 시설에서 중대하고 반복적인 회계부정이나 불법행위가 발생한 때
- 임원정수를 위반한 때
- 시·도사회보장위원회 및 지역사회보장협의체 기관이 3배수로 이사 후보자 추천 등을 위반하여 이사를 선임한 때
- 임원의 해임명령을 이행하지 아니한 때
- 그 밖에 이 법 또는 이 법에 따른 명령이나 정관을 위반하였을 때

(2) 사회복지법인의 정관

사회복지법인의 정관에는 다음의 사항이 포함되어야 한다.

- 목적
- 명칭
- 주된 사무소의 소재지
- 사업의 종류
- 자산 및 회계에 관한 사항
- 임원의 임면 등에 관한 사항
- 회의에 관한 사항
- 공고 및 공고방법에 관한 사항
- 정관의 변경에 관한 사항
- 수익을 목적으로 하는 사업이 있는 경우 그에 관한 사항
- 존립시기와 해산 사유를 정한 경우에는 그 시기와 사유 및 남은 재산의 처리방법

(3) 임원

① 법인은 대표이사를 포함한 이사 7명 이상과 감사 2명 이상을 두어야 한다.

② 법인은 ①에 따른 이사 정수의 3분의 1 이상을 「사회보장급여의 이용·제공 및 수급권자 발굴에 관한 법률」에 따른 시·도사회보장위원회 또는 지역사회보장협의체에서 3배수로 추천한 사람 중에서 선임하여야 한다.

③ 이사회의 구성에 있어서 대통령령으로 정하는 특별한 관계에 있는 사람이 이사 현원(現員)의 5분의 1을 초과할 수 없다.

④ 이사의 임기는 3년으로 하고 감사의 임기는 2년으로 하며, 각각 연임할 수 있다.

⑤ 외국인인 이사는 이사 현원의 2분의 1 미만이어야 한다.

⑥ 법인은 임원을 임면하는 경우에는 보건복지부령으로 정하는 바에 따라 지체 없이 시·도지사에게 보고하여야 한다.

⑦ 감사는 이사와 특별한 관계에 있는 사람이 아니어야 하며, 감사 중 1명은 법률 또는 회계에 관한 지식이 있는 사람 중에서 선임하여야 한다. 다만, 대통령령으로 정하는 일정 규모 이상의 법인은 시·도지사의 추천을 받아 「주식회사 등의 외부감사에 관한 법률」에 따른 감사인에 속한 사람을 감사로 선임하여야 한다.

⑧ 이사 또는 감사 중에 결원이 생겼을 때에는 2개월 이내에 보충하여야 한다.

5 사회복지시설

(1) 사회복지시설의 설치 참고 각 시설의 수용인원 300명 초과 불가(대통령령 규정 제외)

① 국가나 지방자치단체는 사회복지시설을 설치·운영할 수 있다.

② 국가 또는 지방자치단체 외의 자가 시설을 설치·운영하려는 경우에는 보건복지부령으로 정하는 바에 따라 시장·군수·구청장에게 신고하여야 한다.

③ 국가나 지방자치단체가 설치한 시설은 필요한 경우 사회복지법인이나 비영리법인에 위탁하여 운영하게 할 수 있다.

④ 시설의 장은 시설의 운영에 관한 사항을 심의하기 위하여 시설에 운영위원회를 두어야 하며, 상근(常勤)하여야 한다.

(2) 보험가입 의무

① 시설의 운영자는 다음의 손해배상책임을 이행하기 위하여 손해보험회사의 책임보험에 가입하거나 사회복지사 등의 처우 및 지위 향상을 위한 법률에 따른 한국사회복지공제회의 책임공제에 가입하여야 한다.

- 화재로 인한 손해배상책임
- 화재 외의 안전사고로 인하여 생명·신체에 피해를 입은 보호대상자에 대한 손해배상책임

② 국가나 지방자치단체는 예산의 범위에서 책임보험 또는 책임공제의 가입에 드는 비용의 전부 또는 일부를 보조할 수 있다.

(3) 사회복지관의 설치

① 사회복지관은 지역사회의 특성과 지역주민의 복지욕구를 고려하여 서비스 제공 등 지역복지증진을 위한 사업을 실시할 수 있다.

② 사회복지관은 모든 지역주민을 대상으로 사회복지서비스를 실시하되, 다음의 지역주민에게 우선 제공하여야 한다.

- 국민기초생활 보장법에 따른 수급자 및 차상위계층
- 장애인, 노인, 한부모가족 및 다문화가족 / 직업 및 취업 알선이 필요한 사람
- 보호와 교육이 필요한 유아·아동 및 청소년
- 그 밖에 사회복지관의 사회복지서비스를 우선 제공할 필요가 있다고 인정되는 사람

(4) 시설의 서비스 최저기준

① 보건복지부장관은 시설에서 제공하는 서비스의 최저기준을 마련하여야 하고, 시설 운영자는 서비스 최저기준 이상으로 서비스 수준을 유지하여야 한다.

② 서비스 기준 대상시설과 서비스 내용 등에 관하여 필요한 사항은 보건복지부령으로 정한다.

• 시설 이용자의 인권	• 시설의 환경	• 시설의 운영
• 시설의 안전관리	• 시설의 인력관리	• 지역사회 연계
• 서비스의 과정 및 결과	• 그 밖에 서비스 최저기준 유지에 필요한 사항	

🔍 **사회복지사업에 해당하는 주요 법률(복지31법)**

- 의료급여법
- 장애인복지법
- 장애인연금법
- 장애아동복지지원법
- 장애인활동 지원에 관한 법률
- 보호관찰 등에 관한 법률
- 식품 등 기부 활성화에 관한 법률
- 노숙인 등의 복지 및 자립지원에 관한 법률
- 성폭력방지 및 피해자보호 등에 관한 법률
- 성매매방지 및 피해자보호 등에 관한 법률
- 농어촌주민의 보건복지증진을 위한 특별법
- 가정폭력방지 및 피해자보호 등에 관한 법률
- 국내입양에 관한 특별법 및 국제입양에 관한 법률
- 장애인·노인·임산부 등의 편의증진 보장에 관한 법률
- 정신건강증진 및 정신질환자 복지서비스 지원에 관한 법률
- 일제하 일본군위안부 피해자에 대한 생활안정지원 및 기념사업 등에 관한 법률
- 그 밖에 대통령령으로 정하는 법률
  - 건강가정기본법
  - 자살예방 및 생명존중문화 조성을 위한 법률
  - 북한이탈주민의 보호 및 정착지원에 관한 법률
  - 장애인·노인 등을 위한 보조기기 지원 및 활용촉진에 관한 법률

- 기초연금법
- 노인복지법
- 긴급복지지원법
- 국민기초생활 보장법
- 사회복지공동모금회법
- 발달장애인 권리보장 및 지원에 관한 법률

- 아동복지법
- 영유아보육법
- 한부모가족지원법
- 다문화가족지원법
- 청소년복지지원법

STEP 3 　 필수문제 점검

01
기출 22회

사회복지사업법상 사회복지법인(이하 '법인'으로 한다)에 관한 설명으로 옳지 않은 것은?

① 정관에는 회의에 관한 사항이 포함되어야 한다.

② 법인은 사회복지사업의 운영에 필요한 재산을 소유하여야 한다.

③ 감사 중에 결원이 생겼을 때 3개월 이내에 보충하여야 한다.

④ 법인은 임원을 임면하는 경우에 지체 없이 시·도지사에게 보고하여야 한다.

⑤ 법인이 목적사업 외의 사업을 하였을 때 설립허가가 취소될 수 있다.

02
기출 21회

사회복지사업법상 사회복지시설에 관한 설명으로 옳은 것은?

① 사회복지시설 운영위원회는 심의·의결 기구이다.

② 사회복지시설은 손해배상책임의 면책사업자이다.

③ 사회복지시설의 장은 비상근으로 근무할 수 있다.

④ 사회복지시설은 둘 이상의 사회복지사업을 통합하여 수행할 수 있다.

⑤ 지방자치단체는 사회복지시설을 설치·운영하여서는 아니 된다.

| 해설 |

01 이사 또는 감사 중에 결원이 생겼을 때에는 2개월 이내에 보충하여야 한다(사회복지사업법 제20조).

02 ① 사회복지시설 운영위원회는 심의기구이다.
　② 사회복지시설은 손해배상책임을 이행하기 위하여 손해보험회사의 책임보험에 가입하거나 한국사회복지공제회의 책임공제에 가입하여야 한다. 따라서 면책사업자는 아니다.
　③ 사회복지시설의 장은 상근하여야 한다.
　⑤ 국가나 지방자치단체는 사회복지시설을 설치·운영할 수 있다.

정답 | 01 ③ 02 ④

STEP 1 기출분석

☑ **6개년 출제리포트**

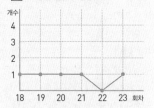

☑ **키워드 공략포인트**

- 산업재해보상보험법에서는 산재보험의 전반적인 내용, 용어의 정의, 업무상 재해, 급여의 종류 등을 묻는 문제가 골고루 출제되고 있습니다.
- 특히 최근 들어서는 업무상 재해, 급여의 종류와 관련된 문제가 출제되고 있으니 살펴보아야 합니다.

정답 잡는 오답노트

▼ **유족급여**   21회

- **틀린 선지는?**

근로자의 소득으로 생계의 전부를 유지하고 있던 유족으로서 학업으로 주민등록을 달리하였거나 동거하지 않았던 사람은 유족에 해당되지 않는다. (×)

- **틀린 이유는?**

근로자의 소득으로 생계의 전부를 유지하고 있던 유족으로서 학업으로 주민등록을 달리하였거나 동거하지 않았던 사람은 유족에 해당한다.

STEP 2 핵심이론 공략

1 산업재해보상보험법의 개요   Tip 산업재해보상보험법은 사회보험법에 해당합니다.

(1) **용어의 정의**

치유	부상 또는 질병이 완치되거나 치료의 효과를 더 이상 기대할 수 없고 그 증상이 고정된 상태에 이르게 된 것
장해	부상 또는 질병이 치유되었으나 정신적 또는 육체적 훼손으로 인하여 노동능력이 상실되거나 감소된 상태
중증요양상태	업무상의 부상 또는 질병에 따른 정신적 또는 육체적 훼손으로 노동능력이 상실되거나 감소된 상태로서, 그 부상 또는 질병이 치유되지 아니한 상태
진폐	분진을 흡입하여 폐에 생기는 섬유증식성 변화를 주된 증상으로 하는 질병
출퇴근	취업과 관련하여 주거와 취업장소 사이의 이동 또는 한 취업장소에서 다른 취업장소로의 이동

(2) **관장**

산업재해보상보험 사업은 고용노동부장관이 관장한다.

2 급여의 종류

요양급여	근로자가 업무상의 사유로 부상을 당하거나 질병에 걸린 경우에 그 근로자에게 지급 참고 3일 이내의 요양으로 치유될 수 있으면 지급하지 않는다.
휴업급여	업무상 사유로 부상을 당하거나 질병에 걸린 근로자에게 요양으로 취업하지 못한 기간에 대하여 지급하되, 1일당 지급액은 평균임금의 70%에 상당하는 금액 참고 취업하지 못한 기간이 3일 이내이면 지급하지 않는다.
장해급여	근로자가 업무상의 사유로 부상을 당하거나 질병에 걸려 치유된 후 신체 등에 장해가 있는 경우에 그 근로자에게 지급
간병급여	요양급여를 받은 사람 중 치유 후 의학적으로 상시 또는 수시로 간병이 필요하여 실제로 간병을 받는 사람에게 지급
유족급여	근로자가 업무상의 사유로 사망한 경우에 유족에게 지급
상병보상연금	요양급여를 받는 근로자가 요양을 시작한 지 2년이 지난 날 이후에 다음의 요건 모두에 해당하는 상태가 계속되면 휴업급여 대신 상병보상연금을 그 근로자에게 지급 • 그 부상이나 질병이 치유되지 아니한 상태일 것 • 그 부상이나 질병에 따른 중증요양상태의 정도가 대통령령으로 정하는 중증요양상태등급 기준에 해당할 것 • 요양으로 인하여 취업하지 못하였을 것

장례비	근로자가 업무상의 사유로 사망한 경우에 지급하되, 평균임금의 120일분에 상당하는 금액을 그 장례를 지낸 유족에게 지급
직업재활급여	취업을 위해 직업훈련이 필요한 사람에게 직업훈련비용 및 직업훈련수당을 지급하고, 장해급여자의 고용을 유지하는 경우 사업주에게는 직장복귀지원금, 직장적응훈련비 및 재활운동비를 지급

🔍 **유족보상연금 수급자격자의 범위**

- 근로자가 사망할 당시 그 근로자와 생계를 같이 하고 있던 유족 중 배우자와 다음의 어느 하나에 해당하는 사람
  - 부모 또는 조부모로서 각각 60세 이상인 사람
  - 자녀로서 25세 미만인 사람
  - 손자녀로서 25세 미만인 사람
  - 형제자매로서 19세 미만이거나 60세 이상인 사람
  - 장애인복지법에 따른 장애인 중 고용노동부령으로 정한 장애 정도에 해당하는 자녀·부모·손자녀·조부모 또는 형제자매
- 근로자가 사망할 당시 태아였던 자녀가 출생한 경우에는 출생한 때부터 유족으로 본다.

> **참고** 유족보상연금 수급자격자 중 유족보상연금을 받을 권리의 순위는 '배우자 → 자녀 → 부모 → 손자녀 → 조부모 및 형제자매'의 순서로 한다.

---

3 업무상 재해

> **참고** 업무와 재해 사이에 상당인과관계가 없는 경우는 업무상 재해로 보지 않는다.

업무상 사고	• 근로자가 근로계약에 따른 업무나 그에 따르는 행위를 하던 중 발생한 사고 • 사업주가 제공한 시설물 등을 이용하던 중 그 시설물 등의 결함이나 관리소홀로 발생한 사고 • 사업주가 주관하거나 사업주의 지시에 따라 참여한 행사나 행사 준비 중에 발생한 사고 • 휴게시간 중 사업주의 지배관리하에 있다고 볼 수 있는 행위로 발생한 사고 • 그 밖에 업무와 관련하여 발생한 사고
업무상 질병	• 업무수행과정에서 물리적 인자, 화학물질, 분진, 병원체, 신체에 부담을 주는 업무 등 근로자의 건강에 장해를 일으킬 수 있는 요인을 취급하거나 그에 노출되어 발생한 질병 • 업무상 부상이 원인이 되어 발생한 질병 • 근로기준법에 따른 직장 내 괴롭힘, 고객의 폭언 등으로 인한 업무상 정신적 스트레스가 원인이 되어 발생한 질병 • 그 밖에 업무와 관련하여 발생한 질병
출퇴근 재해	• 사업주가 제공한 교통수단이나 그에 준하는 교통수단을 이용하는 등 사업주의 지배관리하에서 출퇴근하는 중 발생한 사고 • 그 밖에 통상적인 경로와 방법으로 출퇴근하는 중 발생한 사고 > **참고** 출퇴근 경로 일탈 또는 중단 중의 사고 및 그 후의 이동 중의 사고에 대하여는 출퇴근 재해로 보지 않는다. 단, 일탈 또는 중단이 일상생활에 필요한 행위로서 대통령령으로 정하는 사유가 있는 경우에는 출퇴근 재해로 인정된다.

STEP 3 필수문제 점검

01

산업재해보상보험법의 내용으로 옳지 않은 것은?

① "업무상의 재해"란 업무상의 사유에 따른 근로자의 부상·질병·장해 또는 사망을 말한다.
② 보험급여에는 간병급여, 상병보상연금, 실업급여 등이 있다.
③ 근로복지공단은 법인으로 한다.
④ "출퇴근"이란 취업과 관련하여 주거와 취업장소 사이의 이동 또는 한 취업장소에서 다른 취업장소로의 이동을 말한다.
⑤ 요양급여는 근로자가 업무상의 사유로 부상을 당하거나 질병에 걸린 경우에 그 근로자에게 지급한다.

02

산업재해보상보험법령상 유족급여에 관한 설명으로 옳지 않은 것은?

① 근로자가 업무상의 사유로 사망한 경우 유족에게 지급한다.
② 유족보상연금 수급권자가 2명 이상 있을 때 그중 1명을 대표자로 선임할 수 있다.
③ 근로자와 주민등록법상 세대를 같이 하고 동거하던 유족으로서 근로자의 소득으로 생계의 상당 부분을 유지하고 있던 사람은 유족에 해당한다.
④ 근로자의 소득으로 생계의 전부를 유지하고 있던 유족으로서 학업으로 주민등록을 달리하였거나 동거하지 않았던 사람은 유족에 해당되지 않는다.
⑤ 유족보상연금 수급 권리는 배우자·자녀·부모·손자녀·조부모 및 형제자매의 순서로 한다.

| 해설 |
01 실업급여는 고용보험법상의 보험급여이다. 산업재해보상보험법상 보험급여의 종류에는 요양·휴업·장해·간병·유족·직업재활급여, 장례비, 상병보상연금이 있다(산업재해보상보험법 제36조).
02 산업재해보상보험법 시행령 제61조 제2호에 따라 유족에 해당한다.

정답 | 01 ② 02 ④

국민연금법

☑ 6개년 출제리포트

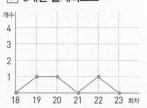

☑ 키워드 공략포인트

• 국민연금법에서는 국민연금의 전반적인 내용, 용어의 정의, 급여의 종류 등을 묻는 문제가 골고루 출제되고 있습니다.

• 특히 최근 들어서는 전반적인 내용을 묻는 문제가 자주 출제되고 있으니 살펴보아야 합니다.

1 국민연금법의 개요　Tip 국민연금법은 사회보험법에 해당합니다.

(1) 용어의 정의

사업장가입자	사업장에 고용된 근로자 및 사용자로서 국민연금에 가입된 자
지역가입자	사업장가입자가 아닌 자로서 국민연금에 가입된 자
임의가입자	사업장가입자 및 지역가입자 외의 자로서 국민연금에 가입된 자
임의계속가입자	국민연금 가입자 또는 가입자였던 자가 가입자로 된 자

(2) 국민연금의 가입 대상

① 국내에 거주하는 국민으로서 18세 이상 60세 미만인 자

② 공무원연금법, 군인연금법, 사립학교교직원 연금법 및 별정우체국법을 적용받는 공무원, 군인, 교직원 및 별정우체국 직원, 그 밖에 대통령령으로 정하는 자는 제외한다.

(3) 가입자 자격의 취득 및 상실 시기

Tip 상실 시기는 '다음 날'과 '당일'에 해당하는 사유를 구분하여 암기해야 합니다.

① 사업장가입자

취득 시기		• 사업장에 고용된 때 또는 그 사업장의 사용자가 된 때 • 당연적용사업장으로 된 때
상실 시기	다음 날	• 사망한 때 • 국적을 상실하거나 국외로 이주한 때 • 사용관계가 끝난 때 • 60세가 된 때
	당일	국민연금 가입 대상 제외자에 해당하게 된 때

② 지역가입자

취득 시기		• 사업장가입자의 자격을 상실한 때 • 국민연금 가입 대상 제외자에 해당하지 아니하게 된 때 • 배우자가 별도의 소득이 있게 된 때 • 18세 이상 27세 미만인 자가 소득이 있게 된 때
상실 시기	다음 날	• 사망한 때 • 국적을 상실하거나 국외로 이주한 때 • 배우자로서 별도의 소득이 없게 된 때 • 60세가 된 때
	당일	• 국민연금 가입 대상 제외자에 해당하게 된 때 • 사업장가입자의 자격을 취득한 때

정답 잡는 오답노트

▼ 가입자의 종류　17회

• 틀린 선지는?

가입자의 종류는 사업장가입자와 지역가입자의 2가지로 구분된다.

(×)

• 틀린 이유는?

가입자의 종류는 사업장가입자, 지역가입자, 임의가입자 및 임의계속가입자로 구분한다.

③ 임의가입자

취득 시기	가입 신청이 수리된 날	
상실 시기	다음 날	• 사망한 때 • 국적을 상실하거나 국외로 이주한 때 • 탈퇴 신청이 수리된 때 • 60세가 된 때 • 대통령령으로 정하는 기간 이상 계속하여 연금 보험료를 체납한 때
	당일	• 사업장가입자 또는 지역가입자의 자격을 취득 한 때 • 국민연금 가입 대상 제외자에 해당하게 된 때

2 급여의 종류

(1) 연금급여 <kbd>Tip</kbd> 연금급여는 매월 지급됩니다.

노령연금	• 노후 소득보장을 위한 급여 • 국민연금의 기초가 되는 급여
장애연금	장애로 인한 소득감소에 대비한 급여
유족연금	가입자의 사망으로 인한 유족의 생계 보호를 위한 급여

참고 분할연금: 혼인기간(배우자의 가입기간 중의 혼인기간으로서 실질적인 혼인관계가 존재하지 아니하였던 기간 제외)이 5년 이상인 자가 일정 요건을 갖추면 그가 생존하는 동안 배우자였던 자의 노령연금을 분할한 일정한 금액의 연금(분할연금)을 받을 수 있다.

(2) 일시금급여

반환일시금	연금을 받지 못하거나 더 이상 가입할 수 없는 경우, 청산적 성격으로 지급하는 급여
사망일시금	유족연금 또는 반환일시금을 받지 못할 경우, 장제보조적·보상적 성격으로 지급하는 급여

3 국민연금기금

① 보건복지부장관은 국민연금사업에 필요한 재원을 원활하게 확보하고, 국민연금법에 따른 급여에 충당하기 위한 책임준비금으로서 국민연금기금을 설치한다.

② 기금은 다음의 재원으로 조성한다.

• 연금보험료	• 기금 운용 수익금
• 적립금	• 공단의 수입지출 결산상의 잉여금

핵심키워드로 공략하는 사회복지사 1급 개념 마무리

STEP 3   필수문제 점검

01
기출 20회

국민연금법상 급여의 종류에 해당하는 것을 모두 고른 것은?

> ㉠ 노령연금   ㉡ 장애인연금
> ㉢ 장해급여   ㉣ 장애연금
> ㉤ 반환일시금

① ㉠, ㉡, ㉣
② ㉠, ㉡, ㉤
③ ㉠, ㉢, ㉤
④ ㉠, ㉣, ㉤
⑤ ㉡, ㉢, ㉣

02
기출 22회

국민연금법의 내용으로 옳은 것은?

① 가입자의 가입 종류가 변동되면 그 가입자의 가입기간은 각 종류별 가입기간을 합산한 기간으로 한다.
② 국민연금사업은 기획재정부장관이 맡아 주관한다.
③ "수급권자"란 이 법에 따른 급여를 받을 권리를 말한다.
④ 국내에 거주하는 국민으로서 18세 이상 65세 미만인 자는 국민연금 가입 대상이 된다.
⑤ 「국민연금법」을 적용할 때 배우자에는 사실상의 혼인관계에 있는 자는 포함되지 않는다.

| 해설 |

01 국민연금법상의 급여의 종류에는 노령연금, 장애연금, 유족연금, 반환일시금이 있다(국민연금법 제49조).

02 ② 국민연금사업은 보건복지부장관이 맡아 주관한다(국민연금법 제2조).
    ③ 수급권자란 수급권을 가진 자를 말한다(동법 제3조 제14호).
    ④ 국내에 거주하는 국민으로서 18세 이상 60세 미만인 자는 국민연금 가입 대상이 된다(동법 제6조).
    ⑤ 국민연금법을 적용할 때 배우자에는 사실상의 혼인관계에 있는 자를 포함한다(동법 제3조 제2항).

정답 | 01 ④   02 ①

STEP 1　기출분석

☑ 6개년 출제리포트

☑ 키워드 공략포인트

- 고용보험법에서는 전반적인 내용, 급여의 종류 등을 묻는 문제가 출제되고 있습니다.
- 특히 최근 들어서는 전반적인 내용뿐만 아니라, 고용보험상의 실업급여에 대한 깊이 있는 문제가 출제되고 있으니 살펴보아야 합니다.

정답 잡는 오답노트 ✏️

▼ 이주비　19회

- **틀린 선지는?**
이주비는 구직급여의 종류에 해당한다. (×)

- **틀린 이유는?**
이주비는 취업촉진 수당의 종류에 해당한다. 취업촉진 수당의 종류로는 조기재취업 수당, 직업능력개발 수당, 광역 구직활동비, 이주비가 있다.

STEP 2　핵심이론 공략

1 고용보험법의 개요　Tip 고용보험법은 사회보험법에 해당합니다.

(1) 용어의 정의

이직	피보험자와 사업주 사이의 고용관계가 끝나게 되는 것
실업	근로의 의사와 능력이 있음에도 불구하고 취업하지 못한 상태에 있는 것
실업의 인정	직업안정기관의 장이 수급자격자가 실업한 상태에서 적극적으로 직업을 구하기 위하여 노력하고 있다고 인정하는 것
일용근로자	1개월 미만 동안 고용되는 사람

(2) 고용보험의 적용 대상

① 근로자를 사용하는 모든 사업 및 사업장을 대상으로 적용한다.
② 적용 대상에 따라 일반적인 당연적용사업과 임의가입사업으로 구분한다.
③ 고용보험사업에는 고용안정·직업능력개발사업, 실업급여, 육아휴직 급여 및 출산전후휴가 급여 등의 실시가 있다.

> 🔍 **고용보험법 적용 제외**
>
> - 해당 사업에서 소정 근로시간이 대통령령으로 정하는 시간 미만인 근로자
> - 국가공무원법과 지방공무원법에 따른 공무원. 다만, 대통령령으로 정하는 바에 따라 별정직공무원, 국가공무원법 및 지방공무원법에 따른 임기제공무원의 경우 본인의 의사에 따라 고용보험(실업급여에 한함)에 가입 가능
> - 사립학교교직원 연금법의 적용을 받는 사람 / 그 밖에 대통령령으로 정하는 사람
> - 65세 이후 고용되거나 자영업을 개시한 사람에게는 실업급여 및 육아휴직급여 등을 적용하지 않음.

2 실업급여

실업급여에는 구직급여, 취업촉진 수당(조기재취업 수당, 직업능력개발 수당, 광역 구직활동비, 이주비)이 있으며, 구직급여는 연장급여(훈련연장급여, 개별연장급여, 특별연장급여), 상병급여(질병 등의 특례)로 구분된다.

(1) 구직급여의 수급 요건

이직한 근로자인 피보험자가 다음의 요건을 모두 갖춘 경우에 지급한다.

> - 이직일 이전 18개월간 피보험 단위기간이 합산하여 180일 이상일 것
> - 근로의 의사와 능력이 있음에도 불구하고 취업하지 못한 상태에 있을 것
> - 이직사유가 수급자격의 제한 사유에 해당하지 아니할 것
>   **참고** 자발적 이직, 중대한 귀책사유로 해고된 경우는 제외된다.
> - 재취업을 위한 노력을 적극적으로 할 것

(2) 취업촉진 수당

종류	지급 요건
조기재취업 수당	수급자격자가 안정된 직업에 재취직하거나 스스로 영리를 목적으로 하는 사업을 영위하는 경우에 지급
직업능력개발 수당	수급자격자가 직업안정기관의 장이 지시한 직업능력개발훈련 등을 받는 경우에 지급
광역 구직활동비	수급자격자가 직업안정기관의 소개에 따라 광범위한 지역에 걸쳐 구직 활동을 하는 경우에 지급
이주비	수급자격자가 취업하거나 직업안정기관의 장이 지시한 직업능력개발훈련 등을 받기 위하여 그 주거를 이전하는 경우에 지급

3 육아휴직급여

① 고용노동부장관은 남녀고용평등과 일·가정 양립 지원에 관한 법률에 따른 육아휴직을 30일 이상 부여받은 피보험자 중 육아휴직을 시작한 날 이전에 피보험 단위기간이 합산하여 180일 이상인 피보험자에게 육아휴직급여를 지급한다.

② 육아휴직급여를 지급받으려는 사람은 육아휴직을 시작한 날 이후 1개월부터 육아휴직이 끝난 날 이후 12개월 이내에 신청하여야 한다. 다만, 해당 기간에 대통령령으로 정하는 사유로 육아휴직급여를 신청할 수 없었던 사람은 그 사유가 끝난 후 30일 이내에 신청하여야 한다.

③ 피보험자가 육아휴직급여 지급신청을 하는 경우 육아휴직기간 중에 이직하거나 고용노동부령으로 정하는 기준에 해당하는 취업을 한 사실이 있는 경우에는 해당 신청서에 그 사실을 기재하여야 한다.

④ 육아휴직급여의 지급 제한

- 피보험자가 육아휴직기간 중에 그 사업에서 이직한 경우에는 그 이직하였을 때부터 육아휴직급여를 지급하지 아니한다.
- 피보험자가 육아휴직기간 중에 취업을 한 경우에는 그 취업한 기간에 대해서는 육아휴직급여를 지급하지 아니한다.
- 피보험자가 사업주로부터 육아휴직을 이유로 금품을 지급받은 경우 대통령령으로 정하는 바에 따라 급여를 감액하여 지급할 수 있다.
- 거짓이나 그 밖의 부정한 방법으로 육아휴직급여를 받았거나 받으려 한 사람에게는 그 급여를 받은 날 또는 받으려 한 날부터의 육아휴직급여를 지급하지 아니한다. 다만, 그 급여와 관련된 육아휴직 이후에 새로 육아휴직급여 요건을 갖춘 경우 그 새로운 요건에 따른 육아휴직급여는 그러하지 아니하다.

01
기출 22회

고용보험법의 내용으로 옳은 것은?

① "실업의 인정"이란 근로의 의사와 능력이 있음에도 불구하고 취업하지 못한 상태에 있는 것을 말한다.

② "일용근로자"란 3개월 미만 동안 고용되는 사람을 말한다.

③ 지방자치단체는 매년 보험사업에 드는 비용의 일부를 일반회계에서 부담하여야 한다.

④ 고용보험기금은 고용노동부장관이 관리·운용한다.

⑤ 실업급여를 받을 권리는 양도 또는 압류하거나 담보로 제공할 수 있다.

02
기출 22회

고용보험법상 실업급여의 종류로 취업촉진수당에 해당하는 것을 모두 고른 것은?

> ㉠ 이주비
> ㉡ 광역 구직활동비
> ㉢ 직업능력개발 수당
> ㉣ 조기재취업 수당

① ㉠, ㉡, ㉢   ② ㉠, ㉡, ㉣
③ ㉠, ㉢, ㉣   ④ ㉡, ㉢, ㉣
⑤ ㉠, ㉡, ㉢, ㉣

| 해설 |

01 ① 실업의 인정이란 직업안정기관의 장이 고용보험법 제43조에 따른 수급자격자가 실업한 상태에서 적극적으로 직업을 구하기 위하여 노력하고 있다고 인정하는 것을 말한다(고용보험법 제2조 제4호).

② 일용근로자란 1개월 미만 동안 고용된 근로자를 말한다(동법 제2조 제6호).

③ 국가는 매년 보험사업에 드는 비용의 일부를 일반회계에서 부담하여야 한다(동법 제5조).

⑤ 실업급여를 받을 권리는 양도 또는 압류하거나 담보로 제공할 수 없다(동법 제38조).

02 ㉠, ㉡, ㉢, ㉣ 모두 취업촉진 수당에 해당한다.

정답 | 01 ④ 02 ⑤

사회복지법제론

STEP 1   기출분석

STEP 2   핵심이론 공략

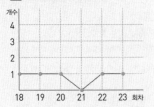

☑ 6개년 출제리포트

☑ 키워드 공략포인트

- 국민건강보험법에서는 전반적인 내용, 급여의 종류 등을 묻는 문제가 출제되고 있습니다.
- 특히 최근 들어서는 전반적인 내용뿐만 아니라, 건강보험공단과 건강보험심사평가원의 업무 비교, 공단의 업무 등에 대한 깊이 있는 문제가 출제되고 있으니 살펴보아야 합니다.

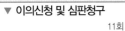

정답 잡는 오답노트

▼ 이의신청 및 심판청구

11회

• 틀린 선지는?

이의신청에 대한 결정에 불복하는 자는 건강보험분쟁조정위원회에 심판청구를 한 후가 아니면 행정소송을 제기할 수 없다. (×)

• 틀린 이유는?

이의신청에 대한 결정에 불복하는 자는 건강보험분쟁조정위원회에 심판청구를 한 후가 아니더라도 행정소송을 제기할 수 있다.

1 국민건강보험법의 개요   Tip 국민건강보험법은 사회보험법에 해당합니다.

(1) 용어의 정의

근로자	직업의 종류와 관계없이 근로의 대가로 보수를 받아 생활하는 사람(법인의 이사와 그 밖의 임원 포함)으로서 공무원 및 교직원을 제외한 사람
사용자	• 근로자가 소속되어 있는 사업장의 사업주 • 공무원이 소속되어 있는 기관의 장으로서 대통령령으로 정하는 사람 • 교직원이 소속되어 있는 사립학교를 설립·운영하는 사람

(2) 적용 대상

① **가입자 또는 피부양자**: 국내에 거주하는 국민이다.

> 참고 의료급여를 받는 사람, 의료보호를 받는 사람(유공자 등 의료보호대상자)은 제외한다.

② **피부양자**: 다음 어느 하나에 해당하는 사람으로, 직장가입자에게 주로 생계를 의존하고 소득 및 재산이 보건복지부령으로 정하는 기준 이하에 해당하는 사람이다.

> 직장가입자의 배우자 / 직장가입자의 직계존속(배우자의 직계존속 포함) / 직장가입자의 직계비속(배우자의 직계비속 포함)과 그 배우자 / 직장가입자의 형제·자매

(3) 자격의 취득 및 상실 시기

취득 시기		• 수급권자였던 사람은 그 대상자에서 제외된 날 • 직장가입자의 피부양자였던 사람은 그 자격을 잃은 날 • 유공자 등 의료보호대상자였던 사람은 그 대상자에서 제외된 날 • 보험자에게 건강보험의 적용을 신청한 유공자 등 의료보호대상자는 그 신청한 날
상실 시기	다음 날	• 사망한 때 • 국적을 상실한 때 • 국내에 거주하지 아니하게 된 때
	당일	• 직장가입자의 피부양자가 된 때 • 수급권자가 된 때 • 건강보험을 적용받고 있던 사람이 유공자 등 의료보호대상자가 되어 건강보험의 적용배제신청을 한 때

(4) 국민건강보험공단의 업무

> • 가입자 및 피부양자의 자격 관리 / 보험료와 그 밖에 이 법에 따른 징수금의 부과·징수
> • 보험급여의 관리 / 보험급여비용의 지급
> • 가입자 및 피부양자의 질병의 조기발견·예방 및 건강관리를 위하여 요양급여 실시 현황과 건강검진 결과 등을 활용하여 실시하는 예방사업
> • 자산의 관리·운영 및 증식사업 / 의료시설의 운영

- 건강보험에 관한 교육훈련, 홍보, 조사연구 및 국제협력
- 이 법에서 공단의 업무로 정하고 있는 사항
- 국민연금법, 고용산재보험료징수법, 임금채권보장법 및 석면피해구제법에 따라 위탁받은 업무
- 그 밖에 이 법 또는 다른 법령에 따라 위탁받은 업무
- 그 밖에 건강보험과 관련하여 보건복지부장관이 필요하다고 인정한 업무

> **참고** 공단은 회계연도마다 예산안을 편성하여 이사회의 의결을 거친 후 보건복지부장관의 승인을 받아야 한다. 예산을 변경할 때에도 또한 같다.

2 급여의 종류

구분		종류
법정급여	현물급여(원칙)	• 요양급여(선별급여, 방문요양급여) • 건강검진
	현금급여	• 요양비 • 장애인 보조기기(장애인에 대한 특례)
부가급여	바우처	임신·출산 진료비(태아 1명당 100만 원, 다태아의 경우 140만 원)
	현금급여	상병수당

> **참고**
> • 장제비: 부가급여로, 2008년 1월 1일 이후 시행되지 않고 있다.
> • 상병수당: 3단계 시범사업(2024.7~2025.6) 종료 후, 2025년 7월부터 본사업 도입 예정이다.

3 이의신청 및 심판청구

(1) 이의신청

① 가입자 및 피부양자의 자격, 보험료 등, 보험급여, 보험급여 비용에 관한 공단의 처분에 이의가 있는 자는 공단에 이의신청을 할 수 있다.

② 요양급여비용 및 요양급여의 적정성 평가 등에 관한 심사평가원의 처분에 이의가 있는 공단, 요양기관 또는 그 밖의 자는 심사평가원에 이의신청을 할 수 있다.

③ 이의신청은 처분이 있음을 안 날부터 90일 이내에 문서(전자문서 포함)로 하여야 하며, 처분이 있은 날부터 180일이 지나면 제기하지 못한다. 다만, 정당한 사유로 그 기간에 이의신청을 할 수 없었음을 소명한 경우에는 그러하지 아니하다.

④ 요양기관이 심사평가원의 확인에 대하여 이의신청을 하려면 통보받은 날부터 30일 이내에 하여야 한다.

(2) 심판청구 > **참고** 심판청구의 제기기간 및 제기방법은 이의신청과 동일하다.

① 이의신청에 대한 결정에 불복하는 자는 건강보험분쟁조정위원회에 심판청구를 할 수 있다.

② 심판청구를 하려는 자는 대통령령으로 정하는 심판청구서를 처분을 한 공단 또는 심사평가원에 제출하거나 건강보험분쟁조정위원회에 제출하여야 한다.

STEP 3 필수문제 점검

01 기출 20회

국민건강보험법상 건강보험심사평가원의 업무에 해당하는 것은?

① 요양급여의 적정성 평가
② 가입자의 자격 관리
③ 보험급여의 관리
④ 보험급여 비용의 지급
⑤ 보험료의 부과·징수

02 기출 22회

국민건강보험법의 내용으로 옳지 않은 것은?

① 「의료급여법」에 따라 의료급여를 받는 사람은 건강보험의 가입자가 될 수 없다.
② 보건복지부장관은 국민건강보험종합계획에 따라 연도별 시행계획에 따른 추진실적을 매년 평가하여야 한다.
③ 건강보험 가입자는 국내에 거주하지 아니하게 된 날에 그 자격을 잃는다.
④ 건강보험정책에 관한 사항을 심의·의결하기 위하여 보건복지부장관 소속으로 건강보험정책심의위원회를 둔다.
⑤ 건강보험 지역가입자는 직장가입자와 그 피부양자를 제외한 가입자를 말한다.

| 해설 |

01 요양급여의 적정성 평가는 건강보험심사평가원의 업무이다. 그 밖의 건강보험심사평가원의 업무에는 요양급여비용의 심사, 심사기준 및 평가기준의 개발 등이 있다(국민건강보험법 제63조 제1항).

02 건강보험 가입자는 국내에 거주하지 아니하게 된 날의 다음 날에 그 자격을 잃는다(국민건강보험법 제10조 제3호).

정답 | 01 ① 02 ③

STEP 1   기출분석

✓ 6개년 출제리포트

✓ 키워드 공략포인트

• 노인장기요양보험법에서는 전반적인 내용, 용어의 정의, 급여의 종류 등을 묻는 문제가 출제되고 있습니다.

• 특히 최근 들어서는 전반적인 내용뿐만 아니라, 장기요양인정 신청, 심사청구, 장기요양급여에 대한 깊이 있는 문제가 출제되고 있으니 살펴보아야 합니다.

정답 잡는 오답노트

▼ 심사청구   13회

• 틀린 선지는?
국민건강보험공단의 장기요양인정 처분에 이의가 있는 자는 처분이 있은 날부터 60일 이내에 공단에 이의를 신청할 수 있다. (×)

• 틀린 이유는?
심사청구는 그 처분이 있음을 안 날부터 90일 이내에 문서로 하여야 하며, 처분이 있은 날부터 180일을 경과하면 이를 제기하지 못한다.

STEP 2   핵심이론 공략

1 노인장기요양보험법의 개요   Tip 노인장기요양보험법은 사회보험법에 해당합니다.

(1) 용어의 정의

노인 등	65세 이상의 노인 또는 65세 미만의 자로서 치매·뇌혈관성 질환 등 노인성 질병을 가진 자
장기요양급여	6개월 이상 동안 혼자서 일상생활을 수행하기 어렵다고 인정되는 자에게 신체활동·가사활동의 지원 또는 간병 등의 서비스나 이에 갈음하여 지급하는 현금 등

(2) 장기요양인정의 신청 자격

① 장기요양보험가입자 또는 그 피부양자, 의료급여법에 따른 수급권자

② 직접 신청 불가능 시 대리자: 본인의 가족이나 친족, 본인 또는 가족의 동의를 받은 사회복지전담공무원, 치매안심센터의 장   참고 장기요양기관은 수급자 대리 불가능

2 장기요양급여

(1) 재가급여   참고 재가급여 비용의 15%는 수급자 부담

방문요양	장기요양요원이 수급자의 가정 등을 방문하여 신체활동 및 가사활동 등을 지원
방문목욕	장기요양요원이 수급자의 가정 등을 방문하여 장비를 이용하여 목욕을 제공
방문간호	장기요양요원인 간호사 등이 의사, 한의사 또는 치과의사의 지시서에 따라 수급자의 가정 등을 방문하여 간호, 진료의 보조, 요양에 관한 상담 등을 제공
주·야간보호	수급자를 하루 중 일정한 시간 동안 장기요양기관에 보호하여 신체활동 지원 및 심신 기능의 유지·향상을 위한 교육·훈련 등을 제공
단기보호	수급자를 일정 기간 동안 장기요양기관에 보호하여 신체활동 지원 및 심신 기능의 유지·향상을 위한 교육·훈련 등을 제공
기타재가급여	수급자의 일상생활·신체활동 지원 및 인지 기능의 유지·향상에 필요한 용구(소프트웨어 포함)를 제공하거나 가정을 방문하여 재활에 관한 지원 등을 제공

(2) 시설급여   참고 시설급여 비용의 20%는 수급자 부담

장기요양기관 장기간 입소 수급자에게 신체활동 지원 및 심신 기능의 유지·향상을 위한 교육·훈련 등을 제공하는 장기요양급여이다.

(3) 특별현금급여

가족요양비	방문요양에 상당한 장기요양급여를 받은 때 지급
특례요양비	수급자가 장기요양기관이 아닌 노인요양시설 등의 기관 또는 시설에서 재가급여 또는 시설급여에 상당한 장기요양급여를 받은 경우 지급
요양병원간병비	수급자가 요양병원에 입원한 때 지급

(4) 장기요양급여 제공의 기본원칙

① 노인 등이 자신의 의사와 능력에 따라 최대한 자립적으로 일상생활을 수행할 수 있도록 제공하여야 한다.

② 노인 등의 심신상태·생활환경과 노인 등 및 그 가족의 욕구·선택을 종합적으로 고려하여 필요한 범위 안에서 적정하게 제공하여야 한다.

③ 노인 등이 가족과 함께 생활하면서 가정에서 장기요양을 받는 재가급여를 우선적으로 제공하여야 한다.

④ 노인 등의 심신상태나 건강 등이 악화되지 아니하도록 의료서비스와 연계하여 제공하여야 한다.

(5) 장기요양기관의 종류 및 기준

① 재가급여를 제공할 수 있는 장기요양기관: 노인복지법에 따른 재가노인복지시설로서 지정받은 장기요양기관

② 시설급여를 제공할 수 있는 장기요양기관: 노인복지법에 따른 노인의료복지시설 중 노인요양시설 또는 노인요양공동생활가정으로서 지정받은 장기요양기관

3 권리구제

심사청구	• 장기요양인정·장기요양등급·장기요양급여·부당이득·장기요양급여비용 또는 장기요양보험료 등에 관한 공단의 처분에 이의가 있는 자가 공단에 청구 가능 • 그 처분이 있음을 안 날부터 90일 이내에 문서로 하여야 하며, 처분이 있은 날부터 180일을 경과하면 제기 불가능 **참고** 정당한 사유로 그 기간에 심사청구를 할 수 없었음을 증명한 경우, 기간 경과 이후에도 청구 가능
재심사청구	• 심사청구에 대한 결정에 불복하는 사람이 그 결정통지를 받은 날부터 90일 이내에 장기요양재심사위원회에 청구 가능 • 재심사위원회: 보건복지부장관 소속, 위원장 1인을 포함한 20인 이내의 위원으로 구성
행정심판과의 관계	• 재심사위원회의 재심사에 관한 절차에 관하여는 행정심판법 준용 • 재심사청구 사항에 대한 재심사위원회의 재심사를 거친 경우, 행정심판법에 따른 행정심판 청구 불가능
행정소송	공단의 처분에 이의가 있는 자와 심사청구 또는 재심사청구에 대한 결정에 불복하는 자는 행정소송법으로 정하는 바에 따라 행정소송 제기 가능

01

노인장기요양보험법의 내용으로 옳은 것은?

① 장기요양보험사업은 보건복지부장관이 관장한다.

② "장기요양급여"란 장기요양등급판정 결과에 따라 1개월 이상 동안 혼자서 일상생활을 수행하기 어렵다고 인정되는 자에게 신체활동·가사활동의 지원 또는 간병 등의 서비스를 말한다.

③ 장기요양기관은 수급자에게 재가급여 또는 시설급여를 제공한 경우 시·도지사에게 장기요양급여 비용을 청구하여야 한다.

④ "노인 등"이란 60세 이상의 노인 또는 60세 미만의 자로서 치매·뇌혈관성질환 등 대통령령으로 정하는 노인성 질병을 가진 자를 말한다.

⑤ 재가급여에는 방문요양, 방문목욕, 특별현금급여가 있다.

02

노인장기요양보험법의 내용으로 옳지 않은 것은?

① "노인 등"이란 65세 이상의 노인 또는 65세 미만의 자로서 치매·뇌혈관성질환 등 대통령령으로 정하는 노인성 질병을 가진 자를 말한다.

② 장기요양급여는 노인 등이 가족과 함께 생활하면서 가정에서 장기요양을 받는 재가급여를 우선적으로 제공하여야 한다.

③ 장기요양보험사업은 보건복지부장관이 관장한다.

④ 장기요양급여를 받고 있는 수급자는 장기요양등급의 내용을 변경하여 장기요양급여를 받고자 하는 경우 국민건강보험공단에 변경신청을 하여야 한다.

⑤ 재가급여에는 방문요양, 방문목욕, 특별현금급여가 포함된다.

| 해설 |

01 노인장기요양보험법 제7조에 따라 장기요양보험사업은 보건복지부장관이 관장한다.

02 재가급여에는 방문요양, 방문목욕, 방문간호, 주·야간보호, 단기보호 등이 포함된다.

정답 | 01 ① 02 ⑤

제8영역 사회복지법제론

국민기초생활 보장법

STEP 1 기출분석

☑ 6개년 출제리포트

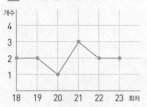

☑ 키워드 공략포인트

• 국민기초생활 보장법에서는 전반적인 내용, 기본원칙, 급여의 종류, 자활지원 등을 묻는 문제가 출제되고 있습니다.
• 특히 최근 들어서는 급여의 종류 및 급여의 변경 여부를 확인하는 문제가 출제되고 있으니 살펴보아야 합니다.

정답 잡는 오답노트

▼ 교육급여   17회

• 틀린 선지는?
교육급여는 보건복지부장관의 소관으로 한다. (×)

• 틀린 이유는?
교육급여는 교육부장관의 소관으로 한다.

▼ 보장   13회

• 틀린 선지는?
보장기관은 급여를 개인 단위로 실시하되, 특히 필요한 경우는 개별가구 단위로 실시할 수 있다. (×)

• 틀린 이유는?
보장기관은 급여를 개별가구 단위로 실시하되, 특히 필요한 경우는 개인 단위로 실시할 수 있다.

STEP 2 핵심이론 공략

1 국민기초생활 보장법의 개요   Tip 국민기초생활 보장법은 공공부조법에 해당합니다.

(1) 용어의 정의

최저보장수준	국민의 소득·지출 수준과 수급권자의 가구 유형 등 생활실태, 물가상승률 등을 고려하여 최저보장수준의 결정에 따라 급여의 종류별로 공표하는 금액이나 보장수준
최저생계비	국민이 건강하고 문화적인 생활을 유지하기 위하여 필요한 최소한의 비용으로서 보건복지부장관이 계측하는 금액
소득인정액	보장기관이 급여의 결정 및 실시 등에 사용하기 위하여 산출한 개별가구의 소득평가액과 재산의 소득환산액을 합산한 금액
기준 중위소득	보건복지부장관이 급여의 기준 등에 활용하기 위하여 중앙생활보장위원회의 심의·의결을 거쳐 고시하는 국민 가구소득의 중위값

(2) 급여의 기본원칙

① 이 법에 따른 급여는 수급자가 자신의 생활의 유지·향상을 위하여 그의 소득, 재산, 근로능력 등을 활용하여 최대한 노력하는 것을 전제로 이를 보충·발전시키는 것을 기본원칙으로 한다.

② 부양의무자의 부양과 다른 법령에 따른 보호는 이 법에 따른 급여에 우선하여 행하여지는 것으로 한다. 다만, 다른 법령에 따른 보호의 수준이 이 법에서 정하는 수준에 이르지 아니하는 경우에는 나머지 부분에 관하여 이 법에 따른 급여를 받을 권리를 잃지 아니한다.

(3) 보장

① 국민기초생활보장제도에서 가구는 수급자 선정, 급여액 결정 및 지급의 기본단위이며, 소득평가액 및 재산의 소득환산액을 합한 소득인정액은 가구를 단위로 산정한다.

② 보장기관은 급여를 개별가구 단위로 실시하되, 장애인복지법에 따라 등록한 장애인 중 장애의 정도가 심한 장애인으로서 보건복지부장관이 정하는 사람에 대한 급여 등 특히 필요하다고 인정하는 경우에는 개인 단위로 실시할 수 있다.

③ 보장시설의 종류

> • 장애인 거주시설
> • 노인주거복지시설 및 노인의료복지시설
> • 아동복지시설 및 통합 시설
> • 정신요양시설 및 정신재활시설
> • 노숙인재활시설 및 노숙인요양시설
> • 가정폭력피해자 보호시설
> • 성매매피해자 등을 위한 지원시설

- 성폭력피해자보호시설
- 한부모가족복지시설
- 사회복지시설 중 결핵 및 한센병요양시설
- 그 밖에 보건복지부령으로 정하는 시설(청소년복지 지원법상의 청소년 회복지원시설)

(4) 소득

① 소득인정액 산정

　㉠ **개별가구의 소득평가액**: 개별가구의 실제소득에도 불구하고 보장기관이 급여의 결정 및 실시 등에 사용하기 위하여 산출한 금액으로, 근로소득, 사업소득, 재산소득, 이전소득을 합한 개별가구의 실제소득에서 장애·질병·양육 등 가구 특성에 따른 지출요인, 근로를 유인하기 위한 요인, 그 밖에 추가적인 지출요인에 해당하는 금액을 감하여 산정한다.

　㉡ **재산의 소득환산액**: 개별가구의 재산가액에서 기본재산액 및 부채를 공제한 금액에 소득환산율을 곱하여 산정한다. 이 경우 소득으로 환산하는 재산의 범위는 일반재산(금융재산 및 자동차를 제외한 재산), 금융재산, 자동차이다.

② 소득의 범위에 해당하지 않는 것

- 퇴직금, 현상금, 보상금, 조세특례제한법에 따른 근로장려금 및 자녀장려금 등 정기적으로 지급되는 것으로 볼 수 없는 금품
- 보육·교육 또는 그 밖에 이와 유사한 성질의 서비스 이용을 전제로 받는 보육료, 학자금, 그 밖에 이와 유사한 금품
- 지방자치단체가 지급하는 금품으로서 보건복지부장관이 정하는 금품

2 급여의 종류   Tip 사회복지정책론 공공부조제도(238쪽)에서 상세 내용 소개

생계급여	기준 중위소득의 32%에 해당하는 금액과 가구의 소득인정액과의 차액을 지급(부양의무자 기준 조건부 폐지)
의료급여	기준 중위소득의 40% 이하, 근로능력 유무에 따라 1종, 2종으로 구분 참고 2024년부터 부양의무자 기준 단계적 완화
주거급여	• 기준 중위소득의 48% 이하(부양의무자 기준 폐지) • 국토교통부장관이 정하는 기준에 따라 지급
교육급여	• 기준 중위소득의 50% 이하(부양의무자 기준 폐지) • 교육부장관의 기준에 따라 교육활동지원비 등을 바우처로 지급
해산급여	수급자 출산 시 1인당 70만 원(쌍둥이 출산 시 140만 원) 지급
장제급여	수급자 및 의사자 사망 시 장제를 행하는 사람에게 80만 원을 지급
자활급여	근로능력이 있는 수급자의 자활을 돕기 위하여 급여를 실시

사회복지법제론

3 부양의무자

① 수급권자의 1촌의 직계혈족 및 그 배우자(사망한 1촌의 직계혈족의 배우자 제외)를 부양의무자로 한다.
② 부양의무자의 부양은 국민기초생활 보장법에 따른 급여에 우선한다.

4 외국인에 대한 특례

① 국내에 체류하고 있는 외국인 중 대한민국 국민과 혼인하여 본인 또는 배우자가 임신 중이거나 대한민국 국적의 미성년 자녀를 양육하고 있거나 배우자의 대한민국 국적인 직계존속과 생계나 주거를 같이하고 있는 사람으로서 대통령령으로 정하는 사람이 이 법에 따른 급여를 받을 수 있는 자격을 가진 경우에는 수급권자가 된다.
② 수급권자가 될 수 있는 외국인은 「출입국관리법」에 따라 외국인 등록을 한 사람으로서 다음 중 하나에 해당하는 사람으로 한다.
　㉠ 대한민국 국민과 혼인 중인 사람으로서 다음 중 하나에 해당하는 사람

> • 본인 또는 대한민국 국적의 배우자가 임신 중인 사람
> • 대한민국 국적의 미성년 자녀(계부자 · 계모자 관계와 양친자관계 포함)를 양육하고 있는 사람
> • 배우자의 대한민국 국적인 직계존속과 생계나 주거를 같이 하는 사람

　㉡ 대한민국 국민인 배우자와 이혼하거나 그 배우자가 사망한 사람으로서 대한민국 국적의 미성년 자녀를 양육하고 있는 사람 또는 사망한 배우자의 태아를 임신하고 있는 사람

5 자활지원

(1) 자활기업

① 수급자 및 차상위자는 상호 협력하여 자활기업을 설립 · 운영할 수 있다.
② 자활기업을 설립 · 운영하려는 자는 요건을 모두 갖추어 보장기관의 인정을 받아야 한다.
③ 보장기관은 자활기업에 직접 또는 자활복지개발원, 광역자활센터 및 지역자활센터를 통하여 지원을 할 수 있다.

(2) 자활기금의 적립

① 보장기관은 국민기초생활 보장법에 따른 자활지원사업의 원활한 추진을 위하여 자활기금을 적립한다.
② 보장기관은 자활지원사업의 효율적 추진을 위하여 필요하다고 인정하는 경우에는 자활기금의 관리 · 운영을 자활복지개발원 또는 자활지원사업을 수행하는 비영리법인에 위탁할 수 있다. 이 경우 그에 드는 비용은 보장기관이 부담한다.

(3) 자활지원사업 통합정보전산망의 구축 · 운영 등

① 보건복지부장관은 근로능력이 있는 수급자 등 자활지원사업 참여자의 수급이력 및 근로활동 현황 등 자활지원사업의 수행 · 관리 및 효과분석에 필요한 각종 자료 및 정보를 효율적으로 처리하고 기록 · 관리하는 자활지원사업 통합정보전산망을 구축 · 운영할 수 있다.

② 보건복지부장관은 통합정보전산망의 구축 · 운영을 위하여 국가보훈부, 고용노동부, 국세청 등 국가기관과 지방자치단체의 장 및 관련 기관 · 단체의 장에게 다음의 자료 제공 및 관계 전산망의 이용을 요청할 수 있다. 이 경우 자료의 제공 등을 요청받은 기관의 장은 정당한 사유가 없으면 그 요청에 따라야 한다.

- 사업자등록부
- 국민건강보험 · 국민연금 · 고용보험 · 산업재해보상보험 · 보훈급여 · 공무원연금 · 군인연금 · 사립학교교직원연금 · 별정우체국연금의 가입 여부, 소득정보, 가입종별, 부과액 및 수급액
- 사회보장급여 수급이력
- 국가기술자격 취득 정보

01
기출 21회

국민기초생활 보장법상 급여의 기본원칙을 모두 고른 것은?

| ⊙ 근로능력 활용 | ⓒ 보충급여 |
| ⓒ 타법 우선 | ⓔ 수익자부담 |

① ⊙, ⓒ ② ⓒ, ⓔ
③ ⊙, ⓒ, ⓒ ④ ⓒ, ⓒ, ⓔ
⑤ ⊙, ⓒ, ⓒ, ⓔ

02
기출 22회

국민기초생활 보장법상 급여의 종류와 방법에 관한 설명으로 옳은 것은?

① 생계급여는 물품으로는 지급할 수 없다.
② 생계급여는 수급자에게 주거 안정에 필요한 임차료, 수선유지비, 그 밖의 수급품을 지급하는 것으로 한다.
③ 장제급여는 자활급여를 받는 수급자가 사망한 경우 장제조치를 하는 것으로 한다.
④ 자활급여는 관련 비영리법인에 위탁하여 실시할 수 있다.
⑤ 교육급여는 보건복지부장관의 소관으로 한다.

| 해설 |
01 ⓔ 수익자부담은 국민기초생활 보장법상 급여의 기본원칙에 해당되지 않는다.
02 자활급여는 관련 공공기관 · 비영리법인 · 시설과 그 밖에 대통령령으로 정하는 기관에 위탁하여 실시할 수 있다. 이 경우 그에 드는 비용은 보장기관이 부담한다(국민기초생활 보장법 제15조 제2항).

정답 | 01 ③ 02 ④

의료급여법

☑ **6개년 출제리포트**

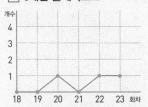

☑ **키워드 공략포인트**

· 의료급여법에서는 전반적인 내용, 의료급여기관, 의료급여 수급권자 등을 묻는 문제가 출제되고 있습니다.

· 특히 최근 들어서는 의료급여의 전반적인 내용을 묻는 문제가 출제되고 있으니 살펴보아야 합니다.

정답 찾는 오답노트 ✏

▼ **수급권자의 유형** 11회

· **틀린 선지는?**

1종 수급권자와 2종 수급권자에게는 색깔로 구별되는 의료급여증을 발급한다. (×)

· **틀린 이유는?**

현재는 1종과 2종을 색깔로 구별하는 실물 의료급여증을 발급하지 않는다.

STEP 2 핵심이론 공략

1 의료급여법의 개요 Tip 의료급여법은 공공부조법에 해당합니다.

(1) 용어의 정의

수급권자	의료급여법에 따라 의료급여를 받을 수 있는 자격을 가진 사람
의료급여기관	수급권자에 대한 진료·조제 또는 투약 등을 담당하는 의료기관 및 약국 등

(2) 수급권자의 구분

㉠ 국민기초생활 보장법에 따른 의료급여 수급자 　㉡ 이재민
㉢ 의사상자 　㉣ 18세 미만의 국내 입양아동
㉤ 독립유공자·국가유공자와 그 가족 　㉥ 국가무형문화재의 보유자와 그 가족
㉦ 북한이탈주민과 그 가족 　㉧ 5·18 민주화운동 관련자와 그 가족
㉨ 노숙인
㉩ 그 밖에 생활유지 능력이 없거나 생활이 어려운 사람으로서 대통령령으로 정하는 사람

(3) 의료급여의 내용

· 진찰·검사 　　· 약제·치료재료 지급 　　· 처치·수술 등의 치료
· 예방·재활 　　· 입원 　　· 간호
· 이송과 그 밖의 의료목적 달성을 위한 조치

2 수급권자의 유형 Tip 과거에는 1종·2종 수급권자에게 색깔로 구별되는 의료급여증을 발급하였으나, 현재는 전산화되어 실물을 발급하지 않습니다.

(1) 1종 수급권자

① 「국민기초생활 보장법」에 따른 의료급여 수급자, 의사상자, 국내 입양된 18세 미만 아동, 독립유공자, 국가유공자, 국가무형유산의 보유자, 북한이탈주민, 5·18 민주화유공자에 해당하는 사람 중 다음 어느 하나에 해당하는 사람

㉠ 다음 어느 하나에 해당하는 사람만으로 구성된 세대의 구성원

· 18세 미만인 사람
· 65세 이상인 사람
· 중증장애인
· 질병, 부상 또는 그 후유증으로 치료나 요양이 필요한 사람 중에서 근로능력평가를 통하여 특별자치시장·특별자치도지사·시장·군수·구청장이 근로능력이 없다고 판정한 사람
· 세대의 구성원을 양육·간병하는 사람 등 근로가 곤란하다고 보건복지부장관이 정하는 사람
· 임신 중에 있거나 분만 후 6개월 미만의 여자
· 병역의무를 이행 중인 사람

ⓛ 국민기초생활 보장법에 따른 보장시설에서 급여를 받고 있는 사람

ⓒ 결핵질환, 희귀난치성질환 또는 중증질환을 가진 사람

② 이재민, 노숙인으로서 보건복지부장관이 의료급여가 필요하다고 인정한 사람

③ 일정한 거소가 없는 사람으로서 경찰관서에서 무연고자로 확인된 수급권자

④ 보건복지부장관이 1종 의료급여가 필요하다고 인정하는 사람

(2) 2종 수급권자

① 「국민기초생활 보장법」에 따른 의료급여 수급자, 의사상자, 국내 입양된 18세 미만 아동, 독립유공자, 국가유공자, 국가무형유산의 보유자, 북한이탈주민, 5·18 민주화유공자에 해당하는 사람 중 1종 수급권자가 아닌 사람

② 보건복지부장관이 2종 의료급여가 필요하다고 인정하는 사람

3 의료급여기관

(1) 의료급여기관의 종류

- 의료법에 따라 개설된 의료기관
- 지역보건법에 따라 설치된 보건소·보건의료원 및 보건지소
- 농어촌 등 보건의료를 위한 특별조치법에 따라 설치된 보건진료소
- 약사법에 따라 개설등록된 약국 및 같은 법에 따라 설립된 한국희귀·필수의약품센터

(2) 의료급여기관의 구분

제1차 의료급여기관	의료법에 따라 개설신고를 한 의료기관
제2차 의료급여기관	의료법에 따라 개설허가를 받은 의료기관
제3차 의료급여기관	제2차 의료급여기관 중에서 보건복지부장관이 지정하는 의료기관

🔍 수급권자가 의료급여기관을 이용한 경우 본인부담금

구분		1차 의료기관	2차 의료기관	3차 의료기관	약국
1종	입원	없음.	없음.	없음.	–
	외래	1,000원	1,500원	2,000원	처방전 1매당 500원
2종	입원	10%	10%	10%	–
	외래	1,000원	15%	15%	처방전 1매당 500원

STEP 3   필수문제 점검

01
기출 20회

의료급여법상 의료급여의 내용에 해당하지 않는 것은?

① 진찰·검사
② 예방·재활
③ 입원
④ 간호
⑤ 화장 또는 매장 등 장제조치

02
기출 22회

의료급여법의 내용으로 옳은 것은?

① 시·도지사는 의료급여증을 발급하여야 한다.
② 급여비용의 재원을 충당하기 위하여 보건복지부에 의료급여기금을 설치한다.
③ 보건복지부에 두는 의료급여심의위원회는 의료급여의 수가에 관한 사항을 심의한다.
④ 시·도지사는 상환받은 대지급금을 의료급여기금에 납입하여야 한다.
⑤ 수급권자가 의료급여를 거부한 경우 시·도지사는 의료급여를 중지해야 한다.

| 해설 |

01 의료급여법상 의료급여에는 진찰·검사, 약제·치료재료의 지급, 처치·수술과 그 밖의 치료, 예방·재활, 입원, 간호, 이송과 그 밖의 의료목적 달성을 위한 조치가 포함된다. 하지만, 화장 또는 매장 등 장제조치는 의료급여법상 의료급여의 내용에 해당하지 않는다.

02 ① 시장·군수·구청장은 수급권자가 신청하는 경우 의료급여증을 발급하여야 한다(의료급여법 제8조 제1항).
② 급여비용의 재원에 충당하기 위하여 시·도에 의료급여기금을 설치한다(동법 제25조 제1항).
④ 대지급금을 상환받은 시장·군수·구청장은 의료급여기금에 납입하여야 한다(동법 제21조 제3항).
⑤ 수급권자가 의료급여를 거부한 경우 시장·군수·구청장은 의료급여를 중지해야 한다(동법 제17조 제1항).

정답 | 01 ⑤ 02 ③

제8영역 사회복지법제론

긴급복지지원법

STEP 2 　핵심이론 공략

1 긴급복지지원법의 개요 　Tip 긴급복지지원법은 공공부조법에 해당합니다.

(1) **목적**: 생계곤란 등의 위기상황에 처하여 도움이 필요한 사람을 신속하게 지원함으로써 이들이 위기상황에서 벗어나 건강하고 인간다운 생활을 하게 하는 데 목적이 있다.

(2) **기본원칙**

• 선지원 후처리 원칙	• 다른 법률 지원 우선의 원칙
• 단기 지원 원칙	• 가구단위 지원의 원칙

　참고 의료·교육 지원 등의 경우 필요한 가구구성원에 한하여 지원한다(개인단위 지원).

(3) **긴급지원의 원칙**

① 생계지원에 따른 긴급지원은 3개월간, 주거지원, 사회복지시설 이용지원 및 그 밖의 지원에 따른 긴급지원은 1개월간의 생계유지 등에 필요한 지원으로 한다. 다만, 시장·군수·구청장이 긴급지원대상자의 위기상황이 계속된다고 판단하는 경우에는 1개월씩 두 번의 범위에서 기간을 연장할 수 있다(생계지원에 따른 긴급지원은 제외).

② 의료지원에 따른 지원은 위기상황의 원인이 되는 질병 또는 부상을 검사·치료하기 위한 범위에서 한 번 실시하며, 교육지원에 따른 지원도 한 번 실시한다.

③ 시장·군수·구청장은 ①, ②에 따른 긴급지원에도 불구하고 위기상황이 계속되는 경우에는 긴급지원심의위원회의 심의를 거쳐 지원을 연장할 수 있다.

④ 국내에 체류하고 있는 외국인 중 대통령령으로 정하는 사람에 해당하는 경우에는 긴급지원대상자가 된다.

2 긴급지원의 종류와 내용

☑ 6개년 출제리포트

☑ 키워드 공략포인트

• 긴급복지지원법에서는 전반적인 내용, 긴급지원의 내용, 긴급지원의 종류, 긴급지원의 기간 등을 묻는 문제가 출제되고 있습니다.

• 특히 최근 들어서는 긴급지원 대상자 지원요청, 긴급지원의 종류를 묻는 문제가 출제되고 있으니 살펴보아야 합니다.

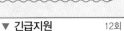

▼ 긴급지원　　　　　12회

• **틀린 선지는?**
사회복지사업법에 따라 긴급복지지원법에 따른 지원 내용과 동일한 내용의 지원을 받고 있는 경우라도 긴급복지지원법에 따른 지원을 하여야 한다. (×)

• **틀린 이유는?**
사회복지사업법에 따라 긴급복지지원법에 따른 지원 내용과 동일한 내용의 지원을 받고 있다면 긴급복지지원법에 따른 지원을 하지 아니할 수 있다(다른 법률 지원 우선의 원칙).

종류			지원내용	최대
금전·현물지원	위기상황주지원	생계	식료품비, 의복비 등 3개월 생계유지비 지원	6개월
		의료	각종 검사, 치료 등 의료서비스 지원 참고 300만 원 이내	2회
		주거	국가·지자체 소유 또는 타인 소유의 임시 거소 1개월 제공 참고 지원상한액 내 실비 지원	12개월
		복지시설이용	사회복지시설 입소 또는 이용 서비스 1개월 제공 참고 지원상한액 내 실비 지원	6개월
	부가지원	교육	초·중·고등학생의 수업료 등 필요한 비용을 분기 단위로 해당 분기분 1회 지원	4회

| 그 밖의 지원 | • 위기사유 발생으로 생계유지가 곤란한 사람에게 1개월 지원
• 동절기(10월~3월) 연료비: 월 15만 원
• 해산비(70만 원)·장제비(80만 원)·전기요금(50만 원 이내) | 연료비 6개월 |
| 민간기관, 단체 연계지원 등 | 사회복지공동모금회, 대한적십자사 등 민간 긴급지원프로그램과 연계, 상담 등 기타 지원 | 횟수 제한 없음. |

① 생계지원, 사회복지시설 이용지원, 그 밖의 지원의 기간을 합쳐 총 6개월을 초과할 수 없다.

② 부가지원은 주지원 지원가구를 대상으로 해당사항이 있을 경우 추가적으로 지원한다.

③ 금전 또는 현물 등의 직접지원에는 생계, 의료, 주거, 사회복지시설 이용, 교육, 그 밖의 지원이 있다.

3 긴급지원대상자 지원요청 및 신고

① 긴급지원대상자와 친족, 그 밖의 관계인은 구술 또는 서면 등으로 관할 시장·군수·구청장에게 긴급복지지원법에 따른 지원을 요청할 수 있다.

② 누구든지 긴급지원대상자를 발견한 경우에는 관할 시장·군수·구청장에게 신고하여야 한다.

③ 다음의 어느 하나에 해당하는 사람은 진료·상담 등 직무수행과정에서 긴급지원대상자가 있음을 알게 된 경우에는 관할 시장·군수·구청장에게 이를 신고하고, 긴급지원대상자가 신속하게 지원을 받을 수 있도록 노력하여야 한다.

- 의료법에 따른 의료기관의 종사자
- 유아교육법, 초·중등교육법 및 고등교육법에 따른 교원, 직원, 산학겸임 교사, 강사
- 사회복지사업법에 따른 사회복지시설의 종사자
- 국가공무원법 및 지방공무원법에 따른 공무원
- 장애인활동 지원에 관한 법률에 따른 활동지원기관의 장 및 그 종사자와 활동지원인력
- 학원의 설립·운영 및 과외교습에 관한 법률에 따른 학원의 운영자·강사·직원 및 교습소의 교습자·직원
- 건강가정기본법에 따른 건강가정지원센터의 장과 그 종사자
- 청소년 기본법에 따른 청소년시설 및 청소년단체의 장과 그 종사자
- 청소년 보호법에 따른 청소년 보호·재활센터의 장과 그 종사자
- 평생교육법에 따른 평생교육기관의 장과 그 종사자
- 그 밖에 긴급지원대상자를 발견할 수 있는 자로서 보건복지부령으로 정하는 자

④ 시장·군수·구청장이 지정한 법인·단체·시설·기관 등은 긴급지원대상자의 요청에 따라 지원요청을 지원할 수 있다.

01
기출 21회

긴급복지지원법상 "위기상황"에 해당하는 사유를 모두 고른 것은?

ㄱ. 주소득자가 사망, 가출, 행방불명 등으로 소득을 상실하여 생계유지가 어렵게 된 경우

ㄴ. 본인이 중한 질병 또는 부상을 당하여 생계유지가 어렵게 된 경우

ㄷ. 본인이 가구구성원으로부터 방임 등을 당하여 생계유지가 어렵게 된 경우

ㄹ. 본인이 가구구성원으로부터 성폭력을 당하여 생계유지가 어렵게 된 경우

① ㄱ, ㄴ, ㄷ   ② ㄱ, ㄴ, ㄹ
③ ㄱ, ㄷ, ㄹ   ④ ㄴ, ㄷ, ㄹ
⑤ ㄱ, ㄴ, ㄷ, ㄹ

02
기출 17회

긴급복지지원법상 긴급지원의 종류 중 직접지원에 해당하지 않는 것은?

① 생계지원
② 의료지원
③ 교육지원
④ 정보제공 지원
⑤ 사회복지시설 이용 지원

| 해설 |

01 ㄱ, ㄴ, ㄷ, ㄹ 모두 해당한다. 다음 사유로 인하여 생계유지 등이 어렵게 된 것도 위기상황에 해당한다.

- 화재 또는 자연재해 등으로 인하여 거주하는 주택 또는 건물에서 생활하기 곤란하게 된 경우
- 주소득자 또는 부소득자의 휴업, 폐업 또는 사업장의 화재 등으로 인하여 실질적인 영업이 곤란하게 된 경우
- 주소득자 또는 부소득자의 실직으로 소득을 상실한 경우
- 보건복지부령으로 정하는 기준에 따라 지방자치단체의 조례로 정한 사유가 발생한 경우
- 그 밖에 보건복지부장관이 정하여 고시하는 사유가 발생한 경우

02 정보제공 지원은 직접지원이 아닌 민간기관·단체와의 연계 등의 지원에 해당한다.

정답 | 01 ⑤ 02 ④

STEP 1   기출분석

☑ 6개년 출제리포트

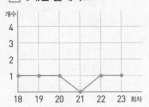

☑ 키워드 공략포인트

- 기초연금법에서는 전반적인 내용, 수급권자의 범위, 지급정지 및 수급권 상실 등을 묻는 문제가 출제되고 있습니다.
- 특히 최근 들어서는 전반적인 내용을 묻는 문제가 출제되고 있으니 살펴보아야 합니다.

정답 잡는 오답노트 ✏

▼ **기초연금액**   15회

• **틀린 선지는?**
부부가 모두 기초연금 수급권자인 경우 각각의 기초연금액에서 기초연금액의 100분의 30에 해당하는 금액을 감액한다. (×)

• **틀린 이유는?**
본인과 그 배우자가 모두 기초연금 수급권자인 경우에는 각각의 기초연금액에서 기초연금액의 100분의 20에 해당하는 금액을 감액한다.

STEP 2   핵심이론 공략

1 기초연금법의 개요   **Tip** 기초연금법은 공공부조법에 해당합니다.

(1) 용어의 정의

소득인정액	본인 및 배우자의 소득평가액과 재산의 소득환산액을 합산한 금액

(2) 수급권자의 범위

① 기초연금은 65세 이상인 사람으로서 소득인정액이 보건복지부장관이 정하여 고시하는 금액(선정기준액) 이하인 사람에게 지급한다.

② 보건복지부장관은 선정기준액을 정하는 경우 65세 이상인 사람 중 기초연금 수급자가 100분의 70 수준이 되도록 한다.

③ 공무원연금법, 공무원 재해보상법, 사립학교교직원 연금법, 군인연금법, 군인 재해보상법, 별정우체국법, 국민연금과 직역연금의 연계에 관한 법률에 따른 수급권자와 그 배우자에게는 기초연금을 지급하지 아니한다.

(3) 국가와 지방자치단체의 책무

① 국가와 지방자치단체는 기초연금이 노인의 생활안정을 지원하고 복지를 증진하는데 필요한 수준이 되도록 최대한 노력하여야 한다.

② 국가와 지방자치단체는 필요한 비용을 부담할 수 있도록 재원을 조성하여야 한다. 이 경우 국민연금법에 따라 설치된 국민연금기금은 기초연금 지급을 위한 재원으로 사용할 수 없다.

③ 국가와 지방자치단체는 기초연금의 지급에 따라 계층 간 소득역전 현상이나 근로의욕 및 저축유인 저하가 발생하지 않도록 최대한 노력하여야 한다.

2 지급 정지 및 수급권 상실

(1) 지급 정지

특별자치시장·특별자치도지사·시장·군수·구청장은 기초연금 수급자가 다음 어느 하나의 경우에 해당하면 그 사유가 발생한 날이 속하는 달의 다음 달부터 그 사유가 소멸한 날이 속하는 달까지는 기초연금의 지급을 정지한다.

- 기초연금 수급자가 금고 이상의 형을 선고받고 교정시설 또는 치료감호시설에 수용되어 있는 경우
- 기초연금 수급자가 행방불명되거나 실종되는 등 대통령령으로 정하는 바에 따라 사망한 것으로 추정되는 경우
- 기초연금 수급자의 국외 체류기간이 60일 이상 지속되는 경우(이 경우 국외 체류 60일이 되는 날을 지급 정지의 사유가 발생한 날로 봄)
- 그 밖에 위 항목의 경우에 준하는 경우로서 대통령령으로 정하는 경우

(2) 수급권 상실

- 사망한 때
- 국적을 상실하거나 국외로 이주한 때
- 기초연금 수급권자에 해당하지 아니하게 된 때

3 기초연금액

① 기초연금 수급권자에 대한 기초연금의 금액은 기준연금액과 국민연금 급여액 등을 고려하여 산정한다.

② 기준연금액은 보건복지부장관이 그 전년도의 기준연금액에 대통령령으로 정하는 바에 따라 전국소비자물가변동률(통계청장이 매년 고시하는 전국소비자물가변동률)을 반영하여 매년 고시(1월~12월 적용)한다.

③ 본인과 그 배우자가 모두 기초연금 수급권자인 경우에는 각각의 기초연금액에서 기초연금액의 100분의 20에 해당하는 금액을 감액한다.

④ 2025년 기초연금액

노인 단독가구 (1인 가구)	342,510원(소득인정액 기준 하위 70% 이하로 소득수준에 따라 차등 지급)
노인 부부가구 (2인 수급)	최대 548,000원 Tip 부부가구의 경우 20% 감액됩니다.

4 기초연금 수급권자의 권리 보호

(1) 기초연금 수급권의 보호

① 기초연금 수급권은 양도하거나 담보로 제공할 수 없으며, 압류 대상으로 할 수 없다.

② 기초연금으로 지급받은 금품은 압류할 수 없다.

(2) 이의신청

① 기초연금 지급의 결정이나 그 밖에 기초연금법에 따른 처분에 이의가 있는 사람은 특별자치시장·특별자치도지사·시장·군수·구청장에게 이의신청을 할 수 있다.

② 이의신청은 그 처분이 있음을 안 날부터 90일 이내에 서면으로 하여야 한다. 다만, 정당한 사유로 인하여 그 기간 이내에 이의신청을 할 수 없었음을 증명한 때에는 그 사유가 소멸한 때부터 60일 이내에 이의신청을 할 수 있다.

🔍 시효

환수금을 환수할 권리와 기초연금 수급권자의 권리는 5년간 행사하지 아니하면 시효의 완성으로 소멸한다.

STEP 3 　필수문제 점검

01
기출 20회

기초연금법상 기초연금의 지급정지 사유에 해당하는 것을 모두 고른 것은?

> ㉠ 기초연금 수급자가 금고 이상의 형을 선고받고 교정시설 또는 치료감호시설에 수용되어 있는 경우
> ㉡ 기초연금 수급자가 행방불명되거나 실종되는 등 대통령령으로 정하는 바에 따라 사망한 것으로 추정되는 경우
> ㉢ 기초연금 수급권자가 국적을 상실한 때
> ㉣ 기초연금 수급자의 국외 체류기간이 60일 이상 지속되는 경우

① ㉠, ㉡　　　　　② ㉢, ㉣
③ ㉠, ㉡, ㉢　　　④ ㉠, ㉡, ㉣
⑤ ㉠, ㉡, ㉢, ㉣

02
기출 22회

기초연금법의 내용으로 옳은 것을 모두 고른 것은?

> ㉠ 본인과 그 배우자가 모두 기초연금 수급권자인 경우에는 각각의 기초연금액에서 기초연금액의 100분의 20에 해당하는 금액을 감액한다.
> ㉡ 기초연금 수급권자의 권리는 3년간 행사하지 아니하면 시효의 완성으로 소멸한다.
> ㉢ 기초연금 수급자가 대통령령으로 정하는 바에 따라 사망한 것으로 추정되는 경우 수급권을 상실한다.

① ㉠　　　② ㉠, ㉡　　　③ ㉠, ㉢
④ ㉡, ㉢　　　⑤ ㉠, ㉡, ㉢

| 해설 |

01 ㉢ 기초연금 수급권자가 국적을 상실한 때에는 기초연금 수급권을 상실한다(기초연금법 제17조).

02 ㉡ 기초연금 수급권자의 권리는 5년간 행사하지 아니하면 시효의 완성으로 소멸한다(기초연금법 제23조).
　　㉢ 기초연금법 제16조 제1항 제2호에 따라 수급권 상실이 아닌 기초연금 지급 정지에 해당하는 경우이다.

정답 | 01 ④　02 ①

사회복지법제론

• 장애인복지법에서는 전반적인 내용, 장애인복지 전문인력, 실태조사, 장애인 등록, 장애인 대상 금지행위와 처벌 수위 등을 묻는 문제가 출제되고 있습니다.

• 자주 출제되지는 않지만, 장애인복지의 전반적인 내용을 묻는 문제가 출제될 수 있으니 유의하여야 합니다.

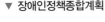

정답 잡는 오답노트

▼ 장애인정책종합계획
20회

• 틀린 선지는?
보건복지부장관은 3년마다 장애인정책종합계획을 수립·시행하여야 한다. (×)

• 틀린 이유는?
보건복지부장관은 5년마다 장애인정책종합계획을 수립·시행하여야 한다.

STEP 2 핵심이론 공략

1 장애인복지법의 개요 `Tip` 장애인복지법은 사회복지서비스법에 해당합니다.

(1) 용어의 정의

장애인	신체적·정신적 장애로 오랫동안 일상생활이나 사회생활에서 상당한 제약을 받는 자 • 신체적 장애: 주요 외부 신체 기능의 장애, 내부기관의 장애 등 • 정신적 장애: 발달장애 또는 정신 질환으로 발생하는 장애
장애인 학대	장애인에 대하여 신체적·정신적·정서적·언어적·성적 폭력이나 가혹행위, 경제적 착취, 유기 또는 방임을 하는 것

`참고` 장애인정책종합계획(5년마다), 장애실태조사(3년마다), 장애인의 날(매년 4월 20일)

(2) 장애인의 등록 및 취소

① 등록

ⓐ 장애인, 그 법정대리인 또는 대통령령으로 정하는 보호자(법정대리인 등)는 장애 상태와 그 밖에 보건복지부령이 정하는 사항을 특별자치시장·특별자치도지사·시장·군수 또는 구청장에게 등록하여야 하며, 특별자치시장·특별자치도지사·시장·군수·구청장은 등록을 신청한 장애인이 기준에 맞으면 장애인등록증을 내주어야 한다.

ⓑ 재외동포 및 외국인 중 다음의 어느 하나에 해당하는 사람은 장애인 등록을 할 수 있다.

> • 재외동포의 출입국과 법적 지위에 관한 법률에 따라 국내거소신고를 한 사람
> • 주민등록법에 따라 재외국민으로 주민등록을 한 사람
> • 출입국관리법에 따라 외국인등록을 한 사람으로서 체류자격 중 대한민국에 영주할 수 있는 체류자격을 가진 사람
> • 재한외국인 처우 기본법에 따른 결혼이민자
> • 난민법에 따른 난민인정자

② 취소 사유

> • 사망한 경우
> • 장애인 등록 기준에 맞지 아니하게 된 경우
> • 정당한 사유 없이 보건복지부령으로 정하는 기간 동안 장애 진단 명령 등 필요한 조치를 따르지 아니한 경우
> • 장애인 등록 취소를 신청하는 경우

2 장애인정책종합계획

① 보건복지부장관은 장애인의 권익과 복지증진을 위하여 관계 중앙행정기관의 장과 협의하여 5년마다 장애인정책종합계획을 수립·시행하여야 한다.

② 종합계획의 내용: 장애인의 복지·교육문화·경제활동·사회참여·안전관리에 관한 사항 및 그 밖에 장애인의 권익과 복지증진을 위하여 필요한 사항이 포함되어야 한다.

3 장애인복지시설

장애인 거주시설	거주공간을 활용하여 일반가정에서 생활하기 어려운 장애인에게 일정 기간 동안 거주·요양·지원 등의 서비스를 제공하는 동시에 지역사회생활을 지원하는 시설
장애인 지역사회 재활시설	장애인을 전문적으로 상담·치료·훈련하거나 장애인의 일상생활, 여가활동 및 사회참여활동 등을 지원하는 시설
장애인 자립생활 지원시설	장애인의 자립생활 역량을 강화하기 위하여 동료상담, 지역사회의 물리적·사회적 환경개선 사업, 장애인의 권익 옹호·증진, 장애인 적합 서비스 등을 제공하는 시설
장애인 직업재활시설	일반 작업환경에서는 일하기 어려운 장애인이 특별히 준비된 작업환경에서 직업훈련을 받거나 직업생활을 할 수 있도록 하는 시설
장애인 의료재활시설	장애인을 입원 또는 통원하게 하여 상담, 진단·판정, 치료 등 의료재활서비스를 제공하는 시설

4 장애인 대상 금지행위

- 장애인에게 성적 수치심을 주는 성희롱·성폭력 등의 행위
- 장애인의 신체에 폭행을 가하거나 상해를 입히는 행위
- 장애인을 폭행, 협박, 감금, 그 밖에 정신상 또는 신체상의 자유를 부당하게 구속하는 수단으로써 장애인의 자유의사에 어긋나는 노동을 강요하는 행위
- 자신의 보호·감독을 받는 장애인을 유기하거나 의식주를 포함한 기본적 보호 및 치료를 소홀히 하는 방임행위
- 장애인에게 구걸을 하게 하거나 장애인을 이용하여 구걸하는 행위
- 장애인을 체포 또는 감금하는 행위
- 장애인의 정신건강 및 발달에 해를 끼치는 정서적 학대행위
- 장애인을 위하여 증여 또는 급여된 금품을 그 목적 외의 용도에 사용하는 행위
- 공중의 오락 또는 흥행을 목적으로 장애인의 건강 또는 안전에 유해한 곡예를 시키는 행위

5 장애인복지 전문인력 양성

국가와 지방자치단체, 그 밖의 공공단체는 의지·보조기 기사, 언어재활사, 장애인재활상담사, 한국수어 통역사, 점역·교정사 등 장애인복지 전문인력, 그 밖에 장애인복지에 관한 업무에 종사하는 자를 양성·훈련하는 데에 노력해야 한다.

---

01 기출 19회

학대에 관한 설명으로 옳은 것을 모두 고른 것은?

⊙ 장애인복지법상 장애인학대에 경제적 착취는 포함되지 않는다.
ⓒ 아동학대범죄의 처벌 등에 관한 특례법에 따른 아동학대범죄는 아동복지법상 아동학대관련범죄에 해당한다.
ⓒ 노인복지법상 노인학대라 함은 노인에 대하여 신체적·정신적·정서적·성적 폭력 및 경제적 착취 또는 가혹행위를 하거나 유기 또는 방임을 하는 것을 말한다.

① ⓒ   ② ⊙, ⓒ   ③ ⊙, ⓒ
④ ⓒ, ⓒ   ⑤ ⊙, ⓒ, ⓒ

02 기출 20회

장애인복지법의 내용으로 옳은 것은?

① 난민법 제2조 제2호에 따른 난민인정자는 장애인등록을 할 수 있다.
② 보건복지부장관은 3년마다 장애인정책종합계획을 수립·시행하여야 한다.
③ 보건복지부장관은 5년마다 장애실태조사를 실시하여야 한다.
④ 보건복지부장관은 피해장애인의 임시 보호 및 사회복귀 지원을 위하여 장애인 쉼터를 설치·운영할 수 있다.
⑤ 장애인복지시설의 장은 장애인 거주시설에서 제공하여야 하는 서비스의 최저기준을 마련하여야 한다.

| 해설 |

01 ⊙ 장애인복지법 제2조 제3항에 의하면 장애인학대란 장애인에 대하여 신체적·정신적·정서적·언어적·성적 폭력이나 가혹행위, 경제적 착취, 유기 또는 방임을 하는 것을 말한다.

02 장애인복지법 제32조의2에 의거하여 난민법 제2조 제2호에 따른 난민인정자는 장애인 등록을 할 수 있다.

정답 | 01 ④   02 ①

1 노인복지법의 개요 Tip 노인복지법은 사회복지서비스법에 해당합니다.

(1) 용어의 정의

보호자	부양의무자 또는 업무·고용 등의 관계로 사실상 노인을 보호하는 자
노인학대	노인에 대하여 신체적·정신적·정서적·성적 폭력 및 경제적 착취 또는 가혹행위를 하거나 유기 또는 방임을 하는 것

참고 노인실태조사(3년마다), 노인의 날(매년 10월 2일), 노인학대예방의 날(매년 6월 15일)

(2) 노인학대 관련 범죄: 보호자에 의한 65세 이상 노인에 대한 노인학대로, 다음 어느 하나에 해당하는 죄를 말한다.

- 체포와 감금의 죄(미수 포함)   • 강간과 추행의 죄(미수 포함)   • 협박의 죄(미수 포함)
- 상해와 폭행의 죄   • 유기와 학대의 죄
- 주거침입의 죄 중 주거·신체 수색의 죄   • 권리행사를 방해하는 죄 중 강요 및 미수범의 죄
- 사기와 공갈의 죄 중 공갈 및 미수범의 죄 • 손괴의 죄 중 재물손괴의 죄
- 명예에 관한 죄 중 명예훼손, 출판물 등에 의한 명예훼손 및 모욕의 죄 등

2 노인복지시설

(1) 노인복지시설의 종류

노인주거복지시설	양로시설, 노인공동생활가정, 노인복지주택(60세 이상의 노인 대상)
노인의료복지시설	노인요양시설, 노인요양공동생활가정
노인여가복지시설	노인복지관, 경로당, 노인교실
재가노인복지시설	방문요양서비스, 주·야간보호서비스, 단기보호서비스, 방문목욕서비스, 그 밖에 보건복지부령이 정하는 서비스 제공을 목적으로 하는 시설
노인보호전문기관	노인학대를 예방하기 위한 기관
노인일자리지원기관	지역사회 등에서 노인일자리의 개발·지원, 창업·육성 및 노인에 의한 재화의 생산·판매 등을 직접 담당하는 기관
학대피해노인 전용쉼터	노인학대로 인하여 피해를 입은 노인을 일정기간 보호하고 심신 치유 프로그램을 제공하는 시설

참고 사회복지사업법상 수용인원 300명 초과 가능한 시설: 노인복지법상 노인주거복지시설(양로시설, 노인복지주택), 노인의료복지시설(노인요양시설)

(2) 노인일자리전담기관의 설치·운영

참고 「노인 일자리 및 사회활동 지원에 관한 법률」 제9조 제1항 제2호에 따른 노인일자리지원기관

① 노인의 능력과 적성에 맞는 노인 일자리 및 사회활동 지원사업을 전문적·체계적으로 수행하기 위한 노인일자리전담기관은 다음의 기관으로 한다.

☑ 6개년 출제리포트

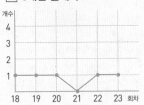

☑ 키워드 공략포인트

- 노인복지법에서는 전반적인 내용, 노인복지시설의 종류 등을 묻는 문제가 출제되고 있습니다.
- 특히 최근 들어서는 전반적인 내용을 묻는 문제가 출제되고 있으니 살펴보아야 합니다.

정답 잡는 오답노트

▼ 노인학대   18회

• 틀린 선지는?
노인학대를 알게 된 때에는 신고 의무자만 신고할 수 있다. (×)

• 틀린 이유는?
누구든지 노인학대를 알게 된 때에는 노인보호전문기관 또는 수사기관에 신고할 수 있다.

② 국가 및 지방자치단체는 노인일자리전담기관을 설치·운영하거나 그 운영의 전부 또는 일부를 법인·단체 등에 위탁할 수 있다. 다만, 노인일자리지원기관의 경우 시니어클럽 등에 위탁할 수 있다.

노인인력개발기관	노인일자리개발·보급사업, 조사사업, 교육·홍보 및 협력사업, 프로그램인증·평가사업 등을 지원하는 기관
노인일자리지원기관 (※ 노인복지시설)	지역사회 등에서 노인일자리의 개발·지원, 창업·육성 및 노인에 의한 재화의 생산·판매 등을 직접 담당하는 기관(기존 노인복지법에서 노인일자리 및 사회활동 지원에 관한 법률로 변경)
노인취업알선기관	노인에게 취업 상담 및 정보를 제공하거나 노인일자리를 알선하는 기관

3 노인 대상 금지행위

- 노인의 신체에 폭행을 가하거나 상해를 입히는 행위
  Tip 노인의 신체에 상해를 입힌 자는 7년 이하의 징역 또는 7천만 원 이하의 벌금에 처하며, 금지행위 중 처벌수위가 가장 높습니다.
- 노인에게 성적 수치심을 주는 성폭행·성희롱 등의 행위
- 자신의 보호·감독을 받는 노인을 유기하거나 의식주를 포함한 기본적 보호 및 치료를 소홀히 하는 방임행위
- 노인에게 구걸을 하게 하거나 노인을 이용하여 구걸하는 행위
- 노인을 위하여 증여 또는 급여된 금품을 그 목적 외의 용도에 사용하는 행위
- 폭언, 협박, 위협 등으로 노인의 정신건강에 해를 끼치는 정서적 학대행위

4 요양보호사

(1) 요양보호사의 결격사유

- 정신건강증진 및 정신질환자 복지서비스 지원에 관한 법률에 따른 정신질환자(전문의가 요양보호사로서 적합하다고 인정하는 사람은 제외)
- 마약·대마 또는 향정신성의약품 중독자
- 피성년후견인
- 금고 이상의 형을 선고받고 그 형의 집행이 종료되지 아니하였거나 그 집행을 받지 아니하기로 확정되지 아니한 사람
- 법원의 판결에 따라 자격이 정지 또는 상실된 사람
- 요양보호사의 자격이 취소된 날부터 1년이 경과되지 아니한 사람

(2) 요양보호사 자격의 취소

Tip 시·도지사는 요양보호사가 다음에 해당하는 경우 그 자격을 취소할 수 있습니다. 다만, 위의 세 가지 경우 자격을 취소하여야 합니다.

- 요양보호사의 결격사유 중 어느 하나에 해당하게 된 경우(반드시 자격 취소)
- 노인에 대한 금지행위를 위반하여 처벌을 받은 경우(반드시 자격 취소)
- 거짓이나 그 밖의 부정한 방법으로 자격증을 취득한 경우(반드시 자격 취소)
- 영리를 목적으로 노인 등에게 불필요한 요양서비스를 알선·유인하거나 이를 조장한 경우
- 자격증을 대여·양도 또는 위조·변조한 경우

STEP 3   필수문제 점검

01
기출 20회

노인복지법의 내용으로 옳지 않은 것은?

① 노인복지주택 입소자격자는 60세 이상의 노인이다.

② 보건복지부장관은 요양보호사가 거짓으로 자격증을 취득한 경우 그 자격을 취소하여야 한다.

③ 누구든지 노인학대를 알게 된 때에는 노인보호전문기관 또는 수사기관에 신고할 수 있다.

④ 노인일자리전담기관에는 노인인력개발기관, 노인취업알선기관, 노인일자리지원기관이 있다.

⑤ 지방자치단체는 65세 이상의 자에 대하여 건강진단과 보건교육을 실시할 수 있다.

02
기출 22회

노인복지법의 내용으로 옳은 것은?

① 노인복지주택에 입소할 수 있는 자는 65세 이상의 노인으로 한다.

② 국가는 지역 간의 연계체계를 구축하고 노인학대를 예방하기 위하여 중앙노인보호전문기관을 설치·운영하여야 한다.

③ 노인취업알선기관은 지역사회 등에서 노인에 의한 재화의 생산·판매 등을 직접 담당하는 기관이다.

④ 노인요양공동생활가정은 노인들에게 일상생활에 필요한 편의를 제공함을 목적으로 하는 노인주거복지시설이다.

⑤ 지역노인보호전문기관은 시·군·구에 둔다.

| 해설 |

01 시·도지사는 요양보호사가 거짓이나 그 밖의 부정한 방법으로 자격증을 취득한 경우 그 자격을 취소하여야 한다(노인복지법 제39조의14).

02 ① 노인복지주택에 입소할 수 있는 자는 60세 이상의 노인으로 한다(노인복지법 제33조의2 제1항).
③ 노인일자리지원기관에 대한 설명이다.
④ 노인공동생활가정에 대한 설명이다.
⑤ 지역노인보호전문기관은 특별시·광역시·도·특별자치도에 둔다(노인복지법 제39조의5 제2항).

정답 | 01 ② 02 ②

사회복지법제론

제8영역 사회복지법제론

아동복지법

STEP 1   기출분석

✓ 6개년 출제리포트

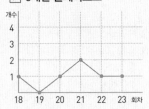

✓ 키워드 공략포인트
• 아동복지법에서는 전반적인 내용 등을 묻는 문제가 출제되고 있습니다.
• 앞으로도 아동복지법상의 전반적인 내용을 묻는 문제가 출제될 수 있으니 살펴보아야 합니다.

정답 잡는 오답노트

▼ **용어의 정의**   14회

• 틀린 선지는?
아동을 15세 미만인 사람으로 정의하고 있다. (×)

• 틀린 이유는?
아동복지법에서는 아동을 18세 미만인 사람으로 정의하고 있다.

STEP 2   핵심이론 공략

1 아동복지법의 개요   Tip 아동복지법은 사회복지서비스법에 해당합니다.

(1) 용어의 정의

아동	18세 미만인 사람
보호대상아동	• 보호자가 없거나 보호자로부터 이탈된 아동 • 보호자가 아동을 학대하는 경우 등 그 보호자가 아동을 양육하기에 적당하지 아니하거나 양육할 능력이 없는 경우의 아동
지원대상아동	아동이 조화롭고 건강하게 성장하는 데 필요한 기초적인 조건이 갖추어지지 아니하여 사회적·경제적·정서적 지원이 필요한 아동
아동학대	• 보호자를 포함한 성인이 아동의 건강 또는 복지를 해치거나 정상적 발달을 저해할 수 있는 신체적·정신적·성적 폭력이나 가혹행위를 하는 것 • 아동의 보호자가 아동을 유기하거나 방임하는 것

참고 아동정책기본계획(5년마다), 아동종합실태조사(3년마다), 자립지원실태조사(3년마다), 아동보호전문기관의 성과평가(3년마다), 아동학대예방의 날(매년 11월 19일)

(2) 아동정책조정위원회와 아동복지심의위원회

① **아동정책조정위원회(심의·조정):** 아동의 권리증진과 건강한 출생 및 성장을 위하여 종합적인 아동정책을 수립하고 관계 부처의 의견을 조정하며 그 정책의 이행을 감독하고 평가하기 위하여 국무총리 소속으로 아동정책조정위원회를 둔다.

② **아동복지심의위원회(심의):** 시·도지사, 시장·군수·구청장은 다음의 사항을 심의하기 위하여 그 소속으로 아동복지심의위원회를 각각 둔다. 이 경우 '연도별 시행계획 수립 및 시행에 관한 사항'을 제외한 나머지 사항에 관한 심의 업무를 효율적으로 수행하기 위하여 대통령령으로 정하는 바에 따라 심의위원회 소속으로 사례결정위원회를 두고, 사례결정위원회의 심의를 거친 사항은 심의위원회의 심의를 거친 사항으로 본다.

> • 연도별 시행계획 수립 및 시행에 관한 사항
> • 보호조치에 관한 사항
> • 보호대상아동의 퇴소조치에 관한 사항
> • 보호기간의 연장 및 보호조치의 종료에 관한 사항
> • 재보호조치 및 보호조치의 종료에 관한 사항
> • 친권행사의 제한이나 친권상실 선고 청구에 관한 사항
> • 아동의 후견인의 선임이나 변경 청구에 관한 사항
> • 지원대상아동의 선정과 그 지원에 관한 사항
> • 그 밖에 아동의 보호 및 지원서비스를 위하여 시·도지사 또는 시장·군수·구청장이 필요하다고 인정하는 사항

(3) 아동권리보장원과 아동보호전문기관

① 아동권리보장원

㉠ 보건복지부장관은 아동정책에 대한 종합적인 수행과 아동복지 관련 사업의 효과적인 추진을 위하여 필요한 정책의 수립을 지원하고 사업평가 등의 업무를 수행할 수 있도록 아동권리보장원을 설립한다.

㉡ 아동권리보장원의 업무는 다음과 같다.

- 아동정책 수립을 위한 자료 개발 및 정책 분석
- 기본계획 수립 및 시행계획 평가 지원
- 아동정책조정위원회 운영 지원
- 아동정책영향평가 지원
- 아동보호서비스에 대한 기술지원
- 아동학대의 예방과 방지를 위한 업무
- 가정위탁사업 활성화 등을 위한 업무
- 지역 아동복지사업 및 아동복지시설의 원활한 운영을 위한 지원
- 국내입양에 관한 특별법 및 국제입양에 관한 법률에 따른 입양 체계의 구축 및 운영 업무
- 아동 관련 조사 및 통계 구축
- 아동 관련 교육 및 홍보
- 아동 관련 해외정책 조사 및 사례분석
- 그 밖에 이 법 또는 다른 법령에 따라 보건복지부장관, 국가 또는 지방자치단체로부터 위탁받은 업무

② 아동보호전문기관

㉠ 지방자치단체는 학대받은 아동의 치료, 아동학대의 재발 방지 등 사례관리 및 아동학대예방을 담당하는 아동보호전문기관을 시·도 및 시·군·구에 1개소 이상 두어야 한다.

㉡ 보건복지부장관은 아동보호전문기관의 업무 실적에 대하여 3년마다 성과평가를 실시하여야 한다.

㉢ 아동보호전문기관은 다음의 업무를 수행한다.

- 피해아동, 피해아동의 가족 및 아동학대행위자를 위한 상담·치료 및 교육
- 아동학대예방 교육 및 홍보
- 피해아동 가정의 사후관리
- 그 밖에 대통령령으로 정하는 아동학대예방사업과 관련된 업무

2 아동 대상 금지행위

① 아동을 매매하는 행위
② 아동에게 음란한 행위를 시키거나 이를 매개하는 행위 또는 아동에게 성적 수치심을 주는 성희롱 등의 성적 학대행위
③ 아동의 신체에 손상을 주거나 신체의 건강 및 발달을 해치는 신체적 학대행위
④ 아동의 정신건강 및 발달에 해를 끼치는 정서적 학대행위(가정폭력에 아동을 노출시키는 행위 포함)
⑤ 자신의 보호·감독을 받는 아동을 유기하거나 의식주를 포함한 기본적 보호·양육·치료 및 교육을 소홀히 하는 방임행위
⑥ 장애를 가진 아동을 공중에 관람시키는 행위
⑦ 아동에게 구걸을 시키거나 아동을 이용하여 구걸하는 행위
⑧ 공중의 오락 또는 흥행을 목적으로 아동의 건강 또는 안전에 유해한 곡예를 시키는 행위 또는 이를 위하여 아동을 제3자에게 인도하는 행위
⑨ 정당한 권한을 가진 알선기관 외의 자가 아동의 양육을 알선하고 금품을 취득하거나 금품을 요구 또는 약속하는 행위
⑩ 아동을 위하여 증여 또는 급여된 금품을 그 목적 외의 용도로 사용하는 행위

3 아동복지전담공무원

① 아동복지에 관한 업무를 담당하기 위하여 특별시·광역시·도·특별자치도 및 시·군·구에 각각 아동복지전담공무원을 둘 수 있다.
② 전담공무원은 사회복지사업법에 따른 사회복지사의 자격을 가진 사람으로 하고 그 임용 등에 필요한 사항은 해당 시·도 및 시·군·구의 조례로 정한다.
③ 전담공무원은 아동에 대한 상담 및 보호조치, 가정환경에 대한 조사, 아동복지시설에 대한 지도·감독, 아동범죄 예방을 위한 현장확인 및 지도·감독 등 지역 단위에서 아동의 복지증진을 위한 업무를 수행한다.
④ 시·도지사 또는 시장·군수·구청장은 전담공무원의 업무를 지원하기 위하여 보건복지부령으로 정하는 바에 따라 민간전문인력을 둘 수 있다.
⑤ 관계 행정기관, 아동복지시설 및 아동복지단체를 설치·운영하는 자는 전담공무원 또는 민간전문인력이 협조를 요청하는 경우 정당한 사유가 없는 한 이에 따라야 한다.

4 다함께돌봄센터

시·도지사 및 시장·군수·구청장은 초등학교의 정규교육 이외의 시간 동안 다음의 (방과 후)돌봄서비스를 실시하기 위하여 다함께돌봄센터를 설치·운영할 수 있다.

- 아동의 안전한 보호
- 안전하고 균형 있는 급식 및 간식의 제공
- 등·하교 전후, 야간 또는 긴급상황 발생 시 돌봄서비스 제공
- 체험활동 등 교육·문화·예술·체육 프로그램의 연계·제공
- 돌봄 상담, 관련 정보의 제공 및 서비스의 연계
- 그 밖에 보건복지부령으로 정하는 방과 후 돌봄서비스의 제공

STEP 3   필수문제 점검

01   기출 20회

아동복지법의 내용으로 옳은 것은?

① 시장·군수·구청장은 보호조치 중인 보호대상아동의 양육상황을 3년마다 점검하여야 한다.
② 시·군·구에 두는 아동위원은 명예직으로 수당을 지급할 수 없다.
③ 보건복지부장관 소속으로 아동정책조정위원회를 둔다.
④ 아동권리보장원의 장은 아동학대가 종료된 이후에도 아동학대의 재발 여부를 확인하여야 한다.
⑤ 아동복지시설의 장은 보호하고 있는 12세 이상의 아동을 대상으로 자립지원계획을 수립하여야 한다.

02   기출 22회

아동복지법의 내용으로 옳지 않은 것은?

① 지방자치단체는 아동이 항상 이용할 수 있는 아동전용시설을 설치하도록 노력하여야 한다.
② 시·도지사 또는 시장·군수·구청장은 보호조치 중인 보호대상아동의 양육상황을 분기별로 점검하여야 한다.
③ 아동정책조정위원회 위원장은 국무총리가 된다.
④ 아동위원은 명예직으로 하되, 아동위원에 대하여는 수당을 지급할 수 있다.
⑤ 보건복지부장관은 아동정책의 효율적인 추진을 위하여 5년마다 아동정책기본계획을 수립하여야 한다.

| 해설 |

01 아동복지법 제28조에 따라 아동권리보장원의 장 또는 아동보호전문기관의 장은 아동학대가 종료된 이후에도 가정방문, 전화상담 등을 통하여 아동학대의 재발 여부를 확인하여야 한다.

02 시·도지사 또는 시장·군수·구청장은 보호조치 중인 보호대상아동의 양육상황을 매년 점검하여야 한다(아동복지법 제15조의3 제1항).

정답 | 01 ④ 02 ②

한부모가족지원법

☑ 6개년 출제리포트

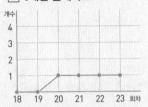

☑ 키워드 공략포인트

- 한부모가족지원법에서는 전반적인 내용 등을 묻는 문제가 출제되고 있습니다.
- 최근 들어서는 한부모가족에 대한 전반적인 내용, 법 개정에 따른 한부모가족복지시설을 묻는 문제가 출제될 수 있으니 살펴보아야 합니다.

정답 잡는 오답노트

▼ 용어의 정의   11회

- **틀린 선지는?**
청소년 한부모란 22세 미만의 모 또는 부를 말한다. (×)

- **틀린 이유는?**
청소년 한부모란 24세 이하의 모 또는 부를 말한다.

▼ 복지자금   11회

- **틀린 선지는?**
사업에 필요한 자금은 복지자금 대여의 대상이 아니다. (×)

- **틀린 이유는?**
사업에 필요한 자금도 복지자금 대여 사유에 해당한다.

STEP 2   핵심이론 공략

1 한부모가족지원법의 개요   Tip 한부모가족지원법은 사회복지서비스법에 해당합니다.

(1) 용어의 정의

'모' 또는 '부'	다음 어느 하나에 해당하는 자로서 아동인 자녀를 양육하는 자 • 배우자와 사별 또는 이혼하거나 배우자로부터 유기된 자 • 정신이나 신체의 장애로 장기간 노동능력을 상실한 배우자를 가진 자 • 교정시설·치료감호시설에 입소한 배우자 또는 병역복무 중인 배우자를 가진 자 • 미혼자(사실혼 관계에 있는 자 제외) • 위에 규정된 자에 준하는 자로서 여성가족부령으로 정하는 자
청소년 한부모	24세 이하의 모 또는 부
아동	18세 미만(취학 중인 경우에는 22세 미만을 말하되, 병역의무를 이행하고 취학 중인 경우에는 병역의무를 이행한 기간을 가산한 연령 미만)의 자

> 참고 한부모가족정책 기본계획(5년마다), 한부모가족에 대한 실태조사(3년마다), 한부모가족의 날(매년 5월 10일)

(2) 지원대상자의 범위에 대한 특례

① 혼인관계에 있지 아니한 자로서 출산 전 임신부와 출산 후 해당 아동을 양육하지 아니하는 '모'는 출산지원시설을 이용할 때에는 한부모가족지원법에 따른 지원대상자가 된다.

② 다음 어느 하나에 해당하는 아동과 그 아동을 양육하는 조부 또는 조모로서 여성가족부령으로 정하는 자는 지원대상자가 된다.

> - 부모가 사망하거나 생사가 분명하지 아니한 아동
> - 부모가 정신 또는 신체의 장애·질병으로 장기간 노동능력을 상실한 아동
> - 부모의 장기복역 등으로 부양을 받을 수 없는 아동
> - 부모가 이혼하거나 유기하여 부양을 받을 수 없는 아동
> - 위에 규정된 자에 준하는 자로서 여성가족부령으로 정하는 아동

③ 국내에 체류하고 있는 외국인 중 대한민국 국적의 아동을 양육하고 있는 모 또는 부로서 출입국관리법에 따른 외국인 등록을 마친 자는 지원대상자가 된다.

2 복지급여

① 국가나 지방자치단체는 복지급여의 신청이 있으면 다음의 복지급여를 실시하여야 한다. 다만, 지원대상자가 국민기초생활 보장법 등 다른 법령에 따라 지원을 받고 있는 경우에는 그 범위에서 한부모가족지원법에 따른 급여를 하지 아니한다.(단, 아동양육비는 지급할 수 있다.)

> • 생계비   • 아동교육지원비   • 아동양육비   • 그 밖에 대통령령으로 정하는 비용

② 아동양육비를 지급할 때에 미혼모나 미혼부가 5세 이하의 아동을 양육하거나 34세 이하의 모 또는 부가 아동을 양육하는 경우, 예산의 범위에서 추가적인 복지급여를 실시하여야 한다. 이 경우 모 또는 부의 직계존속이 5세 이하의 아동을 양육하는 경우에도 또한 같다.

3 복지자금　Tip 암기법: 주사의교 – 주택자금, 사업자금, 의료비, 아동교육비

국가나 지방자치단체는 한부모가족의 생활안정과 자립을 촉진하기 위하여 다음 어느 하나의 자금을 대여할 수 있다.

- 사업에 필요한 자금　　• 아동교육비　　• 의료비　　• 주택자금
- 그 밖에 대통령령으로 정하는 한부모가족의 복지를 위하여 필요한 자금

4 가족지원서비스

- 아동의 양육 및 교육 서비스　　• 장애인, 노인, 만성질환자 등의 부양 서비스
- 취사, 청소, 세탁 등 가사 서비스　• 교육·상담 등 가족 관계 증진 서비스
- 인지청구 및 자녀양육비 청구 등을 위한 법률상담, 소송대리 등 법률구조서비스
- 출생확인신청을 위한 유전자검사비용 지원
- 그 밖에 대통령령으로 정하는 한부모가족에 대한 가족지원서비스

5 한부모가족복지시설

(1) 한부모가족복지시설의 종류

- 출산지원시설　　• 양육지원시설　　• 생활지원시설
- 일시지원시설　　• 한부모가족복지상담소

(2) 한부모가족복지시설의 설치

① 국가나 지방자치단체는 한부모가족복지시설을 설치할 수 있다.
② 한부모가족복지시설의 장은 청소년 한부모가 입소를 요청하는 경우에는 우선 입소를 위한 조치를 취하여야 한다.
③ 국가나 지방자치단체 외의 자가 한부모가족복지시설을 설치·운영하려면 특별자치시장·특별자치도지사·시장·군수·구청장에게 신고하여야 한다. 신고한 사항 중 여성가족부령으로 정하는 중요 사항을 변경하려는 경우에도 또한 같다.
④ 특별자치시장·특별자치도지사·시장·군수·구청장은 ③에 따른 설치·운영 신고 또는 변경 신고를 받은 날부터 여성가족부령으로 정하는 기간 내에 신고수리 여부를 신고인에게 통지하여야 한다.
⑤ 「국내입양에 관한 특별법」 및 「국제입양에 관한 법률」에 따라 업무를 위탁받은 사회복지법인 및 단체를 운영하는 자는 출산지원시설을 설치·운영할 수 없다.
⑥ 한부모가족복지시설의 시설 설치·운영 기준, 시설 종사자의 직종과 수 및 자격기준, 그 밖에 설치신고에 필요한 사항은 여성가족부령으로 정한다.

STEP 3　필수문제 점검

01　　　　　　　　기출 22회

한부모가족지원법의 내용으로 옳은 것은?

① 여성가족부장관은 5년마다 한부모가족에 대한 실태조사를 실시하고 그 결과를 공표하여야 한다.
② "청소년 한부모"란 18세 이하의 모 또는 부를 말한다.
③ 교육부장관은 청소년 한부모가 학업을 계속할 수 있도록 여성가족부장관에게 협조를 요청하여야 한다.
④ "모" 또는 "부"에는 아동인 자녀를 양육하는 미혼자(사실혼 관계에 있는 자는 제외한다)도 해당된다.
⑤ 한부모가족에 대한 국민의 이해와 관심을 제고하기 위하여 매년 9월 7일을 한부모가족의 날로 한다.

02　　　　　　　　기출 21회 변형

다음이 설명하는 한부모가족지원법상의 한부모가족복지시설은?

　배우자(사실혼 관계에 있는 사람을 포함)가 있으나 배우자의 물리적·정신적 학대로 아동의 건전한 양육이나 모의 건강에 지장을 초래할 우려가 있을 경우 일시적 또는 일정 기간 동안 모와 아동 또는 모에게 주거와 생계를 지원하는 시설

① 일시지원시설
② 출산지원시설
③ 양육지원시설
④ 한부모가족복지상담소
⑤ 생활지원시설

| 해설 |
01 ① 한부모가족지원법 제6조 제1항에 따라 3년마다 실태조사를 실시하고 결과 공표를 하여야 한다.
　② 청소년 한부모란 24세 이하의 모 또는 부를 말한다(동법 제4조 제1의2호).
　③ 동법 제17조의2 제4항에 따라 여성가족부장관이 교육부장관에게 협조를 요청하여야 한다.
　⑤ 동법 제5조의4에 따라 한부모가족의 날은 매년 5월 10일로 한다.
02 일시지원시설에 대한 설명이다.

정답 | 01 ④　02 ①

다문화가족지원법

☑ 6개년 출제리포트

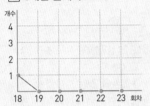

☑ 키워드 공략포인트

다문화가족지원법상의 전반적인 내용, 소관부처 및 실태조사 주기 등을 묻는 문제가 출제되었습니다.

정답 잡는 오답노트

▼ 다문화가족지원법의 내용
16회

• 틀린 선지는?

기업은 다문화가족에 대한 사회적 차별 및 편견을 예방하고 사회구성원이 문화적 다양성을 인정하고 존중할 수 있도록 홍보와 교육 및 재정상 필요한 조치를 하여야 한다. (×)

• 틀린 이유는?

국가와 지방자치단체는 다문화가족에 대한 사회적 차별 및 편견을 예방하고 사회구성원이 문화적 다양성을 인정하고 존중할 수 있도록 다문화 이해교육을 실시하고 홍보 등 필요한 조치를 하여야 한다.

1 다문화가족지원법의 개요 Tip 다문화가족지원법은 사회복지서비스법에 해당합니다.

(1) 용어의 정의

다문화가족	• 재한외국인 처우 기본법의 결혼이민자와 국적법의 규정에 따라 대한민국 국적을 취득한 자로 이루어진 가족 • 국적법에 따라 대한민국 국적을 취득한 자와 같은 법의 규정에 따라 대한민국 국적을 취득한 자로 이루어진 가족
결혼이민자 등	다문화가족의 구성원으로서 다음 어느 하나에 해당하는 자 • 재한외국인 처우 기본법의 결혼이민자 • 국적법에 따라 귀화 허가를 받은 자
아동·청소년	24세 이하인 사람

참고 다문화가족정책 기본계획(5년마다), 다문화가족에 대한 실태조사(3년마다)

(2) 국가 및 지방자치단체의 책무

① 국가와 지방자치단체는 다문화가족 구성원이 안정적인 가족생활을 영위하고 경제·사회·문화 등 각 분야에서 사회구성원으로서의 역할과 책임을 다할 수 있도록 필요한 제도와 여건을 조성하고 이를 위한 시책을 수립·시행하여야 한다.

② 특별시·광역시·특별자치시·도·특별자치도 및 시·군·구에는 다문화가족 지원을 담당할 기구와 공무원을 두어야 한다.

③ 국가와 지방자치단체는 이 법에 따른 시책 중 외국인정책 관련 사항에 대하여는 재한외국인 처우 기본법 외국인정책의 기본계획, 연도별 시행계획, 업무협조, 외국인정책위원회, 정책의 연구·추진 등의 규정에 따른다.

2 다문화가족 지원을 위한 기본계획의 수립

① 여성가족부장관은 다문화가족 지원을 위하여 5년마다 다문화가족정책에 관한 기본계획을 수립하여야 한다.

② 여성가족부장관은 기본계획 수립 시 미리 관계 중앙행정기관의 장과 협의하여야 한다.

③ 기본계획은 다문화가족정책위원회의 심의를 거쳐 확정한다. 이 경우 여성가족부장관은 확정된 기본계획을 지체 없이 국회 소관 상임위원회에 보고하고, 관계 중앙행정기관의 장과 특별시장·광역시장·특별자치시장·도지사·특별자치도지사에게 알려야 한다.

3 다국어에 의한 서비스 제공

국가와 지방자치단체는 규정에 따른 지원정책을 추진함에 있어서 결혼이민자 등의 의사소통의 어려움을 해소하고 서비스 접근성을 제고하기 위하여 다국어에 의한 서비스 제공이 이루어지도록 노력하여야 한다.

4 다문화가족지원센터

(1) 지원센터의 설치

① 국가와 지방자치단체는 다문화가족지원센터를 설치·운영할 수 있다.

② 국가 또는 지방자치단체는 지원센터의 설치·운영을 대통령령으로 정하는 법인이나 단체에 위탁할 수 있다.

③ 국가 또는 지방자치단체가 아닌 자가 지원센터를 설치·운영하고자 할 때에는 미리 시·도지사 또는 시장·군수·구청장의 지정을 받아야 한다.

(2) 지원센터의 업무

- 다문화가족을 위한 교육·상담 등 지원사업의 실시
- 결혼이민자 등에 대한 한국어교육
- 다문화가족 지원서비스 정보제공 및 홍보
- 다문화가족 지원 관련 기관·단체와의 서비스 연계
- 일자리에 관한 정보 제공 및 일자리의 알선
- 다문화가족을 위한 통역·번역 지원사업
- 다문화가족 내 가정폭력 및 피해자 연계 지원
- 그 밖에 다문화가족 지원을 위하여 필요한 사업

(3) 지원센터의 운영

① 지원센터에는 다문화가족에 대한 교육·상담 등의 업무를 수행하기 위하여 관련 분야에 대한 학식과 경험을 가진 전문인력을 두어야 한다.

② 국가와 지방자치단체는 지정한 지원센터에 대하여 예산의 범위에서 업무를 수행하는 데 필요한 비용 및 지원센터의 운영에 드는 비용의 전부 또는 일부를 보조할 수 있다.

STEP 3 필수문제 점검

01
기출 18회

다문화가족지원법의 내용으로 옳지 않은 것은?

① 다문화가족은 대한민국 국적을 취득한 자로 이루어진 가족이어야 한다.

② 다문화가족이 이혼 등의 사유로 해체된 경우에도 그 구성원이었던 자녀에 대하여 이 법을 적용한다.

③ 다문화가족지원센터는 결혼이민자 등에 대한 한국어교육 업무를 수행한다.

④ 국가와 지방자치단체는 다문화가족에 대해 가족생활교육 등을 추진하는 경우, 문화의 차이를 고려한 전문적인 서비스가 제공될 수 있도록 노력하여야 한다.

⑤ 여성가족부장관은 5년마다 다문화가족정책에 관한 기본계획을 수립하여야 한다.

02
기출 15회

다문화가족지원법상 실태조사 등에 관한 내용이다. (   )에 들어갈 용어를 바르게 짝지은 것은?

> (㉠)장관은 다문화가족의 현황 및 실태를 파악하고 다문화가족 지원을 위한 정책수립에 활용하기 위하여 (㉡)년마다 다문화가족에 대한 실태조사를 실시하고 그 결과를 공표하여야 한다.

① ㉠: 고용노동부, ㉡: 3

② ㉠: 고용노동부, ㉡: 5

③ ㉠: 여성가족부, ㉡: 3

④ ㉠: 여성가족부, ㉡: 5

⑤ ㉠: 보건복지부, ㉡: 3

| 해설 |

01 다문화가족이란 재한외국인 처우 기본법의 결혼이민자와 국적법 규정에 따라 대한민국 국적을 취득한 자로 이루어진 가족, 국적법에 따라 대한민국 국적을 취득한 자와 같은 법 규정에 따라 대한민국 국적을 취득한 자로 이루어진 가족을 말한다.

02 여성가족부장관은 다문화가족의 현황 및 실태를 파악하고 다문화가족 지원을 위한 정책수립에 활용하기 위하여 3년마다 다문화가족에 대한 실태조사를 실시하고 그 결과를 공표하여야 한다.

정답 | 01 ① 02 ③

STEP 1 기출분석

✓ **6개년 출제리포트**

✓ **키워드 공략포인트**

가정폭력방지법상의 전반적인 내용을 묻는 문제가 종종 출제되고 있으며, 보호시설의 보호기간, 긴급전화센터의 업무 등을 묻는 문제가 출제되었습니다.

정답 잡는 오답노트

▼ **실태조사** 18회

• **틀린 선지는?**
국가인권위원회 위원장은 3년마다 가정폭력에 대한 실태조사를 실시하여야 한다. (×)

• **틀린 이유는?**
여성가족부장관은 3년마다 가정폭력에 대한 실태조사를 실시하여야 한다.

STEP 2 핵심이론 공략

1 가정폭력방지법의 개요 `Tip` 가정폭력방지법은 사회복지서비스법에 해당합니다.

(1) **용어의 정의** `참고` 가정폭력에 대한 실태조사(3년마다)

가정폭력	가정 구성원 사이의 신체적, 정신적 또는 재산상 피해를 수반하는 행위
가정폭력행위자	가정폭력범죄를 범한 자 및 가정 구성원인 공범
피해자	가정폭력으로 인하여 직접적으로 피해를 입은 자
아동	18세 미만인 자

(2) **가정폭력 예방교육의 실시**

① 국가기관, 지방자치단체 및 초·중등교육법에 따른 각급 학교의 장, 그 밖에 대통령령으로 정하는 공공단체의 장은 가정폭력의 예방과 방지를 위하여 필요한 교육을 실시하고, 그 결과를 여성가족부장관에게 제출하여야 한다.

② 예방교육을 실시하는 경우 성폭력방지 및 피해자보호 등에 관한 법률에 따른 성교육 및 성폭력 예방교육, 양성평등기본법에 따른 성희롱 예방교육 및 성매매방지 및 피해자보호 등에 관한 법률에 따른 성매매 예방교육 등을 성평등 관점에서 통합하여 실시할 수 있다.

2 긴급전화센터의 설치·운영 등

① 여성가족부장관 또는 시·도지사는 다음의 업무 등을 수행하기 위하여 긴급전화센터를 설치·운영하여야 한다. 이 경우 외국어 서비스를 제공하는 긴급전화센터를 따로 설치·운영할 수 있다.

> • 피해자의 신고 접수 및 상담
> • 관련 기관·시설과의 연계
> • 피해자에 대한 긴급한 구조의 지원
> • 경찰관서 등으로부터 인도받은 피해자 및 피해자가 동반한 가정 구성원의 임시 보호

② 여성가족부장관 또는 시·도지사는 긴급전화센터의 설치·운영을 대통령령으로 정하는 기관 또는 단체에 위탁할 수 있다.

③ 여성가족부장관 또는 시·도지사는 긴급전화센터의 설치·운영을 위탁할 경우, 그에 필요한 경비를 지원하여야 한다.

3 보호시설

(1) **보호시설의 설치·운영**

① 국가나 지방자치단체는 가정폭력피해자 보호시설을 설치·운영할 수 있다.

② 사회복지사업법에 따른 사회복지법인과 그 밖의 비영리법인은 시장·군수·구청장의 인가를 받아 보호시설을 설치·운영할 수 있다.

③ 보호시설에는 상담원을 두어야 하고, 보호시설의 규모에 따라 생활지도원, 취사원, 관리원 등의 종사자를 둘 수 있다.

④ 보호시설의 설치·운영의 기준, 보호시설에 두는 상담원 등 종사자의 직종과 수 및 인가기준 등에 필요한 사항은 여성가족부령으로 정한다.

⑤ 국가나 지방자치단체는 상담소나 보호시설의 설치·운영에 드는 경비의 일부를 보조할 수 있다.

(2) 보호시설의 종류

단기보호시설	피해자 등을 6개월의 범위에서 보호하는 시설
	참고 단기보호시설의 장은 그 단기보호시설에 입소한 피해자 등에 대한 보호기간을 각 3개월의 범위에서 두 차례 연장할 수 있다. 이에 따라 최대 1년까지 보호지원이 가능하다.
장기보호시설	피해자 등에 대하여 2년의 범위에서 자립을 위한 주거편의 등을 제공하는 시설
외국인보호시설	외국인 피해자 등을 2년의 범위에서 보호하는 시설
장애인보호시설	장애인복지법의 적용을 받는 장애인인 피해자 등을 2년의 범위에서 보호하는 시설

(3) 보호시설에 대한 보호비용 지원

① 국가나 지방자치단체는 보호시설에 입소한 피해자나 피해자가 동반한 가정 구성원의 보호를 위하여 필요한 경우 다음의 보호비용을 보호시설의 장 또는 피해자에게 지원할 수 있다.

- 생계비
- 아동양육비
- 퇴소 시 자립지원금
- 아동교육지원비
- 직업훈련비
- 의료비

② 다만, 보호시설에 입소한 피해자나 피해자가 동반한 가정 구성원이 국민기초생활 보장법 등 다른 법령에 따라 보호를 받고 있는 경우에는 그 범위에서 가정폭력방지법에 따른 지원을 하지 아니한다.

(4) 보호시설의 업무

- 숙식의 제공
- 심리적 안정과 사회적응을 위한 상담 및 치료
- 질병치료와 건강관리(입소 후 1개월 이내의 건강검진 포함)를 위한 의료기관에의 인도 등 의료지원
- 수사·재판과정에 필요한 지원 및 서비스 연계
- 법률구조기관 등에 필요한 협조와 지원의 요청
- 자립자활교육의 실시와 취업정보의 제공
- 다른 법률에 따라 보호시설에 위탁된 사항
- 그 밖에 피해자 등의 보호를 위하여 필요한 일

STEP 3 | 필수문제 점검

01
기출 17회

가정폭력방지 및 피해자보호 등에 관한 법률의 내용으로 옳지 않은 것은?

① 단기보호시설은 피해자 등을 6개월의 범위에서 보호하는 시설이다.

② 국가는 가정폭력 관련 상담소의 설치·운영에 드는 경비의 전부를 보조하여야 한다.

③ 여성가족부장관 또는 시·도지사는 긴급전화센터를 설치·운영하여야 한다.

④ 가정폭력의 예방과 방지에 관한 교육 및 홍보는 가정폭력 관련 상담소의 업무에 해당한다.

⑤ 사회복지법인은 시장·군수·구청장의 인가를 받아 가정폭력피해자 보호시설을 설치·운영할 수 있다.

02
기출 18회

가정폭력방지 및 피해자보호 등에 관한 법률의 내용으로 옳지 않은 것은?

① 이 법에서의 '아동'이란 18세 미만인 자를 말한다.

② 국가인권위원회 위원장은 3년마다 가정폭력에 대한 실태조사를 실시하여야 한다.

③ 시·도지사는 외국어 서비스를 제공하는 긴급전화센터를 따로 설치·운영할 수 있다.

④ 지방자치단체는 가정폭력 관련 상담소를 외국인, 장애인 등 대상별로 특화하여 운영할 수 있다.

⑤ 지방자치단체는 가정폭력 관련 상담원 교육훈련시설을 설치·운영할 수 있다.

| 해설 |

01 국가나 지방자치단체는 상담소나 보호시설의 설치·운영에 드는 경비의 일부를 보조할 수 있다(가정폭력방지법 제13조 제1항).

02 여성가족부장관은 3년마다 가정폭력에 대한 실태조사를 실시하여 그 결과를 발표하고, 이를 가정폭력을 예방하기 위한 정책수립의 기초자료로 활용하여야 한다(가정폭력방지법 제4조의2 제1항).

정답 | 01 ② 02 ②

사회복지법제론

성폭력방지법

STEP 1 기출분석

STEP 2 핵심이론 공략

☑ 6개년 출제리포트

☑ 키워드 공략포인트

성폭력방지법상의 전반적인 내용을 묻는 문제가 종종 출제되고 있으며, 보호시설의 종류 등을 묻는 문제가 출제되었습니다.

1 성폭력방지법의 개요

Tip 성폭력방지법은 성폭력방지 및 피해자보호 등에 관한 법률의 약칭입니다.

(1) 용어의 정의

성폭력	성폭력범죄의 처벌 등에 관한 특례법에 규정된 죄에 해당하는 행위
성폭력행위자	성폭력범죄의 처벌 등에 관한 특례법에 해당하는 죄를 범한 사람
성폭력피해자	성폭력으로 인하여 직접적으로 피해를 입은 사람

참고 성폭력 실태조사(3년마다)

(2) 국가와 지방자치단체의 책무

- 성폭력 신고체계의 구축·운영
- 성폭력 예방을 위한 조사·연구, 교육 및 홍보
- 피해자를 보호·지원하기 위한 시설의 설치·운영
- 피해자에 대한 주거지원, 직업훈련 및 법률구조 등 사회복귀 지원
- 피해자에 대한 보호·지원을 원활히 하기 위한 관련 기관 간 협력체계의 구축·운영
- 성폭력 예방을 위한 유해환경 개선
- 피해자 보호·지원을 위한 관계 법령의 정비와 각종 정책의 수립·시행 및 평가

2 상담소 및 보호시설의 설치·운영

(1) 상담소의 설치·운영

① 국가 또는 지방자치단체는 성폭력피해상담소를 설치·운영할 수 있다.
② 국가 또는 지방자치단체 외의 자가 상담소를 설치·운영하려면 특별자치시장·특별자치도지사 또는 시장·군수·구청장에게 신고하여야 한다.
③ 상담소의 설치·운영 기준, 상담소에 두는 상담원 등 종사자의 수 및 신고 등에 필요한 사항은 여성가족부령으로 정한다.

(2) 보호시설의 설치·운영

① 국가 또는 지방자치단체는 성폭력피해자보호시설을 설치·운영할 수 있다.
② 사회복지사업법에 따른 사회복지법인이나 그 밖의 비영리법인은 특별자치시장·특별자치도지사 또는 시장·군수·구청장의 인가를 받아 보호시설을 설치·운영할 수 있다.
③ 국가 또는 지방자치단체는 보호시설의 설치·운영을 대통령령으로 정하는 기관 또는 단체에 위탁할 수 있다.
④ 보호시설의 설치·운영 기준, 보호시설에 두는 상담원 등 종사자의 수 및 인가 절차 등과 위탁에 필요한 사항은 여성가족부령으로 정한다.

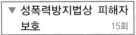
정답 잡는 오답노트

▼ 성폭력방지법상 피해자 보호 15회

• 틀린 선지는?
지방자치단체는 성폭력 전담의료기관의 의료 지원에 필요한 경비의 전부를 지원할 수 없다. (×)

• 틀린 이유는?
국가 또는 지방자치단체는 치료 등 의료 지원에 필요한 경비의 전부 또는 일부를 지원할 수 있다.

(3) 보호시설의 종류

종류	내용	입소기간
일반보호시설	피해자에게 보호 및 숙식, 상담 및 치료, 취업정보 등을 제공하는 시설	1년 이내
장애인 보호시설	장애인차별금지 및 권리구제 등에 관한 법률에 따른 장애인인 피해자에게 보호 및 숙식, 상담 및 치료, 취업정보 등을 제공하는 시설	2년 이내
특별지원 보호시설	성폭력범죄의 처벌 등에 관한 특례법에 따른 피해자로서 19세 미만의 피해자에게 보호 및 숙식, 상담 및 치료, 취업정보 등을 제공하는 시설	19세가 될 때까지
외국인 보호시설	외국인 피해자에게 보호 및 숙식, 상담 및 치료, 취업정보 등을 제공하는 시설 참고 가정폭력방지 및 피해자보호 등에 관한 법률에 따른 외국인보호시설과 통합하여 운영할 수 있다.	1년 이내
자립지원 공동생활시설	일반·장애인·특별지원·외국인보호시설을 퇴소한 사람에게 자립·자활 교육의 실시와 취업정보 및 그 밖에 필요한 사항을 제공하는 시설	2년 이내
장애인 자립지원 공동생활시설	장애인보호시설을 퇴소한 사람에게 자립·자활 교육의 실시와 취업정보 및 그 밖에 필요한 사항을 제공하는 시설	2년 이내

참고 일반보호시설의 입소기간은 1년 6개월의 범위에서 한 차례 연장할 수 있으며, 특별지원 보호시설, 자립지원 공동생활시설, 장애인 자립지원 공동생활시설의 입소기간은 2년의 범위에서 한 차례 연장할 수 있다. 장애인보호시설, 외국인보호시설은 피해회복에 소요되는 기간까지 연장할 수 있다.

STEP 3 필수문제 점검

01
기출 19회

성폭력방지 및 피해자보호 등에 관한 법률의 내용으로 옳지 않은 것은?

① 피해자의 의사에 반하여 피해자 상담을 할 수 있다.
② 보호시설의 장이나 종사자는 업무상 알게 된 비밀을 누설해서는 아니 된다.
③ 보호시설에 대한 보호비용의 지원 방법 및 절차 등에 필요한 사항은 여성가족부령으로 정한다.
④ 시장·군수·구청장은 민간의료시설을 피해자 등의 치료를 위한 전담의료기관으로 지정할 수 있다.
⑤ 국가 또는 지방자치단체는 이 법 제27조 제2항에 따른 치료 등 의료 지원에 필요한 경비의 전부 또는 일부를 지원할 수 있다.

02
기출 18회

성폭력방지 및 피해자보호 등에 관한 법률상 성폭력피해자 보호시설의 종류가 아닌 것은?

① 일반보호시설
② 상담지원시설
③ 외국인보호시설
④ 특별지원 보호시설
⑤ 자립지원 공동생활시설

| 해설 |
01 상담소, 보호시설, 통합지원센터 및 중앙디지털성범죄피해자지원센터 등의 장과 종사자는 피해자의 의사에 반하여 피해자 상담을 할 수 없다(성폭력방지법 제24조).
02 성폭력방지 및 피해자보호 등에 관한 법률상 성폭력피해자 보호시설의 종류에는 일반보호시설, 장애인보호시설, 특별지원 보호시설, 외국인보호시설, 자립지원 공동생활시설, 장애인 자립지원 공동생활시설이 있다. 상담지원시설은 해당하지 않는다.

정답 | 01 ① 02 ②

사회복지법제론

자원봉사활동 기본법, 사회복지공동모금회법, 정신건강복지법

✓ 6개년 출제리포트

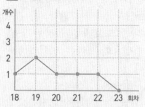

✓ 키워드 공략포인트

자원봉사활동기본법, 사회복지
공동모금회법, 정신건강복지법은
각 법령상의 기본적인 내용 및
전반적인 내용을 묻는 문제가
출제되고 있습니다.

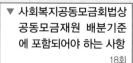

▼ 사회복지공동모금회법상
  공동모금재원 배분기준
  에 포함되어야 하는 사항
                    18회

• 틀린 선지는?
배분신청자의 재산 (×)

• 틀린 이유는?
사회복지공동모금회법상 공동
모금재원 배분기준에 포함되어
야 하는 사항은 공동모금재원의
배분대상, 배분한도액, 배분신청
기간 및 배분신청서 제출 장소,
배분심사기준, 배분재원의 과부족
시 조정방법 등이 있다.

---

1 자원봉사활동 기본법

(1) 자원봉사활동의 기본방향

① 자원봉사활동은 국민의 협동적인 참여능력을 높일 수 있는 방향으로 추진하여야 한다.

② 자원봉사활동은 무보수성, 자발성, 공익성, 비영리성, 비정파성, 비종파성의 원칙 아래 수행될 수 있도록 하여야 한다.

③ 모든 국민은 나이, 성별, 장애, 지역, 학력 등 사회적 배경에 관계없이 누구든지 자원봉사활동에 참여할 수 있도록 하여야 한다.

(2) 자원봉사센터의 설치 및 운영

① 국가기관 및 지방자치단체는 자원봉사센터를 설치할 수 있다. 이 경우 자원봉사 센터를 법인으로 하여 운영하거나 비영리 법인에 위탁하여 운영하여야 한다.

② 위 ①의 규정에도 불구하고, 자원봉사활동을 효율적으로 추진하기 위하여 필요하다 고 인정할 경우에는 국가기관 및 지방자치단체가 운영할 수 있다.

③ 국가는 자원봉사센터의 설치·운영이 활성화될 수 있도록 적극 노력하여야 하며, 지방 자치단체는 자원봉사센터의 운영에 필요한 경비를 지원할 수 있다.

④ 자원봉사센터장의 자격요건과 자원봉사센터의 조직 및 운영 등에 필요한 사항은 대통령령으로 정한다.

2 사회복지공동모금회법

(1) 기본원칙

① 기부하는 자의 의사에 반하여 기부금품을 모집하여서는 아니 된다.

② 조성된 재원(공동모금재원)은 지역·단체·대상자 및 사업별로 복지수요가 공정하게 충족되도록 배분하여야 하고, 목적 및 용도에 맞도록 공정하게 관리·운용하여야 한다.

③ 공동모금재원의 배분은 객관적인 기준에 따라 효율적으로 이루어지도록 하고, 그 결과를 공개하여야 한다.

(2) 사회복지공동모금회의 설립 및 운영

① 모금회는 사회복지사업법의 사회복지법인으로 한다.

② 모금회는 정관을 작성하여 보건복지부의 인가를 받아 등기함으로써 설립된다.

③ 모금회는 15명 이상 20명 이하 이사(회장 1명·부회장 3명 및 사무총장 포함)를 둔다.

④ 임원의 임기는 3년으로 하며, 한 차례만 연임할 수 있다.

⑤ 모금회의 회계연도는 1월 1일부터 12월 31일까지로 한다.

(3) 재원: 사회복지공동모금에 의한 기부금품, 법인이나 단체가 출연하는 현금·물품 또는 그 밖의 재산, 복권 및 복권기금법에 따라 배분받은 복권수익금, 그 밖의 수입금

(4) 배분기준

① 모금회는 매년 8월 31일까지 다음의 사항이 포함된 다음 회계연도의 공동모금재원 배분기준을 정하여 공고하여야 한다.

> 공동모금재원의 배분대상, 배분한도액, 배분신청기간 및 배분신청서 제출 장소, 배분심사기준, 배분재원의 과부족 시 조정방법, 배분신청 시 제출할 서류, 그 밖에 공동모금재원의 배분에 필요한 사항

② 모금회는 재난구호 및 긴급구호 등 긴급히 지원하여야 할 필요가 있는 경우에는 위 ①에 준하여 별도의 배분기준에 따라 지원할 수 있다.

3 정신건강증진 및 정신질환자 복지서비스 지원에 관한 법률

(1) 정신건강증진 정책의 추진

① 실태조사: 보건복지부장관은 5년마다 실태조사를 하여야 한다. 다만, 정신건강증진 정책을 수립하는 데 필요한 경우 수시로 실태조사를 할 수 있다.

② 정신건강의 날: 매년 10월 10일을 정신건강의 날로 한다.

(2) 용어의 정의

정신질환자	망상, 환각, 사고나 기분의 장애 등으로 인하여 독립적으로 일상생활을 영위하는 데 중대한 제약이 있는 사람
정신건강증진사업	정신건강 관련 교육·상담, 정신질환의 예방·치료, 정신질환자의 재활, 정신건강에 영향을 미치는 사회복지·교육·주거·근로환경의 개선 등을 통하여 국민의 정신건강을 증진시키는 사업
정신건강복지센터	정신건강증진시설, 사회복지사업법에 따른 사회복지시설, 학교 및 사업장과 연계체계를 구축하여 지역사회에서의 정신건강증진사업 및 정신질환자 복지서비스 지원사업을 하는 기관 또는 단체
정신건강증진시설	정신의료기관, 정신요양시설 및 정신재활시설
정신의료기관	의료법에 따른 정신병원, 의료기관 중 기준에 적합하게 설치된 의원, 병원급 의료기관에 설치된 정신건강의학과로서 기준에 적합한 기관
정신요양시설	정신질환자를 입소시켜 요양서비스를 제공하는 시설
정신재활시설	정신질환자 또는 정신건강상 문제가 있는 사람 중 대통령령으로 정하는 사람의 사회적응을 위한 각종 훈련과 생활지도를 하는 시설

(3) 보호의무자

① 민법에 따른 후견인 또는 부양의무자는 정신질환자의 보호의무자가 된다.

② 다음 어느 하나에 해당하는 사람은 보호의무자가 될 수 없다.

> 피성년후견인 및 피한정후견인, 파산선고를 받고 복권되지 아니한 사람, 해당 정신질환자를 상대로 한 소송이 계속 중인 사람 또는 소송한 사실이 있었던 사람과 그 배우자, 미성년자, 행방불명자, 그 밖에 보건복지부령으로 정하는 부득이한 사유로 보호의무자로서의 의무를 이행할 수 없는 사람

③ 보호의무자 사이의 보호의무의 순위는 후견인·부양의무자의 순위에 따르며, 부양의무자가 2명 이상인 경우에는 민법에 따른다.

STEP 3 필수문제 점검

01 기출 22회

사회복지공동모금회법상 사회복지공동모금회(이하 '모금회'라 한다)에 관한 설명으로 옳지 않은 것은?

① 모금회는 사회복지사업을 지원하기 위하여 연중 기부금품을 모집할 수 있다.

② 지방자치단체는 모금회에 기부금품 모집에 필요한 비용을 보조할 수 있다.

③ 배분분과실행위원회는 20명 이상의 위원으로 구성된다.

④ 모금회는 정관을 작성하여 보건복지부장관의 허가를 받아 등기함으로써 설립된다.

⑤ 모금회는 매년 8월 31일까지 다음 회계연도의 공동모금재원 배분기준을 정하여 공고하여야 한다.

02 기출 21회

정신건강증진 및 정신질환자 복지서비스 지원에 관한 법률상 정신질환자의 보호의무자가 될 수 있는 사람은?

① 후견인

② 파산선고를 받고 복권되지 아니한 사람

③ 해당 정신질환자를 상대로 소송 중인 사람

④ 행방불명자

⑤ 미성년자

| 해설 |

01 모금회는 정관을 작성하여 보건복지부장관의 인가를 받아 등기함으로써 설립된다(사회복지공동모금회법 제4조 제3항).

02 민법에 따른 후견인 또는 부양의무자는 정신질환자의 보호의무자가 될 수 있다.

정답 | 01 ④ 02 ①

☑ **키워드 공략포인트**

• 본 키워드에서는 수험생들의 학습 편의를 위해 사회복지서비스법에 해당하는 법령들의 기타 암기사항을 정리하였습니다.

• 실태조사 주기 및 사회복지 관련 기념일은 종종 출제됩니다. 조금만 신경 써서 암기하면 쉽게 맞힐 수 있는 문제이니 꼼꼼히 학습해 두세요.

1 실태조사 주기

(1) 3년 주기 실태조사

• 장애실태조사(장애인복지법, 보건복지부장관)
• 노인실태조사(노인복지법, 보건복지부장관)
• 보육실태조사(영유아보육법, 보건복지부장관)
• 아동종합실태조사(아동복지법, 보건복지부장관)
• 자립지원 실태조사(아동복지법, 보건복지부장관)
• 부정수급실태조사(사회보장급여법, 보건복지부장관)
• 장애아동·가족의 복지지원 실태조사(장애아동 복지지원법, 보건복지부장관)
• 발달장애인과 그 가족의 실태조사(발달장애인 권리보장 및 지원에 관한 법률, 보건복지부장관)
• 다문화가족 실태조사(다문화가족지원법, 여성가족부장관)
• 한부모가족 실태조사(한부모가족지원법, 여성가족부장관)
• 성매매 실태조사(성매매방지 및 피해자보호 등에 관한 법률, 여성가족부장관)
• 성폭력 실태조사(성폭력방지 및 피해자보호 등에 관한 법률, 여성가족부장관)
• 가정폭력 실태조사(가정폭력방지 및 피해자보호 등에 관한 법률, 여성가족부장관)

(2) 5년 주기 실태조사

• 노숙인 실태조사(노숙인 등의 복지 및 자립지원에 관한 법률, 보건복지부장관)
• 정신질환자 실태조사(정신건강증진 및 정신질환자 복지서비스 지원에 관한 법률, 보건복지부장관)
• 자살실태조사(자살예방 및 생명존중문화 조성을 위한 법률, 국가 및 지방자치단체)

2 대상별 금지행위와 처벌수위

대상	근거	금지행위	처벌수위
장애인	장애인복지법	성적 수치심 및 성희롱, 성폭력 행위	10년 이하의 징역 또는 1억 원 이하의 벌금
노인	노인복지법	신체적 상해를 입히는 행위	7년 이하의 징역 또는 7천만 원 이하의 벌금
아동	아동복지법	아동을 매매하는 행위	10년 이하의 징역

정답 잡는 오답노트

▼ **실태조사 주기**   17회

• **틀린 선지는?**
보건복지부장관은 아동종합실태조사를 5년마다 실시하여야 한다.
(×)

• **틀린 이유는?**
보건복지부장관은 아동종합실태조사를 3년마다 실시하여야 한다.

3 사회복지 관련 기념일

사회복지사의 날	3월 30일	장애인의 날	4월 20일
한부모가족의 날	5월 10일	가정의 날	5월 15일
노인학대예방의 날	6월 15일	사회복지의 날	9월 7일
자살예방의 날	9월 10일	노인의 날	10월 2일
정신건강의 날	10월 10일	아동학대예방의 날	11월 19일

4 여성가족부 소관 법령

- 한부모가족지원법
- 다문화가족지원법
- 청소년 기본법
- 청소년복지 지원법
- 청소년 보호법
- 청소년활동 진흥법
- 가정폭력방지 및 피해자보호 등에 관한 법률
- 성폭력방지 및 피해자보호 등에 관한 법률
- 성매매방지 및 피해자보호 등에 관한 법률
- 아동·청소년의 성보호에 관한 법률

5 여성가족부 사업

(1) 양성평등 관련 사업

성별영향평가 운영 / 온라인경력개발센터(꿈날개) 운영 / 여성친화도시 운영 / 여성인재DB 운영 / 여성새로일하기센터 운영 / 공공부문 성별대표성 제고 / 세계 한민족 여성네트워크 / 유엔 안보리 결의안 1325호 국가행동계획

(2) 청소년 관련 사업

청소년 체험활동 / 청소년 참여활동 / 청소년방과후 아카데미 / 청소년증 발급 / 정서·행동장애 청소년 지원 / 위기청소년 특별지원 / 학교 밖 청소년 지원 / 학교 밖 청소년 건강검진 / 여성청소년 생리용품 바우처 지원 등

(3) 가족 관련 사업

아이돌봄지원사업 / 가족센터 운영 / 가족친화인증제 운영 / 공동육아나눔터 운영 / 온가족보듬사업 / 부모역할지원 / 국제결혼 피해상담 및 구조 / 다누리 콜센터(1577-1366) 운영 / 가족상담전화(1577-4206) 운영 등

(4) 인권보호 관련 사업

폭력예방교육 점검 및 지원 / 여성긴급전화1366 운영 지원 / 성폭력 방지 및 피해자 지원 / 디지털 성범죄 대응 및 피해자 지원 / 해바라기센터 운영 / 가정폭력(교제폭력) 방지 및 피해자 지원 / 성매매 방지 및 피해자 지원 등

01

사회복지사업법에 명시된 날에 해당하는 것은?

① 장애인의 날 4월 20일
② 노인의 날 10월 2일
③ 아동학대 예방의 날 11월 19일
④ 사회복지의 날 9월 7일
⑤ 어버이날 5월 8일

02

실태조사의 주체와 조사 주기를 올바르게 짝지은 것은?

① 장애인복지법상 장애실태조사: 보건복지부장관, 5년
② 아동복지법상 아동종합실태조사: 보건복지부장관, 5년
③ 한부모가족지원법상 한부모가족 실태조사: 여성가족부장관, 3년
④ 노인복지법상 노인실태조사: 여성가족부장관, 3년
⑤ 다문화가족지원법상 다문화가족 실태조사: 보건복지부장관, 5년

| 해설 |

01 국가는 국민의 사회복지에 대한 이해를 증진하고 사회복지사업 종사자의 활동을 장려하기 위하여 매년 9월 7일을 사회복지의 날로 하고, 사회복지의 날부터 1주간을 사회복지주간으로 한다(사회복지사업법 제15조의2 제1항).

02 ① 장애인복지법상 장애실태조사: 보건복지부장관, 3년
② 아동복지법상 아동종합실태조사: 보건복지부장관, 3년
④ 노인복지법상 노인실태조사: 보건복지부장관, 3년
⑤ 다문화가족지원법상 다문화가족 실태조사: 여성가족부장관, 3년

정답 | 01 ④   02 ③

사회복지법제론

제8영역 사회복지법제론

더 풀어볼 TEST

01 우리나라 법체계에 관한 설명으로 옳지 <u>않은</u> 것은?　　　　기출 19회

① 법규범 위계에서 최상위 법규범은 헌법이다.
② 법률은 법규범의 위계에서 헌법 다음 단계의 규범이다.
③ 법률은 국회에서 제정하거나 행정부에서 제출하여 국회의 의결을 거쳐 제정된다.
④ 시행령은 국무총리나 행정 각부의 장이 발(發)하는 명령이다.
⑤ 명령에는 시행령과 시행규칙이 있다.

최신
02 사회보장기본법상 사회보장위원회에 관한 설명으로 옳지 <u>않은</u> 것은?　　기출 23회

① 사회보장에 관한 주요시책을 심의·조정하기 위해 국무총리 소속으로 두고 있다.
② 실무위원회를 두며 실무위원회에 분야별 전문위원회를 둘 수 있다.
③ 위원은 30명 이내로 구성한다.
④ 위원의 임기는 4년이다.
⑤ 관계 중앙행정기관의 장과 지방자치단체의 장은 위원회의 심의·조정 사항을 반영하여 사회보장제도를 운영해야 한다.

03 사회보장급여의 이용·제공 및 수급권자 발굴에 관한 법률상 지원대상자의 발굴에 관한 설명으로 옳은 것은?　　　　기출 22회

① "지원대상자"란 사회보장급여를 제공받을 권리를 가진 사람을 말한다.
② 사회복지시설의 장은 사회보장급여의 제공을 직권으로 신청할 수 있다.
③ 국민건강보험공단 이사장은 보험료를 7개월 이상 체납한 사람의 가구정보를 사회보장정보시스템을 통하여 처리할 수 있다.
④ 시·도지사는 지원대상자에 대한 발굴조사를 1년마다 정기적으로 실시하여야 한다.
⑤ 보장기관의 장은 지원대상자를 발굴하기 위하여 사회보장급여의 제공규모에 대한 정보의 제공과 홍보에 노력하여야 한다.

04 사회복지사업법의 내용으로 옳은 것은?　　　　기출 22회

① 사회복지서비스는 현금과 현물로 제공하는 것을 원칙으로 한다.
② 국가는 사회복지 자원봉사활동을 지원·육성하기 위하여 자원봉사활동의 홍보 및 교육을 실시하여야 한다.
③ 사회복지에 관한 조사·연구 및 정책 건의를 위하여 한국사회복지사협회를 둔다.
④ 사회복지사 자격증을 다른 사람에게 빌려주거나 빌린 사람은 10년 이하의 징역 또는 1억 원 이하의 벌금에 처한다.
⑤ 시·도지사는 사회복지에 관한 전문지식과 기술을 가진 사람에게 사회복지사 자격증을 발급할 수 있다.

01 키워드 01
국무총리나 행정 각부의 장관이 발하는 명령은 시행규칙(총리령, 부령)이다.

02 키워드 04
위원의 임기는 2년으로 한다. 다만, 공무원인 위원의 임기는 그 재임기간으로 한다.

03 키워드 05
사회보장급여법상 보장기관의 장은 지원대상자를 발굴하기 위하여 사회보장급여의 제공규모, 수급자가 되기 위한 요건과 절차, 그 밖에 사회보장급여 수급을 위하여 필요한 정보에 대한 자료 또는 정보의 제공과 홍보에 노력하여야 한다.

04 키워드 06
사회복지사업법상 국가와 지방자치단체는 사회복지 자원봉사활동을 지원·육성하기 위하여 자원봉사활동의 홍보 및 교육을 실시하여야 한다.

정답

01 ④　02 ④　03 ⑤　04 ②

05 고용보험법상 명시되어 있는 고용보험사업을 모두 고른 것은?   기출 23회

| ㉠ 고용안정 · 직업능력개발 사업 | ㉡ 실업급여 |
| ㉢ 육아휴직 급여 | ㉣ 자활급여 |

① ㉠, ㉡
② ㉠, ㉢
③ ㉡, ㉢
④ ㉠, ㉡, ㉢
⑤ ㉡, ㉢, ㉣

06 국민기초생활 보장법상 급여의 종류와 방법에 관한 설명으로 옳은 것은?   기출 21회

① 부양의무자가 병역법에 따라 징집되거나 소집된 경우 부양능력이 있는 것으로 본다.
② 보장기관은 차상위자의 가구별 생활여건을 고려하여 예산의 범위에서 급여의 전부 또는 일부를 실시할 수 있다.
③ 생계급여 선정기준은 기준 중위소득의 100분의 50 이상으로 한다.
④ 생계급여는 상반기 · 하반기로 나누어 지급하여야 한다.
⑤ 주거급여는 주택 매입비, 수선유지비 등이 포함된다.

07 장애인복지법에 근거하여 설치 또는 설립하는 것이 <u>아닌</u> 것은?   기출 18회

① 장애인 거주시설
② 한국장애인개발원
③ 장애인권익옹호기관
④ 발달장애인지원센터
⑤ 장애인자립생활지원센터

08 아동복지법령상 아동보호전문기관의 업무가 <u>아닌</u> 것은?   기출 23회

① 아동학대 신고접수, 현장조사 및 응급보호
② 피해아동, 피해아동의 가족 및 아동학대행위자를 위한 상담 · 치료 및 교육
③ 아동학대예방 교육 및 홍보
④ 피해아동 및 피해아동 가정의 기능 회복 서비스 제공
⑤ 피해아동 가정의 사후관리

05 키워드 09
㉣ 자활급여는 국민기초생활 보장법상의 급여 중 하나이다.

06 키워드 12
국민기초생활 보장법상 차상위계층에 속하는 사람에 대한 급여는 보장기관이 차상위자의 가구별 생활여건을 고려하여 예산의 범위에서 제1항 제2호부터 제4호까지(주거급여, 의료급여, 교육급여), 제6호(장제급여) 및 제7호(자활급여)에 따른 급여의 전부 또는 일부를 실시할 수 있다.

07 키워드 16
발달장애인지원센터는 발달장애인 권리보장 및 지원에 관한 법률에 근거하여 설치한다.

08 키워드 18
아동복지법이 2020년 4월 7일 일부 개정되어 아동보호전문기관의 업무 중 아동학대 신고접수, 현장조사 및 응급보호 조항이 2020년 10월 1일 삭제되었다.

정답
05 ④ 06 ② 07 ④ 08 ①

사회복지법제론

여러분의 작은 소리
에듀윌은 크게 듣겠습니다.

본 교재에 대한 여러분의 목소리를 들려주세요.

공부하시면서 어려웠던 점, 궁금한 점,

칭찬하고 싶은 점, 개선할 점, 어떤 것이라도 좋습니다.

에듀윌은 여러분께서 나누어 주신 의견을
통해 끊임없이 발전하고 있습니다.

에듀윌 도서몰 book.eduwill.net
- 부가학습자료 및 정오표: 에듀윌 도서몰 → 도서자료실
- 교재 문의: 에듀윌 도서몰 → 문의하기 → 교재(내용, 출간) / 주문 및 배송

2026 에듀윌 사회복지사 1급 핵심요약집

발 행 일	2025년 5월 23일 초판
편 저 자	손용근, 최승희, 강혜원, 신경안, 임화영
펴 낸 이	양형남
개 발	정상욱, 김민서
펴 낸 곳	(주)에듀윌
등록번호	제25100-2002-000052호
주 소	08378 서울특별시 구로구 디지털로34길 55 코오롱싸이언스밸리 2차 3층
I S B N	979-11-360-3681-0(13330)

* 이 책의 무단 인용 · 전재 · 복제를 금합니다.

www.eduwill.net
대표전화 1600-6700

에듀윌 사회복지사 1급
핵심요약집

언제 어디서든 공부할 수 있는

민준출발!

eduwill

사회복지학 제1영역 | 인간행동과 사회환경

인간발달

01 인간발달의 이해

인간발달

개념
- 신체적·심리적·사회적 영역에서 일어나는 전체적인 변화 〔양·질적 변화-모두 포함〕
- 상승적·퇴행적 변화를 포괄하는 과정
- 유전적 요인과 환경의 상호작용에 의한 총체적 변화과정

발달과 유사한 개념
- 성장: 시간의 흐름에 따라 신체나 지적 능력의 양적 증가
- 성숙: 유전 인자가 지니고 있는 정보에 따른 변화
- 학습: 출생 후 훈련과 연습에 의해 일어나는 개인의 내적 변화

특징과 원리
- 출생부터 죽음에 이르는 전 생애에 걸쳐 일어남
- 유전적 요인과 환경적 요인의 상호작용
- 발달은 일반적인 과정에 따라 유전적 요인에 지배되며, 이전 단계의 발달을 토대로 이루어짐 〔정서적인?〕
- 어릴 때의 발달이 이후 발달의 기초가 됨
- 연속적이고 점진적이며 축적된 변화
- 보편적인 과정을 가지지만, 개인차가 있음
- 일정한 순서로 진행되는 경향이 있어 예측 가능
- 신체 및 심리적 발달이 이루어지는 최적의 시기가 있음
- 특정 단계의 발달이 제대로 이루어지지 못하면 추후 충분한 보상이 제공되어도 원래의 발달상태로 회복하기 어려움

02 인간발달단계

태아기 (수정~출생)
- 태아기에 형성된 신체구조, 기능은 발달의 기초가 됨

발달의 유전적 요인
- 유전인자가 가지고 있는 내용에 따라 발달. 유전적 요인에 의한 발달장애로는 혈우병, 터너증후군, 클라인펠터증후군, 다운증후군 등이 있음

발달의 환경적 요인
- 임신부의 연령·영양 및 정서 상태, 약물복용과 질병·음주·흡연

영아기 (출생~2세)
- 프로이트의 구강기, 에릭슨의 영아기(신뢰감 대 불신감), 피아제의 감각운동기
- 행동의 정교화, 의미 있는 행동 형성
- 주 양육자와의 안정적인 관계 → 대인관계와 사회적 발달 기반 마련

신체적 발달
- 감각운동 → 지능발달, 목적지향적 행동, 대상영속성 습득, 정신적 표상
  〔애착 유형: 안정애착, 회피애착, 저항애착, 혼란애착〕
  - 생존반사: 근원반사, 빨기반사, 연하반사
  - 연사반사: 모로반사, 걸음마반사, 파악반사, 바빈스키반사

인지적 발달

정서적 발달
- 애착형성, 낯가림, 분리불안, 정서분화

유아기-걸음마기 (2~4세)
- 프로이트의 항문기, 에릭슨의 초기아동기(자율성 대 수치심과 의심), 피아제의 전조작기 전기
- 3세경 달리기 같은 운동능력 발달
- 대상의 상징화·내면화가 이루어지지만 미성숙한 상태

청년기

인지적 발달 - 에릭슨의 성인초기(친밀감 대 고립감)

- 신체적 기능 최고조, 성역할 정체감 완성
- 부모로부터 독립, 직업 준비와 선택, 결혼과 가족, 성적 사회화

심리사회적 발달 - 친밀감 형성

학자별 발달과업
- 에릭슨
- 하비거스트 — 결혼과 자녀 출산 및 양육, 사회적 집단 형성

중년기

- 에릭슨의 성인기(생산성 대 침체)
- 신진대사 둔화, 성적 능력 저하
- 빈둥지증후군, 갱년기, 결정성 지능 향상, 직업적 성취가 높음

성격발달(융)
- 중년기 초기 — 외적 팽창의 시기, 사회적 성공을 위한 노력
- 중년기 후기 — 외부로 향해 있던 에너지의 방향을 자기 내면으로 돌리는 시기 (개성화)

학자별 발달과업
- 에릭슨 — 생산성: 다음 세대를 이끌고 돌보려는 일반적 관심
  - 침체: 타인에게는 가식적인 가식적인 친밀성을 갖고 자기에게 만 몰입
- 펙 — 지혜에 가치를 부여하기 vs 물리적 힘에 의해 가치를 부여하기
  - 대인관계의 사회화 vs 성적 대상화
  - 정서적 유연성 vs 정서적 빈곤성
  - 정신적 유연성 vs 정신적 경직성

노년기

- 에릭슨의 노년기(자아통합 대 절망)
- 기능 손상과 만성질환 → 스트레스
- 조심성, 경직성, 수동성 증가, 심리적 위기 경험

학자별 발달과업
- 에릭슨 — 통합성: 일생 동안 일어났던 일을 수용하며 죽음 직면
- 펙 — 심리적 직업: 직업역할 몰두에서 자아정체감 유지로 전환

인지적 발달 - 상징적, 물활론적, 자기중심적, 인물론적 사고, 가상놀이 등

심리사회적 발달 - 자율성 발달(제1반항기), 대소변 훈련, 자기통제력, 성역할 발달

유아기-학령전기 (4~6세)

인지적 발달
- 프로이트의 남근기, 에릭슨의 학령전기(주도성 대 죄의식), 피아제의 전조작기 후기
- 또래집단과 상호작용 → 사회화기술 습득, 구조화되고 현실지향적인 집단놀이에 흥미
- 이성 부모에 관심(오이디푸스·엘렉트라 콤플렉스)

심리사회적 발달 - 중심화, 비가역적·직관적 사고 → 보존개념 발달에 어려움이 있음

도덕성 발달
- 자아개념과 자아존중감 형성
- 5~6세경 받아기지 학습

아동기 (7~12세)

인지적 발달
- 프로이트의 잠복기, 에릭슨의 학령기(근면성 대 열등감), 피아제의 구체적 조작기
- 자신감과 과업 달성을 위한 긍정적 지지 필요, 사회화가 이루어짐
- 논리적 사고 가능, 물활론적 사고 감소
- 성에너지가 무의식 속으로 잠복

구체적 조작기
- 구체적인 세계에 대한 체계적 사고능력 발달
- 자기중심성 극복, 탈중심화, 가역적 사고

도덕성 발달 - 자율적 도덕성(피아제), 인습적 수준의 도덕성(콜버그)

청소년기

자아정체감
- 프로이트의 생식기, 에릭슨의 청소년기(자아정체감 대 역할혼란), 형식적 조작기
- 질풍노도의 시기, 심리적 이유기, 주변인 시기, 제2반항기, 제2성장 급등기
- 또래집단의 인정에 대한 강한 욕구
- 자아정체감 확립이 주요 과업
- 마르시아 자아정체감 4분주(정체감 성취/유예/유실/혼란)

분석심리이론 (융)

- 인간행동은 의식과 무의식 두 가지 힘으로 구성
- 성격발달은 전 생애에 걸쳐 일어나는 개성화와 자기실현의 과정
- 인간행동은 과거에 의해 일부 결정, 미래 목표에 대한 기능성에 의해 조정
  → 역사적이면서 미래지향적

주요 개념
- 무의식(개인·집단), 자아, 자기, 원형, 페르소나, 그림자(음영), 아니마, 아니무스

발달단계별 과업
- 아동기(리비도의 영향 중시), 성인 초기(외적 팽창기), 중년기(개성화 중요시, 페르소나·그림자·아니마·아니무스의 변화), 노년기(죽음 앞에서 생의 본질 이해)

04 행동이론 및 인지발달이론

인지발달이론 (피아제)

- 인간의 감정과 행동은 인지 혹은 생각으로 통제할 수 있음
- 인간 보성에 대한 결정론적 시각 거부 → 능동적 존재
- 인지발달의 요인: 유전적 요인, 신체적 경험, 사회적 상호작용, 평형화

주요 개념
- 인지(늘림), 도식, 보존, 적응, 조직화

인지발달단계
- 감각운동기: 목적지향적 행동, 대상영속성 습득
- 전조작기: 상징놀이, 물활론, 비가역적 사고, 대상영속성 획득
- 구체적 조작기: 보존개념 획득, 분류화, 탈중심화, 서열화
- 형식적 조작기: 주상적·체계적 사고 획득, 가설 설정(연역적 추론)

도덕성 발달단계
- 타율적 도덕성: 성인이 정한 규칙에 맹목적으로 복종
- 자율적 도덕성: 구성원의 상호 합의로 규칙이 정해지고 규칙을 변경할 수 있음

---

03 정신역동이론

정신분석이론 (프로이트)

- 인간의 행동, 사고, 감정은 무의식적 동기가 있음
- 인간의 정신활동은 목적이 있고 과거의 경험으로 결정됨(정신결정론)

의식 수준: 의식, 전의식, 무의식
성격 구조: 원초아, 자아, 초자아

인간행동의 궁극적 원인으로 본능, 리비도가 있음

인간관
수동적 인간, 결정론적 인간, 투쟁적 인간

심리성적발달의 5단계
구강기 → 항문기 → 남근기 → 잠복기 → 생식기
→ 각 단계의 위기를 잘 해결해야 함

방어기제
억압, 반동형성, 동일시, 투사, 전치(치환), 부정, 보상, 퇴행, 해리 등

심리사회이론 (에릭슨)

- 자아의 성장과 기능 강조
- 환경 속의 인간이라는 관점 형성에 큰 기여, 성인기를 발달단계에 포함
- 인간행동은 자아에 의해 통제됨
- 각 발달단계마다 개인에게 심리적 요구를 하고, 위기 극복을 통해 성격이 발달
  → 단계별 발달과 위기
  → 단계별 발달이 결과

주요 개념
- 자아정체감: 점성원리

개인심리이론 (아들러)

- 인간을 사회적이고 목적론적인 존재로 봄
- 가족 구성원의 생활양식과 구조, 출생순위가 개인의 열등감에 영향
- 인간은 열등감을 극복하고 부족한 점을 충족하려는 개인의 보상의 활동을 하며, 우월감을 가지려 노력함

주요 개념
- 열등감, 보상, 우월에 추구, 생활양식, 사회적 관심, 창조적 자기, 가상적 목표

현상학이론 (로저스)

- 인간이 어떻게 주관적 경험들을 통해 자신을 형성하고 삶을 경험하고 싶은 삶을 경험하고 느끼는지 다룸
- 개인이 현실을 지각하는 방식에 초점
- 인간은 합리적·미래지향적·통합적 존재

주요 개념
- 자기개념: 완전히 기능하는 사람, 현상학적 장, 자기실현 경향성

성격발달
- 무조건적인 긍정적 존중: 개인을 있는 그대로 수용하고 존중
- 자기실현의 동기: 인간의 능력을 최적으로 발달시키고자 하는 힘

05 사회환경과 사회복지

일반체계이론

- 개인과 환경은 상호 영향을 주는 관계
- 전체는 각 부분들의 합보다 크고, 체계는 상호 관련이 있는 성원들로 구성
- 체계 내 한 성원의 변화는 전체에 영향을 미침
- 체계는 안정을 유지하려는 속성과 변화하려는 속성을 동시에 가짐

주요 개념
- 경계, 개방체계, 폐쇄체계, 엔트로피, 넥엔트로피, 균형, 항상성, 안정상태, 관계, 투입·전환·산출·환류, 위계, 시너지, 정적/부적 환류, 호혜성, 홀론

생태체계이론

- 인간과 주변환경의 상호교류와 상호의존성을 설명하는 통합적 관점
- 실제 생활 속의 인간문제에 관심 → 실천적 경향

구성: 가시체계, 중간체계, 미시체계, 외부체계, 시간체계, 유기체

인간과 환경에 대한 관점: 인간과 환경을 분리할 수 없고, 둘을 동시에 고려해야 함

주요 개념
- 적응성, 사회환경, 상호교류, 에너지, 작용, 공유영역, 대처, 유능성, 상호의존, 스트레스, 생활영역, 거주환경

도덕성 발달이론 (콜버그)

- 전인습적 수준: 타율적 도덕성(1단계), 개인적·도구적 도덕성(2단계)
- 인습적 수준: 개인과 상호 간의 규범적 도덕성(3단계), 사회체계 도덕성(4단계)
- 후인습적 수준: 인권과 사회복지 도덕성(5단계), 보편적 원리와 일반윤리(6단계)

행동주의이론 (스키너)

주요 개념
- 내적인 동기와 욕구보다 관찰 가능한 행동에 초점
- 환경결정론, 인간은 보상과 처벌에 따라 강화되는 존재
- 인간행동은 법칙적으로 결정되어 예측과 통제 가능
- 강화, 강화계획, 강화물, 처벌, 소거, 일반화와 변별, 행동형성

사회학습이론 (반두라)

주요 개념
- 인간은 인지적 능력을 활용하여 창조적 사고를 할 수 있음
- 인간행동은 외적 환경이 자극과 인간 내적 사건이 상호작용하여 결정됨
- 성격은 자기강화, 자기효능감, 유전적 소질, 보상, 차별의 영향을 받음
- 모방, 관찰학습, 자기조절, 규제, 자기강화, 자기효능감

욕구이론 (매슬로우)

- 인간의 노력, 성장, 존재 자체에 가치를 두어 사회복지 가치와 일치
- 기본적 욕구가 충족되지 않으면 역기능적 상태 야기
- 인간은 통합된 존재이며, 선한 본성을 가지고 있음

욕구체계
- 생리적 욕구 → 안전의 욕구 → 소속감과 애정의 욕구 → 자기존중의 욕구 → 자기실현의 욕구

문화체계

문화
- 인간의 내적 정신활동의 산물
- 개인과 집단의 행동방식을 제시하고 구조화, 행동에 의미 부여
- 모든 사회에는 공통적인 문화 형태가 있어 보편성이 있음
- 사회통합의 기회이자 갈등의 원인이 되기도 함

유형
- 주변문화, 절반문화, 민속문화, 하위문화, 은둔문화, 관념문화, 물질문화

베리의 문화적응이론
- 통합, 동화, 분리, 주변화

가족체계

가족 서로에 대한 의무를 가지고 같은 곳에서 생활하는 사람들로 구성된 1차 집단

가족체계의 경계
- 외부경계: 개방형/폐쇄형/임의형 가족체계
- 내부경계와 하위체계
  - 지나치게 강한 결속성에 따른 구속
  - 이탈성이 강한 가족 구성원에 따른 책임성 결여

집단체계

집단
- 상호작용을 하는 2인 이상의 사회적 집합체
- 상호 의존적 관계로 소속감 및 공동의 목적과 관심사가 있음

유형
- 기본유형: 1차집단, 2차집단
- 개방 여부와 목적: 개방집단과 폐쇄집단, 과업집단, 치료집단, 자조집단

조직체계

조직
- 특정 목표를 달성하기 위해 의도적으로 구성된 집합체
- 공식적인 문화와 통합이 규정과 규범이 있는 사회적 체계

유형
- 조직활동 결과에 따른 유형: 생산조직, 정치조직, 통합조직
- 사회적 기능에 따른 유형: 기업조직, 봉사조직, 공익조직, 호혜조직
- 복종·통제 형식에 따른 유형: 강압조직, 보상조직, 규범조직

지역사회체계

지역사회
- 지리적·물리적 공통성에 대한 공유로 구분 가능
- 공통의 관심사, 정체성, 문화, 활동 공유
- 사회화, 생산·소비·분배, 사회참여와 통제, 상호원조의 기능

유형 지리적 지역사회, 기능적 지역사회, 공동사회, 이익사회

01 사회복지조사의 기초

사회과학으로서의 사회복지조사

과학적 지식 — 논리성, 재생가능성, 수정가능성, 간주관성, 간결성, 일반성

과학적 조사별
- **연역법**: 일반적인 사실, 원리에서 개별적이고 특수한 사실이나 원리를 이끌어 냄
  - 실증주의적 접근
- **귀납법**: 개별적인 사실에서 이론(일반적)결론을 도출함
  - 해석주의적 접근

사회복지조사의 연구윤리
- 연구참여자들의 연구참여에 동의와 자발적 참여
- 연구참여자의 익명성과 비밀 보장
- 도움받은 자료를 연구보고서에 밝혀야 함
- 연구참여자에게 연구목적, 연구참여에 따른 혜택과 위험, 조사결과의 활용계획 등을 고지하여야 함
- 연구의 공익적 가치는 연구윤리보다 우선할 수 없음

과학철학
- **해석주의**: 주관적 의미와 해석 중시(질적연구)
- **실증주의**: 관찰이나 실험 등을 통해 검증 가능한 지식 중시(양적연구)
- **반증주의**: 직접적 증명보다는 반증 시도를 통한 가설의 설득력 확보
- **과학적 혁명론(관)**: 패러다임의 변화는 점진적인 것이 아니라 혁신적·혁명적
  - 과학은 누적적 진보를 하지 않음

사회복지조사의 유형
- **자료수집방법**: 양적조사, 질적조사, 혼합조사
- **자료수집시점**
  - **횡단조사**: 특정 시점에서 조사대상을 1회 조사
  - **종단조사**: 조사대상을 일정 시간 간격을 두고 반복적으로 조사
    - **패널조사**: 동일인 대상, 내적타당도 높은 편
    - **경향조사(추세조사)**: 일정 주기별 변화를 살펴볼 수 있음
    - **동년배집단조사**: 동년배집단 대상, 동일한 자료를 수집하여 시대적 변화 연구
- **조사목적**: 탐색적 조사, 기술적 조사, 설명적 조사

가설

유형
- 연구가설 — 조사과정을 통해 연구자가 검증하고자 하는 가설
- 영가설 — 변수 간 관계가 우연인 것으로 간주하는 가설

통계적 가설검정
- 제1종 오류 — 영가설이 참인데도 이를 부정하여 기각하는 오류
- 제2종 오류 — 영가설이 거짓인데도 이를 채택하는 오류

사회복지조사의 절차 문제설정 → 가설설정 → 조사설계 → 자료수집 → 자료분석 및 해석 → 보고서 작성

변수

기능
- 독립변수 — 다른 변수의 영향을 받지 않고, 다른 변수에 영향을 미침
- 종속변수 — 독립변수 변화에 따라 일정한 방식으로 변화됨
- 매개변수 — 독립변수의 결과인 동시에 종속변수의 원인이 됨
- 외생변수 — 독립변수와 종속변수가 실제로 관련이 없음에도 관련이 있는 것처럼 보이게 만드는 제3의 변수
- 억압변수 — 독립변수와 종속변수가 관련이 있음에도 관련이 없는 것처럼 보이게 만드는 변수
- 통제변수 — 독립변수와 종속변수 주변부에서 영향을 미치는 제3의 변수 (외생변수, 억압변수)
- 조절변수 — 독립변수가 종속변수에 미치는 영향의 크기나 방향성에 영향을 미침

속성(측정수준)
- 명목변수 — 다른 기호와 구별되도록 부여된 기호
- 서열변수 — 변수 내 서열과 순서가 존재
- 등간변수 — 서열과 순서가 있고, 하위 서열의 범주 간 거리가 동일함
- 비율변수 — 변수 간 범주가 상호배타적이며, 카테고리 내 간격이 등간이고, 절대 0점이 있음

정의
- 개념적 정의 — 어떠한 현상이나 속성을 개념적으로 설명하는 것으로, 측정을 위해 조작화가 필요함
- 조작적 정의 — 개념에 대해 선행연구나 기존 척도 등을 탐색하여 정의하는 것

---

02 측정과 척도

척도 개념의 측정수준에 따라 명목척도, 서열척도, 등간-비율척도 등으로 측정

명목척도 범주 내 기호를 부여하여 항목을 구분, 측정수준이 가장 낮음

서열척도 도표별 평정척도와 기술별 평정척도가 있음
- 평정척도 — 관련 있는 여러 문항을 만들어 종합적으로 측정, 척도나 지수 개발에 쓰임
- 리커트척도 — 문항이 단계적, 응답자의 태도 측정에 쓰임
- 거트만척도 — 특정 현상에 대해 개인이 어느 정도 수준까지 수용할 수 있는지 측정할 때 사용
- 사회적 거리척도 — 한 쌍의 대조되는 형용사를 사용하여 생각이나 태도 등을 표현하게 함
- 의미분화척도

등간-비율척도
- 서스톤척도 — 가장 부정적인 태도부터 가장 긍정적인 태도까지 등간격으로 구분하여 만듦
- 요인분석 — 상관이 높은 문항들을 중심으로 몇 개의 공통요인으로 묶이는지 평가, 구성타당도 평가에 쓰임

03 표본추출(표집)

표본추출

표집과정   모집단 확정 → 표집틀 선정 → 표본추출방법 결정 → 표본크기 결정 → 표본추출

- 표본의 크기가 커질수록 표본추출오차는 감소함

양질의 표본

- 모집단이 동질적일수록 표본오차가 작아지고, 모집단이 이질적일수록 표본오차가 커짐
- 신뢰수준을 높게 잡으면 신뢰구간이 넓어지기 때문에 일반적으로 표본오차가 증가

정규분포곡선

- 평균값 주변에 많은 확률이 분포되어 있고, 평균을 기준으로 멀리 떨어질수록 확률이 작게 분포
- 표본크기가 클수록 정규분포에 유사한 형태로 변함

확률표집   무작위추출을 전제로함. 각 사례가 모집단으로부터 표본으로 추출될 확률을 알 수 있음. 양적연구에서 주로 사용

단순무작위표집   선정기준을 마련하지 않고 제비뽑기처럼 무작위로 추출
- 확률표집방법 가운데 가장 널리 사용

층화표집   모집단의 주요 특성을 중심으로 범주화하여 여러 개의 층으로 나누고, 범주화된 집단 내에서 표본추출
- 단순무작위표집보다 표본의 대표성이 높음
- 비례층화표집, 비비례층화표집

체계적표집   표본을 일정한 간격을 두고 추출. 표집틀이 있어야 함

군집표집   모집단을 하위군집으로 분류하고, 조건군집을 선정한 후 해당 군집에서만 표본추출

신뢰도   척도의 일관성 또는 안정성과 관련된 개념

측정방법   검사-재검사법, 대안법, 내적 일관성 신뢰도

타당도   측정도구가 개념이나 현상, 속성 등을 제대로 측정하고 있는가와 관련된 개념

측정방법

내용타당도   전문가의 주관적 판단에 의해 결정되는 측면이 있음

기준타당도   타당성이 입증된 기존 측정도구와 결과치를 비교
- 예측타당도, 동시타당도가 있음

구성타당도   측정하는 개념이 속한 이론 체계 내에서 다른 개념들과 어느 정도 관련이 있는지와 관련됨
- 이해타당도, 수렴타당도, 변별타당도가 있음

신뢰도와 타당도 관계   신뢰도는 타당도를 높이기 위한 필요조건이지만 충분조건은 아님
- 타당도가 높으면 신뢰도도 높음

측정의 오류

체계적 오류   타당도를 낮추는 요인
- 인구통계학적 특성으로 인한 오류, 개인적 성향으로 인한 오류, 잘못된 측정도구로 인한 오류, 편향으로 인한 오류

비체계적 오류   신뢰도를 낮추는 요인. 무작위 오류
- 연구자나 응답자의 신체적·정신적 상태, 환경문제 등이 원인이 됨

순수실험설계
실험설계의 기본요소를 두루 갖춘, 내적타당도가 높고 외적타당도가 낮음

- **통제집단 사전사후검사설계**: 인과관계를 파악하는 가장 전형적인 설계로, 실험집단과 통제집단 모두에 사전검사 실시, 실험집단에만 실험처치
- **통제집단 사후검사설계**: 통제집단 사전사후검사설계에서 사전검사를 실시하지 않고 실험처치를 하는 설계
- **솔로몬 4집단설계**: 통제집단 사전사후검사설계와 통제집단 사후검사설계를 결합한 설계, 내적타당도가 높음
- **요인설계**: 독립변수가 2개 이상일 때 활용하는 설계, 행렬성의 각 범주에 따라 실험집단과 통제집단 설정
- **가설험 통제집단설계**: 통제집단 사후검사설계에 가설험집단을 추가하여 만든 설계

유사실험설계
순수실험설계의 요소 가운데 한두 가지 사항이 빠진 설계유형

- **단순시계열설계**: 실험처치를 기준으로 최소 3번 이상 사전검사와 사후검사를 실시
- **복수시계열설계**: 단순시계열설계에 통제집단을 추가하여 구성한 설계
- **비동일 통제집단설계**: 통제집단 사전사후검사설계와 유사하지만, 연구자가 임의로 실험집단과 통제집단으로 나눈다는 점이 다름
- **분리표본 사전사후검사설계**: 통제집단과 실험집단 무작위 배치, 통제집단에 대해서는 사전검사만 실시

선실험설계
실험설계의 기본요소가 부족함에도 연구상황이 현실적 여건을 고려할 때 활용도가 높음

- **1회사례연구**: 단일집단에 한 차례 실험처치 후 사후검사 실시
- **단일집단 사전사후검사설계**: 단일집단에 사전검사와 사후검사 실시
- **정태적 집단비교설계**: 통제집단 사후검사설계에서 무작위할당 요소가 결여됨

비확률표본추출
연구자의 주관적 판단에 따라 임의로 표집, 질적연구에서 주로 사용

- **눈덩이표집**: 소수의 사람을 표집하고, 그들의 추천을 받아 또 다른 표본을 확보
- **편의표집**: 모집단에 대한 정보가 없는 경우에 유용
- **유의표집**: 모집단을 잘 대표한다고 생각하는 일부 대상(지역)에 한하여 표집
- **할당표집**: 할당틀을 작성하여 주중 모집단에 대한 많은 사전지식을 가지고 있어야 함

04 사회복지조사의 유형

내적타당도
변수 간 인과관계를 추정할 수 있는 정도

- **내적타당도 저해요인**: 도구효과, 검사효과, 성숙효과, 외부사건, 개입의 확산 혹은 모방, 통계적 회귀, 실험대상의 상실(탈락), 조사대상자의 선정편향, 선택과의 상호작용

외적타당도
실험결과를 다른 대상이나 시기 혹은 상황에 적용하여 일반화할 수 있는 정도

- **외적타당도 저해요인**: 표본의 대표성, 현실과 동떨어진 실험상황 및 조건, 사전검사와 실험처치 간의 상호작용효과, 실험에 대한 반응효과, 중다처치에 의한 간섭효과, 플라시보효과

05 다양한 자료수집방법

질문지법 적은 시간, 비용으로 다수의 응답자들로부터 많은 자료를 얻을 수 있음

- **질문지 작성과정** 질문지 작성 목적과 질문범위 결정 → 질문내용 설정 → 질문유형 결정 → 문항의 구체화 및 배열 → 질문지 요항 결정 → 사전검사 → 편집 및 인쇄

- **유형** 우편설문조사, 대인면접 설문조사, 전화조사

내용분석법 의사소통 기록물을 수집하여 객관적 기준에 맞추어 기입·분석하는 조사방법
질적자료를 수집하지만, 양적분석방법으로 전환하여 사용 가능

- **분석단위** 단어, 주제, 인물, 문단과 단락, 항목, 시간 및 공간

- **절차** 연구주제 선정 → 조사대상이 모집단 선정 → 표본추출 → 분석할 내용의 범주 설정 → 기록단위와 맥락단위의 설정 → 코딩 → 신뢰도와 타당도의 검증 → 자료의 분석 및 해석

단일사례설계 개인, 가족, 조직, 지역사회 대상 개입의 효과를 증명할 때 유용
기초선단계와 개입단계가 있으며, 개입효과에 대한 피드백 가능
경향과 변화를 파악하기 위해 반복관찰

- **유형** AB설계, ABA설계, ABAB설계, BAB설계, ABCD설계(다중요소설계), 다중기초선설계

- **개입효과 평가** 시각적 분석, 통계적 분석, 임상적 분석

질적연구 심층면접, 관찰 등등을 활용하여 자료수집
양적연구에 비해 개념적 경향이 강함

- **자료수집방법**
  - **참여관찰** 유형: 완전참여자, 관찰참여자, 참여관찰자, 완전관찰자
    - **참여관찰** 관찰자
    - **심층면접** 언어적 표현과 비언어적 표현 모두 자료가 될 수 있음

- **유형**
  - **근거이론연구** 기존 연구, 이론으로 잘 설명되지 않는 현상을 탐구할 때 유용
    사람, 사건 및 현상에 대한 이론 생성이 목적
  - **문화기술지연구** 특수한 민족, 지역사람들의 생활방식에 대한 기술적 설명
    현장조사를 통해 사회 현상을 기술하고 분석
  - **현상학** 개인의 주관적 경험이 문제에 조점
  - **참여행동연구** 연구자와 연구대상자가 동반자적 위치에 있다고 봄
  - **내러티브탐구** 연구대상자 개인의 인생 이야기에 조점

제3영역 | 사회복지실천론

구조로 보는

01 사회복지실천의 개관

사회복지실천의 이해

사회복지실천 사회복지제도를 근거로 제공되는 유·무형의 서비스나 급부 등을 체계적으로 실현하는 일련의 구체적 활동

이념적 배경 인도주의, 사회진화론, 민주주의, 개인주의, 다양화(다원주의)

사회복지실천의 주요 원칙 개별화, 의도적 감정표현, 통제된 정서적 관여, 수용, 비심판적 태도, 클라이언트의 자기결정권, 비밀보장

사회복지실천의 수준

미시적 수준 일대일 개인의 직접적 실천활동

중간 수준 소집단에의 개입과 실천활동

거시적 수준 전체 지역사회기관이나 조직 등을 대상으로 한 실천활동

사회복지사의 윤리강령

기능 지침과 원칙 제공, 클라이언트 보호, 전문성 확보, 윤리적 민감성 고양 등

우리나라 윤리강령 기본적 윤리기준, 클라이언트에 대한 윤리기준, 동료에 대한 윤리기준, 기관에 대한 윤리기준, 사회에 대한 윤리기준

윤리적 가치 클라이언트의 자기결정권, 비밀보장, 알 권리, 제한된 자원의 공정한 분배, 사회복지기관의 규칙과 정책 준수, 클라이언트와의 관계, 전문가의 가치관, 전문적 동료관계의 가치

사회복지실천에서의 윤리적 갈등

가치의 상충, 의무의 상충, 클라이언트체계의 다중성, 결과의 모호성, 능력 또는 권력의 불균형

윤리적 의사결정 우선순위 (로웬버그와 돌고프) 생명보호의 원칙, 평등 및 불평등의 원칙, 자율과 자유의 원칙(자기결정의 원칙), 최소 해악의 원칙, 삶의 질 향상의 원칙, 사생활 보호와 비밀보장의 원칙, 진실성과 완전 공개 (진실 고지)의 원칙

02 사회복지실천의 발달

강점 관점에서의 사회복지실천 모든 인간은 잠재력을 내면에 갖추고 있다고 봄

임파워먼트모델 클라이언트와 인체가 가지고 있는 자원과 능력을 중요시함

특징 클라이언트와의 상호 협력하는 관계

개인, 대인관계, 제도적(정치적·사회적) 차원에서 실천

개입과정 대화단계 → 발견단계 → 발전단계

03 **사회복지실천현장과 통합적 실천**

사회복지실천현장의 분류

기관의 목적에 따라
- 1차현장 사회복지서비스 제공을 주된 기능과 목적으로 함
- 2차현장 기관의 주된 기능은 따로 있지만, 필요한 경우 사회복지서비스 제공

기관의 설립 주체에 따라
- 공공기관 정부 지원으로 운영, 행정체계와 집행체계로 구분
- 민간기관 사회복지 관련 사업을 목적으로 함

주거서비스 제공 여부에 따라
- 생활시설 주거서비스를 포함한 사회복지서비스 제공
- 이용시설 자기 집에 거주하는 클라이언트를 대상으로 사회복지서비스 제공

서비스 제공 방식에 따라
- 행정기관 사회복지서비스 전달체계의 효율적 운영을 위해 행정업무 수행
- 서비스기관 클라이언트에게 서비스를 직접 제공

서구 사회복지실천의 발달

전문적 사회복지실천의 태동기
- 자선조직협회 우애방문원의 선별적 구호활동, 개별사회사업의 효시
- 인보관운동 빈민과 함께 거주, 사회개혁 시도, 집단사회사업의 효시

전문적 사회복지실천의 성장기
플렉스너의 사회복지사의 전문성 비판, 리치몬드의 「사회진단」

전문적 사회복지실천의 분화기
개별사회사업, 집단사회사업, 지역사회조직사업
- 진단주의 정신분석이론 토대, 과거 경험 중시, 생활력 강조
- 기능주의 진단주의 한계 비판, 현재 중시, 인간의 성장 가능성 강조

전문적 사회복지실천의 통합기
통합적 실천의 중요성 부각, 문제해결모델(펄만, 1957)

전문적 사회복지실천의 발전기
4체계모델, 문제해결과정모델, 단일화모델, 생활모델

전문적 사회복지실천의 확장기
신자유주의 경향, 사회복지서비스의 민영화

04 사회복지실천의 방법

관계론

전문적 관계
- 특성: 목적지향적, 시간제한적, 클라이언트에 대한 헌신, 권위성, 통제된 관계
- 기본요소: 타인에 대한 관심과 원조 의지, 헌신과 의무, 권위와 권한, 진실성과 일치성, 수용, 감정이입, 존경심과 신뢰, 통제된 관계, 전문가로서 사회복지사의 자질

관계 형성의 7대 원칙(비스텍): 개별화, 의도적 감정표현, 통제된 정서적 관여, 수용, 비심판적 태도, 클라이언트의 자기결정, 비밀보장

면접론

종류: 정보수집 목적, 정보제공 목적, 사정 목적, 치료 목적

기술: 경청, 관찰, 질문, 반영, 자기노출, 직면, 해석, 명료화, 초점화

사회복지사의 역할

- 미시 수준: 조력자, 중개자, 옹호자, 교사
- 중범위 수준: 촉진자, 중재자, 훈련가
- 거시 수준: 계획가, 행동가, 현장개입가
- 전문가집단 수준: 동료, 중개자, 연구자, 학자

사회복지실천의 통합적 접근

개별적인 접근의 한계를 넘어 다양한 인간체계 개념으로 사회복지실천의 영역 확장

인간과 환경이 상호작용에 초점(이중초점)

클라이언트가 참여하여 자기결정, 개별화 강조

주요 이론

- 일반체계이론: 유기체와 환경의 상호작용에 초점
- 생태체계이론: 유기체가 환경 속에서 평형상태를 유지하는 것에 초점(환경 속의 인간)
- 사회체계이론: 인간행동에 영향을 주는 개인, 가족, 소집단, 지역사회, 사회문화 등의 구체적 사회체계에 접근

실천모델

- 4체계모델(핀커스와 미나한): 변화매개체계, 클라이언트체계, 표적체계, 행동체계
- 6체계모델(콤튼과 갤러웨이): 4체계 + 전문가 체계, 문제인식체계

05 사회복지실천의 과정

과정

접수
도움을 요청한 사람의 문제와 욕구를 확인하여 그것이 기관의 정책과 서비스에 부합하는지의 여부를 판단하는 과정

- **내용**: 클라이언트의 문제와 욕구 확인, 주위환경에서의 작용상태, 클라이언트가 문제를 보고 느끼는 방식, 기관의 기능 안내

자료수집
클라이언트의 문제를 이해·분석·해결하는 데 필요한 클라이언트 개인과 그 환경에 관한 객관적 자료를 확보하려는 활동

- **자료의 영역**: 문제와 욕구, 강점과 자원, 클라이언트의 문제해결방식·주위 환경과 그 환경·기능·장점·한계, 개인력, 가족력

사정
수집·정리된 자료를 분석하고 해석하여 문제를 규정하는 작업

- **특성**: 지속적 과정, 수평적·수직적 상호탐색
- **사정도구**: 가계도, 생태도, 생활력표, 생활주기표, 소시오그램, 사회적 관계망 지도, 사회적 관계망 도표, 소시오메트리, 의의차별척도

계획수립
수집된 자료를 근거로 사회복지사와 클라이언트가 상호 합의하에 목표를 구체화시키고, 계획을 세우는 과정

- **목표설정 시 유의사항**: 명시적이고, 측정 가능해야 함
  - 클라이언트가 바라는 바와 연결되며, 현실적인 것이어야 함
  - 기관의 기능과 일치해야 함
  - 성장을 강조하는 긍정적인 표현으로 기술해야 함

개입
사회복지사와 클라이언트가 합의하여 결정한 문제를 해결하기 위한 계획을 실천하는 활동

- **직접적 개입**: 개인, 가족이나 소집단에게 자체의 변화를 가져오는 활동
  - 방법: 격려, 환기, 일반화, 재보증, 재명명, 조점화, 직면, 모델링, 행동시연, 타임아웃, 재구성

- **간접적 개입**: 클라이언트 이외의 사람들을 표적체계 및 외부기관에게 접촉(개입)하는 활동
  - 방법: 서비스 조정, 사회적 지지체계 개발, 프로그램 개발, 옹호활동, 사회행동, 지역사회 내 기관 간의 협력, 환경 조정

종결 및 평가

종결단계의 과업
적절한 종결 시기 결정, 정서적 반응 다루기, 목표 유지와 강화, 의뢰, 서비스에 대한 평가

평가의 유형
- **차원에 따른 분류**: 성과(결과)평가, 과정평가, 사회복지사 평가
- **목적에 따른 분류**: 형성평가, 총괄평가, 통합평가

사례관리

- **기본원칙**: 개별사회사업을 기초로 한 통합적 접근방법으로, 사회자원과 클라이언트의 연결 및 조정, 복합적 욕구를 해결해 나가는 과정
  - 개별화, 포괄성, 접근성, 연속성, 연계성, 책임성, 자율성, 체계성
- **과정**: 접수 → 조사 및 사정 → 계획 → 개입 또는 실행 → 점검 및 재사정 → 평가 및 종결
- **사례관리자의 역할**: 사정자, 계획가, 상담자, 중개자, 조정자, 평가자, 옹호자

01 개인 대상 실천기법

정신역동모델
심리적 결정론에 근거, 자기분석이 가능하고 성장 의지가 높은 클라이언트일수록 효과적, 현재의 문제를 과거의 경험과 연관지음

개념기법

전이의 해석 클라이언트가 부모나 다른 사람들에게 지녔던 부정적이고 적대적인 감정과 사고를 치료자에게 투사하는 것

자유연상 클라이언트의 마음속에 떠오르는 감정, 생각, 기억, 환상, 꿈 등을 자유롭게 말하게 하는 기법

훈습 자신의 내면적 문제 또는 갈등이 원인과 그 역동을 통찰하게 함으로써 클라이언트가 현실상황에서 그와 유사한 문제를 마주쳤을 때 스스로 해결할 수 있도록 문제를 반복적으로 경험하는 과정

꿈의 분석 꿈에 나타나는 무의식적 소망과 욕구, 두려움을 해석함으로써 무의식 적으로 억압하였던 것들을 끌어내고 새로운 통찰력을 갖게 하는 기법

직면 클라이언트의 말과 행위 사이의 불일치, 표현한 가치와 실행 사이의 모순, 회피 등을 클라이언트 자신이 의식할 수 있도록 하는 기법

심리사회모델
심리적·사회적 측면과 양자의 상호작용에 의한 결과 모두 고려, '상황 속의 인간'이라는 개념이 중요

개념기법

지지하기 감정과 행동 지지하기 예 재보증(안심), 격려

직접 영향 주기 제안이나 조언을 통해 직접 영향 주기 예 클라이언트의 제안을 격려하고 강화하거나 장려하기, 현실적인 제안을 설정하기, 직접적인 조언하기, 대변적인 행동하기

탐색-기술(묘사)-환기 사실을 말하고 감정을 탐색하며 환기할 수 있게 하기 예 조정 장아주기, 부분화하기, 회제 전환하기

개인-환경에 관한 (반성적) 고찰 '상황 속의 인간'의 관점에서 고려하기 예 논리적 토의 및 주론, 설명, 일반화, 변화, 역동구 강화, 명료화, 교육

유형-역동성 고찰 성격과 행동, 심리 내적 역동 고찰하기 예 명료화, 해석, 통찰

발달적 고찰 과거 경험이 현재 기능에 미치는 영향 고찰하기 예 명료화, 해석, 통찰, 논리적 토의 및 주론, 설명, 일반화, 변화, 역동구 강화, 교육

행동주의모델
학습이론에 기초

인간 행동의 기본 가정 파블로프의 고전적 조건화, 스키너의 조작적 조건화, 반두라의 관찰학습

과제중심모델

- 시간제한적 단기개입, 과제중심, 협조적 관계
- 통합적(절충적) 접근, 클라이언트의 환경에 대한 개입의 강조
- 클라이언트가 인식한 문제중심, 경험적 기초, 클라이언트의 자기결정권 강조
- 구조화되고 체계화된 접근, 개입의 책무성 강조
- 개입과정
  - 시작단계: 면접
  - 초기단계: 1단계(문제규명단계), 2단계(계약단계)
  - 중기단계: 3단계(실행단계)
  - 종결단계: 4단계(종결단계)

해결중심모델

- 병리적인 것 대신 건강한 것에 초점을 둠
- 탈이론적·비규범적 모색이며, 클라이언트의 관점을 존중함
- 개입과정
  - 해결방안인 모색의 시작 → 해결중심적인 목표설정 → 해결방안을을 찾는 실천 → 변화의 평가
- 클라이언트와 사회복지사와의 협력관계
  - '클라이언트가 삶의 중심인물이자 전문가'라는 기본전제
  - 알고 싶어 하는 자세

역량강화모델

- 클라이언트가 자신의 삶을 통제할 수 있도록 개인적·대인적·정치적 측면에서 힘을 키워나가도록 함
- 클라이언트의 역량을 향상시키기 위한 해결중심 접근
- 사회복지사의 개입단계
  - 대화단계: 파트너십 형성, 현재상황 명확화, 방향 설정
  - 발견단계: 강점 확인, 자원역량 사정, 해결방안 수립
  - 발전단계: 기회 확대, 동맹관계 창출, 자원 활성화, 성공 확인, 성과 점검성대성

인지행동모델

- 클라이언트의 주관적 경험의 독특성과 의미 중시
- 클라이언트와 사회복지사 사이의 협조적인 노력, 클라이언트의 능동적 참여
- 구조화되고 방향적인 접근, 교육적 접근(교육모델), 소크라테스식 문답법
- 경험적인 조정, 시간제한적인 개입, 문제재발의 방지
- 개입기법
  - 문제중심, 목표지향, 현재중심
  - 엘리스의 합리적 정서치료: A(사건), B(신념체계), C(결과), D(논박), E(효과)
  - 벡의 인지치료: 자동적 사고, 스키마, 인지적 오류

행동수정모델

- 기본원리: 순환론적 사고, 조작적 행동, 정적 강화, 부적 강화, 정적 처벌, 부적 처벌, 소거, 간헐적 강화, 차별적 자극, 회피행동, 조건화, 모델링
- 개입과정
  - 초기단계: 문제 규정 → 기초선에 근거한 사정 → 목표설정 → 개입계획 수립 → 계약
  - 개입단계: 개입계획 실행 및 수행 여부를 점검·수정
  - 종결단계: 종결을 예고, 그동안의 진전과정을 클라이언트와 평가

가족사정

의사소통 유형(사티어)
일치형, 비난형, 회유형, 초이성형, 혼란형

사정도구

가계도: 2~3세대 이상에 걸친 가족 성원에 관한 정보와 가족 성원들 간 관계를 도표화한 사정도구

생태도: 개인 또는 가족의 삶의 공간에 존재하는 생태체계들, 개인 및 가족과 그들 체계와의 관계, 개인 및 가족을 둘러싼 자원 또는 에너지의 유출과 유출을 표시한 도구

사회적 관계망표: 개인, 가족의 사회적 관계망 혹은 사회적 지지 정도를 사정하는 도구

생활력도표: 클라이언트의 삶에서 중요한 사건이나 문제를 시기별로 전개해 표로 나타낸 도구

가족 대상 실천과정
초기과정: 접수 → 자료수집 → 사정 → 계획
중간과정: 개입 → 점검
종결과정: 종결 → 평가

보웬의 세대 간 가족치료
가족의 다세대적 분석을 통해 현재 가족문제를 파악

주요 개념: 자아분화, 삼각관계, 핵가족 정서과정, 가족 투사과정, 다세대 전수과정, 정서적 단절

기법: 탈삼각화, 가계도

미누친의 구조적 가족치료
가족의 불균형 때문에 가족문제가 발생한다고 보고, 가족구조의 변화(재구조화)를 목표로 함

주요 개념: 경계, 제휴, 세력

기법: 경계 만들기, 균형 깨뜨리기, 합류하기, 과제 부여, 긴장 고조시키기, 실연

위기개입모델

기본원리: 위기에는 위험과 기회가 공존
신속한 개념, 행동기술, 제한된 목표, 희망과 기대, 지지, 초점적 문제해결

클라이언트 위기발달단계: 사회적 위험 → 취약단계 → 위기촉진요인 발생 → 실제 위기단계 → 재통합단계

동기강화모델

기본원리: 클라이언트 중심적, 내적 동기 강화, 목표 지향적 접근법

주요 개념: 공감 표현하기, 불일치감 만들기, 저항과 함께 구르기, 자기효능감 지지해 주기

전문적 관계 형성 강화, 변화 동기 강화, 저항 다루기

클라이언트중심모델

기본원리: 인간중심적 접근, 사회복지사와 클라이언트의 태도 및 감정 중요시

주요 개념: 현상학적 장, 자아, 실현화 경향, 자아실현 욕구, 긍정적 관심, 조건부 가치

02 가족 대상 실천기법

현대 가족의 변화
다양한 형태의 가족 유형 및 비전통적인 가족 유형 증가
평균 수명 연장으로 가족의 생애주기가 길어짐
자녀의 독립 시기가 늦어짐
초혼 연령이 높아지면서 가족을 형성하는 시점이 늦어짐

03 집단 대상 실천기법

집단의 유형

결속 정도에 따른 구분
- 1차집단: 자주 접촉하면서 아주 친밀한 관계를 맺는 집단
- 2차집단: 목적을 달성하기 위해 인위적 계약에 의하여 형성된 집단

구성방법에 따른 구분
- 자연발생적 집단: 자연적으로 발생한 사건이나 인간관계상 매력 또는 성원의 욕구 등을 기초로 하여 자연 발생적으로 구성된 집단
- 인위적 형성집단: 외부의 영향이나 개입을 통하여 의도적으로 만들어진 집단

개방 정도에 따른 구분
- 폐쇄형 집단: 새로운 성원 x, 집단응집력 강함
- 개방형 집단: 새로운 성원 O, 기맘과 탈퇴 조건 유연

집단의 목적에 따른 구분
- 치료집단: 성원의 사회·정서적 욕구에 대한 만족 증가, 행동 변화 및 재활
  - 자조집단: 문제상황 대처능력 향상
  - 지지집단: 스트레스 대처능력 향상
  - 교육집단: 지식과 정보 제공
  - 성장집단: 자기인식 증진 및 사고 변화
  - 치유집단: 문제행동 변화 및 상실된 기능 회복
  - 사회화집단: 사회적 기술 습득
- 과업집단: 과업 달성, 성과물 산출, 명령 수행

사티어의 경험적 가족치료

주요 개념 자아존중감, 의사소통 유형
→ 일치형/비난형/회유형/초이성형/산만형

기법 가족조각, 가족그림, 역할극, 비유, 역할반전, 빙산치료

드 세이저의 해결중심 단기 가족치료

주요 개념 사회복지사와 클라이언트의 협력관계 강조, '알지 못함'의 자세
→ 질문의 관계유형: 가족이 문제를 파악하는 것보다는 가족이 원하는 해결책이 무엇인가에 초점
→ 보람선, 방문형, 고객형

기법 면접 전 변화에 대한 질문, 예외질문(예외 상황), 척도질문(수량화, 점수화), 기적질문(상상), 대처질문(과거에 극복했던 경험), 관계성 질문(중요한 타인의 생각을 묻는 것)

헤일리의 전략적 가족치료

주요 개념 가족항상성, 이중구속

기법 이론보다 문제해결에 초점을 두고 문제해결을 위한 다양한 전략을 시도
역설적 개입(증상처방: 변화저지), 시련, 순환적 질문, 재명명(재구성, 재정의), 금정적 의미부여

집단발달단계

집단발달단계: 준비단계 → 초기단계 → 사정단계 → 중간단계 → 종결단계

준비단계: 집단이 형성되기 이전에 사회복지사가 집단을 계획하고 구성하는 단계

초기단계: 성원들이 다른 집단과의 경험, 이전의 관계, 역할과 상호작용에 기초한 기대 등을 가지고 있는 단계

사정단계: 원조과정에서 절차와 결과라는 두 가지 측면을 포함
- 초기: 집단 및 성원의 기능 수행에 대한 체계적 사정
- 중기: 초기 사정내용의 타당성을 검토하고 그 성공 여부에 기반하여 개입계획 수정
- 종결: 집단 및 성원의 기능 달성 정도를 사정, 추가 개입이 필요한 영역에 주목

중간단계: 집단의 구조화가 이루어지며, 개인 내적 수준의 개입, 대인관계 변화를 일으키는 개입, 환경 수준의 개입 등이 이루어지는 단계

종결단계: 집단과정에서 일어난 일들이 통합되는 단계
- 계획되지 않은 종결
  - 집단 성원의 중도탈락에 의한 종결
  - 사회복지사의 사정에 의한 종결
- 성공적이지 않은 집단의 종결
  - 집단과 성원 목표의 대부분 또는 모두를 이루지 못한 경우
  - 결과에 분노, 좌절, 실망, 우울, 죄책감, 책임 전가 등의 감정을 느낄 수 있음
- 종결의 의사나 성원들 잘 계획해야 하고 목표를 달성하지 못한 이유나 목표 달성이 안 된 등을 토론하는 것이 좋음

집단 구성 시 고려 사항
- 집단의 응집력을 높이기 위해 참여동기가 유사한 성원 모집
- 다양한 집단 성원의 참여를 유도하려면 개방형 집단으로 구성
- 집단 성원의 동질성을 높이기 위해 사전에 욕구 수준 파악
- 집단의 목표에 따라 집단의 크기를 융통성 있게 조절
- 집단의 정서적 안정감을 높이기 위해 과적한 장소 선정

집단치료
얄롬의 11가지 집단치료의 효과
→ 희망의 고취, 보편성, 정보전달, 이타주의, 정화, 1차 가족집단의 교정적 재현, 사회화 기술의 발달, 모방행동, 대인관계학습, 집단응집력, 실존적 요인

집단역동성
기본요소: 집단 성원 전체 집단에 영향을 미치는 집단과정에서 발생하는 독특한 힘
- 집단 규범, 지위와 역할, 집단응집력, 집단 의사소통과 상호작용(정서적 유대, 하위집단, 집단 크기와 물리적 환경), 집단문화, 피드백

집단응집력
- 개별 성원이 집단에 가지는 소속감과 매력
- 집단응집력이 높을수록 집단 목표달성에 효과적

사회복지실천 평가

목적
└ 클라이언트에게 상대적으로 효과적인 개입방법을 선정하기 위함
└ 기관, 클라이언트, 전문가 집단, 사회에 대한 책무성 향상에 긍정적 영향

단일사례(연구)설계 개입 및 기록, 소집단 등을 대상으로 문제를 해결하기 위한 개입의 효과를 과학적으로 입증하는 조사설계방법

특징 개입의 효과성 분석, 표본의 크기=1, 분석단위=1, N=1, 동시에 여러 문제 변화 측정 가능, 즉각적인 환류, 통제집단 부재, 개입 전후 비교

종류
- AB설계(기초선 → 개입)
- ABA설계(기초선 → 개입 → 제2기초선)
- ABAB설계(기초선 → 개입 → 제2기초선 → 제2개입)
- BAB설계(개입 → 기초선 → 제2개입)
- ABCD설계 · 다중요소설계(기초선 → 서로 다른 개입방법[B, C, D] 사용)
- 복수(다중)기초선설계

04 사회복지실천 기록과 평가

사회복지실천 기록

목적
- 책임성
- 정보 제공
- 서비스 개입 및 과정의 점검과 평가
- 클라이언트에 대한 이해 증진
- 지도 · 감독 및 교육의 활성화
- 근거자료로 활용
- 사례의 지속성(효과적 사례관리)
- 다른 전문직과의 의사소통
- 자료화

종류

이야기체기록 클라이언트의 상황과 서비스, 사례의 진행사항을 이야기하듯 요약한 보고 형태의 기록

문제중심기록 문제해결 접근방법을 반영하는 기록(SOAP방식)

과정기록 면접내용을 대화체로 옮겨 사회복지사와 클라이언트의 상호작용을 시간의 흐름에 따라 있는 그대로 기록하는 것

요약기록 시간의 경과에 따라 변화된 상황, 개입활동, 주요 정보를 요약하여 기록하는 것

제5영역 | 지역사회복지론

01 지역사회복지의 개념과 정의

지역사회
일정한 지리적 범위 내의 사람들이 개인 또는 공동의 가치, 문화 동질성, 상호작용, 이해관계에 기초하여 형성한 사회적 단위

학자별 정의
- **로스**: 지리적 의미의 지역사회, 기능적 의미의 지역사회로 구분
- **파크와 버제스**: 지리적 의미의 지역사회
- **메키버**: 사회적 동질성을 띤 지역사회
- **워렌, 힐러리**: 지리적 의미의 지역사회 + 기능적 의미의 지역사회
- **퇴니스**: 공동사회와 이익사회로 구분
- **던햄**: 인구 크기, 경제적 기반, 행정구역, 인구구성의 사회적 특수성에 의한 분류

기능·제도: 생산·분배·소비 기능(경제제도), 사회화 기능(가족제도), 사회통제 기능(정치제도), 사회통합 기능(종교제도), 상부상조 기능(사회복지제도)

역량 있는 지역사회 기준
- 구성원은 지역사회에 헌신하고 협력
- 지역사회 내 다양한 집단들이 자신의 가치와 이익 자각
- 합의된 목표달성을 위한 효과적인 의사소통
- 구성원들은 목표 확인과 목표달성 활동에 참여
- 집단 간 갈등을 조정하기 위한 절차

이론적 관점
- 집단적 수준의 자율성
- 외부사회와의 관계 조정

지역사회복지: 지역사회 상생이론, 지역사회 보존이론, 지역사회 개방이론

- **관련 개념**: 시설보호, 지역사회보호, 재가보호, 지역사회조직, 지역사회개발, 시설의 사회화
- **이념**: 정상화, 사회통합, 탈시설화, 주민참여, 네트워크

지역사회복지실천
사회복지 전문기관 아니라 타 영역 전문가, 지원봉사자들이 광범위하게 수행
지역사회 구성원들이 공유하는 문제와 지역사회 변화를 위해 요구되는 개입 기술을 응용하고 활용

5가지 원칙
- 클라이언트와 협력관계 구축
- 지역사회 구성원 중심의 목표형성과 평가
- 문제의 사회구조적 요인을 반영한 개입전략
- 전략적 성공을 위한 전술적 승리의 활용
- 소규모 지역사회 수준에서의 지속가능성

특성: 예방성, 통합성, 포괄성, 연대성 및 공동성

목적
- 지역사회 참여와 통합의 강화
- 문제대처능력의 고양
- 사회조건과 서비스의 향상
- 불이익집단의 이익 증대

가치
- 다양성 및 문화적 이해
- 자기결정과 역량 강화
- 비판의식의 개발
- 상호학습
- 사회정의와 균등한 자원배분

형성기
- 제도와 조직의 형성 시기
- 1929년 경제대공황과 함께 인보관사업이 지역사회센터를 중심으로 시작
- 지역공동모금제도, 사회복지기관협의회, 지역사회 조직화, 공동복지사업의 마련

정착기

1960년대
- 케네디와 존슨 행정부의 '빈곤과의 전쟁' → 연방정부의 책임 증가
- 1965년 헤드스타트 프로그램 도입

1970년대 이후
  (사회복지에 대한 정부지원 축소)
- 1981년 레이건 행정부는 콜린턴 행정부는 '작은 정부'를 지향
- 1990년대 클린턴 행정부는 근로연계복지를 내세움

한국 지역사회복지의 역사

근대 이전
- 민간 지역복지 ─ 두레, 계, 품앗이, 향약, 사창
- 공공 지역복지 ─ 오가작통, 의창, 상평창, 진휼청, 해민서

1920년대~1960년대
- 1921년 태화사회복지관, 조선사회사업연구회
- 1941년 조선생명애호연맹제도 개편
- 1944년 조선구호령 실시
- 1952년 외국 민간원조단체 한국연합회(KAVA) 조직

1970년대~1980년대
- 1970년 새마을운동
- 1983년 사회복지관 설립 · 운영규정 마련, 사회복지사 자격 제도 도입
- 1987년 사회복지전문요원제도 실시(이후 일반직 사회복지 전담공무원으로 전환)

02 지역사회복지의 역사

영국 지역사회복지의 역사

시작
- 산업혁명으로 인한 각종 사회문제 발생으로 체계적인 구호활동 필요성 제기
- 자선조직협회(1869, 런던), 인보관운동(1884, 런던 토인비홀)

태동기
- 1959년 정신보건법 제정 → 탈시설화, 정상화 등이 개념 도입
- 재가복지서비스의 시행이 정착되는 기틀 마련

형성기
- 시봄 보고서(1968), 하버트 보고서(1971), 바클레이 보고서(1982)
- 지역사회를 사회서비스의 수혜자이자 서비스 제공자로 정의(시봄), 비공식 서비스 강조

발전기
- 경제 불황으로 지역사회복지의 업무를 민영화, 시장경제체제 도입
- 그리피스 보고서(1988), 국민보건서비스 및 지역사회복지법(1990) 제정

미국 지역사회복지의 역사

태동기
- 도시빈민문제, 인종차별문제, 주택문제, 질병문제 발생
- 국가의 역할은 국민 재산면 보호와 자유수호, 인권보장에 한정

자원동원이론
- 사회운동의 성패는 조직원 총인과 지원 조달, 적절한 조직을 개발할 수 있는 능력 여부에 있음

사회교환이론
- 개인의 사회적 신뢰과 비용, 보상의 정도에 따라 행동 유형이 달라짐.
- 하드캐슬의 권력 균형 전략

엘리트이론
- 소수 엘리트가 다수의 사람들을 장악하고 있다고 봄

다원주의이론
- 정책결정과정에서 대중의 참여와 경쟁 강조

사회구성주의이론
- 주류 이데올로기의 생성·유지, 내재화에 초점

사회자본이론
- 신뢰, 호혜성, 네트워크, 공유된 인지 강조

권력의존이론
- 지역주민이나 집단 또는 조직이 소유하는 힘이 여부가 지역사회 발전에 영향을 미친다고 봄

사회학습이론
- 지역사회 및 주변 환경을 학습하며 구성원의 역량 강화와 지역사회의 발전이 이루어진다고 봄

실천모델

로스만

지역사회개발
- 광범위한 주민들이 변화의 목표설정과 실천행동에 참여
- 협의, 의견 교환, 토의

사회계획
- 사회문제를 해결하고자 하는 기술적 과정 강조
- 문제 확인, 사정, 목표 개발, 실행, 평가, 사실 발견과 분석, 과정적 조정

사회행동
- 불우계층, 기존 제도와 현실에 대한 근본적인 변화 요구
- 갈등, 대결, 직접행동, 협상, 시위

웨일과 갬블

근린지역사회조직 지역사회 조직화, 지역사회 주민의 삶의 질 향상

기능적인 지역사회조직 특정 관심사의 사회적 변화 유도

1990년대 이후

- 1992년 재가복지봉사센터 설치 및 운영
- 1997년 사회복지공동모금법 제정 → 1999년 사회복지공동모금회법 시행
- 2003년 지역사회복지계획 수립 의무화
- 2004년 사회복지사무소 시범사업 실시
- 2005년 지역사회복지협의체 설치 및 운영
- 2006년 주민생활지원서비스 전달체계 실시
- 2007년 사회적기업 육성법 제정
- 2012년 사회복지기관의 3대 기능중심 개편, 희망복지지원단 운영
- 2015년 지역사회복지계획을 지역사회보장계획으로 변경 ← 사회보장급여의 이용·제공 및 수급권자 발굴에 관한 법률에 따름
- 2016년 읍·면·동 복지허브화 시범 실시 → 2018년 전국 확대 실시, 동주민센터를 행정복지센터로 명칭 변경 ← 사회보장급여의 이용·제공 및 수급권자 발굴에 관한 법률에 따름
- 2019년 커뮤니티 케어 추진, 사회서비스원 시범사업 시행(서울, 경기, 경남, 대구 등)
- 2020년 사회서비스원 6개 시·도로 확대 시행 → 2022년 전국 확대 시행

03 지역사회복지 이론과 실천모델

이론

기능주의이론
- 사회는 다수의 체계로 구성 합의된 가치와 규범에 따라 움직임

갈등주의이론
- 권력과 자원이 불평등하게 배분되어 있기 때문에 갈등은 불가피함

사회체계이론
- 한 체계의 요소들은 상호작용을 하며 서로 영향을 줌

생태체계이론
- 역동적인 사회진화과정(경쟁, 중심화, 분산, 집결, 분리, 우세, 침입, 계승)

실천모델별 사회복지사의 역할

지역사회개발모델 안내자, 전문가, 조력자, 치료자, 촉진자, 교육자, 안내자 등

사회계획모델 분석가, 계획가, 행정가, 조직가

사회행동모델 조력자, 중개자, 옹호자, 행동가

04 지역사회복지 실천과정 및 전략

지역사회복지 실천과정

문제확인 지역사회의 욕구와 자원을 파악하는 단계

사정 지역사회 발전과정, 정치·사회구조, 경제상황, 사회문화에 대한 사정
- 인터뷰, 조점집단기법, 명목집단기법, 델파이기법 등을 통해 자료를 수집하여 지역사회 사정

실행계획수립 및 자원동원 목표설정 → 정책 수립 및 프로그램 개발 → 실천방법수립 → 지역사회복지계획 실시 → 자원동원 및 활용

실행 재원, 추진인력, 추진기관의 리더십 확보

평가 실천과정에서 발생한 투입, 처리, 산출, 결과에 대한 내용 파악

지역사회의 사회·경제적 개발 주민이 사회·경제적 투자를 할 수 있도록 준비

사회계획 전문가의 지식과 기술, 객관적 조사와 자료분석에 기초

프로그램 개발과 지역사회연계 지역사회와 연계한 다양한 수준의 프로그램 개발 및 확대

정치·사회행동 정치권력 강화, 평등한 힘의 균형

연합 프로그램의 방향 또는 지원을 최대한 이끌어 낼 수 있는 다조직적 권력기반 형성

사회운동 특정 대상집단 또는 쟁점에 대한 사회정의를 위한 행동

테일러와 로버츠

프로그램개발 및 조정 지역주민이 원하는 서비스를 기획·개발·실행하는 데 초점

계획 합리성과 인간지향적 측면 강조

지역사회연계 클라이언트 개인의 문제를 지역사회와 연계하여 해결

지역사회개발 역량을 강화하여 지역사회문제 해결

정치적 역량강화 사회적으로 소외된 집단과 구성원에 초점

로스만

지역사회보호 지역주민 복지를 위한 사회적 관계망과 자발적 서비스 증진

지역사회조직 복지기관 간의 상호협력

지역사회개발 삶의 질 향상을 위한 기술, 신뢰를 습득할 수 있도록 집단 원조

사회·지역계획 지역사회의 프로그램 계획, 자원동원, 집행, 평가에 중점

지역사회교육 교육과 지역사회 간 동등한 관계로 방향 모색

지역사회행동 힘 없는 집단의 효과성 증가

포플

05 사회복지추진체계 및 지역사회운동

지역사회보장계획

사회복지와 보건의료 연계이로 토대 마련, 민관협력을 통한 복지 자원의 효율적인 운영, 지역 중심의 사회복지서비스 제공, 중앙정부와 지방자치 단체 간의 사회보장에 대한 방향의 연계 기능

수립절차 시·군·구

지역사회보장조사 실시 → 지역사회보장계획(안) 마련 → 지역주민 의견 수렴 → 지역사회보장협의체 심의, 시·군·구 의회 보고 → 시·도지사에게 계획 제출 → 시행 및 평가

공공 사회복지추진체계

지역사회보장협의체 사회보장 관련 서비스를 제공하는 기관 및 시설 등과 연계 강화를 위해 해당 시·군·구에 지역사회보장협의체를 둠

구성 대표협의체, 실무협의체, 실무분과, 읍·면·동 단위 지역사회보장협의체

희망복지지원단 통합적 사례관리시업, 자원관리, 방문형 서비스사업으로, 빈곤계층이 일반인과 빈곤예방에 중점

사회복지전담공무원 지방자치단체에서 사회복지업무를 수행하는 공무원

지역사회복지 실천기술

옹호 자기 옹호, 개인 옹호, 집단 옹호, 지역사회 옹호 등
클라이언트의 입장에서 정당성을 요구하거나 클라이언트의 이익을 위하여 대변인으로 활동하는 기술

옹호 전술 설득, 공정회, 표적을 난처하게 하기, 정치적 압력, 탄원서 서명, 청원

네트워크 서비스의 중복 방지, 자원을 효율적으로 사용할 수 있게 연계하는 기술

네트워크 수준 연락 → 조정 → 협력 → 통합

조직화 지역사회의 상황, 문제해결 방향에 따라 목표를 세우고 적절한 주민을 선정 하여 모임을 만들어 지역사회 욕구나 문제를 해결해 나가도록 돕는 기술

사회행동

전략

협의 전략 정보력, 힘의 과시, 잠재력, 수치심 자극, 동원능력

협력 전략 협조, 연합, 동맹

전술

정치적 압력전술 잭재지소에 압력을 가하는 기술, 정치인과 정부 관리를 상대로 한 논쟁의 강제적인 사회규범으로, 규칙을 준수 하게 하는 기술

법적 행동 국가의 힘을 수반하는 강제적인 사회규범으로, 규칙을 준수 하지 않는 상대 조직이 규칙을 지키게 하는 것

사회적 대결 시위 전술, 교육홍보 전술, 불매 전술, 경제 전술

협상 전술 자신의 결정이 상대방 선택에 어떤 영향을 주는지 분석하는 것이 중요

읍·면·동 복지허브화 (2016년 발표)

- 복지담당공무원이 먼저 주민을 찾아가 복지대상자를 발굴·상담·선정하는 사업
  - 맞춤형 통합서비스 지원
  - 민간 전문인력을 통한 민관협력 도모

지방분권화

장점
- 지방정부의 자율성 확대, 책임성 강화, 지역 특성에 맞는 효율적인 복지 집행체계 구축, 지역주민의 복지욕구에 보다 직극적으로 대응

단점
- 중앙정부의 사회복지 책임성 약화, 지역 간 사회복지서비스의 불균형 심화, 지역 이기주의 조장

사회적 경제

사회적 기업
- 사회적 목적을 추구하면서 재화 및 서비스의 생산·판매 등 영업활동을 하는 기업

마을기업
- 해당 지역의 자원을 활용하여 생활환경을 개선하고 지역공동체를 활성화하며 소득 및 일자리를 창출하기 위하여 운영하는 기업

협동조합
- 조합원의 권익을 향상하고 지역사회에 공헌하고자 하는 사업조직

자활기업
- 2인 이상의 수급자 또는 차상위자가 상호 협력하여 조합 또는 사업자의 형태로 탈빈곤을 위한 자활사업을 운영하는 기업

지역사회복지운동

- 지역사회 변화를 주도하는 조직운동, 사회권 확립운동, 사회복지의 확산과 전문성을 위한 생활운동, 협력이 이루어지는 동원운동

주민참여

- 지방정부의 의사결정 효율성을 제고하고, 지방행정의 불평등을 완화할 수 있으나 행정비용과 시간이 많이 소모되고 주민 간 갈등이 유발될 수 있음

주민참여 8단계(아른스테인)
- 조작, 치료, 정보제공, 상담, 회유, 협동관계, 권한위임, 주민통제

민간 사회복지추진체계

사회복지협의회
- 지역사회의 여러 기관·단체·시설들이 모여 지역사회의 사회복지문제를 함께 협의·조정하는 주민 주체의 운동단체
  - 비영리 공익법인
  - 중앙협의회와 시·도 사회복지협의회, 시·군·구 사회복지협의회 모두 의무 설치

사회복지관
- 사례관리 기능, 서비스 제공 기능, 지역조직화 기능
- 지역사회의 실정과 주민의 욕구파악 및 평가를 바탕으로 전문적인 지역사회복지서비스 제공

공동모금
- 봉사활동으로서 민간운동의 특성, 지역사회 중심기반, 효율성 강화 및 모금 일원화, 공표, 전국적인 협조 도모

자활사업
- 절대빈곤층의 기초생활 보장, 종합적 자립지원서비스 제공
- 조건부수급자, 자활급여특례자, 일반수급자, 특례수급가구의 가구원, 차상위자, 근로능력이 있는 시설수급자를 대상으로 함

지역아동센터
- 취약계층 아동에 대한 지역사회보호 개념 실현, 교육적·정서적 지원, 문화서비스 제공, 지역사회 연계

자원봉사센터
- 지역문제의 해결을 위해 다양한 자원봉사자의 참여를 촉진하고 지원
- 봉사자를 개발·육성

재가복지봉사센터
- 일정한 시설, 전문인력 및 자원봉사자를 갖추고 필요한 재가복지 서비스를 제공하는 사회복지시설
- 가사서비스, 간병서비스, 정서지원서비스 제공

01 사회복지정책 발달이론과 제 학자 모형

사회복지정책

가치
- **평등** ─ 수량적 평등, 비례적 평등, 기회의 평등, 조건의 평등
- **자유** ─ 적극적 자유, 소극적 자유
- **효율** ─ 수단으로서의 효율, 목표로서의 효율(파레토 효율)

이념

(사회복지정책과 관련)

- **자유주의** ─ 자유가 기본가치. 개인이나 가족의 욕구는 개인의 비용과 자유 선택에 의해서 충당
- **마르크스주의** ─ 평등이 기본가치. 복지국가를 통해 사회통합과 이타주의라는 근본적 변화는 힘들다고 봄
- **신마르크스주의** ─ 복지정책을 자본축적의 위기나 정치적 도전 을 수정하기 위한 수단으로 봄
- **신자유주의** ─ 경제적 측면 강조. 1970년대 후반 이후 복지 국가 재편의 원인을 복지국가의 확대에서 찾고 국가의 복지서비스를 축소해야 한다고 봄
- **신보수주의** ─ 정치적 측면 강조, 복지국가 재편 이후 미국에서 팽배했던 정치 조류도, 자유방임주의 옹호
- **수정자본주의** ─ 자본주의체제 자체의 본질적인 변혁을 가치지 않고 일부 원리를 수정 또는 개량한 자본주의
- **사회민주주의** ─ 개인의 복지권, 자유를 중시, 모든 국민에게 비 차별적인 복지서비스를 제공하는 보편적 복지 국가의 모형

사회복지정책 발달이론

- **선발화이론(수렴이론)**
  - 정치 이념과 체제가 다를지라도 산업화나 경제발전 정도가 유사하면 사회복지 발달 수준도 비슷하다는 입장
  - 비사회적 힘에 의해 사회정책이 변화(기술결정론)

- **사회양심이론**
  - 인간의 이타주의적 본성을 강조
  - 국가의 활동을 인도주의적 관점으로 파악
  - 사회복지를 사회진화론적 관점에서 파악

- **시민권이론**
  - 시민권을 '공민권(18c)~정치권(19c)~사회권(20c)'으로 구분
  - 사회권이 복지국가의 이념적 기초가 되었다고 주장
  - 사회복지정책의 제도적 도함에 대한 이론적 근거 제공

- **확산이론(전파이론)**
  - 한 나라의 사회복지정책이 다른 나라에 영향을 미치는 것에 초점
  - 사회복지정책의 국제적 모방과정

- **음모이론(사회통제이론)**
  - 인도주의, 사회적 인정, 양심에 반대
  - 사회정책의 주목적은 사회 인정 및 통제, 질서 유지
  - 사회복지정책은 언제라도 퇴보할 수 있음

- **다원주의(이익집단론)**
  - 다양한 집단 간 경쟁과정에서 최소한 사회적 자원의 배분을 둘러싼 갈등이 발생하면 국가가 중재하게 되는데, 그 결과로 복지국가가 발전한다는 입장

- **사회정의론**
  - **제1원칙** ─ 모든 사람은 기본적 자유를 평등하게 누려야 함
  - **제2원칙** ─ 최소 수혜자 계층에게 최대한의 이익이 되도록 하여 사회·경제적 차등을 용납

사회복지모형

02 사회복지정책의 전개과정

영국의 사회복지 발달과정

엘리자베스 구빈법(1601) 빈민을 3가지로 분류하여 대상자 선정 기준 법제화, 공공부조의 효시

정주법(1662) 거주지 제한, 교구와 귀족들의 압력으로 제정

작업장법(1722) 교정원 등을 작업장으로 활용, 민간업자와 계약할 수 있는 권한 구체화

길버트법(1782) 작업장법의 독소 조항 폐지, 유급 구빈 전문 관리의 구빈 행정, 원외 구제 실시

스핀햄랜드법(1795) 빵 가격과 가족 구성원 수를 고려하여 임금보조, 최저생계비 보장

공장법(1833) 최초의 아동노동복지법으로, 아동의 근로환경과 조건을 개선

개정 구빈법(1834) 구빈비용의 감소에 1차적 목적이 있음 [신구빈법이라고도 함]
- 기본원칙: 전국 균일처우, 열등처우, 작업장 수용

국민보험법(1911) 건강보험과 실업보험으로 구성

베버리지 보고서(1942) 사회보장을 위한 3대 전제 조건, 사회 5대 악과 억과 해결방안 제시 [5대악: 결핍, 질병, 나태, 무지, 불결 ▷ 궁핍 고용, 포괄적 보건 서비스, 아동 수당]

윌렌스키와 르보

- **보충적(잔여적) 모형** 선별주의, 개인주의, 시장경제의 원리, 빈곤의 책임은 개인의 책임, 국가의 책임 축소

- **제도적 모형** 보편주의, 평등·빈곤으로부터의 자유·우애, 빈곤의 책임은 사회적 책임, 국가의 책임 확대

티트머스의 3분법
- **보충적(잔여적) 모형** 가족, 시장(공공부조 프로그램)
- **선별적 업적 달성모형** 업적, 성취도, 생산성(사회보험 프로그램)
- **제도적 재분배모형** 사회복지제도(보편적 사회복지 프로그램)

에스핑-앤더슨의 복지국가 3분법
- **자유주의** 선별주의 원칙, 시장역할 강조, 불평등 심화, 계층 간 대립적 관계, 공공부조 프로그램 중시, 민간의 역할 강조
- **조합주의** 시장 역할이 덜 강조, 가족의 기능 유지 중점, 사회보험에 의한 소득보장 중시, 시장에서의 계층과 지위에 따라 사회복지급여 차이
- **사회민주주의** 보편주의 원칙, 사회적 권리로서 복지 제공, 가급적 최대한의 수준에서의 평등 평등 추구(탈상품화 효과 극대)

조지와 윌딩의 4분법
- **반집합주의** 자유와 개인주의 및 불평등이 기본가치, 소득적 자유 강조, 자유시장경제
- **소극적 집합주의** 개인주의와 사적 기업 및 자조가 기본가치, 소극적 자유 강조, 상황에 따라 국가의 개입 및 복지국가 일부 인정
- **페이비언 사회주의** 평등, 자유, 우애가 기본가치, 적극적 자유 강조, 복지국가를 사회주의로 한 단계로 봄, 복지국가 적극 찬성
- **마르크스주의** 페이비언 사회주의와 동일하게 평등, 자유, 우애가 기본가치, 적극적 자유 강조, 복지국가를 사회주의로 가는 과정이라고 보지 않음

복지혼합경제
- 사회복지에 대한 국가의 책임과 역할이 시장, 기족, 지역사회, 자원조직 등 다양한 공급주체들에 의해 대체되어야 한다고 봄

03 사회복지정책의 분석틀과 정책과정

사회복지정책의 분석틀(길버트와 스펙트)

유형(3P)
- 과정분석: 사회복지정책 형성의 역동성에 주목하여 정책의 계획에 관련된 각종 정부와 조직들의 관계, 상호작용 등을 분석
- 산출(산물)분석: 프로그램이나 법률이 형태로 만들어진 일련의 정책 선택들을 분석
- 성과(효과)분석: 실행된 프로그램이 만들어 낸 결과를 기술하고 평가

할당체계
- 귀속적 욕구, 보상, 진단적 구분, 자산조사

급여체계
- 현금급여: 교환가치 강조, 행정적 관리 비용이 절감되어 운영효율성이 높음
- 현물급여: 사용가치 강조, 소비행위에 대한 사회적 통제가 강조되어 목표효율성이 높음
- 바우처: 특정 용도 내에서 수급자가 원하는 재화나 서비스를 자유롭게 선택

- 운영효율성: 현금급여 > 바우처 > 현물급여
- 오용 및 남용의 정도: 현물급여 > 바우처 > 현금급여
- 소비 통제의 정도: 현물급여 > 바우처 > 현금급여
- 소비자 선택권: 현금급여 > 바우처 > 현물급여
- 목표효율성: 현물급여 > 바우처 > 현금급여

미국의 사회복지 발달과정
- **1960년대 이전**: 근린길드(1886), 헐 하우스(1889), 뉴딜정책(1933), 사회보장법(사회보험, 공공부조, 보건 및 복지서비스)(1935)
- **1960년대**: 존슨 대통령 '빈곤과의 전쟁'(1964), 연방정부 차원의 다양한 사회복지 관련 법 제정 및 개정
- **1980년대**: 경제의 재활성화, 신자유주의를 바탕으로 한 복지 프로그램 감축(레이거노믹스)
- **1990년대 이후**: AFDC 제도 폐지(1997), 한시부조 프로그램 실시, 2000년대 이후 오바마케어

복지국가: 빈곤의 소멸 혹은 현저한 감소, 소득의 분배·재분배 평등화, 완전고용, 혼합경제

케인즈주의
- 낮은 금리 → 투자 활성화 및 소비 촉진
- 저축이 증가는 소비를 위축시키고, 저축이 투자로 연결되지 않으면 수요가 위축되어 선출과 고용이 감소
- 유효 수요 부족을 해결하기 위해 금리 인하, 정부의 인프라 투자 지시

복지국가의 위기와 재편
- 1970년대 불황과 물가상승을 발생시킨 오일쇼크가 복지 국가의 위기를 일으킴
- 케인즈주의에 입각한 정책의 붕괴, 신자유주의 득세

앤서니 기든스의 제3의 길
- **제1의 길**: 사회민주주의적 기획(사회적 평등)
- **제2의 길**: 신자유주의적 기획(시장의 효율성)
- **제3의 길**:
  - 시장경제를 수용하면서 능동적인 정부의 역할 강조
  - 사회민주주의적 가치와 신자유주의적 가치 동시 추구
  - 사회투자국가: 인적 자본에 투자, 평생교육 강조, 가족 친화적 정책, 복지 재정을 국가뿐 아니라 여러 기업들과 결합하여 조달하고 문제

04 사회보험제도와 공공부조제도

사회보장

사회보험
강제적 가입, 최저 수준의 소득 보장, 법적 권리, 사회적 적절성, 정부 독점.
비용 지출 예측 곤란, 재정의 완전 적립 불필요

민영보험
자발적 가입, 개인의 의사와 지불능력에 좌우, 계약 권리, 개인적 공평성.
지출 경향, 비용 지출 예측 가능, 재정의 완전 적립 필요

빈곤과 소득 불평등

빈곤 관련 용어
빈곤율, 빈곤의 폭 및 빈곤 갭, 사회적 배제, 신 사회적 위험

빈곤선 측정방식
- 객관적 방식 — 절대적 빈곤, 상대적 빈곤
- 주관적 방식 — 여론조사, 라이덴방식, 청이적 접근방법

소득 분배의 불평등도 측정방법
로렌츠 곡선, 지니 계수, 5분위 분배율, 10분위 분배율, 센 지수

산업재해보상보험제도

업무상 재해 인정 기준
업무상 재해를 입은 재해 근로자에 대한 무과실 책임주의, 보험료 전액을 사업주가 부담

근로자의 고의 · 자해행위나 범죄행위 또는 그것이 원인이 되어 발생한 부상 · 질병 · 장해 또는 사망은 업무상 재해로 보지 않음

산재보험급여는 업종별로 구분하여 결정

급여 종류
업무상 사고, 업무상 질병, 출퇴근 재해

요양급여, 휴업급여, 상병보상연금, 간병급여, 장해급여, 유족급여, 장례비, 직업재활급여

재원체계

공공재원
일반예산(조세, 직접세, 간접세), 사회보장성조세(사회보장료, 조세비용(조세지출))

민간재원
사용자 부담, 자발적 기여, 기업 복지

전달체계
공적 전달체계(중앙정부, 지방정부), 사적 전달체계

정책결정과정의 순서
문제 형성 → 어젠다 형성 → 정책대안 형성 → 정책결정 → 정책
집행 → 평가

정책결정의 모형

합리모형
객관적 합리성, 인간 능력에 대한 신뢰, 명백한 판단기준, 최선의 대안 선택

만족모형
주관적 합리성, 정책목표 및 기준의 불확실성, 제한된 대안의 탐색, 만족스러운 대안의 탐색

점증모형
비합리성, 정책목표와 수단의 조정, 정치적 성격, 보수적 성격

혼합모형
종합적 합리성, 기본적 결정(합리모형)과 세부적 결정(점증모형)으로 구분.
사회의 조직 원리

최적모형
경제적 합리성과 초합리성을 고려

쓰레기통모형
쓰레기통처럼 불규칙적으로 정책 결정이 이루어짐

▶ 흐름의 연결고리, 흐름의 연결고리2

정책평가

과정평가
정책집행과정의 문제점을 찾는 데 효과적

효과성평가
최초의 정책목표 달성 여부 평가

효율성평가
정책목표의 달성 여부를 비용 측면에서 평가

- **비용 효과 분석** — 정책성과를 화폐 단위로 환산하기 쉬운 경우 적절
- **비용 편익 분석** — 정책성과를 화폐 단위로 환산하기 어려운 경우 적절

노인장기요양보험제도

- 관장은 보건복지부장관
- 보험자는 국민건강보험공단
- 국민건강보험공단은 장기요양보험료와 건강보험료를 구분하여 고지
- 장기요양보험료는 건강보험료와 통합하여 징수
- 장기요양인정의 유효기간은 최소 1년 이상으로서 대통령령으로 정함

장기요양급여

- 재가급여: 방문요양, 방문목욕, 방문간호, 주·야간보호, 단기보호, 기타 재가급여
- 시설급여: 노인의료복지시설 등에 장기간 입소한 수급자에게 신체활동 지원 및 심신 기능의 유지·향상을 위한 교육·훈련 등을 제공하는 장기요양급여
- 특별현금급여: 가족요양비, 특례요양비, 요양병원간병비

공공부조제도

국민기초생활 보장제도

- 급여의 종류: 생계·의료·주거·교육·해산·장제·자활급여
- 자활지원: 한국자활복지개발원, 광역자활센터, 자활기업

긴급복지지원제도

- 기본원칙: 선지원 후처리 원칙, 단기 지원의 원칙, 다른 별도 지원 우선의 원칙, 가구단위 지원의 원칙
- 종류: 금전·현물 지원(위기상황 주지원, 부가급여), 민간기관·단체 연계지원 등

기초연금제도

- 만 65세 이상이면서 대한민국 국적인 국민으로서 소득하위 70% 이하 노인에게 지급
- 무기여 방식의 노후소득 보장제도

국민연금제도

- 우리나라는 수정적립방식, 단계적으로 보험료율 인상
- 우리나라는 확정급여연금 방식, 연금급여액의 소득연계 여부에 따라 소득비례연금 방식 적용

소득대체율
비례상수
- 2008년 이후 50%에서 매년 0.5%씩 감소
- 2008년 이후부터 매년 0.015씩 감소

고용보험제도

- 실업급여는 근로자와 사업주가 절반씩 부담, 고용안정·직업능력개발사업의 보험료는 사업주가 전액 부담
- 구직급여를 받기 위해서는 이직일 이전 18개월간 피보험 단위기간이 통산하여 180일 이상일 것
- 구직급여의 소정급여일수: 보험가입 기간과 연령에 따라 120일에서 270일까지

  자격증자득노트 120일~210일

국민건강보험제도

- 요양이 충족되면 본인 의사에 관계없이 적용

  1가지 적용

- 피보험자에게 보험료 납부 의무가 주어지며 보험자에게는 보험료 징수의 강제성 부여
- 부담능력에 따라 차등적으로 보험료를 부과
- 보험료 부과수준에 관계없이 균등한 수혜가 이루어짐
- 단기 지급

건강보험료 경감대상

- 섬·벽지·농어촌 거주자, 65세 이상인 사람, 장애인, 국가유공자, 휴직자 등

우리나라 사회복지서비스 정책

근로장려세제(근로장려금)

- 국세청이 주무 부처
- 관련 법령은 조세특례제한법
- 미국의 근로장려세제(EITC)를 모델로 함
- 저소득층의 소득 증대와 근로 유인을 목표로 함
- 자녀 수별로 급여액, 급여의 증가율, 급여의 감소율 등을 자동화
- 가구 총급여액에 따라 모형은 점증구간, 평탄구간, 점감구간으로 구분

아동수당   8세 미만의 모든 아동이 가구에 매월 10만 원씩 지급

- 이동수당   연령적 조건 등이 기준을 가지고 상시적으로 금전 지원
- 양육수당   무상보육제도의 보충적 제도로서 무상보육을 이용하지 않는 가정에 금전적으로 혜택을 돌려주는 것

사회서비스(전자 바우처)

- 상품을 이용할 수 있는 구매력을 제공
- 정책 목적이나 취지에 따라 선택권 조정 및 통제 가능
- 장애인 활동지원사업, 장애아동 가족지원사업, 산모·신생아 건강관리지원사업 등

사회적 경제   사회적 목적과 민주적 운영권리를 가진 호혜적 경제활동조직의 집합

- 사회적 기업   사회적 가치를 우선적으로 추구, 영업활동을 수행
- 마을기업   지역공동체 기반, 주민의 자발적 참여, 협동으로 주민욕구와 지역문제 해결
- 자활기업   저소득층의 경제적 자활, 협동조직으로 일자리 창출
- 협동조합   조합원의 권익 향상, 지역사회에 공헌

최저임금제   1986년 최저임금법 제정 이후 1988년 최저임금제 시행

01 사회복지행정의 개념, 역사, 전달체계

사회복지행정

- **개념**
  - **협의** 요보호 대상자를 주요 고객으로 하는 사회복지시설의 행정
  - **광의** 공공·민간의 모든 사회복지행정을 포함하여 사회복지 조직의 활동과정에 기여하는 조직 구성원들의 활동

- **특성(하센펠트)**
  - 효과성, 효율성을 측정하는 척도가 거의 없음 → 성과평가가 용이하지 않음
  - 사용하는 기술이 다양, 불확실성이 높음
  - 도덕적으로 정당화되어야 함 → 기술, 활동에 있어 제약이 많음
  - 조직적인 사회복지서비스의 전달과정
  - 공공이익을 위해 사회적·물질적·비물질적 후원을 받음

- **과정(굴릭과 어웍)** 기획(P) → 조직(O) → 인사(S) → 지시(D) → 조정(Co) → 보고(R) → 예산(B) → 평가(E)

미국 사회복지행정의 역사

- **1870~1920년대** 자선조직협회 및 인보관 등장, 지역공동모금회 조직, 사회복지행정 교과목 신설
- **1930~1960년대** 공공 사회복지행정의 확대, 사회복지행정 교육의 활성화

한국 사회복지행정의 역사

- **1970~1990년대** 사회복지행정가의 역할 증대, 사례관리를 통한 서비스 통합 강조
- **1990년대 이후** 신자유주의 기조에 맞춰 사회복지 부문 민영화, 재정관리·마케팅 강조
- **1950년대** 외국민간조기관협의회(KAVA, 1952)
- **1980년대** 사회복지관의 양적 팽창(1985), 사회복지전문요원제도 도입(1987)
- **1990년대** 사회복지시설 설치가 허가제에서 신고제로 변경(1997), 사회복지공동모금회(1998), 사회복지시설평가제 실시(1999)
- **2000년대** 사회복지사 1급 국가시험 시행(2003), 사회복지사무소 시범사업(2004), 주민생활지원서비스 전달체계 실시(2006), 드림스타트 사업(2008)
- **2010년대** 사회복지통합관리망(행복e음) 구축(2010), 희망복지지원단(2012), 사회보장정보시스템(범정부) 구축(2013), 분권교부세 폐지(2015), 통합된 사회보장정보시스템(행복e음) 운영(2018)

사회복지서비스 전달체계

- **원칙** 전문성, 적절성, 포괄성, 지속성, 통합성, 접근성, 평등성, 책임성
- **구분**
  - **공공**
    - 정부(중앙): 전문성, 표준화, 지방정부나 공공기관이 직접 관리 운영
    - 사회보험제도: 보건복지부 또는 고용노동부 산하 공공기관
    - 공공부조제도: 지방자치단체
  - **민간** 다양한 서비스 제공, 서비스 이용자 선택권 확대, 선도적인 서비스 개발·보급 유리, 민간 사회복지 참여욕구 수용

조직환경이론

- **상황이론**: 조직의 목적, 기술, 규모 및 과업의 종류와 같은 조직(환경적 요인) 강조
- **자원의존이론**: 인적·물적·무형적 자원에 조직을 두면서 조직과 환경의 관계 설명
- **(신)제도이론**: 자원과 정당성을 얻기 위해 제도에 순응
- **정치경제이론**: 정치·경제적 자원이 조직의 생존에 필수적
- **조직군 생태이론**: 환경적 요구에 부합하는 조직만이 생존한다고 봄

현대조직이론

사회복지조직 적용시에는 한계가 있음

- **목표 관리제(MBO)**: 명확한 목표설정, 참여, 평가, 피드백
- **학습조직이론**: 조직원들이 성과를 달성하도록 지속적으로 역량 확대
- **총체적 품질관리**: 고객중심관리
- **벤치마킹**: 외부의 조직과 비교·평가하여 자기 혁신 추구
- **신공공관리**: 공공부문 조직운영에 시장(경쟁)원리 적용하여 효율성 극대화

서비스의 품질관리와 위험관리

품질관리
- **총체적 품질관리(TQM)**: 서비스의 품질을 공급자로 고객이 결정  고객중심의 관리
- **서브퀄(SERVQUAL)**: 패러슈라만 등이 서비스 질 측정도구 제시
  유형성, 신뢰성, 응답성(반응성), 확신성, 공감성의 차원으로 평가

위험관리
- 사업의 지속과 안정적 발전을 확보해 나가는 경영성의 기반
- 위험을 확인(발견), 분석, 평가하여 최적의 위험 처리 방도를 선택

02 조직이론과 구조·유형 및 환경

조직이론

고전이론
- **관료제이론**: 효율성, 위계, 권위, 규칙, 통제, 분업, 안정성
- **과학적 관리론**: 합리성, 효율성, 동작에 따른 소요시간의 표준화
- **공공 행정학파이론**: 분업(전문화), 소단위 과업 성과를 감독·조정하기 위한 집권화된 통제를 강조

인간관계이론
- **메이요의 호손실험**: 인간관계, 구성원의 상호작용, 비공식집단 강조
- **맥그리거의 X·Y이론**: X이론(일을 좋아하지 않으므로 통제와 지시), Y이론(일을 좋아하므로, 성취·인정)
- **룬트슈테트의 Z이론**: 자유지지 존중

체계이론
- 생산(서비스 제공), 유지(보상·교육·훈련), 경계(홍보), 적응(연구·계획), 관리(조정, 관리, 통합, 타협)

사회복지조직과 환경

일반환경
경제적 조건, 사회인구학적 조건, 문화적 조건, 정치적·법적 조건, 기술적 조건

과업환경
재정 자원의 제공자, 합법성(정당성)과 권위의 제공자, 클라이언트 제공자, 보충적 서비스 제공자, 조직 산출물의 소비·인수자, 경쟁조직

사회복지조직의 변화

공공부문 서비스의 통합, 지방분권화, 민관 협력

민간부문 지역 중심 강화(탈시설화), 소비자 주권 중심 수요 중심, 기관의 투명화, 개방화, 자립 중심, 민영화, 기업경영론의 확산

외부요인 사회복지 공급 주체의 다원화, 사회복지서비스의 민영화 경향, 기업의 경영관리기법 도입, 사회복지기관 및 시설의 평가제도, 책임성과 전문성에 대한 요구 증대, 급격한 사회변화와 다양한 사회문제

03 인사관리와 재정관리 및 정보관리시스템

리더십이론

특성이론 선천적인 특성, 타고난 개성 강조

행동이론 리더의 특성보다는 다양한 상황에서 리더가 하는 행동이 중요
오하이오연구, 미시간연구, 관리격자이론

상황이론 리더의 효과성은 행동 유형뿐만 아니라 리더십 환경을 둘러싼 상황에 의해 결정(상황적합이론, 경로-목표이론)

변혁이론 리더십은 지도자와 추종자가 협력하는 과정에서 형성된다고 봄

경쟁가치 리더십 합리적 목표모형, 내부과정모형, 개방체계 모형, 인간관계모형
경쟁가치모형(권)

사회복지조직의 구조와 유형

조직구조의 형태

공식조직 조직목표 달성을 위해 인위적으로 형성

비공식조직 공식조직 내에서 자연적으로 성립

수직조직 최고 행정 책임자를 정점으로 한 수직적인 구조

수평조직 수직조직이 원활하게 기능할 수 있도록 간접적으로 조력

집권형 조직 중요한 의사결정 권한이 상부에 집중

분권형 조직 의사결정 권한이 각 계층에 위임됨

행렬조직(매트릭스조직)
장점: 전문화된 기술과 지식 활용이 용이, 인재의 이동과 활동이 용이
단점: 권력다툼이 발생하기 쉬움, 의사결정이 지연되기 쉬움, 책임·권한이 모호

조직 부문화 방법 수 기준, 시간 기준, 지리적 영역 기준, 서비스 기준, 기능 기준, 고객 기준, 서비스 접근통로 기준

튼튼, 재무적 지식

재정관리

사회복지조직은 자원의 외부 의존성이 높음. 재정 확보 및 관리의 구조와 과정은
사회복지조직의 구조 및 의사결정과정에도 영향력이 큼

예산 편성방식
- 품목별 예산 ─ 명확한 지출근거로 예산 통제가 용이, 회계 용이, 점증식 평가
- 성과주의 예산 ─ 목표와 프로그램에 대한 높은 이해도, 프로그램 효율성 도모

예산 수립 원칙
공개, 회계연도 독립, 건전재정 운영, 예산의 목적 외 사용금지, 예산
중복주의, 예산 사전의결, 예산 한정성, 예산 사전절차 이행

---

04 기획과 의사결정 및 마케팅

기획

기획과정
- 스키드모어 ─ 목표 설정 → 자원 고려 → 대안 모색 → 결과 예측 → 계획 결정
  → 구체적 프로그램 수립 → 개방성 유지
- 드러커 ─ 목표 설정 → 목표의 우선순위 선정 → 자원 식별 → 프로그램 실행
  → 통합유지
- 요크 ─ 문제 확인 → 목표 설정 → 프로그램 설계 → 평가
  평가과정에서 다시 문제 확인과정으로 연결되는 순환적 관계

기획기법 ─ 시간별 활동계획 도표(간트도표), 프로그램 평가검토기법(PERT), 월별
활동계획카드(Shed-U graph), 방침관리기획(PDCA), 책임행렬표

의사결정기법 ─ 의사결정나무 분석, 대안선택 흐름도표, 델파이기법, 명목집단기법
▲ 집단 의사결정기법
▲ 개인 의사결정기법

인사관리

조직목표 달성에 도움이 되는 방향으로 동기를 부여하고 유지·관리하는 활동

구성요소
직무분석 → 직무기술서 작성 → 직무명세서(채용공고문) 작성 → 모집과 선발
인사조직과 관련된 관리 목적으로, 구성원의 직무수행 약점을 보완하여
능력을 향상시키기 위함

직무수행평가
- 개괄적 직무수행평가 ─ 다양한 행동(결근, 지각, 생산성 등), 직무행동의 결과치(실적,
  성과, 판매량 등)로 평가
- 주관적 직무수행평가 ─ 평가자가 '아주 잘했다, 잘했다, 못했다, 아주 못했다' 등으로
  평가

동기부여이론

내용이론
- 욕구계층이론(매슬로우) ─ 생리적 욕구, 안전의 욕구, 소속·사랑의 욕구, 자기존중의
  욕구, 자기실현의 욕구
- ERG이론(알더퍼) ─ 존재의 욕구, 관계의 욕구, 성장의 욕구
- 동기-위생이론(허즈버그) ─ 위생요인(소극적 동기부여), 동기요인(적극적 동기부여)
- 성취욕구이론(맥클리랜드) ─ 권력욕구, 친화욕구, 성취욕구

과정이론
- 공정성이론(아담스) ─ 얼마나 공정하게 대우받고 있는가에 관한 지각의 중요성 강조
- 기대이론(브룸) ─ 동기는 적극적이든 소극적이든 간에 자신이 노력한 결과에 대하여
  스스로 부여하는 가치에 의해 결정된다고 봄
- 목표설정이론(로크) ─ 인간의 행하는 가치와 의도와 의도에 의해 결정되는 것이라고 봄

평가조사

평가 목적(시점)에 따른 분류
- **형성평가**: 프로그램을 개발하거나 시행 중인 프로그램을 개선하기 위해 프로그램 운영 도중에 이루어지는 평가
- **총괄평가**: 프로그램이 종결된 이후에 행해지는 평가
- **통합평가**: 형성평가와 총괄평가를 통합한 평가

평가 주체에 따른 분류
- **자체평가**: 프로그램 담당자가 스스로 행하는 평가
- **내부평가**: 프로그램 담당자를 제외한 기관 내부의 다른 사람에 의한 평가
- **외부평가**: 프로그램 담당 기관 외부에 속한 사람에 의한 평가

평가 규준에 따른 분류
- **효과성 평가**: 프로그램의 목적 달성도에 대한 평가
- **효율성 평가**: 투입 대비 산출(산출 극대화) 또는 산출 대비 투입(투입 최소화)에 대한 평가, 비용 편익 분석, 비용 효과 분석
- **공정성 평가**: 프로그램의 효과와 비용이 사회집단 간 또는 지역 간에 얼마나 공평하게 배분되는가를 평가

프로그램 평가 기준
노력성, 사회적 형평성, 영향성, 효율성, 프로그램의 질, 접근성

마케팅

- **필요성**: 재정의 확보, 비영리조직들의 증가와 경쟁, 서비스 개발, 책임성 측면
- **특성**: 서비스의 무형성, 서비스의 다양성과 복잡성, 생산과 소비의 동시 발생, 서비스의 소멸성, 목표달성과 측정 척도 부재
- **마케팅 믹스의 4P**: 상품(Product), 가격(Price), 유통(Place), 촉진(Promotion)
- **마케팅 기법**: 다이렉트마케팅(DM), 데이터베이스마케팅, 인터넷마케팅, 고객관계관리마케팅, 기업(공익)연계마케팅, 사회마케팅, 소셜마케팅, 클라우드 펀딩

05 프로그램 설계와 욕구 및 평가조사

프로그램 설계
- **프로그램 개발 시 고려요소(5P)**
  - 합목적성 및 목표의 일관성(Purpose)
  - 능력 수준과 흥미의 적합성(Person)
  - 통합성(Problem)
  - 지속성과 네트워크(Process)
  - 지역성(Place)
  - (← 논리 모델의 과정)
- **논리모델**: 투입 – 활동(전환) – 산출 – 성과 – 영향 또는 환류 간의 관계를 논리적으로 설명하는 도식을 활용하여 프로그램의 성과를 체계적으로 평가하는 모델

욕구조사
클라이언트, 서비스, 지역사회를 중심으로 욕구 파악

01 사회복지법의 개념과 발달과정

사회복지법의 법원

헌법 → 법률 → 명령(시행령) → 명령(시행규칙) → 자치법규(조례) → 자치법규(규칙)

헌법

헌법 제10조
모든 국민은 인간으로서의 존엄과 가치를 가지며, 행복을 추구할 권리를 가진다. 국가는 개인이 가지는 불가침의 기본적 인권을 확인하고 이를 보장할 의무를 진다.

헌법 제34조

제1항	모든 국민은 인간다운 생활을 할 권리를 가진다.
제2항	국가는 사회보장·사회복지의 증진에 노력할 의무를 진다.
제3항	국가는 여자의 복지와 권익의 향상을 위하여 노력하여야 한다.
제4항	국가는 노인과 청소년의 복지향상을 위한 정책을 실시할 의무를 진다.
제5항	신체장애자 및 질병·노령 기타의 사유로 생활능력이 없는 국민은 법률이 정하는 바에 의하여 국가의 보호를 받는다.
제6항	국가는 재해를 예방하고 그 위험으로부터 국민을 보호하기 위하여 노력하여야 한다.

한국 사회복지법의 발달과정

1950년대
근로기준법(1953)

1960년대
공무원연금법(1960), 생활보호법(1961), 재해구호법(1961), 국가유공자 및 월남귀순자 특별원호법(1962), 사회보장에 관한 법률(1963), 산업재해보상 보험법(1963), 의료보험법(1963)
→ 폐지

1970년대
사회복지사업법(1970), 국민복지연금법(1973), 의료보호법(1977)
→ 국민연금법으로 명칭 변경

1980년대
아동복지법(1981), 심신장애자복지법(1981), 노인복지법(1981), 국민연금법(1986), 장애인복지법(1989)
→ 장애인복지법으로 명칭 변경

1990년대
영유아보육법(1991), 고용보험법(1993), 정신건강법(1995), 사회보장기본법(1995), 가정폭력방지 및 피해자 보호 등에 관한 법률(1997), 국민기초생활보장법(1999), 국민건강보험법(1999)
→ 폐지

2000년대
의료급여법(2001), 긴급복지지원법(2005), 노인장기요양보험법(2007), 기초노령연금법(2007), 한부모가족지원법(2007), 다문화가족지원법(2008)
→ 폐지

2010년대
장애인연금법(2010), 기초연금법(2014), 사회보장급여의 이용·제공 및 수급권자 발굴에 관한 법률(2014), 발달장애인 권리보장 및 지원에 관한 법률(2014), 정신건강증진 및 정신질환자 복지서비스 지원에 관한 법률(2016), 아동수당법(2018)
→ 폐지 [참고: 정신건강복지법]

03 사회보장기본법, 사회보장급여법, 사회복지사업법

사회보장기본법

용어의 정의

- **사회보장**: 출산, 양육, 실업, 노령, 장애, 질병, 빈곤 및 사망 등의 사회적 위험으로부터 모든 국민을 보호하고 국민 삶의 질을 향상시키는 데 필요한 소득·서비스를 보장하는 사회보험, 공공부조, 사회서비스

- **사회보험**: 국민에게 발생하는 사회적 위험을 보험의 방식으로 대처함으로써 국민의 건강과 소득을 보장하는 제도

- **공공부조**: 국가와 지방자치단체의 책임하에 생활유지능력이 없거나 생활이 어려운 국민의 최저생활을 보장하고 자립을 지원하는 제도

- **사회서비스**: 복지·보건의료·교육·고용·주거·문화·환경 등의 분야에서 인간다운 생활을 보장하고 상담, 재활, 돌봄, 정보의 제공, 관련 시설의 이용, 역량 개발, 사회참여 지원 등을 통하여 국민의 삶의 질이 향상되도록 지원하는 제도

사회보장기본계획

- **내용**: 보건복지부장관이 5년마다 수립
  국내외 사회보장환경의 변화와 전망, 사회보장의 기본목표 및 중장기 추진 방향, 주요 추진과제 및 추진방법, 필요한 재원의 규모와 조달방안, 사회보장 관련 기금 운용방안, 사회보장 전달체계

사회보장위원회

- 사회보장에 관한 주요 시책을 심의·조정하기 위하여 국무총리 소속으로 사회보장위원회를 둠

- **구성**: 위원장 1명, 부위원장 3명을 포함 30명 이내의 위원(위원 임기 2년)

사회보장제도

- **운영원칙**: 보편성, 형평성, 민주성, 효율성, 연계성, 전문성

- **비용의 부담**: 각자의 사회보장제도의 목적에 따라 국가, 지방자치단체 및 민간부문 간에 합리적으로 조정되어야 함

02 사회복지법의 체계와 사회복지의 권리성

사회복지법의 체계

상위법 우선의 원칙, 특별법 우선의 원칙, 신법 우선의 원칙, 일사부재리의 원칙, 별불 불소급의 원칙

사회복지의 권리성

사회보장수급권의 보호

양도·압류 등의 제한, 급여의 변경 제한, 조세 등의 부과 제한

사회보장수급권의 제한과 포기

- 사회보장수급권은 제한되거나 정지될 수 없으나, 만약 제한되거나 정지되는 경우에는 최소한의 범위에 그쳐야 함

- 사회보장수급권은 정당한 권한이 있는 기관에 서면으로 통지하여 포기할 수 있고, 그 포기도 취소할 수 있음

관리구제

사회복지 급여의 수급권자가 보험료, 수급 자격, 급여 내용 등과 관련하여 당해 처분에 이의가 있거나 불복이 있는 경우, 관련법에서 규정하고 있는 각종 심사위원회나 법원에 그 처분의 시정을 구할 수 있는 절차

사회보장기본법

용어의 정의
- **사회보장급여**: 보장기관이 제공하는 현금, 현물, 서비스 및 그 이용권
- **보장기관**: 관계 법령 등에 따라 사회보장급여를 제공하는 국가기관과 지방자치단체

기본원칙
보편성, 중용성, 적절성, 공정성, 투명성, 적정성, 연계성, 편의성, 균일성

지역사회보장계획
지역사회보장 수요의 측정, 목표 및 추진전략, 목표점검 지표의 설정, 분야별 추진전략, 전달체계의 조직과 운영 등

지역사회보장 운영체계
- **지역사회보장협의체**: 시장·군수·구청장은 시·군·구에 지역사회보장협의체를 둠
- **통합사례관리**: 보건복지부장관은 공공 또는 민간 기관·단체 등에 위탁하여 실시할 수 있음
- **사회복지전담공무원**: 시·도, 시·군·구, 읍·면·동 또는 사회보장사무 전담기구에 사회복지전담공무원을 둘 수 있음

사회복지사업법

사회복지서비스 제공의 원칙
- 현물(사회복지서비스 이용권) 제공이 원칙
- 시장·군수·구청장은 국가 또는 지방자치단체 외의 자로 하여금 그 이용권으로 서비스 제공
- 국가와 지방자치단체는 사회복지서비스의 품질 향상과 원활한 제공을 위하여 필요한 시책 마련
- 국가와 지방자치단체는 사회복지서비스를 제공하는 기관·법인·시설·단체의 서비스 환경, 서비스 제공 인력의 전문성 등 평가 가능

사회복지사
- **자격증 발급**: 사회복지사의 등급은 1·2등급, 영역별로 정신건강사회복지사·의료사회복지사·학교사회복지사의 자격 부여 가능
- **자격 취소**: 거짓이나 그 밖의 부정한 방법으로 자격을 취득한 경우, 결격사유 어느 하나에 해당하게 된 경우, 자격증을 대여·양도 또는 위조·변조한 경우
- **의무채용 제외 시설**: 노인여가복지시설(노인복지관 제외), 수화통역센터, 점자도서관, 점자도서 및 녹음서 출판시설, 어린이집, 성매매피해상담소, 정신요양시설 및 정신재활시설, 성폭력피해상담소

사회복지법인
사회복지법인을 설립하려는 자는 시·도지사의 허가를 받아야 함

사회복지시설
- 국가나 지방자치단체는 사회복지시설을 설치·운영할 수 있음
- 국가 또는 지방자치단체 외의 자가 시설을 설치·운영하려는 경우에는 시장·군수·구청장에게 신고하여야 함
- **보험가입 의무**: 화재로 인한 손해배상책임, 화재 외의 안전사고로 인하여 생명·신체에 피해를 입은 보호대상자에 대한 손해배상책임

04 사회보험법

산업재해보상보험법

급여의 종류 요양급여, 휴업급여, 장해급여, 간병급여, 유족급여, 상병보상연금, 장례비, 직업재활급여

업무상 재해 업무상 사고, 업무상 질병, 출퇴근 재해
▶ 업무와 재해 사이에 상당인과관계가 없으면 업무상 재해로 보지 않음

국민연금법

국민연금 가입 대상 국내에 거주하는 국민으로서 18세 이상 60세 미만인 자

  적용 제외 공무원연금법, 군인연금법, 사립학교교직원 연금법 및 별정우체국법을 적용받는 공무원, 군인, 교직원 및 별정우체국 직원 등

자격의 상실 시기

  사업장가입자 사용관계가 끝난 때의 다음날

  지역가입자 배우자로서 별도의 소득이 없게 된 때의 다음 날, 사업장가입자의 자격을 취득한 때의(당일)

  사업장·지역가입자 공통 사망한 때의 다음 날, 국적을 상실하거나 국외로 이주한 때의 다음 날, 60세가 된 때의 다음 날, 국민연금 가입 대상 제외자에 해당하게 된 때의(당일)

연금의 종류

  노령연금: 노후 소득보장을 위한 급여, 국민연금의 기초가 되는 급여

  장애연금: 장애로 인한 소득감소에 대비한 급여

  유족연금: 가입자의 사망으로 인한 유족의 생계 보호를 위한 급여

일시금급여

  반환일시금: 연금을 받지 못하거나 더 이상 가입할 수 없는 경우 청산적 성격으로 지급하는 급여

  사망일시금: 유족연금 또는 반환일시금을 받지 못할 경우 장제보조적·보상적 성격으로 지급하는 급여

기금의 재원 조성 연금보험료, 기금 운용 수익금, 적립금, 직업금, 국민연금공단의 수입지출 결산상의 잉여금

고용보험법

적용 대상 근로자를 사용하는 모든 사업 및 사업장을 대상으로 적용 / 적용 대상에 따라 당연적용사업과 임의가입사업으로 구분

실업급여

  구직급여의 수급 요건
- 이직일 이전 18개월간 피보험 단위기간이 합산하여 180일 이상일 것
- 근로의 의사와 능력이 있음에도 불구하고 취업하지 못한 상태에 있을 것
- 이직사유가 수급자격의 제한 사유에 해당하지 아니할 것
- 재취업을 위한 노력을 적극적으로 할 것

육아휴직급여

- 고용노동부장관은 육아휴직을 30일 이상 부여받은 피보험자 중 육아휴직을 시작한 날 이전에 피보험단위기간이 합산하여 180일 이상인 피보험자에게 지급
- 육아휴직을 시작한 날 이후 1개월부터 육아휴직이 끝난 날 이후 12개월 이내에 신청하여야 함
- 피보험자가 육아휴직급여 지급신청을 하는 경우 육아휴직기간 중 이직하거나 근로... 관계 별령에 따라 피보험 취업을 한 사실이 있는 경우에는 해당 신청서에 그 사실을 기재하여야 함

노인장기요양보험법

장기요양급여

- **재가급여**: 방문요양, 방문목욕, 방문간호, 주·야간보호, 단기보호, 기타재가급여
- **시설급여**: 장기요양기관에 장기간 입소한 수급자에게 신체활동 지원 및 심신 기능의 유지·향상을 위한 교육·훈련 등을 제공하는 장기요양급여
- **특별현금급여**: 가족요양비, 특례요양비, 요양병원간병비

심사청구 및 재심사청구

- **심사청구**: 처분이 있음을 안 날로부터 90일 이내에 문서로 하여야 함
- **재심사청구**: 심사청구에 불복하는 자는 결정통지를 받은 날부터 90일 이내에 청구 할 수 있음

국민건강보험법

적용 대상

- **가입자 또는 피부양자**: 국내에 거주하는 주민(의료급여를 받는 사람. 의 료보호대상자 제외)
- **피부양자**: 직장가입자의 배우자·직계존속·직계비속과 그 배우자·형제 자매

자격의 상실 시기

사망한 날의 다음 날, 국적을 잃은 날의 다음 날, 국내에 거주하지 아니하게 된 날의 다음 날, 직장가입자의 피부양자가 된 날, 수급권 자가 된 날, 건강보험을 적용받고 있던 사람이 유공자 등 의료보호 대상자가 되어 건강보험의 적용배제신청을 한 날

급여의 종류

- **법정급여**
  - 현물급여: 요양급여, 건강검진
  - 현금급여: 요양비, 장애인 보조기기 구입비
- **부가급여**
  - 바우처: 임신·출산 진료비
  - 현금급여: 생병수당

05 공공부조법

국민기초생활 보장법

급여의 종류: 생계급여, 의료급여, 주거급여, 교육급여, 해산급여, 장제급여, 자활급여

소득인정액 산정
- 소득평가액: 근로소득, 사업소득, 재산소득, 이전소득을 합한 개별가구의 실제소득에서 장애·질병·양육 등 가구 특성에 따른 지출요인, 근로를 유인하기 위한 요인, 그 밖에 추가적인 지출요인에 해당하는 금액을 감하여 산정
- 재산의 소득환산액: 일반재산, 자동차, 금융재산을 재산의 범위로 봄

의료급여법

수급권자: 1종 수급권자, 2종 수급권자
국민기초생활 보장법에 따른 의료급여 수급자, 이재민, 의사상자, 18세 미만 국내 입양 아동, 국가유공자와 그 가족 등

의료급여의 내용: 진찰·검사, 약제·치료재료 지급, 처치·수술, 예방·재활, 입원, 간호, 이송과 그 밖의 의료목적 달성을 위한 조치

의료급여기관
- 의료법에 따라 개설된 의료기관
- 지역보건법에 따라 설치된 보건소·보건의료원 및 보건지소
- 농어촌 등 보건의료를 위한 특별조치법에 따라 설치된 보건진료소
- 약사법에 따라 개설등록된 약국 및 같은 법에 따라 설립된 한국희귀·필수의약품센터

구분
- 제1차 의료급여기관: 의료법에 따라 개설신고를 한 의료기관
- 제2차 의료급여기관: 의료법에 따라 개설허가를 받은 의료기관
- 제3차 의료급여기관: 제2차 의료급여기관 중에서 보건복지부장관이 지정하는 의료기관

긴급복지지원법

기본원칙: 선지원 후처리, 다른 법률 지원 우선, 단기 지원 가구단위 지원

긴급지원의 원칙
- 시장·군수·구청장은 긴급지원담당공무원을 지정하여야 함
- 누구든지 긴급지원대상자를 발견하면 시장·군수·구청장에게 신고하여야 함
- 국가 및 지방자치단체는 긴급지원 업무를 수행하기 위하여 필요한 비용을 분담하여야 함

긴급지원의 종류
- 금전·현물 지원
  - 위기상황 주급여: 생계, 의료, 주거, 복지시설 이용
  - 부가지원: 교육, 그 밖의 지원(연료비, 해산비, 장제비, 전기요금)
- 민간기관·단체 연계지원 등: 사회복지공동모금회, 대한적십자사 등 민간의 긴급지원프로그램 연계

기초연금법

수급권자의 범위
- 65세 이상인 사람으로서 소득인정액이 보건복지부장관이 고시하는 금액 이하인 사람
- 선정기준액을 정하는 경우 65세 이상인 사람 중 기초연금 수급자가 100분의 70 수준이 되도록 함

이의신청
- 결정이나 그 밖에 이의가 있는 사람은 특별자치시장·특별자치도지사·시장·군수·구청장에게 이의신청을 할 수 있음
- 그 처분이 있음을 안 날부터 90일 이내에 서면으로 해야 함(정당한 사유로 인하여 그 기간 이내에 이의신청을 할 수 없었음을 증명한 때에는 그 사유가 소멸한 때부터 60일 이내에 이의신청을 할 수 있음)

노인복지법

노인복지시설

종류

노인주거복지시설: 양로시설, 노인공동생활가정, 노인복지주택(60세 이상 노인 대상)

노인의료복지시설: 노인요양시설, 노인요양공동생활가정

노인여가복지시설: 노인복지관, 경로당, 노인교실

재가노인복지시설: 방문요양서비스, 주·야간보호서비스, 단기보호서비스, 방문목욕서비스 등을 제공하는 것을 목적으로 하는 시설

노인보호전문기관: 노인학대를 예방하기 위한 기관

노인일자리지원기관: 지역사회 등에서 노인일자리의 개발·지원·창업·육성 및 노인에 의한 재화의 생산·판매 등을 직접 담당

학대피해노인 전용쉼터: 노인학대에 피해를 입은 노인을 일정기간 보호하고 심신 치유 프로그램 제공

300명 초과 가능 시설 — 노인주거복지시설(양로시설, 노인복지주택) / 노인의료복지시설(노인요양시설)

금지행위 신체에 폭행을 가하거나 상해를 입히는 행위(처벌수위 최고, 성적 수치심을 주는 성폭행·성희롱 등의 행위 등)

노인실태조사 보건복지부장관이 3년마다 실시

---

06 사회복지서비스법

장애인복지법

장애인 등록 장애인, 그 법정대리인 또는 보호자는 장애 상태와 그 밖에 보건복지부령이 정하는 사항을 등록하여야 함 → 장애인등록증 교부

장애인 등록 취소 사망한 경우, 장애인 등록 기준에 맞지 아니하게 된 경우, 정당한 사유 없이 장애 진단 명령 등을 필요한 조치를 따르지 아니한 경우, 장애인 등록 취소를 신청하는 경우

장애인복지시설 장애인 거주시설, 장애인 지역사회 재활시설, 장애인 직업재활시설, 장애인 자립생활지원시설, 장애인 의료재활시설

장애복지 전문인력 의지·보조기 기사, 언어재활사, 장애인재활상담사, 한국수어 통역사, 점역·교정사

장애인정책종합계획 보건복지부장관이 5년마다 관계 중앙행정기관의 장과 협의하여 수립 및 계획

장애실태조사 보건복지부장관이 3년마다 실시

가정폭력지원법

- **실태조사** 여성가족부장관은 3년마다 가정폭력에 대한 실태조사를 실시하여야 함
- **긴급전화센터** 피해자의 신고접수 및 상담, 관련 기관·시설과의 연계, 피해자에 대한 긴급한 구조의 지원, 경찰관서 등으로부터 인도받은 피해자 및 피해자가 동반한 가정구성원의 임시 보호
- **보호시설**
  - **종류** 단기보호시설, 장기보호시설, 외국인보호시설, 장애인보호시설
  - **보호비용 지원** 생계비, 아동양육비, 아동교육지원비, 퇴소 시 자립지원금, 직업훈련비, 아동교육지원비, 의료비

성폭력지원법

- **보호시설** 일반보호시설, 장애인보호시설, 특별지원보호시설, 외국인보호시설, 자립지원 공동생활시설, 장애인 자립지원 공동생활시설

자원봉사활동 기본법

- **기본방향** 무보수성, 자발성, 공익성, 비영리성, 비정파성, 비종파성
- **자원봉사센터의 설치 및 운영**
  - 국가기관 및 지방자치단체는 자원봉사센터를 설치할 수 있음. 이 경우 법인으로 운영하거나 비영리법인에게 위탁하여 운영
  - 국가는 자원봉사센터를 활성화를 위해 적극 노력해야 하며, 지방자치단체는 운영에 필요한 경비 지원 가능
  - 센터장의 자격요건 및 조직과 운영에 필요한 사항은 대통령령으로 정함

아동복지법

- **용어의 정의**
  - **아동** 18세 미만인 사람
  - **보호대상아동** 보호자가 없거나 보호자로부터 이탈된 아동
- **아동보호전문기관의 업무** 피해아동·피해아동의 가족 및 아동학대행위자를 위한 상담·치료 및 교육, 아동학대예방 교육 및 홍보, 피해아동 가정의 사후관리 등

한부모가족지원법

- **복지급여** 생계비, 아동양육비, 아동교육지원비 등
- **복지자금** 사업에 필요한 자금, 아동교육비, 의료비, 주택자금 등
- **한부모가족복지시설** 출산지원시설, 양육지원시설, 생활지원시설, 일시지원시설, 한부모가족복지상담소

다문화가족지원법

- **기본계획 수립** 여성가족부장관은 다문화가족 지원을 위하여 5년마다 다문화가족정책에 관한 기본계획을 수립하여야 함
- **다국어에 의한 서비스** 결혼이민자 등이 의사소통의 어려움을 해소하고 서비스 접근성을 제고하기 위하여 다국어에 의한 서비스 제공이 이루어지도록 노력하여야 함
- **다문화가족지원센터** 교육·상담 등 지원사업, 결혼이민자 등에 대한 한국어교육, 다문화가족 지원 관련 기관·단체와의 서비스 연계, 일자리 정보제공 및 일선·통역·번역 지원 등

실태조사 주기

3년 주기

보건복지부장관
장애실태조사, 노인실태조사, 보육실태조사, 아동종합실태조사, 차상위 계층 실태조사, 부정수급실태조사, 장애아동·가족의 복지지원 실태조사, 발달장애인과 그 가족의 실태조사

여성가족부장관
다문화가족 실태조사, 한부모가족 실태조사, 성매매 실태조사, 성폭력 실태조사, 가정폭력 실태조사

5년 주기

보건복지부장관
노숙인 실태조사, 정신질환자 실태조사

국가 및 지방자치단체
자살실태조사

사회복지 관련 기념일

3월 사회복지사의 날(30일)

4월 장애인의 날(20일)

5월 한부모가족의 날(10일), 가정의 날(15일)

6월 노인학대예방의 날(15일)

9월 사회복지의 날(7일), 자살예방의 날(10일)

10월 노인의 날(2일), 정신건강의 날(10일)

11월 아동학대예방의 날(19일)

사회복지공동모금회법

기본원칙
- 기부하는 자의 의사에 반하여 기부금품을 모집하여서는 아니 됨
- 조성된 재원은 지역·단체·대상자 및 사업별로 복지수요가 공정하게 충족되도록 배분하고, 목적 및 용도에 맞도록 관리·운용하여야 함
- 공동모금재원의 배분은 객관적인 기준에 따라 효율적으로 이루어지도록 하고, 그 결과를 공개하여야 함

재원
- 사회복지공동모금에 의한 기부금품, 법인이나 단체가 출연하는 현금·물품 또는 그 밖에 재산, 복권 및 복권기금법에 따라 배분받은 복권수익금 등

정신건강복지법

실태조사 보건복지부장관은 5년마다 실태조사를 하여야 함

보호의무자 민법에 따른 후견인 또는 부양의무자는 정신질환자의 보호의무자가 됨